KB251874

현대정치과정론

내일을여는지식 정치 9

현대정치과정론

홍득표 지음

한국학술정보(주)

정치학의 역사는 2,000년이 넘는다. 고대 그리스의 플라톤(Plato, B.C. 427－346)이나 정치학의 시조라고 일컫는 아리스토텔레스(Aristotle, B.C. 384－322)까지 거슬러 올라갈 수 있기 때문이다. 지난 2000년 동안 정치학의 발전과정을 고대, 근대, 현대 등으로 시대를 구분할 수 있을 것이다.

고전적 정치학은 주로 규범적인 연구로 인간과 정치의 본질을 정치철학 및 규범적 관점에서 연구하였다. 정치지도자의 덕목, 의무, 윤리 등에 관심을 갖는 당위(當爲)의 문제에 있었다. 그 후 정치학은 법적·제도적 차원의 연구로 발전하였다. 정부, 헌법, 대통령, 의회, 선거제도 등 다양한 정치제도나 기구의 생성 및 발달과정 등에 대한 역사적·기술적(記述的) 연구가 주를 이루었다. 하지만 법과 제도를 운영하는 주체인 인간의 정치행위에 대한 연구는 소홀하게 취급되었다. 법과 제도의 영향을 받는 정치적 인간이 아닌 정치주체로서 인간의 인식, 이미지, 역할 등 인간의 행위나 태도 등에 대한 동태적 연구가 이루어지지 않았다. 1920년대 행태주의와 1960년대 후기행태주의가 등장하면서 정치현상에 대한 경험적·과학적 연구가 시도되었다. 정치제도도 중요하지만 정치학의 기본적인 분석단위로서 개인이나 집단의 중요성이 부각되고, 그들의 행태분석에 관심을 갖게 되었다.

정치에 대한 정적(靜的) 연구가 과정이나 절차 등에 대한 동태적 연구로 발전한 것이다. 정치과정에 대한 연구도 벤트리(Arthur F. Bentley)의 「The Process of Government: A Study of Social Pressure」(1908)와 트루먼(David B. Truman)의 「The Governmental Process: Political Interests and Public Opinion」

(1951)의 출간 때문이라고 볼 수 있다. 정치학에 대한 연구는 정치철학, 사상, 역사, 법, 제도, 기구 등의 규범적·제도적 접근도 필요하지만 사회과학의 한 분야로서 인간의 정치행위에 대한 동태적·과학적·객관적 연구도 중요하게 인식된 것이다.

정치에 대한 동태적 분석의 필요성이 등장하면서 정치과정에 대한 연구에 대하여 관심을 갖게 된 것이다. 정치의 개념을 이스튼(David Easton)이 정의한 바와 같이 "사회를 위하여 희소한 가치를 권위적으로 배분하는 활동"이라고 이해했을 때 그 과정이나 절차 등에 대한 동태적·과학적 연구는 정치학에서 매우 중요한 분야라고 볼 수 있다. 사회를 위해서 희소한 가치를 권위적으로 배분하는 과정이나 절차에 대한 분석 없이 정치현상을 올바르게 이해하는 것은 불가능한 일이기 때문이다.

정치과정에 대한 강의를 오랫동안 진행하면서 사회를 위하여 희소한 가치를 권위적으로 배분하는 활동을 체계적으로 이해할 수 있는 마땅한 교재가 없다는 안타까운 현실을 고려하여 이 책을 저술하게 된 것이다. 이 책의 목적은 다양한 정치행위자나 집단 혹은 제도가 가치의 권위적 배분활동을 둘러싸고 경합하는 과정에 나타나는 정치적 선택, 결정, 집행과정 등에 대한 기본이론과 접근법을 소개하는 데 있다. 현대정치과정을 이해하기 위하여 「정치체제론」, 「구조기능주의론」, 「국가론」 등의 패러다임을 조합하여 새로운 모델을 제시하고, 그 모델을 중심으로 현대정치과정을 이해하는 데 필수적으로 요구되는 이론과 접근법을 소개하였다.

현대정치과정의 분석단위를 국가의 정치체제와 환경, 시민사회의 참여, 국가의 권위적인 결정과 행동 등으로 크게 나누었다. 구체적으로 국가의 정치체제와 환경에서는 정치권력, 정치사회화, 정치문화, 정치충원, 정치커뮤니케이션 등을, 시민사회의 참여에서는 여론, 이익집단, 정당, 정치참여와 선거 등을, 국가의 권위적 결정과 행동에서는 공공정책 결정, 공공정책 집행과 분석 등을 포함시켰다. 끝으로 정치리더십과 전자정치를 정치과정과 연관시켜 살펴보았다. 가급적 현대정치과정을 이해하는 데 요구되는 기본적이고 필수적인 이론과 접근법을 최대한 많이 소개하려고 노력하였다.

이 책은 1999년 「정치과정론」으로 출간하였으며, 2004년 "전자정치시대의 정치과정"을 추가하여 「현대정치과정의 이해」로 재출간하였던 것이다. 이번에 일부 내용을 수정·보완하여 한국학술정보(주)에서 새롭게 「현대정치과정론」으로 제목을 바꾸어 출간하게 된 것이다. 출판을 기꺼이 수락해 준 한국학술정보(주)에 감사드린다.

이 책을 손볼 때는 어디에 내놓아도 조금도 손색이 없게 하겠다고 다짐했지만 역시 한계가 있음을 솔직히 인정하면서 많은 질책을 기대한다.

2009년 6월

홍득표

목 차

제5편 닫는 장 / 527

제13장 정치과정과 리더십론 _ 529

제14장 전자정치시대의 정치과정 _ 563

제1편
여는 장

제1장 정치과정론

제1절 정치의 개념

1. 개념의 다의성

인간은 정치적 동물이라는 말을 새삼스럽게 강조하지 않더라도 정치와 분리할 수 없는 존재이다. 아리스토텔레스(Aristotle)가 말한 바와 같이 인간은 정치를 필요로 하지 않는 신도 아니고 또한 정치가 불가능한 하급동물도 아니다. 인간은 원하든 원하지 않든 정치에 영향을 미치기도 하고 또한 정치의 영향을 받기도 한다. 인간은 정치과정에 참여하여 국가의 정책결정에 영향력을 행사하며 정치행로(political path)를 결정하는 데 능동적인 주체자가 되기도 한다. 다른 한편 정책의 적용을 받거나, 납세나 병역 의무와 같이 국민에게 부과된 책임을 다하며, 각종 규제와 통제의 대상이 되기도 한다. 인간은 정치권력으로부터 박해를 받기도 하며 희생자가 되기도 한다.

오늘날 정치·행정에 대한 수요의 폭발적인 증가로 정치의 역할과 기능의 중요성이 강조되고 있으며, 현대를 정치화된 사회(politicized society)라고 일컫기도 한다. 인간은 정치와 밀접한 관계를 유지하고 있으며 정치를 떠나서 존재할 수 없다.

칼 슈미트(Carl Schmitt)는 정치를 '적과 동지의 구별'이라는 시각에서 보았으며, 듀베르제(Maurice Duverger)는 두 개의 얼굴을 가진 야누스(Janus) 신에 비유하고 있다. 정치는 갈등(conflict)과 통합(integration)의 양면성이 있다는 것이다. 지배집단과 피지배집단이 있으며, 지배집단이 정치권력을 자신들의 이익을 보호하는 수단으로 활용할 때 피지배집단은 불이익을 받게 된다. 지배자와 피지배자 간에 대립과 갈등이 조성되기도 한다. 다른 한편 정치는 사회질서의 유지와 개인의 통합 등 집단의 일반선(general good)을 추구하는 통합적인 면이 있다.[1]

정치를 갈등으로 보는 것은 부정적인 입장이다. "많은 사람들은 정치를 불신(mistrust), 의심(scepticism), 냉소(cynicism)의 대명사로 간주하며, 일상생활과 거리가 먼 것으로 생각한다."[2] 정치는 마키아벨리(Machiavelli)가 「군주론」(The Prince)에서 주장한 바와 같이 정치지도자들이 힘을 활용하고 기만(fraud)적인 행동으로 어떻게 정치권력을 획득하고 유지하는가를 가르친 '악의 교사'(teacher of evil)로서 수단과 방법을 가리지 않는 '힘의 정치와 목적이 수단을 정당화하는 것'으로 간주되고 있다.[3] 정치는 악의 근원이며 갈등과 분쟁의 씨앗이고 권모술수와 불신의 대명사처럼 이해되고 있다. 너무 정치적이라는 표현도 수단꾼이나 협잡꾼을 지칭하는 의미가 내포되어 있다.

다른 한편 정치를 통합으로 본다면 정치는 갈등을 관리하고 사회질서를 유지시키며, 국민을 위하여 평화·자유·행복과 같은 정치재화를 국민에게 제공하는 것이다. 이것은 정치를 대화, 타협, 합의, 예술 등과 같이 인간사회를 위하여 필요한 것으로 보는 입장이다. 정치에는 갈등과 통합이라는 양면성이 있는 것이 사실이다.

정치는 어원적으로 고대 그리스의 도시국가인 폴리스(polis)에서 비롯되었다고 하나 구체적으로 그 정치활동이 무엇이었는지 알 수 없다. 그러나 정치학의 시조라고 불리는 아리스토텔레스(Aristotle, B.C. 384 − 322)의 「정치학」(The Politics)에서 정치에 대한 연구자들이 추구해야 하는 지식의 분야를 제시하였는데 정치학에 대한 개념을 유추할 수 있는 내용이다. 정치학의 네

---

1) Maurice Duverger, *The Idea of Politics: The Uses of power in Society*, trans. Robert North and Ruth Murphy(Chicago: A Gateway Edition, 1970), pp.ⅸ − ⅹⅳ.

2) David Held, "Editor's Introduction", in D. Held(ed.), *Political Theory Today*(Stanford, CA: Stanford University Press, 1991), p.3.

3) Larry Arnhart, *Political Questions: Political Philosophy From Plato to Rawls*(New York: Macmillan Publishing Company, 1987), p.134.

분야 지식은 ① 도시국가에 맞는 이상적인 정치체 ② 가능한 최상의 정치체 ③ 모든 도시국가에 합당한 평균적인 정치체 ④ 도시국가를 위해서 해줄 수 있는 것이 무엇인가 등이다.[4]

옥스퍼드 영어사전(Oxford English Dictionary)에 의하면 "정치는 정부의 기술과 과학"이라고 하면서 "국가의 행정·조직·형태 또는 그 일부와 그리고 다른 국가와의 관계를 규정하는 것을 다루는 과학"이라고 정의하고 있다.

정치에 대한 개념을 이해하기 위해서는 몇 가지 다른 견해를 살펴볼 필요가 있다.

(1) 국가의 활동

인간은 태어나서 죽을 때까지 국가와 어떤 형태든 관계를 맺어야 한다. 국가를 위해서든 자신을 위해서든 국가와 관계를 단절하고 사회생활을 영위할 수 없다. 국가란 자유주의적인 시각에서 하나의 정치시장(political market)이라고 볼 수 있다. 국가는 다양한 이익집단이 이익을 추구하기 위해서 경쟁할 수 있도록 게임규칙을 만들고 이를 관리하는 기능을 수행한다. 국가는 국민을 위하여 희소한 가치의 배분권을 권위적으로 행사한다. 이를 국가의 권력행사라고 볼 수 있으며, 국가권력을 정치권력과 동일시한다는 관점에서 국가학파들은 국가의 활동과 작용을 정치라고 이해한 것이다. 정치활동의 단위를 국가로 인정하여 정치학은 국가학이라는 관점에서 정치를 이해하는 것이다. 대표적인 국가학파로는 게텔(R. G. Gettell), 가너(J. W. Garner), 길크라이스트(R. N. Gilchrist) 등이 있는데, 길크라이스트는 '정치학은 국가와 정부의 문제를 연구하는 학문'이라고 이해하였다.[5] 국가의 목적과 기능 그리고 존재양식과 관련된 모든 것을 정치라고 이해하는 시각을 국가현상설이라고 한다.

---

4) Brian Redhead(ed.), *Political Thought From Plato to NATO*(Chicago, III: Dorsey Press, 1988).
5) R. N. Gilchrist, *Principles of Political Science*, 8th. ed., (India: Orient Longman, 1975), p.1.

국가가 물리적 강제력을 합법적으로 동원하는 등의 국가권력 행사는 정치적 활동이나 행위라고 볼 수 있는 부분이 많다. 하지만 국가의 모든 활동과 작용을 정치라고 볼 수 없는 것이다. 인간과 국가의 상호작용과 상호관계 중에는 정치활동, 행정활동, 경제활동, 교육활동, 봉사활동 등 다양하기 때문이다. 예컨대 국가의 행위 중 국민의 출생 및 사망신고, 여권발급, 세금 부과 및 징수, 건축 인허가권 행사 등은 정치가 아닌 행정활동이라고 볼 수 있다. 국가는 정치 이외의 많은 활동을 수행하기 때문에 국가의 행동을 모두 정치라고 볼 수 없다.

(2) 집단의 활동

사회학자들이 주장하는 이론으로서 집단현상을 정치라고 보는 견해다. 이는 정치를 국가의 활동에 한정시키지 않고 사회집단 또는 모든 공공단체의 활동까지를 정치로 보는 시각이다. 현대는 집단의 시대라고 불릴 만큼 다양한 집단들이 상호 작용하는 가운데 사회활동이 전개되는 다원주의 사회라고 볼 수 있으며, 다원적인 집단들의 활동을 정치라고 이해하고 있는 것이다. 인간은 개별적으로 정치적 요구를 제기하기도 하지만 세력화하여 조직적으로 행동하는 것이 보다 효율적이기 때문에 집단을 결성하고, 국가의 정책결정과정에 압력을 행사하는 등 영향력을 행사한다. 가치의 배분을 둘러싸고 전개되는 국가와 집단 간의 상호작용을 정치라고 볼 수 있다. 하지만 정당이나 특정 정치인 또는 정치세력을 지원할 목적으로 결성한 후원집단의 활동은 정치와 직접적인 관련이 있지만 모든 집단의 활동을 정치라고 간주하는 것은 지나치게 포괄적이다. 예를 들면 종교집단, 친목단체, 동호회, 동창회, 기업집단 등의 활동을 정치의 범위에 포함시킬 수는 없기 때문이다. 집단현상설을 주장하는 대표적인 학자는 굼플로비치(L. Gumplowicz), 벤틀레이(A. Bentley) 등을 들 수 있다.

(3) 지배와 피지배관계

정치학에서 가장 기본적이고 핵심개념인 정치권력을 중심으로 정치를 이해하는 입장이다. "권력의 획득·유지를 둘러싼 항쟁 및 권력행사를 정치활동이라 말하고 그 행동양상을 정치현상"이라고 보는 것이다.[6] 정치를 지배와 복종관계로 규정하여 정치권력의 획득·유지는 물론 국가권력의 강제적인 사회통제 작용 등을 정치권력과 관련지어 정치를 이해하는 것이다. 이를 실력설이라고 부르기도 한다. 그러나 지배와 복종의 관계는 정치에만 나타나는 독특한 현상이 아니고 모든 공사조직을 막론하고 위계질서가 있기 때문에 상하관계, 명령과 복종관계 등이 발견된다. 예컨대 집안에도 위계질서가 있으며, 가장의 지시가 강력하게 수용된다. 기업은 물론 폭력집단에도 명령과 복종관계가 형성되어 있다. 심지어 종교집단에도 지배와 피지배관계가 발견된다. 이들 간에 형성된 권력관계를 정치라고 볼 수 없는 것이다. 따라서 모든 지배와 피지배관계를 정치로 볼 수 없다.

(4) 계급투쟁

마르크스 – 레닌주의 시각에서 경제적 착취를 목적으로 하는 계급적 지배를 정치라고 이해하는 것이다. 주로 경제적인 관점에서 생산수단을 소유하고 있는 유산계급인 부르주아와 무산계급인 프롤레타리아 간에 잉여가치를 둘러싸고 전개되는 계급투쟁을 정치라고 보는 것이다. 마르크스가 「공산당선언」(Manifesto of the Communist Party)에서 밝힌 바와 같이 "현재까지 존재하는 사회의 모든 역사는 계급투쟁의 역사(history of class struggle)"라는 입장에서 정치의 개념을 규정하는 것이다.[7] 그러나 정치는 경제계급 간의 투쟁적 성격보다는 정치계급 간의 권력다툼 성격이 강한 것임에도 불구하고 지나치게 경제적 시각에서 정치의 의미를 이해하고 있다.

---

6) 『정치학대사전』(서울: 박영사, 1975), p.1321.

7) Robert C. Tucker(ed.), *The Marx – Engels: Reader*(New York: W. W. Norton & Company, 1978), p.473.

(5) 가치창조

정치를 사회가치의 창조 또는 촉진 현상이라고 보는 견해다. 정치를 이상적인 국가를 실현하고자 하는 행위로 본다든가 또는 공동의 선이나 복지를 달성시키는 데 적합한 수단을 발견하여 적용하는 행위로 보려는 입장이다. 가치창조설은 정치의 기능과 관련이 있기 때문에 정치기능설이라 부르기도 한다. 정치의 기능으로 ① 사회질서(social order) 유지[8] ② 사회정의(social justice) 구현 ③ 국민 복지(national welfare) 증진 등을 들고 있다.

2. 정치의 개념

정치의 개념을 이해하는 시각은 다양하다. 어느 한 입장을 가지고 정치에 대한 정의를 일반화하는 것은 문제가 있으나, 그중의 하나인 이스튼(David Easton)의 견해를 따르고자 한다. 이스튼은 정치를 "사회를 위하여 가치를 권위적으로 배분하는 활동"(the authoritative allocation of values for a society)이라고 정의하였다.[9] 가치의 권위적 배분은 "누가 무엇을 언제 어떻게 얻느냐?"(Who gets, what, when and how?)[10]와 관련이 있다. 이스튼의 정치에 대한 견해를 이해하려면 사회, 가치, 권위, 배분 등 네 가지 관점에서 보다 구체적인 논의가 있어야 할 것이다.

---

8) 사회가 존속하기 위한 조건으로 ① 일정한 수와 종류의 인간, ② 적절한 기능의 분화, ③ 물품과 노역의 생산 및 분배, ④ 성원의 사회화, ⑤ 인간의 행위를 통제하는 질서 등을 들고 있다. 그중에서 정치는 사회적 질서를 유지하는 기능이라고 한다. 서울대학교 정치학과 교수 공저 『정치학의 이해』(서울: 박영사, 2004), pp.9 - 12.

9) David Easton, *The Political System: An Inquiry into the State of Political Science*(New York: Alfred Knopf, 1953), p.128; *A Framework for Political Analysis*(Englewood Cliffs, NJ: Prentice - Hall, Inc., 1965a), p.50.

10) Harold D. Lasswell, *Politics: Who Gets, What, When, How?*(New York: McGraw - Hill Book Company, 1936)

(1) 사회

사회란 개인과 집단이 인간공동체를 형성하여 질서를 유지하는 가운데 공존과 공생을 모색하는 장이라고 할 수 있다. '사회를 위하여'라는 의미는 궁극적으로 사회를 구성하고 있는 인간 공동체(community)를 위하는 것이라고 이해할 수 있으며, 사익을 목적으로 하는 것이 아니라 공익을 위한다는 의미가 내포되어 있다. 정치가 권력엘리트 자신, 가족, 친인척, 동창, 동향 사람, 측근, 자기 세력만의 이익을 위해서 존재하는 것이 아니라 사회를 구성하고 있는 '공동체 전체의 이익을 위하여' 필요한 것이다. 정치가 소수를 위한 것(politics for the few)이 아니라 다수를 위한 것(politics for the many)이라는 의미가 있는 것이다.

(2) 가치

가치란 인간의 욕구나 기대를 충족시켜 줄 수 있는 부, 재화, 자원과 같은 물질적인 것과 권력, 존경, 명예와 같은 비물질적인 것이 있다. 라스웰(Harold D. Lasswell)은 사회가치를 권력(power), 존경(respect), 애정(affection), 정직(rectitude), 복지(well – being), 부(wealth), 문명(enlightenment), 능력(skill) 등으로 분류하였다. 페녹(Roland Pennock)은 안전(security), 정의(justice), 자유(liberty), 복지(welfare) 등으로, 알몬드와 포엘(G. A. Almond and B. G. Powell)은 복지(welfare), 안전(security), 자유(liberty) 등을 들고 있다.[11] 많은 사람들이 추구하는 가치는 희소하고 제한적이기 때문에 경쟁과 경합의 대상이 된다. 가치가 풍부하고 독점의 가능성이 적으면 시장원리에 따라 분배할 수 있지만, 희소한 가치는 경합성이 강하기 때문에 정치적 원리나 정치적 선택에 의하여 배분되어야 한다.

---

11) Harold D. Lasswell, *Power and Personality*(New York: W. W. Norton & Company Inc., 1948), p.17; Roland Pennock, "Political Development, Political Systems and Political Goods", *World Politics*, Vol.18, No.3(April 1966), pp.415 – 434; Gabriel A. Almond and G. Bingham Powell, Jr., *Comparative Politics: System, Process and Policy*(Boston: Little, Brown and Company, 1978), pp.402 – 415.

(3) 권위

권위(authority)란 "㉯가 원하든 원하지 않든 ㉮가 원하는 것을 ㉯가 하도록 하는 ㉮의 능력"이라고 정의할 수 있다.[12] 권위는 정치권력 행사의 한 유형이라고 볼 수 있으며, 정치권력의 정당성(legitimacy)에 기초하는 것으로 배분결과에 대한 경합자들의 수용에 필요한 구속요건이다. 배분결정을 이해당사자들이 수용하지 않으면 배분행위가 발생할 수 없다. 결국 배분결과에 대한 실행이 불가능하게 된다. 배분결과가 수용될 때 사회질서를 유지할 수 있으며, 정치체제의 기능이 수행될 수 있다. 정치에 있어서 가치의 배분권은 국가, 정부 혹은 통치체 등의 합법적이고 공식적인 권위에 있다.

경제도 재화와 용역을 배분하는 활동이지만 본질적으로 다른 점은 경제적 배분은 시장에서 수요자와 공급자 간의 사적인 합의와 계약에 의하여 이루어지며 공권력에 의한 강제적인 결정이 아니다. 반면에 정치적 결정은 동의와 합의를 존중하지만 무조건 따라야 한다는 강제적인 구속력이 있다.

(4) 배분

배분이란 희소한 가치를 평화적으로 공정하게 나누어주는 것이다. 그렇다고 경합성이 강한 희소한 자원을 모든 사람에게 똑같이 나누어주는 공평분배를 의미하는 것은 아니다. 배분행위 자체나 배분과정이 합리성과 공정성을 유지해야 한다는 것이다. 배분행위란 희소자원을 획득하기 위해서 발생하는 갈등과 경쟁을 조정하고 통제하는 일종의 메커니즘이라고 볼 수 있다. 배분 방법은 세 가지가 있다.[13]

① 이미 타인이 소유하고 있는 가치를 빼앗는 방법
② 가치를 획득하려는 타인의 의도를 저지하여 배분받지 못하도록 하는 방법

---

12) David Easton, "The Perceptions of Authority and Political Change", in Carl J. Frederich(ed.), Authority(Cambridge, Mass.: Harvard University Press, 1958), pp.178 – 181.
13) Easton(1965a), p.50.

③ 가치에 접근할 수 있는 기회를 타인에게 양보하는 방법

가치의 배분활동은 국가의 공공정책 결정을 의미하며 국가에 의한 공공
선택(public choice)이라고 할 수 있다. 국가의 선택결과인 정책에 대한 사회
의 수용과 집행은 권력작용이라고 볼 수 있다. 가치의 권위적인 배분활동을
다른 말로 '정치권력을 행사하여 공공정책을 결정하는 활동'이라고 해석할
수 있다.14)

가치를 배분하는 것은 정책을 결정하는 것을 의미하기 때문에 정치학에
서 정책 중심적 접근법은 핵심적인 내용이 되고 있다. 정책은 정치공장의
선택(selects of the political factory)으로서 정치에서 가장 중요한 기능이라고
볼 수 있다.

제2절 정치과정의 개념

1. 정치과정의 정의

과정(process)이란 동태적으로 진행되는 경과이다. 정치과정은 정치의 동
태를 분석하는 것으로 정치적 인간으로서 개인이 국가의 정책결정에 영향
력을 행사하기 위한 상호작용을 포함하여 다양한 정치행위자들의 행태에
대한 분석이라고 볼 수 있다. 결국 동태의 분석을 통하여 정치의 본질을 파
악할 수 있는 것이다.

전통적인 정치학의 접근법은 입법·사법·행정제도와 정부기구를 중점적
으로 연구하였다. 이는 연구의 초점을 정치과정을 규제하는 규칙·규정·
운영절차 등 제도적·형식적 분석에 두는 것이다.

---

14) W. Phillips Shively, *Power and Choice: An Introduction to Political Science*(New York: Random House, 1987), pp.11 - 12.

마르크스주의자들은 지배체제의 유지·강화와 피지배계층의 반체제운동과 대결을 정치과정으로 규정한다. 정치과정을 동의와 합의를 이끌어내는 평형과정이 아닌 모순과 대립의 변증법적 투쟁과정으로 보는 것이다. 물론 정치과정이 정치권력을 획득하고 있는 지배세력과 정치권력에 도전하는 대항세력 간의 권력 투쟁적인 측면이 있는 것은 사실이다. 특히 정치가 발전되지 않은 국가일수록 권력투쟁형 정치현상이 일반화되어 있기 때문에 마르크스주의자들의 입장이 일면 타당성을 얻기도 한다. 그러나 마르크스주의자들이 강조하는 계급투쟁은 정치계급이 아닌 경제계급을 의미한다.

정치는 정치커뮤니티 사이에 혹은 내부에서 ① 공공가치(public values)의 표출, 논의, 규정 ② 개인, 이익집단, 지방 및 지역정부 그리고 국가와 같은 다양한 행위자들이 필요로 하는 요구의 만족, 본질적 이익의 수호, 감지된 욕구의 촉진을 위한 협력과 권력투쟁, 그리고 ③ 정책판단과 집행의 과정이라고 이해하기도 한다.[15]

정치과정을 '사회를 위하여 가치를 권위적으로 배분하는 과정'이라고 정의하고자 한다.

(1) 정치과정은 사회를 위하여 가치를 권위적으로 배분할 수 있는 능력을 가진 정치체제가 환경과의 상호작용을 통하여 어떻게 유지되고 기능하는가에 대하여 연구하는 것이다.

(2) 정치과정은 정치권력을 획득·유지하려는 사람들의 행동과 과정에 대하여 연구하는 것이다. 가치의 권위적인 배분권을 획득하려는 권력추구자들의 행태와 정치권력의 변동과정에 대하여 연구하는 것이다.

(3) 정치과정은 다원적인 이익의 경합과정의 전개에 대하여 연구하는 것이다. 다시 말해 시민사회가 국가의 정책결정과 집행과정에 영향력을 행사하는 상호작용에 대하여 연구하는 것이다. 시민사회의 다양한 세력은 자신들이 추구하는 가치를 보다 유리하게 배분받기 위해서 정책결정자는 물론 경쟁 집단과 상호작용을 한다.

---

15) Neal Riemer and Douglas W. Simon, *The New World of Politics: An Introduction to Political Science*, 4th. ed., (Alta Loma, CA: Collegiate Press, 1997), p.3.

(4) 정치과정은 합의와 동의를 도출하는 평형과정이다. 시민사회의 다양한 행위자는 자신들이 추구하는 가치를 배분받기 위해서 경합하지만 국가에 의하여 권위적으로 결정되면 경합의 종식과 더불어 사회통합을 이룩하고 평형을 유지하게 된다. 그러나 가치배분이 편파적으로 불공정하게 이루어진다면 배분결과에 대하여 불이익을 받게 되는 집단의 수용거부 현상이 나타나는 등 갈등을 빚을 가능성이 있다.

2. 정치과정의 패러다임

비교정치학에서 정치체제론은 자유주의 패러다임(paradigm), 국가론과 계급론을 급진적 패러다임, 조합주의(corporatism)를 보수적 패러다임으로 분류하고 있다.[16] 1950~1960년대 정치학과 사회학의 사회 중심적(society - centered) 접근법은 다원주의와 구조 - 기능주의의 지배적인 특징이었다.[17] 종래의 정부나 국가개념이 정치체제 개념으로 대체되었다. 그러나 1960~1970년대는 다원주의 접근법에 대한 비판과 대안이 제기되는 시기였다. 1970년대 국가론이 재등장한 것은 근대화와 산업화 등 사회·경제적인 변동과 다원주의의 문제점과 관련하여 자본주의 국가의 유형과 활동, 국가와 사회, 국가와 경제 등에 있어서 국가의 역할을 재조명하는 계기가 마련되었기 때문이다.

다원주의는 사회 중심적 접근법이기 때문에 국가의 중요성을 인정하지 않는다. 그러나 근대화와 산업화 과정에 군부 또는 관료적 권위주의의 등장과 국가 개입주의가 현실적으로 나타나 다원주의의 대안으로 국가 중심적 접근법이 재등장하게 된 것이다.

정치과정을 분석하는 포괄적인 틀에서 조합주의는 배제하고자 한다. 왜냐

---

16) Louis J. Cantori & Andrew H. Ziegler, Jr., (ed.), *Comparative Politics in the Post - Behavioral Era*(Boulder, Colorado: Lynne Rienner Publishers, 1988), pp.77 - 158.

17) Theda Skocpol, "Bringing the State Back in", in Bernard E. Brown and Roy C. Macridis(ed.), *Comparative Politics: Notes and Readings*, 8th ed., (Belmont: Wadworth Publishing Company, 1996), pp.57 - 58.

하면 조합주의는 국가조합주의든 사회조합주의든 국가론의 일부로 간주될 수 있으며, 정치과정의 전반적인 측면을 분석하기에는 미흡하다. 슈미터(Philippe C. Schmitter)의 견해와 같이 조합주의는 일종의 국가와 이익집단 간의 '이익대표체계(system of interest representation)'이기[18] 때문에 정치과정을 이익집단과 국가라는 제한된 시각에서 볼 수밖에 없다. 조합주의는 사회를 위하여 가치를 권위적으로 배분하는 정치과정에 참여하는 시민, 집단, 정당 등의 다양한 영역을 포함하기 어렵다는 문제점이 있다. 정치과정의 주요한 패러다임으로서 정치체제론과 국가론을 살펴보고자 한다.

제3절 정치체제론

1. 정치체제론의 접근법

(1) 이스튼(David Easton)의 체계모형

정치체제(political system)란 종래의 국가(state or nation)와 정부(government)란 용어 대신 정치학에 새롭게 등장한 개념으로서 체제이론(system theory)은 이스튼에 의하여 최초로 정치학에 도입되었다. 이스튼은 "정치생활(political life)을 인간행태의 체계"(system of human behavior)라고 규정하였다.[19] 정치생활은 질서, 권력, 국가, 공공정책, 의사결정 또는 합법적인 무력사용의 독점과 같은 것이며,[20] 정치체계는 "인간이 참여하는 모든 사회행태 중에서 사회를 위하여 가치를 권위적으로 배분하는 활동과 관련된 일단의 상호작용"(a set of interaction)이라고 정의하였다.[21] 정치적 상호작용은

---

18) Philippe C. Schmitter, "Still the Century of Corporation?" *Review Of Politics*, Vol.36(January 1974), pp.85 - 131.

19) Easton(1965a), p.23.

20) Ibid., p.49.

21) Ibid., p.57.

총체적인 환경 속에서 행해지는 경제, 사회, 문화 등 다양한 사회적 상호작용과 구분되는 정치적 역할, 정치집단, 정치활동과 같이 경계(boundary)를 둘 수 있다.[22]

이스튼은 정치체제의 정체성(identity)을 '가치의 권위적 배분활동'으로, 막스 베버(Max Weber)는 '정당한 강제력'(legitimate force)으로, 다알(Robert A. Dahl)은 '권력(power)·영향력(influence)·권위(authority)·지배(rule)'로, 라스웰과 카프란(H. D. Lasswell and Abraham Kaplan)은 '가혹한 박탈(severe deprivation)'로 보았다.[23]

정치체제는 "사회를 위하여 가치를 권위적으로 배분할 수 있는 기능과 능력을 가진 합법적인 권위구조"라고 할 수 있다. 이스튼은 정치체제가 총체적인 환경 속에서 사회를 위하여 가치를 권위적으로 배분하는 흐름을 투입(input), 전환(conversion), 산출(output), 환류(feedback)라는 시각에서 정치체제의 동태적인 반응 모형을 <그림 1-1>과 같이 나타냈다.

〈그림 1-1〉 정치체제모형

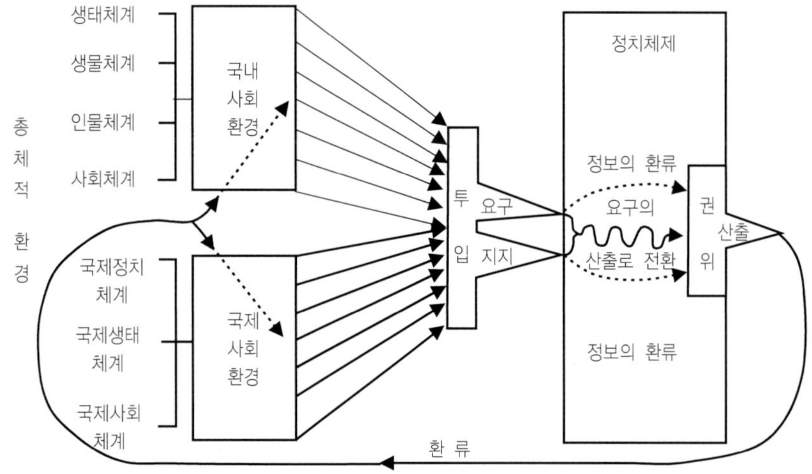

출처: Easton(1965a). p.110.

(2) 알몬드(Gabriel A. Almond)의 구조 – 기능주의 모형

이스튼의 정치체제론은 알몬드와 포엘(Gabriel A. Almond and Bingham G. Powell)에 의하여 구조 – 기능주의(structural – functionalism)로 발전되었다.[24] 알몬드는 정치체제란 "의회·법원·행정기구를 포함하는 정부제도(governmental institution)뿐만 아니라 정치와 관련된 모든 구조(structure)"라고 이해하였다.[25] 정치체제의 기본단위는 정치적 역할(political role)이며, 일단의 역할(a set of roles)을 구조라고 보았다. 정치체제는 제도(institution)와 정치 관련 구조(structure)를 구성요소로 하며, 특별한 활동, 즉 기능(function)을 수행한다. 정치체제의 기능을 세 가지로 분류한다.

① 체제수준의 체제 유지와 적응을 위한 정치충원, 정치사회화, 정치 커뮤니케이션 기능

② 과정수준의 투입된 요구와 지지를 전환과정을 거쳐서 권위적인 정책으로 산출하는 이익표출, 이익취합, 정책형성, 정책집행과 재정(adjudication) 기능

③ 정책수준에서는 정책, 정책의 결과(outcome), 정책업적과 관련된 정치체제의 행태

22) David Easton, "An Approach to th Analysis of Political System", *World Politics*, Vol.9, No.3(April 1957), pp.383 – 400.

23) Easton(1953), p.130, (1965a), p.50; Max Weber, "Politics as a Vocation", in H. H. Gerth and C. Wright Mills, (ed.), *From Max Weber: Essays in Sociology*(New York: Oxford University Press, 1946), pp.77 – 78; Robert A. Dahl, "Power as Control of Behavior", in Steven Lukes(ed.), *Power*(New York: New York University Press, 1986), p.39; Harold D. Lasswell and Abraham Kaplan, *Power and Society*(New Haven: Yale University Press, 1950).

24) Almond and Powell(1978).

25) Ibid., p.5.

2. 정치체제와 환경과의 상호작용

(1) 투입

투입은 환경으로부터 정치체제로 국민의 요구나 지지가 전달되는 것이다. 투입에는 ① 요구(demands)와 ② 지지(support)가 있다. 정치체제가 사회에 존재하고, 사람들이 정치활동에 참여하는 것은 요구와 지지를 통해서 이루어진다. 개인이나 집단은 다양한 욕망을 가지고 있기 때문에 현실 정치에 만족하기 어려울 뿐만 아니라 끊임없이 제기되는 새로운 욕구 때문에 정치적 요구를 제기하게 된다. 요구란 국민이 정치체제에 대하여 어떤 정책을 입안하고 집행해 달라는 국민의 희망이나 기대 등과 같은 국민의 소리(voices of the people)라고 볼 수 있다.

요구의 유형은 ① 재화나 용역의 분배 ② 공공안전, 시장통제, 결혼질서유지 등과 같은 행동의 규제 ③ 세금의 증액과 감소 ④ 정보의 공개나 제공 ⑤ 정치과정의 참여 ⑥ 안정과 질서 등 다양한 형태를 띠게 된다.[26]

정치체제는 국민의 요구와 더불어 국민의 지지를 받아야 안정을 유지하고 원활하게 운영될 수 있다. 지지는 정치체제의 산출결과가 국민에게 만족감을 주었을 때, 국민들이 정치체제에 대하여 호의적인 태도를 보이는 것이다. 지지란 정치공동체(political community), 헌정체(regime), 권위(authority) 등의 대상에 대하여 애정, 신뢰감, 자신감을 나타내는 것이다.[27]

지지의 유형에는 ① 정치자원제공(political resources support)과 ② 복종적 지지 또는 순응(subjective support or compliance) 등이 있다.[28] 정치자원의 제공은 지지투표를 하거나 선거운동에 참가하여 정치 지도자나 특정 정당

---

26) Ibid., p.10.

27) David Easton and Jack Dennis, *Children in the Political System: Origins of Political Legitimacy* (New York: McGraw-Hill Book Company, 1969), pp.57-61.

28) 이스튼(Easton)은 지지의 유형을 두 가지로 분류하였다. 특별한 지지(specific support)와 포괄적 지지(diffuse support)로 나누고 있다. 특별한 지지는 특정정당이 세금을 감면해 주는 정책을 내세우기 때문에 그 정당을 지지하는 것과 같이 구체적인 보상과 맞교환하여 지지하는 것이고, 포괄적 지지는 조건 없는 신뢰, 애착과 맹목적인 충성심, 확고부동한 애국심과 같이 정치체제나 권위에 대하여 성원을 보내는 것이다. David Easton *A Systems Analysis of Political Life*(New York: Wiley, 1965), p.273.

을 지지함으로써 정치권력의 획득과 정통성을 부여하는 것이다. 복종적 지지는 납세나 군복무 등과 같이 물질적 자원과 인력을 제공하는 일, 법과 규정을 지키는 일, 정부의 권위·상징·의식의 참여 등을 통한 지지와 성원을 보내는 일이다. 복종적 지지는 정치체제가 산출한 정책을 집행하는 데 협력하고 순응하는 것을 의미한다.

투입기능은 ① 정치 엘리트 ② 국제체제 ③ 국내사회가 담당한다. 대통령이나 장관, 의원과 같은 정치 엘리트가 위로부터 일방적으로 투입기능을 담당할 수도 있으며, 국제체제로부터 위협, 침략, 국제환경의 급변 등에 따른 투입, 그리고 국내사회의 이익집단, 정당, 시민단체, 시민 등 비정부기구에 의해 아래로부터 투입이 이루어지기도 한다. 민주국가에서 가장 이상적인 투입기능은 아래로부터 이루어지는 이익표출이라고 볼 수 있다. 정치 엘리트의 지시로 투입이 일방적으로 이루어지는 것보다 국민의 소리가 정상적인 과정을 거쳐 정치체제에 투입되는 것이 가장 바람직한 것이다.

(2) 전환과 산출

국민의 요구와 지지가 정치체제에 투입되었을 때 정치체제는 반응을 나타낸다. 정치적 권위(political authority)는 국민의 요구를 수용하거나 거부하는 등의 반응을 보인다. 전환은 국민의 요구를 권위적인 정책으로 산출하는 것이다.

투입내용이 정책으로 전환되는 데 작용하는 요인은 다양하지만 투입이란 측면에서 보면 ① 투입량 ② 요구내용 ③ 요구의 강도 ④ 투입방법에 따라서 좌우된다. 투입량이 많거나, 요구의 내용이 국민적 차원의 관심사와 같이 중요하거나, 요구의 강도가 높거나, 효율적인 방법으로 투입되었을 때 정책으로 전환될 가능성은 그만큼 높아진다.

투입과 산출 간의 관계에서 정치체제는 긴장(stress)에 직면하게 된다.[29] 정치체제는 ① 요구 때문에 생기는 긴장(demand stress)과 ② 지지 때문에

---

29) 정치체제의 긴장에 관하여 다음을 참고할 것. Easton(1965a), pp.77 - 101.

생기는 긴장(support stress)을 받는다. 요구에 대한 긴장은 투입량과 산출량의 불균형에서 발생한다. 투입량이 많은 데 비해 산출량이 적다든가, 산출 결과가 불공정하게 이루어졌다든가, 전환과정이 효율적이지 못할 경우 요구를 제기한 사람이나 집단은 불만을 갖게 된다. 정치체제에 투입되는 요구는 많은데 상대적으로 산출량이 적을 경우 과부하(overload) 현상을 일으키게 되며 체제의 존속과 유지에 문제가 생긴다. 투입량과 산출량이 균형을 이루면 체제는 현상을 유지할 수 있다. 가장 바람직한 것은 투입량이 체제에 약간 부담이 될 정도로 많은 것이 좋다. 그래야 체제가 약간의 긴장상태를 유지하면서 국민의 요구를 정책으로 전환하려는 적극적인 모습을 보일 수 있기 때문이다.

한편 아래로부터의 투입량은 적은데 산출량이 많은 경우 투입과 산출의 불균형 현상을 가져온다. 그러나 이런 경우는 아래로부터의 투입이 미약한 반면에 위로부터의 투입기능이 활발하기 때문에 일어나는 현상으로 체제의 유지와 존속에 전연 문제가 되지는 않는다. 체제도 긴장을 받을 이유가 없다. 왜냐하면 국민의 투입기능이 약한 반면에 정치 엘리트 주도로 투입이 이루어지고, 국민이 원하는 것 이상의 정치적 산출을 가져오기 때문이다. 정치엘리트가 정치과정을 주도하는 측면도 있다. 하지만 산출 내용이 국민의 잠재적인 기대와 무관할 경우는 문제가 될 수 있다. 자칫 국민의 의사를 무시하는 정책결정이란 비판의 소지가 있다.

정치체제가 투입 측면에서 긴장을 받는 것은 지지의 하락이나 철회에 있다. 국민이 정치자원의 제공을 거부하고 정부의 정책에 반발하거나 정치체제의 수행실적에 불만을 표출하고 법을 어기고 순응하지 않으면 체제는 긴장에 직면하게 된다. 민주주의 국가에서 체제의 존속과 유지에 가장 부정적으로 작용하는 것이 바로 국민의 지지철회라고 볼 수 있다. 국정운영에 대한 국민의 지지도가 낮은데 이를 만회하지 못하면 정치 불신이 누적되고 급기야 정치 불안과 위기로 발전되어 체제의 유지가 불가능하게 될 수도 있다.

정치체제는 또한 산출 측면에서 긴장을 받는다. 산출결과를 국민이 수용하지 않을 때 긴장상태에 놓이게 된다. 정부정책에 대해서 정책의 적용대상자들이 거부할 경우 체제는 긴장을 받게 된다. 예를 들면 정부가 특정한 이익집단과 유착하여 가치를 불공정하게 배분했을 경우 항의나 저항을 받는 경우가 있다. 또한 일관성을 상실하는 잦은 정책변동 등으로 정부의 권위가 불신을 받을 때 산출 측면에서 긴장을 받을 수밖에 없다.

정치체제의 산출의 유형은 추출적(extractive), 분배적(distributive), 규제적(regulative), 상징적(symbolic)인 것으로 분류할 수 있다. 정책이 궁극적으로 추구하는 결과(outcomes)는 국내외의 복지(welfare), 안전(security), 자유(liberty) 등과 같은 정책재화(policy goods)라고 볼 수 있다.[30]

정책의 집행결과는 환류과정을 거쳐 재투입되거나 또는 종결되기도 한다. 정책집행 결과 최초에 설정한 정책목표를 효율적으로 달성하여 문제가 해결되었을 경우 그 정책은 종결된다. 집행한 정책에 대한 국민의 요구나 지지가 재투입될 경우 정책은 계속성을 유지하게 되며, 또한 환류결과는 새로운 정책개발의 필요성 여부를 판단하는 데 영향을 미친다.

(3) 환경

정치체제는 국내외적인 환경 속에서 의도적으로 집합목적(collective goals)을 추구한다. 정치체제가 기능하는 데 국내외적인 환경과 상호작용을 하게 된다. 정치체제와 환경은 상호영향을 주고받는 상호의존관계를 형성하고 있다. 정치체제는 국내의 생태, 자연, 자원, 인물, 경제, 교육, 기술, 윤리·도덕, 문화 등의 환경과 국제정치, 경제, 사회, 문화, 생태 등 국제환경과 국제체제, 국제질서 등의 영향을 받는다. 국내외의 총체적인 환경은 정치체제 수준, 과정수준, 정책수준에 직간접으로 영향을 미치고, 환경은 또한 정치체제의 영향을 받는다. 국내 환경변수 중에서 정치문화는 정치체제의 효율적 운영에 커다란 영향을 미친다.

---

30) Almond and Powell(1974), p.398.

제4절 국가론

1. 국가의 정의

국가에 대한 관심은 정치학의 역사와 더불어 시작되어 오늘에 이르기까지 중요한 연구의 대상이 되고 있다. 게텔(R. G. Gettell)은 "정치학은 국가학으로 정의될 수 있다."고 했으며, 가너(J. W. Garner)는 "간단히 말하면 정치학은 국가와 더불어 시작하고 끝난다."고 했다.[31] 옛날에는 정치학을 국가학이라고 할 정도로 국가에 대한 관심이 컸다. 그러나 얼마 전까지 사회과학의 지배적인 이론과 연구 주제는 모든 것을 망라하면서도 국가에 대하여 소홀하였다. 국가는 법적·형식주의와 연계된 구식 개념으로 취급받았으며 정치체제론이 그 자리를 대신 차지하였으나, 다원주의에 대한 문제점과 제3세계의 정치경제 변동과 관련하여 1970년대 국가론이 재등장하게 되었다.

국가에 대한 개념은 다양하게 정의되고 있다. 막스 베버(Max Weber)는 국가를 "주어진 영토 내에서 합법적으로 물리력 사용의 독점을 주장하는 인간공동체"로,[32] 스카시폴(Theda Skocpol)은 "정치적 게임의 규율, 정부의 리더십, 정책 등이 포함된 권위의 장(arena)"이라고 정의하였다.[33]

밀리반드(Ralph Miliband)는 "국가는 국가체제(state system)와 국가 엘리트(state elite)로 구성되었다."고 하면서 "국가체제는 정부, 행정, 군, 경찰, 법원, 지방정부(sub-central government), 의회 등과 같이 국가권력을 행사할 수 있는 기구"로 보았다. 국가체제는 정치체제와 동의어가 아니라고 하였다. 왜냐하면 정치체제는 정치과정과 국가기구의 실질적인 운영에 영향을

---

31) R. G. Gettell, *Principles of Political Science*(New York: Ginn and Co., 1922), p.1 ; J. W. Garner, *Political Science and Government*(New York: American Books Co., 1928), p.9.

32) Max Weber, "What is a State?" in Brown and Macridis(1996), p.43.

33) Theda Skocpol, *State and Social Revolutions: A Comparative Analysis of France, Russia, and China*(London: Cambridge University Press, 1979), p.25.

미치는 정당, 이익집단과 같은 기구가 포함되지만 국가기구가 아니기 때문이다. "국가 엘리트는 국가기구에서 지도적인 위치를 차지하고 있는 사람들"이라고 하였다.[34]

스테판(Alfred Stepan)은 "국가는 정부 그 이상의 것으로 시민사회에 존재하는 많은 관계뿐만 아니라 시민사회와 공식권위 간의 관계를 설정하려고 시도하는 정치에서 계속성 있는 행정적·법적·관료적·강제적 체제들이 포함된다."고 보았다.[35]

노드링거(Eric A. Nordlinger)는 "국가는 사회의 모든 세력을 규제하는 결정을 내리고 적용하는 권위를 지닌 자리에 있는 모든 개인"으로 이해하였다.[36]

국가를 합법적인 권위와 물리적 강제력, 정부의 기구, 국가 엘리트, 공공정책 등과 관련하여 이해하고 있다는 특징을 발견하게 된다. 국가는 "합법적인 권위를 가지고 국민에게 영향을 미치는 정치적·이념적·사회적·경제적인 가치를 배분하는 행위자(actor)인 동시에 제도(institution)"라고 정의할 수 있을 것이다.

2. 국가의 기원

국가가 어떻게(how) 그리고 왜(why) 생겨났는지 그 기원에 대하여 역사적·인류학적으로 상이한 조건과 환경 속에서 생성되었을 것이라고 주장하고 있다. 하지만 사회과학자, 신학자, 정치철학자 등에 의하여 국가의 기원에 대한 다양한 이론이 발전되었지만 국가의 기원에 대하여 확인할 수 있는 방법이 없다.

일반적으로 국가의 기원에 대하여 ① 신권설(divine theory) ② 사회계약

---

34) Ralph Miliband, *The State in Capitalist Society*(London: Weidenfeld and Nicolson, 1969), pp.49-55.
35) Alfred Stepan, *The State and Society: Peru in Comparative Perspective*(Princeton, NJ: Princeton University Press, 1978), pp.xii-xiii.
36) Eric A. Nordlinger, *On the Autonomy of the Democratic State*(Cambridge, Mass: Harvard University Press, 1981), p.11.

설(social contract theory) ③ 정복설(force theory) ④ 자연발생설(natural theory) ⑤ 착취설(theory of exploitation) ⑥ 역사적 진화설(theory of historical evolution) 등을 들고 있다.[37]

(1) 신권설

국가의 기원 중에서 가장 오래된 것으로 국가는 신에 의해서 만들어졌다는 신학적 국가설이다. 신권설은 국가에 대한 복종은 종교적 의무와 마찬가지였으며, 동양에서 왕은 하늘이 낸 천자라는 믿음과도 관련이 있다. 왕은 신이 지상에 내려 보냈기 때문에 왕에 대하여 절대 복종해야 하며, 왕은 신만이 처벌할 수 있다는 것이다. 초기 히브리(Hebrew) 사상은 하나님이 정부의 질서를 창조했다고 믿었으며, 기독교는 에덴동산의 아담의 죄에 대한 벌로써 국가를 만들었다고 하였다. 중세유럽에서 교황과 신성로마 황제 간의 우위다툼이 있었지만 신권설을 의심의 여지없이 받아들였다. 신권설은 왕권신수설(divine right of kings)의 발전에 기여하였다.

(2) 사회계약설

국가는 지배자와 국민 간의 계약에 의하여 만들어졌다는 이론으로 왕권신수설에 대한 국민주권의 승리에서 발전된 이론이다. 사람들은 모든 자연권을 절대군주에게 위임하고, 그 대가로 절대군주는 인간의 자연권을 보호하기로 상호 합의가 이루어져 국가가 창설되었다는 것이다. 사회계약설을 주장한 사람은 홉스(Thomas Hobbes), 로크(John Locke), 루소(Jean Jacques Rousseau) 등을 들 수 있다.[38]

홉스는 「Leviathan」(1651)에서 자연 상태(state of nature)에서는 혼돈과 무

---

37) Carlton Clymer Rodee, Totton James Anderson, and Carl Quimby Christol, *Introduction to Political Science*, 2nd ed., (New York: McGraw-Hill Book Company, 1967), pp.25-29.

38) 홉스, 로크, 루소의 국가와 관련된 논의는 다음을 참고할 것. David Held, "General Perspectives on the Modern State", in D. Held(ed.), *States and Societies*(New York: New York University Press, 1983), pp.1-55.

질서가 지배하며, 강자는 약자를 착취하고, 모든 사람은 다른 사람을 희생하여 자신의 욕구와 희망을 충족시키려 한다는 것이다. 즉 '만인의 만인에 대한 투쟁 상태'에서 인생은 짧고, 고독하며, 빈곤하고, 추잡하며, 잔인하다는 것이다. 따라서 인간은 안전, 평화, 질서를 갈망하기 때문에 무사(無事)를 조건으로 주권자에게 자발적으로 자연권을 위임한다는 것이다. 그러나 주권자의 정책에 불만이 있어도 반역을 할 수는 없다고 하였다.

로크는 「Two Treatises of Government」(1689)에서 홉스와 달리 자연 상태에서 인간은 합리적이고 도덕적이며 선하기 때문에 자연법에 의하여 통치될 수 있다고 가정하였다. 그러나 개인이 자연권을 추구하는 과정에 갈등이 생기면 이를 해결할 수 있는 기구가 필요하다. 따라서 인간은 자연권인 생명, 자유, 재산을 보호할 목적으로 자발적으로 시민사회를 형성하는 계약을 체결하게 된다. 인간은 계약을 통하여 재판권과 자연권의 범위를 결정하는 권한을 제외하고 모든 자연권을 새로운 사회에 위임하게 된다. 정부의 실질적 형태는 다수에 의하여 결정되고, 대의기구인 의회가 가장 우위에 있다고 하였다. 로크는 홉스와 달리 통치자에 대한 국민의 혁명권을 인정하였다. 정부의 목적은 개인의 자연권을 보호하는 것이며, 정부는 자연권을 집행할 권한만을 갖기 때문에 정부가 개인의 자연권을 파괴할 경우 개인의 충성을 요구할 수 없다. 따라서 개인은 이러한 정부를 전복할 수 있으며, 그들의 자연권을 보다 잘 보호하는 새로운 형태의 정부를 만들 권리가 있다고 한다.[39]

루소는 「The Social Contact」(1762)에서 인간의 일반의지(general will)에 의하여 자발적으로 사회공동체의 건설에 합의할 수 있으며, 합리적·자율적 통제에 의하여 진정한 국가(true state)를 건설할 수 있다고 하였다. 루소는 이성적인 의지에 기초한 완전하고 직접적인 민주적 국가의 건설을 주장하였다. 루소의 사회계약도 홉스와 마찬가지로 모든 자연권을 주권자에게 위임하는 것이다. 그러나 홉스는 단일 절대군주에게 위임하는 것이지만, 루소는 주권의 소재를 전체 공동체에 둔 점이 다르다. 주권이 정부에 있는 것

---

39) 최명·백창제, 『현대 미국정치의 이해』(서울: 서울대학교 출판부, 2000), p.24.

이 아니라 공동체에 있다는 것이다. 루소는 로크의 의회나 대의민주주의를 거부하였다. 인간의 일반의지는 양도할 수 없으며, 선출된 대의기구에 위임할 수도 없다. 인간의 일반의지를 대의기구가 반영할 수 없기 때문이다. 루소는 아테네와 같은 직접 민주주의를 주장하였다.

(3) 정복설

정복설은 무력설이라고도 한다. 19세기의 독일 사상가들에 의하여 주장된 이론으로 강자가 약자를 무력으로 지배한 결과 국가가 만들어졌다는 것이다. 강하고 힘 있는 사람들이 약자를 지배하고, 그들을 일정한 지역에 정착시켜 그들에 대한 지배권을 행사하였다는 것이다. 즉 힘이 정의를 낳고, 권력은 정당하다는 사상과 관련이 있는 이론이다. 정복설은 20세기 히틀러(Hitler)가 힘만이 지배권을 행사할 수 있다고 믿었으며, 마르크스(Karl Marx)가 국가는 지배계급의 이익이나 가치를 반영하고 무산계급을 착취하기 위한 수단이라고 주장한 것과 같은 맥락이라고 볼 수 있다. 정복설에 의한 국가는 정의롭지 못하고, 본질적으로 악하며, 강자가 약자를 지배하는 약육강식의 논리라고 볼 수 있다.

(4) 자연발생설

자연발생설은 플라톤(Plato, B.C. 427 – 346)이나 아리스토텔레스 사상의 영향을 받은 이론이다. 초기 그리스에서 국가는 자연적이고 불가피한 동적인 기구로 보았다. 플라톤은 인간은 국가의 일원이 될 때 성취를 이룩할 수 있으며, 아리스토텔레스는 국가는 자연적이며 인간 이전에 이미 존재했고, 인간은 국가를 떠나서 존재할 수 없다고 주장하였다. 국가를 공동체 또는 결합의 형태로 보았다. 결합은 다른 사람 또는 다른 사람들과 함께 사는 것을 의미하는데, 이것은 사회적 교류를 통하여 가능하다. 인간은 다른 동물과 달리 언어를 매개로 하는 의사소통으로 교류와 상호작용을 유지한다. 언어라는 매개를 통하여 결합을 이루고 또한 공동행동을 통하여 공동체가 형성한다. 이러한 과정에 국가의 형성은 자연적인 현상으로 나타났다는 것이다. 인간은 국가와 분리해서 생각할 수 없으며, 국가는 인간의 생존에 필요하고, 선량한 삶을 성취할 수 있는 수단이라고 본 것이다.

(5) 착취설

마르크스와 엥겔스의 시각에서 국가의 기원을 이해하는 것으로 국가는 지배계급이 노동자 계급을 착취하기 위한 수단이나 도구로 사용하기 위하여 생겨났다는 주장이다. 즉 경제적인 지배계급이 노동자의 잉여가치를 착취하기 위해서 국가를 만들었다는 입장이다. 일정한 수준의 경제발전은 국가형성의 필연적 계기가 된다는 주장이다. 착취설은 도구주의 국가론과 구조주의 국가론의 뿌리라고 볼 수 있다.

(6) 역사적 진화설

역사적 진화설은 다른 말로 단계설, 혈통설, 가부장권설이라고 부르기도 한다. 국가는 하루아침에 형성된 것이 아니라 사회의 기초단위인 가족이 많은 시간을 두고 단계적으로 국가로 발전했다는 것이다. 국가의 기원이 가족에서 비롯되었다는 입장이다. 가족(family)이 제일 먼저 생겨나고, 가족이 모여 씨족(clan)을 형성하고, 씨족이 모여 부족(tribe)을 만들고, 부족이 결합하여 마침내 국가(commonwealth)로 진화되었다는 것이다. 아리스토텔레스는 국가는 가족과 부락의 결합이라고 하였다.

역사적 진화설은 국가의 기원론 중에서 가장 많은 설득력을 지니고 있다. 그 이유는 가족이 진화하여 국가로 발전되었을 가능성이 크기 때문이다. 단일 가족은 생활의 안정과 생존에 한계가 있기 때문에 혈연관계를 중심으로 세력을 확장하면서 급기야 통치권을 확립하는 국가로 발전되었을 것이라고 보는 것이다. 가족에 대한 외부의 침략 위협으로부터 안전을 보호받기 위해서 효과적인 방어조직도 필요했을 것이다. 인간의 자기보호 본능과 현실적으로 생존을 위한 방법을 공동으로 모색하기 위해서 세력이 공동체를 형성하고 차차 규모가 커지면서 국가로 진화했다는 입장이다.

3. 국가의 생성이론

국가의 기원설 외에 국가의 필요성과 관련하여 국가의 생성이론으로 ①
세력균형이론(balance of power theory) ② 경제 및 기술이론(economic and
technical theory) ③ 관료제 이론(bureaucratic theory) ④ 분업이론 ⑤ 생물
학적 접근법(biological approach) 등이 있다.[40]

(1) 세력균형이론

세력균형이론은 인간의 역사는 집단과 조직 간의 경쟁과 갈등 그리고 대
립이라는 사실을 인정하는 데서 출발하고 있다. 사회에는 우세집단이나 조
직에 의한 정복현상이 나타날 수 있기 때문에 집단이나 조직 간 힘의 균형
을 유지시키기 위해서 국가가 필요하다는 것이다. 국가는 규제자, 조정자,
방어자로서 향도력(guiding force)을 발휘하여 사회 내의 세력균형을 유지한
다는 입장에서 국가의 생성을 이해하고 있다.

(2) 경제 및 기술이론

경제 및 기술이론은 사회경제적 변화와 기술의 발전은 사회세력 간의 상
호의존과 협력 강화의 필요성이 증대된다는 전제에서 출발한다. 경제발전과
기술발달 과정에 집단 간 경쟁도 필연적이지만 상호 협력을 통하여 대규모
의 집합재를 창출할 필요성이 대두된다는 것이다. 국가는 사회세력 간의 협
력모델(model of intergroup cooperation)이라는 것이다.

---

40) 국가의 생성이론에 대하여 다음을 참조할 것. Roger D. Masters, *The Nature of Politics*(New
Haven and London: Yale University Press, 1989), Chapter 5 - 6.

(3) 관료제 이론

관료제 이론은 막스 베버의 합법적 형태에 의한 지배이론과 관련이 있다. 사회는 무임승차자(free - rider), 자기 본위자(selfish director), 은밀한 속임수(secretly cheating), 혈연중심의 연고주의(kin - based nepotism), 선별적 은전(selective benefit), 특혜대우(preferential treatment) 등 때문에 사회가치가 불공정하게 배분되며, 비합리적으로 더 많은 이익을 얻는 경우가 비일비재하다. 대부분의 인간 삶은 공평하지 않다. 이러한 문제를 해결하기 위해서 그리고 집합재나 상호혜택이 사회 전체에 골고루 돌아갈 수 있도록 하기 위해서 합법적 권위(legal authority)나 강제적인 중앙권위(coercive central authority)를 행사할 수 있는 관료제가 필요하다. 국가의 핵심기구인 관료제의 필요성이라는 입장에서 국가생성의 원인을 설명하는 이론이다.

(4) 분업이론

국가생성의 분업이론은 사회학적 입장에서 제기된 것이다. 사회의 다양한 기능이나 역할의 분화와 전문화가 이루어지는 분업의 발달은 중앙집권적 통합과 통제의 필요성을 증대시킨다. 분업화된 기능과 역할의 통합과 통제를 위해서 국가가 필요하다는 입장이다. 국가를 대규모의 통합체계(large - scale integration system)라고 본다.

(5) 생물학적 접근법

생물학적 접근법은 남녀의 신체적 · 성격적 차이에서 국가의 생성을 설명하는 이론이다. 전근대 사회의 가장 커다란 문제점은 일부다처제 등 남녀 짝짓기유형(mating pattern)에 있다고 한다. 강한 남성이 여성을 독차지하며, 약한 남성의 경우 짝을 찾기 어렵게 된다. 짝짓기가 불가능하거나 자기 짝을 힘이 센 남에게 빼앗겼을 경우 소외의식과 박탈감은 이루 헤아리기 어려울 것이다. 짝짓는 질서를 바로 세워야 하는 필요성이 절박하게 등장한 것이다. 따라서 국가가 형성되어 1부1처제가 자리 잡고, 강자에 의한 약자의 여성 독차지 현상을 방지하게 되었다는 주장이다.

4. 국가의 구성요소

국가를 형성하기 위해서는 최소한 기본적으로 국민, 영토, 정부, 주권(sovereignty) 등의 구성요소가 충족되어야 한다.

(1) 국민

국가에는 국가의 권위를 정당하게 인정하고, 국가공동체의식을 가진 국민이 있어야 한다. 특정 국가의 국민이라는 정체성과 공동운명 의식을 갖는 국민이 있어야 한다. 정당한 공권력의 행사를 수용하고, 국가에 대한 의무를 이행하고 권리를 주장하는 국민이 있어야 한다. 인구의 많고 적음의 문제가 아니라 공동체 의식을 가진 충성스럽고 응집력 있는 국민이 있어야 한다.

(2) 영토

국가가 형성되려면 일정한 공간인 영토가 있어야 한다. 국민이 거주하고, 국제사회에서 인정하는 독립된 영토가 있어야 한다. 영토는 정부의 관할 지역 통제가 가능한 국경선으로 타국과 분리된 공간을 의미한다. 영토는 국민 삶의 터전인 동시에 보금자리라고 할 수 있다. 영토에서 중요한 것은 국제사회가 공인하는 독립적인 지역이어야 한다는 것이다.

(3) 정부

정부는 '법을 선언하고 집행하는 정책결정체(policy determining body)'라고 볼 수 있다.[41] 국가와 정부의 일체성을 주장하기도 하나 국가를 배에 비유한다면 정부는 배를 운항하는 기구와 선장·기관사·항해사·선원과 같은 사람들이라고 볼 수 있다. 정부의 교체는 배가 바뀌는 것이 아니라 배를 운행하는 일단의 사람들이 바뀌는 것이다.

국가는 정복에 의하여 소멸되지 않는 한 영속성을 유지하는 반면에 정부는 한시적이고 제한적인 기구라고 볼 수 있다. 정부는 국가가 존재하고, 국가의 기능을 수행하며, 국가의 목표나 정책을 실현하는 중요하고도 필수불가결한 수단, 기제 또는 정치조직이라고 볼 수 있다. 정부는 영토의 독립, 국가의 보전, 국민복지, 사회안정, 사회질서유지 등과 같은 국가의 요구를 정책으로 결정하고 결정된 정책을 사회를 통하여 집행하는 정치조직이다. 무정부 상태에서는 질서 있고 안정된 사회를 유지할 수 없기 때문에 정부가 필요한 것이다.

(4) 주권

국가가 형성되려면 주권이 있어야 한다. 주권은 최고·최후의 법적 권위로서 주권보다 강한 권력은 존재하지 않는나. 주권은 일반적으로 ① 영구성 ② 포괄성 ③ 유일성 ④ 절대성 ⑤ 불가양성 ⑥ 불구분성 등의 특징을 갖는다.[42]

주권의 소재에 따라서 군주주권, 국민주권, 국가주권, 법적 주권, 정치적 주권, 사실상 주권, 법률상 주권 등으로 나누기도 하지만 민주국가에서는 주권이 국민에게 있다는 국민주권(popular sovereignty) 주의를 존중하고 있다.

5. 국가론의 접근법

국가론은 자유주의 국가론과 마르크스 국가론으로 크게 나누기도 하지만

---

41) Andrew Vincent, *Theories of the State*(Oxford: Basil Blackwell, 1987), pp.29 – 30.
42) 이범준·신승권, 『정치학』 개정판(서울: 박영사, 1997), p.48.

다음과 같이 세분할 수 있다.[43]

(1) 다원적 자본주의 국가론과 다원적 사회주의국가론

다원적 자본주의 국가론은 대표적인 자유주의 국가론으로서 국가를 경쟁집단과 개인 그리고 계급의 이익과 요구가 여과되는 정치시장(political marketplace)으로 보는 견해이다. 다원적 자본주의 국가론은 다양한 집단 활동의 최대한 보장, 국가 중심적인 권위의 약화 그리고 주권의 다양성을 특징으로 하고 있다. 집단 활동에 대한 자율성의 극대화와 국가 개입의 극소화로 인간의 발전과 자유를 보장할 수 있다고 보는 것이다. 다원적 자본주의 국가론은 집단의 자유경쟁을 보장하고, 국가는 제한된 권력을 행사하며, 집단 간의 경쟁과 관계를 조정·관리하여 정의, 자유, 질서와 같은 사회적 가치를 창출할 수 있다. 국가는 다양한 이익이 여과되는 정치시장으로서 중립적인 위치에서 심판자(referee)와 조정자 역할을 수행한다.

다원적 사회주의 국가론은 다원적 자본주의 국가론의 대안으로 제시되었다. 사유화나 자유방임이 효율성을 극대화시킨다는 입장이 아니라 국가의 적극적·효율적·긍정적인 역할의 중요성을 강조한다. 국가의 역할과 기능이 강조되는 분야는 다양하다. 파시스트 자본주의나 국가사회주의 정부에서 보여준 바와 같이 국가는 사적 활동의 규제, 세입과 세출의 관리, 재화와 용역의 생산과정에서 중요한 기능을 수행한다. 국가는 자본축적의 수준을 계획하고, 사회정의를 구현하며, 공공에 대한 봉사를 제공하고, 평등을 보장하기 위해서 사회 영역에 개입이 불가피하다. 국가는 국가와 계급 간의 갈등, 사회의 집단적 이익의 옹호, 시장의 불완전성과 시장의 실패에 대한 시정 등에 개입하는 등의 역할을 수행한다. 국가는 또한 자유경쟁으로 인하여 특정한 개인이나 집단에게 불균형적으로 집중된 힘을 조정하여 분산시킬 수 있다.

---

43) 국가론의 접근법에 대한 논의는 다음을 참고하였음. Ronald H. Chilcote, *Theories of Comparative Politics: The Search for a Paradigm Reconsidered*, 2nd ed. (Boulder: Westview Press, 1994), pp.150 - 163.

(2) 제도주의 국가론과 도구주의 국가론

　제도주의 국가론은 국가를 정책결정과 관련하여 하나의 주권을 가진 정치조직(political organization)의 형태로 보는 것이다. 이는 정책을 정책결정자 개인의 선택결과로 보는 공리주의나 기능주의 접근법에 대하여 반대의 입장을 취한다. 정책은 개인이 아닌 정치조직이나 제도에 의하여 결정된다. 정책결정 시 정책결정자들에게 가용한 선택대안의 범위도 과거에 정치조직이나 제도에 의해서 결정되었던 전례에 바탕을 두게 된다. 주권국가는 정치조직으로서 정책을 결정할 때 행로의존(path - dependent) 유형을 보인다.

　도구주의 국가론은 마르크스 국가론의 하나로 국가를 사회지배의 도구나 수단으로 간주한다. 이는 국가를 사회 내의 지배계급이 피지배계급을 지배하기 위한 도구나 전체 부르주아의 공통이익을 관리하는 위원회 또는 자본가 계급의 이익을 옹호하는 수단 등으로 보는 견해다. 도구주의 국가론은 국가를 이해하는 데 지배계급에 초점을 맞춘 것으로 국가정책을 지배계급의 수단과 연계하는 입장이다. 제도주의 국가론은 국가정책을 제도의 능력과 과거정책의 경험과 관련성을 강조한 반면 도구주의 국가론은 지배계급과의 연계성에 강조점을 둔 것이다.

(3) 조합주의 국가론과 구조주의 국가론

　조합주의 국가론은 다원적 자본주의 국가론이 집단의 중요성을 강조하고 국가를 경시했던 것과 달리 국가와 집단과의 관계를 강조하는 접근법이다. 조합주의는 자본주의 경제원칙을 존중하면서 국가의 개입을 인정한다. 조합주의 국가론은 세 가지 시각에서 이해할 수 있다.[44]

　① 국가와 집단과의 관계(state - group relationship)
　슈미터(P. Schmitter)의 정의와 같이 조합주의는 이익대표체계로서 국가와

---

44) Douglas A. Chalmers, "Corporatism and Comparative Politics", in Cantori and Ziegler(1988), pp.136 - 143.

이익집단 간 상호 의존관계를 강조한다. 상호 의존관계가 성립하려면 국가와 집단의 상대적 영향력과 어느 정도의 상호 자율성이 인정되어야 한다.

② 레짐(regime)

조합주의는 국가와 집단관계라는 차원을 넘는 정치사회의 포괄적인 조직으로 이해한다. 조합주의는 정치적 의사결정과정에서 정당이나 의회와 같은 제도를 대치하는 확실한 역할을 수행하는 레짐으로 간주한다. 조합주의가 레짐의 성격을 갖추기 위해서는 변함없이 고정된 대표성을 갖는 것이 중요하다. 쟁점에 따라서 집단의 협상권한이 바뀐다면 레짐이라고 볼 수 없다.

③ 국가와 집단의 관계에 대한 일단의 신념형태인 이데올로기(ideology)

구조주의 국가론은 국가의 기능이 국가권력을 획득한 지위에 있는 사람들이 아닌 사회의 구조에 의하여 결정된다는 입장이다. 국가의 성격은 마르크스가 주장하는 상부구조와 하부구조에 의하여 결정된다. 예를 들면 자본주의 모순은 국가의 구조분석을 통하여 발견할 수 있다. 국가의 성격과 유형은 개인이나 계급투쟁이 아닌 정치·경제·사회·이념구조 간의 상호관계에 의하여 결정된다.

(4) 관료적 권위주의 국가론과 페미니스트(feminist) 국가론

관료적 권위주의(bureaucratic – authoritarianism) 국가론은 오도넬(Guillermo O' Donnell)에 의하여 발전된 이론으로 산업화 과정에 출현하는 국가의 개입과 구조에 관한 접근법이다.[45] 국가는 산업화를 추진하는 과정에 자본축적에 개입하게 된다. 성공적인 자본축적으로 초기의 근대화가 어느 정도 진척되고, 또한 수입대체산업(import substitution of industrialization)이 발전하면 민중부분이 활성화된다. 민중부분의 활성화는 사회경제적 위기를 고조시키고, 이를 해결하기 위해서 전문기술 관료의 사회적 역할이 증대되며, 결

---

45) Guillermo A. O' Donnell, *Modernization and Bureaucratic – Authoritarianism: Studies in South American Politics*(Berkeley and Los Angeles, CA: University of California, Institute of International Studies, 1973).

국 민중부분이 배제되고 관료주의에 의한 권위주의적 국가가 출현하게 된
다. 권위주의 국가론은 주변부 국가의 산업화 과정에 나타나는 비민주적인
상황과 국가의 성격과 기능에 초점을 맞추었다.

페미니스트 국가론은 국가의 권력관계를 성의 관계(gender relations)에서
이해한다. 남성에 의한 여성의 지배와 부권우위 사회의 전통적인 접근법에
도전하는 입장이다. 남성이 지배하던 남성위주의 사회가 여권의 신장과 여
성의 사회적 지위나 발언권이 증대되고 있는 현실에 따라 국가의 권력관계
도 여성과 남성이 대등하거나 또는 여성 우위로 변하고 있다는 견해로서,
성의 관계에서 접근을 시도한 것이다. 성정치학(gender politics)에서 여성운
동이나 정치참여에 있어서 여성이 문제가 되지 않는다는 주장과 맥을 같이
한다고 볼 수 있다. 그러나 아직 페미니스트 국가론이 정립된 것은 아니다.

6. 국가의 자율성과 국가의 유형

국가의 유형에 대한 분류도 다양하다. 국가의 발전단계에 따라서 고대국
가, 도시국가, 로마제국, 봉건국가, 근대민족국가, 입헌국가 등으로 나누기도
한다. 그 외에도 국가의 유형은 절대국가, 전체주의 국가, 독재국가, 공산주
의 국가, 경찰국가, 군부권위주의 국가, 관료적 권위주의 국가, 자유민주주
의 국가, 자본주의 국가, 문화국가, 정보국가, 복지국가, 연방국가, 단일국가,
연성국가, 경성국가 등등 헤아릴 수 없이 많다.

여기에서는 국가의 자율성과 관련하여 국가의 유형을 분류하고자 한다.
국가를 정책결정이라는 권위적인 행동과 관련지어 이해할 경우 국가의 공
직자가 그들 자신의 선호(preference)에 따라서 정책을 결정할 수 있는지, 아
니면 사회 행위자들의 압력과 요구 그리고 기대에 의하여 제약을 받는지에
대한 문제가 제기된다. 국가의 권위적인 정책결정에 자율성이 있느냐 하는
것이다.[46]

---

46) Eric A. Nordlinger, "Taking the State Seriously", in Myron Weiner and Samuel P. Huntington,

사회 중심적 접근법은 국가는 사회에 의존적이며 제약을 받는 반응적인 실체라고 보고 있으나 국가 중심적인 시각에서는 독립적인 행위자로서 자율성을 갖는다고 간주한다. 국가의 자율성(state autonomy)에 대하여 사회 중심적인 시각은 부정적이고, 국가 중심적인 입장은 긍정적이다. 1970년대부터 신마르크스주의(Neo-Marxism)는 국가 중심적인 분석에 기여하였다. 도구주의자들에 의하면 국가의 행동은 산업·금융자본, 중산층 상인, 부르주아 등에 의하여 제약을 받는다고 하며, 구조주의자들은 국가의 정책은 경제체제로서 자본주의의 요건(requisites of capitalism)에 의하여 조종된다고 보았다.

신마르크스주의는 자본주의 국가의 상대적 자율성(relative autonomy)을 인정한다. 자본주의 국가는 사안에 따라서 어느 정도의 자율성을 행사할 수 있다고 보는 것이다. 신마르크스주의는 국가의 자율성을 유지하기 위한 네 가지 조건을 제시하였다.[47]

① 자본가 계급이 중요한 정치경제 문제에 관하여 첨예하게 분열되어 있는 경우
② 계급 중립적인 기구로서 국가의 정통성이 감퇴되었을 경우
③ 사회평화가 심각한 위험에 처해 있거나 이미 파괴되었을 경우
④ 자본주의 경제의 모순과 비합리성의 강도가 커졌을 경우

국가를 행위자, 권위적인 결정자, 행정적·법적·강제적 기구나 실체 등으로 이해했을 때 국가의 자율성이 있느냐 하는 것은 국가와 사회 간의 권력관계를 이해하는 중요한 기준이 된다. 국가가 사회세력이나 정치적으로 지배적인 행위자들의 개별적인 반대나 압력에도 불구하고 선호하는 정책을 자율적으로 결정하고 집행할 수 있는지 여부는 국가와 사회관계(state-society relations)를 이해하는 요인이 된다.

(ed.), *Understanding Political Development*(Boston: Harper Collins Publishers, 1987), pp.353-371.

47) Ibid., p.357.

국가의 유형을 분류하는데 국가의 자율성과 사회적 지지(societal support) 라는 두 가지 기준을 고려하여 <그림 1-2>와 같이 분류하였다.

<그림 1-2> 국가의 유형

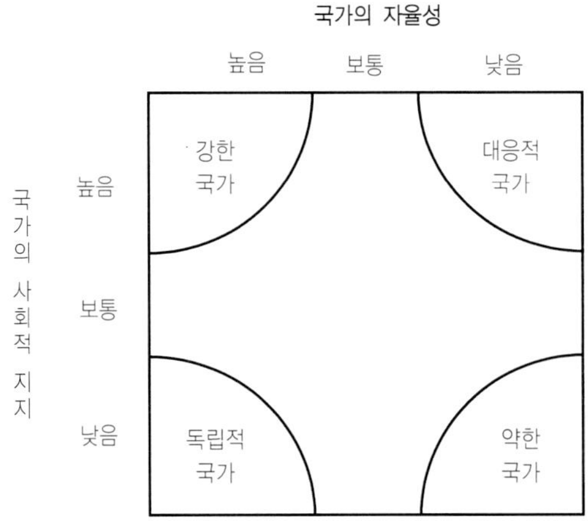

국가의 자율성

출처: Nordlinger(1987), p.370

① 강한 국가(strong state)는 높은 자율성과 사회적 지지를 받는 유형으로 국가의 선호에 따라서 행동하고 시민의 전폭적인 지지를 받는다.
② 독립적 국가(independent state)는 자율성은 높으나 사회적 지지를 받지 못하는 유형으로 시민의 다양한 선호와 기대를 고려하지 않고 국가가 자율적으로 강력하게 자신의 선호만을 정책으로 전환시키는 경우다.
③ 대응적 국가(responsive state)는 시민의 요구나 기대에 부응하는 정책을 결정하고, 시민적 지지를 전폭적으로 받는 유형이다.
④ 약한 국가(weak state)는 국가의 자율성과 시민적 지지가 모두 낮은 유형이다.

어느 유형의 국가가 가장 민주적이며 바람직한가를 따지는 것은 쉬운 일이 아니다. 국가의 자율성과 국가의 능력을 동일한 개념으로 인정하면 자율성이 높은 국가는 능력이 있는 국가이기 때문에 문제가 없다. 그러나 양자를 다른 개념으로 파악하면 문제가 있다.

시민사회의 선호와 국가의 선호가 일치하거나 국가가 시민사회가 미처 생각하지 못한 정책을 결정했을 때 국가의 자율성과 시민의 지지가 높은 강한 국가를 가장 이상적인 국가로 볼 수 있을 것이다. 그러나 정책결정을 국가가 일방적으로 주도하면 시민사회는 정치의 주변부적인 존재가 되기 때문에 문제가 된다.

가장 권위주의적인 국가는 시민사회의 선호를 무시하고 일방적으로 정책을 위로부터 결정하면서 사회적 지지가 낮은 독립적인 유형이라고 볼 수 있다.

가장 민주적인 국가는 시민사회의 정치적인 요구나 기대를 정책으로 잘 반영하고 시민사회의 지지를 받는 대응적 국가라고 볼 수 있다. 강한 국가와 달리 대응적 국가는 국가와 시민사회의 관계에서 시민사회가 주도적인 입장을 유지하기 때문에 민주국가에 가깝다고 평가할 수 있다.

제5절 정치과정의 접근법

1. 국가론과 정치체제론의 장단점

정치과정을 분석하는 데 국가론과 정치체제론은 장단점이 있다. 국가론은 정치과정을 국가와 사회라는 시각에서 거시적으로 분석할 수 있다는 장점이 있는 반면에 문제점도 있다.

① 국가의 모든 활동을 정치라고 볼 수 없다. 국가의 활동은 정치활동보다 포괄적이며, 모든 행정활동까지 망라하기 때문에 정치과정에 포함시킨다면 가치의 권위적인 배분과 관련된 정치적인 것에 대한 경계를 설정하기 어렵고 또한 정치의 범위가 너무 광범위하게 확대될 수 있다.

② 국가기구에 시민사회, 정당, 이익집단, 여론 등을 포함시킬 수 없다는 문제가 있다. 정치과정에서 합법적인 권위와 물리적인 강제력을 행사하는 국가의 공식적인 기구 이외에 시민의 정치참여, 여론, 투표행태, 이익집단, 정당, 시민단체와 같은 비정부기구(NGO; nongovernmental organization)에 의한 비정부 정치(nongovernmental politics)가[48] 실질적으로 중요한 부분을 차지하고 있다.

③ 국가론은 대부분 권력관계, 계급, 구조, 자본 등 국가의 본질, 국가의 성격과 유형, 국가의 형성, 국가의 역할 등 지나치게 국가 중심적인 시각에서 접근하고 있다.

정치체제론은 정치과정을 이해하는 데 환경과의 상호작용, 정부와 비정부 정치 등을 포함시키고 있다. 정치체제론은 정치과정론에서 가장 지배적인 접근법으로 간주되고 있는 것이 사실이다. 그러나 이것은 본래 인류학, 경제학, 사회학으로부터 정치학에 도입된 것으로 정치체제의 개념을 정확하게 정의하고, 정치적인 것의 경계를 설정하기 어렵다. 또한 변화에 대한 설명과 예측력의 결여, 사회체계의 동적 측면과 갈등에 대한 이해에 한계가 있다.

사회과학에서 하나의 접근법이 모든 현상을 분석하는 완전이론(grand theory)이 된다는 것은 전적으로 불가능하지만 정치과정을 분석하는 패러다임은 국가론보다는 정치체제론이 보다 적실성이 있다고 볼 수 있다.

2. 정치과정 모형

알몬드가 제시한 정치체제론의 구조 – 기능주의 모형과 국가론을 기본 골격으로 국가와 시민사회의 관계를 중심으로 ① 국가의 정치체제와 환경 ②

---

48) 정치참여, 여론과 투표행태, 이익집단, 정당 등에 의하여 행해지는 정치를 비정부정치(non – governmental politics)라고 부른다. 다음을 참조할 것. Fred I. Greenstein and Nelson W. Polsby, *Nongovernmental Politics, Handbook of Political Science*, Vol.4(Reading Mass.; Addison – Wesley Publishing Company, 1975).

시민사회의 참여 ③ 국가의 권위적 행동과 결정 등을 분석단위로 정치과정 모형을 <그림 1-3>과 같이 제시하고자 한다.[49)

<그림 1-3> 정치과정 모형

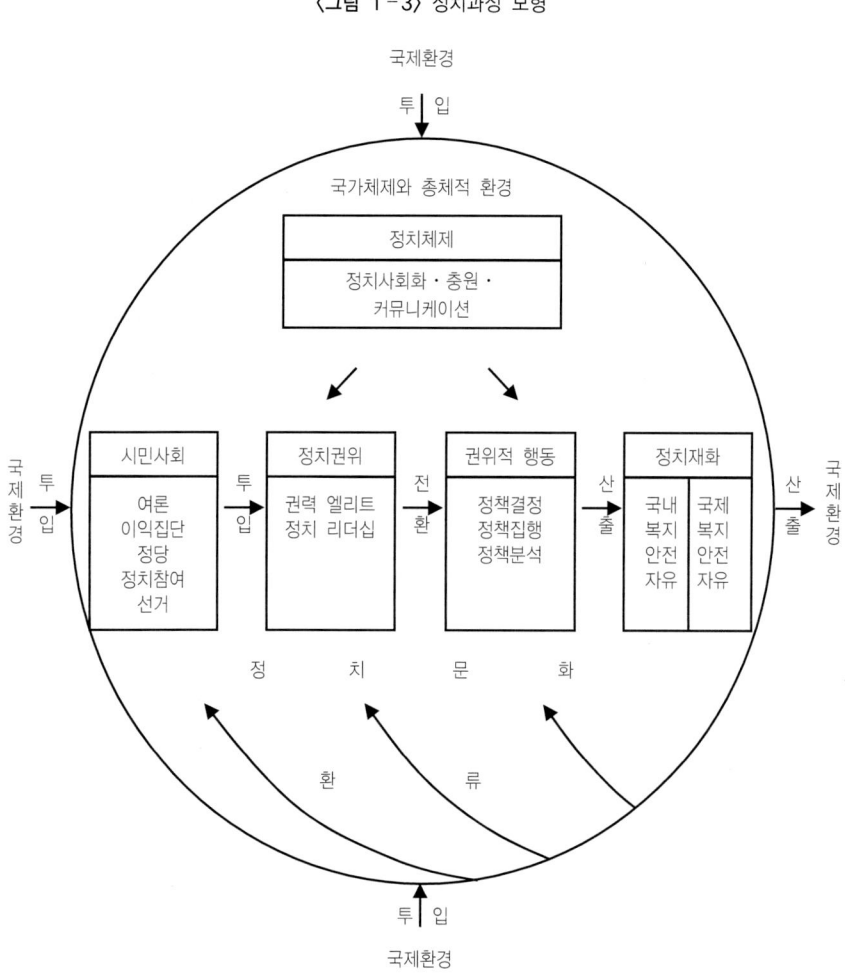

(1) 국가의 정치체제와 환경

정치과정은 국가의 총체적인 환경의 영향을 받는다. 정치체제는 국가체제

49) 알몬드와 포엘의 구조-기능주의 모형을 참고하였음. Almond and Powell(1978), p.285; *Comparative Politics Today: A World View*, 3rd ed. (Boston: Little, Brown and Company, 1984), p.7.

의 하위체제로서 국가의 총체적인 환경 속에 존재하면서 그 기능을 수행한다. 특히 정치문화가 정치체제의 유지와 정책결정과 집행과정에 중요한 환경변수로 작용한다. 과거에 형성된 태도유형은 미래의 정치행태에 중요한 요인이 된다. 정치문화는 정치사회화와 정치커뮤니케이션과 직접적인 관련이 있으며 정치과정의 모든 수준에도 영향을 미친다. 개인의 정치역할, 정치요구의 내용, 정치체제에 대한 반응, 여론, 정책결정과 집행 등에 중요하게 작용한다.

정치체제가 존속하고 기능하려면 체제의 유지와 체제의 환경에 대한 적응이 요구된다. 체제가 유지되고 환경에 적응하려면 ① 정치사회화(political socialization) ② 정치충원(political recruitment) ③ 정치커뮤니케이션(political communication) 등의 기능이 수행되어야 한다. 정치체제를 구성하고 있는 구성원들의 태도 형성과 변화, 정치체제의 역할 담당자의 충원, 정치체제 내외의 적절한 의사소통 등이 이루어져야 체제의 유지와 환경적응이 가능하게 된다.

(2) 시민사회의 참여

국가와 시민사회의 상호작용을 통하여 가치의 권위적인 배분활동이 이루어진다. 정치과정이 기능하려면 시민사회의 요구나 지지가 국가의 정치체제에 투입되어야 한다. 시민사회는 가치를 배분할 수 있는 합법적인 정치적 권위를 가진 정치체제에 시민의 요구·기대·희망·반대·지지 등을 투입한다. 시민사회의 정치적 요구는 ① 여론 ② 이익집단의 이익표출 ③ 정당의 이익취합 ④ 정치참여와 선거 등을 통하여 정치적 권위에게 전달된다.

(3) 국가의 권위적 결정과 행동

정치체제에 투입된 시민사회의 요구나 지지는 정치적 권위를 가진 권력엘리트에 의하여 자신의 의지와 다양한 국내외적인 환경변수 등을 고려하여 권위적인 결정과 행동으로 전환된다. 투입된 정치적 요구와 지지에 대한 권위적인 행동을 정책결정이라고 볼 수 있다. 결정된 정책은 집행을 통하여 시민의 요구나 사회문제를 해결한다. 또한 집행된 정책의 결과(outcomes)가 국내외의 복지, 안전, 자유와 같은 정치재화를 산출했는지, 효과에 대한 분석과 환류가 이루어진다.

정책결정(policy making)·정책집행(policy implementation)·정책분석(policy analysis) 등의 과정에 ① 시민의 참여 ② 국민의 자발적인 순응과 지지 ③ 절차적 정의의 실현 등은 중요한 변인이 된다.[50] 또한 합법적인 권위를 가진 권력엘리트의 행태, 역할, 정치리더십 등이 주요 변수로 작용한다. 특히 정치 엘리트의 의지와 행태, 정치 리더십의 유형에 따라서 정책의 내용과 방향이 결정되고, 정책집행의 효율성이 좌우될 정도로 중요하게 작용한다.

제6절 민주적 정치과정

1. 민주주의 개념

민주주의의 개념은 다양하다. 일반적으로 민주주의 이념, 원리, 이상을 중시하는 규범적 접근, 법적·제도적인 절차를 강조하는 경험적 접근, 일상생활과 행동의 양태를 강조하는 실천적 접근이 있다. 이념적인 접근법은 민주주의 이념을 자유, 평등, 인간의 존엄성과 같은 민주주의 이상에 두는 것이며, 경험적인 접근은 민주적인 법, 제도, 절차, 구조, 형태 등을 강조하는 접근법이다. 실천적 접근은 민주시민의 생활양태, 자질, 능력 등을 강조하는 민주적인 삶과 관련이 있다.

민주정치의 개념에 대한 이해는 대부분 규범적·제도적 측면에서 접근하고 있다. 규범적 접근으로 아리스토텔레스의 '빈곤한 사람에 의한 정부론(government of the poor)'과 '귀족정치론', 플라톤의 '이상국가론', 볼렌(K. A. Bollen)의 '국민주권과 정치적 자유론', 가스틸(R. D. Gastil)의 '정치적

---

50) Almond and Powell(1978), p.398.

권리와 시민의 자유론' 등을 들 수 있다. 제도적 접근법으로 브라이스 (James Bryce)는 '자격 있는 다수의 시민의지에 의한 지배', 다알(R. A. Dahl)은 '다원주의(pluralism)와 다두정치(polyarchy)', 포퍼(K. R. Popper)는 '피 흘리지 않고 선거로 제거할 수 있는 정부', 립셋(S. M. Lipset)은 '주기 적인 선거를 통하여 정권교체가 가능한 헌법절차', 사르토리(G. Sartori)는 '비독재정치(nonautocacry)', 플라머나츠(J. Plamenatz)는 '정책결정자들의 국 민에 대한 책임', 오돈넬(G. O' Donnell)은 '비권위주의 정치', 플래니건 등 (W. Flanigan and E. Fogelman)은 '선거를 통한 권력승계, 정치적 경쟁, 국 민의 선거참여와 탄압의 부재' 등으로 다양하게 이해하고 있다.51)

많은 학자들은 민주주의에 대한 개념을 자유, 평등과 같은 민주주의 이 념, 국민에 의한 정부의 선택권과 절차, 정부의 형태와 제도 등과 관련하여 이해하고 있다. 민주주의는 국가의 의사결정이 다수에 의하여 이루어지는 권력중심의 다원성(plurality of power center)을52) 유지하는 것으로 국가의 의사결정 과정이 소수에 의해서 독점되고 다수의 국민이 배제되는 일원적 인 권력중심(monistic center of power)인53) '권위주의'(authoritarianism)와 반 대되는 개념이다.

---

51) James, Bryce, *Modern Democracies*(London: Macmillan, 1921); Robert A. Dahl, *Dilemmas of Pluralist Democracy: Autonomy vs. Control*(New Haven: Yale University Press, 1982); Karl R. Popper, *The Open Society and its Enemies*, Vol.1(London: Routledge and Kegan Paul, 1977); Seymour Martin Lipset, *Political Man, The Social Bases of Politics*(New York: Doubleday, 1960); Giovanni Sartori, *The Theory of Democracy Revisited* (Chatham, NJ: Chatham House Publishers, 1987); John Plamenatz, *Democracy and Illusion*(London: Longman, 1978); Kenneth A. Bollen, "Issues in the Comparative Measurement of Political Democracy", *American Sociological Review*, Vol.45, No.3, (1980), pp.370–390; Raymond D. Gastil, *Freedom in the World: Political Right and Civil Liberties 1987–1988*, (New York: Freedom House, 1988); Guillermo A. O' Donnell, *Modernization and Bureaucratic–Authoritarianism: Studies in South American Politics*(Berkeley: University of California Press, 1973); William Flanigan and Edwin Fogelman, "Patterns of Political Development and Democratization: A Quantitative Analysis", in John V. Gillespie, and Betty A. Nesvold, (ed.), *Macro–Quantitative Analysis*, Beverly Hills: Sage Foundation, 1971.

52) 권력중심의 다원성이란 개념은 다음에서 참고하였음. David Beetham "Liberal Democracy and the Limits of Democratization", in David Held, (ed.), *Prospects for Democracy: North, South, East, West*, (Stanford CA: Stanford University Press, 1993), p.67.

53) Juan J. Linz, "Totalitarian and Authoritarian Regimes", in Fred I. Greestein and Nelson W. Polsby, (ed.), *Handbook of Political Science: Macropolitical Theory*, Vol.3, (Reading, Mass.: Addison–Wesley Publishing Company, 1975), p.191.

권력중심의 다원화는 국가권력을 소수의 권력 엘리트가 독점하는 것이 아니라 시민사회의 정치적 영향력이 상대적으로 크게 작용하는 것을 의미한다. 민주주의를 국가와 시민사회의 역학관계에서 '제한된 국가(limited state)와 자율적인 시민사회(autonomous civil society)' 또는 '최소의 국가(minimal state)와 최대의 시민사회(maximal civil society)'라고 이해하고자 한다.

민주주의가 정착되려면 ① 자유와 활력이 넘치는 시민사회(civil society) ② 자유와 경쟁적인 선거가 있는 자율적인 정치사회(political society) ③ 헌법주의(constitutionalism) - 법에 의한 지배(rule of law) ④ 합리적·합법적 관료규범이 정착된 국가기구(state apparatus) ⑤ 제도화된 시장이 존재하는 경제사회(economic society) 등의 조건이 상호작용 내지는 보완적인 역할을 해야 한다.[54]

2. 민주적 정치과정

민주적 정치과정이란 사회를 위하여 가치를 권위적으로 배분하는 활동에서 국가보다 시민사회의 목소리나 영향력이 국가보다 크게 작용하는 것을 의미한다. 다알(R. A. Dahl)도 민주정치과정에서 시민의 효율적인 참여(effective participation), 투표의 평등(equality of voting), 문명의 이해(gaining enlightenment understanding), 의제의 최종적인 통제(exercising final control over the agenda), 성인의 포용(inclusion of adult) 등을 제시하여 시민의 참여와 역할의 중요성을 강조하였다.[55] 민주적 정치과정은 시민사회가 정치과정을 주도하는 현상이라고 볼 수 있다.

민주적 정치과정이 정착되려면 민주정치체제의 공고화, 정치체제의 능력 향상, 시민문화의 정착 등 세 가지 조건이 충족되어야 할 것이다.

---

54) Juan J. Linz, and Alfred Stepan, *Problems of Democratic Transition and Consolidation: Southern Europe, South America, and Post-Communist Europe*(Baltimore: The Johns Hopkins University Press, 1995), pp.7 - 15.

55) Robert A. Dahl, *On Democracy*(New Haven and London: Yale University Press, 1998), pp.37 - 38.

(1) 민주정치체제의 공고화

민주정치체제에 대한 접근은 다양하게 이루어지고 있다. 몇 가지 대표적인 경우를 예로 살펴보고자 한다.

① 다알의 유형

다알(Robert A. Dahl)은 지배 엘리트에 대한 반대(opposition)와 대결(contestation)이 허용되는 자유화와 선거참여의 포용(inclusive)과 배제(closed)를 기준으로 민주정치체제를 <그림 1-4>와 같이 ① 다두체제(polyarchy) ② 경쟁적 과두체제(competitive oligarchy) ③ 포용적 패권체제(inclusive hegemony) ④ 폐쇄적 패권체제(closed hegemony) 등으로 분류하였다.[56] 지배엘리트에 대한 반대가 허용되고 시민의 정치참여가 인정되는 다두체제를 민주주의 정치체제로 보았다.

〈그림 1-4〉 다알의 발전 유형

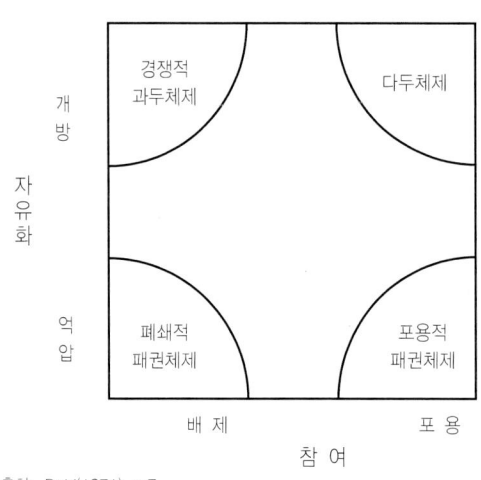

출처: Dahl(1971), p.7

② 알몬드의 유형

알몬드는 정치체제를 분류하는 데 문화의 세속화(cultural secularization),

---

56) Robert A. Dahl, *Polyachy*(New Haven: Yale University Press, 1971).

구조의 분화(structural differentiation),[57] 하위체계의 자율성(subsystem autonomy)을 기준으로[58] 정치체제의 발전적 유형을 <그림 1-5>와 같이 제시하였다.

<그림 1-5> 알몬드의 발전 유형

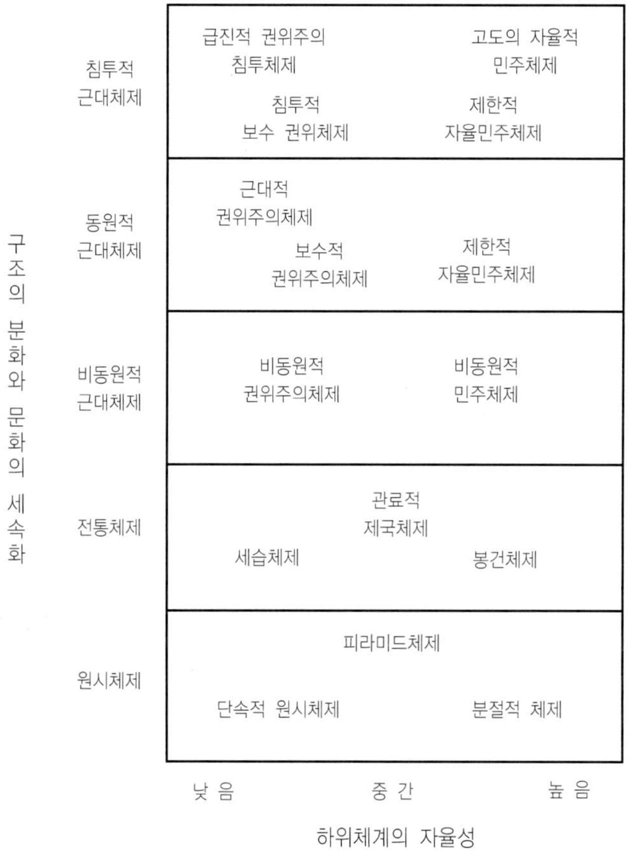

구조의 분화와 문화의 세속화	침투적 근대체제	급진적 권위주의 침투체제	고도의 자율적 민주체제
		침투적 보수 권위체제	제한적 자율민주체제
	동원적 근대체제	근대적 권위주의체제	
		보수적 권위주의체제	제한적 자율민주체제
	비동원적 근대체제	비동원적 권위주의체제	비동원적 민주체제
	전통체제	관료적 제국체제	
		세습체제	봉건체제
	원시체제	피라미드체제	
		단속적 원시체제	분절적 체제

낮음　　　　　중간　　　　　높음

하위체계의 자율성

출처: Almond and Powell(1976), p.72.

문화의 세속화란 체제를 구성하고 있는 사람들의 태도, 신념, 가치관과 같은 의식체계가 인과관계(cause-and-effect relationship)를 중시하는 합리

---

57) Almond and Powell(1978), pp.19-20.

58) Ibid., pp.19-21, 72-76.

주의적인 성향으로 변화되는 것을 의미한다. 구조의 분화란 역할과 기능의 전문화와 세분화를 의미한다. 사회가 발전할수록 국민들은 정부에 대하여 새로운 요구를 제기하기 때문에 행정수요가 증대된다. 따라서 정책결정은 점점 더 복잡해지고 어려워진다. 국민들의 새로운 정치적 요구나 기대 그리고 증대되는 행정수요에 부응하기 위해서 행정구조가 복잡해지고 분화가 필요하게 된다. 기능의 전문화와 분화가 이루어지지 않고서는 폭발적인 정치적 요구나 기대를 충족시킬 수 없게 된다.

하위체계의 자율성은 다양한 집단이나 세력이 그들 자신의 목표를 자기 방식으로 추구할 수 있는 기회와 자유를 허용하는 것을 의미한다. 특히 투입구조의 자율성을 강조한다. 일반시민, 각종 이익집단, 대중매체 등의 정치과정 참여와 그들의 소리가 정치체제에 투입되고 전환과정에 영향력을 행사할 수 있는 기회와 자유가 보장되는 것이라고 볼 수 있다.

알몬드는 구조의 분화와 문화의 세속화 그리고 하위체계의 자율성이 높은 고도의 자율적 민주체제(high-autonomy democratic system)를 발전유형으로 보았다.[59]

③ 맥크리디스의 유형

맥크리디스(Roy C. Macridis)는 정치체제를 국가와 사회관계를 중심으로 국가의 사회·경제에 대한 개입 정도, 복수정당과 같은 정치적 자유의 허용 여부 등을 기준으로 <그림 1-6>과 같이 분류하였다.[60]

---

59) Ibid., p.72.

60) Roy C. Macridis, *Modern Political Regimes: Patterns and Institutions*(Boston: Little, Brown and Company, 1986), pp.10-15.

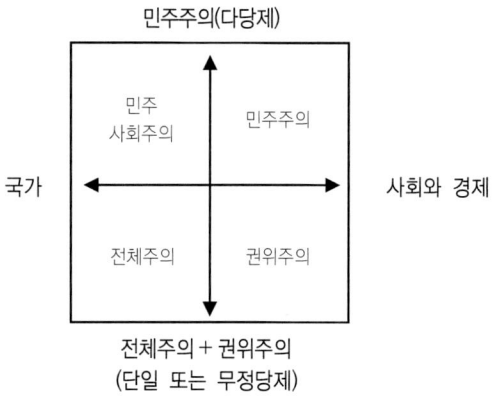

〈그림 1-6〉 맥크리디스의 발전 유형

민주주의(다당제)

민주
사회주의   민주주의

국가 ←————————→ 사회와 경제

전체주의   권위주의

전체주의 + 권위주의
(단일 또는 무정당제)

출처: Macridis(1986), p.14.

① 민주주의체제(democratic system)는 최소한의 국가의 역할과 시민사회
  의 자유와 자율성이 완전 보장되는 체제
② 권위주의체제(authoritarian system)는 국가의 역할이 지배적이며, 경제
  나 재산권 행사와 같은 제한된 영역에 사회의 자율성이 인정되고 정
  치적 자유가 제한을 받는 체제
③ 민주사회주의체제(democratic socialism)는 국가가 경제를 통제하지만
  사회에 대한 최대한의 자율성 보장과 복수정당의 허용 등 정치적 자
  유가 보호되는 체제
④ 전체주의체제(totalitarian system)는 국가가 사회의 모든 영역을 통제하
  고 단일정당에 의한 지배와 정치적 자유가 인정되지 않는 체제

민주주의정치체제의 요건으로 ① 지배양식이 강제력이 아닌 합의, 동의,
설득에 의한 지배 ② 시민사회의 높은 자율성과 영향력 ③ 낮은 국가와 침
투와 개입 등을 들 수 있다.

민주주의정치체제는 합의, 동의, 설득에 의한 지배가 정착되고, 시민사회
의 자율성이 높으며, 정치과정에 시민사회의 참여가 보장되고 그 영향력이
크며, 국가는 중립적이고 공정한 입장에서 사회질서의 유지, 사회정의 구현,

복지의 실현 등에 최소한의 침투가 이루어지고, 정치과정에 시민사회의 자발적인 참여를 유도하고 방향을 제시하는 체제라고 볼 수 있다.

민주주의정치체제는 사회를 위하여 가치를 권위적으로 배분하는 정치과정에 시민의 영향력이 큰 정치체제로 한마디로 '최소의 국가와 최대의 시민사회(minimal state and maximal civil society)'를 보장하는 체제라고 할 수 있다. 이는 시민의 힘, 시민의 권력, 국민의 힘이 국가보다 강한 경우라고 볼 수 있다.[61] 국가와 시민사회의 역학관계를 '민주주의 정치체제＝국가 〈 시민사회'라는 등식으로 나타낼 수 있다. 국가권력에 의한 지배가 아니라 시민사회가 국가에 대하여 지배적인 영향력을 행사하는 정치를 의미한다.

민주주의정치체제의 반대인 권위주의체제는 합의, 동의, 설득에 의한 지배도 발견되지만 강제력에 의한 지배가 보편적인 현상이며, 국가와 시민사회의 구분이 경우에 따라서 오락가락하고, 시민사회의 정치과정 참여가 허용되지만 영향력이 보잘것없으며, 시민사회의 자율성이 제한적·부분적으로 허용되고, 국가가 시민사회의 모든 분야에 침투하고 개입하는 성향을 보이는 체제라고 볼 수 있다.

권위주의 정치체제는 '최대의 국가와 최소의 시민사회(maximal state and minimal civil society)'를 특징으로 하는 체제로 권위주의 정치체제＝국가 〉 시민사회라는 역학관계 등식이 성립한다.

(2) 정치체제의 능력향상

국가의 정치체제가 아무리 민주적이라 하더라도 생산성과 효율성 없이는 정치의 질(quality of politics)을 향상시킬 수 없다. 정치체제를 민주주의 형식요건이라고 한다면 정치체제의 능력은 정치의 내용과 관련이 있다고 볼 수 있다. 절차와 형식을 갖추는 것뿐만 아니라 내실을 기할 때 민주적 정치과정이 정착될 수 있다. 정치체제의 능력은 민주정치의 질적 수준을 향상시

---

61) 입법, 사법, 행정에 이어 언론을 제4부, 비정부기구(NGO)를 제5부라고 한다. 시민사회의 대표적인 NGO가 정치참여를 통하여 정치과정에 행사하는 영향력을 시민권력이란 측면에서 이해할 수 있을 것이다.

키는 요인이다. 정치체제가 국내외의 변화하는 환경에 잘 적응하고 안정적
으로 생명력을 존속·유지하면서 국민의 지지와 성원을 받아 시민사회의
요구를 효율적으로 전환시키려면 추출적·분배적·규제적·상징적·대응적
능력이 있어야 한다.

아무리 좋은 민주주의 옷을 입었다고 하더라도 내용이 없으면 형식적·
외형적 민주주의가 될 수밖에 없다. 민주정치의 질을 향상시키고 내실 있는
민주정치, 알맹이 있는 민주정치를 구현하기 위해서는 국내외의 총체적 환
경으로부터의 각종 도전이나 시민사회의 다양한 요구에 효율적으로 대응할
수 있는 정치체제의 능력이 있어야 한다. 민주주의 원칙과 이념에 충실한
정치체제가 확립되고 정치체제가 생산성과 효율성을 발휘할 때 민주정치의
질을 향상시킬 수 있다.

민주적 정치체제가 국민으로부터 절차적 정통성을 획득했더라도 산출능
력이 부족하여 시민사회의 요구를 시의적절하게 전환시키지 못하거나, 가치
배분에 있어서 공정성을 상실하거나, 배분결과를 효율적으로 집행하지 못할
경우 정치체제는 실적에 의한 정통성(legitimacy by performance)과 권위를
상실하게 된다. 국내외적 환경으로부터 제기되는 도전에 적절하게 대응하지
못하면 체제의 존속이 어렵게 된다.

정치체제가 당면하는 도전은 상황에 따라서 다양한 유형으로 나타난다.
신생국의 정치체제는 ① 국가건설(state - building) ② 국민형성(nation - bui-
lding) ③ 참여(participation) ④ 분배(distribution) 또는 복지(welfare) 등의 문
제에 직면하게 된다.[62] 개발도상국의 정치체제는 ① 정체성(identity)의 위기
② 정통성(legitimacy)의 위기 ③ 참여(participation)의 위기 ④ 침투(penetra-
tion)의 위기 ⑤ 분배(distribution)의 위기에 직면하게 된다.[63]

후기산업사회(postindustrial society)와 후기물질주의사회(postmaterial society)

---

[62] Almond and Powell(1978), p.22. 한편 산업국가나 전(前) 산업국가가 직면하고 있는 정책문제는 정
부의 조직(governmental organization), 국가의 단결(national unity), 경제발전, 경제안정, 사회복지, 참
여, 인간 삶의 질, 외교와 안보정책 등이라고 지적하고 있다. Almond and Powell(1984), p.23.

[63] Leonard Binder(ed.), *Crises and Sequences in Political Development*(Princeton NJ: Princeton
University Press, 1971).

에서는 시민사회의 요구내용이 다르다. 물질적인 욕구가 충족되고 난 후 삶의 질을 향상시키기 위한 인권, 복지, 환경, 문화 등에 대한 새로운 관심과 욕구에 효율적으로 대응할 수 있는 생산적인 능력이 있어야 한다. 정치체제는 또한 문명사적 변화인 세계화 시대의 무한경쟁과 새롭게 형성되는 국제정치경제 질서, 그리고 지식정보화 사회에 대응할 수 있는 능력이 요구된다.

정치체제가 국내외적 총체적인 환경의 도전과 시민사회의 다양한 요구에 효율적·생산적으로 대응할 수 있는 능력을 갖출 때 민주정치의 질을 향상시킬 수 있다. 정치체제의 생산성과 효율성에 영향을 미치는 변수로 ① 정치엘리트의 목표와 행동 ② 물질자원의 획득 능력 ③ 효율적인 관료조직 ④ 국민의 지지 획득 등을 들 수 있다.[64]

(3) 시민문화의 정착

시민사회의 민주적 기능으로 ① 국가권력 제한의 기초 제공 ② 정치참여를 통한 민주시민의 권리행사 ③ 민주적 가치와 규범의 발전 ④ 이익표출·집약·대표 ⑤ 정치 갈등의 양극화 완화 ⑥ 새로운 정치지도자의 충원 ⑦ 시민조직의 성치리더십 훈련 ⑧ 정보의 확산 ⑨ 정치연립의 지지(support of political coalition) ⑩ 국가에 대한 존경 등을 들 수 있다.[65]

시민사회가 이와 같은 민주적 기능을 수행하려면 시민의 정치의식이 향상되어야 한다. 궁극적으로 민주정치체제가 운영되는 환경변수로 작용하는 정치문화가 발전되어야 한다. 시민의 정치체제, 투입 측면, 산출 측면, 정치적 자아로서의 자신에 대한 인지적·감정적·평가적 정향이 능동적·참여적·합리적으로 바뀌어야 시민사회가 정치과정의 통제기능을 효율적으로 수행할 수 있을 것이다. 정치과정을 시민이 통제하고 시민 주도적인 민주사회를 건설하려면 시민의 정치의식이 능동적이고 참여적이며 합리성을 띠어

---

64) Gabriel A. Almond and Bingham G. Powell, Jr., *Comparative Politics: A Developmental Approach*(Boston: Little, Brown and Company, 1966), pp.205 - 207.

65) Larry Diamond, "Rethinking Civil Society", in Bernard E. Brown and Roy C. Macridis(ed.), *Comparative Politics: Notes and Readings*, 8th ed. (Belmont: Wadsworth Publishing Company, 1996), pp.209 - 212.

야 한다. 이러한 정치문화가 정착될 때 민주정치 과정은 결국 시민이 능동적 · 적극적으로 정치과정에 참여하고 합리적 선택을 통하여 정치의 주체가되어야 한다. 민주시민의 합리성과 활동성에 근거하여 발전한 문화를 시민문화라고 한다. 민주적 정치과정은 민주정치체제의 공고화와 정치체제의 능력향상과 더불어 가장 이상적인 민주문화인 시민문화(civic culture)가 정착될 때 발전할 수 있을 것이다.

제7절 맺는 말

정치과정은 사회를 위하여 희소한 가치를 권위적으로 배분하는 활동과관련된 상호작용이다. 과정은 동태적으로 진행되는 현상이다. 정치과정의분석은 희소한 가치의 배분과 관련하여 이루어진다. 사회를 위하여 가치를권위적으로 배분할 수 있는 정치권위를 획득하려는 개인이나 집단의 행동에 대한 연구와 가치를 유리하게 배분받기 위해서 노력하는 다양한 시민사회의 행태와 또한 국가와의 상호작용에 대한 연구를 통하여 정치현상을 분석할 수 있다.

정치과정은 비교정치학에 있어서 핵심적인 부분을 차지하고 있다. 정치과정을 제외하고 어느 나라의 정치현상을 비교 · 분석하는 것은 사실상 불가능하다고 볼 수 있다. 그 구체적인 예로 알몬드와 포엘(G. A. Almond and B. G. Powell)의 「비교정치」(Comparative Politics)의 내용이 대부분 정치과정과 관련된 문제를 다루고 있음을 발견할 수 있다.[66] 각국의 정치를 비교하는 대상은 다양하지만 정치과정이 차지하는 비중이 그만큼 크다는 것을 나타내 주는 것이라고 볼 수 있다.

정치과정에 대한 패러다임은 정치체제론, 국가론, 조합주의 등이 있다. 그러나 정치체제론의 구조 - 기능주의론과 국가론을 결합하여 새롭게 정치과

---

66) Almond and Powell(1978); (1984).

정 모형을 제시하였다. 정치과정을 국가의 정치체제와 환경과의 상호작용, 시민사회의 참여, 국가의 권위적 결정과 행동 등의 단계로 구성하였다.

정치과정에서 중요한 것은 정치과정이 민주적으로 진행되어야 한다는 것이다. 민주주의 원칙과 민주적 절차에 따라서 정치과정이 진행되는 것이 가장 바람직한 현상이라고 볼 수 있다. 사회를 위하여 가치를 권위적으로 배분하는 정치과정이 민주적으로 진행되지 않으면 시민사회가 추구하는 정치재화를 효율적으로 생산할 수 없으며 또한 시민사회의 지지를 받을 수 없다. 국가의 정치체제가 시민사회의 참여를 배제시킨 채 정치과정을 일방적으로 진행시키는 권위주의 방식은 바람직하지 못하다.

민주적인 정치과정이 진행되려면 시민사회가 주체적인 역할과 영향력을 행사할 수 있어야 한다. 국가와 시민사회 간의 역학관계 등식이 시민사회가 강한 방향으로 형성되어야 할 것이다.

민주적인 정치과정이 진행되기 위해서는 첫째, 합의, 동의, 설득에 의한 지배, 시민사회의 자율성과 시민사회의 의미 있는 참여가 보장되는 민주적인 정치체제가 정착되어야 한다.

둘째, 시민사회의 다양한 정치요구에 효율적·생산적으로 대응할 수 있는 정치체제의 능력이 향상되어야 한다.

셋째, 정치과정에서 시민사회가 주도적인 역할을 수행하려면 시민의 정치의식 향상과 시민문화가 정착되어야 할 것이다. 후기물질주의 사회, 후기산업사회, 탈근대화 사회, 정보화 사회로 특징되는 미래사회에서는 정치과정에 시민의 역할이 매우 중요하다. 그러나 민주주의는 시민의 낮은 정치 참여, 정치적 무관심, 정치 불신과 냉소주의 때문에 위기를 맞고 있는 것이 현실이다. 국가가 시민의 참여 없이 해결할 수 없는 인권, 인구, 환경, 빈곤, 평화 등의 문제에 대하여 시민사회의 적극적인 관심과 참여가 요구된다. 건전한 시민문화가 정착되어 새롭게 제기되는 문제를 국가와 시민사회가 더불어 해결하는 모습을 보여야 할 것이다.

제2편
국가의 정치체제와 환경

제2장 정치권력론

제1절 정치권력의 의의

1. 정치권력의 개념

　권력(power)은 정치학에서 가장 핵심적인 개념이다. 라스웰(H. D. Lasswell)은 "권력개념은 아마도 정치학의 전반에 걸쳐서 가장 기본적인 개념이며, 정치과정은 권력의 형성, 분배, 행사"라고 하였다.[1] 한스 모겐소(Hans J. Morgenthau)는 "모든 정치(국제정치)는 권력투쟁(struggle for power)"이라고 단정하면서 권력을 '다른 사람의 마음과 행동을 통제할 수 있는 능력'이라고 이해하였다.[2]

　정치는 집단과 개인 간에 권력의 획득과 유지를 위한 경쟁과 대립을 특징으로 하고 있다. 정치가 발전되지 않은 사회일수록 권력 투쟁이 가장 두드러진 정치현상으로 나타난다. 국가와 국가 간의 관계는 물론 개인과 개인, 집단과 집단 간에도 권력의 획득, 유지, 확대, 활용을 위한 경쟁이 치열하게 전개되고 있다. 타인에게 지배받기를 원하고 권력을 싫어하는 사람은 없을 것이다. 남보다 우세한 힘을 갖고 싶어 하는 것이 인간의 본성일 것이다. 권력 지향적인 사람은 죽는 순간까지 권력을 포기하지 않으며, 심지어 목숨을 내걸고 권력투쟁에 나서기도 한다.

　그러나 누구나 권력을 향유하는 것은 아니다. 권력이라는 가치는 희소한

---

1) Lasswell and Kaplan(1950), p.75.

2) Hans J. Morgenthau, *Politics Among Nations: The Struggle for Power and Peace*, 3rd ed., (New York: Alfred A. Knopf, 1960), p.26.

것이기 때문에 원하는 사람 누구에게나 분배가 가능한 것이 아니다. 유력한 사람과 무력한 사람이 존재하는 것은 자연적인 현상이다. 사회의 어느 곳에나 실세와 허세가 있다. 영향력이 있는 사람과 그렇지 못한 사람이 있으며, 권력을 가진 지배자와 권력 없이 그들의 지배를 받는 피지배자가 있다. 모든 인간사회에는 공동체를 이끌고 가는 권력자가 있고 그들의 결정에 따르는 피지배자가 있다. 의사결정 과정에 영향력을 행사하는 소수의 사람과 그들의 결정에 따르는 다수의 사람들이 있다.

권력(power)은 일반적으로 능력(capacity), 기술(skill), 재능(talent), 의지(will) 등으로 이해된다. 홉스(Thomas Hobbes)는 권력을 '미래에 분명한 선(good)을 획득할 수 있는 인간이 소유한 현재의 수단'으로 이해하였다.[3] 러셀(Bertrand Russell)은 '의도된 결과의 생산(production of intended effects)'으로,[4] 라스웰은 '엄격한 박탈에 대한 기대(expectation of severe deprivations)가 포함된 관계'로,[5] 다알은 '행태의 통제'(as control of behavior)로[6] 각각 정의하였으며, 롱(D. H. Wrong)은 러셀과 유사한 입장에서 '권력을 다른 사람에게 바라고 예견할 수 있는 결과를 생산하는 어떤 사람의 능력'이라고 보았다.[7]

이 책에서는 권력을 '㉮의 행동이 ㉯의 행동을 일으키는(causes) 원인이 되어 ㉮의 의도대로 ㉯의 행동을 통제할 수 있는 능력'이라고 정의하고자 한다. 권력은 ㉮의 의도에 따라서 ㉯의 행동이 유발되도록 하는 갖가지 능력이라고 볼 수 있다. 이러한 권력관계가 형성되면 ㉮는 권력자인 지배자가 되고 ㉯는 추종자인 피지배자가 된다.

권력의 개념을 보다 구체화하기 위해서 권력의 속성인 ① 의도성(intentionality) ② 효과성(effectiveness) ③ 잠재성(latency) ④ 일방성 혹은 비대칭성(unilaterality or asymmetry)을 살펴볼 필요가 있다.

---

3) Thomas Hobbes, *Leviathan*, Part I and II (Indianapolis: Bobbs-Merrill, 1958), p.58.
4) Bertrand Russell, *Power: A New Social Analysis*(London: George Allen and Unwin, 1938), p.25.
5) Lasswell(1948), p.13.
6) Dahl(1986), pp.37-58.
7) Dennis H. Wrong, *Power: Its Forms, Bases, and Uses*(Chicago: The University of Chicago Press, 1988), p.2.

① 권력의 행사는 무엇보다도 행사자의 의도된 행동이라고 볼 수 있다. 즉 무엇인가 결과를 기대하고 권력을 행사하는 것이다. 사람들은 다른 사람의 행동을 통제하기도 하고 통제를 받기도 하는 영향을 주고받는 상호작용을 하고 있다. 그러나 권력은 일반적인 상호작용이 아니라 다른 사람의 행동을 자신의 의도대로 통제하는 영향력의 행사라고 볼 수 있다.

② 효과성이란 권력자가 의도한 결과가 나타나는 것을 의미한다. 권력을 사용하여 상대방의 행태를 변화시키지 못하면 권력이 부족하거나 효과가 없는 것을 의미한다. 권력을 행사했을 때 결과가 나타나지 않으면 권력이 제대로 기능한 것이 아니다.

③ 잠재성이란 권력을 가진 사람이 굳이 권력을 행사하지 않더라도 상대방이 권력의 실체를 지각하고 스스로 권력 있는 사람의 의도나 기대에 부응하는 행동을 하게 된다. 권력은 기대된 반응(anticipated reactions)을 유발하는 잠재성이 있다.

④ 권력관계(power relations)는 일방적이고 비대칭적인 특성을 지니고 있다. 동일한 권력을 소유하고 상호의존적이거나 상호영향을 주고받는다면 권력관계가 성립되지 않는다. 한쪽의 권력이 우세하고 다른 쪽이 열세한 불균형 분배상황에서 행동의 통제가 가능한 것이다. 비대칭적인 권력분배 때문에 권력을 가진 사람은 자신이 원하는 것을 얻고, 자신이 목적하고 바라는 것을 성취할 수 있는 위치에 있는 것이다.

정치학에서 권력은 정치권력(political power)을 의미한다. 정치권력이란 "사회를 위하여 가치를 권위적으로 배분하는 데 영향력을 행사할 수 있는 능력"이라고 볼 수 있다. 정치권력은 정치체제에 투입된 국민의 요구와 기대를 블랙박스(black box) 내에서 산출로 전환시킬 수 있는 능력이다. 한마디로 국가의 정책을 결정하고 집행할 수 있는 능력이라고 볼 수 있다. 권력자는 결국 전반적인 국가의 활동(activities of the state)에 대하여 영향력을 행사할 수 있는 능력을 가지게 된다.

2. 권력의 형태

권력의 형태(forms of power)에는 여러 가지가 있다.

러셀(Bertrand Russell)은 권력의 형태를 ① 직접적인 물리적 권력(direct physical power) ② 유인으로서 보상과 처벌(rewards and punishments as inducement) ③ 의견에 대한 영향력(influence on opinion) 등으로 구분하였다.[8] 인간의 신체를 투옥시키거나 죽일 수 있는 물리적 권력, 채용하거나 채용을 보류하는 등 유인(inducement)을 통한 보상과 처벌, 광의로 선전과 같이 타인의 의사에 미치는 영향력 등으로 이해하고 있다.

보올딩(Kenneth E. Boulding)은 권력의 범주를 ① 파괴와 관련이 있는 위협능력(threat power) ② 호혜적인 거래로 생산과 관계있는 교환능력(exchange power) ③ 통합적인 측면과 관련이 있는 애정능력(love power)과 또 다른 차원에서 ① 위협이나 파괴와 관련이 있는 정치·군사권력(political and military power) ② 분배·교환·생산과 관계가 있는 경제권력(economic power) ③ 통합이나 사랑과 관련이 있는 사회권력(social power) 등으로 구분하였다. 권력의 범주를 <그림 2-1>과 같이 나타냈다.[9]

〈그림 2-1〉 권력의 범주

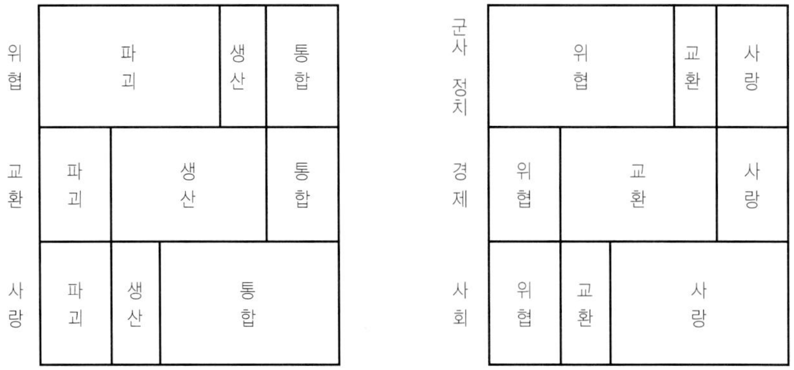

출처: Boulding(1989, p.25, 30

---

8) Russell(1938), p.25.

9) Kenneth E. Boulding, *Three Faces of Power*(Newbury Park: Sage Publications, 1989), pp.23-31.

보올딩은 권력을 정치 · 경제 · 사회권력을 통합하여 이해하였다. 권력의 개념이 물리학의 힘에서 사회과학의 영향력에 이르기까지 다양하기 때문에 권력의 유형을 통합적인 시각에서 분류하였다. 다만 정치권력을 군사권력과 동일한 입장에서 위협과 파괴적인 힘으로 보았다.

한편 권력의 개념을 '의도적인 영향력'으로 정의하고 그 형태를 <그림 2 – 2>와 같이 ① 무력(force) ② 조작(manipulation) ③ 설득(persuasion) ④ 권위(authority) 등으로 나누고 있다.[10]

<그림 2-2> 권력의 형태

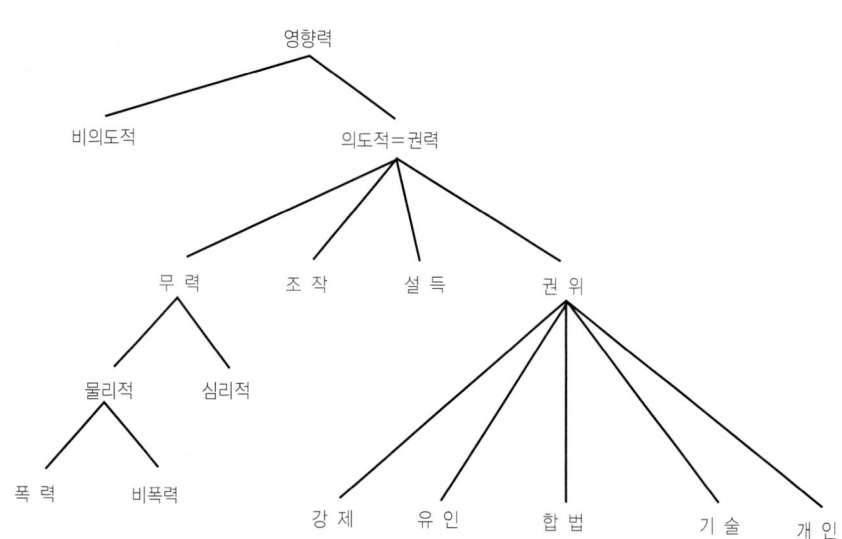

출처: Wrong(1988), p.24.

(1) 영향력

정치권력과 관련된 영향력은 인간관계에 한정되어 사용되고 있다.[11] 영향력 관계(influence relations)는 개인, 집단, 연합, 조직, 국가 간에 형성되어

---

10) Wrong(1988), 2 · 3장.

11) 영향력에 관한 논의는 다음을 참고하였음. Robert A. Dahl, *Modern Political Analysis*, 5th ed., (Englewood Cliffs, NJ: Prentice – Hall, Inc., 1991), pp.27 – 34.

있다. 즉 영향력은 ㉮라는 행위자가 ㉯라는 행위자의 어떤 행동을 유인하는 것을 의미한다. ㉮라는 행위자의 의도대로 ㉯의 성향, 감정, 태도, 신념, 행동 등이 변하는 결과를 가져왔을 때 명백한 영향력 관계가 성립되는 것이다. 권력은 행위자 자신의 목적에 따라서 다른 행위자의 행태에 영향력을 행사하는 것이다. 예를 들면 교통경찰이 앞으로 진행하는 모든 차량을 좌회전하라는 지시를 내리고 모든 차량이 그것을 따른다면 교통경찰은 차량을 운행하는 사람들에게 영향력을 행사한 결과가 된다. 분명하게 상대방의 행태에 변화를 가져오는 유형을 현재적 영향력(manifest influence)이라고 한다. 반면에 잠재적 영향력(potential influence)이란 ㉮라는 행위자가 영향력을 행사하려는 시도가 없었음에도 불구하고 ㉯가 ㉮의 내재된 영향력의 실체를 인지하고 행동의 변화를 보이는 경우를 의미한다.

정치적 영향력 관계의 성립은 영향력을 행사하는 사람이 영향을 받는 사람에 비하여 더 많은 정치적 자원을 가지고 그 자원을 보다 기술적·효율적으로 활용하기 때문이다. 영향력 관계는 다음과 같은 몇 가지 내용을 비교하여 파악할 수 있다.

① 영향력 행사자가 누구냐?
② 어떤 문제가 영향력 행사의 대상이 되느냐?
③ 영향력 행사의 수단은 무엇인가?
④ 영향력이 성공적으로 행사될 수 있는 가능성은 얼마나 되는가?
⑤ 얼마 동안 어느 정도로 강력하게 영향력을 행사할 수 있는가?
⑥ 영향력 행사에 소요되는 비용은 얼마나 되는가?

(2) 무력

무력은 일반적으로 물리적·생물적 힘을 의미한다.[12] 타인의 자유를 제한하는 물리적 장벽을 설치하는 것은 생명의 파괴는 물론 신체적인 고통과 위해를 가하는 것이다. 무력은 인간을 물질적인 대상으로 삼고 심리적 고

---

12) 무력에 관하여 다음을 참고하였음. Wrong(1988), pp.24 - 28.

통, 육체적인 부상, 공포, 죽음 등에 대한 위협을 가하는 것도 포함한다. 실질적으로 물리적 폭력을 행사하는 것과 물리적 폭력을 사용하겠다고 심리적으로 위협하는 것도 강제(coercion)의 범주에 포함된다. 무력에 기초한 힘을 '발가벗은 권력'(naked power)이라고 부르기도 한다.[13]

무력의 가장 기본적인 유형은 폭력(violence)으로서 타인에게 육체적인 고통을 주기 위하여 직접적인 폭행을 가하는 것이다. 자신의 의지를 관철시키고, 자신의 목적을 달성하기 위해서 상대방에게 물리적인 강제력을 행사하는 것이다. 무력은 폭력만이 있는 것이 아니고 비폭력적인 방법으로 상대방의 행태에 변화를 유도하는 경우도 있다. 연좌, 농성, 시위 등 평화적·비폭력적 저항을 통하여 상대방의 행태변화를 유인하기도 한다. 무력은 인간을 특정한 방향으로 행동을 유발시키기(causing them to act)보다는 효과적으로 제한하거나 방지하는 강제적인 방법이다.

(3) 조작

상대를 조작하는 것은 권력자가 자신의 의도를 숨기고 상대방으로부터 자신의 의도된 결과가 나타나기를 원하는 것이다.[14] 조작은 권력자가 자신의 권력을 실질적으로 직접 활용하지 않고 자신이 원하는 방향으로 복종자의 행태에 자발적인 변화가 나타나게 하는 것이다. 조작은 권력자와 복종자 간의 사회관계가 유지되지 않는 익명의 상황에서도 발생한다. 권력자가 복종자를 직접 통제하지 않고 복종대상에게 상징적 커뮤니케이션을 통하여 행태의 변화를 가져오는 경우가 있다. 예를 들면 정치선전에 의한 대중조작이나 상품광고 때문에 소비자들의 태도에 변화를 가져오게 하는 경우라고 볼 수 있다.

또한 ㉮가 ㉯와 직접적인 상호작용을 하지 않고 대신 ㉮가 의도하는 반응을 나타낼 수 있도록 ㉯의 환경을 변화시키는 방법이 있다. 예를 들면 시장경제에 있어서 판매자가 상품 가격을 조정하여 소비자의 구매행태에

---

13) Russell(1938), p.27.

14) 조작에 관하여 다음을 참고하였음. Wrong(1988), pp.28 - 32.

변화를 가져오게 하는 경우라고 볼 수 있다.

조작에 의한 영향력의 행사는 내밀하고 비인격적인 것으로 조용한 효과를 얻기 위한 권력행사라고 볼 수 있다. 조작에 의하여 상대방 행태를 변화시키는 것은 제한적이라서 다른 유형의 권력과 결합하여 활용할 때 그 효과를 증진시킬 수 있다.

(4) 설득

설득은 ㉮가 ㉯에게 논의, 호소, 권고 등의 방법으로 의사를 전달할 때 ㉯는 자신의 가치, 목표, 신념에 따라서 ㉮의 주장을 독자적으로 평가하여 수용하기로 결정할 때 ㉯는 ㉮에게 설득당한 것이 된다. ㉯의 선택은 처벌, 보상, 의무 등의 혜택이나 두려움 등 때문이 아니고 ㉮의 입장에 동조하기 때문이다. 설득은 권력자가 무력과 같은 강제력을 동원하지 않고 복종자의 이성이나 감성에 호소하여 행동에 변화를 일으키는 방법이다.

인간의 이성에 호소하여 권력을 합리화·정당화하는 것을 '크레덴다'(credenda), 권력을 신비롭고 감탄할 만한 것으로 상징화하여 권력을 정당화·합리화하는 것을 '미란다'(miranda)라고 한다.[15] 설득을 통하여 자신의 의도대로 상대방의 행동에 변화를 가져올 수 있기 때문에 권력의 형태로 볼 수 있으며, 권력자에 따라서 설득의 수단, 기술, 방법 등이 다양하게 나타난다.

(5) 권위

설득은 상대방의 주장에 대한 시험을 거친 수용(tested acceptance)인 반면에 권위는 타인의 판단을 시험하지 않고 수락(untested acceptance)하는 것이다.[16] 설득을 통한 복종은 권력자의 의사전달 내용을 피지배자가 독자적으로 평가하고 받아들여 동의하는 납득을 기초로 하고 있지만 권위는 권력자

---

15) Charles E. Merriam, *Political Power*(Glencoe, Ⅲ: The Free Press, 1950), pp.101 – 132.
16) Wrong(1988), p.35.

의 명령(command)이나 의지(will)에 이의를 제기하지 않고 따르는 것이다. 피치자가 권력자의 명령에 따르는 이유는 정당한 권력(legitimate power)이나 정당한 영향력(legitimate influence)을 갖고 있다고 믿기 때문이다. 다알(R. A. Dahl)은 권위를 '정당한 권력' 또는 '정당한 영향력'이라고 이해하였다.[17]

베버는 권위를 명령－복종관계(command－obedience)로서 지배(herrschaft)라는 '특별한 경우의 권력'이라고 보았으며, 정치권력의 정당성의 기초를 ① 전통적 지배(traditionale herrschaft) ② 합법적 지배(legale herrschaft) ③ 카리스마적 지배(charismatische herrschaft)로 분류하였다.[18] 그러나 이를 보다 세분하면 몇 가지 유형으로 분류할 수 있다.[19]

① 강제적인 권위(coercive authority)는 ㉮가 ㉯의 순응을 얻기 위해서 무력으로 위협을 가하는 방법이다. ㉯는 ㉮가 무력을 사용할 의지와 능력이 있다는 것을 확신했을 때 따르게 된다.

② 유인에 의한 권위(authority by inducement)는 보상을 제공함으로써 복종을 유도하는 것이다. 강제적인 권위가 가치의 박탈과 같은 부정적인 제재와 관련이 있다면 유인에 의한 권위는 복종자에게 혜택이 돌아가는 긍정적인 측면이 있다.

③ 합법적인 권위(legitimate authority)는 권력자가 정당한 명령권을 가지고 있기 때문에 피치자는 복종의 의무가 있다고 인정할 때 발생하는 것이다. 지배자와 피지배자 간에 공유된 규범(shared norms)이나 법규에 기초하여 명령과 복종관계가 성립되는 것이다.

④ 기술적인 권위(competent authority)는 권력자가 가지고 있는 특별한 지식이나 기술에 기초하여 복종자가 순응하는 것이다. 피지배자는 권력자가 자기보다 우수한 기술이나 전문성을 가지고 있다고 믿기 때문에 복종한다.

⑤ 개인적인 권위(personal authority)는 권력자의 개인적인 자질(personal

---

17) Dahl(1991), p.54.

18) Max Weber, *Economy and Society*, Vol.3, trans. and ed. by Guenther Roth and Claus Wittich(New York: Bedminister Press, 1968).

19) Wrong(1988), pp.41－64.

qualities)에 기초하여 권력관계가 형성되는 것이다. 개인의 뛰어난 영웅성이나 비범성을 인정하여 복종하는 것이다. 베버(Max Weber)가 분류한 초인적인 능력을 가진 지배자의 카리스마도 개인적인 권위의 일종이라고 볼 수 있다.

명령과 복종관계는 합법성·보상성·기술성에 기초한 권위가 바람직하다고 볼 수 있다. 가장 바람직하지 못한 유형은 강제력에 의한 권위라고 볼 수 있으며, 무력을 사용하여 복종자의 순응을 유발하는 것은 가장 낮은 차원의 권위라고 볼 수 있다. 개인적인 권위도 영웅적이고 신비스런 초인간적 특성을 가진 권력자를 발견하기 어렵기 때문에 정보화 사회에서는 일반화된 권위로 인정하기 어려운 면이 있다.

3. 권력의 이미지

권력에 대한 이미지는 다양하다. 권력 행사자나 정치문화에 따라서 다르게 이해되기 때문이다. 권력의 이미지에 대한 입장은 세 가지가 있다.[20]

(1) 소유적 이미지

권력을 물건과 같이 소유하는 개념으로 파악하는 것이다. 예를 들면 권력을 사용한다, 권력을 나누어 갖는다, 권력을 획득했다, 권력을 가지고 있다, 권력을 잃었다 하는 식으로 권력을 실체적인 개념으로 이해하는 것이다. 권력은 타인을 지배하기 위한 물건과 같은 것으로 간주된다. 권력을 소유한 사람이 권력자가 되고 권력이 없는 사람은 피지배자가 된다. 권력의 양(amount)이 많고, 권력의 범위(scope)가 넓다는 것은 그만큼 많은 권력과 강한 권력을 소유하고 있음을 의미한다. 권력의 비교(comparability)는 실체를

---

20) Charles A. McClelland, "Power and Influence" in John R. Champlin, *Power*(New York: Atherton Press, 1971), p.36.

중심으로 가능하며, 권력투쟁도 권력이라는 실체를 놓고 경쟁자 간에 소유
경합을 벌이는 것이다. 또한 권력을 소유한 기간을 이해하는 것도 권력의
실체설과 관련이 있는 것이다.

(2)기능적 이미지

권력은 다른 사람을 복종시키고 지배할 수 있는 능력이 있다. 이는 권력
을 사회문제를 움직이는 힘(moving force)으로 보는 것이다. 예를 들면 전류
와 같은 기능을 수행하는 기능적인 차원에서 권력을 이해한다. 권력을 행사
하면 상대방의 행동양식에 변화를 유발하게 된다. 권력행사는 개인과 집단
은 물론 국가와 국가 간의 관계에 있어서도 어떠한 변화를 유발하는 결과
를 가져오게 한다. 권력이 무엇을 할 수 있느냐 하는 것은 권력의 기능과
관련된 이미지라고 볼 수 있다.

(3) 관계적 이미지

이것은 권력을 행사하는 권력자와 복종하는 피지배자 간의 관계로 보는
것이다. 권력을 ⓒ가 원하지 않는 일을 할 수 있도록 하는 ⓐ의 능력이라
고 보았을 때[21] ⓐ와 ⓒ 간에 권력관계가 형성된다. 권력은 ⓐ라는 권력자
와 ⓒ라는 복종자 등 한 쌍의 행위자(a pair of actors) 간의 관계라고 볼 수
있다. 권력관계가 성립되려면 명령자와 복종자가 있고, 명령에 대한 반응이
있어야 한다. 권력관계가 성립되기 위해서는 주고받는(give – and – take)[22]
관계가 형성되어야 한다. 권력자와 복종자 간의 관계가 형성되지 않으면 권
력개념이 의미를 상실하게 된다. 지도자와 피지도자가 있어야 리더십이 행
사되듯이 권력도 권력자와 복종자 간의 관계를 통하여 기능하게 된다. 권력
행사자와 행사된 권력에 영향을 받는 대상자가 없으면 권력이 기능을 발휘

---

21) Robert A. Dahl, "The Concept of Power", in Roderick Bell, David V. Edwards and R. Harrison Wagner, *Political Power: A Reader in Theory and Research*(New York: The Free Press, 1969), p.80.

22) Lasswell(1948), p.10.

할 수 없게 된다. 권력자와 복종자 간의 상호작용을 통하여 권력관계가 형성되고 권력이 기능하게 된다. 권력자의 명령에 복종자의 순응이나 동의가 없이는 권력관계는 성립할 수 없게 된다. 정치권력은 권력자와 국민 간 집단현상적인 관계라는 특징이 있다.[23]

제2절 정치권력론

1. 교환이론

권력자와 복종자의 관계는 상호이익과 공정한 교환(fair exchange)을 통하여 보상을 주고받게 된다. 복종자가 권력자의 명령을 따르는 것은 복종자의 이익과 또한 권력자가 추구하는 권력행사의 목적에 부합되기 때문에 상호교환관계가 형성되는 것이다. 정치권력을 이해하는 데 교환이론(exchange theory of power)은 권력의 주요한 원천으로서 사회교환(social exchange)을 들고 있다.[24] 인간관계나 사회 작용은 보상행동(rewarding actions)을 통하여 유지된다. 만일 기대했던 반응(보상)이 나타나지 않으면 상호작용은 중단된다. 교환이론은 권력자나 복종자에게 상호이익이 돌아가기 때문에 권력관계는 영합(zero-sum)이 아니다. 교환이론은 권력자와 복종자 간에 불공정·불평등교환이 이루어지면 성립될 수 없다. 따라서 물리적 강제력을 사용하여 복종케 하는 것은 교환관계가 아닌 일방적인 명령이라고 볼 수 있다. 설사 권력행사가 올바르고, 명령이 정당하고, 결정이 적법한 절차를 밟았기 때문에 복종하는 경우에도 교환관계가 성립되었다고 볼 수 없다. 권력의 교환관계는 물리적 강제력, 권위에 대한 순응, 의무감 등에 기초한 것이 아니

---

23) R. Harrison Wagner, "The Concept of Power and the Study of Politics", in Bell, Edwards and Wagner(1969), p.4.
24) Peter M. Blau, *Exchange and Power in Social Life*(New York: Wiley, 1964).

라 호혜적 이익(reciprocal benefit)이 된다고 판단할 때 성립하는 것이다. 권력자나 복종자 모두가 만족감을 느끼는 가운데 자발적 행동에 기초하여 권력자와 복종자 간의 관계가 유지될 때 교환관계는 형성된다.

그러나 권력자와 복종자 간에 보상이 항상 공정하게 교환되는 것이 아니라는 문제점이 있다.[25] 왜냐하면 권력관계는 항상 비대칭적이기 때문이다.[26]

2. 인과관계론

권력을 다른 사람의 행동을 통제하거나 행태의 변화를 유발시키는 인과관계(causal relation)로 보는 것이다. ㉮가 ㉯에 대하여 권력을 가지고 있다는 의미는 ㉮의 행태가 ㉯의 행동에 변화를 유발하는 원인(cause)이 된다는 것이다.[27] 권력관계가 성립하려면 권력을 행사할 때 다른 행위자의 선택과 행동에 변화를 가져와야 한다.

권력을 행사하는 것은 권력자인 ㉮가 복종자인 ㉯로 하여금 x를 못 하게 하는 영향력, ㉮가 ㉯로 하여금 x를 하는 데 제한(restraint)을 가하는 저지(prevention), ㉯가 x를 저지른 데 대하여 ㉮가 제재를 가하는 처벌(punishment) 등 세 가지 유형으로 나눌 수 있다.[28] ㉮가 영향력·저지·처벌 등을 행사할 때 ㉯의 행동에 변화가 나타나야 권력이 기능하게 된다. ㉮의 권력행사가 독립변수가 되고 ㉯의 행동변화가 종속변수가 될 때 인과관계가 성립된다. 권력에 대한 인과적 접근법은 권력자와 복종자 간에 인과관계가 성립되어 권력자의 행동이 복종자 행태의 원인이 되는 것이다. 권력

---

25) Jack Lively, "The Limits of Exchange Theory", in Brian Barry(ed.), *Power and Political Theory: Some European Perspectives*(New York: John Wiley, 1976), pp.3-7.

26) Herbert A. Simon, "Notes on the Observation and Measurement of Power", in Bell, Edwards and Wagner(1969), p.71.

27) Herbert A. Simon, *Models of Man, Social and Rational: Mathematical Essays on Rational and Human Behavior in a Social Setting*(New York: Wiley, 1957), p.5.

28) Felix E. Oppenheim, "Power and Causation" in Barry(1976), pp.106-108.

의 인과관계는 권력자의 의도가 관철되는 결과를 가져오게 된다.

3. 경제적 분석론

  권력을 권력자가 잠재적 복종자의 행위를 변화시킬 수 있는 수단이라고
보았을 때 복종자의 행태가 얼마나 변했는지에 관심을 갖게 된다. 복종자의
태도가 변한 것은 권력자에게 순응한 것을 의미하며, 순응의 정도에 따라서
행위변동의 수준도 다르게 나타날 수 있다. 권력의 경제적 분석(economic
theory)은 권력자가 복종대상자의 순응을 유발하여 어느 정도의 행태변화를
가져왔는지에 초점을 맞추어 권력을 이해하려는 것이다.[29]

  권력자와 복종자 간에 순응의 정도에 따라서 이익(gain)과 손해(loss)라는
차원에서 권력을 이해한다. <그림 2-3>과 같이 순응의 정도에 따라서 ㉮
와 ㉯가 이익과 손해를 보는 경우를 설명하고 있다.

  <그림 2-3>은 하나의 예에 해당되는 것으로 만일 권력자 ㉮가 기대하
는 순응의 정도가 0x인 경우 ㉮의 권력은 제대로 기능한 것이 된다. 따라
서 ㉮는 px만큼 이익을 얻게 되며, ㉯는 순응히는 데 소요된 비용과 노력
등을 따져볼 때 qx만큼 손해를 보게 된다. 이익과 손해를 계산하는 변수는
권력자인 ㉮가 ㉯에 대한 약속(promise)을 지키고 위협을 가하는 데 소요되
는 비용(cost)과 ㉯의 경우는 순응에 따른 비용과 보상(reward)을 고려하게
된다.

29) Brian Barry, "Power: An Economic Analysis", in Barry(1976), pp.67-101.

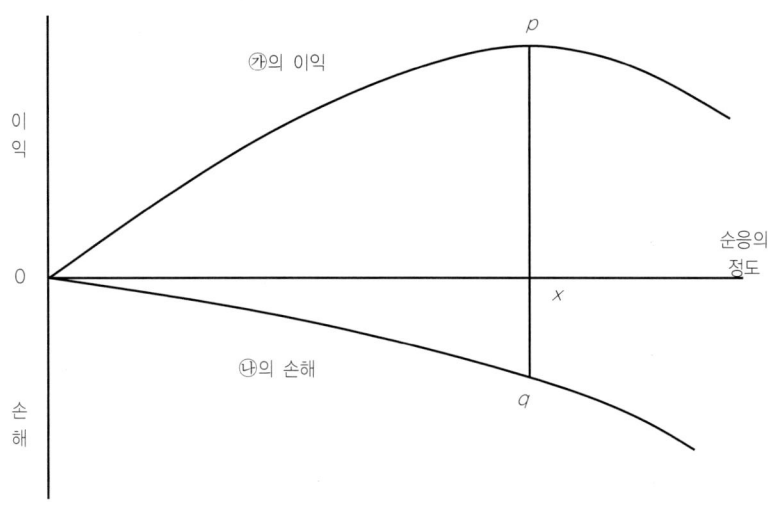

〈그림 2-3〉 권력의 경제적 분석

출처: Barry(1976), p.81.

권력의 경제적 분석은 권력자의 요구에 대한 복종자의 순응 정도에 따라서 이익과 손해라는 수학적인 계산을 통하여 권력을 이해하는 것이다. 명령하는 권력자의 입장에서 복종자의 전폭적인 순응이 있으면 권력자에게 순수한 이익이 돌아가는 것은 사실이다. 권력자의 입장에서는 순응을 유도하는 데 제반 비용과 노력이 소요된다.

한편 복종자의 입장에서는 순응하는 것이 자신에게 손해가 된다는 것을 인식하더라도 권력자가 행사할 수 있는 제재나 처벌이 두려워 어쩔 수 없이 순응하는 경우가 있다. 권력은 이익과 손해라는 영합(zero-sum)적인 특성도 있으며, 권력자나 복종자 모두에게 이익이 되는 비영합적(non zero-sum)인 교환관계란 특성도 있다. 권력의 경제적 분석은 권력자와 복종자 간의 요구와 순응에 따른 이익과 손해라는 입장에서 권력을 이해하기 때문에 논리적으로는 문제가 없으나, 실질적으로 권력자와 복종자 간에 이익과 손해를 수학적으로 정확하게 계산하는 것은 쉬운 일이 아니다.

제3절 정치 엘리트론

1. 정치 엘리트의 정의

누가 정치권력을 가지고 있느냐 하는 것은 정치학의 기본적인 명제라고 볼 수 있다. 모스카(Gaetano Mosca)는 "모든 사회에는 지배계급과 피지배계급이 있다. 지배계급은 항상 소수로서 모든 정치적인 기능을 수행하고, 권력을 독점하고 있으며, 권력이 가져오는 편익을 즐기는 반면에 피지배계급은 다수로서 지배계급에 의하여 통제되고 지도된다."고 하였다.[30] 모든 사회는 중요한 의사결정권을 행사하는 소수의 권력 엘리트(power elite)와 그 결정에 따르는 다수의 대중(mass)으로 구성되어 있다. 엘리트와 대중의 분할과 소수에 의한 다수의 지배는 보편적인 현상이다. 미헬스(Robert Michels)는 이러한 형상을 '과두제의 철칙'(iron law of oligarchy)이라고 불렀다.[31]

정치적 공동체는 중요한 정치권력을 가지고 있는 사람과 그렇지 못한 사람들로 구성되어 있다. 정치권력도 사회의 다른 재화와 마찬가지로 불균형적으로 배분되어 있다. 정치권력은 희소한 가치이기 때문에 원하는 모든 사람들이 골고루 나누어 가질 수 없으며, 소수의 정치엘리트 수중에 있게 된다.

정치엘리트는 정치체제 내에서 의사결정권을 가진 사람들로서 사회를 위하여 가치를 권위적으로 배분할 수 있는 능력을 가진 소수의 정치적 지배자들이다. 다른 말로 정치 엘리트는 국가의 주요 활동인 공공정책을 권위적으로 결정하고 집행하여 다수인 국민에게 직접적인 영향력을 행사할 수 있는 합법적인 권한을 가진 소수의 지배자이다.

---

30) Gaetano Mosca, *The Ruling Class*, ed. and rev. by Arthur Livingston, trans. Hannah D. Kahn(New York: McGraw－Hill), p.50.

31) Robert Michels, Political *Parties: A Sociological Study of the Oligarchical Tendencies of Modern Democracy*, trans. Eden & Cedar Paul(London: Jarrold & Sons, 1959), pp.393－409.

2. 명성론

'권력 엘리트가 누구인가?' 하는 문제를 설명하는 이론으로 헌터(Floyd Hunter)의 명성이론(reputational theory of elitism)이 있다.[32] 헌터는 권력을 가진 사람이 누구인가를 발견하기 위해서 미국 조지아 주(Georgia) 애틀랜타 시(Atlanta)를 조사대상으로 선정하였다. 애틀랜타의 저명인사록에서 정치·경제·사회 지도자 175명을 선정하고, 지역사회 내의 또 다른 저명인사 29명으로 하여금 175명 중에서 정책형성에 영향력이 크다고 판단되는 40명을 뽑도록 하였다. 선발된 40명에 대하여 인터뷰를 실시하여 그들 이외에 애틀랜타에서 명성이 있는 또 다른 인사가 있는지, 있다면 그들이 가지고 있는 권한을 실질적으로 행사하는 방법은 무엇인지, 정책변동에 그들은 어떤 역할을 수행하는지, 그들이 반대하는 정책의 효율적인 저지 방법은 무엇인지 등에 대하여 질문하였다. 40명 중에서 영향력이 막강한 28명은 기업가나 부호였고, 6명의 전문가도 있었으나 그들 역시 재정적으로 풍족한 사람들이었다. 인터뷰 결과 그들은 모든 지역문제에 대하여 통일된 입장을 보이지 않았으며 5~6명씩 패거리(clique)가 형성되어 있었다. 권력구조는 마치 작은 피라미드를 집합시켜 놓은 것과 같은 현상을 보였다. 이에 따르면 독자적인 정책결정자는 커다란 집단이 아닌 소수이며, 오히려 40명 이외에도 다른 많은 사람들이 정책결정에 영향력을 행사한다는 사실을 발견하였다. 이를 권력의 하부구조(understructure of power)라고 불렀다.

엘리트들은 자신들이 갖고 있는 지배적인 영향력을 상실할 것이 두려워 현상유지를 지지하고 있었으며, 그들 자신의 관심사가 아닌 다른 많은 문제에 대하여 무반응이라는 사실을 발견하였다. 따라서 엘리트는 그들의 권력을 오랫동안 안정적으로 유지할 수 있고, 정치·경제체제도 장기간 존속될 수 있으며, 다수에게는 불균형적인 이익이 돌아간다는 것이다.

헌터의 명성론의 가장 큰 약점은 명성이 곧 권력을 가진 것으로 볼 수

---

32) Floyd Hunter, *Community Power Structure: A Study of Decision Makers*(New York: Anchor, 1963).

없다는 것이다. 명성이 높은 것과 권력이 있는 것을 동일하게 취급할 수 없는 경우가 있다. 사회적 명성이 높은 유명인사 중에는 명예는 있어도 권력이 없는 경우가 많기 때문이다. 헌터는 1965년 『최고의 리더십』(Top Leadership)이란 저서에서 미국 전역의 권력구조의 최상층에는 경제계 인사가 포진되어 있다는 사실을 밝혔다.

3. 지위론

밀즈(C. W. Mills)는 권력 엘리트를 지위론(positional theory of elitism)에 입각하여 설명하고 있다.[33] 밀즈는 대기업의 간부, 행정 고위관료, 군 장성 등이 지배적·전략적인 지휘직(strategic command post)을 차지하고 있는 권력엘리트(power elite)라고 보고 그들의 행태와 특성을 분석하였다. 그들은 돈, 위신, 지위 등의 자원을 소유하고, 사회의 지도적인 위치에 있는 것을 즐기는 사람들로 미국 권력구조의 정점에 자리하고 있으며, 3위1체가 되어 국가 정책결정에 막강한 영향력을 행사한다.

역사적으로 경세계 인사와 정관계 인사가 교대로 정치권력을 장악하여 왔으며 때로는 서로 권력을 분점하여 왔다. 군은 민간에 의하여 통제되어 왔으나 국가가 국제문제에 관심을 갖게 되고 위기를 맞이하면 군부의 지위가 확대되고 국방성은 국가의 제3의 권부로 등장하게 된다. 국가가 위기를 맞이하면 3자 간에 집합적인 역할이 발견되지만 일상적인 정책결정은 상·하의원, 주지사, 시장, 주 의회와 관료 등의 중간 엘리트에 의하여 결정된다.

권력 엘리트의 단결(elite's unity)을 유지하는 것은 ① 호선(co-optation) 과정에서 사회적 출신과 경험의 유사성에서 오는 친근감 ② 계급 정체성(class identity)과 이익의 일치 ③ 기업·정치·군 엘리트 간의 상호 고위직의 순환 등 때문에 가능하다. 밀즈는 권력 엘리트의 부도덕성을 지적하였으며, 미국과 같이 가장 개방적인 사회에서도 최고 권력 엘리트의 순환은 제

---

33) C. Wright Mills, *The Power Elite*(New York: Oxford University Press, 1956).

대로 이루어지지 않는다는 사실을 발견하였다.

밀즈의 연구는 의사결정 과정과 의사결정자, 기업의 소유자와 전문 경영인의 구분에 실패하였고, 엘리트 내의 응집력을 유지하는 것과 중요한 자원이 그들에게 집중되었다는 사실을 증명하지 못했다는 비판을 받고 있다.[34]

4. 무결정론

바크라크(Peter Bachrach)는 '무결정'(nondecision)이라는 용어를 활용하여 권력 엘리트의 개념을 밝혔다.[35] 주요한 정치·경제·사회적 결정은 극소수(tiny minorities)의 사람들에 의하여 결정된다는 것이다. 이것은 엄연한 사실임에도 불구하고 현실적으로 의사결정권의 분산과 비엘리트에 의한 참여가 확대되고 있다. 문제는 엘리트의 개념을 재고해야 한다는 것이다. 엘리트는 권력을 소유하고 있는 것은 사실이지만 그 권력은 권위 있는 자리에서 비롯되는 것이기 때문에 권력과 권위를 구분 지어야 한다. 산업사회의 엘리트 지위의 출처는 권력이 아닌 권위에 있다. 엘리트의 영향력을 권력이 아닌 권위로부터 찾아야 한다. 권력이 엘리트 지위의 창출·확장·유지에 주요한 도구가 되고 있다는 사실을 부정하는 것은 아니지만 권력은 권위와 상호 결합하여 엘리트에 의하여 활용될 때 더욱 중요한 것이다.

전통적인 엘리트 개념은 무결정 형태의 의사결정능력을 소홀하게 취급하고 있다. 무결정은 선택할 수 있는 대안이 오직 한 가지만 존재하는 것은 아무런 결정을 하지 않는 것이라는 의미를 내포하고 있으나, 전통적 엘리트 개념은 무결정 형태의 의사결정을 중요하게 다루지 않고 있다. 정치 엘리트

---

34) 밀즈의 권력엘리트에 대한 비판, 밀즈의 반론, 재반론은 다음을 참고할 것. G. William Domhoff and Hoyt B. Ballard, (compiled), *C. Wright Mills and The Power Elite*(Boston: Beacon Press, 1968).

35) 정치 엘리트의 무결정론에 대하여 다음을 참고할 것. Peter Bachrach and Morton S. Baratz, "Two Faces of Power", *The American Political Science Review(APSR)*, Vol.56, No.4 (December, 1962), pp.947-952; "Decisions and Nondecisions: An Analytical Framework", APSR, Vol.57, No.3, (September 1963), pp.632-642; Peter Bachrach(ed.), *Political Elites in a Democracy*(New York: Atherton Press, 1971), pp.1-12.

이론에서 무결정을 네 가지 시각에서 이해하고 있다.[36]

첫째, 엘리트의 개념을 단순하게 권력을 향유한 것으로 보는 데 문제가 있다. 정상적인 상황에서는 정치 엘리트는 선거구민의 압력으로부터 해방되어 자유롭게 정책결정 과정에 상당한 정도의 권력과 권위를 행사할 수 있다. 그러나 정치 엘리트의 성공적인 권위의 확대와 유지는 선거구민의 반응에 달려 있다. 선거구민의 전폭적인 지지와 공공의 호의적인 반응을 얻지 못하면 정치 엘리트는 권위를 상실하게 된다. 비정치엘리트가 정치과정에 능동적으로 참여하는 상황에서 정치엘리트의 자율성은 현저하게 감소된다. 정치 엘리트가 비정치엘리트의 정치적 요구를 수용한다는 것은 자율적인 선택에 상당한 제한을 받는 결과를 초래하기 때문이다. 반대로 그들의 요구를 무력을 동원하여 대응하거나 반대하면 정치 엘리트의 지위는 불안해진다.

정치 엘리트의 비엘리트에 대한 양보는 연약함의 표시로 해석될 수도 있어 비엘리트의 대담한 행동을 촉발시키게 된다. 반대로 물리적 강제력을 동원하면 양자 간의 갈등이 증폭된다. 두 가지 행동 모두가 핵심적인 정치 엘리트의 특권적인 지위를 약화시키는 결과를 가져오게 된다. 사회운동과 긴장 시기에 비엘리트의 급격한 권한의 확대는 정치 엘리트의 권력과 권위의 심각한 쇠퇴를 가져오게 된다. 정치 엘리트는 공식적인 의사결정자로서 권한과 권위를 제대로 행사하지 못하고 오히려 비엘리트의 권한 확대가 나타난다.

둘째, 의사결정이 적용대상자로부터 무시당하면 그 결정은 의미를 상실하게 된다. 정치 엘리트는 그의 권력이나 영향력을 행사하여 정책을 주도·승인·거부하는 결정을 내린다. 그러나 그 정책에 순응하지 않으면 그 결정은 의미를 상실하게 된다.

셋째, 의사를 결정하는 권력자나 그에 순응하는 복종자 간에 작용하는 권력관계도 혼합적인 경우가 있다. 예를 들면 ㉮가 제재의 위협을 가하자 ㉯는 제재를 피하기 위해서 순응했다면 의사결정은 효과가 있는 것으로 볼

---

36) 바크라크의 주장을 종합하여 무결정의 경우를 네 가지로 요약하였음.

수 있다. ㉮가 의도한 제재라는 권력이 ㉯에게 관철되어 권력관계가 제대로 성립된 것이다.

그러나 ㉯가 ㉮의 박탈에 대한 위협 때문이 아니라 ㉮의 가치에 동조하여 순응했다면 제재에 대한 권력은 효력을 상실한 것이 되어 의사결정의 효과가 나타났다고 볼 수 없다. 또한 ㉮가 ㉯의 순응을 유발하기 위해서 권력(power)을 행사했을 때 ㉯가 ㉮의 권위(authority) 때문에 순응했다면 권력이 제대로 효력을 발휘한 것이 못 된다. 결과는 나타났지만 그 과정에서 작용한 권력의 내용이 다르기 때문이다. 이러한 경우 무결정이라고 볼 수 있다. 권력행사와 순응자의 순응의 출처가 중요하다. 그 양자가 일치하지 않으면 의사결정은 사실상 의미가 반감되었다고 볼 수 있다.

넷째, 무결정은 의사결정의 부정적인 입장에서 행동하지 않기로 결정하는 것(deciding not to act)과 결정하지 않기로 결정하는 것(deciding not to decide)이 있다. 권력 엘리트는 현상유지를 위해서 무결정을 하는 경우가 있다. 즉 골치 아픈 쟁점이나 권력 엘리트 자신의 이익에 반하거나 잠재적 위험성이 큰 문제에 대한 공론화를 우려하여 무결정으로 방치하여 현상을 유지시키는 경우도 이 범주에 속한다고 볼 수 있다.

바크라크는 권력 엘리트를 이해하는 데 의사결정만이 아닌 무결정의 측면도 분석의 대상이 된다는 것을 주장하였다. 이것은 권력 엘리트의 결정과 비결정이라는 권력의 양면성(two faces of power)을 강조한 것이다.

5. 다원론

다원적 엘리트론(pluralist theory of elitism)은 다알(Robert A. Dahl), 폴즈비(Nelson W. Polsby), 울핑거(Raymond E. Wolfinger) 등에 의하여 제기되었다.[37]

---

37) Robert A. Dahl, *Who Governs? Democracy and Power in an American City*(New Haven: Yale University Press, 1961); "A Critique of The Ruling Elite Model", *APSR*, Vol.52, No.2(June 1958), pp.463 – 469; "Further Reflections on 'The Elitist Theory of Democracy," *APSR*, Vol.60, No.2(June 1966), pp.296 – 305; Nelson W. Polsby, "Community Power: Some Reflections on the Recent Literature", *American Sociological Review*, Vol.27,

세 학자는 1957 ~ 1959년 미국 코네티컷 주(Connecticut) 뉴헤이번 시(New Haven)에 대한 권력의 조사연구를 통하여 다원적 엘리트론을 제기하였다.

권력에는 실질적 권력(actual power)과 잠재적 권력(potential power)이 있다. 권력에 대한 연구는 지위나 명성을 누가 가지고 있느냐가 중요한 것이 아니라 의사결정을 누가 실질적으로 주도하고 지배하느냐가 중요하다. 따라서 권력이 실질적으로 행사되는 상황과 사건(events)의 연구를 통하여 누가 실질적인 의사결정자인가를 발견하려는 것이다.

실질적인 권력행사자를 발견하기 위해서 도시재개발(urban redevelopment), 공공교육(public education), 정당의 지명(political nominations) 등 세 분야의 의사결정이 지역에 미치는 영향, 결과, 편익, 자원의 배분 등을 조사하였다. 조사결과 다음과 같은 사실을 발견하였다.

첫째, 권력의 범위(scope of power)가 협소하다. 지역문제의 의사결정에 막강한 영향력을 행사하는 정치 엘리트는 지역의 저명한 사회 · 경제계 인사들과의 관계유지가 적고, 권력 행사 범위는 공공문제에 한정되어 있으며, 그들의 공공문제에 대한 의사결정권은 지역의 다른 사회 · 경제 분야와 중복되지 않고 협소하다는 것이다. 한마디로 정치엘리트는 사회 · 경제 엘리트와 구분되어 있고, 사회의 저명한 인사들의 지역의사결정 참여가 상대적으로 약하다는 것이다. 예를 들면 500명 규모의 정당직무(party office)에 관여하는 사회 저명인사는 단 2명뿐이었다.

둘째, 정치적 자원이 누적되지 않고(noncumulative) 불균형적으로 분산되어 있다. 다양한 유형의 정치적 자원이 존재하며, 정치자원은 불평등하게 분배되어 있고, 하나의 자원을 가지고 있으면 다른 자원이 부족하며, 어느 한 자원이 다른 자원을 지배하지 못하고, 자원의 효과가 각각 다르게 나타나며, 누구도 모든 분야에 영향력을 동시에 행사할 수 있는 충분한 자원을 가지고 있지 못하다.[38] 지역에는 분야별로 실권자가 다양하게 분포되어 있다.

No.6(December 1962), pp.838 – 841; *Community Power & Political Theory: A Further Look at Problems of Evidence and Inference*, 2nd, enlarged ed. (New Haven: Yale University Press, 1980); Raymond E. Wolfinger, "Reputation and Reality in the Study of Community Power", *American Sociological Review*, Vol.25, No.5(October 1960), pp.636 – 644.

셋째, 정치적 무관심층(homo civicus)과 정치적 관심층(homo politicus) 등 두 유형의 시민이 존재한다. 단순하게 지역의 주민으로 사적인 생활을 영위하는 정치적 무관심층과 공공문제에 관심을 가지고 참여하는 정치적 관심층이 있다.

정치적 무관심층은 정치적 자원을 활용하지 않지만 필요하다면 언제든지 행사할 수 있는 가용한 잠재권력을 가지고 있기 때문에 기존의 규칙을 허무는 데 위협적인 존재로 등장할 수 있다. 이러한 우려 때문에 정책결정자들은 항상 다수의 수동적인 정치적 무관심층을 만족시키려고 노력한다.[39] 결과적으로 그들은 정책결정에 간접적 영향력(indirect influence)의 행사자가 된다.[40]

다알은 조사연구 대상인 세 분야의 의사결정을 총괄적으로 주도하는 지배 엘리트를 발견하기 어렵다는 결론을 내렸다. 분야별 엘리트가 분야 내에 한정된 권력을 행사하고 있다. 다른 시기에 많은 다른 사람에 의해서 그리고 다른 다양한 방법으로 지역의 의사가 결정되고 운영된다는 것이다. 권력의 자원이 다양하게 분산되어 있기 때문에 모든 분야를 총괄하여 지배적인 영향력을 행사하는 리더십의 애매성(ambiguity of leadership)이 발견된다. 따라서 계층이론(stratification theory)이 수정되고, 권력은 단일체(monolithic)가 아닌 다원적 체제(pluralistic system)를 유지하고 있다는 것을 발견한 것이다.

제4절 정치권력의 활용

1. 정치권력의 추구

사람들은 왜 정치권력을 추구하는가? 정치권력이 무엇이 좋은가? 정치권

---

38) Dahl(1961), p.228.
39) Ibid., pp.223 - 227.
40) Ibid., pp.163 - 165.

력을 활용하여 무엇을 할 수 있는가? 이러한 질문은 정치학의 기본적인 명제 중의 하나라고 볼 수 있다. 인간의 정치권력에 대한 욕망은 끊임없다. 권력에 한번 중독되면 죽음에 이르러서야 비로소 포기하게 된다. 정치권력 획득이 보장되어 있는데도 불구하고 중도에 스스로 포기하는 경우를 발견하기는 대단히 어렵다. 정치권력은 부자지간에도 양보나 공유가 어렵다고 할 정도다.

홉스(Thomas Hobbes)나 마키아벨리(Niccolo Machiavelli)의 시각과 같이 인간은 수단과 방법을 가리지 않고 권력을 추구하는 강한 본성이 있다고 보거나 또는 권력은 미래의 선을 보장하고 극도의 즐거움을 안겨주는 수단이나 희소한 가치를 획득하고 의도된 결과를 생산하는 능력으로 보거나, 인간은 무제한적으로 권력을 추구한다고 하였다. 권력은 사실상 현금과 같이 많은 것을 얻을 수 있는 보편적인 수단임에 틀림없다. 그러나 권력이 모든 가치를 지배하거나 우선하는 것은 결코 아니다.

무엇보다도 인간이 권력을 추구하는 것은 타고난 지배욕, 잔인성, 공격성, 파괴성과 같은 인간본성과도 관련이 있다. 또한 권력은 막강한 위력이라는 권력의 본질적인 속성과도 관련이 있다. 권력은 자신이 목적하는 바를 성취할 수 있는 수단이나 도구로서 엄청난 힘을 발휘할 수 있다. 라스웰은 권력 자체의 가치와 다른 가치를 획득할 수 있는 기초가 되기 때문에 정치권력을 추구한다고 보았다.[41] 인간의 타고난 본성과 권력의 속성이 함께 작용하여 인간은 끊임없이 권력을 추구하게 된다.

2. 정치권력의 활용

인간의 정치권력 추구에 대한 정향을 다양하게 설명할 수 있으나 권력을 수단(means)이나 목적 자체(end-in-itself)로 보는가, 권력을 이기적 혹은 개인의 목적(selfish or individual aim)이나 집합적 목적(collective aim)을 위하

---

41) Lasswell(1948).

여 활용하는가에 따라서 <그림 2-4>와 같이 분류할 수 있다.[42]

'가'형은 자기 자신이 원하는 가치를 획득하는 수단으로 권력을 추구한다. 개인의 출세, 명예, 치부, 신변보호, 사업체 보호 등 사적인 가치를 보호·획득·유지하기 위한 수단으로 정치권력을 활용하는 유형이다. 극단적인 경우 뇌물수수 등 부정부패에 연루되는 경우도 여기에 해당된다.

〈그림 2-4〉 권력추구와 활용 유형

	개인 목적	집합 목적
수단	가	나
목적	다	라

출처: Wrong(1988), p.231.

'나'형은 다수의 집합적 이익인 민족, 국가, 국민, 사회를 위하여 봉사하고, 국가와 사회에 유익한 이상적인 가치를 추구하며, 역사적인 사명의식 등을 실현하기 위한 수단으로 정치권력을 추구하고 활용하는 유형이다. 국가와 사회를 위하고, 국민과의 약속을 지키며, 공리성을 추구하기 위한 수단으로 권력을 활용하는 이타적이고 봉사적인 정치인이 여기에 해당된다.

'다'형은 권력향유 자체를 개인적인 목적으로 하는 경우로 자기도취, 과대망상, 맹목적인 권력애 등에 빠진 정치인이 해당된다. 개인의 본능적인 충동, 타고난 권력 지향적인 기질, 권력에 굶주린 사람, 박탈감에 대한 보상, 보복심리 등이 의식적·무의식적으로 작용하여 권력을 추구하는 유형이다. 평생 정치권력을 획득하기 위해서 온갖 탄압을 다 받으면서 투쟁한 결과 마침내 꿈을 이루거나 한을 푼 개인의 끈질긴 집념의 결실이라고 만족감을 나타내거나 또는 시저(Gaius Julius Caesar), 스탈린(Josef Stalin), 히틀러(Arnold Hitler)와 같은 잔인한 독재자나 권위주의적인 리더십을 행사하며

---

42) Wrong(1988), pp.231-232.

음모 · 학정 · 잔인성 등의 정치행태를 보여준 경우라고 볼 수 있다.

'라'형은 정치권력 그 자체를 개인의 목적이 아니라 정당이나 집단의 목적으로 간주하는 유형이다. 이는 정치권력을 획득하는 그 자체를 특정 정치세력의 목적으로 삼는 것으로 정치권력을 활용하여 국가와 사회에 봉사하기보다는 권력획득 자체에 목적을 두는 경우라고 볼 수 있다. 예를 들면 정치권력을 획득하여 국민을 위하여 무엇을 하겠다는 것보다는 여야 간의 평화적인 정권교체가 바로 국가의 민주발전에 꼭 필요하다는 집단적인 당위성을 내세우거나, 여야 정당 간의 통합, 선거를 앞두고 정당 간의 야합과 합종연횡 등의 방법으로 정치권력을 추구하는 경우라고 볼 수 있다.

가장 바람직한 유형은 '나'형이라고 볼 수 있다. 정치권력을 공공의 이익에 봉사하는 수단으로 간주하는 것이다. 권력을 국가와 사회를 위한 공공목적 달성 수단으로 활용할 때 권력 투쟁형 정치보다는 국민을 위한 정치와 국민의 기대를 충족시켜주는 봉사정치를 기대할 수 있을 것이다.

제5절 정치권력의 변동

1. 권력 엘리트의 순환론

정치 엘리트의 지위는 영구불변한 것이 아니다. 권불십년(權不十年)이란 말이 있듯이 정치권력은 유한하고 유동적이다. 그러나 정치권력을 획득하면 마치 평생 동안 권력자가 될 것 같은 착각과 기대를 갖고 있으며, 권력을 남용하고 사유화하는 사례가 많다. 권좌에 있는 동안 권력 행사를 절제하거나 겸손하지 못하고 정치적 반대자의 탄압, 정치보복, 이권개입, 부정부패 연루 등 권력의 남용과 사용화 때문에 권좌에서 물러나면 사법처리 대상이 되는 경우가 많다.

파레토(Vilfredo Pareto)는 엘리트의 순환(circulation of elites) 이론을 제기

하였다. 사회현상은 복잡한 형태로 나타나며, 인간의 행동은 논리적인 행동(logical conduct)과 비논리적인 행동(non-logical conduct)으로 구분된다. 그런데 인간사회에서 비논리적인 행동을 중요하게 간주한다. 인간의 비논리적 행동의 힘은 잔여(residues)와 파생(derivation) 때문이다.[43] 잔여는 인간의 비논리적인 행동을 유도하는 힘이며, 파생은 비논리적인 행동을 합리화(rationalization of non-logical conduct)하는 것이다. 잔여는 ① 결합(combination) ② 집단유지(group persistence) ③ 활동 또는 자기표현(activities or self-expression) ④ 사교성(sociability) ⑤ 개인의 통합(individual integrity) ⑥ 성(sex) 등으로 구성되어 있다.[44]

엘리트 이론은 결합과 집단유지라는 잔여와 깊은 관련이 있다. 결합의 본능은 포괄적인 결합, 유사성과 반대의 결합, 신비스런 작업, 잔여의 결합 필요성, 논리성의 발전 필요성, 결합의 효율성에 대한 신념 등으로 구성되어 있다. 집단의 유지는 타인이나 장소와 관계유지, 생과 사의 관계유지, 죽은 자와 그가 생존시절에 소유했던 물건과의 관계유지, 추상의 유지, 통일성의 유지, 감정의 객관적 현실로 전환, 인격화, 새로운 추상의 필요 등으로 구성되어 있다.[45]

결합본능이 강한 엘리트는 교활한 여우(foxes)와 같다. 영리한 여우는 정치적 연합과 재편성, 권모술수 등을 동원하여 권력을 유지한다. 집단 유지 본능이 강한 엘리트는 힘이 센 사자(lions)와 같다. 사자형은 규율과 질서를 강조하며, 권력을 유지하기 위해서 힘에 의존한다. 사자형은 소심한 여우형으로부터 힘을 동원하여 권력을 빼앗고 강제력과 폭력을 동원하여 권력을 유지한다. 한편 사자의 지적인 무능력과 불가변성은 영리한 여우형의 권력 침투를 허용하게 된다. 파레토의 엘리트 순환론은 여우→사자→여우→사자로 연결되는 권력의 이동을 설명하고 있다.

엘리트의 순환은 계급순환으로 잔여의 변화에 따라서 이루어진다. 파레토

43) Vilfredo Pareto, *The Mind and Society: A Treatise on General Sociology*, Vol. I, II, trans. Andrew Bongiorno and Arthur Livington(New York: Dover Publications, Inc., 1963), p.499.
44) Pareto(1963), p.498.
45) Ibid., pp.516-519.

의 엘리트 순환론은 시간이 지나거나 상황이 바뀌면 잔여에도 변화가 발생하여 균형을 상실하게 된다는 원리에 기초하고 있다. 엘리트 순환을 정치엘리트의 재능과 심리적 특성으로 이해하고 있다. 엘리트의 순환이 엘리트의 재능과 심리적인 특성에 따라서 이루어지고 있는 것은 사실이지만 그 외에도 정치·사회·경제 상황과 필요, 국민의 희망과 선택, 정치제도, 리더십, 전통과 관습, 정치문화 등 다양한 요인이 작용한다고 볼 수 있다. 민주주의 국가에서는 권력엘리트의 순환구조가 개방되어 다양한 배경으로부터 충원된다. 반면에 비민주적인 국가에서는 엘리트는 소수의 한정된 배경을 가진 사람들만이 충원되는 폐쇄적인 구조를 유지하기 때문에 엘리트 순환이 제대로 이루어지지 않는다. 권력엘리트의 순환방법은 대표적으로 세습, 선거, 쿠데타, 혁명 등으로 나눌 수 있다.

2. 세습

왕정체제하에서 정치권력이 부자·형제·부부간에 대대로 세습되는 경우를 의미한다. 평화석인 방법으로 왕족 내의 승세서열에 따라서 왕위가 계승되어 권력의 변동을 가져오기도 하며, 궁중 내의 권력암투로 비정상적으로 권력이 승계되는 경우가 있다.

3. 선거

선거는 대의민주주의 정치체제에서 '총탄 대신 투표'로서 권력자를 선출하는 방식이다. 정치권력의 변동방식 중에서 가장 민주적인 것으로 민주주의의 핵심개념인 평등권을 보장하고 국민이 권력자를 선택하는 것이다. 선거를 통하여 당선된 권력자는 합법적인 권위와 정통성을 획득하게 된다. 선거는 국민의 대표자를 선출하고 그들에게 합법적인 권한을 부여하여 정치권력자의 지위를 확인시키는 방법이다.

4. 쿠데타

(1) 쿠데타의 의의

쿠데타(coups d'e-tat)는 모택동이 "권력은 총구로부터 나온다."는 말과 같이 무력에 의하여 탈법적·초법적 방법으로 정치권력을 탈취하는 현상이다. 정치권력의 정통성을 훼손하는 가장 대표적인 경우라고 볼 수 있다. 군부 쿠데타의 시초는 로마제국 당시 친위대장인 집정관(Pratorian)이 무력으로 정치권력을 획득한 데서 비롯되었으며, 1950~1960년대 제3세계에 유행병처럼 확산되어 대부분 군부권위주의 지배체제를 경험하게 되었다.

(2) 군부쿠데타론

군의 정치개입은 <그림 2-5>에 나타난 바와 같이 ① 군의 역할 ② 개입원인과 평가 ③ 지배체제 ④ 민-군 관계 ⑤ 군의 탈정치화 등으로 나누어 분석할 수 있다.[46]

군은 정치에 개입하지 않고 국가안보 기능만을 담당하는 직업주의(old professionalism)와 정치에 개입하는 신직업주의(new professionalism)로 나눈다.[47] 직업주의는 군이 정치적으로 엄정 중립을 지키면서 민간정부를 지지하고 헌정질서를 수호하며 군 본래의 국가안보를 담당하는 것이다. 신직업주의는 군이 병영을 떠나 무력으로 군사정권을 수립하여 정치에 직접 개입하는 것을 의미한다. 직업화된 군은 국가안보 정책의 결정과정에 압력집단의 역할을 수행하지만 신직업주의는 군의 역할이 정치적으로 확대되어 정

---

46) 군의 정치개입과 탈정치화에 대하여 다음을 참고할 것. 홍득표, "한국의 정치변동: 군의 탈정치화를 중심으로", 「한국정치학회보」, 제29집 2호(1995), p.257.

47) Alfred Stepan, "The New Professionalism of Internal Warfare and Military Role Expansion, in Stepan(ed.), *Authoritarian Brazil*(New Haven and London: Yale University Press, 1973), p.52.

치과정을 직접 통제하는 것이다.

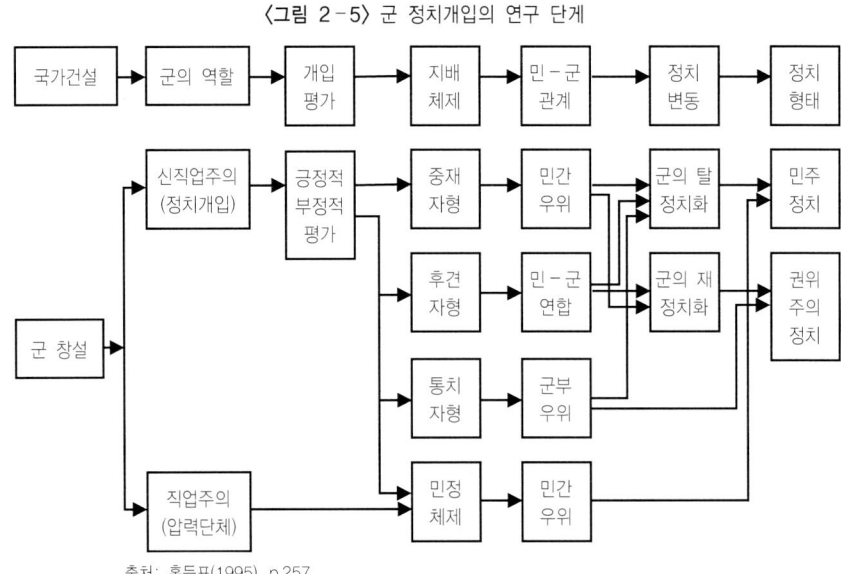

〈그림 2-5〉 군 정치개입의 연구 단계

출처: 홍득표(1995), p.257

군의 정치개입 원인에 대하여 군의 개입성향(disposition)인 추진요인(push factor)과 개입의 기회인 유인요인(pull factor)으로 나누어 설명하기도 하며,[48] 군의 조직형태(organizational format)와 관련하여 분석하기도 한다.[49] 그러나 캐스퍼(Gretchen Casper)는 정치개입의 원인을 군의 ① 의지(willingness) ② 능력(ability) ③ 기회(opportunity) 등으로 설명하고 있다.[50]

군의 정치개입은 쿠데타를 주도하는 군사지도자의 개인적·심리적 의지와 군이 독점하고 있는 폭력이라는 수단, 전문기술, 군사 리더십과 같은 능력, 그리고 민간정치인의 정치 관리의 실패, 정당의 미발달, 낮은 수준의 정치문화, 국가통일의 결여, 부정부패의 만연, 사회불안과 무질서 등 정치·

---

48) S. E. Finer, *The Man on Horseback: The Role of the Military in Politics*(Boulder, Colo: Westview Press, 1988).

49) Morris Janowitz, *The Military in the Political Development of New Nations*(Phoenix Books: The University of Chicago Press, 1974).

50) Gretchen Casper, "Theories of Military Intervention in the Third World: Lessons from the Philippines", *Armed Forces and Society*, Vol.17, No.2(Winter, 1991), pp.191-210.

경제·사회적인 여건이 명분을 제공하는 기회요인 등이 상호 복합적으로 작용하여 발생한다고 볼 수 있다.

(3) 군의 정치개입 평가

군의 정치개입을 근대화의 추진세력으로 긍정적으로 평가하는 견해도 있으나[51] 정치의 군사화, 권위주의 정치리더십, 정치탄압과 정치부패, 군사문화의 확산, 목적지상주의 등장, 정치권력의 정통성 상실, 군에 효율적인 것이 민간사회에 반드시 적용되지 않는다는 측면에서 부정적으로 평가하고 있다. 군의 정치개입이 단기적으로 효율적인 면이 있어 불가피한 경우가 있다고 하더라도 장기적으로 부정적인 요소가 훨씬 더 많다고 평가할 수 있다.

(4) 지배체제의 유형과 민-군관계

군이 정치에 개입하는 유형을 헌법의 수호자, 혁명과 개혁의 선봉자, 민간정부의 후견자 등으로 분류하기도 하며,[52] 중재자형(moderators), 후견자형(guardians), 통치자형(rulers)으로 유형화하기도 한다.[53]

헌팅톤(S. P. Huntington)은 민-군관계의 유형을 군에 대한 민간권위를 극대화시키는 주관적 민간통제(subjective civilian control)와 군의 자율성과 직업의식 고취로 군의 중립적인 성향을 극대화시키는 객관적 민간통제(objective civilian control)로 분류하였다.[54] 그러나 일반적으로 민-군관계는 정치권력의 통제와 군의 역할과 관련하여 민간우위, 민-군연합, 군부우위

51) Lucian Pye, *Politics: Aspects of Political Development*(Boston: Little, Brown and Company, 1966), p.ix.
52) Fred R. von Meheden, *Politics of Developing Nations*(Englewood Cliffs, NJ: Prentice-Hall, Inc., 1964), pp.97-106.
53) Eric A. Nordlinger, *Soldiers in Politics: Military Coups and Government*(Englewood Cliffs, NJ: Prentice-Hall Inc., 1977), pp.22-24.
54) Samuel P. Huntington, *The Soldier and the State: The Theory and Politics of Civil-Military Relations*(The Belknap Press of Harvard University Press, 1957).

등으로 나누고 있다.

(5) 군의 탈정치화

쿠데타로 집권한 군사정부가 퇴진하고 민간정부로 전환되는 현상에 대하여 군부지배체제의 해체, 군사정권의 퇴진, 군부권위주의체제 붕괴, 구직업주의로 복귀, 정치변동, 정권의 민간화, 민주화 혹은 군의 탈정치화 (depoliticization of the military) 등으로 부른다. 군의 탈정치화란 군사정부가 퇴진하고 민간정부가 출범하여 군의 정치개입 기회가 소멸된 정치변동의 한 과정이라고 볼 수 있다. 군의 탈정치화는 민간에 의한 군의 통제, 민간 우위 또는 군의 직업주의 복귀 등이 나타나는 현상이다.

군의 탈정치화에 대하여 군의 정치개입을 가능하게 하는 정치개입의 의지, 능력, 기회요인의 감소라는 측면에서 이해하기도 하며, 민주화 과정에서 필연적으로 나타나는 하나의 단계로 보기도 한다.[55]

5. 혁명

(1) 혁명의 의의

정치권력은 혁명(revolution)에 의하여 변동된다. 프레드리히(Carl J. Friedrich)는 혁명을 "기존정치 질서의 급격한 폭력에 의한 타도"라고 정의하였다.[56] 노이만(Sigmund Neumann)은 "발전의 연속을 단절하는 전면적이고 본질적인 정치조직·사회구조·경제적 재산의 통제, 사회질서의 지배적인 신화 (predominant myth)의 변화"라고 하였다.[57] 헌팅톤(S. P. Huntington)은 "지

---

55) 구체적인 논의는 다음을 참고할 것. 홍득표(1995).

56) Carl J. Friedrich, "An Introductory Notes on Revolution", in Friedrich(ed.), *Revolution*(New York: Atherton Press, 1966), p.5.

57) Sigmund Neumann, "The Structure and Strategy of Revolution: 1848 and 1948", *Journal of Politics*(August 1949), Vol.11, No.3, pp.532-544.

배적인 가치, 사회신화, 정치제도, 사회구조, 리더십, 정부의 활동과 정치의 급격한 본질적·폭력적 국내의 변화"라고 하였다.[58] 스카시폴(Theda Skocpol)은 "사회혁명은 사회의 상태(society's state)와 계급구조의 급격하고 기본적인 변환으로 아래로부터 계급에 기초한 반란에 의하여 추진되고 수행된다."고 하였다.[59]

혁명에 대한 개념은 다양하게 정의되고 있다. 혁명의 개념을 보다 구체적으로 네 가지 다른 각도에서 이해할 수 있을 것이다.[60]

① 혁명은 전체 국민이나 일부의 국민이 집권정부를 불신하는 과정(discredited process)이다.

② 혁명은 무력의 사용이나 위협에 의하여 기존정부를 교체하는 사건(event)이다.

③ 혁명은 정치권력의 교체 후 새로운 정치 리더십에 의하여 추진되는 사회제도나 정치제도의 일관성 있는 변화프로그램(cohesive program of change)이다.

④ 혁명적인 변동의 결과 새로운 정치 리더십의 정통성을 부여하는 신화(myth)이다. 혁명은 폭력적인 방법으로 기존의 정치·경제·사회질서를 총체적으로 급격하게 변화시켜 새로운 질서와 신화를 창조하는 과정과 사건이라고 정의할 수 있다.

혁명이 주는 이미지는 ① 폭력(violence) ② 단절(discontinuity) ③ 변화의 총체성(totality of change)이라고 볼 수 있다.[61]

---

58) Samuel P. Huntington, *Political Order in Changing Societies*(New Haven: Yale University Press, 1968), p.264.

59) Theda Skocpol, *State and Social Revolution*(New York: Cambridge University Press, 1979), p.4.

60) Peter Calvert, *A Study of Revolution*(Oxford: Clarendon Press, 1970), p.4.

61) S. E. Eisenstadt, *Revolution and Transformation of Societies: A Comparative Study of Civilizations*(New York: The Free Press, 1978), p.2.

(2) 혁명론

혁명의 이론에 대하여 다양한 접근법이 있다.

고전사회학적 입장인 마르크스(Karl Marx)는 「공산당선언」(The Communist Manifesto)에서 "현재까지 존재하는 모든 역사는 계급투쟁의 역사"라고 하여 혁명을 계급 투쟁적인 시각에서 이해하였다.

베버(Max Weber)는 혁명을 권위와 연관시켜 상대적으로 안정된 권위의 기제가 극적으로 파멸될 때 발생하는 것으로 보았다.[62]

토크빌(Tocqueville)은 국가가 정치권력을 중앙집권화하는 과정에 갈등이 생기고 상류계급(귀족)이 국가권력의 집중화를 포기할 때 혁명이 발생하는 것으로 이해하였다. 혁명은 정치권력의 집중화를 둘러싼 정치적 갈등에서 연유하는 것으로 보았다.[63]

혁명이론(theories of revolution)은 다양한 접근법이 있으나 킴멜(Michael S. Kimmel)은 ① 비구조적 혁명론 ② 국제적 상황론 ③ 계급투쟁론 ④ 국가론 ⑤ 동기와 동원론 등으로 분류하였다.[64]

존슨(Chalmers Johnson)은 ① 행위자 중심론(actor - oriented theory) ② 구조론(structural theory) ③ 연결론(conjunction theory) ④ 과정론(process theory) 등으로 분류하였다.[65] 혁명이론의 분류는 내용 면에서는 대동소이하나 존슨의 분류에 따라 킴멜의 각론을 중심으로 살펴보고자 한다.

① 행위자 중심론

혁명을 주도하는 개인이나 집단이 누구이며, 그들이 왜 혁명을 일으키는 가에 초점을 맞춘 접근법이다. 이것을 혁명을 주도하는 개인 또는 집단의 성격, 심리, 동기, 목표, 행태 등을 분석하는 것이다. 일반적으로 혁명적인

---

62) H. Gerth and C. W. Mills(ed.), *From Max Weber*, (New York: Oxford University Press, 1958).

63) Alexis de Tocqueville, *The Old Regime and the French Revolution*(New York: Anchor, 1955).

64) 혁명론에 대한 논의는 다음을 많이 참고하였음. Michael S. Kimmel, *Revolution: A Sociological Interpretation*(Philadelphia: Temple University Press, 1990).

65) Chalmers Johnson, *Revolutionary Change*, 2nd ed. (Stanford, CA: Stanford University Press, 1982), p.170.

행태를 비이성적이고 비정상적인 집단의 것으로 이해하고 있다.

혁명 주동자에 대한 심리적 접근은 대표적으로 프로이트(Sigmund Freud)의 '욕구불만 - 공격성'(frustration - aggression) 모형을 들 수 있다.[66] 이 모형에 따르면 인간의 사회변동에 대한 충동은 불만족한 성적 욕구(libidinal needs)로부터 생긴 욕구불만이 비이성적인 공격적 행동과 연결된다는 것이다.

혁명에 참가하는 개인의 발단이론(threshold theory)도 심리적인 측면에서 접근하는 이론이다.[67] 개인이 집단행동에 참여하기로 결정하는 발단은 타인의 참석 여부에 달려 있다. 개인이 집단행동에 참가할 것인가를 계산하는 것은 다수의 타인이 이미 참가하고 있는지가 발단이 된다.

혁명가의 성격과 관련하여 추종자와의 관계를 중심으로 이해하고 있다. "권위적 성격(authoritarian personalities)만이 혁명을 성공적으로 수행하는 확신과 추진력을 가지고 있다."는 주장과[68] 사회화 과정에 아버지 권위에 문제가 있다는 사실을 경험했던 자녀에게 혁명적인 성격이 형성된다고 보기도 한다. 막강하고 고약한 아버지의 권위에 대항하는 가족과의 권위문제를 원만하게 해결하지 못한 경험이 혁명적인 성격으로 발전한다는 것이다. '혁명을 권위에 대한 공격적인 표현'이라고 보고 있다.[69]

사회 심리적인 접근법은 거어(Ted Robert Gurr)의 '상대적 박탈감'(relative deprivation) 모형이 있다.[70] 상대적 박탈감은 "행위자의 가치기대(value expectation)와 가치능력(value capabilities) 간의 불일치(discrepancy)를 인지하는 것"이라고 정의하면서[71] <그림 2 - 6>에 나타난 모형과 같이 가치기대와 가치능력 사이의 간격이 커질 때 혁명이 발생하는 것으로 보고 있다.

---

66) Sigmund Freud, *Group Psychology and the Analysis of the Ego*(New York; Norton, 1959).

67) Mark Granovetter, "Threshold Models of Collective Behavior", *American Journal of Sociology*, Vol.83, No.6(1978), pp.1420 - 1443.

68) Carl Leiden and Karl M. Schmitt, *Politics of Violence: Revolution in the Modern World* (Englewood Cliffs, NJ: Prentice - Hall, 1968), p.81.

69) E. Victor Wolfenstein, *The Revolutionary Personality: Lenin, Trotsky, Gandhi*(Princeton, NJ: Princeton University Press, 1971), p.236.

70) Ted Robert Gurr, *Why Men Rebel*(Princeton, NJ; Princeton University Press, 1970).

71) Ibid., p.24.

〈그림 2-6〉 상대적 박탈감의 모형

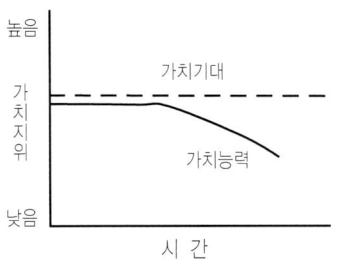 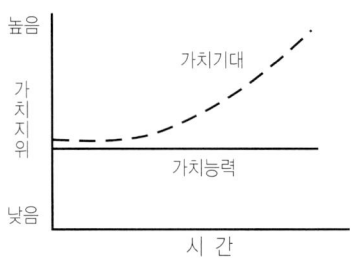

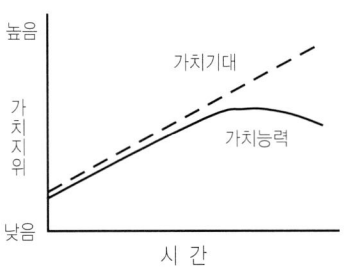 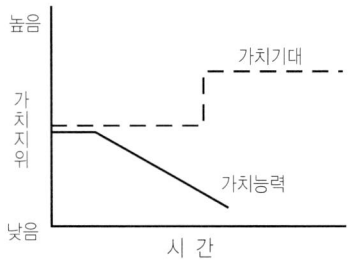

출처: Gurr(1970), p.47, 51, 53, 102.

혁명의 원인에 대한 또 다른 사회 심리적인 접근법으로 <그림 2-7>에서 보여주고 있는 바와 같이 데이비스(James C. Davies)의 'J-커브' 모형이 있다.[72] J-커브 모형은 기대와 욕구충족 간에 ab는 인내할 수 있는 격차(tolerable gap)지만 갑자기 cd와 같이 인내할 수 없을 정도의 격차(intolerable gap)가 크게 생기면 x시점에서 혁명이 발생한다는 이론이다.

72) James C. Davis, "The J-Curve of Rising and Declining Satisfaction as a Cause of Some Great Revolutions and a Contained Rebellion", in Hugh Davis Graham and Ted Robert Gurr(ed.), *The History of Violence in America: Historical Comparative Perspectives*(New York: Frederick A. Praeger, Publishers, 1969), pp.690-730.

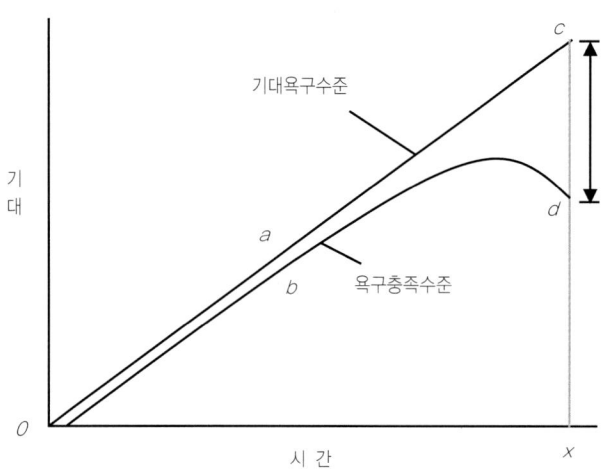

〈그림 2-7〉 J-커브 모형

기대욕구수준

기대

a

b

욕구충족수준

O

시간

x

출처: Davis(1969), p.691.

　행위자 중심론으로 <그림 2-8>과 같은 틸리(Charles Tilly)의 집단폭력
(collective violence)에 의한 불화모형(contention model)이 있다.[73] 틸리는 집
단행동(collective action)의 유형을 셋으로 분류하고 집단행동은 폭력을 수반
한다고 주장하였다. 집단행동의 유형은 특정한 상대집단을 경쟁자(rival)나
적(enemy)으로 간주하는 경쟁적 행동(competitive action), 다른 집단이 통제
하고 있는 자원을 요구할 경우에 나타나는 반응적 집단행동(reactive
collective action), 규범에 따른 평상시 행동이 종전과 다른 사전 집단행동
(proactive collective action) 등으로 나누고 이러한 집단행동은 폭력을 수반한
다고 보았다. 혁명은 집단행동의 수준이 높고 불화가 오랫동안 지속되는 경
우에 발생한다고 보았다.

---

73) Charles Tilly, "Revolutions and Collective Violence", in Fred I. Greenstein and Nelson W.
　　Polsby(ed.), *Macropolitical Theory, Handbook of Political Science*, Vol.3(Reading, Mass.:
　　Addison-Wesley Publishing Company, 1975), pp.483-555.

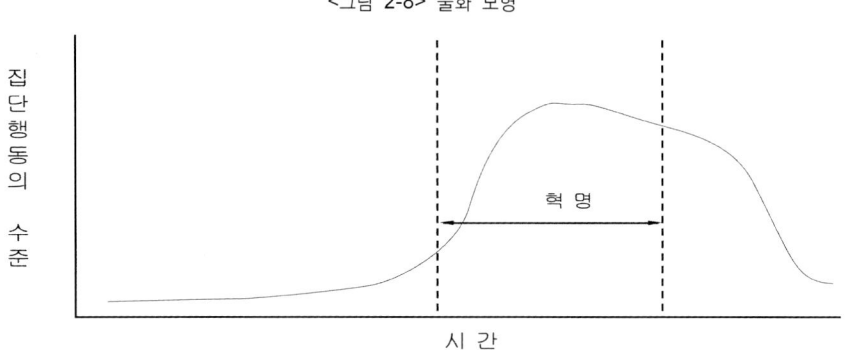

<그림 2-8> 불화 모형

집단행동의 수준

혁명

시간

출처 : Tilly(1975), p.535

행위자 중심론으로 분류할 수 있는 국가의 역할에 관한 논의도 있다. 국가는 혁명의 대상이라는 일반적인 인식만이 있는 것이 아니고 혁명을 주도하는 행위자로도 간주되고 있다. 국가의 관료·의회·행정수반이 혁명의 주체가 된다. 국가가 정치·경제의 미래에 대한 확고한 비전을 가지고 위로부터 혁명을 주도하는 것이다. 국가가 혁명의 추진자로서 현대성(modernity)과 산업화 등을 추진한다.[74]

행위자 중심이론은 혁명적 상황, 혁명적인 폭력, 혁명의 결과에 대한 완전한 설명력이 부족하다는 문제점이 있다. 행위자의 거사에 영향을 주는 다양한 환경적인 요인을 설명할 수 없다는 단점이 있다.

② 구조론

행위자 중심론과 정반대로 혁명은 비정상적인 상황에 대응하는 평범하고 정상적인 사람들에 의하여 수행된다는 것이다. 이상한 개인과 지도자, 정당과 혁명의 이념, 비밀작전 등 인간적 요인보다는 비정상적인 상황을 혁명의 원인으로 이해한다.

월러스타인(Immanuel Wallerstein)의 세계체제론(world system theory)은 혁명의 사회학적인 설명의 기초를 제공하였다.[75] 월러스타인은 자본주의 세계

---

74) 혁명의 행위자에 대한 국가의 논의는 다음을 참고할 것. Kimmel(1990), pp.145 - 187.

75) Immanuel Wallerstein, *Modern World System*, Vol.1(New York: Academic Press, 1974); Vol.

경제체제를 중심부(core), 준주변부(semi-periphery), 주변부(periphery)로 분류하고 혁명이 발생하는 이유를 설명하고 있다.

준주변부에서는 기업엘리트가 중심부에 진입하기 위한 수단으로 국내정치와 제휴를 모색하는데, 세계자본주의 경제체제의 성공적인 진입을 방해하는 요인을 제거하려는 과정에 혁명이 발생한다. 반면에 주변부에서는 준주변부나 중심부와의 관계 때문에, 그리고 세계자본주의 경제체제의 편입 때문에 야기되는 경기침체를 방지하기 위해서 그들과의 관계를 단절하고 자급자족의 경제건설과 산업화를 추진하려는 민족주의적인 혁명이 농민에 의하여 발생한다. 주변부 국가가 자본주의 세계경제체제로부터 철수나 고립을 추진하는 것은 중심부나 준주변부에 재진입하고 세계체제에 재편입하기 위한 민족주의의 공고화라고 볼 수 있다.

월러스타인은 혁명이 자본주의 세계체제의 편입과 철수로 국가위상의 강화를 꾀하는 과정에 계급투쟁의 증대, 경제의 불황, 중심부국가의 자원추출을 위한 압력의 강화, 민족주의 노선의 추구 등 국내외적인 모순 속에서 발생하는 것으로 본 것이다.

스카시폴(Theda Skocpol)은 프랑스, 러시아, 중국혁명 등에 관한 경험적 분석결과 국가를 혁명 발생의 중요한 독립변수로 간주하였다.[76] 혁명은 상대적으로 발전되지 않은 국가에서 발생하는데 기존 국가구조의 완전한 붕괴나 약화로부터 시작된다. 국가 구조의 약화는 국제적인 압력과 내부적인 압력이 상호작용하기 때문이다. 국가구조는 전쟁의 패배, 지나친 영토확장, 강대국과의 경제경쟁 등 국제적인 압력을 받게 되며, 국제문제에 대하여 국내 엘리트 간 혼란과 분열이라는 국내적 압력이 상호 작용하여 붕괴된다. 이런 상황하에서는 농민에 대한 통제가 느슨해지고 결국 농민의 반란이 발생하여 혁명의 상황이 조성된다.

혁명의 결과 주변적인 위치에 있던 정치 엘리트가 권력을 강화하고 새 정부를 건설하게 된다. 그들은 대중의 지지를 받아 구체제에 비하여 보다

Ⅱ(1980); Vol.Ⅲ(San Diego, CA: Academic Press, 1989).
76) Skocpol(1979).

강력하고 관료적인 중앙집권적 국가를 건설하게 된다. 국가는 혁명을 일으키고, 혁명은 국가를 만든다고 보고 있다.

또 다른 혁명의 구조론을 주장한 학자는 헌팅톤(S. P. Huntington)과 무어(Barrington Moore)를 들 수 있다.[77] 그들은 근대화(modernization)와 혁명과의 관계에 대하여 관심을 가지고 있다. 헌팅톤은 근대화가 혁명의 구조적인 원인이 된다고 보았으며, 무어는 혁명이 근대화의 구조적인 원인이 된다고 보았다. 근대화가 혁명의 원인과 결과가 된다는 입장이다.

헌팅톤은 혁명은 정치근대화와 정치발전이 사회경제변화 과정보다 뒤지는 사회에서 발생한다고 보았다.[78] 도시화, 교육기회의 증대, 산업화, 매스미디어의 발달 등 사회경제적인 변화는 국민 정치의식의 향상, 정치적 요구의 배가, 정치참여의 확대를 가져온다. 이러한 변화는 전통적인 정치권위의 자원과 전통적인 정치제도의 뿌리를 부식시킨다. 정치제도가 증대되는 국민의 정치적 참여요구를 제대로 수렴할 수 없을 정도로 제도화 수준이 낮을 때 갈등이 생기고 정치적 불안이 조성된다.[79] 혁명 상황은 근대화 과정에서 전통적인 정치제도가 새로운 정치적 요구를 수용할 수 있는 능력이 결여될 때 잠재적으로 형성된다. 혁명의 결정적인 원인은 기존의 정치제도가 급속하게 향상되는 국민의 정치의식과 새로운 세력의 정치권 동원을 수용하지 못하는 데 있다.

무어는 혁명을 장기간에 걸쳐 일어나는 경제적 투쟁의 정치적 결과로 보았다. 무어는 혁명의 원인을 농업생산에 종사하는 농민계급 간, 지배계급과 국가 간, 지배계급과 부르주아 계급 간 충돌의 구조적인 관계에서 발생한다고 보았다. 혁명의 유형(typology of revolution)을 네 가지로 분류하였다.

첫째, 영국, 미국, 프랑스와 같이 성공적인 부르주아 혁명으로 자본주의와 민주정부가 출현한 것이다. 예를 들면 프랑스에서는 농업자본가, 도시 상인, 전문가의 연합이 구체제를 타도한 부르주아 혁명을 이룩한 경우다.

---

77) Huntington(1968); Barrington Moore, *Social Origins of Dictatorship and Democracy: Lord and Peasant in the Making of the Modern World*(Boston: Beacon Press, 1966).

78) Huntington(1968), p.265.

79) Ibid., p.5.

둘째, 서독, 일본과 같이 실패한 부르주아 혁명으로 자본주의는 출현하나 민주주의에 실패한 경우다. 정치적으로 영향력이 있으나 경제적으로 불안한 구농민지배계급과 사회 정치적으로 힘이 없으나 경제적인 능력이 향상되는 새롭게 등장하는 상업·산업엘리트가 연합하여 혁명을 일으키는 경우라고 볼 수 있다.

셋째, 러시아나 중국과 같이 성공적인 프롤레타리아 또는 농민혁명으로 공산주의와 독재가 출현하는 유형이다.

넷째, 인도와 같이 혁명을 이룩하지 못하여 근대화에 실패하고, 민주주의도, 파시스트도, 공산주의 형태도 아닌 경우다.

③ 연결론

행위자 중심론과 구조론을 접목시킨 접근법으로 혁명을 사회운동(social movement)과 결부시켜 이해한다. 이는 행위자 중심론적 측면에서 주동자와 추종자들이 특별한 사회운동에 참여하는 이유가 무엇인가를 따진다. 구조론적인 시각에서는 항의와 같은 사회운동을 흡수할 수 있는 충분한 중재연합(intermediary)이 없을 때 혁명적 폭력의 가능성은 높아진다고 보고 있다. 혁명적인 사회운동은 사회변동의 반대운동(countermovement)에 대한 반응으로 나타난다는 것이다. 연결론은 사회운동의 기원, 이념의 내용, 구조적인 측면, 충원과 언약의 출처 등을 이해하려고 하며, 개혁과 혁명을 통하여 성취하고자 하는 원인과 요인을 분석한다.

④ 과정론

혁명이 전개되는 단계에 초점을 맞춘 이론이다. 대표적인 학자로 브린톤(Crane Brinton)을 들 수 있다.[80] 브린톤의 과정론에 기초하여 혁명의 진행과정을 심각한 경제 위기에서 생겨지는 불만의 증대, 지식인의 이반(離反), 지배수단의 미비, 폭력일변도와 통치조직 내부의 분열 등으로 분류한다.[81]

---

80) Crane Brinton, *The Anatomy of Revolution*(Englewood Cliffs, NJ: Prentice-Hall, Inc., 1952), pp.28-71.

81) 이극찬, 『정치학』 제6전정판(서울: 법문사, 2004), pp.240-245.

브린톤에 의하면 혁명은 구체제로부터 혁명발발의 전조(preliminary signs)
→온건파의 지배(the rule of the moderates)→극단주의의 등장(the accession
of the extremists)→공포와 덕의 지배(reigns of terror and virtue)→테르미도
르(Thermidor)[82] 등의 단계를 거친다고 보았다.

혁명발발의 전조신호(preliminary signs)는 구체제 정부의 재정적자, 과세에
대한 불만, 정부의 편파적인 경제적 이익의 비호, 행정 분규와 혼란, 지식인
의 이반, 지배계급의 자신감 상실, 지배계급이 그들의 특권이 사회에 해롭
고(harmful) 부당하다(unjust)는 신념을 갖게 하는 일, 사회반목의 격화, 어느
시점에서 능력위주의 경력에 대한 개방성 차단, 경제 권력을 정치권력과 사
회적 우수성과 분리하는 것 등이라고 보았다.[83] 이러한 상황에서 혁명 열기
가 조성되고, 극단주의와 광란에 도달하여 혁명이 발생한다. 초기에는 온건
파가 정권을 인수하지만 곧 급진파의 쿠데타로 정권을 상실하게 되며, 강력
한 중앙집권화로 덕치와 공포정치가 이루어지다가 다시 테르미도르(보수반
동) 현상이 나타나 구체제로 되돌아가는 혁명전의 상황과 비슷해진다.

혁명은 본질적으로 혁명과 반혁명 등이 악순환을 거듭하게 된다. 변하면 변
할수록 처음과 똑같아지는 결과를 가져와 혁명의 역설적인 현상이 나타난다.

제6절 맺는 말

정치권력은 사회를 위하여 희소가치를 권위적으로 배분할 수 있는 능력
이라고 볼 수 있다. 정치가 발전되지 않은 나라일수록 정치권력은 막강한
위력을 발휘하게 되며 정치의 주된 현상은 권력 투쟁적인 모습을 보이게

---

82) 테르미도르(Thermodor)는 프랑스 혁명력에서 열월(태양력으로 하면 7월)을 가리키는 것이다. 1789년
   발생한 프랑스 혁명은 1794년에 이르러 정권이 보수반동파들에 의하여 장악됨으로써 본래의 혁명정신
   과 전적으로 위배되는 보수반동현상을 보이게 되었다. 이러한 보수반동현상을 테르미도르(열월)에 일어
   난 반동이라고 하여 '테르미도르의 반동'이라고 부르게 되었다. Ibid., p.246.

83) Brinton(1952), p.70.

된다. 정치권력을 향유할 수 있는 기간은 짧지만 많은 사람들은 끊임없이 정치권력을 추구한다. 인간의 권력욕은 죽음에 이르러야 비로소 소멸될 정도로 인간의 권력추구 욕망은 스스로 억제하기 어렵다는 속성이 있다.

정치권력을 획득하고 있는 정치 엘리트는 국가발전을 위해서 대단히 중요한 역할을 수행하고 있다. 그들이 정치권력을 어떻게 행사하느냐에 따라서 국가의 미래와 국민의 운명에 중대한 영향을 미친다.

첫째, 정치권력을 획득한 정치엘리트는 보올딩(K. E. Boulding)이 주장하고 있는 바와 같이 자기 자신을 위한 권력(power for its own sake)이나 인간을 지배하는 권력(power over other humans)이[84] 아니라 생산적인 권력과 사랑과 존경의 권력을 행사해야 한다.[85]

생산적인 권력은 파괴적 권력이 아니다. 생산적인 권력은 국민이 원하고 사회가 기대하는 가치를 창출하는 창조적 권력, 국가발전을 기약하는 발전적 권력, 권력자만을 위한 이기적 권력이 아닌 이타적·봉사적·희생적 권력을 의미한다. 권력이 국가와 사회, 그리고 국민을 일방적으로 지배하는 권력, 국민을 억압하는 권력, 국민 위에 군림하는 권력, 남용되는 권력, 사용화된 권력, 편파적으로 행사되는 권력, 개인의 가치추구 수단으로 이용되는 권력은 생산적인 권력이 아니다. 국민을 사랑하고 사회를 통합하는 권력이 국민의 존경을 받는 권력이다.

둘째, 권력 엘리트에게는 높은 도덕·윤리지수가 요구된다. 대중을 지도하기 위해서는 도덕적·윤리적으로 모범이 되어야 한다. 정치 엘리트는 권력·부·명예·위신 등 중요한 가치를 독점한 소수의 지배자로서 대중을 지도하는 위치에 있기 때문에 그들에게는 높은 수준의 도덕성과 윤리성이 요구된다. 도덕·윤리지수가 높은 정치 엘리트가 지배하는 사회는 건전한 사회, 정의로운 사회로 발전할 수 있을 것이다. 권력 엘리트 계급이 도덕성과 윤리성을 갖추지 못하면 권위를 상실하게 되고, 권위가 없으면 가치의 권위적인 배분권 행사가 불가능하게 된다. 정치 엘리트가 도덕성을 상실하

---

84) Boulding(1989), pp.52-58.

85) Ibid., p.29.

면 부정부패와 불의가 판을 치고 가치가 전도된 사회가 된다.

셋째, 개방적인 정치권력의 순환제도가 정착되어야 한다. 권력 엘리트의 지위가 주기적으로 바뀔 수 있는 법적·제도적 장치가 마련되고 실천에 옮겨지는 관행이 자리 잡아야 한다. 정치 엘리트의 충원 통로에 새로운 엘리트가 진입하는 데 높은 장벽이 놓여 있다면 바람직하지 못하다. 권력자는 기득권을 보호·유지하기 위해서 온갖 수단과 방법을 동원하여 새로운 엘리트의 충원기회를 어렵게 만들어서는 안 된다. 항상 신구 엘리트의 충원비율이 균형적인 조화를 이루어야 새로운 아이디어나 비전을 기대할 수 있으며, 국가와 정치의 발전이 가능하다.

넷째, 정치권력을 억제하는 가장 좋은 방법은 국민에 의한 정치 엘리트의 통제라고 볼 수 있다. 권력자는 자신의 권력을 확장·집중·지속시키려는 기본적인 욕망을 갖고 있다. 모든 권력은 기본적으로 ① 확장운동 ② 집중운동 ③ 지속운동 등 세 가지 운동법칙에 따르기 때문이다.[86] 권력자는 권력을 개인의 명예, 지위, 출세, 보상의 수단, 힘과 지배의 원천, 개인이익 보전의 수단 등 수단 가치로 생각하고 항상 남용하려고 한다.

권력남용을 억제하는 데는 ① 위정자로 하여금 올바른 인간성을 갖게 하는 방법(人物主義, personalism), ② 위정자를 보통의 인간으로 생각하여 주로 제도에 의해서 권력의 남용을 방지해 가는 방법(制度主義, institutionalism). ③ 이상 두 가지를 병용해 가야 하는 절충적 방법 등이 있다.[87] 하지만 권력 엘리트가 권력을 남용하지 않기를 바라는 것은 산에 가서 고기를 낚는 것과 소귀에 경을 읽는 것과 마찬가지로 어려운 일이다. 모든 가치의 최우선 순위에 권력을 놓는 권력 지향적이고 권력에 굶주린 사람들은 한번 권력을 획득하면 그것을 극대화하려고 한다. 정치 엘리트는 스스로 권력을 포기하려고 하지 않는다. 죽는 그날까지 권력을 추구하고, 예외적이고 특권적인 존재로 대접받으려고 하는 사람들이다. 이성적인 방법으로 그들이 권력

---

86) 서울대학교 정치학과 교수(2004). p.136.

87) 러셀(Bertrand Russell) 경이 주로 제도적 입장에서 민주주의의 중요성을 강조하고 있으며, ① 정치적 조건 ② 경제적 조건 ③ 선전적 조건 ④ 심리적·교육적 조건 등을 제시하였다. 자세한 내용은 다음을 참조할 것. 이극찬(2004). pp.249 – 257.

남용을 자제해 줄 것을 기대하는 것은 불가능하다.

　제도적으로 권력의 분산과 견제장치를 마련하더라도 오랜 법치주의 관행이 정착되지 않는 사회에서는 기대하기 어렵다. 그들의 행태는 초법적·탈법적·무법적·예외적인 경우가 많기 때문에 민주시민 교육을 실시하여 권력의 억제를 기대하는 것도 힘든 일이다. 결국 국민이 나서서 정치권력과 권력자를 통제해야 한다. 언론, 지식인, 종교인, 사회운동가, 시민단체 등이 앞장서서 국민을 계도하고 국민의 적극적인 정치참여로 정치 엘리트를 통제해야 할 것이다.

제3장 정치사회화론

제1절 정치사회화의 의의

1. 정치사회화의 개념

플라톤의 『공화국』이나 아리스토텔레스의 『정치학』, 루소의 『에밀』에는 시민교육의 중요성을 강조하고 있다. 민주사회가 발전하려면 시민의 사회화가 중요하다는 것이다. 본래 시민교육은 국민의 지지를 획득하여 체제를 유지하기 위한 지배자의 필요에 의해서 시작되었다고 볼 수 있다.

정치사회화에 대하여 오래전부터 관심을 표명한 것은 사실이지만 본격적인 이론으로 발전한 것은 1920-1930년대 미국의 시민교육(civic education)과 1960년대 정치행태에 대한 연구에서 비롯되었다. 정치사회화에 대하여 주로 어린이나 성인이 되기 이전의 태도에 관한 연구가 진행되었으나 일생 동안의 정치행태에 대한 관심으로 확대되었다. 1970년대 정치사회화에 대한 연구내용은 ① 정치체제에 대한 애정 ② 당파적 태도 ③ 정치참여 등과 같은 주제를 분석하는 것이었다.[1]

한 국가의 국민들은 나름대로의 공통된 국가적 일체감(identity)과 충성심(loyalty)을 가지고 있으며, 정치에 대한 견해와 정책이나 정치지도자를 평가하는 태도와 감정을 가지고 있다. 국가마다 정치를 보는 독특한 가치체계,

---

1) David O. Sears, "Political Socialization", in Fred I. Greenstein and Nelson W. Polsby, (ed.), *Micropolitical Theory, Handbook of Political Science*, Vol.2(Reading, Mass.: Addison-Westley Publishing Company, 1975), p.94.

신념, 감정적 태도, 행동양식이 다르게 나타난다. 어느 나라 국민들은 능동적으로 정치과정에 참여하여 그들의 의사를 전달하는가 하면 그렇지 않은 경우도 있다. 정치를 불신, 혐오하고 정치로부터 완전히 소외된 국민도 있다. 또한 국민들은 특정한 정치이념에 몰입하기도 하며 특정정당의 적극적인 지지자가 되기도 한다.

국민들이 왜 그리고 어떻게 국가와 일체감을 갖게 되는가? 국민들은 왜 정치에 적극적이고 또한 소극적인가? 국민들은 어떻게, 언제, 왜 특정 정치이념에 빠지고 또한 특정 정치집단에 지지를 보내는가? 이것은 국민들의 정치생활을 이해하는 중요한 질문이 된다. 즉 국민이 어떻게, 언제, 왜 특정한 정치적 입장과 견해를 갖게 되는가가 정치사회화의 중요한 연구이 대상이 된다.[2]

사회화란 어린이들에게 그들이 속한 사회의 가치와 태도를 소개하고, 성인이 되어 사회가 그들에게 기대하는 역할이 무엇인가를 배우는 방법을 의미한다. 정치사회화란 정치적 행태와 정치정향을 발전시키는 학습과정이다. 정치사회화란 개인의 정치적 태도와 행동양식, 정치정향을 습득하는 과정이라고 볼 수 있다.

정치사회화를 정치문화가 형성·유지·변화되는 과정이라고 보기도 한다. 정치사회화는 인간이 특정한 사회에 태어나서 성장해 가면서 사회적·문화적 동일화(모방)가 이루어지고 사회에 적응하는 것을 의미한다.

2. 정치사회화의 특성

(1) 정치사회화는 개인의 평생 동안 지속적으로 이루어진다.[3]

어려서 형성된 태도는 성장해 가면서 다양한 사회적·정치적 경험을 통

---

2) Richard E. Dawson, Kenneth Prewitt and Karen S. Dawson, *Political Socialization*, 2nd ed., (Boston: Little, Brown and Company, 1977), pp.2 - 4.
3) Almond and Powell(1978), pp.79 - 80.

하여 발전·변화되거나 또한 강화된다. 예를 들면 어려서 가족의 영향을 받아 형성된 특정 정당에 대하여 우호적인 태도가 성인이 되어 더욱더 확고한 지지자가 되거나 또는 계속되는 교육, 직장경험, 동료의 영향 등에 따라서 판이하게 다른 태도를 갖게 되는 경우가 있다. 어려서 한번 형성된 태도가 환경의 변화와 성장과정을 거치면서 그 태도가 오히려 강화되기도 하며 또한 아주 다르게 변하기도 한다. 일관성 있는 정보나 메시지를 반복적으로 전달받으면 어려서 형성된 태도가 오히려 강화되기도 하지만 다양한 출처로부터 상이한 정보나 메시지가 지속적으로 반복되면 변화될 수밖에 없다. 어려서 형성된 정치적 태도가 지속적으로 유지되거나 강화되지 않고 다르게 변화하는 것을 재사회화(resocialization)라고 한다. 극적인 사건이 발생했을 때 재사회화에 대단히 큰 영향을 끼치게 된다.

(2) 정치사회화는 직접 또는 간접적인 전수와 학습을 통해서 이루어진다.[4]

개인의 정치적 태도와 행동, 신념, 그리고 확신은 선천적이고 본능적인 측면이 있으나 전수와 학습을 통하여 형성된다. 정치사회화를 이해하는 기본이론은 학습이론(learning theory)이 적용된다. 개인이 학교의 시민교육, 정당의 정치교육, 매스컴의 정치정보의 제공과 정치문제에 대한 평가 등은 직접 경험에 해당된다. 또한 어려서 부모나 선생님과 친구에게 우호적이나 도전적인 태도를 가지고 있었다면 성인이 되어 정치인을 대하는 태도에 영향을 미치게 된다. 이를 간접적인 영향이라고 볼 수 있다.

(3) 정치사화화는 정치체제의 과업(task)이다.[5]

세계 제2차 대전이 끝나고 많은 국가들은 다양한 형태의 급진적인 정치·경제적인 변화를 가져왔다. 산업화, 경제발전, 근대화, 정치발전과 같은 주제는 정치가나 정치학자들의 주된 관심사가 되었다. 특히 학자들은 변화

---

4) Ibid., pp.30 - 31.
5) Dawson, Prewitt, and Dawson(1977), pp.7 - 12.

와 안정의 유형, 정치통합(political integration)과 분열(political disintegration)의 과정 등에 관심을 가졌다. 정치학자들의 의문은 어떤 정치체제는 안정을 유지하고 어떤 정치체제는 불안정한 모습을 보이고 있는데 그 조건은 무엇이고 그 과정은 어떤 것인가에 있었다. 정치사회화를 개인차원이 아닌 정치체제 수준에서 보기 시작한 것이다. 즉 개인의 정치적 견해에 대한 유사점과 상이점보다는 정치체제의 수행실적의 차이를 설명하는 데 관심을 갖게 되었다.

정치사회화를 정치체제의 과정과 기능의 하나로 보았다. 이스튼(D. Easton)의 일반체제이론과 알몬드와 포웰(G. A. Almond and B. G. Powell)의 구조-기능주의 접근법이 등장하면서 정치사회화를 정치체제의 한 과업으로 본 것이다. 정치사회화는 정치체제를 지지하는 데 필요한 가치와 지식을 발전시키는 과정이다. 이는 정치체제가 지속적으로 생명력을 유지하기 위해서 필요한 것이다. 따라서 정치사회화는 정치체제의 중요한 기능이라고 할 수 있다. 정치사회화는 정치체제의 필요, 구조, 과정에 의해서 이루어진다.

정치체제가 지속성을 유지하고 정치체제의 필요에 의해서 정치사회화가 요구된다고 했을 때 문제는 정치체제의 유지와 지속이 누구를 위한 것이며 누구의 필요에 의한 것인가를 살펴볼 필요가 있다. 권위주의 체제를 유지하고 있는 정치체제에서는 모든 정치과정이 소수의 엘리트에 의해서 통제되기 때문에 정치사회화를 지배자의 사적 이익에 따라서 정치적으로 활용할 때 정치사회화의 순수성을 훼손하게 된다. 특정 정치지도자를 숭배하고 우상화시키기 위한 정치사회화는 문제가 된다.[6]

---

6) 이는 패권이론(hegemonic theory)과 관련이 있다. 패권이란 통제 또는 지배를 의미하는 데 정치적 패권인 정치권력을 가지고 있는 개인 혹은 집단은 상징조작과 선전, 검열과 정보통제 등을 통하여 지배권을 강화한다. 따라서 패권적 지위를 가지고 있는 사람들이 정치사회화를 통하여 특정 정치이념을 피지배계층에게 전달한다. 정치사회화에 있어서 패권이론은 지배와 통제관계를 유지하기 위해서 사회가치와 사회질서를 피지배 집단이 수용하도록 하는 사회화 과정과 사회화 기구(socialization agencies)를 강조한다. 정치사회화에 있어서 패권이론은 사회가치가 지배자를 위해서 불공정하게 배분되고, 지배자는 승리자요 피지배자는 패배자라는 것을 전제로 한다. 즉 사회화의 목적이나 결과가 지배자의 이익과 결부되고 피지배자는 원하지 않는 방향으로 지배자의 정치가치가 전수되는 것을 의미한다. 이는 마르크스주의자들이 말하는 허위의식(false consciousness)이라고 볼 수 있다. 그러나 패권이론에 있어서는 효율적인 정치사회화는 지배세력의 안정에 기여하게 된다. Dawson, Prewitt and Dawson(1977), pp.24-32.

(4) 정치사회화는 국가의 정치문화를 형성하고 전수한다.[7]

정치문화는 전쟁이나 혁명과 같은 극적인 사건을 경험하거나, 정치지도자의 의도적인 노력 또는 계획되거나 통제되지 않은 가운데 사회의 반응에 따라서 형성되는 것은 사실이다. 그러나 개인이 특정한 정치문화라는 환경 속에 존재하게 되면 사회화 과정을 통하여 자연스럽게 동화된다. 정치사회화는 정치문화를 유지·변화·창조하는 기능을 지니고 있다. 정치사회화를 교화, 문화이식, 개화, 문화전승이라고 부르는 이유가 여기에 있는 것이다.

(5) 정치사회화는 정치화(politicization) – 의인화(personalization) – 이상화(idealization) – 제도화(institutionalization)의 절차를 밟아서 진행된다.[8]

어린이는 사적인 영역과 공적인 영역을 혼동하지만 점차로 구분이 가능해지면서 가족 이외의 정치 영역에 대한 이해와 지식을 얻게 된다. 그리고 가족보다 정치제도가 더 큰 힘과 권위가 있다는 것을 알게 되어 정치화된다. 어린이는 정치구조의 권위에 대하여 사람에 초점을 맞춘다. 정부 하면 대통령으로 의인화·단순화시킨다. 이상화는 공적인 권위에 대한 애착과 부러움을 나타내는 것을 의미한다. 예컨대 어려서는 대통령을 장래의 이상형으로 생각하게 된다. 제도화는 어린이가 성장하면서 의인화를 통하여 형성되었던 긍정적인 감정을 정부, 의회, 법원과 같은 제도로 전이하는 것이다.

이 이론은 성인이 되어 국가나 정부를 지지하는 이유를 설명하는 데 적실성이 있다. 국민이 충성심이나 애국심과 같이 분화된 지지를 보내는 과정을 이와 같은 절차로 설명하고 있다.

---

7) Almond and Powell(1984), p.31.
8) Easton and Dennis(1969), pp.391 – 393.

제2절 정치사회화론

정치사회화가 언제부터 시작하여 언제 끝나는가? 일생 동안 정치학습은 어떻게 진행되는가? 정치사회화 단계를 도손(R. E. Dawson)은 성인 전 정치학습(preadult political learning) 단계와 성인의 정치학습(adult political learning) 단계로 구분하여 정치학습이 이루어지는 유형과 모형을 제시하였다.[9]

1. 성인 전 정치학습론

(1) 정치학습의 단계론

성인 전 정치학습은 ① 어린이 초기(early childhood; 5~9세) ② 어린이 후기(late childhood; 9~13세) ③ 청소년기(adolescence; 13~18세) 등으로 나누어 진행된다.

정치사회화는 어린이 초기(5~9세)부터 시작된다. "될 성싶은 나무는 떡잎부터 알아본다."는 말이 있다. 어린이들에게 싹수가 있다 없다는 식으로 장래를 예측하기도 한다. 도손(Dawson)은 성인의 정치생활의 뿌리는 어린 시절에 있다고 전제하면서 정치사회화는 일생을 통하여 이루어진다는 점을 강조하고 있다.

어린이는 사회환경과 접촉을 시작하면서 정치와 관련된 학습을 시작한다. 한 연구결과에 의하면 어린이는 초등학교에 입학하기 전에 정치세계에 대한 태도를 가지게 된다고 한다. ① 국가에 대한 애착 ② 국가와 일체감 ③ 국기의 상징에 대한 느낌 등이 어린이 초기에 형성되는 정치적 견해라고 볼 수 있다. 물론 이 시기에 형성된 국가와 정치적 상징에 대한 태도의 내용은 감정적이고 막연하며 그리고 애착의 형태를 띤다. 인지적이거나 정보에 바탕을 둔 내용이 아니고 종교적인 감정과 다분히 연계되어 있다. 예를

---

9) Dawson, Prewitt and Dawson(1977), pp.48-92.

들어 "나는 민주당 당원이다."라고 했을 때 그 이유와 그것이 무엇을 뜻하는지를 모르고 감정적인 애착을 보이는 것이다.

그 외에도 어린이는 ④ 정당에 대한 선호도의 결정 ⑤ 사회집단과의 일체감과 애착 ⑥ 계급·민족·종교에 대한 감각 ⑦ 정치지도자의 권위나 역할에 대한 정향의 발전 ⑧ 정치적 인물 등에 대하여 알기 시작한다고 한다. 어린이 초기의 정치적 정향은 주로 감정적이거나 무엇이 좋고 나쁘다는 정도에 그치게 된다.

어린이 후기(9~13세)에 개인의 정치적 지각(political perceptions)이 급격하게 변화되기 때문에 정치사회화에 있어서 가장 중요한 시기라고 한다. 10~11세 어린이는 개인적이고 감정적인 지각으로부터 보다 더 추상적인 아이디어와 관계를 이해하는 방향으로 발전된다. 11~13세까지는 ① 정치적 대상에 대한 인지적 정향 ② 정치지도자의 역할에 대한 이해 ③ 정치·사회관계를 이해하는 기초능력의 획득 등 사회화가 이루어진다. 특히 이 시기의 어린이들이 갖는 정치적인 아이디어는 성숙한 성인들이 갖는 정치세계에 대한 이해나 지각과 별로 차이가 없다는 것을 발견하게 된다.

청소년기(13~18세)는 육체적·심리적·사회적으로 많은 변화와 발전을 가져오는 시기이다. 청소년은 사회적 기능(social skills)을 배우고, 행위와 가치판단의 내적인 기준을 설정하며, 참여의 기술을 발전시켜 성인이 되는 것을 배운다. 또한 부모의 영향력으로부터 벗어나 자유가 확대되고, 부모와의 연계가 약화되며, 부모의 중요성에 대한 평가가 낮아져 동료들이 더 중요하게 취급된다.

청소년기에 가장 중요한 정치학습은 ① 성숙된 정치적 자아(political self)의 태동 ② 기본적인 정치적 애착과 정체감의 형성 ③ 정치제도·정치적 상징·정치적 권위에 대한 강력한 감정적인 느낌이 보다 전문화된 역할과 기능에 대한 지식으로 보강된다. 또한 ④ 사실적 지식에 바탕을 두기보다는 정치현상을 이해하는 데 양적·질적으로 향상된 정치지식을 가지고 이해하며 ⑤ 정치문제 특히 특정 정당과의 일체감, 투표참가 등에 더 많은 관심을 기울이게 된다. 청소년기에는 성인과 비슷한 정치적 관심과 정치적 관여를 하게 된다.

청소년기에는 정치적 사고(political thinking)나 정치적 개념화(political conceptualization)에 커다란 변화를 가져와 사고의 질이 보다 복잡해지고, 인간의 복잡성에 대한 이해와 이성적 방법이 향상된다. 또한 가설과 연역적 사고의 능력이 생기고 비용 대 효과 분석이나 만일(if)과 같은 조건부 설명을 통하여 다양한 선택 대안을 평가할 수 있는 능력이 생긴다.

(2) 정치학습 유형

성인이 되기 전 정치학습의 유형은 다음과 같다.
① 정치학습은 어린이 초기에 시작되어 청소년기까지 지속된다.
② 상이한 형태의 정치학습이 상이하게 이루어진다.
③ 어린이들이 얻는 첫 번째 정치적 견해(political outlooks)는 정치적 자아의 핵심적인 구성요인으로 간주되는 기본적인 애착(basic attachment)과 일체성과 같은 정향이라고 볼 수 있다.
④ 국가나 정치적 상징 그리고 정치적 권위를 가진 주요 인사에 대하여 무조건 긍정적이고 호의적인(benevolent) 정향을 갖는다.
⑤ 정치나 정부에 대한 개념은 고도로 의인화(personalized)된다.
⑥ 정치적 대상에 대한 느낌(feeling)이나 감정적인 정향(affective orientations)은 정보나 지식을 얻는 것보다 먼저 이루어진다.
⑦ 정보나 지식은 어린이 후기에 얻는다.
⑧ 청소년기에 추상적인 문제에 관심을 갖고, 목표와 수단을 분석하며, 이념적으로 사고하는 능력을 갖게 된다.
⑨ 상이한 정치학습 유형이 서로 다른 시기에 발생되기 때문에 어느 시기가 정치학습에 가장 중요하다고 단정할 수 없다.
⑩ 정치학습은 사회관계나 사회적 일체성과 같은 사회학습과 동시에 이루어진다.
⑪ 성인 이전의 마지막 단계에서 정치적 자아가 발전되며 정치세계에 대

한 대부분의 기본적인 정향과 지식을 얻게 된다.

(3) 어린이의 정치학습론

성인이 되기 전 정치적 견해의 획득과 정치적 사고의 발전과정은 다양한 유형이 있다. 개인과 사회의 발전에 관한 이론으로 ① 정신역학이론(psycho-dynamic theories) ② 사회학습이론(social learning theories) ③ 인지 – 발달이론(cognitive – developmental theories) 등이 있다.

정신역학이론은 프로이트의 정신분석개념(Freudian psychoanalytic conceptu-alization)의 영향을 받은 것으로 개인의 내적인 성숙단계를 강조한 것이다. 프로이트는 개인의 성격형성은 5세 이전에 완전하게 형성되기 때문에 유아기와 아동 초기의 중요성을 강조한다.

유아시절이나 아주 어린 시절의 경험이 개인의 요구(needs)나 성격의 형성에 매우 강렬한 영향을 미친다. 어린 시절의 개인적 요구사항이나 경험이 의식적이든 무의식적이든 깊게 새겨져 성인이 된 후 어떤 자극을 어떤 대상에 어떻게 반응할 것인가에 영향을 주게 된다. 개인의 요구나 경험은 정치세계에 대한 견해를 형성하는 데 중요하게 작용한다. 예를 들면 정치적권위에 대하여 무조건 수용하고 관대한 것은 어려서의 필요와 경험에 따른것이다. 어려서 아버지의 권위에 대한 경험 때문에 대통령이나 다른 정치적권위에 대하여 긍정적인 입장을 보이게 된다면 이를 감정의 전이(transfe-rence of feelings)라고 볼 수 있다.

사회학습이론은 정신역학이론과 분명하게 구별된다. 정신역학이론은 개인의 특정한 태도·정향·행태는 자신의 필요에 대한 반응에서 형성된 것이지만, 사회학습이론은 개인이 환경으로부터 받는 자극(stimuli)에 대한 반응으로 나타난다고 보고 있다. 개인이 환경으로부터 받는 메시지가 개인의 견해를 결정하고 특정한 견해를 강화하는 주요한 요인으로 작용한다. 예를 들면 어린이들이 권위에 대해서 긍정적이고 관대한 입장을 보이는 것은 사회학습의 결과인 것이다.

인지 – 발달이론은 위 두 가지 이론의 중간적인 입장을 취하고 있다. 이는 인간이 처한 환경과 환경을 다루는 인간의 발전능력 간의 상호작용을 강조하는 것이다. 성숙한 인간이 환경으로부터의 경험을 어떻게 이해하고 반응하는가는 인간의 기본적인 사고능력의 향상에 전적으로 달려 있다. 인간은 나이가 들면서 인지능력이 향상된다. 따라서 단계별로 경험에 대한 해석과 인간의 사고능력이 다르게 발달된다. 예를 들면 권위에 대한 아주 긍정적인 입장은 나이에 따라서 다르게 나타난다. 어려서는 이기적·절대적·추상적인 데 비해 인지가 발달하면서 상대적으로 변하게 된다.

어린이의 정치사회화를 어느 특정 이론만으로는 설명할 수 없다. 정신역학적인 접근법이나 사회학습이론 그리고 인지 – 발달이론이 상호 보완적으로 작용하여 개인의 정치적 태도, 정향, 행태 등 정치학습이 이루어진다고 볼 수 있다.

2. 성인의 정치학습론

(1) 성인의 정치학습 모형

인간의 정치학습이 성인이 되기 전에 거의 완벽하게 형성되는 것 같지만 성인의 정치사회화에 대한 관심은 두 가지로 요약된다.

① 어린 시절의 정치학습이 성인들의 정치견해 형성에 얼마나 많은 영향을 주느냐 하는 것이다. 어린 시절의 정치사회화가 어른들의 정치생활을 완전하게 결정하느냐? 아니면 성인들은 어린 시절의 정치학습과 무관하게 독립적으로 정치적 견해를 형성하느냐?

② 성인에게는 어떤 유형의 정치학습이 이루어지는가? 성인이 되어 어떤 유형의 정향이 형성되고 또한 변화되는가? 성인이 된 후 어떤 형태의 경험이 정치적 자아의 발전과 변화에 기여하느냐?

성인의 정치생활과 정치학습 간의 관계를 설명하는 모형은 <그림 3-1>과 같이 ① 초기모형(primacy model) ② 중간시점모형(intermediate-period model) ③ 최근모형(recency model) 등 세 가지가 있다.[10]

<그림 3-1> 성인의 정치학습 모형

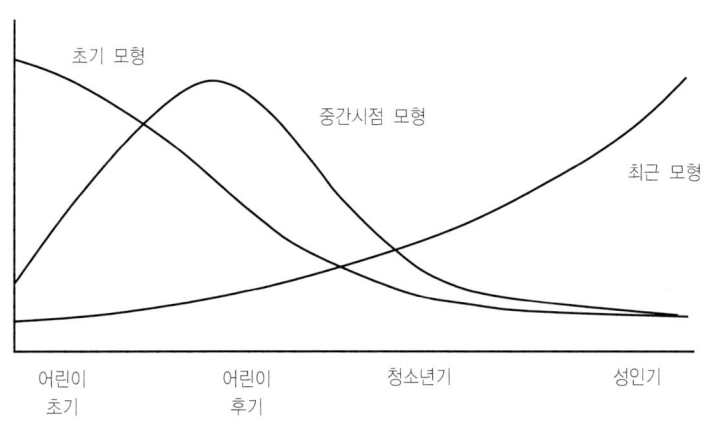

초기 모형

중간시점 모형

최근 모형

| 어린이 초기 | 어린이 후기 | 청소년기 | 성인기 |

출처: Weissberg(1974), p.26

초기모형은 어린 시절이 정치사회화에 가장 중요하다는 입장으로 대부분의 정치정향은 이 시기에 형성된다고 보는 것이다. 어린 시절에 얻어진 성향은 나이가 들어도 변함없이 유지되고 정치적 선택에도 영향을 미친다. 따라서 성인이 되어 형성되는 정치적 신념과 행태는 어린 시절에 얻어진 기본적인 선호와 애착에 많은 영향을 받게 된다. 예를 들면 어린 시절에 확고하게 형성된 특정 정당에 대한 일체감은 성인이 되어도 다른 당의 후보를 지지하기 어렵다는 것이다.

중간시점모형은 어린이 후기 시절과 초기 청소년 시절의 정치경험이 정치사회화에 중요한 영향을 준다고 강조한다. 이 모형은 인지-발달이론과 관련이 있어 어린이 초기와 청년 초기 시절에 정치·사회문제를 이해할 수 있는 개인의 능력이 발달된다는 것이다.

---

10) Robert Weissberg, *Political Learning, Political Choice and Democratic Citizenship*(Englewood Cliffs, NJ: Prentice-Hall, Inc., 1974), p.26.

최근모형은 초기모형과 반대로 성인의 정치적 결정과 행태는 어린 시절의 정치학습보다는 최근의 실생활과 직접 관련이 있다고 주장하는 것이다. 성인은 수년 전의 정치적 아이디어나 정보는 망각하게 되고 성인의 정치적인 입장(political perspectives)은 새로운 상황에 맞추어 변화한다는 것이다. 어린 시절의 정치학습은 성인까지 지속되거나 성인의 정치정향에 영향을 끼치는 힘이 없다는 입장이다.

정치학습 모형의 적실성이 각각 다르다. 어린 시절에 얻어진 정향의 지속성을 강조하는 초기모형은 기본적인 정치적 충성심, 정치체제에 대한 강력한 애착심, 정치적 상징에 대한 일체감, 집단의 일체감을 이해하는 데 합당한 모형이다. 또한 기본적으로 형성된 정향은 성인이 되어 정치적 자극을 분류하고 지각하는 데 여과기(filter) 역할을 하게 된다.

중간시점모형은 어린이 초기 시절과 초기 청년 시절에 정치세계에서 발견되는 관계, 정치적 역할, 정치과정, 정치정보의 획득 등과 관련된 기본적인 지적 능력을 회득한다는 것을 설명하는 데 적합하다.

최근모형은 성인이 정치쟁점과 정치사건과 관련하여 그날그날의 선택과 결정행위를 설명하는 데 적합한 모형이다. 일생을 통하여 새로운 정책이 형성되고, 새로운 지도자가 출현하며, 정치목적을 달성하는 과정도 달라지는 등 정치세계는 끊임없이 변한다. 따라서 변화에 대응하기 위해서 개인은 새로운 선택과 태도를 가질 필요가 있다. 성인은 살아오면서 환경의 숱한 자극, 새로운 선택기회에 직면, 판단과 평가의 많은 경험이 누적되어 새로운 정치정향으로 변화된다.

(2) 성인기의 정치사회화

정치학습은 평생 동안 지속적으로 이루어진다. 물론 어린 시절의 정치학습이 성인이 된 후 정치적 견해와 행태에 제약요인으로 작용하는 것은 사실이다. 그러나 이러한 현상의 원인을 어린 시절에 형성되었던 정치적 견해나 일체감 때문이라고만 볼 수는 없다. 성인기에는 대부분의 정치학습은 정치세계의 자극으로부터 얻어진다.

새로 부각된 쟁점은 성인에게 그에 대한 새롭고 변화된 의견을 요구한다. 새로운 지도자의 등장과 퇴장은 새로운 선택과 평가의 기회를 부여한다. 정당 간의 연합이나 새로운 정당의 출현, 정당의 정강정책의 변화, 정당지도자의 교체, 정당 간의 정권교체 등은 그 정당을 계속적으로 지지해야 하는지를 결정하는 기회를 제공한다. 정치적 사건이 발생하면 정치에 적극적으로 참여할 의욕을 북돋아주기도 하지만 때로는 정치권에 대한 혐오와 불신이 생겨 정치적 소외·방관·무관심을 불러오기도 한다. 이러한 환경에서 성인은 옛날 태도의 포기, 새로운 태도의 형성, 기존 태도의 수정 등 변화를 가져오게 된다. 끊임없이 변화하는 정치세계에 적응하려면 새로운 신념과 선호가 계속적으로 획득되어야 하며 또한 변화가 수반되어야 한다.

성인기에 정치적 정향이 변화하는 근본적인 요인은 ① 사회차원의 사건이나 변화(societal-level events or changes) ② 특정 집단에만 영향을 주는 사건이나 운동(events of movements that affect only particular groups) ③ 개인 인생상황의 변화(individual changes in life situation) 등을 들 수 있다.

사회적 차원의 사건이나 변화는 전 국민에게 영향을 미칠 수 있는 전쟁이나 경제공황 등과 같은 정치·경제·사회조건의 변화 또는 극적인 사건의 발생은 기본적인 정치정향의 유지에 압력요인으로 작용한다. 사회차원의 사건이나 변화가 기존의 정치정향을 고수할 수 없도록 영향을 미치는 경우에는 변화가 불가피한 것이다.

특정집단에만 영향을 주는 사건이나 운동은 다른 사람들에게는 관계가 없지만 이해당사자들에게 정향의 변화를 가져오게 한다. 예를 들면 시민인권운동, 여권신장운동, 청년운동 등은 해당 집단의 정향에 영향을 준다. 시민인권운동의 한 경우를 예로 들면, 흑인인권운동은 흑인의 정치적 영향력이나 의식에 변화를 가져온다.

개인의 사회적·경제적 지위의 급격한 변화는 기본적인 정치정향의 변화를 가져온다. 특히 성인의 역할 사회화(role socialization)는 정치정향의 변화를 가져올 수 있다.[11]

제3절 정치사회화 방법론

정치사회화가 언제(when) 이루어지는지 시기도 중요하지만 어떻게(how), 어떤 과정을 밟아 특정한 정치적 견해를 갖게 되는가도 중요한 관심의 대상이 된다.

정치사회화는 첫째, 개인, 사회화의 구조(structure), 기구 혹은 매개체 (agents)와의 상호작용을 통하여 이루어진다. 다양한 사회화 기구가 개인에게 정치정향을 전달하여 개인의 사회화가 이루어진다. 예를 들면 가정에서 부모가 자신이 선호하는 정당과 정치이념을 자녀들에게 알리거나 학교에서 국가에 대한 좋은 점을 강조하여 사회화에 영향을 미치는 경우라고 볼 수 있다.

둘째, 개인 스스로 정치의식과, 정치적 관계, 정치에 대한 특별한 사고를 형성하는 것이다. 다양한 사람들이 각기 다른 방법으로 정치에 대한 제각각의 견해를 갖는 것이다. 개인의 필요와 경험, 개인의 이해력과 이성능력 등이 정치학습의 상황에 중요한 요소로 작용한다. 정치세계로부터 받는 자극에 대한 반응이 개인차원에서 이루어지는 경우가 이에 해당된다.

정치사회화를 개인차원의 문제라고 보았을 때 정치학습은 간접적인 방법과 직접적인 방법을 통하여 이루어진다.[12]

1. 간접적인 방법

간접적인 방법은 2단계 과정(two-step process)을 거쳐 정치사회화가 이루어지는 것이다. 비정치적인 정향이 먼저 형성된 후에 정치적 견해나 정향

---

11) James A. Bill and Robert L. Hardgrave, Jr., *Comparative Politics: The Quest for Theory* (Columbus, Ohio: A Bell & Howell Company, 1973), p.107.

12) 정치학습의 방법에 대한 논의는 다음을 참고하였음. Dawson, Prewitt and Dawson(1977), pp.93-113.

이 뒤따르게 된다. 먼저 정치 이외의 일반적 성향이 형성되고 다시 정치적 대상으로 전이되어 정치학습이 이루어진다. 예를 들면 어린이가 부모, 형제, 선생님과 같은 비정치적인 권위를 가진 사람들과의 관계에서 그들로부터 권위에 관한 일반적인 성향을 획득하게 된다. 이것이 정치적 대상이나 권위에 대한 정향이나 감정을 형성하는 데 작용하게 된다. 간접적인 방법은 세 가지 유형이 있다.

(1) 개인 간 전수(interpersonal transference)

개인 간 전수는 심리문화적 접근법(psychocultural approach)과 관련이 있다. 어려서 접촉한 사람들과의 경험이 투사되어 특별한 정치적 정향을 갖게 된다. 부모와의 관계에서 형성된 권위가 정치적 대상과 관련지어 정치적 권위에 대한 견해로 연결된다.

(2) 수습(apprenticeship)

비정치적인 활동이 정치활동의 실습 혹은 수습과 같은 역할로 작용하여 정치학습이 이루어진다. 개인이 얻는 다양한 비정치적인 경험·기술·통찰력(insight)은 정치적 견해나 정향을 형성하는 데 도움을 준다. 개인이 가정·학교·직장에서 경험했던 역할이 정치적 역할을 수행하는 훈련과 같으며 비정치적인 의사결정의 경험은 정치참여에 필요로 하는 의사표현 방법, 정치전술의 효능감과 같은 기술을 제공한다. 가정·학교·직장 등에서 비정치적인 결정에 참여해 본 경험(participatory experiences)은 정치생활의 참여의 질(quality of participation)과 깊은 연관이 있다. 이것을 '참여 경험의 누적효과(the cumulative effect of participatory experiences)'라고 부른다.[13] 학교에서 반장선거를 통하여 후보 간에 경쟁을 하고, 선출규정을 따르며, 후보를 선택하여 투표하고, 투표결과 승자와 패자가 구분되며, 투표결과 다수

---

13) Gabriel A. Almond and Sidney Verba, *The Civic Culture: Political Attitudes and Democracy in Five Nations*, (Princeton, NJ: Princeton University Press, 1972), pp.327 – 328, p.366.

결에 대한 승복과 선출된 반장에 대한 평가 등의 경험과 훈련이 정치참여의 태도와 연결된다.

(3) 일반화(generalization)

개인이 가지고 있는 사회가치가 특정 정치적 대상에까지 확대된다는 것이다. 개인의 기본적인 신념과 가치체계가 정치적 대상에까지 일반화된다. 정치적 자아의 사회, 경제, 종족, 인종 등에 관한 총체적인 가치체계가 정치적 대상에까지 적용된다. 예를 들면 흑인의 경우 그들이 가지고 있는 사회가치가 작용하여 정치지도자에 대한 불신과 정치적 효능감의 결핍 현상이 나타나는 경우라고 볼 수 있다.

2. 직접적인 방법

직접적인 방법은 정치학습에 있어서 2단계 과정을 거치지 않고 개인이 직접적으로 정치에 대한 성향이나 견해를 형성하는 것이다.

(1) 모방(imitation)

모방은 가장 광범위하고 지속적인 사회학습 방법이다. 가치, 행태, 기능, 기대, 태도 등 많은 경우가 모방학습의 결과라고 볼 수 있다. 모방은 의식적이고 계획적인 노력과 또한 부지불식간에 이루어진다. 어린이들은 보고 들으면서 말하는 것과 걷는 방법은 물론 어른들의 가치나 행태 등을 배우게 된다.

모방에 의한 사회화는 ① 소집단 분석(small－group analysis) ② 준거집단이론(reference－group theory) ③ 상징적－상호작용론(symbolic－interaction theory) ④ 사회－조절기능(social－adjustment function) 등으로 설명이 가능하지만 근거리 정치가설(proximal political hypothesis)이 유용성을 더 많이 갖

는다고 볼 수 있다. 부모나 주위에 가까운 친인척 중에 정치가가 있다면 자녀들도 정치적 성향이 큰 경우를 대표적인 예로 들고 있다.

(2) 예견적 정치사회화(anticipatory political socialization)

모방과 유사한 정치사회화의 방법이라고 할 수 있다. 기대되는 역할을 미리 예상하고 거기에 합당한 정향을 준비함으로써 정치사회화가 이루어지는 것이다. 역할놀이와 같은 맥락에서 이해할 수 있다. 예컨대 사범대생이 교사와 똑같이 생각하고 행동한다든가, 의대생이 의사가 될 것을 기대하고 그들의 행태를 배우고 따르는 것과 같은 것이다. 정치적으로도 정치인이 되기를 희망하는 어린이가 정치인들의 언행이나 태도 등 미래의 정치인 모습을 그리면서 사회화되는 경우를 들 수 있다.

(3) 정치교육(political education)

정치교육은 의도적·계획적으로 특정한 정치적 정향을 전달하여 정치학습을 시키는 것이다. 모방이나 예견된 사회화와 같이 개인이 자동적으로 사회화되는 것이 아니라 사회화 기구나 사회화 담당자(socializer)가 의도적으로 정치사회화를 주도한다. 학교의 사회과 교육에서 민주시민교육을 통한 선량한 시민의 육성이 가장 대표적인 정치교육이라고 할 수 있다. 학교에서 각종 정치정보와 지식의 제공, 정치적 권리와 의무에 대한 교육, 준법정신, 납세, 재산의 보호, 타인의 권리, 국가에 대한 충성심, 애국심, 정치참여 등의 방법을 교육하는 것이 정치사회화의 한 방법이다.

(4) 정치경험(political experiences)

정치경험은 정치교육과 유사한 측면이 있지만 정치경험은 사회화 담당자가 의도적으로 사회화를 시키는 것이 아니라 당사자의 직접 경험을 통하여 사회화되는 것을 의미한다. 정치적 경험은 사회의 모든 분야에서 쉼 없이 이루어지고 있다. 정치적 경험이 정치사회화에 미치는 결과는 다양하다. 정치참여를 통하여 자신의 효능감을 지각할 수도 있고 오히려 정치적 소외나 무관심을 가져올 수도 있다. 정치적 경험은 그 나라의 정치문화가 어떤 유형이냐에 따라서 다르게 나타날 수 있다.

경험과 관련하여 정치사회화의 중요한 변수로 성격을 들고 있다. 정치사회화에 영향을 미치는 경험과 성격 중 어느 것이 독립변수냐 하는 것이다. 성격을 독립변수로 보았을 때 성격이 경험에 앞서 독자적·일방적으로 정치사회화에 영향을 미친다고 볼 수 있다. 그러나 성격을 종속변수로 보았을 때 성격형성이나 변화는 경험의 소산이기 때문에 정치사회화는 본질적으로 경험에 의하여 좌우된다고 볼 수 있다.

성격은 선천적으로 타고난 기질도 있으며 후천적인 경험을 통하여 새로운 성격이 형성되거나 변한다. 타고난 기질이 새로운 환경에 적응하면서 변하는 것은 사실이다. 정치사회화에 있어서 성격과 경험 중 어느 것이 먼저냐를 따지는 것은 의미가 없다. 분명한 것은 성격과 경험은 상호 영향을 주고받기 때문에 정치사회화는 성격과 경험에 의해서 이루어진다고 볼 수 있다.

제4절 정치사회화의 기구

정치사회화는 다양한 기구나 구조에 의하여 수행된다. 정치사회화의 기능을 담당하는 기구나 구조는 가정(family), 동료집단(peer group), 학교, 교회, 사회계급(social class), 종족집단(ethnic group), 직장(work place), 매스미디어 등 여러 가지가 있으나 가정, 동료집단, 학교, 직장, 매스미디어 등에 관하여 살펴보고자 한다.

1. 가정

가정은 의도적인 정치사회화 기구는 아니지만 개인이 접촉하는 최초의 사회화 매체라고 볼 수 있으며 그 영향력은 강력하고 지속적이다. 가장 대표적인 경우는 권위에 대한 태도의 형성이다. 특히 전통주의 사회는 대가족제도와 집안 내 위계질서가 강하게 확립되어 있어 권위적인 집안환경이 유지된다. 그런 경우 집안의 의사결정을 어린이의 입장에서는 권위적이라고 생각하게 된다. 또한 집안의 결정에 순응하지 않으면 처벌이나 제재가 가해진다. 부모의 결정에 복종한 경험은 정치적 복종자로서의 태도에 영향을 미친다.

반면에 평등한 가족관계를 유지하고 있는 민주적인 집안에서 자라면서 가정의 의사결정에 참여한 경험은 보다 참여적인 태도와 평등주의 가치를 갖게 된다. 또한 정치적 경쟁력을 증대시켜 주고 정치적 상호작용의 기술을 제공한다.

많은 연구 결과가 보여주는 것은 자식은 부모와 유사한 정치적 태도와 가치를 갖는다는 것이다. 부모와 자식 간 놀라울 정도의 일치성은 정당의 선호도, 인종이나 종교와 관련 있는 특정한 정책, 사회적 일체성 등의 경우에 발견된다. 가정이 중요한 정치정향의 전달자(transmitter)로서 중요한 역할을 한다.[14] 그러나 정치적 신뢰나 효능감은 부모와 자식 간에 상관성이 적은 것으로 나타났다. 이는 실질적인 정치경험이 없기 때문인 것으로 이해된다.[15]

산업화와 사회이동성의 증대, 도시화와 핵가족의 등장으로 부모와 자식 간의 유대관계가 희박해지는 경향이 있어 가정이 자녀들의 정치사회화에 미치는 영향은 줄어든다고 볼 수 있다. 가족성원 간에 상호접촉의 기회가 적고, 결속유대가 약하면 할수록 가정이 자녀의 정치사회화에 미치는 영향력은 줄어든다.

---

14) Dawson, Prewitt, and Dawson(1977), pp.119 - 125.
15) Almond and Powell(1978), p.89.

2. 동료집단(Peer Group)

자신과 동등한 사회적 지위와 직업적인 신분을 유지하면서 긴밀한 유대 관계를 맺고 있는 동료집단이 정치사회화에 영향을 준다. 의견과 정치적 선호도에 대한 연구에서 개인은 그들이 함께 오랫동안 같이 지내고 친밀한 관계를 유지하는 동료집단과 공통적인 의견을 갖는다고 밝히고 있다.16) 동료를 좋아할 때 동료와 닮아가려는 심리가 있어 동료와 똑같은 태도나 가치관을 갖게 되는 것은 일반적인 경향이다. 동료집단이 그 집단의 규범이나 행동 또는 타성원의 태도에 상합하는 행동을 요구함으로써 정치사회화에 크게 영향을 끼친다. 이러한 의미에서 동료집단은 준거집단(reference group)으로 기능한다. 일반적으로 개인은 자기와 가까운 동료나 친구의 의견이나 행동을 따르려는 경향이 강하다.17)

3. 학교

학교는 정치사회화에 있어서 가장 체계적으로 영향을 미치는 기구라고 할 수 있다. 학교는 조직적이고 중앙통제적이며 일사불란한 체계를 갖고 있기 때문에 어느 기구보다도 정치사회화에 많은 영향을 미친다. 학교는 (1) 공식적인 학과수업과 (2) 과외활동을 통하여 정치사회화 기능을 담당한다.18)

(1) 공식적인 학과수업

공식적인 학과수업과 관련된 정치사회화는 ① 교과과정(curriculum) ② 교실 내 의식생활(classroom ritual life) ③ 교사의 역할(teacher's role) 등을 통하여 이루어진다.

---

16) Dawson, Prewitt and Dawson(1977), pp.172 - 173.
17) 백완기, "정치사회화와 정치문화", 이영호 외, 『현대정치과정론』(서울: 법문사, 1988), p.84.
18) Dawson, Prewitt and Dawson(1977), pp.137 - 170.

교과과정상 국사, 문화, 도덕, 윤리, 사회과 등의 과목을 통하여 정치세계에 대한 지식과 자신의 역할, 정치제도, 정치관계, 정치적 가치와 태도, 공공의 의무, 책임, 윤리 도덕, 문화 등에 관하여 교육한다. 특히 사회과의 교육목표는 민주시민을 양성하는 데 두고 있기 때문에 시민교육(civic education)과 직접적인 관련이 있는 과목이다. 나라마다 차이는 있지만 국민윤리와 같은 국책과목을 필수로 이수토록 하여 국가관의 형성과 민족의식의 함양을 위한 정치적 교화(political indoctination)를 시키고 있는 경우도 있다.

학교는 조회, 종례 등의 행사와 공식적으로 국기에 대한 경례, 국가제창, 국경일 행사, 국가적 영웅에 대한 숭배 행사 등 의식활동을 통하여 국가에 대한 애국심, 충성심, 집단의식, 공동체 정신 등을 기른다. 이는 학생들에게 우리라는 공동체 의식(we‒feeling)을 배양하는 데 기여하고 있다.

학과 교육을 담당하고 있는 교사는 학생들의 정치사회화에 기여하고 있다. 교사는 가르치는 특별한 역할을 수행하는 과정에 학생들과 직접 접촉하는 위치에서 학생들을 정치사회화시키고 있다. 권위 있는 사회의 대변자 역을 수행하는 교사는 학생들이 접촉하는 첫 번째 공식적인 정치적 권위의 모형이라고 볼 수 있다. 교사는 경찰, 대통령과 같이 헌정질서를 유지하는 제도적인 유형(institutional pattern)의 한 부분이다. 학생들을 기르는 역할을 부여받은 교사는 개인적으로 가지고 있는 정치적 가치나 정치적 견해의 전달자로서, 학습문화(learning culture)의[19] 창조자(creator) · 조종자(manipulator)로서 학생들의 정치사회화 역할을 담당한다.

교사는 특별한 정치문제에 대하여 개인적으로 당파적인 가치(partisan values)와 견해를 가지고 있을 수 있으며, 또한 공식적인 교사로서 사회적으로 합의된 가치(consensus values)를 가지고 있다. 이러한 다양한 정치적 가치와 견해를 학생들에게 전달함으로써 학생들의 정치정향 형성에 이바지하

---

19) 학습문화는 수업시간에 학생들의 학습에 직간접으로 영향을 주는 분위기 또는 학생들이 부지불식간에 동화될 수 있도록 형성된 교실의 학습 환경이라고 이해할 수 있을 것이다. 예를 들면 토론이나 발표 수업에 있어서 학생들 간에 눈에 보이지 않는 경쟁분위기가 형성되어 경쟁심을 배우게 되는 분위기나 환경을 일컫는다. 교사는 이런 분위기를 만들고 조종하는 역할을 수행하고 있다.

고 있다. 또한 교사는 수업을 통해서 학생들에게 정치교육과 관련이 있는 학습문화를 창출하고 조종함으로써 학생들을 정치사회화시키고 있다. 학생들은 입학당시 제한된 사회적인 역할만을 수행할 수 있지만 교육을 통하여 다양한 역할을 담당할 수 있다는 기대와 자신감을 기르게 된다.[20] 학교 수업을 통하여 성취, 변화, 공정한 게임, 환경조종, 협력, 복종, 경쟁과 같은 태도를 교실의 문화로부터 형성하게 된다. 특히 경쟁과 복종이라는 태도는 정치적인 견해를 형성하는 데 중요한 파급효과(spillover effects)를 가져온다.

(2) 과외활동

학교는 다양한 사회경제적인 배경을 가진 학생들로 구성되어 있으며 공동생활을 통하여 이해와 협력의 사회성을 배우는 곳이다. 학생들은 수업 이외의 학생회 활동, 동아리 활동, 특별활동, 운동경기 등에 참여하여 집단행동의 규범, 자율적인 의사결정 방법, 인간관계의 형성, 협력과 경쟁의 논리, 자치능력, 회의진행 방법 등 정치참여와 관련된 경험을 축적할 기회를 갖게 된다. 특히 학생자치 기구 구성을 위한 선거를 통하여 학견발표, 선거관리, 투표참여, 당선자 결정, 학생회 구성 등 일련의 정치실습을 하는 기회를 갖게 된다. 정치인 중에는 학창 시절에 학생회 간부로 활동했던 경험을 가진 사람들이 많다. 이들은 학생자치 기구의 간부역을 맡은 경험을 토대로 정치지향적인 성향을 갖게 되었다고 볼 수 있을 것이다.

특히 대학생들의 경우 학생운동을 통한 현실참여는 정치사회화에 결정적인 요인으로 작용하고 있다. 민주정치가 발전되지 못한 나라에서 학생운동은 이념적으로 편향되고, 과격한 방법을 동원하기 때문에 사회적인 문제가 되고 있지만 한편으로는 민주발전에 많은 기여를 했다는 이중성을 보이고 있다.

---

20) Talcott Parsons, "The School Class as a Social System", *Harvard Educational Review*, No.14(1959), pp.297 – 318.

(3) 교육과 정치사회화

정치와 교육과의 관계에 대하여 많은 사람들이 관심을 가지고 있다. 많은 연구 결과는 교육수준은 사회경제적인 배경의 중요한 변수로 정치정향과 깊은 상관성이 있음을 부여주고 있다. 키이(V. O. Key)는 교육이 어떻게 정치적인 견해에 영향을 미치는가에 대한 미국의 연구결과를 다음과 같이 요약하고 있다.[21]

① 교육을 잘 받는 사람은 그렇지 않은 사람보다 정치참여에 있어서 강한 의무감을 갖는다.

② 많은 교육을 받은 사람은 정치과정에 영향을 미칠 수 있다고 느끼고 있으며, 정치권력에 접근할 통로가 열려 있다고 생각한다.

③ 교육을 잘 받은 사람은 정치문제에 많은 관심을 가지고 있으며 깊이 관여하고 있다

④ 교육은 투표, 선거운동, 정당활동, 정치자금 헌금 등과 같은 정치활동과 밀접한 상관관계가 있다.

초국가적(cross – national) 연구결과도 교육을 많이 받은 사람과 그렇시 않은 사람 간에 차이가 있음을 보여주고 있다.[22] 교육을 많이 받은 사람은 덜 받은 사람보다

① 정부가 개인에게 영향을 미친다는 것을 더 잘 알고 있다.

② 선거운동과 정치에 더 많은 관심을 가지고 있다.

③ 더 많은 정치정보를 가지고 있다.

④ 정치문제에 폭넓은 견해를 가지고 있다.

⑤ 정치토론에 더 많이 참여한다.

⑥ 정치문제에 대하여 다양한 사람들과 부담 없이 토론한다.

⑦ 정부에 더 많은 영향력을 행사할 수 있다고 생각한다.

---

21) V. O. Key, Jr., *Public Opinion and American Democracy*(New York: Knopf, 1961), pp.323 – 331.

22) Almond and Verba(1972), pp.380 – 381.

⑧ 조직의 회원권이 많고 보다 적극적으로 조직활동을 한다.

⑨ 사회환경에 대한 자신감을 갖고, 타인을 보다 신뢰하며, 타인이 자신에게 도움이 된다고 믿는다.

4. 직장

직장과 공적·사적 조직은 정보와 신념이 상호 소통되는 중요한 통로역할을 담당하고 있다. 특히 성인에게 있어서 직장은 사회생활의 터전을 마련해 주는 중요한 환경변수 중의 하나다. 직장은 개인에게 사회적인 신분을 유지시켜 주고 개인의 성취를 이룩하는 좋은 기회를 제공한다. 성인의 하루일과는 직장에서 동료와 상사, 부하, 그리고 이해관계가 있는 타 직장인과의 상호작용으로 구성된다. 때문에 직장 내부는 물론 외부와의 끊임없는 의사소통이 이루어지게 된다.

인켈에스와 스미스(Inkeles and Smith)의 초국가적(cross‒national) 연구에서 국가적 쟁점과 지도자에 대한 정보, 새로운 경험에의 개방, 기술적 능력의 인식, 사회변화에 대응, 개인적·정치적 효능감을 포함한 최신의 태도(modern attitudes) 발전에서 직장이 학교교육 다음으로 영향을 많이 미친다는 결과를 보여준다.[23]

직장에서는 정치정향 형성과 관련된 많은 정보를 얻을 뿐만 아니라 직장의 규범, 상사나 부하 간의 위계질서, 노조활동을 통한 집단행동과 노사 간의 협상, 동료 및 유사직장과의 경쟁 등은 정치사회화의 준거로서 작용할 수 있다. 일부이긴 하지만 선거 때 직장에서 모의투표를 실시하거나 어느 후보가 왜 당선되어야 하는지 활발한 토론을 통한 경험도 정치사회화에 직접적인 영향을 주는 요인이라고 볼 수 있다.

---

23) Alex Inkeles and David H. Smith, *Becoming Modern: Individual Change in Six Developing Countries* (Cambridge: Harvard University Press, 1974), Table Ⅱ. 6.

5. 대중매체

대중매체는 정치정향의 형성자(shaper)로서 중요한 역할을 수행하고 있다. 신문, 라디오, TV, 잡지, 인터넷 그리고 기타 대중매체는 지식정보화 사회를 맞이하여 정치사회화에 그 어느 때보다도 막강한 영향력을 행사하고 있다. 현대는 컴퓨터를 비롯한 정보통신기술(ICT)의 혁명적인 발달로 정보의 전달량이 폭발적으로 증가하고 정보의 유통시간 단축으로 신속한 정보가 전달되어 정보의 홍수 속에 파묻혀 살게 되었다. 제3의 물결인 정보화 사회가 정착되면서 대중매체는 정치정향의 형성과 관련된 엄청난 정치정보를 수시로 전달하고 있다. 특히 인터넷은 정치사회화의 주요한 기제로 등장하였다.

매일 매일의 정치적 쟁점과 국민적 관심사가 보도되어 사람들은 원하든 원하지 않든 이들이 제공하는 정보에 노출될 수밖에 없는 상황이 되었다. 시시각각 변하는 국민의 여론에 대한 동향, 정당 활동, 국가지도자의 동정, 정부정책의 문제점 등을 소상하게 보도하기 때문에 적극적인 자세를 취하든 그렇지 않든 자동적으로 정치학습이 이루어지게 되었다.

예를 들면 어린이들은 TV의 폭력물을 시청하면서 난폭하고 공격적인 성향을 갖게 될 수 있으며, 연속극에 나오는 불륜장면을 시청하면서 역겨워한다든가, 선량한 시민의 선행과 관련된 보도를 통하여 긍정적인 사회가치를 배울 수 있다. 성인들은 대중매체가 제공하는 새로운 정치정보나 문제점을 접함으로써 정책이나 지도자에 대한 입장을 재정립하게 된다.

성인들의 정치적 판단과 선택에는 대중매체가 제공하는 정보가 중요한 역할을 하게 된다. 특히 매체선거의 위력이 점차 확대되는 추세에서 선거 때 후보 간의 TV토론이나 정치광고를 시청하고 후보선택을 결심하게 된다. 또한 정부여당은 정부의 업적을 홍보하고, 야당은 집권당의 국정운영 실패를 비판하는 데 모두가 파급효과의 위력이 큰 대중매체를 활용하고 있다. 대중매체의 정치정향 형성에 기여하는 역할이 나날이 커져가고 있다.

그러나 대중매체가 정치사회화를 잘못된 방향으로 유도할 우려가 있다. 정치 이외의 스포츠나 오락에 대한 과잉보도로 정치적 무관심의 조장, 흥미 위주의 선정적인 저질보도, 객관성을 상실한 편파 보도, 사실을 외면한 허위·과장·추측보도, 단발성 보도, 권력과 언론, 재벌과 언론의 유착에 따른 왜곡보도, 여론의 잘못 전달, 그릇된 보도, 일방적인 보도 등으로 엉뚱한 방향으로 정치사회화를 이끌 수 있다.

또한 대중매체는 인지적 차원의 정치정향에만 영향을 미칠 뿐 본질적인 정치정향을 바꾸는 데는 미흡한 측면이 있다. 그 이유는 몇 가지가 있다.

① 대중매체가 제공하는 정보는 정치적 지식이나 안목을 넓혀줄 수 있으나 지속적이고 일관성 있는 메시지가 전달되지 않으면 근본적인 정치정향에 큰 변화를 기대하기 어렵다.[24]

② 사람들은 자신들의 선호나 자신들의 견해와 일치하거나 평소의 관심사를 반영하는 보도내용에 더 많은 관심을 보이는 성향이 있기 때문에 기존의 정향(existing orientation)을 강화하는 방향으로 사회화가 이루어진다.[25]

③ 대중매체가 제공하는 정보는 대부분 자체에서 최초로 생산한 것이라기보다 출처가 정치권이기 때문에 취재내용의 단순한 중계에 국한되는 경향이 있어 매스미디어는 직접적으로 대중에게 영향을 행사하는 것이 아니다.[26]

④ 대중매체의 보도는 두 단계 유통(two-step flow) 과정을 거치기 때문이다. 언론의 주요 기사는 여론주도층 인사들에 의해서 평가되고, 재해석·변형되는 경우가 많은데 이들은 자신들과 사회경제적 배경이

---

24) Almond and Powell(1978), p.96.

25) Dawson, Prewitt and Dawson(1977), p.197.
   예를 들면 구독할 신문을 선택하는 데 있어서 자신의 선호와 비슷한 보도 자세를 보이는 신문을 고르는 것이 자신이 가지고 있는 기존의 정향을 변화하기보다는 강화하는 방향으로 사회화가 이루어질 수 있는 가능성이 있다. 특정한 신문을 오래 구독하면 그 신문의 논조와 비슷한 견해를 가지게 되는 경우가 있다.

26) Ibid., p.195.
   물론 이러한 지적에 대하여 수긍이 가기도 하지만 그렇지 않은 부분도 상당히 있다. 신문이 단순한 소식의 전달자나 중계자가 아니라 중요한 쟁점에 대하여 해설을 곁들이고 또한 신문사의 입장을 반영하는 경우가 많다.

비슷한 동료집단의 입장에 동조하는 경향이 있을 수 있다.[27]

제5절 정치사회화와 정치적 인간

정치사회화가 개인에게 어떤 의미가 있는가? 정치사회화를 통하여 개인은 어떤 정향을 얻게 되는가? 정치사회화의 결과가 어떤 모습으로 나타나는가? 정치적 자아의 형성(political-in-self), 엘리트와 대중의 역할 사회화 그리고 정치적 인간의 유형에 관하여 살펴보고자 한다.

1. 정치적 자아

정치활동의 주체는 개인인 정치적 자아(political-in-self)라고 볼 수 있다.[28] 개인은 정치사회화를 통하여 특별한 정치정향을 얻는다. 개인은 정치사회화 기구와의 상호작용을 통하여 정치세계에 대한 지식·감정·평가와 같은 정치정향을 획득하게 된다.

정치활동의 주체인 개인이 과연 어떠한 정치적 자아를 형성하게 되는가? 정치적 자아는 자기 자신의 정치적 역할을 포함하여 정치세계에 대한 정향의 총체(entire complex of orientation)라고 할 수 있다.

개인의 정치정향은 ① 정치체제의 유형과 운영 ② 개인이 다른 사람이나 집단과 가졌던 경험과 관계의 형태 ③ 개인의 필요와 능력 등 세 가지 요인이 상호작용하여 발전된다.

개인의 정치적 자아는 민족주의, 애국심, 자기종족에 대한 충성심과 같은 애착(attachments), 특정한 정파, 정치집단, 사회집단과의 일체감, 이념적인

---

27) Ibid., p.196.
28) Ibid., pp.33-47.

위치, 특정 정치쟁점, 정치적 인물, 정치적 사건, 정책에 대한 평가와 태도, 정치세계에서 자신의 권리, 책임, 지위에 대한 자기영상(self‑image), 정치제도, 정치역할, 정치과정과 같은 정치구조와 절차에 대한 지식과 평가로 구성된다.

정치사회화 과정을 통하여 개인은 정치적 자아로 발전한다. 그러나 모든 개인이 정치적 자아로 발전되지는 않는다. 개인이 정치사회화를 통하여 정치적으로 성숙한 사람이 되는 것이 아니기 때문이다.

2. 엘리트와 대중의 역할 사회화

정치엘리트와 대중은 다른 정치적 태도를 가지고 있다는 것이 일반적인 현상이다.[29] 정치엘리트와 대중 간에 정치적 태도에 차이가 있는 것은 두 가지 입장에서 이해할 수 있다.

첫째, 엘리트로 충원되는 사람들은 처음부터 다른 태도와 동기를 가지고 있다. 엘리트의 충원은 국민 중에서 무작위로 차출되는 것이 아니라 일정한 충원구조와 기회를 통하여 충원되기 때문에 대중과 처음부터 다른 성향이나 기질을 갖고 있다고 볼 수 있다.

둘째, 엘리트의 역할을 수행하면서 다른 정치적 정향을 갖게 된다. 특정한 정치적 기능을 수행하면서 역할 사회화(role socialization)가 이루어진다. 충원 후의 직책과 역할, 수습, 직무교육, 보수교육 등의 다양한 경험을 통하여 특정한 역할이 요구하는 사회화가 이루어진다.[30]

---

29) 한국인의 민주정치의식을 대중과 엘리트를 구분하여 설문조사를 실시한 결과 민주주의의 제도적 측면, 실천적 측면, 민주적 생활습관 등에서 차이가 있음을 보여주고 있다. 박동서・김광웅, 『한국인의 민주정치의식: 대중과 엘리트』(서울: 서울대학교출판부, 1987) 참조.

30) Almond and Powell(1978), pp.102‑103.

3. 정치적 인간의 유형

정치사회화가 개인에게 어떤 의미가 있는가? 정치사회화를 통하여 개인은 어떤 정향을 얻게 되는가? 정치사회화의 결과가 어떤 모습으로 나타나는가? 정치적 자아의 형성, 엘리트와 대중의 역할 사회화, 정치적 인간의 유형은 관심사가 아닐 수 없다. 인간의 행태에 영향을 주는 요소는 내적으로 성격, 개성, 희망, 욕구, 경험 등과 외적으로 환경, 문화, 사회화, 제도, 관습 등의 요소가 상호 복합적으로 작용한다. 사회화에 비중을 두는 입장에서는 성격보다는 경험의 중요성을 강조한다. 물론 인간이 정치적인 행태를 보이는 것을 사회화만으로 설명할 수는 없을 것이다.

정치사회화와 관련하여 정치적 인간의 유형을 <그림 3 - 2>와 같이 ① 권력자(the powerful) ② 권력추구자(the power seeker) ③ 정치적 관심층(the political stratum) ④ 정치적 무관심층(the apolitical stratum) 등으로 분류한다.[31]

〈그림 3-2〉 정치적 인간의 유형

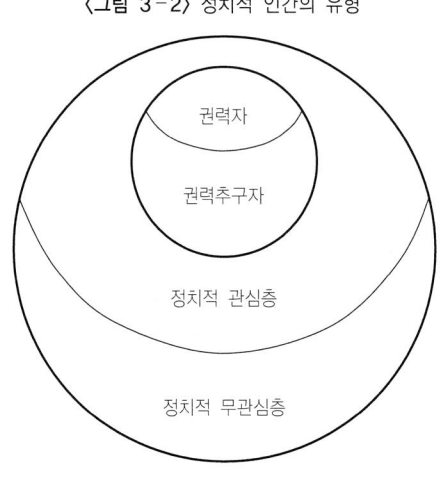

출처: Dahl(1991), p.91.

---

31) Dahl(1991), pp.96 - 117.

(1) 권력자

권력자는 실제로 정치권력을 획득한 소수의 사람을 의미한다. 권력추구자는 많지만 실질적으로 정치권력을 획득한 사람들은 많지 않다. 그 많은 권력추구자 중에서 어떤 사람들이 권력자가 되는가? 어떤 사람들이 치열한 권력투쟁에서 승리할 수 있는가? 한마디로 정치적 자원(political resources)을 최대한 효율적으로 활용한 사람들이라고 볼 수 있다. 정치적 자원은 정치자금, 조직, 정치정보, 상황판단 등이 있는데 권력자는 이러한 정치적 자원을 유효적절하게 활용하여 국민의 지지를 성공적으로 이끌어 낸 사람들이라고 할 수 있다. 또한 이들은 뛰어난 인물, 다양한 경력, 명석한 두뇌, 확고한 정치적 신념과 뚜렷한 소신, 탁월한 리더십 등을 골고루 갖춘 사람들이라고 볼 수 있다.

그러나 몇 가지 의문점이 제기된다. 정치권력을 획득한 사람들을 그 시대, 그 사회가 배출한 가장 똑똑하고 유능한 인물이라고 평가할 수 있을까? 과연 그 시대를 대표하는 인물이라고 할 수 있을까? 국민은 항상 가장 합리적이고 최선의 선택을 하는가? 선거과정이 언제나 공명정대하게 진행되는가? 권력자의 유형이 다양하고 선거과정에 작용하는 요인이 너무 많기 때문에 권력자가 되는 유형을 일반화하기는 쉬운 일이 아니다.

(2) 권력추구자

정치권력추구자는 정치권력에 도전하는 사람들이라고 볼 수 있다. 이들은 정치적 야망을 가지고 정치에 입문하여 정치권력 투쟁에 직접 뛰어든 사람들이다. 선거에 출마하여 국민의 지지를 받기 위해서 노력하는 후보들, 기회만 있으면 정치권력에 도전하기 위해서 차기를 준비하는 예비후보들이 여기에 해당된다.

그러면 왜 사람들은 정치권력을 추구하고 또 어떤 사람들이 권력추구자가 되는가? 한마디로 사회의 어느 가치보다도 권력가치를 가장 소중하게 생각하는 사람들이라고 볼 수 있다.

다알(R. A. Dahl)은 권력추구 동기를 다음과 같이 제시하였다.[32]

① 집합적인 선(collective good)을 추구한다는 명분을 내세운다. 정치권력 추구 동기를 국가와 민족, 그리고 지역구민을 위해서라는 공익에 두는 것이다. 국민의 자유, 안전, 평등, 복지, 사회정의, 정치발전, 민주화, 군정청산, 경제발전, 남북통일, 국민통합, 지역갈등 해소, 위기관리, 경제회생, 산업화, 역사 바로 세우기, 제2의 건국, 국가와 민족의 미래 등 거창한 명분을 앞세운다.[33]

② 자기이익(self–interest)을 충족시키기 위해서 정치권력을 추구한다. 예컨대 자기가 소유하고 있는 기업을 살리기 위한 수단으로, 출세를 위한 방법으로, 개인의 명예를 위해서, 집안의 정치적 대를 잇기 위해서 등등 다양한 사적 동기가 권력을 추구하게 한다.

③ 무의식적인 동기에서 권력을 추구한다. 유아 시절에 심리적 박탈감이나 자기에 대한 낮은 평가(low estimate of self)나 비하를 경험했거나 사랑이 결핍된 사람, 자아가 결여된 사람은 이를 보상하려는 심리가 무의식 속에 자리하고 있어 정치권력을 추구한다는 것이다.[34] 권력에 굶주린 사람(power hungry)도 무의식적인 동기와 관련이 있다고 볼 수 있다.

(3) 정치적 관심층

정치적 관심층은 정치과정에 적극적으로 참여하는 사람들로 다음과 같은 생각을 가지고 있다.[35]

① 정치로부터 얻는 보상의 가치가 크다.

---

32) Ibid., p.101.

33) 라스웰은 정치적 인간(P: political man)은 사적 동기(p: private motives)를 공적인 대상으로 전위시켜(d: displaced on public objects), 공공의 이익이란 명분으로 합리화(r: rationalized in terms of public interests)시킨다고 주장하였다. 이것을 p|d|r＝P 등식으로 설명하였다. Lasswell(1948), p.38.

34) 라스웰(H. D. Lasswell)은 권력은 자기 자신의 낮은 평가에 대한 보상의 수단이 되기 때문이라고 주장하였다. "Power is expected to overcome low estimates of the self." Lasswell(1948), p.39.

35) Dahl(1991), p.101.

② 선택의 대안이 중요하다.

③ 결과를 변화시킬 수 있다는 자신감을 가지고 있다.

④ 참여하지 않으면 결과가 불만족스럽다고 생각한다.

⑤ 문제가 되고 있는 쟁점에 대한 지식과 기술을 가지고 있다.

⑥ 참여과정의 장애를 극복할 수 있다.

(4) 정치적 무관심층

정치적 무관심층은 정치에 대하여 별다른 관심을 보이지 않는 사람들이며 정치적 관심층과 반대되는 이유 때문에 생긴다고 볼 수 있다.[36] 정치적 무관심층을 라스웰(H. D. Lasswell)과 카프란(A. Kaplan)은 ① 권력의 세계에 한 번 참여한 경험에 비추어 권력과 권력과정에 환멸을 느끼는 탈정치적(depolitical) 태도, ② 권력 이외의 다른 가치에 관심을 갖는 무정치적(apolitical) 태도, ③ 자신이 집착하는 가치가 본질적으로 정치와 맞지 않는다는 반정치적(antipolitical) 태도 등으로 세분하였다.[37]

① 정치에 관여하여 얻는 것보다 정치 이외의 활동에서 얻는 보상이 더크다.

② 관여하든 않든 결과는 대동소이하다.

③ 정치에 관여해도 자신이 행사할 수 있는 영향력에 한계가 있다.

④ 관여하든 않든 결과가 만족스럽다고 판단한다.

⑤ 정치지식이 부족하다.

⑥ 정치참여에 여러 가지 장애가 있다.

다른 한편 정치적 무관심을 조장시키는 요인으로 ① 정치과정의 거대화와 복잡화 ② 비인격적 기구 속에서의 분업에 따르는 심신의 피로와 정신의 수동화 ③ 매스컴의 마취적 기능과 각종 소비문화의 비정치적 역할 ④

---

36) Ibid., p.97.

37) Lasswell and Kaplan(1950), p.146.

번영된 사회생활 ⑤ 생에 대한 절망감과 신념체계의 파괴를 가져오게 하는 아노미(anomie)와 소외 때문이라고 설명하고 있다. 그리고 정치적 무관심은 ① 정상배의 난무 기회 허용 ② 정치적 부패 ③ 민주주의의 반동화 등 역기능을 초래한다고 한다.[38]

제6절 맺는 말

개인이 정치세계에 대한 정향을 형성하는 데 정치사회화는 중요한 역할을 수행한다. 전통적으로 정치사회화는 사회와 그 제도가 쓸모 있다는 객관적인 기능(objective function)에 관심을 가져왔지만 이제는 개인의 심리적·사회적 발전에 유용한 주관적인 기능(subjective function)으로 관심의 초점을 돌려야 할 것이다. 객관적인 기능을 강조하는 입장에서는 정치사회화의 쟁점, 대상, 심리과정(mechanisms), 구조, 기구, 인간발달과정 등에 관심을 기울였으나 정치사회화의 특별한 내용, 사회학습의 차이, 언어, 도덕성, 자유의지, 가치, 자각(self‒conception), 양심, 합리적 사고와 같은 인간본성의 발달과정에 대하여 무관심하였다.[39]

정치사회화를 보다 적극적으로 활용하기 위해서 주관적인 기능을 강조해야 할 것이며, 나아가 미래사회를 위한 정치사회화에도 관심을 가져야 할 것이다. 특히 미래사회가 요구하는 민주시민상을 확립하는 데 정치교육을 활용해야 할 것이다. 제도적인 민주발전의 한계를 극복하기 위해서는 의도적이고 계획적인 민주시민교육을 정치사회화라는 큰 틀 속에서 실시해야 할 것이다.

그러나 정치사회화 이론은 보수적인 편견(conservative bias) 때문에 변화보

---

38) 이극찬(2004), pp.317‒332.

39) Gordon J. Direnzo, "Socialization for Citizenship in Modern Democracy", in Orit Ichilov, (ed.), *Political Socialization, Citizenship Education, and Democracy*(New York: Teachers College Press, Columbia University, 1990), pp.25‒26.

다는 원형유지(pattern maintenance) 과정을 조명하는 데 적합하다.[40] 정치사회화는 본질적으로 사람들에게 그들이 태어난 정치체제를 사랑하게 하는 현상유지의 보수적인 과정이다.[41] 정치사회화는 기존의 정향을 세대에서 세대로 전수한다는 시각에서 변화에 대한 역할이 부족하고 또한 정치사회화에 대한 조사 자료를 행태의 예측에 활용하는 것이 불가능하다.

정치정향이 모든 세대가 다 똑같을 수 없으며 많은 차이를 보이는 것은 사실이지만 정치사회화가 보수적인 성향이 있는 것은 인정한다. 정치사회화는 현상유지와 정치안정을 꾀하는 데 중요한 변인으로 작용하기 때문에 정치변동에 부정적이다. 예를 들면 민주주의가 발전되지 않은 나라에서 정치사회화는 민주정치의식을 기르기보다는 기존의 비민주적인 행태를 세대에서 세대로 전수하기 때문에 민주정치 의식의 향상은 더디게 진행된다. 민주정치가 발전하려면 제도를 민주주의 이념과 원리에 입각하여 정비하고, 그리고 제도를 운영하는 엘리트와 대중의 정치의식과 행태가 민주적으로 바뀌지 않으면 절름발이가 될 수밖에 없다.

민주발전에 필수적인 개인의 정치의식을 민주적인 정향과 행태로 변화시키려면 의도적인 정치사회화가 추진되어야 한다. 정치사회화의 주요 구조인 학교 교육이나 대중매체를 민주시민성을 향상시키는 데 활용해야 할 것이다. 학교의 사회과 교육을 보다 실용적인 민주시민교육 과목으로 과감하게 변혁해야 할 것이다. 그리고 대중매체가 미치는 정치사회화의 역할이 크기 때문에 사회의 공기로서 민주시민교육에 참여할 수 있는 다각적인 방법을 연구해야 할 것이다.

X세대, N세대, W(World Cup)세대, P(Participation, Passion, Potential)세대, 386세대, 영상세대, 비폰(BP)세대로 일컬어지는 신세대의 의식은 기성세대와 엄청난 차이를 보이고 있음을 알 수 있다. 이는 결국 청소년의 사회화에

---

40) Fred I. Greenstein, "A Note on the Ambiguity of Political Socialization: Definitions, Criticisms, and Strategies of Inquiry", in Louis J. Cantori and Andrew H. Ziegler, Jr., (ed.), *Comparative Politics in the Post-Behavioral Era*(Boulder, Colorado: Lynne Reinner Publishers, 1988), p.192.

41) Roberta S. Sigel, "Assumption About the Learning of Political Values", *Annals*, No.361 (September 1965), pp.7 - 8.

인터넷과 다양한 대중매체가 주도적인 역할을 수행한 결과라고 보이기 때문에 그들을 민주시민교육에 활용할 수 있는 방법을 찾아야 할 것이다. 지식정보화 사회의 정보통신기술의 발달은 대중매체로 하여금 어느 사회화 기구보다도 가장 신속하고 광범위하게 전 국민을 상대로 다양한 정보와 지식을 전달하여 감정이입(empathy)을 통한 심리적 유동성을 촉진시킬 수 있으며, 이동성향(mobile personality)을 증대시킬 수 있다. 매체정치(media politics)와 전자정치 시대를 맞이하여 대중매체와 정보통신기술은 단시간에 전 국민을 상대로 정치사회화를 효율적으로 시킬 수 있는 장점이 있기 때문에 적극적으로 활용한다면 큰 성과가 있을 것이다.

제4장 정치문화론

제1절 정치문화의 의의

1. 정치문화의 지적 역사

정치문화에 대한 지적 역사((intellectual history)는 상당히 오래되었다.[1] 플라톤(Platon)은 『공화국』(Republic)에서 인간의 성향이 다양한 만큼 정부의 유형도 다양하다고 하면서 인간의 가치와 태도가 우선이고 사회화는 그 다음이라고 정치문화의 중요성을 강조하고 있다.

아리스토텔레스는 플라톤보다 더 근대적이고 과학적인 정치문화론자라고 볼 수 있다. 그는 『정치학』에서 정치문화변수와 사회계층변수, 정치문화와 정치구조 및 정치적 업적(political performance) 변수 간의 관계를 다루었다. 그리고 우리가 도달할 수 있는 최선의 정부형태는 부자와 귀족 그리고 가난한 사람들로 대표되는 과두제와 민주제의 원칙에 따른 혼합정부(mixed government)로서 중산층이 지배적인 역할을 하는 정부라고 강조하였다. 여기에서 주목해야 할 것은 중산층이 바로 시민문화와 깊은 관련이 있는 부분이다.

마키아벨리(Machiavelli)도 『담론』(The Discourse)에서 도덕가치, 일체감, 정치적 강약, 융성과 쇠퇴에 있어서 정치문화 변수의 중요성을 인식하고 있었다.

---

[1] 정치문화의 지적인 역사에 대하여 다음을 참고하였음. Gabriel A. Almond, "The Intellectual History of the Civic Culture Concept" in G. A. Almond and Sidney Verba, *The Civic Culture Revisited*(Boston: Little Brown and Company, 1980), pp.1 - 36.

몽테스키외(Montesquieu)는 로마의 역사를 정치문화와 관련하여 이해하고 있다. 로마 공화정의 승리는 종교, 군사 정복의 끊임없는 추구, 귀족과 평민 사이의 강렬한 반목 등으로 조성된 애국열정에 있는 반면, 로마제국의 멸망은 로마시민권을 이질적인 이탈리아인과 비이탈리아인에게 개방한 것과 정복자, 인권운동자, 넓은 지역 간의 교역, 낯선 문화와 종교라는 단순한 덕목만이 압도했기 때문이라고 분석하고 있다. 그는 프랑스 문화와 사회를 논한 『페르시아인의 편지』(Persian Letter)와 『법의 정신』(Sprit of Laws)에서 민족의 역사, 정치제도와 과정을 설명하는 데 사회학적·인류학적·사회 심리학적 접근법을 활용하였다.

몽테스키외의 영향을 받은 루소(J. J. Rousseau)는 공공정책과 국가의 입법에 도덕, 관습, 여론과 같은 정치문화와 사회화의 중요성을 강조하였다. 몽테스키외는 토크빌(Tocqueville)에게 많은 영향을 주었다. 토크빌은 몽테스키외가 정치체제와 입법체제는 지역민의 성향과 지역사정에 따라서 다르다는 것을 보여준 권위자라고 인정하면서 『미국 민주주의』(Democracy in America)를 분석하는 데 정치태도, 관습, 습관, 하위 정치문화에 관심을 가졌다.

정치문화의 중요성에 대한 논의가 시작된 지 꽤 오래되었지만 1960년대부터 갑자기 정치학에서 가장 인기 있고, 논쟁적이며, 매력 있는 개념의 하나로 등장하게 된 원인은 어디에 있을까? 정치문화의 지적인 흐름(intelle-ctual stream)은 ① 계몽주의와 자유주의 ② 유럽의 사회학 ③ 사회심리학 ④ 인류심리학 등의 영향을 받았다.

(1) 계몽주의와 자유주의의 영향

정치발전과 정치문화와 관련하여 계몽주의와 자유주의에 대한 기대의 실패, 19-20세기의 사회학이론의 발전, 세계 제2차 대전 이후의 사회과학방법론의 발전이 정치문화의 중요성을 강조하는 계기를 마련하였다.

정치발전에 관한 19-20세기의 계몽주의와 자유주의 이론은 본질적으로 정치문화와 정치사회화에 있었다. 자연권 사상이나 공리주의나 계몽주의 정치이론은 정치제도나 입법제도가 양도할 수 없는 권리의 향유자, 고통회피와 쾌락 추구자, 지식의 창조자·전달자·소비자인 인간의 본성으로부터 연유한다는 것을 정당화하는 심리적 정치이론이라고 볼 수 있다. 과학과 세속적인 지식의 확산은 국가의 부와 복지를 증대시켰고, 정부조직, 법, 민주화의 합리화를 주도하였으며 산업혁명, 정치개혁의 원동력이 되었다.

그러나 변증법적인 역사발전을 주장하는 마르크시스트의 등장과 볼셰비키 혁명, 파시즘(Fascism)과 나치즘(Nazism)의 등장으로 자유주의가 도전을 받았으며, 또한 모스카(Gaetano Mosca), 파레토(Vilfredo Pareto), 미헬스(Roberto Michels) 등 엘리트론자의 등장으로 자유주의자와 마르크시스트가 동시에 공격을 받았다.

자유주의 정치발전은 주로 권력의 분산, 선거제도, 정당체제, 입법체계 및 가정, 관료조직, 사법구조 및 절차 등 제도적인 측면만을 강조하였다. 정치에 있어서 중요한 투표권의 확대, 대의정부, 합리적 과정을 통한 정치적 의사결정, 법의 합리적이고 효율적인 집행, 강제력에 대항한 권리의 보호 등 대중과 집단의 특성, 성향에 대하여 별다른 설명을 보여주지 못하였다.

(2) 유럽 사회학의 영향

19세기 사회학은 정치·사회현상을 설명하는 데 주관적인 변수의(subjective variables) 중요성을 인식하였다. 사이몬(Henri de Saint-Simon)은 사회발전에 도달하고 사회안정을 유지하는 데 경제변수보다는 이념적·종교적 태도가 더욱 중요하다는 것을 강조하게 되었다. 콩트(Auguste Comte)는 사회를 본질적으로 '공통적인 도덕관념(common moral idea)의 체계'로 보았으며, 마르크스(Karl Marx)는 혁명과정에서 이념을 부르주아의 중요한 무기로, 뒤르켐(Emile Durkheim)은 사회적 결속(social solidarity)을 '집단적 양심(conscience collective)' 또는 '사회구성원들에 의하여 공유된 가치·신념·감정체계'라고 보았다.

막스 베버(Max Weber)는 사회학을 '감정이입 과학'(empathic science)이라고 하면서 태도, 감정, 가치를 중요한 설명변수로 취급하였다. 베버가 정치권위의 기초를 전통적, 카리스마적, 합리적 – 합법적인 유형으로 분류한 것을 예로 들 수 있다. 베버의 원리를 가장 잘 해석한 파슨스(Talcott Parsons)도 사회행동의 정향을 인지적(cognitive) · 감정적(affective) · 평가적(evaluative)인 것으로 분류하였다.

(3) 사회심리학의 영향

20세기 초에 나타난 사회적 · 정치적 재난을 설명하기 위해서 사회학자와 심리학자들에 의하여 사회심리학이 등장하였다. 사회심리학은 그 당시에 발생했던 세계 제1차 대전, 볼셰비키 혁명, 경제공항, 파시즘과 민족사회주의 등장, 인종갈등과 같은 재난을 설명하기 위한 노력의 하나로 발전하게 되었다. 사회심리학자들은 개인의 행동과 태도가 다른 사람이나 집단의 출현과 영향(impact)에 어떻게, 그리고 왜 작용하는가를 설명 · 이해하려고 하였다. 사회심리학자들의 분석 단위는 본능(instinct), 습관, 감상(sentiment), 태도 등에 있있다.

사회심리학의 대표적인 연구로 세계 제2차 대전의 문제점과 쟁점을 분석한 『권위주의적인 성격』(The Authoritarian Personality)과 『미군』(The American Soldier)을 들 수 있다.[2] 전자는 종족과 인종 간의 편견을 사회학, 심리학, 정신분석학 등을 동원하여 분석하였고, 후자는 군인의 태도와 행위에 미치는 의사전달의 효과와 군의 사기(military morale) 문제를 사회심리학적 방법을 활용한 최초의 연구라고 볼 수 있다.

또한 세계 제2차 대전 이후 투표행태에 대하여 인구학적 특성, 태도유형, 커뮤니케이션 노출 등과 관련한 조사연구와 정치행태와 인구학적 배경변수

---

2) T. W. Adorno, Elsa Frenkel – Brunswik, Nevitt Sanford, and Daniel Levinson, *The American Personality*(New York: Harper & Row, 1950); Samuel Stouffer(ed.), *The Americal Soldier*, Vol.1 and 2(Princeton: Princeton University Press, 1949); Carl J. Holvand(ed.), *Experiments in Mass Communication*(Princeton: Princeton University Press, 1949).

간의 상관관계에 대한 연구가 진행되었다.

(4) 인류심리학의 영향

프로이트(Freud)의 영향을 받은 인류학, 정신생물학, 정신병리학, 인류심리학 등이 1920 – 1930년대 정신분석학으로 통합되어 라스웰(Harold Lasswell)과 같은 학자에 의하여 사회과학에 도입되었으며, 문화심리학으로 발전하였다. 문화심리학은 어린이의 사회화 유형, 무의식적인 동기, 심리과정 등에서 정치문화적인 요인을 설명하였다.

또한 세계 제2차 대전 후 전쟁과 관련하여 독일, 러시아, 미국, 프랑스, 일본과 같은 주요 국가의 행태를 심리적 방법으로 설명하였다. 그러나 큰 나라의 정치나 정책, 가정의 권위, 종족사회나 소집단의 동질성 등을 설명하는 데 리비도 이론(libido theory)은 한계를 드러냈다. 그 후 사회화의 범위를 리비도 단계에서 문화적 성향(cultural propensities)에 영향을 주는 요인으로서 성인의 경험을 포함하는 생의 모든 단계로 확대시키는 연구가 진행되었으며, 준통계적 개념의 등장, 그리고 대규모 사회에서의 문화적 이질성을 하위문화, 역할, 지위문화(status culture) 등의 개념을 도입하여 설명하기에 이르렀다. 국가와 하위집단 간의 정치문화의 차이를 통계적 방법으로 처리하는 문화심리적 접근법이 등장하게 되었다.

2. 정치문화의 개념

인간의 행태를 조건 짓고 또한 결정하는 데 다양한 요인이 작용한다. 생물적・심리적 욕구, 사회관습, 유전, 문화 등을 들 수 있다.[3] 인간의 정치행태(political behavior)에 영향을 주는 요인은 정치적인 사고(political thinking), 정치지식(political knowledge), 정치적 가치(political value), 정치적 생각

---

3) Paik, Wanki, *Korean Administrative Culture*, (Seoul: Korea University Press, 1990), p.1.

(political idea), 정치문화(political culture), 정치의식(political consciousness) 등을 들 수 있다. 인간의 정치행태는 정치사회화 과정을 거치면서 형성된 다양한 요인들이 복합적으로 작용한 결과라고 볼 수 있다.

정치문화의 개념을 정의하려면 정치의식과 관련지어 살펴보아야 할 것이다. 왜냐하면 정치의식과 정치문화는 불가분의 관계를 맺고 있기 때문이다. 정치문화와 정치의식은 인간의 정치행태에 영향을 주는 중요한 변인이라고 볼 수 있다. 정치 현상에 대한 이해, 판단, 인식, 예측 등은 정치의식에 바탕을 두고 이루어진다. 그러면 정치의식의 개념을 어떻게 정의할 수 있을 것인가?

이극찬 교수는 "정치의식을 사람들의 정치 행동을 결정케 하는 정신작용"이라고 정의하고 있다. 즉 정치와의 관계에서 사람이 갖는 의식의 총칭이다. 바꾸어 말하면, 일반적으로 어떤 정치적 사상(事象)과 특정한 정치 문제에 대해서 사람들이 가지게 되는 인식·평가·태도를 총칭하여 정치의식이라고 이해하였다.[4]

레인(Robert E. Lane)은 정치의식은 정치지식, 정치적 관심, 정치의 신봉(following politics) 등과 같은 것이 아니고 정치적 자아(self − in − politics)라고 정의하고 있다.[5]

한편 정치의식을 정치문화와 유사한 개념으로 보는 견해도 있다. 알몬드와 버바(G. A. Almond and Sidney Verba)는 문화를 "사회적 대상물에 대한 심리적인 정향(psychological orientation toward social objects)"이라고 정의하면서 한나라의 정치문화를 "국민들 사이에 정치적 대상물에 대한 정향 유형의 특수한 분포 상태"라고 정의하고 있다.[6] 알몬드와 포웰은 보다 구체적으로 정치문화란 정치적 태도, 가치, 감정, 정보, 기술의 특수한 분포상태라고 보고 있다.[7]

---

4) 이극찬(2004), pp.287 − 288.

5) Robert E. Lane, *Political Thinking and Consciousness: The Private Life of the Political Mind*, (Chicago: Markham Publishing Company, 1969), p.312.

6) Almond and Verba(1972), pp.14 − 15.

7) Almond and Powell(1984), p.37.

환원론적인(reductionism) 시각에서는 정치문화를 정치의식과 동일한 개념으로 보고 있다. 대중 개개인의 가치관, 신념, 태도 등의 정치의식을 산술적으로 집합해 놓은 것을 정치문화라고 본다. 대표적인 학자로 알몬드와 버바를 들 수 있다. 이지훈 교수, 한배호·어수영 교수 등은 정치의식 조사를 통하여 한국의 정치문화를 설명하고 있다.[8]

다른 한편 정치문화를 전체론적인 입장(holism)에서 개체로 세분할 수 없는 전체적인 속성이 있다고 보기 때문에 정치의식과는 다른 개념으로 보고 있다. 이극찬 교수, 박동서·김광웅 교수 등은 정치의식을 정치문화와 다른 개념으로 보고 있다.[9] 이극찬 교수는 정치의식과 정치문화를 다음과 같이 구분하고 있다.[10]

① 정치문화는 여론(public opinion)이나 국민적 성격과 마찬가지로 개인의 어떤 집합된 대표적인 태도나 신조인 데 반하여, 정치의식은 이것보다 넓게 개인의 태도나, 신조를 지칭하는 데 사용된다.

② 정치문화의 개념은 정치의식의 개념과 달리 그것이 비교정치의 맥락에서 성장했기 때문에 어떤 특수한 정치적 사건에 관한 개별적 태도보다도, 정치체계 일반이나, 정치적 인간 일반의 성격 등의 기본적인 신조에 주목하는 경향을 갖는다.

그동안 많은 학자들에 의하여 정의된 정치문화의 개념을 다음과 같이 6개의 범주로 분류하고 있다.[11]

① 심리적 설명(psychological accounts): 정치적 대상에 대한 개인의 정향

② 포괄적인 사회학적 설명(comprehensive sociological accounts): 개인의

---

8) 이지훈, 『한국 정치문화와 정치참여』(형설출판사, 1989); 한배호·어수영, 『한국정치문화』(법문사, 1987).

9) 이극찬(2004); 박동서·김광웅 교수도 민주정치의식의 조사를 정치문화의 조사와 동일시하지 않았다. 『한국인의 민주정치의식: 대중과 엘리트』(서울: 서울대학교출판부, 1987).

10) 이극찬(2004), p.294.

11) John R. Gibbins, "Contemporary Political Culture: An Introduction" in Gibbins(ed.), *Contemporary Political Culture: Politics in a Postmodern Age*(London: Sage Publications, 1989), p.3.

정향과 정향에 기초한 행태

③ 객관적인 정의(objective definition): 사회 속에 있는 합의적·지배적 가치와 규범

④ 발견적 정의(heuristic definition): 권위주의나 냉소적인 신념과 행태와 같은 부분적인 현상을 설명하기 위해서 내세운 가설적 유형 혹은 이상형

⑤ 언어적 개념: 한 집단에 대한 의미의 표현(discourse of meanings for a group)

⑥ 개념의 다양성으로 인한 애매모호한 정의: 국민문화, 정치적 일체감, 지배이념 등과 같은 생각(idea)을 정치문화라고 정의함으로써 부담의 전가

이 책에서는 정치문화와 정치의식을 동일한 개념이 아닌 별개의 것으로 이해하고자 한다. 환원론적인 시각에서 개개인이 가지고 있는 정치세계(political world)에 대한 판단과 선택 그리고 정치행동에 작용하는 정치적 자아의 인지적·감정적·평가적 정향을 정치의식이라고 정의하고자 한다. 국민 각자가 가지고 있는 정치에 대한 태도, 가치관, 정향, 신념, 감정, 정보, 기술 등으로 환원론적 개념(circulative concept)으로 이해하고자 한다.

정치문화는 전체론적인 시각에서 특정한 사회에서 발견되는 국민의 집합적인 정치정향이라고 정의하고자 한다. 특정한 정치체제를 구성하고 있는 국민들 전체에 발견되는 정치에 대한 태도, 지식, 가치관, 정향, 신념, 감정, 정보, 기술 등 거시적인 차원에서 전체론적 개념(holistic concept)으로 이해하고자 한다. 전체에서 발견되는 특성을 환원론적으로 개별화할 수 없는 부분이 있다고 보기 때문이다.

제2절 정치문화의 구성요소와 대상

한 나라의 정치문화는 국민의 정치적 선택과 행동에 영향을 준다. 정치문화는 한 나라의 역사와, 진행 중인 사회, 경제, 정치활동에 의하여 형성된다. 과거의 행동양태는 미래의 정치행태에 영향을 준다. 정치문화는 개인의 정치적 역할, 정치적 요구의 내용, 법에 대한 반응에 영향을 준다.

시민의 정치적 태도는 여론조사를 통하여 발견할 수 있다.[12] 여론조사를 통하여 정치문화의 특성을 발견하려면 설문내용을 구성해야 하는데, 그것은 시민들이 어떤 대상에 대해서 어떤 정향을 가지고 있는가를 이해해야 가능할 것이다.

1. 정치문화의 구성요소

정치정향(political orientation)이란 "대상(objects)과 관계(relationships)의 내면화된 부분"으로 ① 인지적(cognitive) ② 감정적(affective) ③ 평가적 정향(evaluative orientation)이라고 볼 수 있다.[13]

인지적 정향은 이해, 지식, 신념으로 구성된다. 이는 경험의 소산으로 정치세계에 대한 지식과 이해 그리고 신념 등이 포함된다. 예를 들면 대통령중심제와 내각책임제의 장단점에 대한 지식과 정보, 정치체제나 집권세력의 역할에 대한 지식이나 신념, 한국정치과정이 어떻게 진행되고 있는지에 대한 이해, 한국 정치인은 국민보다는 자신들의 정치생명이나 정치적 이익을 최우선적으로 고려하고 있다고 믿는 등의 경우가 인지적 정향의 예라고 볼 수 있다.

감정적 정향은 정치적 대상에 대하여 좋다, 나쁘다와 같은 느낌을 의미한

---

12) Almond and Powell(1978), p.25.

13) Gabriel A. Almond and Sidney Verba, *The Political Culture: Political Attitudes and Democracy in Five Nations*(Princeton: Princeton University Press, 1972), pp.14 - 17.

다. 정치체제에 대한 호불호의 감정, 정치를 잘하고 있다는 느낌, 정부의 업적에 대한 감정, 특정 정치인을 좋아하거나 싫어하는 감정 등을 의미한다. 선거 때 벽보에 나타난 후보의 사진 이미지만 보고 지지를 결심하는 경우가 하나의 예가 될 수 있을 것이다.

평가적 정향은 정치대상에 대한 감정과 정보에 기초한 의견과 판단을 의미한다. 판단에는 판단자의 가치기준이 작용하게 된다. 어떤 정치가 바람직스럽다거나 어떤 대통령이 가장 많은 업적을 남겼다거나 정부는 이래야 한다는 등 일정한 가치판단 기준을 가지고 평가하는 정향을 의미한다. 특정 정부나 정치지도자의 업적과 국정수행 성적, 정당 간 실적의 비교, 특정 정책의 효과나 문제점 등에 대한 평가나 분석을 통하여 정치정향을 형성하는 경우가 예가 될 수 있을 것이다.

2. 정치문화의 대상

정치문화를 정치세계나 정치적 대상에 대한 정향이라고 보았을 때 구체적으로 정치세계나 정치적 대상은 무엇을 지칭하는가?

버바는 정치문화의 대상으로 ① 국민일체감 ② 참여자로서 자기 자신 ③ 동료시민에 대한 태도 ④ 정부의 산출과 수행실적에 대한 기대와 태도 ⑤ 의사결정의 정치과정에 대한 태도와 지식을 들었다.[14]

다알(Dahl)은 정치문화의 대상으로 ① 충성심의 분포와 범위에 영향을 주는 정치체제 일반에 대한 정향 ② 정치집단을 형성하고 정치적 상호작용에 영향을 주는 타인과 개인 그리고 협력에 대한 태도 ③ 정당의 상호작용에 영향을 주는 문제해결에 대한 정향 등으로 나누었다.[15]

알몬드와 포웰은 정치문화의 대상을 ① 체제문화(system culture) ② 과정

---

14) Lucian Pye and Sidney Verba, *Political Culture and Political Development*(Princeton, N. J: Princeton University Press, 1966), Chapter 12.

15) Robert A. Dahl, *Political Opposition in Western Democracies*(New Haven: Yale University Press, 1966), p.352.

문화(process culture) ③ 정책문화(policy culture) 등으로 나누었다.[16]

정치문화의 대상을 시민, 정당, 이익집단, 정부기구 또는 미디어 등이 정치 행위를 하는 데 기본이 되는 게임 규칙이라고 보기도 한다.[17]

여기서는 알몬드와 버바가 정치문화의 대상으로 지적한 ① 일반대상으로서의 체제(system) ② 투입(input) ③ 산출(output) ④ 능동적인 참여자로서 자아(self) 등에 대하여 구체적으로 살펴보고자 한다.[18] 정치문화의 대상과 구성요소를 <표 4-1>과 같이 나타낼 수 있다.

〈표 4-1〉 정치문화의 구성요소와 대상

구성요소＼대상	정치체제	투입측면	산출측면	정치적 자아
인지적 정향				
감정적 정향				
평가적 정향				

출처: Almond and Verba(1972), p.16.

(1) 일반대상으로서의 정치체제

일반대상으로서의 정치체제에 대하여 시민과 정치지도자가 가지고 있는 가치와 정향에 대한 견해를 의미한다. 구체적인 대상으로 국가나 정부 혹은 입법, 사법, 행정부나 관료에 대한 특수한 역할이나 구조, 집권자의 역할, 정책형성 구조와 역할 등에 대한 인지적·감정적·평가적 정향이 포함된다. 예를 들면 국민일체감, 정부나 정치기구의 정통성에 대한 태도, 집권세력에 대한 정통성과 효율성에 대한 태도, 국가의 역사, 영토의 크기와 위치, 헌법의 특징, 정부형태, 정치지도자의 선출방식, 국민의 법 준수 방법, 국력에 대한 평가, 애국심, 소외감과 같은 감정 등의 인지와 평가 등이 포한된다.

---

16) Almond and Powell(1978), pp.30 - 46.

17) Michael Rempel and Terry Nichols Clark, "Post-Industrial Politics: A Framework for Interpreting Citizen Politics Since 1960s", in Clark and Rempel, (ed.), *Citizen Politics in Post-Industrial Societies*(Boulder: Westview Press, 1997), p.11.

18) Almond and Verba(1972), pp.15 - 17.

정치체제에 대한 성향(propensity)으로 가장 중요한 문제는 ① 정부에 대한 정통성의 기초와 수준 그리고 ② 국민의 일체감이라고 볼 수 있다. 정치적 권위는 국민이 정치체제가 결정하고 집행하는 정책이나 법에 대하여 기꺼이 따르고 복종할 때 정통성이 있는 것이다. 국가의 공권력에 의한 제재나 처벌이 두려워 국민이 복종하는 것이 아니라 국민이 복종에 대한 의무감을 느끼거나 또는 즐거운 마음으로 정부의 정책이나 법을 지지하고 순응할 때 정통성이 높은 것이다. 그렇게 되면 정책이나 법이 효율적으로 용이하게 집행되며, 집행경비도 절약되고 집권세력은 시간적인 여유를 가지고 국가의 정책을 구상할 수 있게 된다. 반대로 국민이 정부의 권위적인 결정에 대하여 불복하거나 반대할 경우에 정치적 권위는 손상을 입게 되며 정부정책의 효율적인 집행이 불가능하게 된다.

정통성의 기초는 다양하다. 전통적인 사회에서는 정치적 정통성이 세습적인 권위, 카리스마적인 권위, 종교적인 관습 등에 기초하였다. 그러나 민주주의 사회에서는 합리적·합법적인 기초 위에 정통성이 확립될 수 있다. 무엇보다 중요한 것은 절차적 정통성과 실적에 의한 정통성이 있어야 한다. 절차적 정통성은 집권과정이 공명정대하게 경쟁적이고 합법적 선거과정을 통해서 이루어져야 한다는 것이다. 일반적으로 군부의 쿠데타에 의한 정권 획득을 가장 대표적으로 절차적 정통성을 상실한 것으로 보고 있다.

그 다음으로 중요한 것은 기능적인 측면에서 실적이나 업적에 의한 정통성을 획득해야 한다. 아무리 합법적인 절차를 밟아 정권을 획득했더라도 집권 기간 동안 국민의 기대나 욕구를 충족시켜 주지 못하고 국가를 위기에 직면하게 한다면 정통성을 상실하게 된다. 쿠데타로 집권하여 절차적 정통성이 없어도 실적에 의한 정통성을 획득한 대통령이 있는가 하면, 문민정부, 국민의 정부, 참여정부라고 하면서 절차적 정통성을 강조하더라도 국가의 경제위기를 유발시켰다면 정통성을 상실하게 되는 것이다. 군부지배 체제가 해체되고 민간정부가 출현하면서 절차적 정통성에 대한 시비는 없어졌으나 실적에 의한 정통성, 정책의 내용과 질로 국민의 지지를 획득하는 것이 중요하게 부각되고 있다. 정부에 대한 평가는 업적에 기초할 수밖에 없다.

　실적에 의한 정통성 획득에서 중요한 것은 국민의 지지 획득과정, 정치적 반대자의 처리 방법, 정치적 견해차를 해소하기 위해서 이념(ideology), 지혜(wisdom), 호의(grace)와 보상(reward), 설득(persuasion), 약속(promise) 등과 같은 방법을 활용해야 한다는 것이다. 검찰, 국세청, 감사원, 정보기관과 같은 국가의 공권력을 활용하여 강압적인 방법으로 제재를 가하여 처벌이 두려워 마지못해 복종하게 만드는 것은 집권세력의 리더십 부족과 정통성을 훼손하는 결과를 가져오게 된다. 또한 중요한 것은 백가지의 약속이나 말을 앞세우기보다는 한 가지라도 실천하는 업적에 의한 정통성을 획득해야 한다.

　다음은 국민의 일체감을 형성하는 것이다. 다양한 이해, 이념, 종교, 신념, 종족, 지역, 관습, 전통 등으로 흩어져 있는 모래알 같은 국민을 하나의 정치공동체로 수용하는 것이 중요하다. 국민 일체감이나 국가적 통합을 이루는 것이 요구된다. 국민통합은 가치배분에 있어서 공평을 기하는 것이 무엇보다 중요하다. 국가 예산의 공정한 배분, 국토의 균형 개발, 출신 지역이나 성분을 초월한 전문성과 능력위주의 공정한 인사, 공평무사한 법 집행, 사회정의 확립 등을 통하여 국민일체감을 형성할 수 있다. 집권자가 동향사람이나 동창을 편애하고 우대하여 정부의 요직에 기용한다면 국민 분열을 조장하는 원인을 제공하는 것이다.

(2) 투입 측면

　정치의 투입과정은 국민이 정치과정에 참여하여 정치적 요구를 제기하고, 특정 정치세력을 지지하거나 반대하는 다양한 정치참여를 의미한다. 정치과정에서는 국민의 요구가 정치체제에 투입되어 권위적인 정책으로 전환된다. 투입기능을 담당하는 구조로서는 여론, 선거, 정당, 이익집단, 매스미디어, 정치엘리트 등이 포함된다.

　정치문화의 대상으로서 투입구조에 대한 시민의 정향은 정치과정의 효율성과도 직결된다. 예를 들면 이익집단이 집단이기주의에 빠져 사회공동체의 이익을 저해한다고 생각될 때, 그 이익집단의 자율적인 활동은 많은 제약을 받게 되고, 따라서 투입기능이 약화될 수밖에 없을 것이다. 이익집단의 기능에 대한 시민의 부정적인 정향은 이익집단이 투입기제로서 그 기능을 수행하기 어렵게 만든다. 투입기제에 대한 시민의 태도여하에 따라서 이익집단의 정치과정상의 역할과 영향력 그리고 효율성이 다르게 나타날 수 있다.

(3) 산출 측면

산출과정은 권위적인 가치배분의 결과인 정책과 정책이 집행되고 적용되는 것으로 대표적인 구조는 관료와 법원을 들 수 있다. 국민은 정책에 대하여 인지적·감정적·평가적 정향을 갖는다. 정치문화의 대상과 관련하여 주목해야 할 것은 정책에 대한 국민의 다양한 선호(preference)와 그 선호가 시시각각 변한다는 것이다.

정책의 종류나 국민의 정책에 대한 정향이 다양하기 때문에 특정 정책에 대한 국민의 선호도의 분포를 파악한다는 것은 용이한 일이 아니다. 특정 정책의 적용대상이 제한되어 있든, 아니면 전 국민이든 정책내용에 따라서 불이익을 빚는 측과 혜택을 보는 측 그리고 전연 관계가 없는 측으로 구분된다. 자신의 정책에 대한 이해관계나 가치관에 따라서 산출 측면의 정향이 달라질 수 있다.

(4) 정치적 자아

정치적 자아(self-in-politics)는 정치의 독립적인 주요 행위자인 자기 자신을 의미한다. 정치적 자아는 자기 자신의 정치적 역할을 포함하여 정치세계(world of politics)에 대한 정향의 총체(entire complex of orientations) 또는 정향의 일괄(package of orientation)이라고 할 수 있다. 이러한 정치정향은 정치체제의 유형과 운영, 개인이 다른 사람이나 집단과 가졌던 경험과 관계, 그리고 개인의 필요와 능력 등 세 가지 요인의 상호작용을 통하여 발전된다.[19]

알몬드와 버바는 정치참여자로서 자기 자신을 인지적·감정적·평가적 대상으로 했을 때 구체적으로 정치적 의무감(political obligation)과 개인의 능력(personal competence)을 강조하고 있다.

① 정치체제의 구성원으로서 자신을 어떻게 인지하고 있는가?

② 정치적 영향력을 행사하기 위해서 전략, 의무, 힘, 권리에 대하여 어떤 지식을 가지고 있는가?

③ 어떤 유형의 정치 참여와 정치적 수행실적을 인정하고 정치적인 판단을 하며 정치적인 견해에 도달하는 데 무슨 방법을 활용하는가 등을 들고 있다.[20]

알몬드와 포웰은 능동적인 참여자로서 ① 정치과정에서 자신의 영향력에 대한 지방적·신민적·참여적 태도 ② 동료시민에 대한 신뢰, 협력, 경쟁, 적개심과 같은 태도 등을 들고 있다.[21]

도손(R. E. Dawson) 등은 개인의 정치적 자아에 대한 태도, 신념, 감정, 정향 등은 민족주의, 애국심, 자기 종족에 대한 충성심과 같은 애착, 특정 정파·정치집단·사회집단과의 일체감, 이념적인 위치, 특정한 정치쟁점·정치적 인물·정치사건·정책 등에 대한 평가와 태도, 정치세계에서 자신의 권리·책임·지위에 대한 자신의 이미지(self-image), 정치제도, 정치역할, 정치과정 등 정치구조와 절차에 대한 지식과 평가 등이라고 하였다.[22]

---

19) Dawson, Prewitt, and Dawson(1977), pp.39 - 40.

20) Almond and Verba(1972), p.17.

21) Almond and Powell(1978), pp.34 - 39.

22) Dawson, Prewitt, Dawson(1977), p.40.

제3절 정치문화의 유형

1. 정치문화의 분류

정치문화의 유형을 분류하는 것은 쉬운 일이 아니다. 왜냐하면 다양한 정치체제와 상이한 전통과 역사, 문화를 가진 국가들의 정치문화를 몇 개의 유형으로 일반화하기가 용이한 일이 아니기 때문이다. 국제사회에는 약 200여 개의 주권국가가 존재하고 있으며, 개별국가에도 다양한 하위문화가 있기 때문이다. 복(複)문화주의(polyculturalism)를 인정한다면 정치문화의 유형을 분류하기 어렵다는 것을 쉽게 이해할 수 있을 것이다.

또한 정치문화가 변하고 있기 때문에 변화의 속도나 내용을 정확하게 발견한다는 것도 어렵고, 정치문화의 변화에 작용하는 요인이 무엇인가를 밝히는 것도 쉽지 않기 때문에 유형을 일반화하기 힘들다. 정보화 사회, 후기물질주의사회, 포스트모던 사회에 정치문화의 유형을 발견하는 것은 어려운 일이지만 ① 정치과정의 참여 정도에 따라서 순수형과 혼합형 ② 정책이념에 따라서 분열형과 합의형 ③ 시민문화 – 균형문화 등으로 나눌 수 있다.

2. 참여 정도에 따른 유형

(1) 순수형 정치문화

알몬드와 버바는 미국, 영국, 독일, 이탈리아, 멕시코 등 5개국에 대한 문화횡단적(cross – cultural) · 국경횡단적(cross – national) 경험적 조사를 통하여 시민의 정치과정 참여 정도에 따라서 ① 지방형 정치문화(parochial political culture) ② 복종형 정치문화(subjective political culture) ③ 참여형 정치문화(participant political culture) 등 세 가지 유형을 제시하였다.[23] 이를 순수형 정치문화(pure forms of political culture)라고 부른다. 정치문화의 대상과 정치문화의 유형 간의 관계를 <표 4 - 2>와 같이 나타냈다.

<표 4-2> 정치문화의 대상과 유형간의 관계

대상 유형	정치체제	투입측면	산출측면	정치적 자아
지방형 정치문화	0	0	0	0
복종형 정치문화	1	0	1	0
참여형 정치문화	1	1	1	1

출처: Almond and Verba(1972), p.17.

　지방형 정치문화는 <표 4 - 2>에서 보여주는 바와 같이 네 가지의 정치 문화 대상에 대하여 모두 0의 상태를 나타내고 있다. 주로 아프리카의 부족 사회에서 발견되는 정치문화로 전근대적인 전통사회의 유형이라고 볼 수 있다. 정치적 역할이 미분화되어 전문적인 정치적 역할을 발견하기 어렵다. 따라서 정치, 경제, 종교 등의 역할이 분화되지 않은 가운데 사회적 기능이 수행된다. 따라서 정치적 정향과 종교적 정향 등 사회적 정향을 분간할 수 없 다. 지방형 정치문화에서는 정치체제가 변화를 주도할 것이라는 기대나 정치 체제에 대한 기대도 없다. 정부의 권위는 세금징수, 병역, 왕정체제의 유지 등 과 관련이 있을 뿐이다. 중앙정부의 지방에 대한 침투력도 없으며 정치는 지 방에 국한되어 있고 지방자족적인 정치의 운영이 발견된다. 국민의 정치참여 도 피동적・수동적이며 정치정향은 감정적이고 규범적인 형태를 보인다.

　복종형 정치문화는 과도기 사회에서 발견되는 정치문화의 유형으로 네 가지 정치문화의 대상 중 정치체제와 산출 측면만이 긍정적이고 나머지는 부정적이다. 이러한 정치문화에서는 국민들은 정부의 전문화된 권위를 감정 적 또는 평가적으로 인정한다. 정부에 대한 호불호의 감정과 자부심을 갖거 나 정통성 유무를 인정하는 등의 정향을 보인다. 정부와는 수동적인 관계를 유지하나 정치현상에 대한 지식과 관심은 어느 정도 존재한다고 볼 수 있 다. 복종형 정치문화에서는 국민들의 정치주체 의식이 약하고 정치참여도 소극적인 모습을 보인다. 한마디로 국민들의 정치적 권위에 대한 복종성향

---

23) Almond and Verba(1972), pp.17 - 19.

이 강한 것을 특징으로 꼽을 수 있다.

참여형 정치문화는 민주사회에서 발견되는 정치문화의 유형이라고 볼 수 있다. 정치적 대상 모두가 긍정적인 모습을 보인다. 국민들의 정치적 관심도 높고 정치 참여도 적극적이다. 정치적 대상에 대한 수용과 거부의 분명한 정향을 나타내며 정치체제에 대한 지식이나 평가 그리고 참여를 통하여 정치주체인 국민의 분명한 의사가 정치과정에 전달된다. 한마디로 정치과정에서 정치적 자아의 활동가로서의 역할(activist role of the self)이 발견되는 유형이라고 볼 수 있다.

(2) 혼합형 정치문화

세 가지 순수형 정치문화가 상호 혼합된 정치문화(mixed political culture)가 있다. 기본적인 혼합형 정치문화는 ① 지방적 - 복종형 정치문화 ② 복종적 - 참여형 정치문화 ③ 지방적 - 참여적 유형으로 분류하기도 한다.[24] 이들의 특징은 순수형의 특징이 상호 혼재되어 발견되는 정치문화라고 볼 수 있다.

기본적인 혼합형을 또다시 <그림 4 - 1>에서 보여주고 있는 바와 같이 ① 민주적 - 산업형(democratic - industrial) ② 권위주의석 - 산업형(authoritarian - industrial) ③ 권위주의적 - 과도형(authoritarian - transitional) ④ 민주적 - 전산업형(democratic - preindustrial) 등으로 분류하기도 한다. 이는 국민의 정치정향의 분포상태에 따라서 분류한 것으로 현실형 정치문화라고 할 수 있다.

민주적 - 산업형 정치문화는 국민의 60% 정도가 정치과정에 실질적·잠재적 참여자로 정치에 대한 충분한 정보를 가지고 있으며 정치적 요구를 제기하고 또한 상이한 정치지도자에게 정치적 지지를 보낸다. 30%는 복종자로 정부공무원이나 법에 대하여 수동적으로 복종하나 투표에 불참하고 정치과정에 관심을 보이지 않는다. 나머지 10%는 정치나 정부에 대하여 아는 것이 전혀 없는 문맹자이거나, 아주 시골에 거주하거나, 아니면 나이가 많은 여성층이라고 볼 수 있다. 민주적 - 산업형 정치문화에서는 정치적 활

---

24) Almond and Verba(1972), pp.23 - 26.

동가들이 정당 간의 경쟁을 부추기고, 높은 투표율, 공공문제에 대한 열띤 공방, 이익집단의 적극적인 활동과 이익옹호 등의 현상을 발견하게 된다.

　권위주의적-산업형 정치문화는 극소수가 사회를 지배하고 있는 단일정당에 참여하며 대부분의 시민은 정당, 관료, 정부가 통제하는 매스미디어에 의하여 복종자로서 동원된다. 시민들은 상징적인 투표에 참여하도록 권장되거나 강제되며, 세금을 납부하고, 법과 규정에 따르고, 정부에서 지정한 직장에 배정되는 등의 현상이 발견된다. 근대화된 사회조직과 대중매체, 그리고 권위적인 정당의 영향 때문에 많은 시민들은 정부와 정부가 개인 생활에 영향력을 행사한다는 것을 잘 알고 있으나 사회는 대부분 복종자 중심으로 구성되어 있다. 대표적인 예로 체코를 들 수 있다.

〈그림 4-1〉 혼합형 정치문학

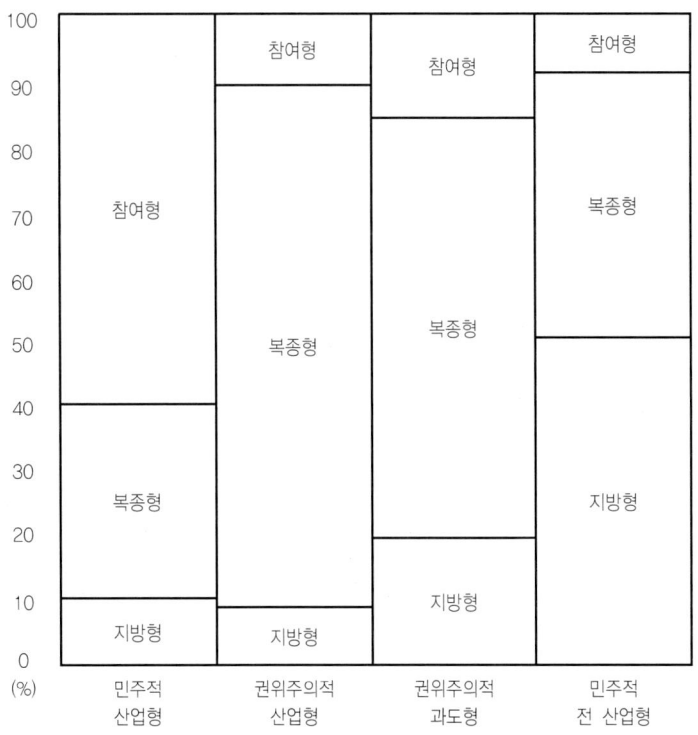

출처: Almond and Powell(1984), p.39

권위주의적 – 과도형 정치문화는 권위주의적이고, 근대화된 산업사회의 정치문화라고 볼 수 있다. 권위주의적인 정치체제임에도 불구하고 학생이나 지식인은 정치체제의 변화를 위한 노력을 기울이게 된다. 수혜층인 사업가나 지주들은 공공문제에 대한 토론과 로비활동을 하지만 대부분의 국민들은 수동적인 복종자로서 법을 준수하고 정부에 순응한다. 특히 농민, 농장노동자, 대규모 토지를 경작하는 사람들은 정치체제와 의식적인 접촉을 하지 않는다. 대표적으로 브라질을 들 수 있다.

민주적 – 전 산업형 정치문화는 도시화가 덜 되고 문맹자가 많은 사회에서 발견되는 정치문화라고 볼 수 있다. 정치참여자는 교육수준이 높은 전문가, 사업가, 지주 등 극소수에 제한되어 있고 근로자, 직장인, 자영농민들은 정부의 공식적인 정책이나 조세부과에 직접적인 영향을 받는다. 그러나 대부분의 농장노동자나 문맹자인 시민들은 공공부문에 대한 지식이나 접촉이 최소한으로 이루어지고 있다. 가장 대표적인 경우는 인도를 들 수 있다.

3. 정책이념에 따른 유형

국민들의 정치정향은 정책에 대하여 다양한 모습으로 나타난다.[25] 특정 정책에 대해서 국민들의 선호도가 다르게 나타나는 것은 본질적으로 정책과 관련된 당사자들의 직접적인 이해와 관련이 있지만 국민의 정책성향이 각각 다르기 때문이라고 볼 수 있다. 국민들이 갖는 정책성향의 기초는 국민들의 정치이념과 관련이 있다. 따라서 국민의 이념적 성향이 합의적(consensual)이냐 상충적이냐(conflictual)에 따라서 <그림 4 – 2>와 같이 ① 합의형 정치문화(concordia: consensual political culture) ② 분열형 정치문화(discordia: polarized political culture)로 나눌 수 있다.

---

25) 알몬드와 포웰은 이를 정책문화(policy culture)라고 부르기도 한다. Almond and Powell(1984), pp.40 – 41.

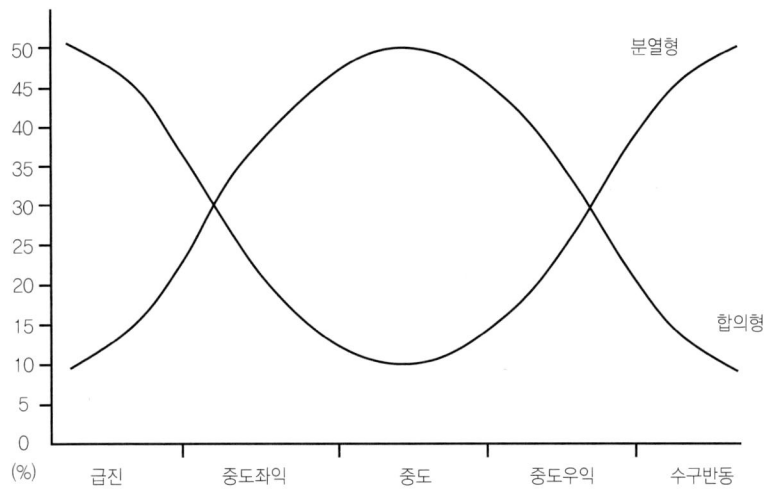

〈그림 4-2〉 정책 이념에 따른 정치문화

분열형

합의형

(%)　급진　　중도좌익　　중도　　중도우익　　수구반동

출처: Almond and Powell(1984), p.42;(1978), p.29.

　합의형 정치문화는 동질성이 높은 사회에서 발견되는 유형으로 국민 일체감이나 국민통합이 이루어져 정치적 안정을 유지할 수 있다. 국민들은 정부의 정책에 대해서 대체로 동의적인 태도를 보인다. 사회가 당면한 문제가 무엇이며, 그것을 어떻게 해결해야 하는지에 대한 의견의 일치현상을 보인다고 볼 수 있다.

　분열형 정치문화는 국민통합에 실패하여 국론이 분산된 사회에서 발견되는 유형으로 정치안정을 유지하기 어렵다. 지역 간, 세대 간, 계층 간, 이익집단 간 견해차를 보여 사회가 극도로 이질적인 모습을 보인다. 정부의 정통성에 대한 회의와 불신, 사회의 주요 현안과 해결방법에 대한 현저한 입장 차를 나타낸다. 한편 동질성이 낮은 것은 국민의 정치적 정향이 다양하고, 하위문화가 발전되어 있음을 의미하기도 한다.

4. 시민문화의 유형

시민문화를 균형문화라고도 한다. 정치문화가 민주발전의 선행요건인가? 정치구조가 정치문화를 조성하는가? 특히 알몬드와 버바의 연구에 의하면 국민의 정치태도가 안정적·효율적인 민주발전의 관건으로 이해된다. 정치문화는 정치구조를 낳는다는 입장이다.[26]

민주사회가 요구하는 시민의 정치세계에 대한 정향은 어떤 것인가? 민주주의가 발전하려면 여러 가지 요인이 있겠지만 우선적으로 시민이 정치에 적극적으로 참여하고 그리고 능동적인 정치주체가 되어야 한다. 시민의 정치참여는 정치세계에 대한 충분한 지식과 정보를 근거로 대안에 대한 면밀한 비교와 분석을 기초로 합리적인 판단과 선택을 통하여 정치과정에 영향력을 행사할 때 의미가 있다. 민주시민은 합리성과 활동성을 지녀야 한다. 민주시민의 합리성과 활동성을 강조한 모형(rationality – activist model)을 시민문화(civic culture)라고 하며 가장 이상적인 민주문화라고 보고 있다.

그러나 최근의 정치행태에 대한 연구나 실질적인 현상은 선진민주사회 시민들의 정치참여율이 낮다는 문제를 보여준다. 민주사회의 모든 시민이 현실적으로 정치과정에 능동적으로 참여하지는 않는다. 민주사회에는 정치과정에 능동적으로 참여하는 시민과 수동적인 시민이 함께 존재한다. 민주사회는 다양성을 특징으로 하기 때문에 분화된 시민의 사회적인 태도가 발견된다. 민주주의와 아주 상반된 태도도 발견된다. 합리성 – 활동성 모형인 시민문화가 안정된 민주사회의 정치문화와 거리가 먼 것이 아닌가 하는 지적을 받게 된다.

알몬드와 버바는 시민문화는 안정된 민주사회 건설에 요구되는 여러 가지 요인 중 하나라고 주장하면서 시민문화를 혼합형 정치문화(mixed political culture)라고 부르고 있다.[27] 완전한 합리성 – 활동성만을 강조하는 것은 이

---

26) 그러나 정치문화가 정치구조에 영향을 주는 독립변수인지, 아니면 정치구조가 정치문화에 영향을 주는 종속변수인지에 대한 논란은 어찌 보면 정답이 없다고 볼 수 있다.

27) Almond and Verba(1972), p.474.

상적인 것에 불과하며 민주주의가 발전된 미국이나 영국에서 발견되는 정치문화도 이상적인 시민문화라기보다는 혼합문화라고 할 수 있다. 민주정치체제가 발전하려면 혼합문화가 '불일치의 균형'(balanced disparities)을 이룰 때 가능하다. 합리적 – 활동적인 모형은 세 가지 측면에서 균형을 요구한다.[28]

첫째, 권력과 반응의 균형(power and responsiveness balance)을 이루어야 한다. 정부가 통치를 하려면 정치권력과 리더십이 있어야 권위적인 의사결정이 가능하다. 정부가 국내외의 각종 도전과 새로운 상황에 대처하고 정책을 효율적으로 입안·집행하려면 권력이 있어야 한다. 그러나 너무 막강한 권력을 행사하여 일반시민의 정치적 입지를 좁혀서는 안 된다. 정부는 시민의 정치적 요구에 효율적으로 적절하게 반응해야 한다. 시민도 합리적인 요구를 제기해야 하며, 적극적이고 능동적인 태도를 갖고 정치과정에 참여하여 영향력을 행사해야 한다.

둘째, 합의와 균열의 균형(consensus and cleavage balance)을 이루어야 한다. 민주사회에서는 사회적 신뢰와 협력이 중요하다. 그러나 민주사회에서는 국민 모두가 전체주의 사회에서 발견되는 획일성이나 통일성보다는 다양성을 요구하기 때문에 의견의 일치를 보기는 어렵다. 의미 있는 반대의 입장도 존중되어야 한다. 민주정치를 대안의 선택과정이라고 할 때 찬성만 있어서도 안 되며 더더욱 반대만 있어서도 안 된다. 또한 정치에 지나치게 능동적인 시민만이 있어도 안 되고 어느 정도 무관심한 시민과 조화를 이루어야 건전한 시민문화가 발전될 수 있다.

셋째, 감정과 감정중립의 균형(affectivity and affectivity neutrality balance)을 이루어야 한다. 정치에 있어서 좋고 나쁜 감정적인 정향만이 존재해서는 안 되고 실용적이고 수단적인(pragmatic and instrumental) 면과 균형을 이루어야 한다. 합리적이라 하면 실용성과 수단성을 앞세운 면밀한 계산이 요구되지만 조건 없는 애국심과 충성심도 요구된다. 그러나 감정적으로 지나치게 특정한 정치집단을 선호하는 것도 문제가 될 수 있기 때문에 감정성과

---

28) Almond and Powell(1984), pp.476 – 493.

수단성이 균형을 이루어야 한다.

　시민문화를 혼합문화라고 했을 때 위의 세 가지가 상호 균형을 이룬다면 민주주의의 안정적인 발전에 유익한 정치문화가 될 수 있을 것이다. 시민문화는 문화적 다원주의, 다양성과 합의의 균형, 전통과 근대적 태도의 조화, 능동과 수동적 태도의 균형, 참여적 가치와 지방적 가치가 균형을 이루는 혼합문화라고 할 수 있다.

　정치문화는 또한 대중과 엘리트 간의 차이도 있다. 권위주의 사회는 엘리트 중심의 사회이기 때문에 사회의 지배적인 가치는 결국 엘리트의 문화와 연관이 깊다. 그러나 민주사회에서는 대중 중심의 사회이기 때문에 시민문화(civic culture)를 지배적인 문화라고 할 수 있을 것이다. 엘리트 정치문화와 대중 정치문화의 거리가 좁혀지는 것도 시민문화가 발전되는 모습이라고 볼 수 있을 것이다.

　능률적이고 안정적인 민주정부의 발전은 정부와 정치의 구조가 제대로 짜여야 하며, 그것을 운영하는 엘리트나 정치과정에 참여하는 시민이 합리적－활동적인 정치정향을 가질 때 가능한 것이다. 특히 시민이 합리성－활동성에 기초한 정치적인 태도를 갖는 시민문화가 정착될 때 민주정치는 발전할 수 있을 것이다.

제4절 정치문화의 변동

　국민의 정치적 태도는 경험과 사회화를 통하여 변한다. 따라서 정치문화도 끊임없이 변화과정을 밟고 있다. 국민의 정치적 정향이 세대에 따라서 다른 모습을 보이고 있는 것은 사실이다. 특히 산업화와 근대화 과정에 전통적인 국민의식과 태도는 새롭게 변하고 있다. 사회이동성의 이론을 차용하지 않더라도 도시화, 교육기회의 증대, 매스미디어의 발달은 국민들로 하여금 새로운 가치관을 갖게 만들고 국민 욕구의 다양한 변화를 가져오게 하였다. 정치문화의 변동은 후기 산업사회(postindustrial society)와 후기물질주의(postmaterialism)시대에 두드러지게 나타나는 현상이다. 물질적인 기본요구가 충족되면 인간은 자기실현, 성취, 자존, 애정, 보다 나은 삶의 질, 향상된 사회관계, 민주주의, 지적인 만족 등과 같은 고급욕구를 추구하는 방향으로 사회화가 이루어지고 있다. 돈과 같은 물질적·경제적 가치를 소중히 여기던 가치관이 비물질적인 가치를 귀하게 여기는 방향으로 변화가 지속적으로 진행되고 있다.[29]

이는 자연스럽게 정치활동과 정치행태에 영향을 주어 결과적으로 정치문화가 변하게 된다.[30] 정치문화의 변화는 새로운 형태의 정치적인 표현방법의 등장을 재촉하고 있다. 예를 들면 종족, 인종, 소수자, 환경, 평화, 페미니즘과 같은 분야에 관심을 갖게 된다. 환경정치(green politics) 연합과 같은 정치적 표현 방법의 등장이 바로 그것이다. 인간의 요구와 사회가치가 변하는 상황에서 정치문화는 자연히 변할 수밖에 없다. 변화과정에 몇 가지 특징을 발견하게 된다.

첫째, 변화과정에 진통을 겪게 된다. 변화에 대한 압력과 현상유지를 고수하려는 전통 요인 간의 긴장이 조성되기 때문이다.[31]

둘째, 정치문화의 변화는 점진적·단계적으로 이루어진다.[32] 정치문화는 하루아침에 변하는 것은 아니다.[33] 정치문화의 변화 속도가 더디게 진행된다. 인간 행태나 핵심가치(core value)의 본질적인 변화가 단기간에 일어나는 것이 아니기 때문에 정치문화의 변화속도가 느릴 수밖에 없다. 물론 이것을

---

29) 잉글하트는 산업화된 서구사회가 기술과 경제발전으로 1970년대 시작된 가치의 변화가 1990년대에도 지속적으로 일어나고 있다고 주장하고 있다. Ronald Inglehart, "The Trend Toward Postmaterialist Values Continues", in Terry Nichols Clark and Michael Rempel, *Citizen Politics in Post-Industrial Societies*, (Boulder, Colorado: Westview Press, 1997), pp.57-66.

30) 가치의 변화가 정치와 어떻게 연결되어 있는가에 대한 경험적·체계적 연구는 그리 쉬운 문제가 아니다. Rempel and Clark(1997), p.32.

31) Brian Girvin, "Change and Continuity in Liberal Democratic Political Culture", in Gibbins(1989), p.31.

32) Chilcote(1994), p.202.

33) Ronald Inglehart, *Culture Shift in Advanced Industrial Society*(Princeton, NJ: Princeton University Press, 1990), p.19.

전통적인 기존 가치의 지속(continuity)과 변화(change) 간에 지속성의 힘 (strength of continuity)이 강하기 때문이라고 단정 지을 수 없지만, 국민 전체의 정향이 일정한 방향으로 동시에 변한다는 것은 용이한 일이 아니다.

셋째, 정치문화는 엘리트 주도(elite – directed)를 거부하고 엘리트 도전적인(elite – challenging) 현상으로 변하고 있다. 종래의 정당, 노조, 종교기구 등과 같은 기성조직을 통하여 대중의 지지를 동원하던 엘리트 주도적 정치참여가 특정한 정치쟁점에 대하여 엘리트 도전적인 대중의 정치참여 태도가 나타나는 방향으로 변화하고 있다.[34]

미시적인 관점에서 후기산업사회와 후기물질주의 사회를 맞이하여 국민 각자의 관념, 가치, 태도, 행태, 생활태도, 정치활동 등의 변화가 거시적으로 국가나 국민 전체로 확산되어 정치문화 자체가 변하는 것은 상당한 시일이 요구된다. 전통가치의 붕괴(fragmentation)와 새로운 가치의 확산(proliferation)이 누적되어 집합성의 성격을 띤 정치문화의 변화로 연결되는 것은 용이한 일이 아니다.

제5절 맺는 말

정치문화는 정치학에서뿐만 아니라 일상적으로 널리 활용되는 개념이 되었다. 정치문화는 분석적인 이론이라기보다는 상황을 설명, 분류, 이해하는 중요한 접근법임에 틀림없다. 정치문화는 정치의 심리적·주관적 차원의 설명에 유용한 변인으로 작용하고 있다. 정치문화는 국가 정치체제의 유지에 중요한 환경변수로서 시민사회의 참여와 국가의 권위적인 결정과 행동에도 중요한 변인으로 영향을 미친다. 민주주의 발전과 민주적 정치과정에도 중요한 조건변수로 인식되고 있는 것이 사실이다.

그러나 정치문화의 자율성과 의존성에 대한 논쟁이 제기된다. 정치문화가

---

34) Ibid., p.5.

정치체제로부터 자율성을 유지하는 독립변수인지 아니면 정치체제의 산물인 종속변수인지에 대한 것이다. 정치문화는 정치체제를 구성하고 있는 사람들의 삶의 역사인 동시에 정치체제의 집단적 역사(collective history)의 산물이라고 보았을 때[35] 정치문화는 정치체제의 종속변수가 될 수밖에 없을 것이다. 그렇지만 정치문화가 전적으로 정치체제에 의존되어 있다는 것도 문제가 있다. 사회문화의 하위문화로서 형성된 정치문화가 오히려 정치체제의 형성·유지·발전에 작용하는 측면도 있다. 따라서 정치문화와 정치체제는 상호 영향을 주고받는 관계라고 보는 것이 타당할 것이다. 정치문화와 정치체제 간의 영향력 관계의 경계를 명확하게 구분하는 것은 쉬운 일이 아니다.

민주적인 정치과정이 정착되려면 정치체제와 정치문화가 동시에 발전되어야 한다. 정치문화가 정치체제 발전에 필요한 조건변수인 동시에 종속변수라고 볼 수 있다. 최소의 국가와 최대의 시민사회가 보장되는 민주체제가 정착하기 위해서는 시민의 정치과정에 대한 적극적인 참여와 영향력 행사가 요구된다.

민주적 정치과정이 이루어지려면 정치문화가 합리적 - 활동적인 시민문화로 변화해야 한다. 시민문화가 가장 이상적인 유형의 정치문화라고 볼 수 있기 때문에 시민문화가 발전되어야 한다.[36] 정치문화의 대상인 정치체제, 투입과 산출 측면, 정치적 자아로서의 자신에 대한 정치정향이 합리적 - 활동적으로 바뀌어야 한다. 정치과정을 시민이 주도적으로 통제하려면 시민문화가 정착되어야 할 것이다.

정치문화는 점진적으로 시대나 상황에 따라서 변한다. 정치문화의 변동은 많은 시일이 요구되기 때문에 의도적이고 계획적인 노력을 통하여 정치문화의 변화를 꾀해야 할 것이다. 시민문화의 발전을 위해서 국가는 초당파적·초정권적인 차원에서 자유민주주의 이념에 입각한 학교에서의 민주시

---

35) Samuel P. Huntington and Jorge I. Dominguez, "Political Development", in Greenstein and Polsby(1975), Vol.3, p.15. 칠코트(Ronald H. Chicote)도 정치문화는 정치체제에 의존적(depend on the system)이라는 입장을 보이고 있다. Chilcote(1994), p.202.

36) Chilcote(1994), p.202.

민 교육을 강화해야 할 것이며, 국가 지도자는 민주적인 리더십 행태를 보여야 할 것이다.

정치사회화에서 교육이 중요한 것과 마찬가지로 정치문화의 변동에도 교육이 가장 효과적인 방법이라고 볼 수 있기 때문에 민주시민교육을 통하여 국민의 정치적 정향을 합리적 - 활동적인 모습으로 변화시켜야 할 것이다. 정치문화의 변화에 소요되는 시간을 단축할 수 있는 가장 확실한 방법은 교육이며 교육은 국민의 정치적 태도를 결정하는 중요한 요인이 되고 있다.[37] 국가의 의도적 · 계획적인 민주시민교육 못지않게 중요한 것은 시민사회의 주도적인 참여라고 볼 수 있다. 시민사회는 각종 시민운동과 사회봉사 그리고 정치과정에 적극적 · 능동적인 투입기능을 수행하여 건전한 민주시민 문화의 정착을 위해서 노력해야 할 것이다.

정치문화 연구에 있어서 또 다른 관심은 방법론에 관한 것이다. 특정 정치체제의 정치문화를 어떻게 발견하느냐 하는 것이다. 설문조사와 같은 관찰방법으로 정치문화의 유형을 발견하는 것이 일반적인 현상이다. 그러나 응답자의 기본적인 정향과 그들의 실질적인 행태의 차이를 조사를 통하여 발견하기는 대단히 어렵다. 규범적이고 이상적이며 바람직한 생각과 태도를 갖고 있으면서 현실적으로 다르게 행동하는 사실은 규명하기 어렵기 때문이다. 또한 문화횡단적인 비교연구에 있어서 상이한 문화와 언어를 가지고 있는 정치체제에 대하여 똑같은 설문내용으로 조사를 실시하는 것도 개념과 해석상의 오류가 발생할 수 있다.

정치문화의 개념, 특성, 유형, 민주발전과의 관계 등에 대한 이론적인 접근은 어느 정도 합의가 이루어지고 있으나, 상이한 정치체제의 정치문화를 비교 · 분석하는 방법론에 대한 보다 과학적인 기법이 개발되어야 할 것이다. 이는 사회과학이 안고 있는 방법론상의 일반적인 문제점이기도 하다.

---

37) Almond and Verba(1972), p.501.

제5장 정치충원론

제1절 정치충원의 의의

1. 정치충원의 개념

정치를 사회를 위하여 권위적으로 가치를 배분하는 활동이라고 정의하였다. 가치를 권위적으로 배분하는 정치권력을 소유하고 있는 사람을 정치 엘리트라고 한다. 정치사회에서 정치권력은 불평등하게 배분되어 있으며, 소수의 정치 엘리트가 다수의 대중을 지배하고 대중에게 영향력을 행사하는 것이 정치현실이다. 정치세계에는 소수의 지배자가 있고 다수의 피지배자가 있다. 소수 엘리트의 지배가 불가피한 현상을 미헬스(R. Michels)는 과두제의 철칙(iron law of oligarchy)이라고 하였다.[1]

국가의 정치체제가 기능하려면 정치구조에 역할이 부여되어야 한다. 정치체제에 대한 역할이 부여되지 않으면 정치체제가 지속성을 유지할 수 없게 된다. 정치질서는 제도적 지속성(institutional continuity)을 의미하며, 제도의 지속성은 인사재편(turnover of personnel)을 통하여 가능하다.[2] 정치체제가 지속적인 생명력을 유지하려면 역할을 담당하는 사람을 뽑아서 그 역할을 수행할 수 있도록 해야 한다. 정치구조의 특수한 역할을 담당하는 정치 엘리트를 충당하고 역할을 부여하여 그 역할을 효율적으로 수행할 수 있도록 동기를 부여해야 한다. 그래야 정치체제의 기능이 수행되고, 체제의 운영과

---

1) Michels(1959), pp.393 – 409.
2) Moshe M. Czudnowski, "Political Recruitment", in Greenstein and Polsby(1975), p.156.

유지가 가능하게 된다.

정치충원(political recruitment)이란 정치체제의 모든 역할과 기능을 수행할 수 있는 공직자의 선발과 개인 또는 집단이 정치적인 역할을 능동적으로 수행할 수 있도록 유인하는 과정을 의미한다. 예를 들면 대통령, 국회의원, 시·도지사, 교육감 등을 선출하고, 법관이나 공무원의 선발과 역할 부여 그리고 그 역할을 능동적으로 수행할 수 있도록 동기를 부여하는 것을 정치충원이라고 할 수 있다.

정치충원을 구체적으로 살펴보면 다음과 같다.

① 정치적 역할을 담당하기를 희망하는 경쟁자 중에서 자격기준(eligibility standard)에 합당한 사람을 선발(selection)하는 것이다.[3]

② 비정치적 역할을 정치적 역할로 전환시키는 것이다. 종교집단, 신분, 계급, 인종집단으로부터 정치적 역할을 수행토록 동기를 부여하는 것이다.

③ 특정한 정치구조에게 기대되는 역할을 수행할 수 있도록 유인(inducement)하는 것이다.

④ 특정한 정치적 역할을 부여하는 것이다. 적절한 기술의 연마, 직무교육, 현장교육, 수습 등을 통하여 역할에 대한 인지와 수행 방법을 알려주는 것이다.

2. 유사개념과 이론

정치충원에 대한 이론이나 개념을 보다 명확하게 이해하기 위해서 유사한 이론이나 개념을 비교해 볼 필요가 있다. <그림 5-1>은 정치충원과 유사한 이론의 경계를 설정한 것이다.

---

3) Almond and Powell(1978), pp.108 - 109.

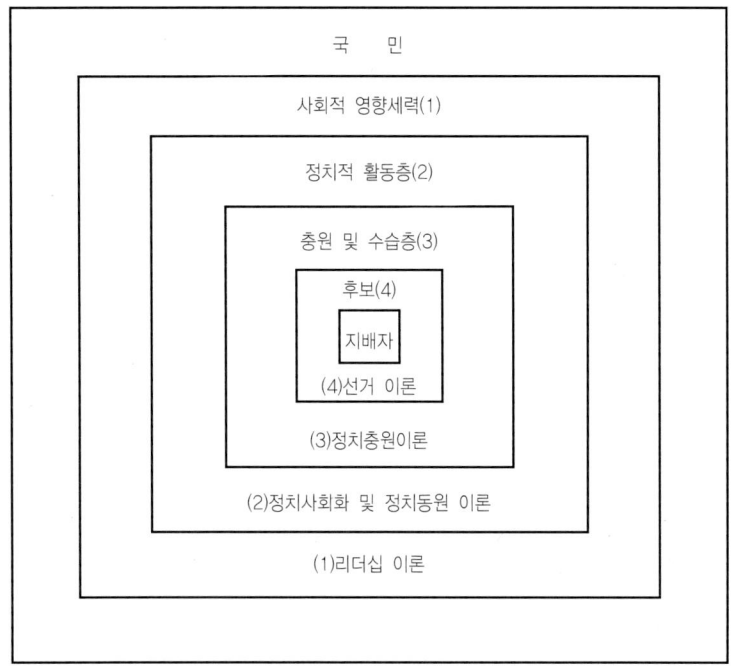

〈그림 5-1〉 정치충원과 유사 이론

국 민

사회적 영향세력(1)

정치적 활동층(2)

충원 및 수습층(3)

후보(4)

지배자

(4)선거 이론

(3)정치충원이론

(2)정치사회화 및 정치동원 이론

(1)리더십 이론

출처: Kenneth Prewitt, *The Recruitment of Political Leaders: A Study of Citizen-Politics* (New York: The Bobbs-Merrill Co. Inc., 1970), p.8.

(1) 사회적 영향세력(dominant social stratum)에 대한 연구

정치 리더십의 사회기초이론(social basis of leadership theories)과 관련이 있다. 정치리더십의 사회적인 기초는 정치적 지위보유자의 사회적 계층과 정치적 지위에 자격이 있는 사람이 누구인가가 주된 관심인 반면 정치충원은 지위가 획득되는 정치적·사회적 과정에 초점을 두고 있다. 정치 리더십의 사회기초이론은 정치 엘리트의 가정환경, 교육, 직업, 출신 등 사회적 배경에 대하여 관심을 갖고 있다. 그러나 정치충원은 정치 엘리트의 선임절차와 방법 등에 더 많은 관심을 기울인다.

(2) 정치적 활동층(politically active stratum)에 대한 연구

정치사회화 및 정치동원이론(political mobilization theories)과 관련이 있다. 정치사회화는 개인의 정치적 태도, 행동양식, 정치정향을 습득하게 하며, 국민들의 정치에 대한 태도의 형성에 영향을 준다. 정치동원이론은 수동적이고 방관자적인 시민을 정치과정에 적극적으로 참여할 수 있도록 유인하는 것이다.

(3) 정치충원이론

정치사회화를 통하여 권력을 추구하는 정치적 인간이 되게 하고, 정치동원을 통하여 현실정치에 참여하고자 할 때 이들을 실질적으로 공직에 선임하는 것을 의미한다. 정치사회화를 통하여 형성된 정치적 인간을 공직에 채용하고(recruitments), 수습기회(apprentices)를 제공하는 것을 연구하는 것이다.

(4) 선거이론(electoral theories)

공직에 취임하기를 희망하는 다수의 경쟁자 중에서 국민이 적임자를 직접 선출하는 일련의 활동에 대하여 연구하는 것이다. 선거는 민주방식에 의한 정치충원의 한 방법이라고 볼 수 있다.

제2절 정치충원과 정치체제

정치충원은 체제기능(system function)이지만 과정수준(process level)과 정책수준(policy level)과 직접적인 상호의존성을 가지고 있다. 정치충원을 통하여 역할을 부여받은 정치엘리트는 정치적 자원(political resources)의 배분권과 통제권을 갖게 된다. 정치체제의 산출은 그들의 정책 이념과 철학 그리고 정책선호도에 따라 달라진다. 사회를 위하여 가치를 권위적으로 배분하는 정책결정 행위는 정치의 모든 과정에 영향을 미치게 된다. 정치충원은 체제수준, 과정수준, 정책수준과 상호의존성을 지니고 있다.[4]

1. 체제수준

정치충원은 체제수준(system level)에서 정치체제의 유지와 적응기능을 수행한다. 정치체제가 유지되고 기능하려면 정치구조에 역할 담당자를 선임해야 한다. 정치체제가 기능을 상실하지 않고 작동하려면 정치구조에 인적 자원이 공급되어야 한다. 인적 자원을 공급하여 특수한 기능을 부여해야 정치체제는 기능을 수행할 수 있고 또한 유지가 가능하다.

또한 정치충원은 변화되는 환경에 반응력을 높여준다. 시시각각 변하는 상황에 대한 대응수준은 정치체제를 운영하는 사람의 의도적인 노력에 의하여 좌우되기 때문에 위기관리능력이나 상황판단능력이 뛰어난 인물을 충원하게 되면 정치체제의 환경적응기능을 높일 수 있다.

2. 과정수준

정치충원은 과정수준에서 대표(representation)기능을 수행한다. 정치 엘리트는 주권자인 국민으로 부터 일정한 임기 동안 특정한 기능을 수행하도록 권한을 위임받은 국민의 대표다. 정치 엘리트는 국민으로부터 한시적으로 위임된 정치권력을 행사하여 가치의 권위적인 배분권을 행사한다. 정치충원은 정책결정 과정에 정치 엘리트가 책임지고 권위적인 의사결정권을 행사할 수 있도록 대표성을 부여하는 것이다. 정치충원은 구체적으로 선거와 같은 방법을 통하여 국민의 대표를 선출하고 그들에게 국민의 대표지위를 부

---

4) Almond and Powell(1978), pp.109 - 111.

여하는 기능을 수행한다.

3. 정책수준

정치충원은 정책수준에서 세 가지 차원에서 영향을 미친다.

첫째, 정책능력과 관련이 있다. 유능하고 숙련된 정치 엘리트가 충원된다면 정책결정 능력을 향상시키는 데 기여하게 된다. 전문성이 있는 정치지도자가 선출되거나 훈련이 잘된 공무원이 선발된다면 정책결정과 집행능력을 향상시킬 수 있다.

둘째, 상이한 정책선호를 가진 정치 엘리트가 충원되면 정책의 방향과 내용이 달라진다. 동일한 정치체제에서도 정책결정자가 누구냐에 따라서 정책방향과 성향이 다르게 나타난다. 동일한 정치체제하에서도 대통령과 장관의 철학과 성향 그리고 이념에 따라서 정책이 바뀌게 되는 것을 예로 들 수 있다. 또한 상이한 정책성향을 가진 엘리트들 간의 의견 조율을 통하여 조화 있는 정책을 결정할 수 있다.

셋째, 정치충원구조는 시민의 정책 선호에 지속적으로 대응할 수 있는 역할을 수행한다. 정치충원은 정치체제가 국민의 선호를 정책에 계속적으로 반영할 수 있도록 직무의 연속성을 가능하게 한다. 예를 들면 특정한 역할에 공석이 생기면 정치충원을 통하여 그 역할이 중단 없이 수행될 수 있도록 새로운 사람을 충당하게 된다. 또한 국민들이 선호하는 정책이 지속적으로 입안되고 집행될 수 있도록 그 분야에 적합한 인물을 적재적소에 충원하여 그 기능을 보강해 나간다.

민주주의는 국민이 정치 엘리트를 통제하는 제도이기 때문에 주기적인 선거를 통하여 국민의 정책 선호와 일치하는 공약을 내세운 후보를 선출하게 된다. 임기제를 도입하여 한시적으로 국민의 대표성을 위임하는 것은 국민의 선호와 다른 정책을 결정하여 국민들의 기대를 저버린 정치 엘리트에 대하여 다음 선거에서 재신임 여부를 결정할 수 있는 기회를 제공하기 위한 것이다. 국민을 실망시키면 그들에게 위임했던 정책결정권을 더 이상 신임하지 않고, 국민의 선호를 정책결정에 반영시킬 수 있는 새로운 인물을 선출하여 국민의 요구에 대한 반응력을 높이려는 것이다.

제3절 정치충원에 작용하는 변수

정치충원에 작용하는 변수를 풋남(R. D. Putnam)은 ① 충원통로(channels) ② 충원방법(gate and gatekeepers) ③ 충원기준(credential) ④ 충원주기(turnover and succession) ⑤ 충원유형과 엘리트와 정책에 미치는 영향(so what) 등을 고려한다고 주장하였다.[5]

하지만 보다 포괄적인 시각에서 개인적 접근법(individual approach)과 제도적 접근법(institutional approach)으로 분류하기도 한다.[6]

1. 개인적 접근법

개인적 접근법은 정치적 역할을 담당하는 개인의 심리적 측면을 강조한 것이다. 정치 엘리트가 되고자 하는 사람들의 개인적인 속성, 자질, 동기, 역할 등을 분석하는 것이다.

앞서 살펴본 라스웰(H. D. Lasswell)과 다알(R. A. Dahl)이 주장한 권력추구자들의 동기는 개인적 접근법과 관련이 있다고 볼 수 있다. 페인과 워신스키(J. L. Payne and O. Woshinsky)는 미국, 프랑스, 브라질, 콜롬비아, 도미니카공화국에 대한 경험적인 조사에서 정치적 역할을 담당하려는 사람들의 동기는 다양하다고 하면서 6가지의 요인을 제시하였다.[7]

---

5) Robert D. Putnam, *The Comparative Study of Political Elites*(Englewood Cliffs: Prentice-Hall, Inc., 1976), pp.46-47.
6) Prewitt(1970), p.15.

① 추종(adulation): 개인적인 애착심이 강하거나 칭찬받기를 좋아하는 심리

② 지위(Status): 사회적으로 출세라고 정의된 지위의 획득

③ 계획(program): 정책 문제를 해결하겠다는 계획과 포부

④ 임무(mission): 자신이 당연히 해야 할 일이라는 생각과 이념의 실현

⑤ 의무(obligation): 시민봉사의 의무감과 소명의식

⑥ 게임(game): 정치 경쟁에서 기술의 발휘 등

2. 제도적 접근법

(1) 사회·정치적 변수

개인이 처한 사회·정치적인 배경과 환경적 요인이 정치충원에 변수로 작용한다. 사회·정치적인 요인으로 여러 가지를 꼽을 수 있다.

① 사회의 가치체계

사회적으로 공직이나 관직에 대하여 높은 가치를 부여하는 분위기에서는 공직에 취임하려는 희망자가 많게 된다. 권력가치를 가장 값진 것으로 인식하는 사회분위기나 관존민비사상이 존재한다면 정치 엘리트가 되고자 하는 희망자가 많아 정치충원에 치열한 경쟁이 예상된다.

② 정치화 사회(politicized society)

사회의 모든 분야가 정치를 통해서 해결되고 또한 정치와 깊게 연관되어 있을 때 정치의 역할이 중요하게 부각된다. 과도하게 정치화(intense politicization)된 사회에서 정치는 모든 것인 동시에 최종적인 목적(be – all and ends – all)이 된다.[8] 정치가 만능이고 정치의 기능이 사회의 모든 분야를 통

---

7) James L. Payne and Oliver H. Woshinsky, "Incentives for Political Participation" *World Politics*, Vol.24, No.4(July 1972), pp.518 – 546.

8) Edward Shils, "The Intellectuals in the Political Development of the New States", in Jason L. Finkle and Richard W. Gable, *Political Development and Social Change*(New York: Wiley &

제하는 막강한 영향력을 행사하게 되면 많은 사람들이 정치를 지망하게 된다.

한국의 경우 사회 각 분야에서 뛰어난 업적을 남겨 유명인사가 되면 정치에 입문하려고 노력하는 사람이 많은데, 이러한 현상을 위와 같은 맥락에서 이해할 수 있을 것이다. 각 정당에서 유명인사를 공천하여 국민의 높은 지지를 받아 의석수도 늘리고 당세도 확장하기 위한 정략적 차원에서 강권으로 충원하는 경우도 있지만 자기 전문 분야의 1인자 자리를 포기하고 정치에 입문하는 것은 정치적 역할이 크고 중요하다는 인식 때문이라고 볼 수도 있다. 정치화된 사회에서는 정치적 역할을 수행하고자 하는 정치 지망생이 과도하게 생겨난다.

③ 정치체제의 형태

정치체제가 권위적인 경우 정치충원 통로가 폐쇄되어 일반인의 정치 엘리트 도전기회가 제한된다. 권위주의적인 정치 지도자의 눈에 드는 것이 고위직에 충원되는 유일한 기회이기 때문에 개인에 대한 충성과 비제도적인 경합이 이루어진다. 민주주의 정치체제는 정치 엘리트의 충원통로가 개방되어 있어 누구나 공직에 취임할 수 있다. 정치체제의 권위주의성과 민주성에 따라서 정치 엘리트 충원 통로나 충원과정에 영향을 미친다.

④ 사회계층의 기반

자신이 속한 사회계층이 공직에 진출하기 용이한 경우가 있고 그렇지 못한 경우가 있다. 예를 들면 의사를 부모로 둔 자녀가 의사가 될 가능성이 높은 것과 마찬가지로 자신의 사회적 계층의 기반과 정치충원은 관련이 있다. 정치권력을 획득하기 위해서 많은 정치자금이 소요될 경우 부유한 집안 출신이 유리하게 된다. 정치가의 집안에서 자녀들이 정치에 입문하기 유리한 것도 같은 맥락에서 이해할 수 있을 것이다.

⑤ 정치제도의 안정성

정치체제의 제도화 수준이 높아 정치체제가 안정을 유지한다면 정치충원

Sons, Inc. 1969), p.345.

이 주기적·정상적으로 이루어진다. 주기적인 선거와 정상적인 절차를 밟아서 정치 엘리트가 충원되는 안정된 모습을 보인다. 그러나 지나치게 안정되어 보수성향을 보이거나 기존 엘리트의 응집력이 강하거나 기득권을 장기간 유지하여 지지기반의 뿌리가 깊은 경우는 젊고 참신한 신인 정치 엘리트의 충원기회가 줄어들 수 있다.

정치체제의 불안정이나 위기는 정치 엘리트의 충원과정과 순환에 영향을 준다. 이러한 상황에서는 정치 엘리트 충원이 파행적으로 이루어질 가능성이 높다. 반면에 정치 엘리트의 순환은 용이하게 이루어질 수 있다.

⑥ 정치적 기회

정치적 야망과 꿈을 가진 정치 지망생은 많다. 그들의 발목을 잡는 것은 정계에 진출할 수 있는 마땅한 기회가 없기 때문에 망설이고 있는 것이다. 이들은 정치 엘리트에 도전할 수 있는 기회가 오면 정치적 위험, 성공 여부, 장래성 등에 대한 계산을 하고 정계에 발을 들여놓게 된다.

⑦ 선거제도

선거구, 기표방법, 대표제, 선거운동 방법, 후보의 공천 등 선거제도와 정치 엘리트의 충원은 관련이 있다. 예를 들면 소선거구제를 채택하고 있는 경우 전국적인 인물보다는 지방 유지에게 유리하다는 단점이 있다. 소수대표제를 도입했을 경우 소수파도 당선자를 낼 수 있어 정치 엘리트의 충원이 가능하다.

⑧ 정당의 경쟁유형

정당은 정치 엘리트의 충원 통로이자 정치 엘리트의 소속을 나타내는 중요한 조직이기 때문에 경쟁의 정도에 따라서 엘리트의 충원에 영향을 미친다.

민중정당(populist parties)의 경우 국민 전체를 대변하기 때문에 민족주의 이념이 계급, 지역, 언어와 같은 일체감보다 우위에 자리하게 된다. 파벌정당(sectarian parties)은 특정한 집단의 이익을 대변하기 때문에 대표성에 한계가 있으며 이념적 순수성을 유지하는 데 관심을 가지고 있다. 다원주의 정당(pluralist parties)은 대중정당으로서 다양한 이익을 대표한다. 정당의 유형에 따라서 이익을 대표하는 집단의 성격이 다르기 때문에 정치 충원에 영향을 미친다.[9]

(2) 충원구조의 특성

정치충원에 있어서 충원구조의 특성도 영향을 미친다. 정치충원이 개인적 변수, 사회적 변수, 정치적 변수의 영향을 받는 것은 사실이지만 최종적인 정치충원은 충원구조의 내부요인이 가장 결정적으로 작용한다. 내적 요인으로 네 가지를 들 수 있다.[10]

① 충원결정권의 소재

이것은 충원체계의 역할 및 구조적 분화 그리고 하위체계가 갖는 자율성의 정도와 직결되는 문제다. 충원의 결정권이 집권형(하향식)인가 분권형(상향식)인가에 따라서 충원에 영향을 미친다. 권력의 상층부에서 충원을 독점하고 있는 집권형이라면 권력자와 연고가 있어야 충원이 가능할 것이고, 일반국민에게 있다면 선거를 통하여 국민의 지지를 획득해야 정치적 지위를 획득할 수 있을 것이다.

② 구조적 결합

정치충원의 상부구조와 하부구조 간 어떤 관계를 유지하느냐가 정치충원에 영향을 미친다. 주종관계의 강성결합(strong articulation)이라면 하부구조가 자율성을 가진 연성결합(weak articulation)에 비하여 중앙에서 정치충원의 결정권을 행사하게 된다. 따라서 하부구조는 정치충원 권한이 없기 때문에 역시 중앙과의 연계가 정치적 지위를 얻는 데 도움이 된다.

---

9) Lester G. Seligman, "Elite Recruitment and Political Development", in Finkle and Gable (1969), pp.333 – 334.

10) 정치충원 결정기구의 내적 요인 네 가지를 중심으로 충원유형을 ① 저개발형과 ② 개발형으로 분류하고 있는 데 유형이 너무 단조롭고 또한 충원기구의 내적 요인은 정치충원에 영향력을 행사하는 가장 결정적인 요인이기 때문에 여기서는 정치충원에 작용하는 변수로 보고자 한다. 윤형섭, "정치충원과 정치발전", 이영호 외(1988), pp.219 – 221.

③ 충원통로의 개방성 또는 폐쇄성

정치충원 통로가 모든 사람에게 경쟁적으로 개방되어 능력 위주의 충원이 이루어지는 경우와 그렇지 못한 경우가 있다. 정치적 기회가 개방되어 능력과 자질을 갖춘 사람은 누구나 공직에 도전할 수 있는 기회를 가질 수 있는 것과 제한적인 것은 정치충원에 영향을 미친다.

④ 충원의 기준

정치충원의 기준을 귀속적·특수적 기준(ascriptive and particularistic criteria)에 두느냐 아니면 업적과 보편적 기준(achievement and universalistic criteria)에 두느냐에 따라서 충원의 내용이 달라진다. 혈연, 학연, 지연, 종교, 친분, 인종집단과 같은 기준에 두는 연고주의 충원과 교육수준, 시험성적, 선거, 정치적 역할, 임무수행 능력 등과 같은 기술과 능력에 두느냐에 따라서 달라진다. 예를 들면 특정 지역 출신 대통령이 자기 고향 사람을 대거 정부 요직에 발탁하는 귀속적 기준에 의한 정실인사의 경우 타 지역의 유능한 인재는 그만큼 고위직 진출기회가 줄어들게 된다.

제4절 정치충원 방법

정치충원의 원칙을 실적제(merit system)와 엽관제(spoil system)로 나눌 수 있다. 실적제는 일정한 자격요건을 갖추고 충원기준에서 요구하는 업적이 있는 인물이 충원되는 경우로 공직채용의 객관성을 유지할 수 있으며, 기회의 균등한 보장, 정치적 중립, 신분보장 등의 장점이 있다.

반면에 엽관제는 공직을 전리품과 같이 논공행상식으로 정실에 의하여 나누어 갖는 방법이다. 이것은 선거에서 승리한 다음 자기의 당선에 기여한 공로자들에게 보상의 대가로 한자리씩 나누어주는 정치적 인사를 의미한다. 이는 체제 능률의 저하, 위인설관, 예산낭비, 인사기강의 문란, 공무의 무책임성, 국론분열 등 많은 단점이 지적된다.

위의 두 가지 방법은 충원의 방법에 대한 일반적인 분류라고 볼 수 있으며, 여기서는 충원의 방법을 선거, 임명, 공개채용, 기타 방법 등으로 나누고자 한다.

1. 선거

선거(election)는 대의민주주의 정치체제하에서 국민이 직접 공무를 담당할 정치 엘리트를 선출하는 방식이다. 선거를 선택의 의식(rituals of choice)이라 부른다.[11] 공직에 취임하고자 하는 다수의 경쟁자 중에서 국민이 직접 참여하여 최종적으로 소수를 가려내는(screening), 선택(choosing)의 과정이다. 선거결과 당선자와 낙선자가 구분되어 당선자는 공직에 취임하게 된다. 따라서 선거는 정치지망생이 정치권력을 획득하기 위해서 마지막으로 통과해야 하는 관문이다. 많은 정치지망생들은 국민의 지지를 획득하기 위해서 정치적 자원을 동원하여 국민들에게 지지를 호소하게 된다.

민주주의 정치체제에서는 대통령, 국회의원, 지방자치단체장, 지방의회의원 등 다수의 공직을 국민의 직접 선거에 의하여 충원된다. 선거가 대의민주주의를 실현하기 위한 최선의 방법임에는 틀림없으나 선거결과 실제로 국민과 국가를 위하여 가장 열심히 일할 수 있는 유능한 인사가 당선되느냐 하는 문제가 제기될 수 있다. 선거가 가장 합리적인 정치충원 방법이 되기 위해서는 선거제도, 선거운동 방식, 후보자와 국민의 정치의식, 정당제도, 선거문화, 국민의 투표행태, 선거쟁점, 선거 당시의 국내외의 상황, 투표율 등을 종합적으로 분석해야 할 것이다.

---

11) Prewitt(1970), p.129.

2. 임명

임명(appointment)에 의한 정치충원은 인사권을 가진 권력 엘리트가 공직자를 지명하는 방법이다. 선거를 통하여 최고의 권위를 획득한 정치 지도자가 합법적인 권한을 행사하여 임명권을 행사하는 것이다. 선거나 임명을 통하여 합법적인 권위를 획득하게 되면 정부의 비선출고위직에 대한 임명권을 행사할 수 있는 권한을 동시에 얻게 된다. 임명에는 인사권자가 자신의 권한과 책임하에 일방적으로 임명권을 행사하는 경우가 있다. 가장 대표적인 것으로 정부를 구성하기 위해서 대통령이 각료를 임명하는 것을 들 수 있다.

다음은 임명권자가 추천을 하되 국회의 동의절차를 밟거나 인사청문회를 거쳐 임명하는 경우가 있다. 예를 들면 한국의 국무총리, 대법원장, 헌법재판소장, 감사원장 등은 대통령의 추천과 국회의 동의절차를 밟아야 정식으로 임명될 수 있다. 대통령이 추천한 장관후보나 권력기관장에 대하여 귀속력은 없지만 국회에서 인사청문회 절차를 밟기도 한다. 미국의 주요 정부의 인사는 대통령이 의회 청문회의 인준을 받아 임명한다. 미국은 상원인준 절차를 밟아야 하는 정무직 수는 1,177명, 대통령이 임명할 수 있는 징무직 공무원은 7,840명이라고 한다. 새로 취임하는 대통령이 교체할 수 있는 인사 폭은 2,000명 선이라고 한다. 클린턴(Bill Clinton) 대통령의 경우 1993년 취임하면서 1,700여 명을 새로 임명했는데 그중에서 570명이 의회 청문회를 거쳤다.[12]

임명과 관련된 정치충원에서 흔히 발견되는 부정적인 현상은 업적이나 능력보다는 엽관주의에 입각한 정실인사, 특정 지역 편중인사, 배려인사, 보상성 인사, 시혜적 인사 등 임명권자와의 이해관계나 연고가 지나치게 강조되는 경우라고 볼 수 있다. 물론 정부의 고위직에 임명권자가 믿을 수 있고 평소에 잘 알고 있는 인사를 발탁해야 자신의 정책의지를 소신 있게 추진

---

12) 「조선일보」 1998. 4. 4.

하는 데 손발을 맞출 수 있다는 장점을 내세우기도 하지만 부정적인 측면이 훨씬 더 많기 때문에 이러한 인사는 지양되어야 할 것이다. 임명권자가 인사권을 남용 또는 오용할 경우 인사질서가 무너진다.

3. 공개채용

공직에서 필요로 하는 인사를 공개적으로 채용하여 충원하는 방법이다. 가장 대표적인 것이 공무원의 신규채용이라고 볼 수 있다. 공개채용은 다음과 같은 절차를 밟아서 이루어진다.

(1) 모집

조직의 목적 달성에 적합한 인력을 확보하기 위해서 우수한 사람을 유인하는 활동이나 절차를 말한다. 자격요건, 시험날짜, 모집인원, 모집 분야, 처우 등에 관한 사항을 포함하여 공개적으로 모집 공고를 하게 된다. 우수한 인력을 유치하기 위해서 다음과 같은 방법을 활용한다.
① 공직에 대한 사회적인 평가의 제고
② 인력계획의 수립과 실천
③ 채용절차의 합리화: 신속화·간소화·간편화 및 정기적인 시험의 시행
④ 모집공고 방법의 개선: 공고내용의 구체화와 각종 선전 매체의 활용
⑤ 노동시장의 개척과 조성: 인력양성 기관과 지속적·유기적 관계유지

(2) 지원자격

공개채용에 응시할 수 있는 자격을 명시하여 공개적으로 알린다. 공직에서 요구하는 가치관이나 태도, 공직자가 갖추어야 할 자세, 국적, 교육, 전공, 연령, 거주지, 범죄사실 등에 대한 요건을 제시한다. 공직 충원의 개방성을 보장하기 위해서 성별, 학력, 전공 등에 대한 제한을 없애는 경우가 있다.

(3) 시험

지원자 중에서 적격자를 선발하기 위한 모든 응시자에게 동일한 선발기준으로 삼기 위한 수단 또는 도구로서 시험을 치른다. 시험의 종류에는 필기, 실기, 면접시험 등이 있다. 또한 측정목적에 따라서 일반지능검사, 적성검사, 업적검사, 성격검사, 신체검사 등으로 분류할 수 있다.

시험은 많은 응시자 중에서 적격자를 동일한 기준으로 선발하기 위한 방법으로 도입된 것으로 시험의 타당성, 신뢰성, 난이도, 객관성 등에서 효용성을 갖추어야 의미가 있다. 그러나 시험이 안고 있는 본질적인 문제는 단순한 지식 이상을 측정하기 어렵다는 것이다. 인격, 성격, 공직관, 잠재력과 발전가능성 등을 필기시험으로 평가한다는 것은 용이한 일이 아니다. 또한 면접시험을 보더라도 객관성을 유지하기 곤란하고 첫인상을 중요시하는 등 감정적인 평가의 가능성이 있다. 또한 고시의 경우도 종합적인 공직자의 자질을 평가하기보다는 지적 능력의 평가에 치우치는 경향이 있다.

(4) 합격자 발표·임용·연수

시험결과 최종적으로 합격자에게 알리고 공직에 임용한다. 임용 후 역할을 부여하기 전에 일반적으로 공직자의 자세, 직무 등과 관련된 연수, 교육, 수습 등의 과정을 거친다.

4. 기타

기타의 충원 방법은 다음과 같은 여러 유형이 있다.

(1) 추천

공직에 취임할 대상자를 공개적·비공개적으로 천거를 받아 충원하는 방법이다.

(2) 폭력

폭력을 동원하여 공직을 얻는 경우로 탈법적이고 초법적인 방법이라고 볼 수 있다. 군사 쿠데타, 혁명, 암살, 민중폭동과 같은 비정상적인 방법으로 공직을 탈취하는 방법이다.

(3) 후견

정실에 의한 충원 방법이라고 볼 수 있다. 혈연, 지연, 개인적 친분, 온정 관계 등이 작용하여 공직을 얻는 경우라고 볼 수 있다. 대표적으로 유력인사나 실세 등 배경을 앞세워 공직에 취임하는 기회를 갖는 경우다.

(4) 자연적인 등장

시대적인 특수한 상황요인이 작용하여 정치 엘리트가 자연스럽게 부상되는 경우라고 볼 수 있다.

(5) 호선(cooptation)

선거와 후견, 선거와 지명의 중간형이라고 볼 수 있다. 예를 들면 국민 전체가 대통령 1명을 뽑는 것은 선거라고 볼 수 있으며, 실력자 10명이 위원 100명을 뽑는 것은 지명이나 후견이라고 볼 수 있다. 호선은 권위의 상하관계가 없는 대등한 지위에 있는 인사들이 의장을 뽑거나 위원장을 뽑는 경우를 의미한다. 예를 들면 30명의 정치국원이 1명의 서기장을 뽑는 경우나 교황을 선출하는 방식이 여기에 해당된다. 이들은 모두 선거권자인 동시에 피선거권자라고 할 수 있다.

(6) 세습

　주요한 정치 엘리트의 지위가 승계되어 충원되는 경우를 의미한다. 왕정 체제를 유지하고 있는 국가에서 왕위의 부자간, 형제간, 부부간에 세습되는 충원 유형을 의미한다.

제5절 시민과 정치 엘리트의 충원

1. 시민의 정치충원

　정치과정에 있어서 시민의 정치적 역할은 ① 참여적 역할과 ② 복종적 역할 등 두 가지 범주로 나눌 수 있다. 시민의 정치적 역할에 대한 분류는 <표 5-1>에 나타나 있다. 참여적 역할은 진행 중인 정책결정 과정에 영향력을 행사하는 것을 의미하며, 복종적 역할은 정책집행과정에 참여하는 것을 의미한다.[13]

(1) 참여적 역할

　① 시민의 이익표출

　공공정책에 대한 자신들의 요구를 제기하는 것을 의미한다. 그 종류에는 일선 행정기관의 공직자나 정치인을 만나서 사사로운 개인 문제를 포함한 민원을 제기하는 것, 공공정책에 대한 자신의 입장을 전달하는 것 등이 있다. 이러한 역할은 정치체제의 유형에 관계없이 발견되는 통상적인 시민의 정치참여라고 볼 수 있다.

　활동적인 이익집단원이란 각종 이익집단에 가입하여 행정기관, 정당, 대중매체, 의회 등에 시위, 파업, 폭동, 기타 폭력적인 방법을 동원하여 자신

---

13) Almond and Powell(1978), pp.112-123.

들의 이익을 확보하기 위해서 집단적으로 참여하는 사람들을 의미한다. 자신들의 이익을 보다 안정적으로 보호하기 위하여 집단행동을 하는 것이다. 다양한 이해관계가 복잡하게 연계된 현대사회에서 누구나 이익집단과 관계하고 있는데, 이익표출에 적극적으로 참여하는 것을 활동적인 이익집단원이라고 한다.

〈표 5-1〉 시민의 정치적 역할 유형

참여적 역할	복종적 역할
① 이익표출 역할 　- 일선공직자 접촉 　- 활동적인 이익집단원 ② 이익취합 역할 　- 경쟁적인 선거에서 투표 　- 선거운동참여 ③ 정책결정 역할 　- 국민투표에 참가 　- 주민자치에 참여	① 자원의 제공자 　- 납세의무 　- 병역의무 ② 자원의 수혜자 　- 복지혜택 수혜 　- 사회보장 혜택 수혜 ③ 행위규제의 수용자 　- 법을 지키는 시민 　- 자녀의 취학 　- 보건·안전규범을 준수하는 역할 ④ 상징의 수혜자 　- 충성맹세와 서약자 역할 　- 비강제적 선거에서 투표

출처: Almond and Powell(1984), p.48

② 이익취합 역할

시민이 경쟁적인 선거에 참여해서 투표권을 행사하고 선거운동에 적극적으로 나서는 것이다. 정당정치가 발달된 정치체제에서는 정당이 특정 이익을 대변하고 그 이익과 관련 있는 국민의 지지를 획득하기 위해서 노력한다. 지지획득의 대표적인 것은 투표를 통한 것이다. 국민은 또한 특정 정당이 내세운 정강정책에 공감할 경우 그 정당에 가입하여 적극적인 지지자가 되기도 하며 선거운동에 직접 참여하여 정당의 지지기반을 확대하기 위하여 노력하기도 한다.

③ 시민의 정책결정 역할

국민투표나 정책결정에 직접 참여하는 것을 의미한다. 시민의 직접적인 정책결정 참여는 중앙정부 수준보다는 지방정부 수준에서 가능하다. 대의민주주의 정치체제에서는 중앙정부의 정책결정은 선출된 정치 엘리트에 의하여 결정되는 경우가 대부분이지만 지방정부 수준에서는 주민자치를 통한 주민들의 직접 참여로 의사결정이 이루어지고 있다. 가장 대표적인 유형으로 주민투표를 들 수 있으며 시민이 일일 명예 주민자치센터의 장과 같은 일선 행정기관 책임을 맡는 등의 방법도 있다.

시민의 정치충원은 무엇보다도 정치체제의 의사결정 구조와 관련이 있다. 권위주의 정치체제에서는 경쟁적인 정당활동이 제약을 받기 때문에 국민의 정치과정 참여는 의미가 적다. 설사 정치참여가 허용 되더라도 동원적 참여·상징적 참여·의식적인 참여·형식적 참여가 이루어져 국민의 정치충원은 별다른 의미가 없다. 국민의 이익집단 참여도 많은 제약이 뒤따르기 때문에 적극적인 활동이 불가능하다. 권위주의 정치체제에서 대부분의 이익집단은 관변단체로 어용화되는 경우가 많아 국민의 이익을 정치과정에 제대로 반영할 수 없다.

민주주의 정치체제에서는 시민과 집단의 자유로운 활동이 보장되는 다원주의를 지향하고 있기 때문에 시민의 정치충원은 의미가 있다. 또한 경쟁적인 정당도 시민의 정치충원에 중요한 역할을 수행한다. 정당징치가 발달되어 정당중심의 정책결정이 이루어지는 정치체제라면 시민의 정치참여도가 높아진다. 특히 정당 간에 국민의 지지획득을 위한 과열경쟁이 이루어질 경우 국민의 정치참여율은 높아진다고 볼 수 있다. 왜냐하면 정당들은 국민이 선호하는 정책대안을 경쟁적으로 제시하여 국민들의 관심을 끌어 정치참여에 대한 동기를 부여하기 때문이다.

시민의 정치 충원은 공직자의 반응도에 따라서 달라진다. 시민이 정치과정에 참여하여 민원을 제기했을 때 행정기관에서 호의적인 반응이 나타나고 민원이 쉽게 해결된다면 시민들은 참여의 효율성을 인식하고 보다 적극적으로 참여하게 될 것이다. 그러나 행정기관에서 국민의 소리에 무반응과 무관심을 보이게 되면 시민들은 정치참여에 대한 무력감을 느껴 불신·체념·자포자기 등 정치적 역할에 대한 회의를 나타낸다. 예를 들면 옴부즈맨

(ombudsman) 제도가 효율적이라면 시민들은 자주 활용하게 되는 것과 같다.

(2) 복종적 역할

국민의 정치충원과 관련하여 참여적 역할 못지않게 중요한 것이 복종적인 역할이라고 볼 수 있다. 정치체제가 제대로 기능하고 생명력을 유지하려면 국민의 지지가 필수적이다. 그중에서도 정치적 산출결과에 대한 국민의 수용이 절대적으로 요구된다. 이는 정치체제의 권위에 대한 순응과 관련이 있다. 정치체제가 권위를 상실하면 가치의 배분이 사실상 불가능하여 사회질서를 유지하기 어렵게 된다. 그뿐만이 아니라 정치체제가 기능하는 데 필수적으로 요구되는 인적·물적 자원을 제공해야 한다. 인적·물적 자원이 없으면 정치체제의 작동은 전혀 불가능하다.

국민들은 세금도 납부하고 군복무도 해야 한다. 그러나 정치체제가 국민에게 봉사와 의무만을 요구해서는 안 된다. 국민이 원하는 가치를 시의적절하게 배분해 주어야 한다. 복지혜택을 부여하고 사회보장제도를 통한 의료, 보건, 후생, 실직, 연금, 노후 등에 대한 대책을 수립하고 사회 간접자본을 확충하여 국민 삶의 질을 높여주어야 한다.

국민은 또한 법을 준수하고 자녀를 학교에 보내서 의무교육을 받게 하여야 한다. 그리고 각종 안전수칙을 지켜서 사고를 미연에 방지하고 안전한 사회질서가 유지될 수 있도록 해야 한다.

시민의 복종적인 역할로 상징의 수혜가 있다. 국가의 권위, 정부, 정통성, 지도자 등에 대한 상징성을 국민이 인정해야 한다. 이는 국민 일체감 형성과 사회통합을 이룩하여 정치안정에 기여하는 중요한 요인이 된다. 그러나 권위주의적 정치지도자가 개인적인 리더십을 영웅시하는 상징조작을 통하여 국민의 태도를 엉뚱한 곳으로 전환시키는 것은 다른 문제라고 볼 수 있다.

2. 정치 엘리트의 충원

정치 엘리트의 충원은 정당, 지방정부, 관료, 군 등의 통로를 거치는 것이 가장 일반적인 현상이다. 사회의 여러 분야에 종사하다 특정 정당에 소속하여 충원되는 경우가 대부분이며 무소속으로 출마하여 정치 엘리트가 되는 경우는 흔하지 않다. 법적으로 정당의 공천을 배제하지 않는 한 공직에 출마하기 위해서는 정당의 공천을 받는 것이 유리하기 때문에 정당에 소속한다.

지방정부를 통하여 정치 엘리트가 되는 경우도 많다. 지방자치단체장이나 지방의원을 역임한 경험을 살려 중앙의 정치 엘리트에 충원되는 경우도 있다.

관료직과 군은 정치 엘리트가 되는 좋은 통로가 된다. 전문관료로 정부 고위직을 역임한 후 정치에 입문하거나, 군부지배체제나 의사민간정부(quasi-civilianized government) 체제하에서는 군 출신이 정치 엘리트로 충원되는 경우가 많다.

한국의 경우 각료 및 국회의원의 경력 분포에 의하면 관료 경력의 각료는 제1공화국 43%, 제2공화국 44%, 제3공화국 36%, 제4공화국 62%, 제5공화국 57%로 각각 나타났으며, 국회의원의 경우 제1공화국 20%, 제2공화국 18%, 제3공화국 12%, 제4공화국 15%, 제5공화국 12%로 각각 나타났다. 군 경력자의 각료는 제1공화국 5%, 제2공화국 3%, 제3공화국 33%, 제4공화국 16%, 제5공화국 22%로 나타났다. 군 경력자의 국회의원은 제1공화국 2%, 제2공화국 4%, 제3공화국 16%, 제4공화국 16%, 제5공화국 11%로 각각 나타났다.[14] 관료와 군 출신의 정무직이나 국회에 진출하는 비율이 상당히 높은 편이다.

정치 엘리트의 충원에 있어서 중요한 것은 엘리트의 순환구조(structure of elite circulation)라고 볼 수 있다. 정치 엘리트와 비엘리트 간의 순환이 어느

---

14) 김호진, 『한국정치체제론』 수정7판, (서울: 박영사, 2006), p.367.

정도 이루어지고 있느냐 하는 것이다. 민주주의 정치체제는 정치 엘리트에 도전할 수 있는 기회를 비엘리트에게도 제한 없이 개방하고 있으나 엘리트의 순환이 쉽게 이루어지지 않고 있다. 그 이유는 아무리 정치 엘리트의 충원 통로가 개방되었다고 하더라도 충원구조가 기존의 엘리트에게 유리한 경우이거나 국민의 의식구조가 현상유지를 선호한다면 정치 엘리트의 순환은 불가능하게 된다. 또한 기득권을 수호하기 위해서 기성 엘리트 간의 야합이나 연합 그리고 유기적인 협조체제를 유지하면서 새로운 세력의 등장을 원천적으로 거부하는 경우가 많다. 정치현실에서는 기득권 세력의 현상유지와 도전세력의 변화에 대한 요구가 충돌하는 현상을 많이 발견하게 된다.[15]

이미 논의한 바와 같이 헌터(F. Hunter)나 밀즈(C. W. Mills)의 연구에서도 가장 개방된 기회의 나라로 인식되는 미국에서도 엘리트의 순환이 어렵다는 것을 보여주고 있다. 풋남(R. D. Putnam)은 지배 엘리트의 충원과 관련하여 많은 연구를 검토한 결과 다음과 같은 사실을 발견하였다.[16]

① 정치 엘리트는 상류층의 가정과 고위 직업배경으로부터 충원된다.

② 행정 엘리트의 사회적 배경은 정치 지도자와 달리 중산층으로부터 충원된다.

③ 경제 엘리트는 정치·행정 엘리트보다 더 좋은 사회적 배경을 가지고 있다.

④ 모든 엘리트는 높은 학력을 가지고 있다.

3. 정치 엘리트 충원기준

정치 엘리트의 충원기준은 나라마다 충원구조와 문화가 다르기 때문에 획일적으로 일반화할 수 없다. 정치 엘리트의 충원 기준은 시대와 상황에

---

15) 홍득표(1994), pp.284 - 286.

16) Putnam(1976), pp.21 - 32; 정치충원과 직접적인 관련성은 적어 보이지만 한국정치 엘리트의 행태적 특성을 다음과 같이 지적하고 있다. ① 권위주의적 특권의식 ② 권력지향성과 마키아벨리안적 ③ 파벌의식 ④ 강자지배주의 ⑤ 획일주의적인 사고 ⑥ 정치력과 전문성의 결핍 등. 김호진(2006), pp.394 - 398.

따라서 다를 수 있다. 정치 리더십에 대한 접근법이 다양한 것과 마찬가지로 정치 엘리트의 이상적인 충원기준 또한 다양하여 일반화하기에 어려움이 있다. 정치 엘리트가 처한 국내외의 상황과 시대가 요구하는 역할과 기능 그리고 국민의 기대와 요구 등의 변수가 복잡하게 상호 연관되어 있기 때문에 가장 바람직한 정치 엘리트의 충원기준을 제시하는 것은 용이한 일이 아니다.

정치 엘리트의 충원 기준을 획일적으로 제시하기는 어렵기 때문에 대통령, 의원, 지방자치단체장 등으로 세분하여 한국의 현실에서 요구하는 자질을 제시한 바 있다. 예를 들면 대통령의 경우는 올바른 역사의식, 설득력, 화합과 조화능력, 도덕성, 교육 중시, 국제평화와 인류번영에 영향력을 행사할 수 있는 능력을 들었다. 의원의 자질과 능력으로는 도덕성, 청렴성, 민주성, 봉사성, 대응성, 역사성, 전문성 등을 지적하였고, 지방자치 단체장의 경우는 종합행정 및 경영능력, 추진력, 책임감, 대응성, 갈등중재능력, 창의성과 정책비전 등을 제시하였다.[17]

정치 엘리트가 갖추어야 할 바람직한 자질요건으로 ① 정당성(legitimacy)과 ② 효과성(effectiveness) 등 두 가지를 제시하면서, 특히 한국정치 엘리트에게 요구되는 자질로 청렴성, 소명의식, 국민에 대한 대응성, 민주주의 정치이념과 원칙의 신봉, 민족적 주체의식, 갈등수용력, 역사의식, 기술합리성을 기할 수 있는 전문성 등 여덟 가지를 들고 있다.[18]

정치 엘리트의 충원기준을 나라마다 법에 명시해 놓는 경우가 많다. 예를 들면 연령, 거주 기간, 전과 여부 등을 구체적으로 규정하고 있다. 국가별로 강조하고 있는 내용을 취합하면 다음과 같다.

① 기술: 기술적 전문지식(technical expertise), 설득력과 조직력(ability to persuade and organize)

② 충성심과 정치적 신뢰성(loyalty and political reliability)

③ 우호관계(affiliations): 가족유대, 후원자 – 고객관계, 당파적 유대, 중앙

---

17) 홍득표, 『한국정치행위자론』(서울: 학문사, 1995), pp.67 – 75, 180 – 186, 188 – 192.

18) 김호진(2006), pp.398 – 404.

과 지방의 유대, 지역과 직능의 대표성 등을 들고 있다.[19]

4. 역할수행의 유인

정치충원의 또 다른 면은 국민이나 정치 엘리트가 자신들의 역할을 효율적으로 수행할 수 있도록 유인하는 것이다. 일반적으로 리더십 이론이나 정치권력의 정당화 방법으로 사탕과 채찍, 여우와 사자의 리더십, 설득과 강제의 방법을 활용하는 것으로 보고 있으나, 여기서는 ① 규범적 방법 (normative inducement) ② 보상적 방법(remunerative inducement) ③ 강제적 방법(coercive inducement) 등으로 나누고자 한다.[20]

(1) 규범적 방법

이는 국가, 정부, 정당 등에 대한 이념과 일체감 등을 호소하여 역할 수행을 유인하는 방법이다. 국민과 엘리트에게 이성적인 방법과 감성적인 방법으로 호소하여 체제에 대한 충성과 역할을 적극적으로 수행할 수 있도록 유도하는 것이다. 또한 정치사회화, 정치충원, 정치 커뮤니케이션을 조작하는 방법을 활용하여 특정 이념을 주입시키기도 한다. 정치사회화 과정을 통제하거나 상징의 조작, 공작, 교육, 교화 등의 방법을 동원하여 국민의 충성심과 참여적·복종적인 역할을 유도한다.

(2) 보상적 방법

이것은 정치 엘리트의 선출, 임용, 요직임명, 진급, 봉급 및 수당 인상, 포상, 각종 복지혜택 등 자리나 정신적·물질적 보상을 제공하여 이기심, 명예욕, 허영심을 채워줌으로써 역할에 충실할 수 있도록 유인하는 것이다.

---

19) Putnam(1976), pp.57 – 65.
20) Almond and Powell(1978), p.131.

정치·행정 엘리트에게 그들이 선호하는 가치를 부여하여 자발적·능동적으로 역할을 수행하도록 동기를 부여하는 것이다. 정치 엘리트의 경우는 국민의 변함없는 지지와 성원이 그들이 원하는 가장 커다란 보상이 될 수 있을 것이다.

국민은 각종 복지정책과 사회보장제도의 도입, 국민이 원하는 정치적 요구를 충족시켜 줄 때 자발적으로 참여적·복종적 역할을 수행할 수 있을 것이다.

(3) 강제적 방법

국민이나 정치 엘리트가 역할 수행을 게을리할 경우 합법적인 강제력을 동원하여 역할 수행을 유인하는 방법이다. 가장 대표적인 방법은 그들이 가지고 있는 가치를 실제로 박탈하거나 박탈하겠다는 위협과 공포에 의하여 역할수행에 적극 나서도록 하는 것이다.

정치 엘리트에 대한 강제적 방법은 공천이나 재공천 배제, 요직 박탈, 사법처리, 공직사퇴, 진급누락과 선거에서 낙선시키는 방법이 있다. 충성스럽지 못하거나 무능한 엘리트는 인사상의 불이익을 주어 역할 수행을 독려한다. 또한 각종 규정과 법률의 제정을 통하여 합법적으로 유인책을 모색하기도 한다. 예를 들면 임기제나 재임명제와 같은 제도는 강제적인 방법으로 정치 엘리트가 역할을 충실하게 수행할 수 있도록 통제하는 방법이다. 이는 재선이나 재임용을 위해서 열심히 역할 수행에 나서게 하기 위한 것이다.

국민이 참여적 역할을 소홀하게 했을 경우에는 제재 방법이 없으나 복종적인 역할을 수행하지 않으면 각종 법률이나 규정에 의하여 처벌을 받거나 상당한 경제적인 불이익을 감수하도록 강제한다.

제6절 정치충원과 민주화

1. 상향식 정치충원

상향식 정치충원이 민주발전의 핵심적인 요소가 된다. 충원 결정권의 소재가 최고 권력자 1인이나 극소수의 정치 엘리트에게 집중되어 있다면 하위체계의 자율성을 손상하게 될 뿐만 아니라 권위적인 유형의 정치현상이 발견된다. 민주주의 뿌리는 의사결정 구조가 상향식으로 이루어지는 것을 기본으로 하고 있으나 하향식으로 인사권과 후보 공천권이 행사된다면 충원 대상자들은 국민보다는 인사권자의 눈치만 살피고 충성하게 된다. 이는 공천권자에게 권력의 구심점이 형성되어 권위적인 행태와 보스(boss)정치의 폐해를 가져오게 된다. 정치권력의 핵심은 인적·물적 자원의 배분권이라고 볼 수 있다. 인적 자원을 배분할 수 있는 인사권이 정치권력의 중요한 요소를 차지하고 있다. 이러한 인사권이 상부에 집중되어 있는 것은 민주주의 기본원리에 배치되는 것이다.

공직선거에 출마하는 후보의 공천이 선거구 수준에서 당원들에 의하여 이루어져야 한다. 민주주의의 형식만 빌려 의례적이고 형식적인 추천이 아니라 진정으로 당원의 의사와 민심이 반영되는 실질적인 상향식 후보 추천이 이루어져야 한다. 국회의원, 지방자치단체장, 지방의원 등의 후보추천이 당원들의 참여에 의하여 상향적으로 이루어질 때 경쟁자들은 인사권자나 유력인사의 눈치나 비위를 맞추기보다는 당원이나 여론의 향배를 중시하기 때문에 풀뿌리 민주주의에 가까운 정치충원이 이루어진다고 볼 수 있다.

국민이 후보선정 과정에 참여할 수 있는 선거구 수준의 추천이나 국민경선제와 같은 제도가 도입되어야 할 것이다. 국민들은 정당에서 공천한 후보 중에서 어쩔 수 없이 최선이 아닌 차선의 선택을 강요당하는 결과를 낳고 있다. 국민이 의제선정(agenda setting)에 소외되는 것이 대의민주주의의 문제점이기 때문에 상향식 후보 추천 방식을 택하여 이를 보완해야 할 것이다.

또한 중앙정부의 인사권을 지방정부로 대폭 이양해야 한다. 지방자치단체장이 행사할 수 있는 인사권의 범위가 제한되어 있으면 지방정부를 자치적·효율적으로 운영할 수 없다. 인사권이 없는 단체장의 권위가 확립되기 어렵고 조직을 운영하는 데 많은 어려움을 겪게 된다. 또한 국영기업이나 국가투자 기관의 인사에도 자율성을 인정해야 한다.

2. 전문성과 충성심의 조화

정치충원에 있어서 첫 번째 기준은 전문지식과 능력 그리고 기술을 가진 성취중심이 되어야 한다. 정치체제를 운영하는 역할담당자의 능력은 곧 체제의 능력으로 직결되기 때문에 전문가가 충원되어야 한다. 유능한 인사가 충원되면 체제의 추출·분배·규제·대응·상징능력을 향상시킬 수 있다. 충원 이후 직무경험과 인사관리, 그리고 교육이 충원 당시의 능력이나 전문성 못지않게 중요한 것은 사실이지만 잠재력이나 자질이 우수한 인재를 충원하여 교육을 시키는 것이 보다 효과적이라고 볼 수 있다.

그러나 조직은 능력만으로 운영되는 것이 아니다. 조직의 운영에는 충성심도 중요한 요인으로 작용한다. 국가나 정치체제 그리고 정치적 권위에 대한 충성심이 없이는 소명직으로서의 공직이나 국민에 대한 봉사정신이 소홀해질 수 있다. 여기서 강조하는 것은 인사권자에 대한 개인적인 충성보다는 국가와 국민에 대한 충성심과 열정을 의미한다. 인사권자와의 1차적인 사회관계를 중시하여 직무능력과 관련이 적은 인사를 개인적인 충성심만을 고려하여 충원하는 것은 인사권의 남용이며 비민주적 방식이라고 볼 수 있다.

조직이 원만하게 운영되려면 전문성과 충성심이 조화를 이룬 가운데 조직내부가 응집력을 발휘할 때 조직의 목표를 효율적으로 달성할 수 있을 것이다.

3. 국민통합

정치충원은 국민통합적인 차원에서 이루어져야 한다. 정치충원이란 사회 내의 개인 및 집단에게 신분과 위신을 배분하는 것이기 때문에 국민통합과 직결된다. 정치충원을 국민통합적인 차원에서 이루려면 몇 가지 요건을 갖추어야 한다.

첫째, 공정한 인사가 이루어져야 한다. 충원의 기준이 객관성과 타당성을 지니고 뚜렷한 명분이 있어야 한다. 누구나 공감할 수 있는 발탁배경과 이유가 있어야 한다.

둘째, 개방적인 충원이 이루어져야 한다. 누구나 충원의 대상이 될 수 있어야 한다. 누구나 충원의 기회가 올 수 있다는 생각, 자신의 존재가치의 인식, 그리고 자기도 할 수 있다는 자신감을 심어주는 것이 소외를 극복할 수 있는 방법이다.

셋째, 지역주의를 탈피해야 한다. 정보통신과 교통수단의 발달 그리고 사회이동성의 기회가 증대되어 공간적인 개념이 희박해지고 지구촌시대에 살면서 자기 고향 사람만을 우대하는 것은 세계화의 정신이 아니다. 특정 지역 출신이 정치권력을 획득했다고 자기 지역 출신만을 정부의 요직에 발탁하는 것은 타 지역의 소외감을 가져와 국민화합과 국민일체감에 커다란 장애가 된다. 그렇다고 지역별로 나눠 먹기식 안배원칙을 지켜야 한다는 것은 아니다. 의도적으로 특정 지역 출신이라는 사실만을 정치충원의 주요 기준으로 삼는 것은 국민통합의 저해요인이 된다.

4. 시민의 참여

시민의 역할충원에 있어서 시민 개개인이 적극적인 참여 태도를 갖는 것과 정치체제가 시민의 참여를 유인하는 것이 중요하다. 시민이 정치과정에 적극적으로 참여하여 투입기능을 효율적으로 담당하는 것이 민주발전의 요체가 된다. 시민사회의 의견이 정치체제에 투입되어 정치과정에 영향력을 행사하고 정치과정을 통제할 수 있을 때 국민에 의한 정부가 실현될 수 있다.

또한 정부는 시민이 정치에 대하여 흥미를 느끼고 정치과정에 적극적으로 참여할 수 있도록 동기를 부여해야 한다. 정치적 무관심이나 정치적 소외의식을 조장하는 것은 정치 엘리트의 무책임에서 비롯된다. 정치가 국민에게 실망을 안겨주어 정치적 냉소주의가 싹트지 않도록 해야 한다. 권력형 부정부패, 당리당략과 당파싸움, 파벌정치, 지역주의, 기회주의 철새 정치인의 등장, 거짓말과 말 바꾸기, 책임회피, 권력투쟁형 정치, 다수의 국민을 위한 정치가 아니라 소수의 정치인만을 위한 정치, 구호성 정치, 정치보복 등 퇴행적인 저차원의 정치는 정치나 정치인에 대하여 환멸을 느끼게 만든다. 그러면 국민은 정치에 대한 애정이 식고 정치 참여욕이 떨어지게 된다. 활력 넘치는 정치와 희망을 주는 정치라면 국민은 정치를 사랑하고 정치과정에 적극적으로 참여하게 될 것이다.

제7절 맺는 말

정치는 사람이 하는 것이다. 민주주의가 발전하려면 정치제도가 민주주의 원리에 부합되어야 한다. 그러나 제도 못지않게 그것을 운영하는 사람이 중요하다. 구체적으로 정치체제가 기능하려면 투입과 산출을 직접 담당하는 사람의 의도적인 노력이 있어야 한다. 정치충원은 정치적 역할을 담당하는 사람을 충당하고 그들이 역할을 능동적·효율적으로 수행할 수 있도록 동기를 부여하는 과정이라고 할 때 그 중요성은 대단히 크다. 정치에 있어서 인사를 만사라고 하는 이유가 바로 정치충원의 중요성을 강조한 것이다.

정치 엘리트를 충원할 수 있는 인사권자는 적재적소에 유능한 인사를 충원해야 한다. 그리고 그들이 소신과 책임감을 갖고 역할을 수행할 수 있도록 자율성을 최대한 부여해야 한다. 그래야 정치체제가 국민의 요구에 효율적으로 반응할 수 있다. 정치충원의 기준이 전문성·경력·적성보다는 개인적인 신임이나 충성도, 연고관계, 권력획득 과정과 당쟁이나 파쟁의 기여도 등과 같은 요인에 근거하여 정실 인사를 하거나 원칙 없는 충원으로 인사질서를 어지럽힌다면 정치 엘리트의 분열은 물론 국민통합을 저해하여 생산적인 정치를 할 수 없게 된다.

시민의 입장에서는 두 가지 역할충원이 이루어져야 할 것이다.

첫째, 정치 엘리트를 선출하는 선거에서 합리적인 선택을 통하여 국가와 국민을 위해서 열심히 일할 수 있는 인물을 당선시켜야 한다. 역사의식, 설득력, 화합과 조화능력, 봉사정신, 도덕성, 민주성, 전문성, 효과성 등의 자질과 능력을 갖춘 정치 엘리트를 현명하게 판단하고 올바르게 선택해야 한다.

작은 이익이나 연고주의나 지역주의에 바탕을 둔 정치 엘리트의 선택은 국가발전을 위해서 바람직스럽지 못한 것이다. 정치의 파행과 낙후성은 정치인의 잘못도 크지만 그런 정치인을 뽑아 준 국민의 책임도 있다. 예를 들면 정치인들이 기회주의적으로 이 당 저 당 기웃거리면서 입당과 탈당을 상습적으로 반복하는 철새정치인이 생겨나는 것은 재선 가능성이 높기 때문이다. 해바라기성 정치인은 분명하게 낙선된다는 선거문화가 조성되어 있다면 아무리 사정기관에서 압력을 가하고 각종 유혹이 있더라도 정치 생명이 끊어지는 것이 두려워 그런 행태를 반복하지 못할 것이다. 정치인을 탓하기 이전에 국민수준보다 한 단계 높은 정치 엘리트를 선택할 수 있는 능력을 가져야 할 것이다.

둘째, 시민은 참여적 역할과 복종적 역할에 충실해야 한다. 민주주의는 국민이 정치의 주인인 동시에 주체적인 역할을 통하여 발전될 수 있다. 이익표출, 이익집약, 정책결정과정에 적극적으로 참여하여 자신의 목소리를 정치체제에 분명하게 투입시켜야 한다. 시민의 정치 참여 역할이 증대된다면 정치 엘리트도 그들의 존재와 영향력을 의식하고 국민을 위한 정치를 할 수밖에 없을 것이다.

국민은 또한 복종자로서도 충실해야 한다. 납세의무, 병역의무, 교육의무를 다하고 국가가 제공하는 각종 복지의 수혜자가 되어야 한다. 그리고 법과 안전수칙을 스스로 잘 지키는 민주시민이 되어야 한다. 특히 국가 공권력의 합법적인 권위에 대한 도전은 사회의 기본질서를 흔드는 위험한 일이기 때문에 삼가야 한다. 한국과 같이 공권력의 신뢰나 합법적인 권위가 흔들리는 나라는 없을 것이다. 이는 공권력 스스로 정치적 중립을 지키지 못했고, 형평성을 잃은 편파적인 법 집행 등으로 국민의 불신을 자초했기 때문이다. 법치국가에서 경찰서가 습격을 당하고 경찰이 시위대의 화염병 투척의 대상이 된다는 것은 선진국에서는 상상조차 할 수 없는 일이다.

정치는 사람이 하는 것이기 때문에 정치 엘리트와 시민의 충원은 정치체제의 성공적인 운영과 직결된다. 누가 어떤 역할을 어떻게 수행하느냐에 따라서 정치의 내용과 질이 달라지기 때문이다. 적재적소에 훌륭한 인사를 충원할 때 정치는 발전될 수 있을 것이다. 정치에 있어서 인사는 만사(萬事)임을 다시 한 번 더 강조하고자 한다.

제6장 정치 커뮤니케이션론

제1절 정치 커뮤니케이션의 정의

1. 정치 커뮤니케이션의 개념

커뮤니케이션은 1930년대부터 학문 분야로 자리 잡기 시작하여 1950년대에 정치학에 등장하였다. 미국의 1952년 선거에 있어서 텔레비전의 영향력, 선전기술의 효율성에 대한 평가, 정치언어(political language)의 내용분석, 정치광고, 여론과정에 매스컴의 역할 등에 대한 연구가 시작되면서 정치학에 본격적으로 등장하는 계기가 마련되었다.[1] 무엇보다도 도이치(Karl W. Deutsch)가 정치학은 커뮤니케이션이라는 입장에서 다시 정의할지 모른다고 하면서 중요한 관심 영역으로 등장하였다.[2] 1981년까지 정치 커뮤니케이션과 관련된 연구실적이 1,500편이나 되었으며,[3] 1982 – 1988년 사이에도 600여 편이 추가되었다.[4]

정치 커뮤니케이션은 정치과정에서 필수 불가결한 요소라고 볼 수 있다.

---

1) Dan D. Nimmo and Keith R. Sanders, "Introduction: The Emergency of Political Communication as a Field", in Nimmo and Sanders, (ed.), *Handbook of Political Communication*(Beverly Hills: SAGE Publications, 1981), p.13.

2) Karl W. Deutsch, *Nationalism and Social Communication: An Inquiry into the Foundation of Nationality*(Cambridge: MIT Press, 1953); Deutsch(1963).

3) Nimmo and Sanders(1981), p.13.

4) Anne Johnston, "Trends in Political Communication: A Selective Review of Research in the 1980s", in David L. Swanson and Dan Nimmo, (ed.), *New Directions in Political Communication: A Resources Book*(Newbury Park, London: SAGE Publications, 1990), p.329.

정치체제가 기능 하려면 투입, 산출, 전환, 환류가 연결되어야 한다. 이러한 연결은 커뮤니케이션을 통해서 가능한 것이다. 정치체제 내에서는 물론 밖에서도 커뮤니케이션이 이루어져야 정치과정이 작동된다. 정치과정을 움직이게 하는 매개 역할을 정치 커뮤니케이션이 담당한다.

정책이 결정되려면 정치체제 내에서 의사결정구조 간에 수평적·상하 간 원활한 커뮤니케이션이 이루어져야 한다. 또한 정부의지를 국민에게 전달하여 국민의 협력을 얻고, 국민을 설득하기 위해서 정치 커뮤니케이션이 활용된다. 정치인들은 권력을 획득하기 위한 선거운동과 정부의 정통성 획득, 국민의 동의를 받기 위한 방법 등으로 정치 커뮤니케이션을 활용한다. 국민도 정치적 요구나 기대를 정치체제에 전달하기 위해서 정치 커뮤니케이션에 의존한다. 커뮤니케이션 이론은 사이버네틱스(cybernetics) 원리에서 출발하였다. 사이버네틱스 이론은 인간의 뇌신경, 전자계산기, 기계 등이 움직이는 것이나 조직의 행동과 반응 그리고 사고가 비슷한 점이 있다는 전제에서 출발한다. 전자통신 기술의 발달과 인간 두뇌와의 관계에서 정치 커뮤니케이션을 이해하려고 하는 것이다.[5] 구체적으로 동력장치가 전기에너지를 발산하듯이 커뮤니케이션은 메시지를 전달한다. 어떤 메시지가 두뇌에 전달되면 감각기관에서 수신·지각·식별하여 반응을 나타낸다. 메시지의 전달은 곧 의사전달을 의미하며 반응을 나타내기 때문에 일종의 통제(control)라고 볼 수 있다. 메시지가 전달되면 행동의 조종과 규제, 본능의 억제, 감정표현의 자제 등과 같은 반응이나 행동이 유발된다. 의사전달을 통하여 어떤 반응이나 행동이 나타나는 것은 통제 때문에 가능한 것이다.

커뮤니케이션은 광의로 보면 인간과 인간 간의 정보나 의미의 전달이라고 볼 수 있다. 보다 구체적으로 둘 또는 그 이상의 사람이나 조직이 사실, 생각, 의견 또는 감정 등을 기호, 상징, 언어 등을 통하여 전달하고 교류시켜 공통의 이해를 형성하고, 상대방의 의식, 태도, 행동 등에 변화와 반응을

---

5) 자세한 사이버네틱 모형(cybernetic model)은 다음을 참고할 것. Karl W. Deutsch, *The Nerves of Government: Models of Political Communication and Control*(New York: The Free Press, 1963), Part Ⅱ.

일으키는 행위라고 볼 수 있다.

커뮤니케이션을 보다 구체적으로 세 가지 측면에서 이해할 수 있을 것이다.

첫째, 의사전달구조라고 할 수 있다. 정보나 메시지가 송수신되는 전달구조를 의미한다. 전달자, 전달내용인 메시지, 수신자 등의 구조를 통하여 커뮤니케이션이 이루어진다.

둘째, 의사전달이라는 기능을 수행한다. 커뮤니케이션은 상대방에게 자신의 의사를 전달하는 기능이다. 의사를 전달하기 위해서 기호, 상징, 언어 등을 사용한다. 사용되는 기호, 상징, 언어의 의미가 창조되어야 쌍방 간에 공통의 이해와 해독이 가능하여 의사가 송수신될 수 있다.

셋째, 의도가 포함되어 있다. 의사전달은 상대방에게 어떤 영향을 미치기 위한 의도적·계획적인 행동이라고 볼 수 있다. 상대방에게 의미 있는 반응과 행동을 유발시키기 위한 목적이 있다. 예를 들면 상대방에게 새로운 태도의 형성, 기존 태도의 강화와 변화 등 상대방의 행동에 변화를 일으키려는 의도와 목적이 있는 것이다.

정치 커뮤니케이션은 여론, 선전, 정책결정, 정치사회화, 정치문화, 정치통제, 정치발전, 국제적인 상호작용 등의 분야에서 아주 중요한 부분으로 등장하게 되었다. 정치 커뮤니케이션이란 국가의 리더십, 매체, 시민 등이 정책행동(conduct)과 관련하여 메시지를 교환하고 메시지에 의미를 부여하는 과정이라고 정의할 수 있다. 이는 보다 구체적으로 네 가지 입장에서 이해할 수 있을 것이다.[6]

첫째, 정치 커뮤니케이션은 과정이다. 정치 커뮤니케이션은 자동적으로 일어나는 현상이 아니라 지도자, 미디어, 시민 간에 상호 영향을 주고받는 과정이라고 볼 수 있다. 정치지도자가 매체를 통하지 않고 시민과 직접 접촉하여 의사를 전달하기도 하지만 이는 극히 그 영향력이 제한되어 있다. 대부분의 정치 리더와 시민과의 커뮤니케이션은 매체를 통해서 이루어진다.

둘째, 정치 커뮤니케이션에는 정치 지도자, 매체, 국민대중(public) 등 중

---

6) Richard M. Perloff, *Political Communication: Politics, Process, and Public in America* (Mahwah, New Jersey: Lawrence Erlbaum Associates, Publishers, 1998), pp.8 - 10.

요한 행위자가 있다. 정치 지도자의 유형도 다양하고 매체의 종류도 많다. 또한 수천만에서 수억 명에 이르기까지 국민대중이 존재한다. 정치 커뮤니케이션은 중요 행위자 간에 상호작용을 통해서 이루어진다.

셋째, 정치 커뮤니케이션은 메시지의 교환(exchange)과 해석(interpretation)으로 이루어진다. 정치 지도자, 매체, 국민대중 간에 메시지를 교환하고 해석하여 의미를 상호 전달하는 반응을 통해서 이루어진다. 정치 지도자들은 국민과 매체가 자신들의 입장에 동조해 주기를 바란다.

넷째, 메시지는 통치(governance)나 공공정책의 운영과 관련이 있다. 정치 커뮤니케이션은 정치 지도자가 정치권력을 획득하고 또한 공공정책에 대하여 국민의 동의와 지지를 얻는 것과 관련이 있다.

2. 정치 커뮤니케이션의 기능

커뮤니케이션의 일반적인 기능으로 ① 체제 기능의 확대 ② 구성원 간의 인간관계 개선 ③ 환경적응 기능 ④ 통합조정 기능 ⑤ 목적달성을 돕는 기능 ⑥ 의사결정의 합리화 기능 등으로 분류하고 있다. 정치 커뮤니케이션의 기능을 다음과 같이 이해하고자 한다.

(1) 정치체제의 유지와 변화

정치 커뮤니케이션은 체제의 기본적인 기능이다. 체제 내외에서 정치 커뮤니케이션이 이루어지지 않으면 체제가 작동될 수 없다. 투입, 전환, 산출, 환류의 전 과정이 정치 커뮤니케이션을 통하여 이루어지기 때문에 정치체제의 유지 기능을 담당한다. 정치 커뮤니케이션은 조직 구성원의 역할과 태도의 변화, 협력의 촉구 및 통제를 통하여 정치체제의 변화를 가져올 수 있다. 정치 커뮤니케이션은 정치체제의 변화에 원인을 제공하기도 하며 결과가 되기도 한다.[7]

(2) 정치사회화와 정치문화의 변화

정치 커뮤니케이션을 통하여 아동과 성인은 정치세계에 대한 인지적·감정적·평가적 정향을 습득할 수 있으며, 정치문화의 변화도 이것이 없으면 불가능하다.

(3) 사회적 동원과 정치발전

사회적 동원은 낡은 사회, 경제, 심리적 관행이 사라지고 사람들이 새로운 형태의 사회화와 행태를 접할 수 있는 과정이라고 볼 수 있다. 사회동원은 전통적인 사회구조와 생활양식이 현대적인 모습으로 완전히 바뀌는 일련의 변동과정을 의미한다.[8]

러너(Daniel Lerner)는 사회변동을 커뮤니케이션 과정으로 보고 있으며, 대중매체의 발달은 도시화, 문자해득률의 증가와 더불어 사회동원에 중요한 역할을 담당한다고 보았다.[9] 사회동원에서 중요한 것은 감정이입(empathy)이라고 볼 수 있다. 사회동원은 심리적 유동성(psychic mobility)인 감정이입 능력을 증대시켜 국민의 기대 상승을 촉진하며, 이익표명과 요구의 증대를 가져와 결국 정치참여욕을 확대시키는 기능을 수행하게 된다. 대중의 정치참여가 증대되는 것은 정치발전의 한 단면이라고 볼 수 있다.

(4) 국민의 정치의사 전달과 정치적 선택

국민이 정치체제에 대하여 요구를 제기하는 이익표출은 커뮤니케이션을 통하여 이루어진다. 국민은 상향식 정치 커뮤니케이션을 통하여 정치체제에 대한 기대나 요구 그리고 지지를 전달한다. 국민의 의지(will of people)는

---

7) Almond and Powell(1976), p.152.

8) Karl W. Deutsch, "Social Mobilization and Political development", in Harry Eckstein and David E. Apter, *Comparative Politics: A Reader*(New York: The Free Press, 1963), p.583.

9) Daniel Lerner, "Toward a Communication Theory of Modernization", in Lucian Pye(ed.), *Communication and Political Development*(Princeton: Princeton University Press, 1963), pp.342–346.

정치 커뮤니케이션을 통하여 정치체제에 투입된다.

또한 국민의 정치적 선택은 정치 커뮤니케이션을 통하여 획득한 정보에 근거한다. 국민이 정치적 행동을 취하기 위한 대안의 평가과정에 정치 커뮤니케이션이 중요한 역할을 한다. 국민은 하향식 정치 커뮤니케이션을 통하여 전달받은 정보를 바탕으로 선호하는 정책이나 후보를 결정하게 된다.

(5) 정치 지도자의 의지 전달과 지지 획득

정치 커뮤니케이션은 정치지도자와 국민 간의 상호작용을 촉진시키는 기능을 수행한다. 정치체제가 기능하려면 정치 지도자나 정부의 의지가 국민에게 전달되어 국민의 지지와 동의를 받아야 한다. 국가의 목표가 국민에게 전달되고 정치지도자의 정책의지가 국민에게 침투되어야(penetration) 국민의 참여와 협조가 가능하게 된다. 정치지도자가 원하는 방향으로 정치체제를 운영하기 위해서는 국민을 설득해야 한다. 따라서 훌륭한 지도자는 훌륭한 전달자(good communicator) 또는 훌륭한 선전가가 되어야 한다. 유능한 의사전달자, 국민 설득자, 선전가는 국민의 전폭적인 지지를 받는 인기 있는 정치 지도지가 될 수 있다.

(6) 여론형성

여론형성에 작용하는 변수는 많지만 정치 지도자와 정당 그리고 대중매체가 중요한 역할을 담당한다. 이들이 전달하는 정치정보는 국민여론형성에 결정적인 영향을 미친다. 국민들은 정치와 관련된 소식이나 동향을 정치 커뮤니케이션을 통해서 접하게 되고 정치적 판단과 선택의 기준으로 삼게 되어 일정한 태도를 형성하게 된다.

정치 지도자는 여론을 통하여 국민의 뜻을 파악하고, 국민은 또한 공공의 공통된 의사를 정치 커뮤니케이션을 통하여 알 수 있다. 국민여론형성과 관련하여 노엘 노이만(Elizabeth Noelle-Neumann)의 침묵의 나선이론(spiral of silence theory)이 있다. 노엘 노이만에 의하면 사람들은 자신의 의견에 동조하는 사람들이 소수라는 사실을 인지하면 자신의 입장을 노출시킬 필요가 없다는 압박감을 느끼게 된다고 한다. 침묵의 나선 과정은 ① 여론의 추이를 감지하는 능력 ② 소외에 대한 두려움 ③ 소수의 의견을 표현하는 것을 꺼리는 과정을 밟는다고 한다. 침묵의 나선 과정에 대중매체가 중요한 역할을 수행한다.

3. 정치 커뮤니케이션의 구성요소

정치 커뮤니케이션은 몇 가지 요건을 갖추어야 성립된다. 정보가 유통(information flow)되는 데 필요한 조건이라고 볼 수 있다. 누가(who), 무엇을(what), 어떻게 또는 어떤 통로로(how or in which channel), 누구에게(to whom), 무슨 효과를 노려(with what effect) 등으로 구분되는 출처 또는 전달자, 전달방법, 전달내용, 피전달자 또는 수신자, 접수방법, 효과 등으로 구분할 수 있다.[10]

(1) 전달자

전달자는 정치 커뮤니케이션을 시작하는 사람이나 조직체가 될 수 있다. 상대에게 무엇을 전달하려는 측이다. 전달자는 어떤 의도를 가지고 정치 커뮤니케이션을 시작하는 사람이나 조직체를 의미하며, 내용을 단순하게 전달하는 역할을 수행하는 경우도 있다. 대통령이 대국민 담화를 발표할 때 대통령은 어떤 의도를 가진 전달자라고 볼 수 있으며, 방송국의 아나운서가 뉴스를 전달하는 것은 후자에 해당된다고 볼 수 있다. 편지를 주고받을 때 발신자와 수신자가 있고 배달하는 우체부가 있듯이 단순하게 전달 역만을 수행하는 경우가 있다. 정치 커뮤니케이션에서 전달자 또는 출처를 속이는 위장전술(masked sources tactics)을 쓰기도 한다. 흑색선전의 경우는 출처가

---

10) 김운태, 『행정학원론』 4정판(서울: 박영사, 1986), pp.485 – 487.

불분명하다.

(2) 전달방법

전달방법은 전달자가 작성한 정치 커뮤니케이션 내용이 어떤 경로로 전달되느냐 하는 것이다. 메시지를 유통시키는 통로를 의미한다. 전달방법에는 ① 공식적인 통로(official channel) ② 막후통로(back channel) ③ 이중통로(double channel) 등이 있다.[11] 정부의 공식적인 관료조직을 이용하여 정치 커뮤니케이션이 이루어지기도 하며 막후통로를 활용하기도 한다. 예를 들면 1962년 미국과 소련의 쿠바 미사일 위기 때 공산당 서기장 흐루시초프(Nikita Khrushchev)가 케네디(J. F. Kennedy) 대통령에게 직접 메시지를 전달한 것이 아니고 워싱턴 주재 당시 소련 KGB책임자 포민(Alexander Formin)과 잘 아는 ABC 방송 국무성 출입 언론인 스캘리(John Scali)를 통하여 소련이 쿠바에서 미사일을 철수시키는 대신 미국이 공개적으로 쿠바를 침공하지 않는다는 약속을 하라는 구체적인 메시지를 전달한 것이 위기 해소에 결정적으로 작용한 것은 막후 통로를 이용한 덕분이다.[12] 이중통로는 수신자의 반응을 시험하거나 혼란이나 분쟁을 유도하기 위해서 두 가지 통로를 이용하여 상반된 메시지를 전달하는 경우에 해당된다.

(3) 전달내용

전달내용은 전달자가 상대방에게 보내고자 하는 메시지를 의미한다. 전달자의 뜻이나 의도가 담긴 메시지라고 볼 수 있다.

(4) 피전달자

피전달자는 메시지를 받는 수신자를 의미한다. 커뮤니케이션의 수신자는

---

11) Alvin Toffler, *Powershift*(New York: Bantham Books, 1990), Chapter 22 참조.
12) Graham J. *Allison, Essence of Decision: Explaining the Cuban Missile Crisis*(Boston: Little, Brown, 1971), p.220.

단수에서부터 대중에 이르기까지 다양하다. 대통령의 대국민 메시지의 수신자는 국민 전체가 된다. 물론 국민이 대통령의 메시지를 전달받고 대통령이 의도한 대로 반응을 보이느냐 그렇지 않으냐 하는 것은 별개의 문제라고 볼 수 있다.

(5) 접수방법

수신자에게 전달된 메시지를 어떤 형태로 받아들이느냐 하는 것이다. 수신자의 태도나 수신방법 등이 포함된다.

(6) 효과

정치 커뮤니케이션의 결과 수신자가 어떤 반응을 보이느냐 하는 것이다. 메시지를 접수한 후 전달자의 의도대로 수신자의 행동이나 태도에 어떤 변화가 나타났느냐 하는 것으로 커뮤니케이션의 효과나 영향과 관련이 있다.

효과적인 정치 커뮤니케이션이 이루어지기 위해서는 몇 가지 요건이 충족되어야 한다. ① 신뢰(credibility) ② 상황(context) ③ 내용(contents) ④ 명확성(clarity) ⑤ 일관성과 통일성(continuity and consistency) ⑥ 통로(channels) ⑦ 능력(capability) ⑧ 시의 적절성(timing) ⑨ 분배(distribution) ⑩ 타당성(adequacy) ⑪ 현실성(adaptability) ⑫ 관심과 수용(interest and acceptance) 등의 요건을 갖추어야 한다.[13] 정치 커뮤니케이션은 메시지를 전달하는 그 자체에 목적이 있는 것이 아니라 피전달자의 관심을 유발하고 행동이나 태도의 변화를 가져오는 것이 중요하기 때문에 위와 같은 조건을 갖추어야 효율적인 정치 커뮤니케이션이 이루어질 수 있다.

---

13) 12가지의 요건 중 앞에서부터 7가지를 커뮤니케이션의 7원칙(7Cs)이라고 부른다. C. E. Redfield, *Communication in Management*(Chicago: University of Chicago Press, 1953), pp.29 - 45.

제2절 정치 커뮤니케이션의 접근법

1. 과정접근법

과정접근법(process approach)은 정치를 커뮤니케이션 과정으로 보는 것이다.[14] 정치란 정치 커뮤니케이션을 통하여 정치세계에 대한 지식을 키워 나가는 과정이다. 과정은 과거에 대한 회상과 눈앞에 펼쳐지고 있는 현재 그리고 다가올 미래에 대한 기대가 끊임없이 상호 연관되어 이어지는 흐름이기 때문에 변함없는 현재(perennial now)라고 볼 수 있다. 정치란 커뮤니케이션에 의하여 생성되고 중재된(mediated) 현실이다. 정치적 사건이나 정치행동 등은 시간과 공간을 연결해 주는 정치 커뮤니케이션을 통한 상호작용의 결과이다. 정치는 개인과 집단이 과거의 정치적 상징과 일화(stories) 그리고 역사 등을 정치 커뮤니케이션을 통하여 전달받는 과정이다. 과정접근법은 정치를 정치 커뮤니케이션이 진행 중인 동적인 현실로 본다.

2. 이용과 충족 접근법

이용과 충족 접근법(uses and gratification approach)은 사람들은 각기 다른 필요와 욕망에 따라서 정보를 획득하고 있으며 대중매체를 이용한 결과 만족을 얻게 된다는 것이다.[15] 이용과 충족 접근법의 출발은 대중매체를 활용하면서 얻고자 하는 만족감과 활용자의 태도에 관심을 가지는 사회심리학에 기초한 접근법이라고 볼 수 있다.

인간의 기본적인 요구(basic needs)와 사회환경(social situation) 그리고 배경(background) 등이 상호 작용하여 만족감을 추구하는 동기가 생기게 되며

---

14) James E. Combs, "A Process Approach", in Nimmo and Sanders(1981), pp.39 - 65.

15) Jack M. McLeod and Lee B. Becker, "The Uses and Gratification Approach", in Nimmo and Sanders(1981), pp.67 - 99.

만족에 대한 기대를 충족시키기 위한 수단의 하나로 다양한 매체 중에서 특정한 것을 선택하여 접근한다. 매체를 이용한 결과 주관적 혹은 객관적인 만족감을 얻게 된다.

개인이 정치 현안에 대한 정보를 얻고 싶을 때 그 정보가 사회생활에 아주 유용하다는 판단이 서면 정보추구에 대한 동기가 부여된다. 이러한 정보를 효율적으로 획득할 수 있다고 판단한 특정 신문을 선택하여 필요한 정보를 얻고 만족스러운 결과를 가져오는 경우를 예로 들 수 있다. 대중매체를 이용하여 만족감을 얻게 된다는 것이다.

이용과 충족 접근법을 정치 커뮤니케이션에 적용할 수 있을 것인가? 이용과 충족 접근법은 주로 상업적이고 오락프로에 보다 유용성이 크기 때문에 정치와는 무관하다는 소극적 입장도 있다.

그러나 이용과 충족 접근법은 정치 커뮤니케이션과 관련이 있다. 매체를 통하여 획득되는 정치정보가 사용자에게 커다란 만족감을 주는 경우가 많기 때문이다. 사람들은 대중매체를 이용하여 정치와 관련된 정보를 획득하고 만족감을 얻게 된다. 대통령 후보 간의 텔레비전 토론이나 정치광고 그리고 정치적 호소(political appeal) 등과 같은 정치 커뮤니케이션이 높은 시청률을 기록하는 것을 예로 들 수 있다. 이들은 대중매체를 통하여 후보선택을 결정하고 자기가 지지하는 후보가 텔레비전 토론에서 선전했을 때 커다란 만족감을 얻게 된다.

이용과 충족 접근법은 다음과 같은 문제에 대하여 주된 관심을 나타내고 있다.

① 정치 관련 내용을 대중매체를 통하여 얻고자 하는 동기가 무엇인가? 일반적으로 정보 획득 욕구, 기분전환 욕구, 그리고 특별한 개인적인 욕구를 충족시키기 위한 것으로 이해되고 있다.

② 대중매체가 정치적 욕구를 어느 정도 충족시킬 수 있는 능력이 있느냐? 이는 신문과 방송의 정치 관련 보도내용에 대한 독자나 시청자들의 만족도 조사를 통해서 평가할 수 있다.

③ 정치와 관련된 내용을 알고자 하는 동기와 대중매체를 활용하는 것과

어떤 연관이 있느냐? 이는 대중매체 이외에 정치 관련 정보를 획득하기 위해서 활용하는 수단이 무엇이 있으며, 그것을 활용했을 때 만족도에서 대중매체와 어떤 차이가 있는가를 조사하여 평가할 수 있다.

④ 대중매체를 활용하여 어느 정도 만족스러운 결과를 얻었느냐? 이는 활용결과와 만족도 간의 상관성에 관한 문제라고 볼 수 있다.

3. 정보확산 접근법

정보확산 접근법(diffusion of information approach)은 시간과 공간을 통하여 전달할 수 있는 커뮤니케이션의 내용이 소통 가능한 여러 곳으로 유포되는(spread) 것에 초점을 맞추고 있다.[16] 정보확산은 정보의 이동(movement of information)을 의미한다.

정보의 확산은 ① 환경(environment) ② 시간적 차원(temporal dimension) ③ 확산내용(item being diffused) ④ 출발점과 도착점(node of origin and of destination) ⑤ 이동경로(path of movement) ⑥ 영향(influence) 등의 요인이 상호 밀접하게 연결되어 진행된다.

정치 커뮤니케이션의 확산 대상은 주로 정책, 소문, 사건뉴스, 선거 메시지, 기술(technology), 폭력(violence) 등이다. 정치 관련 소문과 사건뉴스 그리고 선거운동 메시지 등은 피전달자의 관심을 끌고 그들에게 정보를 제공하여 의도된 반응을 얻으려는 목적이 포함된 것이다. 반면에 정책, 기술, 폭력 등의 정보는 의사결정과정과 관련이 있다. 예를 들면 정책정보가 확산되어 다른 곳에서 이와 유사한 정책을 채택하거나 모방 또는 참고하게 되면 정보의 전파 때문이라고 볼 수 있다.

정보확산 이론은 전파된 정보가 채택되어 어떤 결과를 가져오는가에 관심을 보인다. 새로운 정치 관련 정보를 전달받으면 유용하게 활용하기도 하

---

16) Robert L. Savage, "The Diffusion of Information Approach", in Nimmo and Sanders(1981), pp.101 - 119.

고 또한 무시하기도 한다. 만일 쓸모 있는 정보라고 판단되어 받아들이면 피전달자의 행동에 변화를 가져온다. 전달된 메시지가 확산되어 인간 행동의 원인과 결과에 영향을 미치는 것이다. 정보의 확산은 원인보다는 수용자 입장에서는 결과에 해당된다. 정보가 확산되어 피전달자가 반응을 보인다는 것은 그의 의사결정에 영향을 주는 것이라고 볼 수 있다.

정치 관련 정보는 엄청난 양이 생산되어 전파되고 있으나, 많은 경우 가공의 형태로 확산되어 정확한 내용을 파악하는 데 어려움을 겪는 경우가 있다. 특히 정치 관련 소문이나 스캔들의 경우 진위를 파악하기 어렵다.

4. 의제설정 접근법

커뮤니케이션은 사람들이 생각하고 있는 것(what to think)을 알리기보다 무엇에 대하여 생각할 것인가(what to think about), 즉 생각할 거리를 제공하는 것이 의제설정 접근법(agenda‑setting approach)이다.[17] 대중매체가 특정 쟁점을 부각시켜 강조하다 보면 공중의제(public agenda)로 전환된다.

의제설정 접근법은 대중매체의 영향력이 별로 크지 않다는 제한효과이론(limited effects theory)에 대한 반작용으로 대중매체가 의제설정 기능까지 담당하여 그 위력이 대단히 크다는 사실을 재확인시켜 준 데 의의가 있다. 언론이 현실을 사실대로 비추는 거울이 아니라는 것이다.[18] 언론이 단순하게 사실만을 전달하는 것이 아니라 사람들에게 무엇에 대하여 관심을 가질 것인가를 결정케 하는 단서 제공 역할까지 수행한다는 것이다.

정치 커뮤니케이션에서 의제설정 접근법은 주로 공공문제(public issues)와 정치후보(political candidates) 그리고 정치 그 자체(politics per se)가 의제의 대상으로 간주되고 있다. 특히 의제설정은 선거 때 위력이 크다. 매체선거

---

17) Maxwell E. McCombs, "The Agenda‑Setting Approach", in Nimmo and Sanders(1981), pp.121‑140; 김우룡, 『커뮤니케이션 기본이론』(서울: 나남, 1992), pp.68‑78.

18) David Weaver, "Media Agenda‑Setting and Elections: Assumptions and Implications", in David L. Paletz(ed.), *Political Communication Research*(Norwood, NJ: Ablex Publishing Corporation, 1987), p.176.

(media election)의 영향력이 날로 증대되면서 선거 때 유권자들의 관심을 끄는 선거쟁점(election issue)을 부각시키고 있다. 예를 들면 대중매체가 후보자의 도덕성에 관한 문제를 쟁점으로 부각시켜 유권자의 관심을 그런 방향으로 유도하여 선거의 당락에 영향을 미칠 수 있다. 선거의 의의를 정의하고 후보의 선택기준을 제시하며 선거의 뜨거운 쟁점(hot issue)을 제기하는 데 큰 영향력을 행사한다.

의제설정 접근법의 주요 관심은 매체의 의제와 공공의제 간에 연관성에 관한 것으로 서로 다른 경우에 매체의제가 공중에 어떤 영향을 줄 수 있느냐 하는 것이다. 예를 들면 선거 때 의제설정과 관련하여 대중매체가 유권자의 관심이나 여론을 그대로 반영하여 중요 쟁점으로 부각시키는 경우는 상당한 연관성이 있다고 볼 수 있다. 또한 여론과 관계없이 대중매체 스스로의 판단에 따라 유권자들이 간과하기 쉬운 문제를 중점적으로 반복 보도하여 의제설정 기능을 수행하는 데 성공했다면 문제가 없다. 그러나 대중매체가 설정하고자 하는 의제와 공공의 관심이 동떨어졌을 때 대중매체가 공중에게 어느 정도 영향력을 행사할 수 있느냐 하는 것이 문제다.

일반적으로 공공의제 설정에 있어서 대중매체의 영향력은 대단히 큰 것이 사실이지만 대중매체가 언제나 의제를 성공적으로 설정한다고 일반화하기는 어렵다. 쟁점의 내용과 본질, 대중매체 이용자의 특성, 당시의 상황에 따라서 다른 결과가 나타나기 때문이다. 그러나 분명한 것은 매체의제와 공중의제 간에 상호작용이 이루어지는 것이 사실이다. 매체가 의제를 설정할 때 국민의 여론을 반영하기도 하고 국민은 매체가 자율적으로 선정한 의제에 영향을 받기도 하는 상호교류(transactional)가 이루어지고 있는 것이다.

5. 비판이론접근법

비판이론접근법(critical theory approach)은 대중매체가 문화현상에 미치는 부정적인 영향에 대한 문제점을 지적하는 이론이다.[19] 비판이론은 마르크스주의의 명제인 매체가 지배계급의 이념적 도구라는 상부구조 개념으로부터 출발한다. 대중매체가 한 사회의 지배적인 문화를 형성하는 데 중요한 기능을 담당한다는 주장을 비판하는 이론이다. 비판의 초점을 두 가지 입장으로 정리할 수 있다.

첫째, 이것은 근대적 기술문명과 대중사회에 대한 비판이다. 기술의 발달은 풍요를 낳았고 풍요는 소유나 소비에 있어서 문제가 있다는 것이다. 오늘날 대중매체에 의해서 조장되고 있는 전 세계적인 상업적 대중문화는 자본가 계급의 이데올로기의 한 형태로서 자본가 계급이 자본의 독점을 성공적으로 성취하는 중요한 수단이 되고 있다. 문화산업이라고 할 수 있는 대중매체는 상품과 서비스, 소비주의, 일시적 만족감, 무계급 신화 등을 거의 완벽하게 유포시키는 도구적 역할을 하는 등의 문제를 드러낸다.

둘째, 매체 패권이론(media hegemony theory)에 대한 비판이다. 패권은 지배계급이 자신들의 권력을 유지하기 위해서 문화적인 수단을 통해 사회적 · 문화적 지도력을 발휘하는 능력을 말한다. 지배계급은 정치 · 경제적인 지배권만을 행사하는 것이 아니라 그들이 갖고 있는 도덕, 정치, 문화에 관한 견해를 피지배 계급에 주입시켜 자신들의 패권을 형성하고 지배이념을 창출한다는 것이다. 이에 대중매체가 이용되기 때문에 이를 지배이념의 생산도구로 간주한다. 지배계급이 패권을 유지하기 위해서 매체라는 문화적인 도구를 이용하기 때문에 사회적 불평등이 재생산된다는 문제점을 지적한다.

정치사회화에서 논의한 바와 같이 대중매체는 정치정향의 형성과 변화에 상당한 영향력을 발휘하는 것이 사실이다. 그런데 이를 정치지도자가 통제하거나 간섭한다면 대중매체의 기능을 제대로 발휘할 수 없게 된다. 이는 정치 커뮤니케이션 구조의 자율성과 관련이 있는 문제라고 볼 수 있다. 정치 커뮤니케이션 구조의 자율성은 사회의 특정한 이익을 가진 집단이나 정치지도자에 의해서 지배나 통제를 받지 않고 자유롭게 정보를 전달할 수 있는 능력을 의미한다.[20]

---

19) Richard L. Lanigan, "A Critical Theory Approach", in Nimmo and Sanders(1981), pp.141 – 167; 김우룡(1992), pp.38 – 44.

대중매체를 정치지도자가 통제하거나 간섭하여 국민의 협조와 지지를 획득하기 위해서 일방적인 상의하달식 정치 커뮤니케이션이 이루어진다면 지배계급의 이념도구 역할을 할 수밖에 없다. 정치 커뮤니케이션의 비판이론은 바로 대중매체가 정치지도자에게 독점되거나 통제되어 지배이념을 전파하는 도구적인 역할을 수행하는 데 대한 문제점을 지적하는 이론이다. 즉 왜곡된 정치 커뮤니케이션(distorted political communication)의 문제점을 비판하는 이론이라고 볼 수 있다.

6. 태도형성 접근법

태도형성 접근법(constructivist approach)은 선거와 관련된 대부분의 정치 커뮤니케이션 연구가 선거결과에 대한 설명과 선거운동의 메시지가 선거결과에 어떤 영향을 주었는지에 초점을 맞추고 있다.[21] 선거운동의 메시지를 유권자들이 어떻게 해석하고 의미를 부여했는가가 연구의 주된 관심사다. 유권자의 배경 변수별 투표행태와 정치 커뮤니케이션과의 인과관계를 규명하려는 것이 대부분의 경험적 조사연구의 방향이었다. 투표사의 정치 메시지 해석과정(interpretive processes)과 후보선택에 미친 영향을 분석하는 것이었다. 정치 메시지의 해석과정에 대한 견해는 두 가지 성과를 낳았다.

첫째, 정치 커뮤니케이션의 영향과 본질에 대한 만족스러운 설명을 하기 위해서는 사람들이 정치 메시지를 해석하고 난 뒤 어떤 반응을 보였는가를 설명에 포함시켜야 한다는 것이다. 정치 커뮤니케이션은 정치 메시지를 전달받고 그 내용을 어떻게 해석·인지하고 그에 대하여 어떤 반응을 보였는가가 중요하다는 것이다.

둘째, 유권자들이 선거에서 후보를 선택하는 행태는 소속한 정당에 대한 기존의 태도에 따른다는 종래의 주장은 적실성이 적고 오히려 선거 당시에

---

20) Almond and Powell(1978), pp.149 - 152.
21) David L. Swanson, "A Constructive Approach", in Nimmo and Sanders(1981), pp.169 - 191.

전달되는 정치 메시지의 해석에 따라서 다르게 나타난다는 것이다.

태도형성 접근법은 정치 메시지의 피전달자가 그것을 어떻게 해석하고 인지하여 어떤 반응을 보이는가에 관심을 가지고 있으며 정치 메시지의 해석과정을 중요하게 취급하고 있다. 태도형성 접근법은 정치 커뮤니케이션의 다양한 상황, 과정, 능력, 영향 등에 관한 실용적인 연구를 위한 인간 커뮤니케이션의 주관적인 이론이라고 볼 수 있다. 사람들의 정치세계에 대한 접근과 행동은 정치 메시지를 해석하는 데 개인의 신념(beliefs), 인상(impression), 심상(image) 등 주관적인 판단에 따르며 정치 커뮤니케이션을 통해서 개인의 신념과 이미지가 형성된다는 것이다.

사람들은 인지과정에서 여러 정치적 행위자와 사건들을 구분 또는 대조하여 정치적 대상에 대한 지각을 형성한다. 이러한 것들이 모아져서 정치적 판단과 선택을 하게 된다. 이러한 일련의 지각과정과 태도의 형성(constructs)은 정치 커뮤니케이션을 통하여 이루어진다고 할 수 있다.

정치 커뮤니케이션을 통하여 후보자를 지각하여 태도를 형성하는 데는 7가지의 범주가 있다.

① 개인의 특성에 대한 지각: 정직하다, 친절하다, 겸손하다 등
② 개인의 사회적 배경에 대한 지각: 출신지, 종교, 학력 등
③ 개인의 정치적 배경에 대한 지각: 전직 의원, 풍부한 정치 경험, 정치 초년생 등
④ 개인의 정치 이념에 대한 지각: 보수적, 진보적 성향 등
⑤ 특정 쟁점에 대한 지각: 국방비 증액 찬성, 고용조정법 찬성, 교육개혁법 반대 등
⑥ 선거운동 방법에 대한 지각: 거리 유세, 유권자 접촉, 금품살포, 텔레비전 토론 등
⑦ 이런 범주에 속하지 않는 다른 유형의 사람이라는 지각 등

태도형성 접근법은 정치 행위자의 신념에 의하여 정치 메시지를 해석하게 되고 또한 정치 커뮤니케이션을 통하여 정치행위자의 태도나 행동이 형

성된다고 본다. 여기에서 하나 지적해야 할 것은 개인의 정치 메시지 해석에 작용하는 요인으로 개인이 선호하는 대중매체의 유형과 깊은 관련이 있다는 것이다. 영상매체나 인쇄매체 중 어느 것을 선호하는지 또는 특정 신문을 즐겨 구독하는지에 따라서 정치적 신념, 태도, 행동의 형성에 영향을 준다는 것이다. 태도형성 접근법은 정치 커뮤니케이션과 정치신념 체계가 상호 작용하여 형성되고, 이것이 정치적 태도와 행동에 영향을 준다는 주관적인 이론이라고 볼 수 있다.

제3절 정치 커뮤니케이션의 구조

모든 형태의 상호작용은 커뮤니케이션을 포함하고 있다. 가장 전문화된 정치 커뮤니케이션 구조는 대중매체를 들 수 있지만 정치과정에 다양한 형태의 정치 커뮤니케이션 구조가 있다.[22]

1. 대면 접촉

대면 접촉(face to face contacts)은 가장 기본적인 정치 커뮤니케이션의 구조라고 볼 수 있다. 전달자와 수신자가 직접 만나서 메시지를 교환하는 방법이다. 정치 지도자와 전 국민이 1 대 1로 접촉한다는 것은 불가능한 일이지만 선거운동의 경우는 유권자들을 직접 만나서 악수하고 대화하는 방법이 가장 효과적이라고 볼 수 있다.

---

22) 알몬드와 포웰(G. A. Almond and B. G. Powell)의 분류방식을 참고하였으며 컴퓨터 통신을 추가하였다. Almond and Powell(1978), pp.142 - 149.

2. 컴퓨터 통신

컴퓨터 통신(computer communication)은 컴퓨터를 이용하여 이루어지는 정치 커뮤니케이션을 의미한다. 개인용 컴퓨터(PC) 보급의 급증으로 컴퓨터 통신이 일반화되고 있다. 인터넷(internet) 등의 통신망을 활용하여 대화방(home page)에서 정치 커뮤니케이션이 이루어지는 것이다. 선거운동에도 인터넷을 활용하는 사례가 급격하게 증대하고 있다. 정치동원에 있어서 인터넷의 위력이 상상을 초월할 정도로 확대되고 있다. 이런 추세 때문에 대부분의 정치인들은 유권자와 인터넷을 통하여 의사를 소통하는 경우가 일반화되고 있는 실정이다.

컴퓨터 통신은 직접 얼굴을 맞대는 것이 아니라 사이버 페이스(cyber face)를 통하여 커뮤니케이션이 이루어지기 때문에 문제점도 있다. 대화방에 나타날 때 자신을 얼마든지 위장하거나 분장할 수 있어 자아정체성의 위기를 초래함은 물론 메시지의 출처에 대한 신뢰성에 문제가 있어 효율적인 정치 커뮤니케이션을 저해하기도 한다. 또한 사이버 공간에서 폭력적·선정적 언어의 사용으로 대면 접촉과 달리 사이버 윤리나 예의를 벗어난 표현을 할 수 있다. 정보통신기술이 고도로 발달하여 자칫하면 과학자나 정치가가 사회 전체를 통제할지 모른다는 우려도 있다.

3. 비정치적 구조

정치 커뮤니케이션의 비정치적 구조(nonpolitical structure)는 주로 전통사회에서 발견되는 유형이라고 볼 수 있다. 추장이나 종교지도자 또는 지역지도자 등이 중요한 정치 커뮤니케이션 구조를 형성하고 있다. 예를 들면 월남에서 승려, 중동에서 회교지도자, 이탈리아에서 천주교 지도자, 필리핀에서 지역지도자가 사회에 중요한 영향력을 행사하는 정치 커뮤니케이션 구조를 이루고 있다.

또한 근대사회에서도 가정, 학교, 직장, 동창, 비정치적인 조직 등도 중요한 정치 커뮤니케이션 역할을 수행하고 있다. 이러한 사회구조들의 존립 목적은 다른 데 있지만 정치문제를 화두로 토론의 기회를 제공하는 등 정치 관련 메시지가 끊임없이 교류되는 곳이라고 볼 수 있다.

4. 정치투입구조

민주주의 정치체제에서는 정치결사체, 공공이익집단, 정당 등이 정치투입구조(political input structure)로서 정치 커뮤니케이션의 주요한 통로가 되고 있다. 각종 정치결사체와 이익집단을 통하여 시민들의 정치적 요구가 전달된다. 이익집단은 합법적인 로비활동을 통하여 자신들의 이익을 정부에 전달한다. 여당은 정부정책을 홍보하고 야당은 정부여당의 과오를 국민에게 알린다. 이러한 정치 커뮤니케이션은 국민의 지지와 동의 그리고 반대 등의 반응으로 나타난다. 모든 정당은 중앙과 지방조직을 정치 커뮤니케이션의 유용한 통로로 활용하고 있다.

5. 정치산출구조

전문화된 정치 산출구조(political output structure)인 행정부와 관료, 국회, 법원도 중요한 정치 커뮤니케이션 구조를 이루고 있다. 정치 지도자는 관료조직을 활용하여 의사를 전달하고 또한 건의를 받는다. 정책결정과 집행은 정치체제 내외의 정치 커뮤니케이션을 통하여 이루어진다.

6. 대중매체

신문, 텔레비전, 라디오, 잡지 등의 대중매체(mass media)는 커뮤니케이션

기능을 수행하기 위해서 존재하는 전문적인 구조라고 볼 수 있다. 정보통신 기술의 발달, 문자해득률의 증가로 대중매체는 가장 경제적으로 정보의 왜곡을 최소화하여 대중에게 손쉽게 정치 커뮤니케이션을 실행할 수 있는 구조로서 역할을 담당하고 있다. 정치에 있어서 대중매체의 중요성이 날로 증대되고 있으며 매체정치(media politics)가 일반화되고 있는 추세라고 볼 수 있다. 특히 텔레비전은 정치정보의 중요한 출처로서 그 비중이 날로 커지고 있다. 예를 들면 선거 관련 정보의 출처로서 미국은 1952년 51%에서 1960년 약 90%로, 독일은 1961년 50%에서 1974년 약 90%로 각각 증가하였으며, 영국이나 프랑스도 유사한 현상을 보이고 있다.[23]

제4절 정치 커뮤니케이션의 유형

1. 정치언어

정치는 언어(politics=language), 모든 정치는 말(all politics is talk), 정치는 말 시합(politics is largely a word game)이라는 말이 있다.[24] 정치세계에서 침묵은 금이 아니다. 이는 정치에 있어서 언어가 얼마나 중요한가를 단적으로 나타내는 말이다. 모든 정치인들은 정치권력을 획득하기 위해서 국민을 설득해야 한다. 일단 정치권력을 획득하면 국민들에게 자신의 업적을 홍보하여 긍정적인 평가를 받아야 한다. 국민을 설득하고 자신의 업적을 알리기 위해서 정치인들은 정치언어(political linguistic)를 활용한다.

정치담론(political discourse)은 대다수 국민들의 관심이 되고 있는 공공문제와 관련 있는 내용이며, 많은 정보를 가지고 공공 쟁점에 대하여 영향을

---

23) Russell J. Dalton, *Citizen Politics*, 2nd ed. (Chatham, NJ : Chatham House Publishers, Inc., 1996), pp.22 - 23.

24) Doris A. Graber, "Political Language", in Nimmo and Sanders(1981), pp.195 - 223; Paul E. Corcoran, "Language and Politics", in Swanson and Nimmo(1990), pp.51 - 85.

미칠 수 있는 정치 엘리트의 의지가 포함되어 있고, 어떤 과정을 거쳐 어떻게 발전될 것인가를 알려주는 것이기 때문에 중요한 의미를 갖는다. 이러한 점에서 대중매체는 정치담론에 대하여 많은 관심을 갖고 보도하게 되는 것이다.

(1) 정치 언어의 기능

① 정보의 전파(information dissemination)

정치언어의 가장 대표적인 기능은 정보의 전파에 있다. 정치 언어는 정치상황과 정치행위자와 관련된 정보를 전파하는 수단이다. 정치인들은 당면한 정치현안이나 문제점 그리고 그들의 활동에 대한 공식적·비공식적인 정보를 동료, 부하, 국민에게 알린다. 대변인 성명, 비공식적인 대화, 기자회견, 행사참석, 공식적인 담화 등의 형식을 빌려 정보를 전파한다.

정보의 전달에는 공개적으로 분명한 메시지를 전달하기도 하지만 함축적인(connotation) 언어를 사용하거나 우회적인 표현으로 자신의 의중을 들어내는 경우도 있다. 해석에 따라서 뉘앙스가 다른 응축된 상징(condensation symbols) 언어를 사용하는 경우가 있다. 또한 직집적으로 표현되지 않았지만 숨어 있는 내용을 추측하거나 행간의 의미를 추정(inference)하여 지각할 수 있는 정보도 전파한다. 전달자가 애매모호한 표현을 사용하거나 선문선답식의 정치 언어를 사용하여 자신의 속내를 드러내는 경우 전달자의 의중을 헤아리기 어렵다.

② 의제설정(agenda – setting)

정치인들이 선정하는 토론의제는 정치쟁점이 되어 국민적 관심사로 떠오를 수 있다. 공공의 관심사로 부각되면 정치적 행동을 취할 수 있는 명분을 얻게 되는 배경이 되기도 한다.

정치 언어가 의제설정에 기여하게 되는 데는 두 가지 요인이 작용한다.

첫째, 수면에 잠복해 있는 의제를 중요한 정치인이 화두로 삼았을 때 후광효과(halo effect)가 나타나기 때문이다.

둘째, 정치인들은 중요한 정보를 독점하고 있기 때문에 국민들이 몰랐던 문제를 정치 언어를 통하여 밝힐 때 특정 문제가 사회 의제로 부각될 수 있다.

③ 해석과 연계(interpretation and linkage)

정치 언어를 사용하여 특정 정치 상황에 대한 원인과 결과, 다른 문제와의 연계성, 관련자 등에 대한 이해를 도모한다. 정치인들은 정치언어를 사용하여 자신의 행동을 정당화하기 위해서 사건에 대한 동기나 정치행동에 대한 목적과 발전과정 등에 대하여 해명·설명할 수 있고, 입장을 정리할 수 있으며, 국민들의 기대를 조작할 수 있다. 존재하지도 않고 계획에도 없는 정치 언어를 구사하여 국민의 기대를 키우는 경우도 있다.

④ 미래와 과거의 투사(projection to future and past)

과거는 존재하지 않고 모두 기억할 수 없기 때문에 정치 언어를 사용하여 과거를 미화한다거나 미래를 예측하는 경우가 있다. 이는 정치인들이 가장 많이 활용하는 정치 언어라고 볼 수 있다. 검증이 불가능한 자신의 과거 행적을 과대 포장하는 경우가 있고, 그것을 미래로 투사시켜 자신을 미화시키기도 한다. 또한 미래에 대한 무지갯빛 희망과 꿈을 안겨주어 국민을 현혹하는 경우가 있다. 실천이 불가능한 미래의 청사진을 제시하여 국민의 현실적인 불만을 호도하거나 다른 곳으로 전위 내지 탈출시키는 방법으로 정치언어를 사용하기도 한다.

⑤ 행동자극(action stimulation)

정치 메시지는 국민들에게 특정한 방향으로 행동할 것을 자극하거나 유인하는 데 중요한 역할을 수행한다. 행동을 자극하는 데는 직접적인 호소(direct appeal)나 분위기를 조성(mood creation)하는 경우도 있고, 말로 행동을 대신(action surrogate)하거나 말로 만족감을 부여하는 상징보상(symbolic rewards) 방법을 활용하는 경우가 있다.

(2) 정치 언어의 환경설정

정치 언어는 개방도와 가시도(degree of openness and visibility), 참여자의 수, 목적 등에 따라서 다른 형태로 나타난다. 정치 언어가 행해지는 환경은 크게 ① 1인에 의한 웅변의 상황 ② 소규모 협상형태 ③ 토론상황 등 세 가지로 나눌 수 있다.

2. 정치 수사학

정치 수사학(political rhetoric)은 말을 잘하는 기술이라고 정의할 수 있다.[25] 정치 수사학은 2500년 전 플라톤이나 아리스토텔레스 시절부터 오늘에 이르기까지 연구의 대상이 되고 있다. 정치 수사학 하면 일단 과장된 언어, 정교한 말장난, 진실의 은폐 등을 떠올리게 된다. 그러나 플라톤이나 아리스토텔레스는 정치를 수사적인 사고와 커뮤니케이션의 중심(locus)이라고 하였으며, 진실이 거짓보다 도덕적인 우월성을 가졌다고 믿었다. 아리스토텔레스는 정치 수사학의 기능을 설득 가능한 모든 수단을 발견하는 것으로 보았다. 수사술은 행동과 표현의 수단과 생각의 형태로 정치의 기술로 활용된다. 진실을 호도하기 위한 방법이 아니라 올바른 목적으로 사용될 수 있다.

정치 수사학은 고유의 특성, 위급 상황, 중·장기적인 영향, 연설자의 기술, 유창한 화술, 위급상황에서의 용기 등 때문에 중요한 메시지로서 기억에 남게 된다. 미국의 독립선언서, 링컨의 게티즈버그 연설, 케네디의 취임연설, 처칠의 전시 연설, 오바마의 민주당 전당대회 연설 등은 아주 인상적인 것으로 받아들여지고 있다.

정치 수사학의 주제는 공공문제에 관한 것이다. 공공문제는 많은 사람들의 이익, 가치, 감정, 열정 등이 내포되어 있어 설득이 필요하다. 정치적 설

---

25) Lloyd F. Bitzer, "Political Rhetoric", in Nimmo and Sanders(1981), pp.225 - 248.

득은 시민의 협력을 얻고 정책을 결정하여 집행하는 것뿐만 아니라 정치의 전반적인 과정에서 절대적으로 필요한 요소라고 볼 수 있다. 인간은 사회적 동물로서 공동체를 형성하여 사회생활을 영위하기 위해서 언어가 중요한 역할을 담당하고 있다. 인간은 말하는 동물(communicating animal)이기 때문에 커뮤니케이션을 통하여 설득할 수 있다.

아리스토텔레스는 정치 수사학의 주요 관심은 판단(judgement)에 있다고 주장하였다. 훌륭하게 말을 하면 화자와 청중 간의 수사적인 거래를 통하여 청중이 판단을 하게 된다. 화자의 의도대로 청중이 판단하면 설득이 된 것이다. 아리스토텔레스는 설득은 ① 논리적(logos) ② 윤리적(ethos) ③ 감정적(pathos) 증명방식 등 세 가지가 있다고 주장하였다. 논리적 증명은 논거(evidence and arguments)의 질(quality)에 대한 확신과 사고의 성실성에, 윤리적 증명은 화자의 통합성(integrity)과 신뢰성에, 감정적 증명은 청중의 느낌과 반응에 근거하여 설득되는 것을 의미한다.

오늘날 정치 수사학의 영역은 광범위하다. 그 영역은 대규모 군중집회 성격의 선거유세, 의사결정, 승리에 열광하는 연설, 정보전달, 언론 보도와 논평, 화상연설 등에 이르기까지 다양한 것을 포함한다. 공공의 문제와 관련된 메시지의 전달과 다양한 설득은 모두 정치 수사학과 관련이 있다. 정치 메시지는 청중인 국민을 대상으로 설득을 요하는 내용이 대부분이며, 평상시에는 물론 특히 위기상황에 직면하면 정치 수사학이 더욱 절실하게 요구된다. 오늘날 모든 사람이 왕(every man is a king)인 시대에 살고 있기 때문에 국민을 설득하는 정치 커뮤니케이션은 그리 쉬운 일이 아니다.

정치 수사학에서는 전달자도 중요하지만 청중의 능력도 관심의 대상이 된다. 현명한 청중이 아니면 전달자가 아무리 유능하더라도 정치 수사학의 효과가 없다. 청중은 전달자의 정치 수사학에 대한 지혜, 지식, 기술을 가지고 있어야 한다. 또한 전달자와 청중 간의 정치 커뮤니케이션이 진행되는 상황도 중요한 변수가 된다.

3. 정치광고와 정치선전

(1) 정치광고의 정의[26]

광고의 역사는 기원전 3000년으로 거슬러 올라갈 정도로 오래된 것으로 설득 커뮤니케이션의 중요한 수단이라고 볼 수 있다. 정치광고(political advertising)도 그중의 하나로 대중매체를 통한 정치상품에 대한 정치선전 (political propaganda)이라고 볼 수 있다. 정치광고의 기본은 정치의 상품화 와 정치의 마케팅(political marketing)에서 찾을 수 있다. 선거전에 마케팅 사고를 도입한다면 정당, 정책, 후보자는 상품이 되고, 시장조사는 투표행태 분석, 판매계획은 선거운동계획, 선거광고는 선거홍보, 소비자는 유권자가 될 것이다.[27]

민주주의 국가에서 정치선전은 국민의 정당한 여론을 조성하고, 국가운영 의 참모습을 국민에게 홍보하여 국민의 지지와 동의를 유도하기 위해서 필 요한 것이다. 정치광고는 바로 이러한 목적을 달성하기 위한 정치 커뮤니케 이션의 한 유형이라고 볼 수 있다.

정치상품의 대상은 정당과 같은 정치조직과 징책 그리고 정치인이 될 수 있다. 정치광고는 정치인이나 정당이 다양한 통로를 이용하여 정치 메시지 를 전달함으로써 수신자인 국민 또는 유권자들을 자신이 의도하는 방향으 로 정치적 태도와 신념을 갖고 행동하도록 영향력을 행사하려는 정치 커뮤 니케이션 과정이라고 정의할 수 있다. 광고자의 의도대로 다른 사람이나 집 단의 태도나 행동을 형성·통제·변용시키기 위한 행동의 교묘한 조장활동 (any act of promotion)이라고 볼 수 있다.

---

26) 정치광고와 선전에 대하여 다음을 참고하였음. Lynda Lee Kaid, "Political Advertising", in Nimmo and Sanders(1981), pp.249 - 271.
27) 박종열, 『정치광고와 선거전략』(서울: 청림출판, 1987), p.60.

(2) 정치광고의 유형

정치광고는 ① 일상광고와 ② 선거광고가 있다. 일상광고는 정부여당, 야당, 정치인 등이 정치과정상에 발생하는 일들을 홍보차원에서 실시하는 광고인데 특별한 정치적 이벤트 없이 통상적인 정치상황을 국민에게 알리는 것이다. 물론 국민 개인이나 이익단체와 시민단체 등도 정치광고를 할 수 있다. 예를 들면 특정 이익집단이 정책에 대한 찬반의 의견을 신문광고를 통하여 정치인이나 국민에게 호소하는 경우와 같은 것이다. 선거광고는 선거운동을 위해서 개인이나 단체, 후보자, 정당 등에서 지지, 추천, 사퇴, 성명, 호소, 유인, 해명, 성명, 고지, 제명 등과 같은 내용의 정치선전을 하는 유형이다.

(3) 정치광고에 영향을 주는 요인

정치광고는 역사가 깊은 정치 커뮤니케이션의 유형이라고 볼 수 있다. 권력자들은 자신들의 업적을 광고하는 것이 유리하다는 것을 발견하였다. 정치광고 덕분에 어떤 정치인들은 영화배우와 같은 스타가 되기도 한다. 정치광고의 위력이 크기 때문에 정치인들이 악용하여 히틀러와 같은 독재자를 영웅으로 만들기도 하며, 사실과 상관없는 좋은 이미지를 창조하고, 선거 때 자신을 고가의 상품으로 둔갑시켜 팔기도 한다.

정치광고에 영향을 주는 변수는 ① 법적인 규제환경 ② 출처 ③ 메시지 ④ 통로 ⑤ 수신자 ⑥ 영향 등으로 나누어 볼 수 있다.

법적인 규제환경은 정치광고를 무제한적으로 조건 없이 허용하는 것이 아니라 일정한 규정을 마련하여 정치광고의 악용을 방지하는 것이다. 광고의 규제 내용에 대해서는 정치체제마다 다르지만 일반적인 특성은 정치광고의 악용을 막기 위해서 흑색선전, 비방과 중상모략, 인신공격과 흠집 내기와 같은 광고를 금지하거나 횟수 등을 제한하는 것이다.

출처는 정치광고의 주체 또는 발안자로 광고주가 누구냐 하는 것이다. 선거 때는 후보자 본인이나 정당, 지지자, 개인, 단체 등이 될 수 있다.

메시지는 정치광고의 내용이라고 볼 수 있다. 정치 메시지는 의도된 메시지, 전달된 메시지, 수신된 메시지, 지각된 메시지로 나눌 수 있다. 메시지의 내용은 다양하다고 볼 수 있다. 유권자를 설득하기 위한 적극적인 메시지가 있을 수 있고, 자신의 약점에 대한 해명성 내용이나 상대방을 비방하는 내용 등 다양하다고 볼 수 있다.

통로는 텔레비전, 라디오, 신문, 책자, 잡지, 직접우편(direct mail), 전자우편(e-mail), 스티커, 현수막, 벽보, 각종 홍보기획 상품 등 다양한 유형을 의미한다. 정치선전에 어떤 매체를 이용하느냐 하는 것은 경비와 효과 측면에서 중요한 고려요인이 된다. 또한 정치인에 따라서 자신이 선호하거나 가장 효과가 있다고 믿는 홍보매체가 있다.

수신자는 일반 청중이 아니라 정치광고의 소구대상(target)을 의미한다. 선거 때는 유권자가 정치선전의 주요 대상이 된다.

영향은 광고효과라고 볼 수 있다. 광고효과는 광고결과 수신자의 태도가 광고 주체의 의도대로 변했는지를 평가하는 것이다. 수용자 태도의 변용은 ① 새로운 태도의 형성 ② 기존태도의 강화 ③ 태도의 변화 등을 가져온다. 광고 효과의 차원을 ① 인지적 영향(cognitive effects) ② 감정적 영향(affective effects) ③ 행태적 영향(behavioral effects) 등 세 가지로 나누고 있다.

인지적 영향은 유권자가 후보나 쟁점에 대한 메시지를 기억하거나 지식의 향상과 같은 영향을 의미한다. 감정적인 영향은 후보자에 대한 유권자의 감정변화나 개선에 미친 효과와 관련이 있다는 것이다. 행태적 영향은 투표에 참가하거나 투표 시 특정 후보를 지지하는 결과가 나타나는 것을 의미한다. 광고효과에 대한 연구에서 텔레비전이라는 매체의 영향력이 가장 크다는 것이 일반적인 견해이다.

(4) 정치광고의 평가

정치광고는 주로 정치적 자원을 가지고 있는 정부, 정당, 정치인이 국민을 대상으로 하는 정치선전이라고 볼 수 있다. 일반 국민이 정치광고를 활용하는 경우는 많지 않다.

정치광고가 사실에 입각하여 올바른 정치 커뮤니케이션 수단으로 활용된다면 국민의 정치세계에 대한 판단과 선택에 유용한 정보를 제공하는 결과를 가져와 국민의 정치에 대한 관심을 불러오고 참여를 증대시킬 것이다. 정부, 정당, 정치인의 동정이 국민에게 올바르게 홍보된다면 국민의 알 권리를 충족시킬 수 있을 것이다. 정치에 대한 기쁜 소식(good news)이 전해지면 국민들은 정치광고로부터 많은 것을 배울 수 있고 심리적인 만족감을 얻게 된다. 또한 정치광고는 국민적 관심사를 한곳으로 집중시켜 의제를 설정하는 데 긍정적으로 작용할 수 있다.

그러나 텔레비전을 활용한 정치광고는 ① 정치가의 노출 ② 정치의 '쇼'화 ③ 정치의 중앙의존 강화 ④ 지방정치가의 몰락 ⑤ 정치의 인물중심화 ⑥ 정치의 사업화 등 많은 문제점을 가져오게 된다.[28]

(5) 부정적인 정치광고의 영향

부정적인 정치광고(negative political advertising)는 많은 역효과가 있다. 부정적인 정치광고도 정치선전의 중요한 몫을 차지하고 있으나 문제점이 많다. 부정적인 정치광고를 '진흙 던지는 광고' 또는 '중상모략'(mudslinging ad)이라고 정의하고 있다.[29] 정치광고는 쟁점에 대한 정보(issue information)와 이미지에 대한 정보(image information)를 제공하는 데 정치가 발전된 곳에서는 쟁점 중심의 광고가 많은 반면에 정치가 발전되지 못한 나라일수록 이미지 손상과 관련이 있는 경우가 많다. 선거 때는 자신의 강점을 내세워 유권자들에게 지지를 호소하는 것이 아니라 상대방 후보의 약점을 부각시켜 자신에게 유리한 선거환경을 조성하려는 의도에서 부정적인 정치선전을 활용하게 된다.

---

28) 박종열(1987), pp.47 - 50.

29) 선거전이 비방전, 흑색선전, 폭로전, 인신공격 등으로 얼룩질 때 우리는 진흙탕 싸움이라고 부르고 있는데 스튜어트(C. J. Stewart)도 부정적인 정치광고를 동일한 개념으로 정의하고 있다. C. J. Stewart, "Voter Perception of Mudslinging in Political Communication", *Central State Speech Journal*, Vol.26, (1975), p.279.

부정적인 정치광고의 효과에 대하여 ① 부메랑 효과(boomerang effect) ② 희생자 증후군(victim syndrome) ③ 이중손상효과(double impairment effect) 등 세 가지를 제시하고 있다.[30] 부메랑 효과는 오히려 부정적인 정치광고를 게재한 사람에게 피해가 돌아와 긁어 부스럼과 같이 된다는 것이다. 사실을 사실대로 공표한 경우에는 부정적인 정치광고의 효과가 큰 것은 사실이다. 그러나 허위사실을 유포하거나 저질성 인신공격과 같은 눈살을 찌푸리게 하는 부정적인 정치광고는 오히려 상대방보다는 자신의 품위와 자질에 대한 문제가 제기되어 부메랑 효과를 가져올 수 있다. 그러나 이를 일반화하는 데는 무리가 있다. 부정적인 정치광고의 내용과 당시의 상황에 따라서 그 효과는 다르게 나타날 수 있기 때문이다.

희생자 증후군은 부정적인 정치광고는 오히려 불공정하고 정당하지 못하기 때문에 대상으로 지목된 상대방에게 이익이 돌아간다는 접근법이다. 선거운동 때 부정적인 정치광고가 게재되면 선거분위기가 묘하게 변질되어 부정적인 정치광고의 대상이 되는 후보에게 유리하다는 것이다. 이 또한 개별적인 상황에 따라서 결과가 달라질 수 있기 때문에 일반화할 수 없다.

이중손상 효과는 부정적인 정치광고를 낸 사람이나 지목된 사람 모두가 동시에 피해를 본다는 접근법이다. 부정적인 정치광고는 상대방을 흠집 내기 위한 목적으로 동원되기 때문에 진흙탕 싸움이 될 수밖에 없다. 제기하는 당사자의 정치 도의와 윤리성에 대한 문제가 제기된다. 또한 당한 사람은 피해를 볼 수밖에 없다. 예를 들면 사회적으로 명망이 높고 좋은 이미지를 갖고 있던 인사가 정치에 입문하여 선거를 치르게 되면 그동안 공개되지 않았던 병역기피, 부동산 투기, 깨끗하지 못한 사생활 등에 대한 의혹이 폭로되어 평생 동안 쌓아놓았던 좋은 명성이 하루아침에 손상되는 경우가 있다. 정치인은 선거에서 이기기 위해서 모든 수단과 방법을 다 동원하여 상대방을 헐뜯기 때문에 피해를 보지 않을 수 없다. 당선되면 손상된 이미지를 어느 정도 회복할 수 있지만 낙선되면 이미지에 치명상을 받게 된다.

---

30) Keren S. Johnson-Cartee and Gary A. Copeland, *Negative Political Advertising*(Hillsdale, NJ: Lawrence Erlbaum Associates, Publishers, 1991), pp.9-11.

위의 세 견해에 의하면 부정적인 정치광고를 제기하는 당사자가 더 많은 피해를 보게 된다는 사실이다. 한 연구에 의하면 부정적인 정치광고에 대하여 약 75%가 인정할 수 없다고 응답한 것으로 조사되어 이를 뒷받침하고 있다.[31] 예를 들면 1996년 미국의 대선에서 돌(Bob Dole) 후보는 수백만 달러를 클린턴(Bill Clinton) 후보의 약점을 부각시키는 부정적인 정치광고에 사용하였으나 국민이 이미 알고 있는 문제이기 때문에 효과가 없었다.[32]

그러나 선거 때 부정적인 선거운동 방식이 승리에 결정적인 요인으로 작용하는 경우도 있기 때문에 그 효과를 쉽게 일반화할 수는 없다. 상대방의 개인적인 인신공격이 아니라 쟁점에 관한 문제를 부정적인 방법으로 부각시킨다면 결과는 다르게 나타날 수 있다. 유권자들의 관심이 집중된 쟁점을 적시에 부각시키거나 유권자들이 그것이 올바르다고 지각한다면 후보선택에 영향을 줄 수 있다. 예를 들면 1992년 미국의 대선에서 클린턴 후보의 정치광고는 50%가 부정적인 면을 부각시켜 국민의 경기침체에 대한 마음을 사로잡아 효과가 있었다.[33] 한국의 1997년 대선에서도 한 후보 자녀의 병역문제가 제기되어 개인 이미지 손상에 결정적 타격을 가져와 부정적인 정치광고의 효과가 컸다고 볼 수 있다.

부정적인 정치광고의 효과는 상황에 따라서 다르게 나타난다. 선거 때 경쟁자의 부정과 비리연루, 병역기피, 문란한 사생활, 부동산투기, 용공의혹 등 주로 도덕적·윤리적인 문제가 제기되면 당사자의 이미지에 커다란 손상을 가져오는 것이 사실이며 유권자들의 선택에 직·간접으로 영향을 미친다.

부정적인 정치광고는 후보자에 대하여 유권자들이 몰랐던 정보를 제공하여 후보선택에 중요한 자료가 될 수 있다는 긍정적인 측면이 있다. 또한 제기된 문제를 명확하게 해명할 수 있다면 후보에 대한 근거 없는 좋지 못한 소문을 불식시킬 수 있어 당선되더라도 도덕성에 대한 시비를 잠재울 수

31) G. M. Garramone, "Voter Responses to Negative Ads." *Journalism Quarterly*, Vol.61(1984), pp.250 - 259.

32) Perloff(1998), p.367.

33) Ibid.,

있다는 장점이 있다.

그러나 부정적인 정치광고는 사회 전반에 좋지 못한 분위기를 조성하게
된다. 허위, 과장, 과대, 과잉, 저질, 중상모략, 유언비어, 인신공격, 지역감
정 유발 등과 같은 정치광고를 반복하게 되면 국민의 판단을 흐리게 만들
고, 그릇된 인식을 갖게 하여 사실을 왜곡시키게 된다. 광고의 조작을 통하
여 국민의 이념적 정향이나 태도, 정책에 대한 선호, 후보자의 선택 기준에
혼란을 가져오는 등 악영향을 미칠 수 있다. 또한 정치나 정치인을 상품화
하는 것은 스스로 정치의 품위를 떨어뜨리는 결과를 가져오고, 정치를 패션
화하는 결과를 가져올 수 있다. 부정적인 정치광고는 정치적 소외, 정치불
신, 패배주의, 부정적인 사고, 정치권 전체에 대한 회의, 선동정치, 말초신
경 자극, 이성적 판단보다 감정에 치우치는 투표행태 등의 문제점을 낳고
있다.

4. 정치토론

정치토론(political debate)도 중요한 커뮤니케이션 유형이라고 볼 수 있
다.[34] 특히 텔레비전 토론(televised debates)은 정치토론의 대표적인 유형으
로 자리를 잡았다. 텔레비전을 활용한 정치토론은 ① 정책토론과 ② 선거
때 후보자 간 정책토론 등 두 가지로 나눌 수 있다. 정책 토론은 평상시에
쟁점으로 부각된 문제에 대하여 정부, 여·야당, 전문가, 언론인, 시민단체,
이익집단의 대표 등이 텔레비전 토론을 통하여 정책의 방향과 문제점을 진
단하여 국민 여론과 정책결정에 영향을 미치는 방법이다.

선거 때 후보자 간 텔레비전 토론은 매체정치가 활성화되면서 중요한 선
거운동 방식으로 자리를 잡아 가고 있으며 그 영향력은 날로 커지고 있다.
미국에서는 1960년 케네디 - 닉슨 후보 간의 텔레비전 토론 이후 중요한 선

---

34) Sidney Kraus and Dennis K. Davis, "Political Debates", in Nimmo and Sanders(1981),
   pp.273 - 296.

거운동 방법으로 등장하였으며, 한국의 경우는 1992년 대통령선거 때 시작되어 본격적으로 1995년 지방선거와 1997년 대통령 선거에서 모습을 드러냈으나 1998년 지방선거에서는 관심을 끌지 못했다. 텔레비전의 영향력이 점차 커지면서 텔레크라시(telecracy: 텔레비전의 지배), 텔레폴리틱스(telepolitics: 텔레비전 정치), 텔레비전 대통령(television president)이란 말까지 등장하기에 이르렀다.

선거 때 후보자 간의 텔레비전 토론은 몇 가지 장점이 있다.

① 야외 정치집회에 동원할 수 없는 수백만 또는 수천만 명의 시청자를 상대로 안방에서 후보들을 동시에 비교·평가할 수 있는 기회를 제공한다.[35]

② 대중 집회와 같이 비용이 많이 드는 선거운동 방식의 변화를 가져오는 계기를 마련하였다.

③ 한 자리에서 후보들의 성격, 특성, 정견, 자질, 이념 등에 관하여 동시에 비교할 수 있어 유권자들의 후보선택에 유용한 정보를 제공한다.[36]

그러나 텔레비전 토론은 몇 가지 문제점이 있다.

① 매체 정치는 여론조사 기관과 같은 새로운 정치기구의 탄생을 가져왔으나 정당과 같은 정치조직의 약화를 가져오게 되었다.[37]

② 정치가 발전된 나라에서는 텔레비전 토론이 공정하게 이루어져 편파

---

35) 1960년 미국의 대통령 선거에서 약 7,700만 명, 1980년 약 8,100만 명, 1992년 약 6,600만 명, 1996년 약 4,000만 명, 2000년 약 4,200만 명이 TV 토론을 시청했다고 한다. 1997년 한국의 대통령 선거에서 TV 토론의 시청률은 평균 51.4%였다. Perloff(1998), pp.398-399; 이동신 외, 『정치 커뮤니케이션의 이해』(서울: 커뮤니케이션북스, 2004), p.383; 인터넷 한겨레, 1998년 6월 8일.

36) 텔레비전 토론회가 지지후보 결정에 영향을 미쳤다는 응답자가 1997년 대선에서는 78.0%, 1998년 지방선거에서 52.2%로 나타났다. 또한 후보자에 대한 정보의 취득원을 묻는 조사에서 1997년 대선에서는 응답자의 56.5%, 1998년 지방선거에서는 23.8%가 텔레비전 토론회를 꼽아 비교적 텔레비전의 영향력이 크게 작용하고 있음을 알 수 있다. 인터넷 한겨레, 1998년 6월 7일.

37) 매체정치가 활성화되는 신정치시대(era of the new politics)의 출현을 정당 기능의 약화와 몰락이 자초한 결과인지 아니면 신정치가 정당의 몰락을 가져온 것인지에 대한 논의가 있으나 대중매체의 활성화가 정치과정에 중대한 변화를 일으킨 것은 사실이라고 볼 수 있다. Ruth K. Scott and Ronald J. Hrebenar, *Parties in Crisis: Participations in America*(New York: Wiley, 1979).

성에 대한 시비가 없으나 대중매체의 자율성이 떨어지는 나라에서는 집권당후보에게 유리하게 운영되는 경우가 있어 시비의 대상이 되고 있다.

③ 정치를 안방으로 끌어들여 정적인 정치를 낳게 된다. 정치 집회에서 열광적으로 환호하면서 공개적으로 정치적인 욕구를 발산하는 기회가 차단되어 동적인 정치를 사라지게 만든다.

④ 화상접촉으로 후보자와 유권자 간의 직접 대면 기회가 줄어들어 사이버 페이스의 문제점이 생기게 된다.

⑤ 후보의 참모습과 진실을 보여주기보다는 분장에 의한 위장과 각색, 이미지 정치, 재치문답과 같은 말 시합, 정치의 희곡화, 정책대결보다는 인신공격과 상대방 흠집 내기, 해명기회의 부여 등으로 정치를 외형적이고 피상적인 모습으로 변화시킨다.

⑥ 텔레비전 토론이 거듭될수록 후보자 간의 정책성향에 대한 차이가 없어진다. 역대 대통령 선거에서 보여준 바와 같이 정책의 현저한 차이가 발견되지 않았고, 유사한 모범답안이 주를 이루어 후보자의 선택에 혼란을 초래하게 된다.

⑦ 텔레비전 토론의 형식, 진행솜씨, 진행방식 등에 문제가 있어 효율적인 정치토론장이 되지 못하는 경우가 있다. 대중매체의 독립성이 완전 보장되지 않은 정치체제에서는 집권세력에 우호적인 방송사의 태도 때문에 공정성 문제가 끊임없이 제기되고 있다.

정치토론의 효과에 대한 연구는 앞으로 보다 체계적으로 이루어져야 할 것이다. 텔레비전을 통한 정책토론 결과 쟁점이 된 문제에 대하여 국민여론에 어떤 영향을 끼쳤으며 그 결과가 정책결정에 어떻게 반영되었는가? 텔레비전 토론 시청 후 원래 자신이 지지하려고 마음먹었던 후보에 대한 의지가 얼마나 확고해졌는지 아니면 반대로 지지할 후보를 바꾸었는지에 대한 경험적인 조사가 이루어져야 할 것이다. 그래야 텔레비전 정치토론의 효과에 대한 평가가 가능할 것으로 보인다.[38] 텔레비전 토론 이후 어느 후보가 잘했고 못 했는가에 대한 설문조사와 유권자의 지지후보 변경 여부에 대한 조사를 실시하고 있으나 상황에 따라서 다른 결과를 보이기 때문에 일반화하기는 어렵다.

제5절 전자민주주의

1. 전자통신의 발달과 직접민주주의

토플러(Alvin Toffler)나 나이스비트(John Naisbitt)와 같은 미래학자들이 커뮤니케이션의 혁명은 정치의 변화를 가져올 것이라고 예측하였다. 나이스비트는 대의민주주의(representative democracy)가 참여민주주의(participatory democracy)로 발전될 것이라고 보았다. 커뮤니케이션의 혁명적 발전으로 정보가 신속하게 국민에게 직접 전파되기 때문에 굳이 국민의 대표를 선출하여 대의정치를 하기보다 정보통신 장비를 이용하여 국민이 직접 정치과정에 참여가 가능할 것이라는 주장이다.[39]

전자통신 기술의 발달은 정치에 중대한 변화를 가져올 것이 틀림없다. 위성통신, 컴퓨터, 케이블 텔레비전, 비디오텍스(videotex), 무선전화, 화상회의(videoconferencing), 인터넷 등 전자통신기술의 혁명적인 발달은 정치 커뮤니케이션 양식의 변화를 가져왔고 이것이 정치에 직·간접의 영향을 미치게 된 것이다. 정치과정은 권력 엘리트와 국민 대중과의 상호작용을 통하여 진행된다. 상호작용의 매개체인 정치 커뮤니케이션 방식의 발달은 정치의 변화를 수반하게 될 수밖에 없다.

---

38) 한겨레신문의 1998년 6월 4일 지방선거에 대한 투표행태의 조사에서 지지후보를 바꾼 경우 텔레비전 토론회 때문이라고 응답한 경우가 24.6%로 나타나 비교적 영향력이 컸던 것을 알 수 있다. 인터넷 한겨레, 1998년 6월 7일.

39) Alvin Toffler, *The Third Wave*(New York: Bantham Books, 1980); John Naisbitt, *Megatrends: Ten New Directions Transforming Our Lives*(New York: Warner Brothers, 1982).

오늘날 매체정치의 출현으로 선거운동 방식이 변했고, 국민의 정치참여 방식도 참여민주주의, 직접민주주의, 강한민주주의(strong democracy),[40] 전자민주주의(teledemocracy), 비디오민주주의(video democracy),[41] 원격민주주의 등 새로운 개념이 등장하게 되었다. 국민의 정책결정권을 선출된 대표자에게 위임하기보다는 전자투표를 통하여 국가의 의사결정과정에 직접 참여할 수 있는 가능성에 대하여 많은 논의가 이루어졌다. 고도첨단 정보통신기술을 활용하여 국민의 정치참여 방식을 보강할 수 있다면 직접 참여 민주주의를 실현시킬 수 있을 것이라는 가능성이 제기되고 있다.

기술(technology)과 민주주의(democracy)에 대한 논의, 특히 정보통신기술을 활용한 직접민주주의 실현 가능성에 대한 관심이 높은 것은 사실이며, 고도첨단 정보통신기술이 정치의 변화에 어떻게 작용할 것인가가 중요한 의문점으로 등장하게 되었다. 기술의 발달은 인간의 가치관, 인간의 사고, 인간의 행동에 변화를 가져왔으며, 정치 참여에 대한 태도는 물론 정치체제의 변화에도 영향을 미칠 수 있는 가능성이 커졌다.[42]

정보통신 기술의 발달로 정치 커뮤니케이션이 활성화되고 있으며, 정치의 모습을 변화시키는 몇 가지 요인을 지적할 수 있다.

① 정보의 공해라고 할 정도로 정보의 홍수현상이 발생하고 있으며 출처도 다양해졌다.

② 전달수단의 발달로 표류시간의 단축과 정보의 신속한 전파가 가능하게 되었다.

③ 정보획득이 용이하기 때문에 경비를 절감할 수 있게 되었다.

④ 정부 의사결정구조의 투명성이 증대되어 대의기구가 하는 일을 즉각

---

40) Benjamin J. Barber, *Strong Democracy: Participatory Politics for a New Age*(Berkeley: University of California Press, 1984).

41) R. Hollander, *Video Democracy: The Vote - From - Home Revolution*(Mt. Airy, MD: Lomond, 1985).

42) 이극찬 교수는 기술시대의 문제점으로 인간의 기계의 부품화와 인격적 주체성의 상실, 조직 속의 인간과 개성・인간성의 상실, 관리화의 진전과 조작당하기 쉬운 인간의 증가, 1차원적 인간과 1차원적 사회화, 거대한 것과 스피드시대와 인간의 사고의 변화, 기술적 실업자와 기술적 허무감의 문제, 여가의 증가와 인간의 자기소외화의 문제, 현대 기술사회와 네크로필리아(necrophilia)적 인간의 증가, 기술과 정치, 공업화・도시화에 따르는 문제 등 10가지를 지적하였다. (2004), pp.25 - 41.

알게 되었다.

⑤ 정보의 공유로 정보의 독점 현상을 완화하게 되었다.

2. 전자민주주의 유형

(1) 전자투표[43]

전자투표(televised call – to – in formats/televote)는 1 대 1(point – to – point) 전화통화 방식의 커뮤니케이션이 아니라 1 대 다수(point – to – mass)와 다수 대 1(mass – to – point)의 방식을 혼합한 유형이다. 텔레비전(유선 포함)을 통하여 메시지를 시청자들에게 전달하고 시청자들은 전화를 이용하여 메시지에 대한 응답을 하는 것이다. 이는 라디오 토크쇼(talk show)나 텔레비전 오락프로에서 시청자들의 반응을 조사하기 위해서 활용하고 있는 방식과 같은 것으로 투표와 연결시킬 수 있다. 예를 들면 선거에서 후보자 간에 텔레비전 토론을 실시한 후 유권자들이 전화를 걸어 지지후보를 선택하도록 하는 방식이다.

(2) 우편투표(mail back ballots)

인쇄된 투표용지를 가정에 배부하고 유권자들은 자신의 의견을 기입하여 반송하는 방법이다. 예를 들면 신문에서 쟁점이 되는 문제를 수회에 걸쳐 심층적으로 보도한 뒤 구독자들의 의견을 알아보기 위해서 신문의 한 귀퉁이에 투표용지를 인쇄하여 보내고 구독자들은 그 용지를 오려서 자신의 의견을 표시하여 반송하는 방법이다. 물론 이것을 정치참여에 활용한다고 했을 때 유권자들에게 전달되는 메시지는 신문뿐만이 아니라 방송 등 다양한 매체를 통하여 특정 쟁점에 대하여 객관적인 평가나 판단이 가능한 정보를

---

43) 전자민주주의에 대한 전반적인 내용은 다음을 참고하였음. F. Christopher Arterton, *Teledemocracy: Can Technology Protect Democracy?* (Newbury Park Beverly Hills, London: Sage Publications, 1987), pp.38 – 42.

수차례에 걸쳐 반복적으로 전달한 뒤 배부된 투표용지를 통하여 유권자들의 의견을 묻는 방식이다. 이는 특정 정책 분야에 대한 주민의 선호도를 조사하는 데 활용이 가능한 방법이라고 볼 수 있다. 지방자치단체에서 주민투표에도 활용할 수 있다.

(3) 유선 텔레비전 투표(interactive cable television)

유선 텔레비전에 수신자가 응답할 수 있는 장비를 설치하여 활용하는 방법이다. 시청자들에게 화면을 통하여 메시지를 전달하고 이에 대하여 유선 텔레비전에 설치된 장비의 버튼을 직접 눌러 응답하면 컴퓨터가 이를 집계하는 방식으로 참여시키는 것이다. 유선 텔레비전에서 오락프로나 상품광고에 활용하고 있는 방식을 정치참여에 응용한 것이다. 정치 메시지를 전달하고 유권자들의 반응에 따른 결과를 즉석에서 취합하는 방식이라고 볼 수 있다.

(4) 전자 · 영상회의(teleconferencing and video conferencing)

원거리에 있는 사람을 동시에 화면에 등장시켜서 정지토론을 실시하는 방법이다. 이는 위성통신을 이용하여 멀리 떨어져 있는 사람을 화면에 동시에 등장시켜 사회자의 주관으로 특정문제에 관하여 토론하는 방식이라고 볼 수 있다. 이런 유형은 텔레비전의 뉴스시간에 자주 활용하고 있다. 아나운서가 세계 각국에 파견된 특파원을 동시에 불러 그곳 현지의 표정을 동시에 생중계하는 방식으로 진행되는 경우라고 볼 수 있다. 이를 정치에도 활용할 수 있다. 특정 정책의 주무 장관, 전문가, 시민단체 대표 등을 위성으로 등장시켜 현안에 대한 찬반토론을 통하여 국민의 지지와 반대를 유도할 수 있을 것이다.

(5) 컴퓨터회의(computer conferencing)

인터넷의 대화방이나 뉴스그룹(News Group) 또는 유즈넷(Usenet)을 활용하여 다양한 주제에 대하여 의견을 나누는 방법이다. 특정한 주제에 대하여 관심이 있는 사람들이 모여서 토론을 하거나 의견을 교환하는 인터넷 프로그램을 활용하는 방식이다. 이것을 정치 현안과 연결시켜 토론을 통하여 다양한 의견을 청취할 수 있다. 정치적인 쟁점이 부각될 때 네티즌(netizen)들이 사이버 공간에 등장하여 자신의 의견을 상호 교환하는 방식이라고 볼 수 있다.

(6) 전자우편과 비디오텍스(electric mail and videotex)

컴퓨터의 전자우편을 이용하여 수많은 이용자들에게 동시에 메시지를 전달할 수 있고 또한 그들의 반응을 알아볼 수 있는 것이다. 국회의원이 자신의 의정활동보고서나 정책결정과 관련된 자신의 견해를 선거구 유권자들에게 알리고 그들의 반응을 살피는 방법으로 활용하고 있다.

비디오텍스는 컴퓨터회의와 유사한 원리라고 볼 수 있으나 다른 점은 참여자들 간에 직접 연결되는 것이 아니라 운영자가 많은 양의 정보를 제공하여 가입자가 검색할 수 있는 기회를 제공하여 텔레비전과 같은 1 대 다수(point – to – mass)의 접촉이 가능한 방식이다. 따라서 가입자들은 자신의 의견이나 선호를 제시할 수 있다.

3. 전자민주주의의 문제점

전자민주주의는 전자통신 기기를 이용하여 국민의 직접 참여를 용이하게 만들고, 국민에 의한 정부를 실현시키는 방법이라는 시각에서 연구가 진행되고 있다. 전자통신 장비를 제대로 활용하면 참여민주주의를 실현시킬 수 있는 가능성이 큰 것은 사실이다. 그러나 해결해야 할 문제점이 많다.

첫째, 전자민주주의는 아직도 실험단계에 있어 실용화되려면 많은 시일이 소요될 것이다. 미국의 경우 몇 개 주에서 연구용역을 받은 학자들에 의하여 방송국과 협력하여 실험되고 있다. 섬으로 이루어진 하와이 주 등에서 실험이 이루어지고 있다.[44] 또한 대통령 후보의 텔레비전 토론결과 누가 잘했는지에 대한 여론조사에 활용하는 단계라고 볼 수 있다.

둘째, 참여율에 대한 문제가 제기된다. 현대 민주주의의 가장 커다란 문제로 등장하고 있는 것이 투표율의 저조현상인데 전자 민주주의가 이를 해결할 수 있느냐 하는 것이다. 하루 종일 투표를 실시하여 자기가 편리한 시간에 언제든지 투표에 참가할 수 있고 또한 투표일을 공휴일로 지정하여 투표참가를 유도하고 있으나 참가율이 저조한 것이 사실이다. 전자 민주주의의 경우 시청자가 제한되어 있을 뿐 아니라 국토가 넓어 시차가 있는 경우 동시에 투표에 참가하는 것은 문제가 아닐 수 없다. 또한 인터넷을 이용하는 사람이 아직도 제한적이며, 컴맹이나 넷맹 등이 많이 있기 때문에 참여의 한계가 있다.

또한 텔레비전토론이나 화상회의의 경우 등에도 일반인의 참여가 제한될 수밖에 없다. 질의응답을 소화할 수 있는 접속상의 문제가 있다. 텔레비전에서 진행하는 생방송 시사토론의 경우 시청자의 질문을 받기 위해서 수십 대의 전화를 설치하여 직·간접의 참여를 권장하고 있으나 전국 규모로 전자투표나 전 국민을 상대로 정책토론을 한다면 문제가 될 수 있을 것이다. 전자민주주의가 이를 극복할 수 있느냐 하는 것이다.

셋째, 관리방법에 문제가 제기된다. 투표관리상의 문제점을 전자통신기술로 극복할 수 있을 것이라는 기대도 할 수 있다. 모든 유권자들에게 전자우편과 같이 사용자 이름(user name)이나 비밀번호(passwords)를 부여하는 방법도 있을 수 있으나 투표자의 신원을 파악하고 이중 투표나 대리투표를

---

44) 베커(Ted Becker) 교수는 하와이에서 전자투표에 대한 실험을 실시하였다. 무작위로 표본을 추출하여 전화로 투표에 참가할 것인지를 묻고, 참가 의사가 있는 대상자에게 정책의제에 대한 자료를 보내고 이를 검토한 후 다른 사람과 토론할 수 있는 시간을 준 뒤에 전화투표를 실시하도록 하였다. 그 결과 약 50%가 투표에 참가한다고 응답하였으며, 그중 약 70%가 전자투표에 참가하였다. 연구결과 70%의 응답자는 대표성 있는 참가(representative participation)라는 결론을 얻었고 전자투표의 실현 가능성을 보여주었다. Arterton(1987), pp.76 - 82.

방지할 수 있는 제도적 장치의 마련이 용이하지 않은 일이다.

넷째, 전자민주주의는 국민과 정치 지도자 간의 직접 접촉이 아닌 사이버 공간을 이용한 접촉이기 때문에 사이버 페이스에 의한 문제가 제기된다.

다섯째, 의제설정이 불가능하다. 일반선거의 문제점으로 등장하고 있는 국민에 의한 후보의 추천과 선택의 기회를 제공할 수 없고 정책의제의 제기에 역시 한계가 있다.

4. 전망

전자민주주의는 "정치권력을 국민에게 되돌려주고"(bringing power back to people), "국민을 정치로 끌어들이고"(bringing the people into politics), "정부를 시민에게"(bringing government to citizens)라는 표현으로 민주주의의 발전을 기약하는 기대를 갖게 한다. 전자통신기술을 정치 커뮤니케이션의 중요한 수단으로 활용하여 민주주의를 보다 발전시키는 데 기여토록 해야 할 것이다.

정치참여율이 저조한 것은 정치적 이해의 다양성, 정치적 무관심, 정치적 소외, 정치적 냉소주의와 같은 문제 때문이지 기술이나 기계의 탓이 아니다. 정치 참여율이 저조한 것은 정치·경제·사회·심리적인 문제 때문에 발생하는 것이다. 따라서 전자통신기술을 정치참여의 지원수단으로 활용한다면 참여율도 제고시킬 수 있을 것이다.

전자통신 기술의 발달을 정치 커뮤니케이션의 중요한 수단으로 활용한다면 진일보한 민주주의 정치발전에 기여하게 될 것이다. 정치지도자들이 이를 국민과의 원활한 의사소통수단으로 잘 활용하면 국민과 보다 가깝고 친밀한 관계를 유지할 수 있을 것이다. 국민은 국민의 정치적 기대나 요구를 다양한 정치 커뮤니케이션 통로를 이용하여 보다 신속하고 효율적인 방법으로 정책결정자들에게 전달할 수 있을 것이다. 전자통신 기술을 활용하여 하의상달과 상의하달의 쌍방향 정치 커뮤니케이션이 활성화된다면 민주주의 발전에 기여하게 될 것이다.

제6절 맺는 말

　정치는 정치 커뮤니케이션 과정이라고 볼 수 있다. 정치 커뮤니케이션이 원활하게 이루어지지 않으면 정치체제에 투입, 전환, 산출, 환류 등의 기능이 멈추게 된다. 정치 커뮤니케이션은 인체의 혈관과 같이 정치체제 내외를 연결시켜 주어 체제의 유지와 작동 기능을 수행하는 데 결정적인 역할을 수행한다. 정치 커뮤니케이션은 정치체제 내부에서 정책결정구조 간, 정치 지도자와 국민, 정부와 국민, 정당과 국민, 국민과 국민 사이를 연결시켜주는 역할을 수행한다. 그 기능을 다하기 위해서 정치 커뮤니케이션은 다음과 같은 몇 가지 원칙을 지켜야 할 것이다.

　첫째, 상의하달과 하의상달의 쌍방향 정치 커뮤니케이션이 이루어져야 한다. 정치지도자나 정부 또는 정당이 일방적으로 국민들에게 자신들의 업적을 홍보하고, 지지를 호소하고, 자신들의 의도대로 국민의 정향이 형성되도록 정치 메시지를 전달해서는 안 된다. 국민의 소리, 국민의 기대, 국민의 요구도 다양한 통로와 수단을 통하여 전달될 수 있는 개방적인 정치 커뮤니케이션 구조를 유지해야 한다. 쌍방 간 원활한 상호작용이 이루어져야 한다.

　둘째, 정치 커뮤니케이션의 중요한 구조인 대중매체는 정치 메시지를 전달하는 데 최대한 중립성, 균형성, 독립성, 사회통합성, 신뢰성을 유지해야 한다. 정치 커뮤니케이션에서 대중매체의 역할과 영향력이 대단히 크기 때문에 공정한 보도가 절실하게 요구된다. 지식정보화 사회에는 매체정치가 보다 활성화될 것으로 전망되기 때문에 대중매체가 정치과정에 중요한 역할을 담당하게 될 것이다. 따라서 대중매체의 중립적이고 공정한 보도 자세가 매체정치의 성패를 좌우하게 될 것으로 보인다. 1997년 한국의 대선 보도의 공정성에 대하여 68.3%가 불공정했다고 평가한 바 있다.[45] 선거 때마다 보도의 불공정성 문제가 지속적인 논란거리가 되고 있다. 매체마다 특정 정당이나 후보에 대하여 편파적으로 보도하는 사례가 많은 것이 사실이다.

셋째, 정치광고는 사실에 입각한 정보가 제공되어야 한다. 선거 때 주로 활용되는 정치광고는 유권자의 후보선택에 중요한 정보가 되기 때문에 허위사실이 유포되어 유권자의 판단을 흐리게 해서는 안 된다. 정치광고의 제한효과접근법(limited effects approach)이 있지만, 이성적인 판단보다 감정에 치우치기 쉬운 유권자의 투표행태가 나타나는 경우 정치광고의 효과가 크다고 볼 수 있다. 정치광고가 부정적인 진흙탕 싸움이 아니라 후보자의 인물, 경력, 정견과 유권자의 선거에 대한 관심 유도, 선거쟁점에 대한 지식 증대, 후보의 최종 선택 등에 유용한 정보가 제공되어야 한다.

넷째, 전자민주주의의 실현 방법에 대한 관심을 기울여야 한다. 전자민주주의가 기존의 민주주의를 바꾸는 것이 아니다. 민주주의의 한계를 보완하는 정치참여의 편리한 수단의 하나로 전자통신기술을 활용하는 것이다. 국민의 정치참여가 감소하는 문제점을 전자통신장비를 활용하여 극복할 수 있는 방안이 계속적으로 연구되어야 할 것이다. 전자통신기술을 활용하여 국민들의 소리가 언제든지 정부나 정치지도자에게 전달될 수 있는 다양한 통로가 설치되어 용이하게 활용할 수 있어야 할 것이다.

다섯째, 국민은 정치 메시지에 대하여 정확하게 판단할 수 있는 능력을 가져야 한다. 정치인이나 정당은 권력을 획득·확장·집중·지속시키는 데 관심을 가지고 있기 때문에 국민과 국가보다는 자신들의 정치적 이익에 치중하여 의도적인 정치 메시지를 전달하는 경향이 강하다. 또한 정치광고가 아무리 잘 기획되었다고 하더라도 평범한 정치인을 매력적이고 카리스마적인 정치지도자로 바꾸는 역할을 할 수는 없다.[46] 따라서 정치 메시지의 수신자인 국민은 그 내용을 정확하게 판단하고 평가하여 올바른 정치적 선택을 할 수 있는 능력이 있어야 한다.

---

45) 인터넷 한겨레, "한겨레 10돌: 언론개혁 여론조사/언론인 – 학자조사" 1998. 5. 15.

46) Perloff(1998), p.362.

제3편
시민사회의 참여

제7장 여론과 정치론

제1절 여론의 의의

1. 여론의 정의

여론(public opinion)이란 말은 오늘날 일상생활의 한 부분이 될 정도로 광범위하게 사용되고 있다. 선거 때가 아니더라도 텔레비전의 어느 프로가 가장 인기가 있다든가, 개인 간의 대화에서도 상대방에게 여론이 좋다 또는 좋지 않다는 식으로 여론이란 말을 자주 쓰고 있다.

민주정치는 일반적으로 여론정치라고 이해되고 있다. 대다수 국민의 뜻에 따라서 정치과정을 운영하는 것이 바로 국민의 국민에 의한 국민을 위한 정치라고 볼 수 있기 때문이다. 민심의 소재를 잘 파악하여 국정에 제대로 반영하는 것은 국민을 위하고 또한 국민의 지지를 받는 지름길이라고 볼 수 있다. 정권의 정통성을 획득하는 것이나 선거에서 국민의 지지를 받아 당선되는 것이나 정권이 교체되는 것 모두가 여론의 향배에 따라서 결정되는 문제이기 때문에 민주주의 정치체제에서는 여론을 무시할 수 없다. 그러나 민주정치가 항상 국민의 여론을 정책으로 반영한다고 단언하기는 어렵다. 정책이 여론과 관계없이 수립되는 경우가 많기 때문이다. 따라서 민주정치는 여론정치라기보다는 "여론이 비교적 많은 영향을 미치는 정치"라고 말하는 것이 모호하기는 하나 보다 적합한 표현일 것이다.[1]

여론(L'opinion publique)이란 말을 최초로 사용한 사람은 1744년 루소(Jan

---

1) 유세희, "여론과 정치", 이영호 외(1988), p.103.

- Jacque Rousseau)라고 한다. 루소는 여론을 공동체의 구성원들에 의하여 표현된 조직적인 의지(organic will of the community)나 일반의지(general will)라고 보았다. 1780년까지 프랑스의 학자들은 대중의 의견(mass opinion)을 공통의지(common will)나 공중정신(public spirit) 또는 공중의식(public conscience)으로 보았고, 과학적인 여론조사 방법을 활용하기 이전에는 일반의지(general will)나 집단의 생각(group mind) 등으로 이해하였다.

영어권에서 여론에 대한 최초의 구체적인 논의는 벤담(Jeremy Bentham)에 의하여 이루어졌다. 벤담은 사회통제의 수단으로서(as an instrument of social control) 여론의 중요성을 강조하였으며 여론의 자유로운 표현은 실정(misrule)에 대한 주요 안전장치(safeguard)로서 그리고 민주국가의 특징적인 표시(mark)로서 간주되었다.[2]

동양에서는 여론의 여(輿) 자는 가마처럼 수레에 사람이나 물건을 싣고 다니는 운반수단을 의미한다. 그것을 메고 다니는 사람을 여인(輿人)이라고 불렀고, 그들이 하는 소리를 여론이라고 했다는 것이다. 여론이란 학식이 높은 선비나 귀인들의 말이 아니라 사회의 하류층에서 힘들고 어려운 일을 하는 사람들의 소리를 의미했던 것이다.

현대사회는 분화(differentiation), 다양성(diversity), 비대중화(demassification) 등을 특징으로 하기 때문에 합의(consensus)의 획득이 대단히 어렵다.[3] 사회구조의 복잡화해지고 세분화, 전문화되어, 집합성이 소멸되고(demise of collective) 개인의 승리(triumph of the individual)로 인한 개인주의가 확산되었다.[4] 그리고 산업화와 노동의 분화, 인간사고 방식과 이해관계의 다양화·복잡화, 교통·통신의 발달과 과학화, 대중매체의 발달과 정보화 등이 이루어져 공통성·합의성·통합성·유사성을 찾기가 힘들게 된 것이다. 국민 전체의 합의된 의견을 집약한다는 것은 대단히 어려운 과제가 되고 있다.

---

2) 여론의 역사적 배경에 대하여 다음을 참조할 것. Paul A. Palmer, "The Concept of Public Opinion in Political Theory", in Robert S. Erikson and Kent L. Tedin, *American Public Opinion*, 5th ed. (Boston: Allyn and Bacon, 1995), pp.1 - 6.

3) Toffler(1990), p.167.

4) Naisbitt and Aburdene(1990), p.323.

따라서 여론을 정의하기가 어렵다. 사회의 일부분의 의견을 국민 전체의 견해라고 일반화할 수도 없거니와 이견이나 균열성이 내포되어 있어 논쟁의 소지가 많기 때문이다. 여론의 개념도 다양하다고 볼 수 있다. 여론에 대한 정의가 50여 개나 된다.[5]

여론(public opinion)을 이해하기 위해서는 공중(public)과 의견(opinion)으로 나누어 살펴보아야 할 것이다. 듀이(John Dewey)는 공중을 '다른 사람들'(others)이라고 정의하였다. 인간의 행동은 다른 사람들에게 영향(consequences)을 주게 된다. 이 영향을 지각하는 다른 사람들을 공중이라고 한 것이다.[6] 공중을 다른 사람의 행동이 자신들에게 어떤 결과를 가져올 수 있는가를 지각할 수 있는 사람들이라고 하였다.

트루먼(David Truman)은 공중은 '개인의 집합'(aggregate of individuals)으로 인간행동의 다양한 결과를 깨달을 수 있거나 깨닫게 하는 사람들로 보았다.[7] 공중을 이성을 소유한 '재산과 교양을 가진 시민'으로 보기도 한다.[8] 공중은 어떤 쟁점에 대하여 이성적으로 판단하고 사고할 수 있는 능력과 태도를 가진 개인의 집합(collection of individual)이라고 정의할 수 있을 것이다. 공중은 대중(mass)과 구분된다.[9]

① 공중은 정신적 공통성과 문화가치에 대한 관심으로써 결합되는 데 대하여, 대중은 본능적인 욕구와 이해타산과 외부의 압력에 의하여 결합되고 있다.

② 공중에게는 자유로운 상호 간의 토의와 의견의 교환이 있지만, 대중에게는 일방적인 이야기의 전달과 무비판적인 동조가 보이기 쉽다.

③ 공중은 자아에 대한 자각을 갖지만 대중은 자아에 대한 각성이 희박

---

5) Harwood L. Childs, *Public Opinion: Nature, Formation, and Role*(Princeton: D. Van Nostrand, 1965).

6) John Dewey, *The Public and Its Problems*(New York: Henry Holt and Company, Inc., 1927), pp.12 – 17.

7) David Truman, *The Governmental Process: Political Interests and Public Opinion*(New York: Alfred A. Knopf, 1951), p.218.

8) 이극찬(2004), p.46.

9) Ibid., pp.59 – 60.

하며 자기소외에 고민한다.

④ 공중에게는 인간과 인간을 결부시키는 의식이 있지만 대중에게는 오히려 고독의 의식이 깃들여 있다. 대중은 고독한 군중(lonely crowd)으로 전화되기 쉽다.

⑤ 공중은 공적인 데 관심을 갖지만 대중은 오히려 사적 생활에로 도피하려는 경향을 보인다.

⑥ 공중은 무게 있는 사상가들의 책을 읽으려고 하는 데 비해서 대중은 기분전환용의 값싼 소설이나 오락적인 주간지 또는 자극적인 토막기사 등을 즐겨 읽으려 한다.

그러나 공중이 대중과 대비되는 특성만을 항상 가지고 있는 것이 아니고 공중의 유형도 다양하다. 조직된 공중과 조직되지 않은 공중(organized and unorganized publics), 1차적 공중과 2차적 공중(primary and secondary publics), 대규모 공중과 소규모 공중(large and small publics), 힘 있는 공중과 무기력한 공중(powerful and impotent public), 현명한 공중과 바보스런 공중(wise and foolish publics), 중요한 공중과 중요하지 않은 공중(important and unimportant publics) 등으로 구분할 수 있다.[10]

의견은 '쟁점이나 제안에 대한 태도의 표현'(expression of an attitude on an issue or proposition)이다.[11] 의견은 구체적으로 찬성 또는 반대(pro-con), 예 또는 아니오(yes or no), 승인 또는 거부(approving or disapproving)와 같은 감정적·평가적·인지적 태도로 나타날 수 있다. 모든 사람들은 특정 쟁점에 대하여 나름대로 지식을 가지고 있으며, 판단할 수 있는 능력도 있고, 어떤 견해를 갖게 되는 것이 일반적인 현상이다. 의견에는 표현되지 않은 잠재적 의견(latent opinion)과 공개된 의견(overt opinion)이 있다. 그러나 표현되지 않고 마음속으로 생각만 하고 있으면 제3자가 관찰하거나(observe) 확인할 수 없게 된다.[12] 사람들은 자신의 태도를 다양한 방법으로

---

10) Childs(1965), p.12.
11) Truman(1951), p.219.

외부에 표현한다. 타인의 의견은 그들의 태도를 외부로 표현하는 것이기 때문에 관찰이 가능하다. 여론에서 의미하는 의견은 잠재적 태도가 아닌 공개적인 태도와 관련이 있다.

여론이란 "특정한 쟁점이나 관심사에 대하여 다수의 공중이 가지는 태도의 표현"이라고 정의할 수 있을 것이다. 정치학에서 의미하는 여론은 정치와 관련된 문제에 다수의 공중이 가지는 태도의 표현이라고 볼 수 있다.

2. 여론의 특성

여론은 다음과 같은 몇 가지 특징을 가지고 있다.

첫째, 여론은 유동적이다. 여론은 다른 쟁점이 부각되거나 다른 관심사가 나타나면 달라질 수밖에 없다. 여론은 상황에 따라서 변하기 때문에 문제가 제기된 당시에 한시적으로 존재하는 다수의 공통적인 의견이라고 볼 수 있다. 예를 들면 미국의 역대 대통령은 모두 취임 초에는 약 70% 이상의 국민적 지지를 받다가 퇴임 직전에는 대부분 50% 미만으로 하락하였으며, 트루먼, 닉슨, 카터 대통령은 30% 미만으로 나타났다.[13] 한국의 대통령도 대부분의 취임 초 70－90%대의 높은 지지를 받다가 임기 말에는 20－30%대로 떨어지는 경우가 너무 흔한 일이 되었다. 여론은 상황에 따라서 시시각각 변하는 추이를 보인다.

둘째, 여론은 선호문제(matters of preference)에 대한 의견 차이로 어떤 것이 좋고 나쁘다고 평가할 수 있는 과학적인 방법이 없다. 개인이 선호하는

---

12) Jerry L. Yeric and John R. Todo, *Public Opinion: The Visible Politics*, 2nd ed. (Itasca, Illinois: F. E. Peacock Publishers, Inc., 1989), p.4.

13) 대통령의 인기가 재임 중 등락을 거듭하는 요인을 몇 가지로 설명하고 있다. 취임 초기에는 '밀월'(the honeymoon) 기간이라 기대를 갖고 비판을 삼가기 때문에 인기가 높다. 외교정책과 같은 특수한 사건의 처리에서 보인 대통령의 솜씨에 따라서 대통령의 인기가 치솟거나 하락하는 경우를 특수한 순간(special moment)의 '국기주위 집결'(rally－around－the flag)이라고 부르고 있다. 예를 들면 잠재적 국으로부터 외교적 도발을 받았을 때 단호하고 성공적인 응징으로 국민의 자존심을 살린다면 국민의 지지도는 상승하게 된다는 것이다. 실패하는 경우에 지지도가 하락하는 것은 당연한 것이다. 그리고 대통령의 지지에 작용하는 가장 커다란 변수는 경제문제라고 보고 있다. Erikson and Tedin(1995), pp.109－115.

의견은 개인의 신념이나 취향일 수 있기 때문에 어느 것이 좋다·나쁘다, 옳다·틀렸다고 평가할 수 없다.[14]

셋째, 여론은 다수의 의견(majority opinion)이지만[15] 사회 전체를 대표한다고 볼 수 없다. 다수가 가지고 있는 공통된 의견으로 사회 전체를 대표한다고 볼 수는 없다. 여론은 사회 일부분의 의견으로 균열성(cleavage)을 가지며 논란의 여지가 있다.[16] 여론은 나이, 성별, 학력, 인종, 사회적 신분, 경제생활수준, 지역, 종교 등에 따라서 다르게 나타난다.

넷째, 여론은 소문이나 유언비어와 달리 구체적인 쟁점이나 관심과 관련하여 형성된 의견이다. 정치세계에는 각종 뜬소문과 날조된 유언비어가 많은 것이 현실이다. 그러나 여론이라고 했을 때는 공공문제와 관련된 공중의 관심사로 부각된 쟁점(issue)이나, 논의가 진행 중에 있거나(under discussion) 또는 제안(proposition)에 대하여 형성된 의견이라고 볼 수 있다.

다섯째, 여론은 정부로 하여금 세심하게 주의를 끌게 하는 개인들의 의견이다.[17] 정치학에서 의미하는 여론은 국민이 어떤 특정 연속극이나 음악을 좋아하는 것이 아니라 정부와 관련된 문제(matters of relevance to govern-ment)에 대한 공중의 의견을 의미한다.[18] 어떤 가수가 인기가 높은지 정부는 관심을 가질 필요가 없지만 공적인 문제와 관련된 여론에 대해서는 주의를 기울일 필요가 있다. 정부가 여론을 무시하는 것은 곧 국민의 지지와 동의를 뿌리치는 것이기 때문에 여론의 향배에 대하여 예의 주시하게 된다.

여섯째, 여론은 관찰이 가능한 외적으로 표현된 태도로 표현방법은 다양하다. 표현방법은 신문사에 편지를 보내거나, 공무원을 만나서 의견을 전달하거나, 투표에 참가하거나, 후원회 활동을 하는 것을 포함하여 공중의 관심(attentive publics)을 끌기 위한 폭동(riots), 시위(demonstrations), 파업(strikes), 행진(marches) 등도 여론의 표현이라고 볼 수 있다.[19]

---

14) Erikson and Tedin(1995), p.7.

15) Truman(1951), p.220.

16) 유세희(1988), p.105.

17) V. O. Key, Jr., *Public Opinion and American Democracy*(New York: Knopf, 1961), p.14.

18) Erikson and Tedin(1995), p.7.

제2절 여론의 형성과 전달

1. 여론형성 변수

몬로에(Alan D. Monroe)는 <그림 7-1>과 같이 개인의 의견이 형성되는 데 작용하는 개인적 차원의 변수를 ① 사회적 특성(social characteristics): 부모와 자신의 사회적 특성 ② 집단과의 일체감(identification with group) ③ 가치(values): 문화적 가치, 부모가 가지고 있는 가치, 동료에 의하여 내면화된 가치, 개인의 내면화된 가치 ④ 의견(opinion): 자신의 과거 의견 (prior opinion), 동료에 의하여 표현된 의견 ⑤ 사건(events): 세계에서 일어난 사건, 사건에 대한 매체의 보도, 사건에 대한 지각 등이 상호 작용한다고 보았다.[20]

〈그림 7-1〉 개인의견 형성 모형

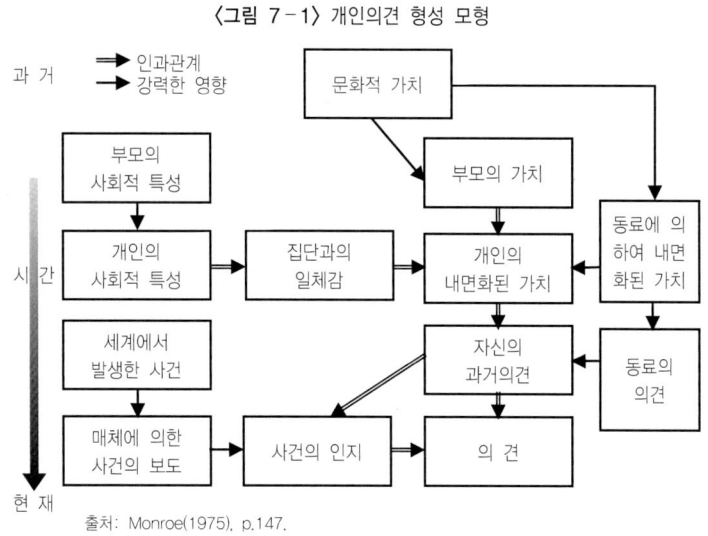

출처: Monroe(1975), p.147.

---

19) Erikson and Tedin(1995), p.7.

20) Alan D. Monroe, *Public Opinion in America*(New York: Dodd, Mead & Company, 1975), p.147.

한편 윌콕스(Allen R. Wilcox)는 <그림 7 - 2>와 같이 여론형성에 작용하는 변수로 다음과 같이 세 가지를 제시하였다.[21]

<그림 7 - 2> 여론의 형성과 정치참여

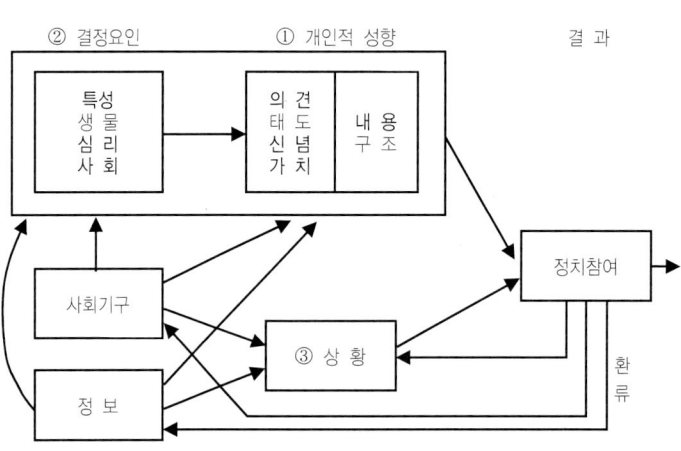

출처: Wilcox(1974), p.2.

(1) 개인적 성향(disposition)

① 개인의 의견(opinions), 태도(attitudes), 신념(beliefs), 가치(values)

② 내용(content)은 정치와 관련된 주제(subject)로서 정치적 사건(events), 각종 정치행위자(actors), 다양한 정치기구(institutions), 개인의 생각(idea), 이념(ideologies), 상징(symbols)

③ 구조(structure)는 의식구조, 사고체계, 신념체계 등을 의미한다.

(2) 결정요인(determinants)

① 개인의 특성(traits) - 생물학적 · 심리적 측면, 신분, 직업, 인종과 같은 사회적 측면

---

21) Allen R. Wilcox, *Public Opinion and Political Attitudes*(New York: John Wiley & Sons, Inc., 1974), pp.1 - 15.

② 사회기구(agencies) – 가정, 동료집단, 직장, 학교, 종교, 정당, 이익집단, 대중매체, 정부조직

③ 정보(information) – 정치와 관련된 사건, 쟁점, 인사 등에 관한 것이라고 볼 수 있다. 여론의 형성이나 변화에 작용하는 정보는 뉴스 해설, 중립적 위치에 있는 전문가의 의견, 인기 있는 대통령의 행동이나 성명, 공공이익집단(public interest group) 등에 의하여 제공되는 정보라고 할 수 있다.[22] 개인이 새로운 정보를 얻게 되면 개인이 가지고 있던 기존의 태도에 변화를 가져온다.

그러나 새로운 정보가 무조건 태도 변화에 작용하는 것이 아니라 ① 새로운 정보의 실질적인 획득 ② 정보에 대한 이해 ③ 관련성 ④ 과거의 신념과 상충 ⑤ 신뢰성 등 몇 가지 조건이 충족되어야 한다.[23] 이와 같은 조건이 충분하게 충족되면 정치와 관련된 태도가 형성되거나 변경된다.

(3) 상황

정치, 경제, 사회, 문화 등의 총체적인 환경을 의미한다. 또한 사회 관습, 사회적 규범, 사회구조, 경제구조, 경기, 법체계는 물론 국가 간의 관계, 국제갈등, 국제정치경제, 새로운 국제질서, 국제기구, 국제법 등 외부세계와의 상호작용에 영향을 받는다. 특히 국제여론의 국내파급과 국내여론의 외교정책과의 연계 등 국제정치의 국내화와 국내정치의 국제화가 여론 형성에 지대한 영향을 미친다.

이와 같은 세 가지 변인이 상호 작용하여 형성된 개인의 정치적 입장은 결국 여론이 되어 정치참여를 통하여 그 결과가 나타난다.

---

22) Graber(1990), pp.116 – 119.

23) Benjamin I. Page, Robert Y. Shapiro, and Glenn R. Dempsey, "What Moves Public Opinion?" in Doris A. Graber, *Media Power in Politics*, 2nd ed. (Washington D. C: A Division of Congressional Quarterly Inc., 1990), pp.108 – 123.

2. 여론형성 과정

여론이 형성되는 것은 일종의 사회과정이라고 볼 수 있다. 정치문제에 대한 개인의 의견 형성과 이것이 국민여론으로 확산되는 데 일련의 과정을 밟는다. 로스(Edward A. Ross)는 사회심리학적인 차원에서 여론이 형성되는 과정을 네 단계로 나누었다.

① 사람들은 어떤 주제에 대하여 최초의 인상(primary impression)을 갖는다.
② 최초의 인상을 강화, 수정, 소멸 등의 세 가지 방법으로 변화시킨다.
③ 변화된 의견과 최종적인 태도를 정치참여를 통하여 행사한다.
④ 다수의 의견이 정책결정에 작용하여 통합의 형태로 나타난다.[24]

보가더스(Emory S. Borgadus)는 여론형성 과정을 여섯 단계로 구분하였다.[25]

① 혼란(disturbance) 단계

예기치 않은 재난이나 전쟁에 직면하거나 또는 의도적인 사회개혁과 현상유지에 변화를 가져오는 도전적인 현상이 발생하여 인간의 욕구를 충족시켜 주지 못하게 되면 사람들은 갈등과 혼란을 느끼게 된다. 문제가 발생하여 사람들의 관심을 끌고 쟁점이 부각되는 것을 여론 형성의 최초 단계라고 볼 수 있다.

② 가담(partisanization) 단계

혼란을 경험한 사람들은 두 가지 방법으로 한쪽에 가담하게 된다. 과거의 질서를 옹호하거나 또는 새로운 변화와 일체감을 가지면서 그것을 수용함으로써 한쪽으로 생각을 정리한다. 부각된 쟁점에 대하여 과거의 상황을 생각하면서 입장을 정리하는 단계라고 볼 수 있다.

---

24) Edward A. Ross, *Social Psychology*(New York: The Macmillan Company, 1908).
25) Emory S. Bogadus, *The Making of Public Opinion*(New York: Association Press, 1951), pp.124-132.

③ 선전(propagandization) 단계

일방적으로 자신의 의견을 남에게 전달하는 단계를 거친다. 자신의 정리된 입장이 타당하고 옳다고 남에게 일방적으로 전달하는 단계라고 볼 수 있다.

④ 토론과 교육(discussion and education) 단계

민주사회에서 의견에 대한 자유로운 토론과 교육을 통하여 의견이 최종적으로 형성된다. 남의 의견을 일방적으로 전달받으면 거기에 동조하거나 의견이 다를 경우 토론과정을 거치거나 보다 적극적으로 상대방을 역설득하는 단계라고 볼 수 있다. 토론과 교육과정을 통하여 쟁점에 대한 견해가 공론화된다.

⑤ 설계(design) 단계

형성된 의견을 정치참여를 통하여 행사하는 단계를 의미한다. 자신의 의견을 정책결정과정에 공식적으로 반영하는 단계라고 볼 수 있다.

⑥ 재음미(redefinition) 단계

정치참여결과가 최종적으로 집계되어 발표되었을 때 자신의 입장을 재음미하는 단계다. 최종적으로 다수 여론의 향배가 결정되면 자신이 다수의 입장에 섰었는지 아니면 소수편인지가 밝혀진다. 그 결과 다수의 편이었다면 자신의 의견을 보다 확고하게 다지거나, 소수의 편이라면 다수의 의견에 승복하고 자신의 의견을 수정하는 등의 재음미 단계를 거친다.

여론형성 단계는 어디까지나 이론적으로 그 과정을 구분한 것이지 반드시 이러한 수순을 밟는다고 일반화할 수는 없을 것이다.

3. 여론분포 모형

여론이란 공중의견의 분포현황이라고 볼 수 있다. 여론의 분포가 한곳으

로 집중되어 있을 때 강도(intensity)가 높다고 평가할 수 있다. 그 강도가 높을수록 정부의 정책결정에 미치는 영향력이 크다. 여론 분포의 모형을 <그림 7-3>과 같이 ① 분산형(conflict)과 ② 합의형(consensus)으로 나눌 수 있다.[26]

<그림 7-3> 여론의 분포 모형

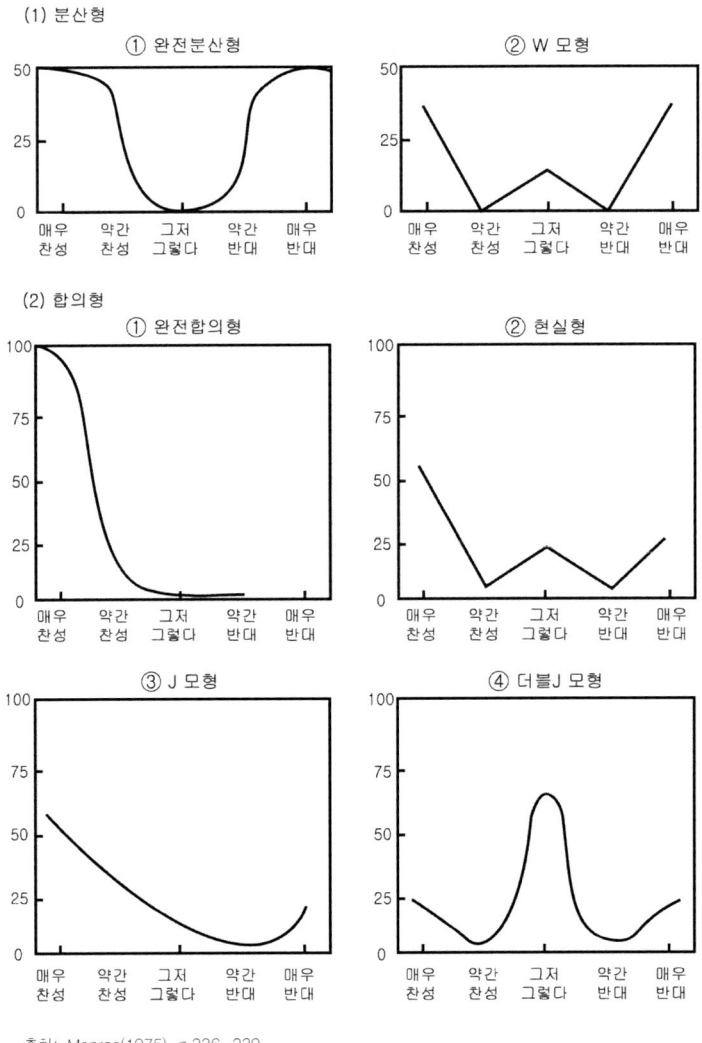

(1) 분산형

① 완전분산형

② W 모형

(2) 합의형

① 완전합의형

② 현실형

③ J 모형

④ 더블J 모형

출처: Monroe(1975), p.236, 239.

26) Monroe(1975), pp.234-242.

(1) 분산형

국론이 특정 문제에 관하여 '매우 찬성'과 '매우 반대'로 분열된 경우로 국민통합이나 국민 일체감이 형성되어 있지 않은 가운데 사회갈등, 반목, 대립이 예상되어 정치적 안정을 기하기 곤란하게 된다.

① 완전분산형(complete conflict model)

중립적인 입장을 취하고 있는 공중이 미미한 수준이고 찬성과 반대가 양극화되어 양자 간 심한 의견대립 현상을 보이는 경우라고 볼 수 있다. 국론이 심하게 양극화되어 흑백논리가 지배하는 상황이다.[27]

② W 모형(W distribution model)

완전분산형보다 중립적 입장을 취하는 층이 어느 정도 존재하여 양극화 현상이 약간 완화된 경우라고 볼 수 있다. 중립적인 의견을 가진 공중이 얼마나 되느냐에 따라서 흑백논리가 완화될 수 있다.

만일 중립적인 의견을 가진 사람들이 '매우 찬성'이나 '매우 반대'와 동일한 수준으로 존재한다면 국론은 3분되며, 이를 연결모형(polymodel)이라고 부른다.[28] 연결모형은 여론이 광범위하게 분포되어 그 강도가 떨어지고 분명한 태도를 갖지 않은 애매한 입장을 취하는 공중이 많아 국민 여론을 정확하게 파악하기 곤란한 점이 있다. 또한 W 모형에서 중립적인 입장을 취하는 공중이 '매우 찬성'과 '매우 반대' 의견보다 많으면 합의형인 '더블 J 모형'(double J distribution model)이 된다.

(2) 합의형

특정 문제에 관하여 국론이 일치된 입장을 보이는 모형으로 정치적 안정을 유지할 수 있다. 네 가지 유형이 있다.

---

27) 이를 바이모들(bimodal)형이라고 부르기도 한다. Yeric and Todd(1989), pp.16 - 19.
28) Yeric and Todd(1989), p.18.

① 완전합의형(complete consensus model)

국민 여론의 분포가 한곳으로 집중되어 강도가 가장 높은 모형이라고 볼 수 있다. 절대다수가 똑같은 입장을 취하기 때문에 국론이 통일되어 고도의 사회적 안정을 유지할 수 있다.

② 현실형(actual consensus model)

한쪽 입장을 취하는 국민이 비교적 다수를 차지하고 있으며, 중립·반대 등 다양한 입장을 취하고 있는 국민도 소수지만 무시할 수 없을 정도로 분포되어 있는 모형이다. 현실적으로 발견하기 쉬운 모형이라고 볼 수 있다.

③ J 모형(J distribution model)

찬성과 반대 중 어느 한쪽의 의견이 우세하게 분포되어 있는 경우를 의미한다. 중립적인 입장을 보이는 국민이 거의 없지만 비교적 사회 안정을 유지하는 데 별 무리가 없는 모형이다.

④ 더블 J 모형

중립적인 의견을 가진 국민이 차지하는 비중이 상당히 높은 반면에 찬성과 반대의 의견은 소수라고 볼 수 있다. 여론의 양극화, 흑백논리, 첨예한 대립 등을 피할 수 있는 모형이다.

여론분포 모형은 정치문화와 밀접한 관련이 있다고 볼 수 있으나 현안으로 등장한 쟁점의 성격이나 국민의 이해관계 그리고 시대적 상황에 따라서 여러 가지 유형으로 나타날 수 있을 것이다. 여론의 분포 모형은 국민여론의 집중도와 강도에 관한 문제로 합의형인 경우 정책결정 과정에 반영될 수 있는 가능성이 높다고 볼 수 있다.

4. 여론의 전달

국민여론이 형성되어 사회통제(social control) 수단으로 작용하려면 국민여론이 정책결정자들에게 전달되어야 한다. 여론은 다양한 방법으로 전달된다. 그 유형을 ① 개인의 정치참여 ② 정당과 이익집단 ③ 대중 매체를 통한 방법으로 나눌 수 있다.

(1) 개인의 정치참여와 여론의 전달

여론의 전달은 최초에 개인으로부터 출발한다. 여론은 개인의견의 집합이기 때문에 개인이 여론전달의 가장 중요한 시발점이 된다. 개인이 정치적 태도나 의견을 정치참여를 통하여 전달함으로써 그 결과가 취합된다. 여론이 하나의 공식적인 국민 의사로 모아지는 것은 투표와 같은 정치참여를 통한 것이 가장 합법적·공식적인 방법이다. 한군데 모아진 국민 각자의 정치적 견해가 공통성을 지닐 때 국민여론이라고 볼 수 있다. 국민 각자는 각종 정치참여 수단을 동원하여 자신의 정치적 입장을 전달한다. <그림 7 -4>는 정치참여와 여론의 전달구조를 도식화한 것이다.

〈그림 7-4〉 정치참여와 여론의 전달

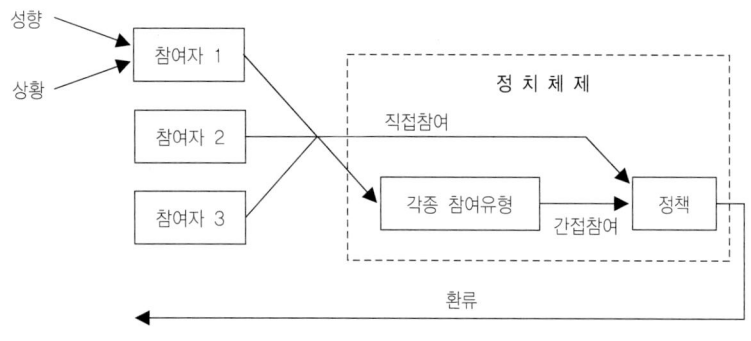

출처: Wilox(1974), p.3.

국민의 정치참여는 여론을 국민이 직접 정치과정에 전달하는 것으로 가장 확실하고 효과적인 방법이라고 볼 수 있다. 국민이 정치참여를 통하여 여론을 전달하는 방식에는 직접적인 것과 간접적인 것이 있다. 국민투표나 국민제안 또는 국민소환과 같은 방식은 국민이 정책결정에 직접 참여하는 방법이라고 볼 수 있다.

간접적인 정치참여 방법은 ① 이익집단, 의견집단(opinion group), 시민단체 등에 참여 ② 정치집회 참여 ③ 선거운동 참여 ④ 정당가입 ⑤ 공직자와 개인적인 접촉, 방문, 대화, 로비 ⑥ 정치토론 ⑦ 청원 ⑧ 항의 ⑨ 시위와 파업 ⑩ 폭력행사 ⑪ 투표참여 등이 있다. 정책결정권이 없는 개인이 자신의 의견을 정책결정자에게 전달하여 정책으로 반영될 수 있도록 건의하거나 압력을 행사하는 방법이다.

민주주의에서는 시민의 정치 참여를 통한 정확한 국민여론이 전달되어야 한다. 그러기 위해서는 민주시민에게 ① 관심, 토론, 동기 ② 지식 ③ 원칙 ④ 합리성 등이 요구된다.[29]

시민은 정치문제에 관하여 지속적으로 관심을 가지고 쟁점이 되는 정치문제에 대한 토론을 통하여 이해를 증진시키며, 정치참여에 대한 강한 동기(strong motivation)를 가지고 있어야 한다. 민주시민은 정치현안에 대한 충분한 지식이나 정보를 가지고 정치에 참여할 때 그 자신의 이익이 아니라 공동선(common good)을 추구한다는 원칙을 지킬 수 있다. 그리고 합리적 판단에 기초한 권한을 행사해야 한다. 이러한 민주시민의 사질을 깃추고 정치에 참여한다면 국민여론이 정치과정에 정확하게 전달될 수 있을 것이며, 국민여론의 위력이 크게 작용할 수 있을 것이다.

(2) 정당과 이익집단에 의한 여론의 전달

정당은 이익취합의 기능을 수행하는 정치기구로서 국민여론에 가장 민감하게 반응한다. 정당은 정치권력을 획득하고 또한 권력을 재창출하기 위해서 국민의 지지와 동의를 획득해야 한다. 그러기 위해서 국민 여론에 부응하는 정강정책을 마련하고 선거공약을 내세워 국민의 지지를 호소한다.

---

29) Bernard R. Berelson, "Democratic Practice and Democratic Theory", in Luttbeg(197), pp.16 - 20.

여당은 정부의 업적을 홍보하고 집권당의 프리미엄을 이용하여 국민여론을 최대한 정책결정 과정에 반영시키려고 노력한다. 집권당은 당정협의와 같은 형식을 빌려 국민여론을 정책결정에 반영시키기 위해서 노력한다. 야당은 정부여당의 실정에 대하여 국민여론을 앞세워 비판하고 대안을 제시하여 국민여론에 호소한다. 정당은 선거조직을 활용하여 국민의 여론을 수시로 파악하여 정책결정자에게 전달하거나 정책대안으로 제시하는 역할을 수행한다.

이익집단은 가치의 권위적인 배분과정에 자신들의 이익을 안정적으로 추구하기 위해서 이익집단 구성원 전체의 의견을 정책결정자에게 전달한다. 또한 그들의 주장에 대한 국민의 지지를 호소하여 국민여론을 유리하게 조성하고 이를 조직화하거나 동원하여 정책결정자에게 압력을 행사한다.

(3) 대중매체에 의한 여론의 전달

대중매체에 의한 국민여론의 전달은 몇 가지 시각에서 이해할 수 있다.

첫째, 대중매체는 공중의 정서(public sentiments)를 전달하는 기능을 수행한다. 국민이 갖고 있는 생각과 의견을 보도한다. 대중매체가 국민여론을 선도하기 위해서 독자적으로 의제설정(agenda - setting)과 의제형성(agenda - building) 기능을 수행하기도 하지만 공론화 과정에 국민여론 추이를 살피지 않을 수 없다.

첫째, 대중매체는 뉴스를 통하여 공중의 정서를 전달한다. 뉴스해설은 물론 논설위원, 전문가, 사회의 지도층 인사 등 여론지도자들(opinion leaders)의 기고, 좌담, 토론, 특강 등을 기획하고 보도하여 여론을 지도하는 한편 정책결정자에게 전달한다. 신문의 경우 뉴스, 사설, 시사칼럼, 만평, 독자투고란과 같은 여론광장 등을 통하여 여론을 형성하기도 하며 전달기능을 수행한다. 텔레비전의 경우는 뉴스, 시사토론, 좌담, 인터뷰, 특집방송 등을 통하여 국민여론을 정책결정자에게 전달하는 기능을 수행한다.

둘째, 대중매체는 여론을 단순하게 보도하는 정보제공 이외에 여론의 촉진자(facilitator of public opinion) 역할도 하며, 여론의 확산과 형성에 기여한다. 여론이 발전하려면 자유공간(free space)이 있어야 하는데 대중매체가 이 기능을 수행한다.[30] 국민여론이 대중매체를 통하여 보도되지 않으면 확산에 한계가 있다. 대중매체가 무시하는 쟁점은 공론화될 가능성이 적기 때문이다.[31]

셋째, 대중매체는 보다 적극적으로 여론조사를 실시하여 국민여론을 정책결정자에게 전달한다. 대중매체가 자체의 부설 연구소나 전문 여론조사기관과 공동으로 쟁점이 부각될 때마다 여론조사를 실시하여 그 결과를 공표한다. 특히 선거 때는 경쟁적으로 여론조사를 실시하여 당선 유력한 후보를 예측하는 등 매체정치의 기능을 수행하고 있다.

제3절 여론의 정책결정 기능

1. 여론의 기능

여론은 여러 가지로 정치에 영향력을 행사한다. 여론의 주요 기능으로 ① 법률의 제정과 폐기(makes and unmakes laws) ② 사회기구와 제도의 유지(sustains social agencies and institutions) ③ 사회적·도덕적 규범의 유지(upholds social and moral standards) ④ 공공의 사기앙양(vitalizes public morale) 등을 들 수 있다.[32]

그러나 여론의 중요한 기능은 정책결정에 영향을 미치는 사회통제라고 볼 수 있다. 민주주의 발전 정도를 측정하는 데 여론의 반영이 중요한 몫을

---

30) Charles T. Salmon and Theodore L. Glasser, "The Politics of Polling and the Limits of Consent", in Glasser and Salmon, (ed.), *Public Opinion and the Communication of Consent*(New York: The Guilford Press, 1995), p.452.

31) Perloff(1998), p.209.

32) Bogardus(1951), pp.17 – 27.

차지하고 있다. 국민의 소리가 과연 어느 정도 공공정책 결정에 반영되느냐가 정치과정의 민주화와 직접적인 관련이 있다. 민주주의는 정치과정에 국민이 요구하는 것과 국민이 얻는 것 사이의 상관관계에 달렸다.[33] 민주정치체제는 국민 다수의 지지를 획득하지 못하면 유지될 수 없다. 국민의 정치적 욕구가 수렴되지 못하면 국민의 정치적 불만과 소외, 정치적 무관심과 냉소주의가 싹터 정치체제를 더 이상 유지할 수 없게 된다. 여론과 정책의 일치(opinion – policy congruity) 현상을[34] 보이면 국민의 지지를 받는 정부가 되고 여론과 정책 간의 불일치 현상이 심하면 심할수록 민심은 정부를 외면하게 된다. 국민의 정치적 요구나 기대는 여론으로 표출되기 때문에 정책결정 과정에 최대한 반영되어야 국민에게 만족감을 줄 수 있다.

2. 여론의 정책결정 모형

민주주의는 여론이 비교적 많은 영향을 미치는 정치이기 때문에 민주정부는 국민의 뜻에 따라서 반응해야 한다. 어떤 형태든 국민이 원하고 선호하는 정책을 결정하고 집행해야 국민에게 진정으로 지지를 받는 민주정부가 될 수 있다. 그렇다면 국민이 원하고, 필요로 하는 공공의 요구를 정부의 정책 결정으로 연결시켜 주는 방법은 무엇이 있는가? 여론과 정부정책결정을 연결시켜 주는 정치적 연계(political linkage)의 수단(means)이나 기제(mechanism)는 무엇인가?[35]

---

33) Monroe(1975), p.6.

34) 여론과 정책의 일치 여부에 대한 연구에서 여론과 정책과의 연결(connection)은 주제(topic)와 기간 (time period)과 관련이 있다고 결론지었다. Robert Weissberg, *Public Opinion and Popular Government*, (Englewood Cliffs, NJ: Prentice – Hall, 1976), p.244.

35) 루투벡(N. R. Luttbeg)이 제안한 정치연계모형(political linkage model)을 중심으로 살펴보고자 하며, 문제점은 다음을 참고하였음. Norman R. Luttbeg, "Political Linkage in a Large Society", in Norman R. Luttbeg(ed.), *Public Opinion and Public Policy: Models of Political Linkage*, Revised Ed. (Homewood, Illinois: The Dorsey Press, 1974), pp.1 – 14; Erikson and Tedin(1995), pp.16 – 19.

(1) 합리적 – 행동주의자 모형(the rational – activist model)

민주주의에서 가장 이상적인 것은 정치과정에 시민이 적극적으로 참여하는 것이다. 합리적 – 행동주의자 모형은 시민의 역할과 관련된 모형이다. 이 모형은 개별적인 시민은 충분한 정치정보를 갖고 있으며, 정치에 적극적으로 참여하고, 합리적으로 행동한다는 것을 전제로 한다. 시민은 획득된 정보, 심사숙고하여 형성된 개인의 선호, 후보들의 다양한 입장에 대한 정확한 인지 등에 기초하여 자신이 가장 선호하는 쟁점을 반영한다고 판단되는 후보를 지지한다. 시민이 자신들의 선호에 따른 쟁점투표(issue voting)를 통하여 여론을 정책결정에 직접 연결시키는 것이다.

그러나 문제는 당선자나 시민 모두에게 부담이 있다는 것이다. 당선자는 자신의 신상정보를 시민에게 충분하게 제공해야 할 필요가 없으며, 시민에 대한 책임감도 덜 느끼게 된다는 것이다. 왜냐하면 시민의 선택은 인물본위가 아닌 쟁점위주의 투표를 했기 때문이다. 물론 그렇다고 국민의 지지를 받기 위해서 내세운 선거 공약을 선출된 뒤에 파기해도 무방하다는 의미가 아니라 책임감이 적다는 것이다. 시민 입장에서는 합리적 판단에 필요한 정치정보를 충분하게 획득할 수 있느냐 하는 점과, 정치참여율이 저조한 현실 때문에 한계가 있는 모형이다.

(2) 정당모형(the political party model)

정당모형은 정치적 요구를 시민이 제기하는 것이 아니라 정당이 선거에서 승리하기 위해서 국민여론을 정강정책으로 반영시키는 모형이다. 정당의 궁극적인 목표가 정치권력의 획득에 있기 때문에 사회의 대다수가 선호하는 정강정책을 제시하여 지지를 호소하는 방법으로 여론을 정책과 연계시키는 것이다. 투표자는 자신들의 선호를 가장 잘 반영시킨다고 판단되는 정당의 후보를 지지하게 된다. 이 모형에서는 정당과 유권자 간 커뮤니케이션의 중요성이 강조된다.

그러나 정당모형에서 가장 큰 문제점은 쟁점이나 후보와 관계없이 일체감을 갖는 정당에 대하여 평생 동안 조건 없이 충성스러운 지지(loyally support)를 보내는 경우 여론과 정책결정과의 정치적 연계에 한계가 발생한다는 것이다. 당성이 강한 사람은 맹목적으로 평생 동안 특정 정당을 지지하거나 무조건 여당 혹은 야당 지향적인 만년불변의 지지성향을 보이는 경우에 문제가 있는 모형이다.

(3) 이익집단모형(the pressure groups model)

이익집단이 국민의 대표와 국민을 연계시키는 역할을 수행하는 모형이다. 국민은 그들이 선출한 대표자들이 국민의 공공요구에 대해서 어떤 반응을 보이고 있는지, 또한 국민의 대표는 국민의 요구가 무엇인지 알아야 정책에 반영시킬 수 있을 것이다. 이익집단이 바로 이러한 기능을 수행하여 국민여론을 정책결정과 연계시키는 것이다. 다양한 이익집단들이 그 회원들의 의견을 효율적으로 국민의 대표자들에게 전달하고, 그 결과에 따라서 지지를 결정하는 것이다.

그러나 문제는 모든 국민이 다 이익집단에 속해 있는 것도 아니고, 이익집단 내에서도 의견의 차이가 나타날 수 있다. 또한 이익집단의 의견을 국민 여론과 동일시할 수 없다. 이익집단이 제기하는 요구는 자신들의 이익과 직접 관련이 있기 때문에 전체 국민여론과 무관한 집단이기주의적 성향을 보일 때 문제가 된다.

(4) 분담모형(the sharing model)

국민과 정치 지도자 간에 정책에 대한 견해차가 현저하게 나타나는 경우가 많다. 특정 정책에 대하여 국민과 정책결정자가 아주 판이한 입장을 보일 수 있다. 그러나 국민의 태도가 다양하고, 국민이 특정 정책에 대하여 아주 냉담하더라도 정책결정자들이 유권자들의 의사를 전혀 고려하지 않고 자신의 취향에 따라서 정책을 결정했을 때 유권자들의 기대에 어느 정도 부응하게 되는 경우가 있다는 것이다. 유권자들의 요구나 지지와 상관없이 또한 유권자들이 관심을 보이지 않았지만 정책결정자 개인이 원하는 방향으로 정책을 결정했을 때 국민에게 어느 정도 만족감을 줄 수 있는 경우도 있다는 모형이다. 예를 들면 국민의 관심이 적은 군축이나 환경정책을 정치지도자의 독자적인 판단에 따라서 결정하더라도 국민에게 어느 정도의 만족감을 줄 수 있다는 것이다. 정치지도자 입장에서는 자신이 원하는 정책을 결정하여 만족스럽고, 결과적으로 국민도 어느 정도 만족감을 얻을 수 있다면 만족감을 공유하게 된다는 것이다.

그러나 이 모형의 성공적인 정치적 연계는 정치지도자와 국민 간에 공유된 선호(shared preference)에 달려 있다. 국가적 쟁점에 대한 국민과 정치지도자 간의 견해의 일치 정도와 국민의 입장을 전혀 고려하지 않고 결정한 정책이 어떻게, 그리고 어느 정도 국민의 기대를 충족시켜 줄 수 있을지가 문제점으로 등장한다. 국민을 의식하지 않고 결정한 정책, 특히 자신의 이익을 고려하여(for their own interests) 결정한 정책에 대하여 과연 만족해하는 국민이 어느 정도나 되는지 의문이 아닐 수 없다.

(5) 역할수행모형(the role‒playing model)

역할수행모형은 선출된 정책결정자가 자신을 지지해 준 국민의 선호를 정책에 반영하는 역할을 제대로 수행하는 데서 정치적 연계를 찾는 것이다. 국민여론이 어디에 있는지를 잘 살피고, 또한 그것을 공공정책에 제대로 반영하는 것이 국민대표의 당연한 역할이라는 것이다. 국민이 자신이나 자기 당을 지지해 준 동기나 쟁점에 대하여 어떤 관심을 보였는지에 상관없이 국민여론을 정책결정에 제대로 반영하는 것이 국민의 대표된 자의 역할정향(role orientation)이라는 것이다.

역할수행모형에서 '의원의 딜레마'(legislator's dilemma) 현상이 발견된다.[36] 입법과정에서 선거구 유권자들의 여론에 따라 무조건 표결하는 것이

---

36) Bernard Hennessy, *Essentials of Public Opinion*(North Scituate, Mass: Duxbury Press, 1975), p.20.

국민 대표의 의무인지, 아니면 자신의 독자적인 판단에 따라 투표하는 것이 소신 있는 정치인의 태도인지에 대하여 고민하게 되는 경우가 있다. 이는 의사결정권을 위임받은 국민의 대표로서 행동해야 할 것인지, 자기의 양심, 철학, 원칙, 신념에 충실해야 할 것인지 입장이 상반되는 경우를 의미한다.

그러나 문제는 선출된 정치지도자가 얼마나 정확하게 왜곡되지 않은 국민여론을 파악할 수 있느냐, 실제로 그들이 지각한 여론을 정책결정 과정에 무시하는 경우는 없는지, 자신의 개인적인 선호와는 상관없이 무조건 여론만을 정책에 반영하는 것이 국민의 대표로 선출된 자들의 역할이라고 생각하는지에 대한 문제가 제기된다.

3. 여론의 성격과 정책

민주주의를 여론정치라고 해도 모든 여론이 정책에 모두 반영되는 것은 아니다. 여론이 정책결정에 영향력을 행사하려면 몇 가지 요건을 갖추어야 한다. 여론이 정치체제에 투입되어 정책결정자로부터 긍정적인 반응을 얻어 정책으로 전환되기 위해서는 최소한 어떤 특성을 가지고 있어야 한다.[37]

첫째, 여론의 분포(distribution)가 집중성을 띠어야 한다. 여론이 한곳으로 결집된 합의형이어야 한다. 집중도가 큰 만큼 공통된 의견이 많고 특정 문제에 대하여 폭넓은 지지를 받고 있다고 볼 수 있기 때문이다. 여론의 분포가 분산형일 경우 국론이 분열되어 정책결정자들은 여론의 공통분모를 정확하게 파악할 수 없기 때문에 정책결정과정에 고려대상에서 제외될 수밖에 없다. 정책결정자들은 국민 절대다수의 지지를 받는 여론이라면 정책결정과정에 심각하게 고려하지 않을 수 없을 것이다. 국민은 생활정치와 직접 관련이 있는 실질적인 문제에 대하여 일반적으로 폭넓은 공감대를 형성하는 경향이 있다.

---

37) 정책에 반영될 수 있는 여론의 성격에 대하여 다음을 참고하였음. Yeric and Todd(1989), pp.19 - 21; 유세희(1988), p.119.

둘째, 강도(intensity)가 커야 한다. 강도는 표현된 여론에 대한 강력한 느낌의 정도를 의미한다. 국민들이 특정 쟁점에 대하여 강렬한 태도와 집착을 나타내고 정부에 대하여 강력하게 전달할 때 정책 결정에 반영되기 쉽다. 정책결정자들이 무시하지 못할 정도의 세찬 여론이라면 정책에 반영될 가능성이 높다. 압박의 정도가 강력해야 정책결정자들이 받아들이게 된다.

민주주의 사회에서 일반적으로 다수를 차지하는 국민여론은 강도가 낮고 오히려 이익집단이나 여론을 주도하는 일부 세력 또는 정치에 관심 있는 공중(attentive public)은 소수지만 목소리가 커 강도가 있는 것같이 인식되는 경향이 있다. 여론조사에서는 일반적으로 여론의 분포도를 측정할 뿐 요구내용에 대한 감정의 강약을 설문하지는 않기 때문이다.

셋째, 안정성(stability) 있는 여론이어야 한다. 여론은 시시각각 변하기 때문에 얼마나 오랫동안 지속적으로 안정성을 유지하느냐에 따라서 정책반영의 여부가 결정된다. 불안정한 여론은 정확한 여론의 소재(pinpoint)를 파악하기 어려울 뿐만 아니라 언제 변할지 모르기 때문에 정책에 반영하는 데 어려움이 있다. 만일 정책결정자들이 여론을 반영하기 위해서 무리하게 정책을 결정했으나 여론이 금방 변한다면 명분을 잃게 되어 정책결정자의 입장이 곤란해질 수 있다.

넷째, 실현 가능성이 있어야 한다. 여론의 내용이 허무맹랑하거나 현실성이 없어서 정책으로 전환하기 곤란할 경우 정책결정 과정에 반영될 수 없다. 지나치게 현실과 동떨어진 이상적인 여론, 엄청난 예산이 요구되는 여론, 기존 정책과 정반대로 정책수정이나 변경이 불가능한 여론 등은 실현성이 없어 받아들여질 수 없다.

마지막으로 여론의 강력한 전달자와 적당한 전달방법이 있어야 한다. 아무리 좋은 여론이라도 적절하게 전달되지 않으면 정책결정 과정에 반영되기 어렵다. 물론 이는 여론의 본질과는 상관없는 절차적인 문제일지 모르지만 누가 어떤 경로를 통해서 어떻게 전달하느냐에 따라서 정책결정자들의 마음을 움직일 수 있을 것이다.

전달자의 사회적인 명망도나 영향력과도 관련이 있으며 전달방법도 직접적·간접적인 방법, 공식통로나 비공식적 통로의 활용 등이 있다. 지연, 학연, 혈연과 같은 연고주의가 성행하는 정치문화에서는 인연을 내세운 자녀, 형제, 친인척 등의 사적인 접촉이, 대중매체의 위력이 강한 사회에서는 언론보도를 통해서, 정당과 이익집단이 정책결정 과정에 영향력이 큰 경우에는 정당간부나 영향력 있는 이익집단을 이용하는 것이, 관료주의가 막강한 곳에서는 관리를 통하는 것이, 정치화된 사회에서는 정치인을 동원하거나 선거를 통한 여론전달이 가장 효과적이라고 볼 수 있다.

제4절 여론의 취약점

민주정치를 여론정치라고 했을 때 여론이 합리적이고 타당성이 있다는 인상을 주지만 여론은 완벽한 것이 아니며 많은 취약점을 가지고 있다.

보가더스는 여론의 문제점으로 ① 고유의 취약점(intrinsic weakness) ② 개인의 책임결여(lack of personal responsibility) ③ 사회과학의 배경 결여 (lack of social background) ④ 언어와 사고의 장애(language and thought difficulties) 등 네 가지 지적하였다.[38]

1. 고유의 취약점

(1) 불명확성(not clear and precise)

여론이 정확하게 무엇인지 분명하지 않은 경우가 많다. "이것이 분명하고 정확한 여론이다."라고 자신 있게 말하기 곤란하고, 또한 가시적으로 나타나거나 실체를 잡기 어려운 추상적인 경우가 많다.

---

38) Bogardus(1951), pp.135 – 147.

(2) 격분과 망각(short wrath and poor memory)

여론은 쉽게 움직이고 어린이의 태도에서 발견되는 것과 같이 정당한 이유 없는 분노로 표출되기도 한다. 또한 시간의 흐름에 따라서 과거는 쉽게 망각하고 현재 눈앞에서 일어나고 있는 현실 문제에만 관심을 가지는 경우가 있다.

(3) 변덕성(fickle)

여론은 시시각각 다르게 변하기 때문에 일관성을 유지하기 어렵다. 선호의 순환성(circularity of preferences)[39] 때문에 국민 여론이 안정적으로 일관성을 유지하기 어렵다. 또한 생각이 자주 바뀌는 사람(flip - flops)이 많기 때문에 조사 때마다 결과가 다르게 나타나는 응답의 불안정(response instability) 현상이 나타난다.[40]

(4) 조잡성(crude)

여론은 측정 기준이 없으며 정교하게 나듬어지시 않고 서리에 떠도는 소문과 같이 체계적이지 못한 경우가 있다.

(5) 간섭성(meddles)

여론은 어떤 사건과 관련된 중요한 관련성을 오판하거나 간과하는 경향이 있다.

(6) 독단성(despotic)

여론은 양의 옷을 입은 것 같지만 독단성이 있다.

---

39) Charles Lindblom, *Politics and Market*(New York: Basic Books, 1977).

40) John R. Zaller, *The Nature and Origin of Mass Opinion*(Cambridge: Cambridge University Press, 1992), p.30.

(7) 감정성(pathetic)

여론은 다분히 개인의 좋다·나쁘다는 감정에 따라서 좌우되는 경우가 있다.

(8) 비과학성(flaunt science)

여론은 과학성, 논리성, 합리성과 거리가 먼 경우가 있다. 여론은 분명한 정보나 사실에 입각하여 판단한 의견에 기초하기보다는 찬성과 반대와 같은 감정적 태도, 선택적 지각(selective perception), 선택적 학습(selective learning) 그리고 출처가 불분명하고 애매한 인용(referents), 편견·추상·추측 등에 영향을 받는 경향이 있다.[41]

(9) 도피성(asylum)

여론은 자신의 생각과 같은 의견을 가지고 있는 사람들이 많다는 식으로 도피성과 보호막을 제공하는 경우가 있다. 사람들은 여론을 자기 위안이나 자기변명의 보호막이나 탈출구로 삼는 경향이 있다.

(10) 보수성(conservative)

여론은 경기가 좋거나 사회문제가 발생하지 않으면 현상유지를 선호하는 경향을 나타낸다.

(11) 낮은 신뢰성(less reliable)

여론은 인간의 감정과 관련성이 높기 때문에 감정의 기복이 커 신뢰하기 어려운 경우가 있다.

---

41) Lane and Sears(1964), pp.72 – 82.

(12) 다양성(so many publics and so many public opinion)

엄청나게 많은 공중이 있으며 많은 공중만큼 여론도 다양하다. 수천만에서 수억에 이르는 엄청난 숫자의 공중과 공중의 숫자만큼 의견도 분분하다. 다원주의 사회와 개인주의 사회에서 특히 다양한 의견이 존재한다.

(13) 정치와 야합(bedfellow with politics)

여론은 정치성을 지니고 있다. 정치인은 여론을 조작·날조하기도 하며 선전을 통하여 여론을 형성하기도 한다. 국민 여론이란 명분을 내세워 특정한 문제를 호도하거나 합리화시키는 데 활용된다. 예를 들면 여론을 내세워 정치적 희생양을 만드는 경우도 있다.

(14) 오열성(fifth columns)

여론은 출처가 불분명하고 감정에 호소하는 측면이 있으며 상대방을 궁지에 몰아넣기 위한 악의적인 방법으로 이용되는 경우가 있다. 개인 신상에 관한 음해성 소문을 여론화하여 개인의 입장을 난처하게 하는 데 이용되기도 한다.

2. 개인의 책임결여

민주주의는 과도한 개인주의(hyperindividualism)를 강조한다. 따라서 민주주의가 발전하려면 개인이 제대로 교육을 받고 현명한 판단을 내릴 수 있어야 하며 책임 있는 행동을 해야 한다. 민주사회에 있어서 사회통제는 개인의 합리성에 기초한 자율적 규제와 자기관리에 의하여 이루어지는 것이 가장 이상적이다. 그런데 대규모의 복잡한 사회에서 자율적인 통제가 어렵다. 민주사회에서 정부에 의한 인위적인 사회통제는 개인의 자유를 보장하고 복지를 증진시킨다는 전제하에 이루어져야 하며 여론의 지지를 받아야한다. 여론의 뒷받침 없는 사회통제는 효율적이지 못하다. 그러나 개인은 무책임하게 자유와 복지라는 두 마리 토끼를 동시에 쫓는 경향이 있다.

개인은 책임의식을 느끼지 못한 채 부담 없이 그리고 아무 거리낌 없이 특정 문제에 관하여 자신의 의견을 아무렇게나 표현할 수 있다. 여론의 출처나 소재도 불분명하기 때문에 여론에 대하여 책임질 사람이 없다는 것이다.

3. 사회과학의 배경 결여

여론은 사회과학 분야라고 할 수 있다. 그러나 공중은 사회과학에 대한 훈련을 제대로 받지 못한 경우가 많을 뿐만 아니라 정확한 정보가 제공되지 않은 가운데 특정한 의견을 형성하기도 한다. 여론은 사회의 수많은 우발사건에 대해서 쉽게 형성되기도 한다. 여론조사방법도 과학적인 기법이 동원되고 있으나 아직도 오류나 오차가 많아 신뢰성에 문제가 있다. 또한 여론의 형성과 변화에는 일방적인 선전이 중요한 역할을 하기 때문에 공중은 선전과 진실을 구분하기 어려운 경우가 있다.

4. 언어와 사고의 장애

의사전달 과정에 ① 전달자와 피전달자의 이질성 ② 자기 방어적 태도 ③ 전달자의 불신·위협·불안 ④ 지리적 거리 ⑤ 전달방법과 전달과정의 부적절성 등 많은 장애요인이 있다. 전달자와 피전달자 간의 가치관, 교육 수준, 사회적 계층이 다를 경우 의사전달이 제대로 안 되는 경우가 있다. 불리한 사실을 감추거나 의식적으로 비밀을 유지하고 유리한 사실을 선택적으로 지각하는 자기 방어적인 태도도 있다. 전달자에 대한 불신, 자유스럽지 못한 상황에서의 의사전달, 공간적으로 간격이 있는 경우 오해를 할 수밖에 없다. 언어상의 장애, 사용언어나 어휘의 부적절한 표현, 의도의 잘못된 전달과 잘못된 해석, 전달과정의 손실, 성급한 평가, 자기 경험에 의한 판단, 사고과정(thinking process)의 차이 등으로 의사소통에 중대한 오류를 범하게 된다. 이렇게 왜곡된 의사전달에 바탕을 두고 형성된 여론이라면 바람직한 것이 아니다.

제5절 여론조사 방법론

1. 여론의 측정방법

민주정치는 '여론에 의한 정부'(government by public opinion), '여론에 의한 지배'(rule of public opinion)라고 부를 정도로 여론의 중요성이 강조되고 있다. 그러나 문제는 여론을 어떻게 파악하느냐에 있다. 여론은 가시적으로 손에 잡히는 것이 아니기 때문에 그 소재를 규명하기 어렵다. 여론의 추이나 소재를 과학적·통계적으로 측정하기 위하여 여론조사 방법을 활용한다.

여론의 소재를 파악하기 위해서 여론조사를 실시한다. 그 결과에 따라서 다른 사람들이 어떤 생각을 하고 있는지 알 수 있게 된다. 여론조사는 국민이나 지도자에게 정보를 제공하는 유용한 수단이 되고 있다. 여론조사 결과는 국민의 태도와 행동에 중요한 영향을 미친다.

예를 들면 선거의 여론조사는 ① 기초조사(benchmark survey) ② 가상대결조사(trial heat survey) ③ 추적조사(tracking polls) ④ 횡단조사 및 패널조사(cross-sectional and panel surveys) ⑤ 중심집단조사(focus group survey) ⑥ 출구조사(exit polls) ⑦ 모의투표(straw polls) 등 다양한 방법을 활용하여 실시된다. 여론의 동향을 파악하여 선거에 승리하기 위한 전략적인 자료로 삼고 있는 것이다.[42] 여론의 측정은 몇 단계의 과정을 거쳐서 이루어진다.

---

42) 기초 조사는 출마를 결심하기 전후에 유권자들의 여론을 파악하여 선거운동의 기준으로 삼기 위해서 실

(1) 표본의 추출

모집단(population) 전체를 조사하는 것은 엄청난 경비와 노력이 요구된다. 또한 전체 국민을 대상으로 여론조사를 실시하는 것은 전혀 불가능한 일이며 많은 시간이 필요하고 조사하는 동안 여론이 변할 수도 있다. 따라서 대표성(representative) 있게 표본을 추출하여 여론조사를 실시한다. 표본 추출은 모집단 전체를 조사한 것과 똑같은 효과를 나타낼 수 있도록 조사대상을 선정하는 것이다.

여론조사에서 모집단의 대표성을 최대한 유지하면서 신뢰도(confidence level)와 표본오차(sampling error)를 줄이는 표본추출 방법으로 확률표본(probability sampling)을 활용하고 있다. 이는 주관적인 편견(subjective biases)을 제거하는 방법으로 모집단의 가치를 최대한 반영시킬 수 있다.

표본추출 방법에는 ① 단순무작위 표본추출과 체계적인 표본추출(simple random and systematic sampling) ② 층화추출표본(stratified sampling) ③ 표집표본추출과 다단계표본추출(cluster and multistage sampling) 등이 활용되고 있다.

단순무작위 표본추출은 모집단 전체를 대상으로 삼아 동등하게 표본에 추출될 수 있는 기회를 갖게 하는 방법이다. 예를 들면 모든 모집단 전체에 번호를 부여하고 무작위추첨을 통하여 번호를 가려내는 방법이다. 그러나 국민 전체를 대상으로 여론조사를 실시할 때 어려움이 있다.

체계적인 표본추출은 단순무작위표본 추출의 변형으로 모집단 전체에 부여된 번호 중에서 n 번째에 해당되는 번호를 뽑는 방법이다. 예를 들면 50,000명의 모집단에서 500명(1%)을 표본으로 추출하고자 할 때 1번부터 100번(50,000명 중 500명은 100명당 1명꼴이기 때문임) 사이의 번호 중에

시하는 최초의 여론조사이며, 가상대결조사는 예상되는 출마자들 간의 대결구도에 대한 여론을, 추적조사는 선거일이 다가오면서 매일매일의 여론의 추이를, 횡단적 조사는 동시에 다른 표본을 대상으로 여론조사를, 패널조사는 같은 조사 대상을 2회 이상, 중심집단의 조사는 대표성 있는 10-20명의 인사를 선발하여 심층인터뷰를 실시하거나 텔레비전 토론을 보고 결과에 대한 평가를 하는 방법이다. 출구조사는 투표를 마치고 나온 유권자를 대상으로 어느 후보에게 투표했는지를 조사하는 방법이다. Asher (1992), pp.96-102.

서 무작위로 한 명을 뽑는다. 그 번호가 32번이면 100단위를 기준으로 일련번호 중 32번째 번호를 표본으로 추출하는 방법이다.

층화표본 추출은 모집단을 특성별로 분류하고, 그 특성별로 분류된 집단에서 대표성 있게 표본을 추출하는 방법이다. 예를 들면 성별, 나이, 학력, 소득수준, 거주지, 직업, 종교 등으로 분류하여 골고루 대표성 있는 표본을 추출하는 방법이다.

표집표본추출은 특정 지역을 선정하여 집중적으로 인터뷰를 실시하는 방법이다. 전국을 대상으로 여론조사를 실시하는 것보다 경비가 절약된다는 장점이 있다. 표집추출표본은 다단계추출표본의 한 부분이라고 볼 수 있다. 전국을 여론조사 대상으로 삼는 것이 아니라 전국에서 특정 도를 표본으로 선정하고 표본 군, 표본 면, 표본 리, 표본 마을을 최종적으로 선정하여 그 마을을 대상으로 중점적인 조사를 실시하는 방법이다. 이는 표본추출의 대상이 개인이 아니라 지역이 된다.

(2) 표본의 규모(sampling size)

여론조사에서 가장 커다란 문제는 조사결과의 오차범위를 최소화하는 데 있다. 조사과정에 발생하는 오차 요인은 비표본 오차와 표본오차가 있다. 비표본 오차는 면접원들의 편향성, 응답자 및 응답상황, 설문지 및 측정도구에서 야기되는 편향성 등 때문에 발생한다. 표본오차는 응답자에 대한 접근성과 표본 집단의 대표성과 관련하여 야기되는 오차라고 볼 수 있다.

표본 집단의 대표성이란 모집단 전체를 대상으로 하지 않고 표본을 추출하여 여론조사를 실시했을 때 모집단의 가치를 얼마나 오차 없이 파악할 수 있느냐 하는 것과 관련이 있다. 전수조사를 하지 않고 표본을 대상으로 실시한 조사가 전체를 조사하는 것과 똑같은 효과를 가지기 위해서는 표본의 추출 못지않게 표본의 규모도 중요하다. 이는 병원에서 환자의 혈액을 조사할 때 한 방울의 피로 모든 조사가 끝날 수 있는 이치와 같이 표본추출을 통한 조사가 통계학적으로 문제가 없다는 것이다.

그러나 어느 정도의 규모가 가장 적합하다고 할 수는 없다. 표본의 규모에 따라서 신뢰도가 다르고 오차가 있기 때문이다. 오차(error)는 표본을 대상으로 실시한 조사결과와 실제 모집단 전체 가치와의 차이를 의미한다. 오차는 표본의 규모뿐만 아니라 표본추출과 여론조사 방법과 설문지 작성 등 여러 요인이 작용하여 나타난다. 여론조사에서 허용하는 오차의 한계가 있으나 오차를 줄이기 위해서는 표본의 규모를 확대하는 것이 좋다. 또한 대표성 있는 표본 추출이 이루어지더라도 인터뷰 거부나 설문지 회수율이 낮을 때도 오차가 커지는 결과를 가져온다. 그리고 소위 '모른다'(don't know)는 응답자가 많아도 오차가 커지게 된다.

단순무작위 표본추출에 의한 여론조사에서 신뢰도와 오차의 범위를 일반적으로 <표 7 - 1>과 같이 나타낸다.

〈표 7 - 1〉 표본의 규모와 정확도

표본의 규모	최대 오차 범위(신뢰도 95%)	확률오차 범위(신뢰도 50%)
10	±44%	±15%
25	±31%	±11%
50	±14%	±5%
100	±10%	±3%
500	±4%	±2%
1,000	±3%	±1%
5,000	±1%	±0.5%
10,000	±1%	±0.5%이하

출처) Monroe(1975). p.19.

(3) 여론조사 방법

여론조사는 ① 설문조사 ② 면접조사 ③ 온라인 조사 등의 방법을 활용하고 있다. 설문조사는 질문지(questionnaire)를 작성하여 직접 또는 우편을 이용하여 조사대상에게 전달하고 조사대상자가 스스로(self - administerd questionnaires) 답변하는 가장 일반적인 방법이다. 설문조사에서 문제가 되는 것은 질문지의 작성에 관한 것이다. 설문지의 내용에 따라서 응답결과에 중대한 변화를 가져오기 때문에 어휘의 사용, 표현방법, 질문순서의 배열 등 세심한 주의가 요구된다. 설문조사 방법은 조사과정에서 면접 때문에 발생할지 모르는 편견을 줄이고, 응답자의 솔직한 답변을 기대할 수 있으며, 응답자의 비밀을 보장할 수 있다는 장점이 있다. 반면에 우편조사의 경우 회수율이 떨어진다는 문제점이 있다.

면접조사는 전화면접과 일반면접이 있다. 전화면접은 가장 많이 활용하는 조사방법으로 간단한 내용에 대하여 신속·정확하게 효율적으로 응답 자료를 수집할 수 있는 방법이다. 컴퓨터와 연계된 전화면접(computer – assisted telephone interviewing) 방법도 활용한다. 그러나 응답자의 신변노출에 대한 우려로 솔직한 답변을 기대하기 어렵고 복잡한 판단을 요구하는 조사에 부적합하다.

일반면접은 조사자와 응답자가 직접 1 대 1 혹은 1 대 다수로 만나서 여론조사를 실시하는 방법이다. 예를 들면 선거 당일 투표를 마치고 나오는 유권자들을 상대로 어떤 후보에게 투표했는지를 조사하는 출구조사(exit polls)와 같은 경우 면접방법이 활용된다. 면접방법은 응답자의 의견을 가장 확실하게 획인할 수 있다는 장점이 있는 반면에 심층인터뷰의 경우 시간이 많이 소요되고 인터뷰를 기피하는 현상이 있다.

온라인 조사의 경우는 정보통신 기술을 활용하여 특정 쟁점에 대하여 상대방의 생각과 태도를 발견하려는 새로운 방식이다. 1994년 미국 조지아공과대학(GIT)에서 웹 사용자 조사를 실시한 것이 최초의 시도라고 알려져 있다. 온라인 조사는 조사의 양과 시간과 관계없이 많은 설문을 할 수 있을 뿐만 아니라, 다양한 형태의 멀티미디어 기능을 활용할 수 있기 때문에 다른 접근방법에 비하여 월등히 효과적이고 좋은 조사기능을 갖추고 있는 접근채널이다. 온라인 조사의 경우 측정도구 관련 오차 범위도 적고, 다양한 시청각 재료를 보조적으로 사용할 수 있다는 등의 장점이 있으나 대표성 담보에 문제가 있다. 온라인 조사의 대표성의 한계만 극복하면 매우 유용한 조사방법이라고 볼 수 있다.[43]

(4) 여론조사 결과의 공개와 영향

여론조사가 실시되면 통계처리 후에 그 결과를 분석하여 중요한 자료로 활용한다. 국민에게 공개하지 않고 내부에서 의사결정의 참고 자료로 이용하는 경우도 있지만, 많은 경우 공중에게 발표한다. 여론조사 결과가 발표되면 다른 사람들이 어떻게 생각하고 있는지를 확인하고 자신의 의견과 비교하게 된다. 자신의 의견이 다수 의견에 속하는지 아니면 소수 의견인지를 알게 되어 자신의 입장정리에 영향을 미치게 된다. 여론조사 결과의 공표는 자신의 태도에 변화를 가져오게 된다.

여론조사 결과가 대중매체에 보도되었을 때 나타나는 한 가지 현상을 노엘 노이만(Elizabeth Noelle - Neumann)은 '침묵의 나선이론'(spiral of silence theory)으로 설명하고 있다. 침묵의 나선이론은 대중매체의 여론형성 기능을 강조한 것으로 여론조사 결과 자신의 의견이 소수에 속한다는 것을 확인하게 되면 소외감을 느껴 위축되고 침묵이 가속화된다는 것이다. 그리고 자신의 의견이나 느낌을 표현하는 데 주저하게 된다. 자신의 의견과 지배적인 여론 사이에 인지된 격차가 심하면 심할수록 대세에 순응하여 다수의 편에 서고 싶은 사회적인 압력을 받는다는 것이다.[44]

결국은 소외당하지 않기 위해서 다수의 의견에 동조하고 승자 편에 속하고 싶은 생각을 갖게 되어 지배적인 여론에 순응할 가능성이 있다고 본다. 예를 들면 여론조사에서 자신이 반대하는 후보가 당선이 유력하다는 여론조사 결과가 발표되었을 때 사표를 방지하기 위해서 될 사람을 찍자는 태도로 바뀌는 심리와 유사하다고 볼 수 있다. 공중은 결국 대중매체의 여론조사 결과 보도를 통하여 자신의 태도가 소수에 속한다는 사실을 지각하게 되고 자신의 태도를 바꾸게 되는 결과를 가져오게 한다.

침묵의 나선이론과도 유사한 점이 있는 것 같지만 약간 다른 의미를 가진 이론이 있다. 선거와 관련된 여론조사 결과의 공개는 ① 선두후보지지

---

43) 이동신 외(2004), pp.244 - 255.
44) Elizabeth Noelle - Neumann, *The Spiral of Silence*(Chicago: University of Chicago Press, 1984).

효과(bandwagon effect)와 ② 추적후보지지 효과(underdog effect)가 나타난다는 것이다. 선두후보지지 효과는 선거결과를 전망하는 여론조사 결과 앞서가는 후보, 즉 승리가 예상되는 후보를 지지하게 된다는 것이다. 추적후보지지 효과는 선두를 추격하고 있는 후보, 즉 패할 것 같은 후보를 지지하게 된다는 것이다. 여론조사 결과 누가 선두에 섰고 누가 뒤쫓고 있는지를 알게 됨으로써 유력한 후보를 지지하거나 낙선되면 안 된다는 생각에서 선두를 추격 중인 후보를 지지하는 쪽으로 유권자의 태도에 변화를 가져온다는 것이다. 수차례의 경험적인 조사 결과 두 가지 효과가 현실적으로 선거에서 나타나고 있음을 확인하였다.[45]

여론조사 공표는 또 다른 여론을 형성하는 효과가 있기 때문에 대중매체에 공개하는 것은 신중을 기해야 할 것이다. 미국의 여론조사위원회(NCPP: The National Council on Public Polls)는 여론조사 결과의 공개원칙(principle of disclosure)을 다음과 같이 제시하고 있다.[46]

① 여론조사의 후원자(sponsorship of the survey)

② 인터뷰 일자(dates of interviewing)

③ 인터뷰 방법(직접 대면, 진화, 우편 등)(mcthods of obtaining the interviews in-person, telephone, or mail)

④ 표본을 추출한 모집단(population that was sampled)

⑤ 표본의 규모(size of the sample)

⑥ 여론조사 보고서가 본래 표본보다 적은 부표본에 의존했을 때 부표본의 규모와 성격(size and description of the subsample, if the survey report relies primarily on less than the total sample)

⑦ 공개내용과 관련된 전체 설문지(complete wording or questions upon which the release is based)

---

45) Traugott and Lavrakas(1996), pp.19-20.

46) Michael W. Traugott and Paul J. Lavrakas, *The Voter's Guide to Election Polls*(Chatham, NJ: Chatham House Publishers, Inc., 1996), pp.167-168.

⑧ 결론을 유도하는 데 기초한 비율(the percentages upon which conclusions are based)

위의 원칙은 여론조사 결과를 공표할 때 포함시켜야 하는 항목으로 여론조사가 조작된 것이 아니라는 사실을 공개하여 신뢰도를 높이려는 데 목적이 있는 것이다. 그러나 대중매체가 여론조사 결과를 보도하면서 위의 항목을 생략하는 경우가 많아 결과에 대한 의구심을 갖게 만드는 경우가 있다. 선거와 관련된 여론조사는 후원자가 후보자나 정당인 경우가 많은데 그 결과는 그 후보나 정당에 유리하게 왜곡되었거나 조작되었을 가능성이 있기 때문에 위의 원칙을 여론조사 결과의 공개 때 동시에 밝혀야 할 것이다.

2. 여론조사의 장단점

(1) 장점

① 여론조사는 공중의 의견을 쉽게 파악할 수 있는 방법으로 국민과 정치지도자에게 유용한 정보를 제공하는 기능을 수행한다.
② 여론소재가 밝혀짐으로써 시민의 정치적 영향력을 증대시키는 기회가 마련되고 능률적이고 국민여론에 대응력이 높은 정부를 만드는 데 기여한다.
③ 여론조사 결과는 정부의 정책결정에 직접 영향을 주기 때문에 국민의 대표를 선출하여 대의민주주의를 통해서 의사결정을 하는 것보다 신속한 효력을 발휘할 수 있다.
④ 국민의 정책선호나 국민의 목소리가 정책결정 과정에 반영되기 때문에 국민에 의한 정부의 실현으로 민주주의 발전에 기여하게 된다.
⑤ 선거 여론조사 결과 누가 앞서 있고 뒤져 있는 것을 알게 되면 유권자가 어떻게 투표를 해야 할 것인가를 결심하는 데 도움을 준다.

⑥ 여론조사의 실시나 여론조사의 발표는 정치참여에 대한 국민의 정치 사회화와 정치학습의 기회를 제공한다.

(2) 단점

① 여론이 제대로 측정된다면 정부운영에 큰 도움이 되겠지만 실제 여론 과 조사결과가 동일하지 않을 경우 정책결정을 오도할 우려가 있다.

② 여론조사는 시민이 영향력을 행사할 수 있다는 허위감각을 심어주는 한낱 미끼(sop)에 불과하다. 정책은 결국 정치권력을 가진 소수의 엘 리트가 국민을 위해서 일하든 그렇지 않든 그들에 의하여 행사되기 때문이다.

③ 정치 지도자는 국민을 설득하고 교육시키기보다는 여론을 맹목적으로 따르게 되는 경향이 있다. 인기는 없지만 꼭 필요한 정책을 소신껏 결정할 수 없게 만든다.

④ 정치지도자는 여론을 조작하고 호도하여 그들의 정책을 국민이 지지 하도록 유도하는 데 이용하기도 한다.[47] 정치 지도자는 체제의 유지, 정권연장, 선거승리를 위해서 권언유착 등으로 여론을 왜곡·조작 (manipulation)·오도(misleading)하는 경우가 있다. 정치 엘리트가 정 치선전으로 국민을 오도하거나 대중조작을 통하여 형성한 여론은 진 정한 의미의 국민 뜻이라고 볼 수 없다.

⑤ 여론조사는 조사과정에서 비과학적 요소, 대표성을 결여한 표본추출, 측정상 과실(measurement error), 인터뷰 방법의 부적절, 조사자의 편 견, 질문지 구성 및 표현의 모호성 때문에 정확한 여론을 측정하기 어려운 경우가 있다. 예를 들면 질문지 표현상의 영향으로 모순된 응 답결과가 나타나는 경우가 있다. 1953년 미국의 여론조사에서 "한국 전은 싸울 가치가 있다."는 질문에 38%가 찬성했으나, "공산주의의

---

47) 여론의 단점 ①~④는 다음을 참고하였음. Herbert Asher, *Polling and Public: When Every Citizen Should Know*, 2nd ed. (Washington D. C: A Division of Congressional Quarterly Inc., 1992), pp.17 - 20.

침략을 막기 위해서 파병하는 것은 옳은 일이다.”라는 설문에는 64%가 찬성하였다.[48] 질문지의 표현에 따라서 응답이 다르게 나타날 수 있다.

⑥ 국민은 여론조사 결과만을 참고하지 조사방법이나 과정상의 오류에 대하여 관심을 두지 않기 때문에 잘못된 여론조사 결과라도 영향을 미친다. 여론조사 결과는 정보를 제공함과 동시에 속임수가 될 수 있다.[49]

⑦ 공중은 쟁점에 대하여 일관성 있는 확고한 태도를 가지지 못하고 동요하는 응답의 불안정(response instability)을 보이기 때문에 정확한 여론조사가 용이하지 않다. 동일한 질문에 대하여 응답내용이 본질적으로 바뀌거나 본심이 아예 변하는 경우가 있다.

⑧ 개방형 질문(open‒ended question)이 아닌 폐쇄형(close‒ended question)인 경우 질문내용에 국한해서 응답해야 하기 때문에 문제의 본질파악에 어려움이 있다. 또한 질문내용이 응답자들이 전혀 생각하지 않았던 문제에 대한 응답을 요구할 경우 정확한 의견을 표출하기 어려운 점이 있다.[50]

⑨ 선거여론 조사의 경우 유권자에게 올바른 판단의 기회를 주기보다 동요시키거나 또 다른 여론을 조성한다. 특히 선거전의 여론조사 결과가 조사기관마다 다르게 나타날 때 유권자들은 혼란에 빠지게 된다. 여론조사가 조사기관마다 다른 현상을 ‘조사기관 영향’(house effects)이라고 한다. 예를 들면 미국의 대통령 선거에서 주요 여론조사 기관 간의 실질적 차(actual margin)가 1980년 10포인트, 1984년 18포인트, 1988년 8포인트, 1992년 5포인트로 나타나 조사기관마다 결과가 다른 것으로 나타났다.[51] 한국의 선거에서도 조사기관마다 오차의 범위를

---

48) Zaller(1993), p.33.

49) Jack K. Holley, "The Press and Political Polling", in Paul J. Lavrakas and Jack K. Holley(ed.), *Polling and Presidential Election Coverage*(Newbury : Sage Publications, 1991), pp.218‒219.

50) Leo Bogart, *Silent Politics: Polls and the Awareness of Public Opinion*(New York : Wiley‒Interscience, 1972), p.16.

51) Erikson and Tedin(1995), pp.42‒47.

벗어나는 격차가 난 경우가 있었다. 방송사의 선거 출구결과 발표가 완전 빗나간 경우도 있었다.

⑩ 분석절차가 피상적이다. 일반적으로 빈도수를 가지고 여론의 향배를 가리며 결과에 대한 해석이나 평가도 입장에 따라서 다를 수 있다.

⑪ 대중매체는 여론조사 결과를 뉴스거리로 삼고 있기 때문에 언론에 의한 조작과 왜곡 등이 발견된다. 또한 언론의 자유는 대중매체 소유주의 자유를 의미하며 거짓말을 하거나 정보를 은폐할 수 있는 자유도 갖는다. 대중매체 소유주의 계급이익(class interests)이나 계급적인 편견(class bias)이 작용한다.[52]

⑫ 개인의 무지로 여론파악에 문제가 있다. 이와 관련된 오고만과 게리 (H. J. O' Gorman and S. L. Garry)의 다원적 무지이론(pluralistic ignorance theory)이 있다.[53] 이는 특정 쟁점에 대하여 소수의 의견을 다수의 의견으로 착각하거나 다수의 의견을 소수의 것으로 잘못 파악 하는 현상을 의미한다. 개인이 사회의 여론을 정확하게 파악하지 못 하는 오류에 대한 문제를 제기한 것이다.

또한 여론을 왜곡하거나 조작하는 경우 그리고 여론조사 결과를 아전인 수 격으로 자신들에게 유리하게 평가하고 해석하는 사례가 많다. 정치지도 자가 정치적 음모를 가지고 자신의 의견을 여론이라고 포장하거나 다수의 의견을 일시적이고 극소수에 한정된 것이라고 자의로 평가하는 일도 있다.

---

52) Michael Parenti, "News Media Bias and Class Control", in Margolis and Mauser(1989), p.264.

53) H. J. O' Gorman and S. L. Garry, "Pluralistic Ignorance: A Replication and Extension", *Public Opinion Quarterly*, Vol.40(1976), pp.449 - 458.

제6절 맺는 말

오늘날 민주주의가 위기를 맞고 있다고 말한다. 위기의 주된 이유는 정치제도가 시민의 새로운 요구와 필요에 효과적·효율적으로 대응하지 못하고 있다는 것이다. 시민은 경제적 번영과 육체적 안전 이외에 환경보호, 소비자 권익보호, 도덕성의 회복, 사회적 약자와 여성의 평등권 보장 등 새로운 문제에 관심을 보이고 있다.

그러나 대의민주주의는 실질적으로 정치 엘리트에 의하여 정치과정이 통제되고 있기 때문에 시민의 새로운 욕구에 부응하는 데 많은 한계를 보이고 있다. 이런 상황에서 정치 엘리트에 대한 불만과 불신 그리고 정치에 대한 회의감이 광범위하게 확산되고 있는 것이 현실이다. 이러한 문제를 극복할 수 있는 방법은 시민의 적극적인 정치과정 참여로 시민의 의견이 제대로 정치체제에 투입되어야 한다는 것이다. 정치투입의 증대는 정치체제의 정책능력을 향상시키게 되고 정책결정 과정에서 정부의 질을 향상시킬 수 있다. 시민의 정치체제에 대한 투입의 증대는 시민정치(citizen politics)의 활성화를 의미한다. 시민정치의 활성화로 민주주의의 위기를 극복해야 할 것이다.[54]

시민에 의한 정치체제의 투입방법으로 여론의 전달이 있다. 사회통제 역할을 수행하는 여론은 정치과정에 영향력을 행사할 수 있다. 여론의 적극적인 조성과 전달은 곧 시민정치의 활성화를 의미한다. '공중의 의지'(public will)인 여론이 정치과정에 제대로 투입된다면 정책결정자에게 무시할 수 없는 압력수단으로 작용하게 된다. 올바른 여론의 조성과 각종 방법을 동원한 효과적인 전달은 시민이 정치과정에 직접 참여하는 것과 마찬가지의 결과를 가져온다. 여론을 활용한 시민정치가 활성화되려면 ① 시민 ② 대중매체 ③ 정치 엘리트가 새로운 태도를 정립해야 할 것이다.

'여론에 의한 정부'나 '여론에 의한 지배'는 시민이 얼마나 합리적인 여

---

54) Dalton(1996), pp.261 – 283.

론을 형성하여 정치과정에 투입시키느냐에 달려 있다. 그러기 위해서 시민은 자율의식, 참여정신, 합리적·이성적 판단능력을 배양해야 한다. 정치적 쟁점에 관하여 시민이 보다 적극적이고 분명한 입장을 표명할 수 있으려면 정치의식이 향상되고 참여정신이 고양되어야 할 것이다. 정부는 국민의 합리적인 의견을 무시할 수 없을 것이다.

국민여론을 가장 효율적으로 정부에 전달할 수 있는 대중매체는 여론을 정확하게 전달해야 한다. 정치과정, 특히 선거에서 정당보다도 훨씬 영향력이 큰 대중매체가 국민여론을 정확하고 올바르게 측정·보도한다면 정책결정자들에게 상당한 영향을 미치게 될 것이다. 대중매체에 의한 여론조사를 '일시적 연립에 의한 지배'(governed by temporary coalitions)[55]라고 할 정도로 위력이 크기 때문에 국민 여론조사를 제대로 활용한다면 민주주의 위기를 극복하고 시민정치를 활성화하는 데 기여하게 될 것이다. 반면에 대중매체는 영향력을 지나치게 믿고 여론을 조작·왜곡하거나 대중매체의 계급이익을 앞세우는 보도 자세는 지양해야 할 것이다.

정치 엘리트는 정확한 여론을 적기에 파악하여 정책결정 과정에 반영시킬 수 있도록 국민의 소리(voice of the people)에 항상 귀를 기울여야 할 것이다. 국민의 요구와 기대에 부응하는 정책결정은 국민의 만족도를 높일 수 있을 뿐만 아니라 국민의 지지와 성원을 받는 지름길이 될 수 있다. 국민이 원하는 정치가 바로 바람직한 정치라고 볼 수 있다. 물론 여론은 감정적이고 변덕이 심하기 때문에 여론의 정확한 소재를 파악하는 것은 용이한 일이 아니지만 항상 국민의 소리에 귀를 기울여야 할 것이다.

정치 엘리트는 잘못된 국민 여론이 형성된다는 확신이 서면 여론에 끌려다니거나 우왕좌왕하기보다 국민 여론이 나아갈 올바른 방향을 제시하고 국민을 설득하는 적극적인 리더십을 발휘해야 할 것이다. 그러나 하향식의 여론조성, 지배체제의 강화와 유지, 개인에 기초한 지배이념의 정당화, 정권연장, 선거승리 등을 위하여 여론을 조작하거나 호도하는 일방적 정치선전

---

55) Lavrakas and Holley(1991), p.220.

은 바람직하지 않다. 정치 엘리트에 의한 대중 조작은 국민의 정치사회화와 정치학습에 부정적인 요인으로 작용하여 장기적으로 바람직하지 못한 정치 문화를 형성하게 될 것이다.

제8장 이익집단정치론

제1절 이익집단의 의의

1. 이익집단의 정의

　메디슨(James Madison)은 1787년 『연방주의자』(The Federalist No.10)에서 대의민주주의 정치체제에서 분절(segmentation) 또는 분파(faction)가 생기는 것은 불가피한 일로 피할 수 없다고 하면서, 만일 분파에서 오는 해악이 있으면 그것을 치유해야 하며 정부는 그들이 경쟁할 수 있는 방안을 찾아야 한다고 하였다.[1] 메디슨이 말하는 분파는 이익집단을 의미한다. 분파를 "전체에서 차지하는 비율이 다수(majority)든 소수(minority)든 공동체의 항구적·집합적 이익이나 시민의 권리에 반하는 자신들의 이익이나 열정의 충동에 의하여 행동하는 단결된 다수의 시민"으로 정의하고 있다. 분파가 발생하는 것은 민주정치에서 피할 수 없음을 강조한 것으로 이해할 수 있다.

　토크빌(Alexis de Tocqueville)은 민주정치체제가 존속하기 위해서는 집단(group) 또는 결사(associations)가 중요하다고 하면서 인간의 자유권으로서 개인의 자유 다음으로 결사의 자유(right of association)는 본질적으로 양도할 수 없는 것이라고 하였다.[2] 토크빌은 민주주의에서 집단을 결성하는 결사의 자유를 강조한 것이다.

　민주주의 국가에서 모든 사람은 자신의 정치적 견해를 피력하고 정부에

---

1) James Madison, *The Federalist No.10*(New York: Scribner, 1967).
2) Alexis de Toqueville, *Democracy in America*, Vol.1(New York: Vintage Books, 1945), p.203.

대하여 청원서를 제출할 수 있으며 정치적 결사체를 조직할 수 있다. 민주정치체제는 개인은 누구나 자신들의 이기적인 이익을 추구하기 위해서 유사한 이익을 가진 사람들끼리 집단을 결성하여 자신들의 이익을 조직적으로 표출할 수 있는 자유를 보장하고 있다. 다원주의(pluralism)는 이익집단의 자유주의(interest group liberalism)를 보장하는 집단정치(group politics)를 의미한다.[3] 다원주의를 보장하는 민주정치체제에서 집단의 출현은 불가피한 현상이다.

민주정치과정에서 집단은 중요한 역할을 수행한다. 가장 대표적인 조직을 정당과 이익집단(interest group)이라고 할 수 있다. 자유민주주의 국가에서 정당과 이익집단은 정부와 시민을 연결시켜 주는 정치적 매개자(political intermediary)로서 역할을 수행한다.[4]

민주정치 과정은 또한 어떤 개인이나 집단이 정치체제에 요구를 제기하면서 시작된다. 정치적 요구의 제기(demand making)를 이익표출(interest articulation)이라고 하며,[5] 이익집단은 이익을 표출하는 대표적인 조직이라고 볼 수 있다.

이익집단은 "하나 또는 그 이상의 공통된 태도(shared attitudes)에 기초한 조직으로서 사회의 다른 집단에 대해서 자신들이 공유한 태도와 관련된 행태의 양식(forms of behavior)을 설정(establishment) · 유지(maintenance) · 증진(enhancement)을 요구하는 집단"이라고 정의할 수 있다.[6] 공통된 태도는 이익을 의미하며 공유한 태도와 관련된 행동의 양식은 이익추구와 관련된 집단의 행동이라고 볼 수 있다.

이익집단의 개념을 보다 구체적으로 살펴보면 다음과 같다.

첫째, 이익집단은 공통된 이익을 가진 개인 또는 조직으로 구성되어 있으

---

3) Allan J. Cigler and Burdett A. Loomis(ed.), *Interest Group Politics*, 4th ed. (Washington D. C: A Division of Congressional Quarterly Inc., 1995), p.5.

4) Philip A. Mundo, *Interest Groups: Cases and Characteristics*(Chicago: Nelson-Hall Publishers, 1992), p.5.

5) Almond and Powell(1978), p.169.

6) Truman(1951), p.33.

며 집단의 목적에 기초한 자기 정체성(self-identification)을 가지고 최소한의 상호작용 빈도수(frequency of interaction)를 유지한다.[7]

둘째, 이익집단이 정치과정에 능동적으로 참여하는 것은 정책결정에 영향력을 행사하기 위한 것이다.

셋째, 이익집단은 추구하는 가치(이익)를 보다 안정적으로 유리하게 배분받기 위해서 집단행동이나 집단적 의사표시로 정부에 압력을 행사한다. 이익집단을 압력집단(pressure group)이라고 부르는 이유가 여기에 있다.

넷째, 이익집단과 정당은 정부와 시민 간 커뮤니케이션 연계(communication links) 기능을 수행하지만 같은 유형의 조직은 아니다.[8]

이익집단과 정당의 차이점은 다음과 같다.

① 목적이 다르다. 이익집단의 목적은 정부의 정책결정에 영향력을 행사하는 데 있는 반면에 정당은 정부의 통제, 즉 정치권력을 획득하는 데 있다.

② 활동방법이 다르다. 이익집단은 자신들의 이익증진에 필요한 동정적·호의적인 정부 인사를 지원하지만 정당은 공직을 차지하기 위해서 선거에 후보를 공천하고 당선시키려고 노력한다.

③ 가입방법이 다르다. 시민은 이익집단의 복수회원(overlapping membership)이 될 수 있으나 당원은 한 정당에만 한정되어 있다.

④ 책임이 다르다. 이익집단은 사적인 이익을 추구하기 위해서 정부에 압력을 행사하지만 정책결정에 대한 책임이 없다. 정당은 선거 때 내세운 공약에 대하여 공공에 대한 정치적 책임을 진다.

⑤ 대표성이 다르다. 이익집단은 특정 정책과 이해관계가 있는 소수를 대표하지만 정당은 국민통합 등과 같은 대다수의 이익을 대표한다.

⑥ 대안의 제시방법이 다르다. 이익집단은 정책을 제안(proposal)하지만 정당은 대안(alternatives)을 제시한다.

---

7) Ronald J. Hrebenar and Ruth K. Scott, *Interest Group Politics in America*(Englewood Cliffs: Prentice-Hall, Inc., 1982), p.3; Truman(1968), pp.23-26.

8) Charles P. Sohner, *The People's Power: American Government and Politics Today*(Glenview, Ill: Scott Foresman, 1973); Hrebenar and Scott(1982), pp.3-4.

⑦ 내부의 결속방법이 다르다. 이익집단은 내부의 단결이 이해관계로 국한되어 있으나 정당은 정권을 획득한다는 야심과 야망 그리고 범국가적인 데 있다.

⑧ 목표달성 수단이 다르다. 이익집단은 다양한 활동방법을 동원하여 목표를 달성할 수 있으나 정당은 오직 선거에서 승리를 통해서 가능하다.

2. 이익집단의 발생원인

이익집단이 발생하는 원인을 다양하게 제시하고 있다. ① 급속한 사회와 경제의 변동 ② 풍요와 교육의 확대 ③ 통신기술의 발달 ④ 후기산업사회의 변화로 과학과 기술 분야의 직업과 전문성의 확대 ⑤ 산업화와 도시화 ⑥ 관료주의의 확대 때문이라고 주장하기도 한다. 이익집단의 발생원인 몇 가지를 살펴보고자 한다.[9]

(1) 이익의 다원화

사회의 분열(cleavage)과 사회의 복잡성(societal complexity)은 다양한 욕구와 기능을 요구한다. 각종 이해의 분화와 대립은 직능적·기능적 이익의 대변을 요구한다.

---

9) Cigler and Loomis(1995), pp.20－25. 이익집단의 발생원인으로 ① 이익의 다원화와 대표의 원리의 변질화 ② 정당의 과두화 ③ 사회의 각 분야에 대한 정통제의 증대 등을 들기도 하며, ① 대중사회와 대중민주정치의 성립 ② 이익의 다양화와 대표 원리의 변질 ③ 정당조직의 과두화 ④ 국가기능 내지 정부통제의 증대를 들고 있다. 이극찬(2004), pp.390－392; 김계수, "압력단체", 이영호 외(1988), pp.252－253.
한편 미국에서 이익집단이 발전한 이유를 ① 통신혁명 ② 정부의 기업활동 규제 ③ 증대된 노동의 분업 ④ 대량이민으로 인한 이질성의 증대 등을 지적하기도 한다. James Q. Wilson, *Political Organizations*(New York: Basic Books, 1973), p.201.
미국에서 이익집단정치의 발전에 관한 특징을 제시하고 있는데 이익집단의 발생과 관련하여 참고할 만한 부분을 발췌하면 다음과 같다. ① 1960년대 초 이래 이익집단의 급격한 확산 ② 정보과정(information processing)의 기술발전 ③ 단일쟁점 집단의 성장 ④ 정치·경제이익의 공식적인 침투 증가 ⑤ 정당의 지속적인 쇠퇴 ⑥ 공공 이익집단의 수와 활동의 증가 ⑦ 제도적 이익집단의 활동과 영향력 증가 등. Cigler and Loomis(1995), pp.1－2.

(2) 의회기능의 한계

국회의원은 지역의 대표로 지역성을 띠게 된다. 비례대표제를 채택하는 경우도 있으나 직능적 대표를 망라하여 충원한 것이 아니기 때문에 직능집단의 이익을 입법과정에 제대로 반영할 수 없다. 일부 의원은 특정 이익집단과의 유착관계를 형성하여 중립적인 입장에서 국민의 대표로서 국정에 참여하는 데 한계를 지니고 있다.

(3) 정당의 과두화

정당이 과두화·관료화되어 민의를 제대로 수렴할 수 없다. 정당이 민주적으로 운영되지 않고 있으며 선거구의 정당 조직도 국민의 요구를 취합할 수 있는 능력에 한계가 있다.

(4) 정부기능의 확대

정부의 사회통제 기능이나 역할이 날로 증대되고 있다. 정부가 사회의 각 분야에 개입하여 통제력을 강화하고 있으며, 새로운 정부기능의 확대로 행정국가화되면서 정부에 대한 압력의 필요성이 증대되었다.

(5) 가치의 경합성

이익집단이 발생하는 근본적인 이유는 사회의 가치가 희소하고 경합성을 띠고 있다는 사실에 있다. 희소한 가치를 경쟁적으로 추구하기 위해서 이익집단을 결성하여 집단적으로 활동하는 것이 배분받기에 유리하기 때문이다.

3. 이익집단의 기능

일반 집단은 ① 상징적 기능 ② 경제적 기능 ③ 이념적 기능 ④ 정보기능 ⑤ 도구적 기능을 수행하는 것으로 보고 있다.[10] 이익집단도 집단의 한 유형으로 일반집단과 같은 기능을 수행한다고 볼 수 있다. 메디슨(James Madison)은 분파 혹은 이익집단은 공동체나 혹은 타인의 권리에 반하는 노력을 하기 때문에 본질적으로 나쁘다고 그 해악에 대하여 경고를 했지만 역기능만 있는 것은 아니다.[11]

(1) 순기능

① 직능적 이익의 대표기능을 수행한다.

② 정당이 흡수하기 어려운 분야를 보완하는 역할을 수행하며 정부와 이익집단 구성원간의 연결이 정당보다 전문성을 띠고 있다.

③ 공통의 이익을 기초로 한 결합의 촉진으로 사회적 단결을 유지한다.

④ 압력단체 활동을 통하여 전문지식과 정보를 유통시킨다.

⑤ 이익집단의 조직활동이 국민에게 집단참여 의식을 자극하며 국민의 정치참여의식을 확대시킨다.

⑥ 정당 간의 쟁점이 되는 문제에 대하여 정치정보를 국민에게 제공하고 국민의 정치교육에 이바지한다.

⑦ 정부기관과 협조하는 기회를 제공하며 시민이 정부에 영향력을 행사할 수 있다는 사실을 보여준다.

⑧ 정부의 정책의지와 내용을 집단선언을 통해 사회 각층에 확산·전파하여 정부시책에 대한 국민의 이해와 협조를 도모하고, 국민과 정부와의 커뮤니케이션을 촉진하며, 정책의 환류효과를 증진시킨다.

⑨ 특정부분의 개인의사를 결집하여 정치과정에 투입함으로써 국가의 정책적 대응성과 책임성을 고양하고 일체감을 강화한다.

⑩ 각 세력 간의 상호교류를 증진시켜 갈등해소와 통합에 기여하고 상호

---

10) Ornstein and Elder(1978), pp.28－34.

11) 이익집단의 순기능과 역기능에 대하여 다음을 참고하였음. 김호진(2006), pp.191－192; Mundo (1992), pp.6－7; Theodore Lowi, *The End of Liberalism*(New York: W. W. Norton, 1969), p.287.

간의 교차압력(cross pressure)을 통해 사회적 평형을 유지한다.

⑪ 국민의 정책적 기대를 충족시킴으로써 정치 사회적 안정에 기여하며 개인의 힘으로 불가능한 일을 조직의 힘으로 관철시킴으로써 국민 개개인의 정치적 무력감을 불식시키고 효능감을 증진시켜 준다.

(2) 역기능

① 정치권력과 야합하거나 행정 관료의 매수 등으로 정책결정과정을 부패케 하며 정치·행정질서를 어지럽힌다.

② 집단이익만을 강조하여 공공이익을 침해한다.

③ 참여규모와 계층에 있어서 편향성을 보여 비조직집단이나 약자를 소외시킨다.

④ 우세집단에 의한 이익의 독과점 현상이 발생한다.

⑤ 이익집단 간 특정한 이익을 둘러싸고 첨예하게 대립할 때 사회 안정을 저해할 우려가 있다.

⑥ 비공식 협상으로 공식절차를 무시하여 민주제도(democratic institution)를 약화시킨다.

⑦ 압력정치가 강화되면 정부를 무력하게 만들고 정부가 독자적으로 계획을 수립하는 것이 불가능하게 된다.

제2절 이익집단의 형성론

인간은 자유가 허용되면 자신을 집단에 귀속시키고자 하는 성향이 있으며 집단은 개인의 이익을 옹호해 주는 특권의 장소가 되고, 집단은 개인의 정체성과 개인의 발전을 도와주는 수단이 된다.[12] 인간은 사회적 동물이라

---

12) Avigail Eisenberg, *Reconstructing Political Pluralism*(Albany, NY: State University of New York Press, 1995), pp.2-3.

는 점을 강조하지 않더라도 다른 사람과 제휴(association)하지 않고 나 홀로 살아간다는 것은 전혀 불가능한 일이다. 제휴한다는 것은 어떤 형태든 타인과 관계를 맺고 그 관계를 지속적으로 유지하는 것을 의미한다. 여러 사람들이 어떤 목적을 가지고 어떤 절차나 규정에 따라서 관계를 형성하고 정기적으로 조직적인 활동을 통하여 그 관계를 유지하는 조직을 집단이라고 할 수 있다. 집단에 가입하면(group affiliation) 집단이 지향하는 목표를 달성하기 위해서 집단의 규범에 의해 자신의 행동을 통제받게 된다. 이익집단을 결성하는 원인을 설명하는 몇 가지 이론이 있다.[13]

1. 파도이론

트루먼(David B. Truman)에 의하여 제기된 '파도이론'(wave theory)은 집단의 발전이론으로 집단이 확산되는 이유를 설명해 주고 있다.[14] 파도이론에 의하면 하나의 집단이 결성되면 그 집단에 참가한 성원들은 우호적인 관계를 유지하는 데 도움을 받는다. 그러나 그 집단이 활동을 시작하는 동시에 다른 집단과 균형을 유지하는 데 혼란(disturbance)이 발생하거나 분열(cleavages) 현상이 나타난다. 제2차 혼란(secondary disturbance)을 바로잡기 위해서 다른 집단이 형성된다. 집단의 형성이 통일된 속도로 항상 진행되는 것은 아니고 하나의 결사형성(association – building)은 물결치는 것과 같이 다른 결사의 확산을 가져온다. 대표적인 예로 미국의 건국 당시 제퍼슨 추종자들에 의하여 만들어진 공화파(Republicans)와 이에 대한 반작용으로 해밀턴 추종세력들은 연방파(Federalists)를 결성한 것을 들 수 있을 것이다.

하나의 이익집단이 형성되어 활동하게 되면 그 조직에 가담한 회원들끼

---

13) 집단의 형성에 대한 이론은 다음을 참고할 것. Norman J. Ornstein and Shirley Elder, *Interest Group, Lobbying and Policy Making*(Washington D. C: Congressional Quarterly Press, 1969), pp.7 – 21; Paul A. Sabatier, "Interest Group Membership and Organization: Multiple Theories", in Mark P. Petracca, (ed.), *The Politics of Interests: Interest Groups Transformed*(Boulder: Westview Press, 1992), pp.101 – 110.

14) Truman(1968), p.59.

리 원만하고 안정된 관계를 유지할 수 있지만, 이익집단에 참여하지 않은 사람들이나 다른 경쟁 집단과는 이익의 상충이나 불균형 현상이 발생하고, 더 이상의 혼란을 방지하기 위해서 대항 집단의 형성이 파도가 이는 것과 같이 확산된다는 것이다. 조직의 확산과 발생의 원인을 개인적인 이기심이나 경제적·기술적 문제에 둔 것이 아니다. 자연적인 상호작용으로부터 집단이 형성되고 집단의 형성으로부터 파생되는 혼란, 이익의 상충, 분열, 불균형 등을 방지하기 위해서 또 다른 집단이 생겨난다는 것이다. 파도이론을 사회질서와 혼란이론(social order and disturbance theory)이라고 부르기도 한다.

2. 무임승차이론

올슨(Mancur Olson)이 제기한 무임승차이론(free-rider theory)은 조직에 참여하는 사람은 '합리적인 경제인'(rational economic man)이라는 것을 전제로 한다.[15] 이익이 있다고 모든 사람이 집단에 항상 가담하지 않는다. 그 이유는 '무임승차'가 가능하기 때문이다. 집단에 참가하는 데 소요되는 노력, 경비, 시간보다는 집단에 가입하든 않든 집단 전체에 골고루 분배되는 공통의 혜택(collective benefits)이 자신에게도 돌아오기 때문이다. 예를 들면 공공재(collective goods)는 집단에 가입하지 않더라도 모든 사람들에게 혜택이 돌아갈 수 있다. 또 다른 예로 노동조합에 가입하지 않더라도 노사 간 근무환경의 개선이나 복지시설 확충과 관련된 단체협약을 체결하고, 임금인상 등에 합의했다면 그 혜택이 비노조원들에게도 골고루 돌아가기 때문에 무임승차를 하는 것이나 다름없다. 따라서 이익이 있다고 항상 집단에 가입하는 것이 아니다.

올슨의 무임승차이론은 의사결정자인 개인은 집단에 참여했을 때 요구되는 시간, 노력, 경비와 같은 참여비용(participation costs)과 얻을 수 있는 선

---

15) Mancur Olson, *The Logic of Collective Action*(Cambridge, Mass: Harvard University Press, 1971).

택적 혜택(selective benefits)을 계산하여 집단에 참여 여부를 결정하게 된다는 것이다. 올슨의 무임승차이론은 선택적 혜택이론, 개인동기 이론 또는 정치이익집단의 부산물이론(by-product theory of political interest groups)이라고 부르기도 한다.

3. 교환이론

교환이론(exchange theory)은 셀리스베리(Robert H. Salisbury)에 의하여 제기되었다.[16] 교환이론에 따르면 이익집단을 결성하려는 사람들은 새로운 조직을 만들어 성원들에게 일자리를 주는 것을 목적으로 초기의 조직결성에 소요되는 경비를 지출한다.

또한 대부분의 집단활동은 공공정책 결정에 영향력을 행사하기보다는 집단의 지도자와 구성원 간에 내부적인 이익의 교환(exchange of benefits)에 보다 큰 관심이 있다. 집단의 지도자와 회원 간에는 물질(material), 결속(solidarity), 표현적(expressive)인 것 등 세 가지의 상호유인(mutual incentives) 요인이 존재한다. 구체적으로 임금, 서비스와 같은 물질, 특권, 지위, 동료의식, 즐거움과 같은 결속, 이념과 같은 표현적인 이익이 있다.

교환이론도 올슨의 무임승차이론과 같이 집단에 참가하는 개인의 유인동기가 작용한다고 볼 수 있으나 근본적으로 다른 점은 조직 내부의 지도자와 구성원 간의 교환관계가 이익집단의 결성 동기가 된다고 본 것이다. 교환이론은 환경보호단체, 반핵단체, 시민운동, 시민의 자유권과 같은 공공 이익집단의 결성과 관련된 이론이 아니라 경제적인 이익집단에 한정된 이론이라고 볼 수 있다. 집단지도자의 정치적 사업(political entrepreneurship)을 강조한 이론이다.

셀리스베리의 교환이론이 제기된 이후 이익집단의 결성과 관련하여 집단

---

16) Robert H. Salisbury, "An Exchange Theory of Interest Groups", *Midwest Journal of Political Science*(February 1969), pp.1-32.

의 지도자와 구성원 간의 교환관계, 다양한 유인 요인의 중요성, 조직 운영 상의 문제점 등에 관하여 많은 논의가 진행되었다. 교환이론의 문제점은 집단의 지도자와 구성원 간 교환관계나 이익의 합치가 항상 성립할 수 있느냐에 있다.

4. 언약이론

언약이론(commitment theory)의 출발은 이익집단의 활동에 요구되는 많은 시간과 자원을 투입하는 것은 좋은 정책(good policy)이 결정될 것이라는 기대로부터 비롯되었다.[17] 이익집단이 정치활동에 적극 참여하는 것은 정치활동을 통하여 집단의 예상되는 이익이 있을 것이라는 기대가 작용하기 때문이다. 이익의 유형에는 물질적·재정적인 것과 이념적·의도적인(ideological/purposive) 것이 포함된다. 대부분의 이익은 물질적인 것과 이념적인 것이 상호 결합된 상태로 나타난다. 물질적으로 얻을 수 있는 인지된 이익(perceived benefits)이 클 때 또는 자신의 이익(self-interest)과 이념적인 동기가 부합될 때 사람들은 이익집단에 가입하거나 이익집단의 지도자가 될 것을 언약하게 된다는 것이다.

이익집단에 가입이 예상되는 잠재회원들(potential members)은 집단에 가입하는 데 물질적인 자기이익이 크고 이념적인 동기가 분명할 때 집단의 성원이 될 것을 약속하게 된다. 언약이론도 집단에 가입하는 사람들의 개인적인 동기와 관련이 있다. 그러나 올슨의 무임승차이론과 다른 점은 집단에 가입하기 전에 선택적 이익에 대한 합리적인 판단을 하는 것이 아니라 비용이나 노력을 감수하더라도 물질적 이익과 이념적인 유인이 있으면 집단에 가입한다는 것이다.

집단발전과 관련된 네 가지 이론은 각각 특징이 있다. 이익집단의 결성은

---

17) Paul Sabatier and Susan McLaughlin, "Belief Congruence Between Interest Group Leaders and Members: An Empirical Analysis of Theories and Suggested Synthesis", *Journal of Politics*, Vol.53(1990), pp.914-935.

크게 분류하면 ① 파도이론은 집단의 자연발생이론이고 ② 무임승차이론과 교환이론 그리고 언약이론은 개인의 동기이론(individual motivation theory)이라고 볼 수 있다. 자연발생이론은 이익집단의 결성에 참여하는 사람들의 이익이나 동기와 같은 유인요인에 대한 설명이 없으며, 개인동기이론은 모두가 개인의 이기적·물질적 성향을 지나치게 강조한 데 있다. 이익집단에 가입하는 것은 어떤 형태든 유무형의 이익이나 보상(rewards) 때문이라는 설명이다. 개인동기 이론은 사회나 지역봉사 그리고 국가발전과 같은 공익을 위해서 결성한 자발적·봉사적인 이익집단의 결성동기를 설명하는 데 한계가 있다.

이익집단의 결성과 관련된 네 이론의 특징을 <표 8-1>과 같이 종합하였다.

〈표 8-1〉 집단발전 이론의 특징

구분 ＼ 이론	파도이론	무임승차이론	교환이론*	언약이론
조직형성 이유	자연적인 상호작용과 사회적 혼란	많은 이익과 적은 비용	이윤 목적	목적을 가진 개인 이나 조직
회원의 가입동기	신념과 이익을 공유한 사람들과 자연적 상호작용	선택적 이익 또는 강압	선택적 또는 의도적 이익	공통의 물질적·의도적 이익
참여율	상대적으로 높음	무임승차 때문에 낮음	?	정책에 대한 신념 결여로 낮음
회원-지도자 간 신념의 일치	지도자는 갈등을 줄이려 노력	선택적 동기로 낮음	얻는 이익의 정도에 좌우됨	존재하지 않음
정치의 중요성	시간이 흐를수록 증대	낮음	일반적으로 낮음	높음

출처) Sabatier(1992), p.111.
* 셀리스베리는 교환이론과 후기교환이론 등으로 구분하였으나 교환이론만을 소개하였음.

제3절 이익집단의 유형

멕킨지(R.T. McKennzie)는 이익집단을 ① 당파적 집단(sectional groups) ② 촉진집단(promotional groups) ③ 기타의 집단(other groups) 등으로 나누었으

나[18] 알몬드와 포엘(G. A. Almond and B. G. Powell)은 조직상의 특성에 따라 ① 아노미(anomic) ② 비결사적(nonassociational) ③ 제도적(institutional) ④ 결사적(associational) 이익집단으로 분류하였다.[19]

1. 아노미형 이익집단

자연발생적 · 비조직적인 이익집단을 의미한다. 많은 사람들이 동시에 불만, 실망, 강한 감정을 표출하면서 우발적으로 형성된 폭도나 군중과 같은 이익집단을 말한다. 순간적으로 발생했다가 갑자기 사라지는 일시성을 띤 이익의 표출방법이다. 그동안 쌓였던 불만이 사전 계획 없이 우연한 기회에 동시에 폭발해서 만들어진 이익집단이라고 볼 수 있다.

2. 비결사적 이익집단

비결사적 이익집단은 공통의 인종, 언어, 종교, 지역, 직업, 혈연과 같은 사회 · 문화 · 경제적 이익에 기반을 둔 이익집단을 의미한다. 대부분 1차적 유대관계를 중심으로 이루어진 전근대적이고, 전문적인 조직이 없는 이익집단이라고 볼 수 있다. 대표적인 예로 종친회나 향우회와 같은 이익집단을 들 수 있다.

3. 제도적 이익집단

공식적인 조직을 유지하는 정당, 입법부, 사법부, 군, 관료, 기업, 교회와

---

18) R. T. McKennzie, "Pressure Groups in British Government", *British Journal of Sociology* (June, 1955), pp.11 - 12.
19) Almond and Powell(1978), pp.171 - 176.

같은 고도로 분화된 역할을 수행하는 이익집단이라고 볼 수 있다. 이들은 정부조직의 하위체계를 형성하고 있다.

4. 결사적 이익집단

이익을 표출하기 위해서 결성된 전문화된 조직으로 전임직원이 상주하고 있으며 업무처리 절차와 규칙을 구비하고 있는 노동조합, 인종결사, 종교결사와 같은 표준형이라고 볼 수 있다.

5. 기타 유형

사회적 기반과 목적에 따라서 ① 부족(tribal) ② 인종(racial) ③ 종족(ethnic－national origin) ④ 종교(religious) ⑤ 직업－전문성(occupational－professional) ⑥ 쟁점 혹은 정책지향(issue－or policy－oriented) 이익집단 등이 있다.[20]

제4절 이익집단의 자원과 전략

1. 이익집단의 자원

이익집단은 그 결성동기, 목적, 조직, 리더십, 예산, 활동 범위 등에 따라서 다양한 방법으로 운영된다. 이익집단이 추구하는 이익을 효율적으로 증진시킬 수 있는가 없는가의 여부는 무엇보다도 이익집단이 가지고 있는 자원(resources)의 규모가 어느 정도냐에 달렸다. 이익집단이 자원을 얼마나 동

---

20) Almond and Powell(1984), p.63; Almond and Powell(1976), p.176.

원할 수 있는 능력이 있느냐에 따라서 활동의 범위와 효과가 결정된다고 볼 수 있다. 이익집단의 자원은 여러 가지 유형이 있다.[21]

(1) 물질자원(physical resources)

정책에 영향을 행사하기 위해서 가장 필요한 자원은 자금과 회원의 규모라고 볼 수 있다. 충분한 예산이 있어야 이익집단의 효율적인 운영과 관리는 물론 다양한 전략을 구사하여 이익추구 활동을 활성화시킬 수 있다. 자금을 쓰는 것은 일종의 투자나 마찬가지라고 볼 수 있다. 이익집단이 충분한 예산이 있으면 유리한 여론 조성과 조직화, 대중매체에 의한 광고, 선거 때 정치자금의 후원 등이 가능하다. 물론 이익집단의 비자금이 불법 로비, 공직자의 매수, 뇌물에 사용되기도 한다. 자금은 회원의 회비나 기부금 등 다양한 방법으로 조성된다. 이익집단이 튼튼한 재정적인 후원자(financial sponsor)를 갖는 것도 물질자원의 획득에 유리하다.

회원의 규모는 이익집단의 중요한 자원이 된다. 대규모의 방대한 전국적 조직을 가진 이익집단이 그렇지 못한 이익집단에 비하여 영향력이 큰 것이 사실이다. 회원의 규모가 많다면 선거 때 투표권으로 연결될 수 있기 때문에 정치적 영향력을 행사할 수 있다.

(2) 조직자원(organizational resources)

이익집단을 구성하고 있는 회원의 능력을 정치적 행동에 최대한 동원하는 것은 그만큼 이익집단의 영향력이 크다는 것을 의미한다. 아무리 규모가 큰 이익집단이라도 효율적으로 정치적 행동에 동원할 수 있는 조직적인 힘이 없으면 영향력을 발휘할 수 없게 된다. 조직적인 자원으로 회원의 기술(membership skill), 단결력, 리더십, 실질적인 전문지식(substantive expertise) 등을 들 수 있다.

---

21) Ornstein and Elder(1978), pp.69 – 79.

이익집단의 리더십은 조직의 운영, 각종 자원의 관리, 예산배분, 정책의 우선순위 결정, 타 조직과의 연대, 위기관리 등에 있어서 중요한 변수가 된다. 또한 정부의 정책결정과 관련된 각종 정보의 획득·분석과 대응논리를 개발하여 자신들에게 유리한 분위기를 조성할 수 있는 전문성이 요구된다. 조직 내부의 효율적인 민주주의(effective democracy)는 조직의 목표달성과 직접적인 연관이 있기 때문에 이익집단의 최고 지도자가 어떤 리더십을 발휘하느냐가 중요하다.

(3) 정치자원(political resources)

이익집단의 정치적 자원은 선거 전문성, 정치과정에 대한 지식, 정치전략의 전문기술, 정치적 명성 등을 들 수 있다. 선거과정에 자신들의 이익을 대변할 수 있는 후보를 지원할 수 있는 전문성, 국회에서 진행되는 입법과정이나 행정부의 정책결정 구조나 절차에 대한 충분한 지식, 이익추구를 위한 다양한 정치전략의 구사 능력, 이익집단의 대외적인 명성 등이 이익집단의 활동에 중요한 요인으로 작용한다. 이익집단의 대외적인 명성이 정직한 정치적 중개자(political broker)나 정보의 출처(information source) 그리고 영향력이 큰 정치적 로비스트로서 신뢰성을 얻는 데 중요한 자원이 된다. 부정과 탈법을 일삼고 수단과 방법을 가리지 않는 이기주의적 집단이라는 정치적 명성을 얻는다면 대외 신인도가 떨어져 정치적 영향력이 줄어들게 될 것이다.

(4) 유인자원(motivational resources)

회원의 규모 못지않게 중요한 것은 회원들이 이익집단이 추구하는 이념과의 강한 일체감이다. 이익집단의 회원들이 이익집단이 지향하는 목표나 쟁점에 대한 진정한 신봉자(true believers)들로 구성되어 있다면 규모에 관계없이 상당한 영향력을 행사할 수 있을 것이다. 회원들에게 동기를 부여하고 도덕적인 확신을 갖도록 유인하는 것이 이익집단의 자원을 확보하는 중요한 방법이다.

(5) 무형자원(intangible resources)

이익집단의 대외적인 위신과 지위는 중요한 무형자원이 된다. 이익집단은 정책 결정자에게 접근할 수 있는 능력과 사회적으로 위신과 지위를 인정받아야 한다. 예를 들면 이익집단의 대표가 유력한 정치인이나 최고 권력자를 언제든지 자유자재로 만날 수 있을 정도의 지위나 위신을 가지고 있다면, 이것도 이익집단의 중요한 자원이 된다.

2. 이익집단의 활동전략

이익집단이 효율적으로 정책에 영향력(influencing policy)을 행사할 수 있는 능력은 그들이 최대한 동원할 수 있는 수단과 방법에 달려 있다. 이익집단이 선택할 수 있는 전략은 ① 정책결정에 영향력을 행사할 수 있는 인사에게 접근하는 방법(access to the influential)과 ② 자신들에게 유리한 정책이 채택되도록 결정에 영향력을 행사하는(influencing decisions) 방법이 있다.

또 다른 전략은 ① 대내적인 것(inside strategies)과 ② 대외적인 것(outside strategies)이 있다.[22] 대내전략은 이익집단과 유력한 정책결정자와의 상호작용을 통한 방법이고, 대외전략은 외부에서 풀뿌리 여론(grass-roots opinion)에 호소하거나 압력(pressure)을 행사하는 것이다. 이익집단의 대·내외 전략은 ① 합법적인 방법(constitutional access channels) ② 강압적 접근방법(coercive access channels) 등으로 나눌 수 있다.[23]

---

22) Ornstein and Elder(1978), pp.82-93.
　　한편 대내전략을 직접로비 또는 전통적인 로비(traditional lobbying)로 대외전략을 간접로비라고 부르기도 한다. 직접로비에는 ① 직접적인 대인접촉 ② 접근분위기 조성전략(access-creating tactics) ③ 정보제공 활동 등으로 나누며, 간접로비는 ① 풀뿌리 로비(grassroots campaign) ② 매체로비 ③ 항의 및 관심 끌기 활동(attention-seeking activities) ④ 동맹 및 연립전략 ⑤ 선출된 의사결정자 우회 전략(bypassing the elected decision makers)-국민발의 및 국민투표 등으로 나누고 있다. Hrebenar and Scott(1982), p.60.

이익집단의 활동전략은 다양하지만 다음과 같은 유형으로 나누고자 한다.[24]

(1) 개인적 연결(personal connection)

정책결정권자를 직접 만나서 요구사항을 전달하는 것이 가장 효율적인 방법의 하나라고 볼 수 있다. 친·인척, 동창, 동향 또는 기타의 개인적인 친분관계를 내세워 정치 엘리트에게 접근하는 방법이다. 개인적인 연고나 비공식적 관계를 앞세워 정치 엘리트에 접근하면 우호적인 분위기 속에서 이익집단의 요구를 전달할 수 있다. 제1차적인 사회관계를 중시하는 전근대적인 사회에서는 연고주의가 정책결정에 중요한 요인으로 작용하기 때문에 개인적인 친분관계를 내세우는 것이 중요한 전략이 된다. 예를 들면 특정 지역 출신이 대통령에 당선되었을 때 그와 동향이나 동창관계가 있는 인사를 발탁하여 로비활동을 전담시키는 경우를 들 수 있다. 개인적인 연고를 앞세워 접촉을 용이하게 하기 위한 방법이라고 볼 수 있다.

(2) 직접대표(direct representation)

의사결정 구조에 이익집단의 대표를 직접 참여시켜 지속적으로 이익집단을 지원토록 하는 것이다. 이익집단 출신이나 노조 대표 또는 이익집단과 연관된 인사를 의회에 진출시켜 이익집단을 직접 대표하도록 하는 경우를 예로 들 수 있다.

(3) 대중매체

이익집단이 대중매체를 활용하여 정책결정자에게 정치적 요구를 전달하는 방법이다. 대중매체가 정부의 통제에 있는 정치체제에서는 이익집단의 정치적 요구를 전달하는 데 제한이 있지만, 개방적인 민주사회에서는 얼마

---

23) Almond and Powell(1978), pp.178 - 191.
24) Almond and Powell(1984), pp.67 - 71.

든지 활용이 가능하다. 이익집단에게 유리한 여론형성과 공공의제 설정에 위력이 대단한 대중매체를 활용하는 것이다. 대중매체를 통한 이익의 전달은 정책결정자들에게 상당한 영향력을 행사하게 된다.

(4) 정당

정당을 이익전달의 수단으로 활용하는 방법이다. 정당이 특정 이익집단과 직접적으로 연계되어 있지 않을 경우 그 정당을 매개로 정책결정자와 커뮤니케이션 통로를 마련하는 방법이다. 중앙당이나 시도당 조직 또는 유력한 정당간부 등을 통하여 정치적 요구를 전달하는 것이다. 이익집단에서 정치적 요구가 있을 경우 중앙당을 방문하거나 시위, 점거, 농성 등으로 이익을 표출하기도 한다.

(5) 공적 기구

관료, 의회, 각료 등의 공적인 기구를 정치적 요구의 전달수단으로 삼는 것이다. 의회에서 개최하는 공청회나 청문회 또는 정책토론회 등에 이익집단의 대표자를 파견시켜 입장을 전달하거나, 정부의 각 부처에서 주관하는 정책 관련 모임에 대표자를 참석시키는 방법이다. 사적인 연고관계를 앞세우는 것이 아니라 공식적으로 주무부처 장관을 만나서 이익집단의 요구를 전달하기도 한다.

(6) 항의시위

항의시위, 파업, 기타 비폭력적인 방법으로 극적인 효과를 노리기 위해서 적극적으로 정부에 대하여 압박을 가하는 이익표출 방법이다. 정치체제에 따라서 이러한 방법이 합법적인 경우도 있으며 불법으로 간주되기도 한다. 합법적으로 보장되어 있는 경우라도 이익표출이 적법한 절차에 따라서 이루어져야 한다. 민주주의 국가에서 항의시위를 하는 목적은 자신들의 주장에 대한 여론의 호응을 얻고, 최종적으로 선거에 영향을 미치게 하는 데 있다. 그러나 항의시위와 같은 비인습적인 방법은 의사결정자들에게 접근할 통로가 없거나 동원할 수 있는 자원이 부족한 무력한 이익집단에서 활용하는 방법이다. 주로 젊은 학생이나 소수집단에서 동원하는 방법이다.

(7) 강압적 수단

폭동(riot)이나 테러와 같은 폭력적인 이익표출은 이익집단이 마지막으로 동원하는 불법적인 수단이라고 볼 수 있다. 폭력적인 전술은 이익집단이 합법적인 방법으로는 더 이상 정치적 요구를 성취할 수 없을 때 최종적으로 채택하는 방법이다. 정치폭력(political violence)은 어느 정치체제에서나 흔히 발견되는 현상이라고 볼 수 있다. 거어(Ted Robert Gurr)는 정치폭력의 원인을 상대적 박탈감(relative deprivation)에서 주원인을 찾고 있으나[25] 동기, 참여자, 행태, 사회적 배경 등 다양한 이유에 의하여 발생한다고 볼 수 있다.

3. 이익집단의 효율성

이익집단이 정책결정에 효율적으로 영향력을 행사하는 데는 여러 가지 요인이 있다.[26]

① 동원 가능한 각종 자원은 가장 기본적 요건이라고 볼 수 있다. 자금과 조직 그리고 이익집단의 리더십과 로비활동에 직접 참여하는 로비스트의 능력과 경험이 중요한 요인이 된다.

② 채택한 전략과 전술에 영향을 받는다. 전략과 전술은 상황에 따라서 그 효과가 다르게 나타나기 때문에 일반적으로 어느 전략이 가장 효

---

25) Ted Robert Gurr, *Why Men Rebel*(Princeton : Princeton University Press, 1970).
26) 이익집단의 효율성에 대하여 다음을 참고하였으며, 이익집단의 활동에 관한 규제를 추가하였음. Almond and Powell(1984), pp.71 – 73; Alan R. Ball, *Modern Politics & Government*, 5th ed. (Chatham, NJ: Chatham House Publishers, Inc, 1993), pp.106 – 110.

율적이라고 일반화할 수는 없다. 그렇지만 이익집단 간의 치열한 경쟁에서 유리한 입장을 유지하는 데 중요하게 작용한다.

③ 쟁점의 본질과 관련이 있다. 이익집단이 제기하는 이익의 구체적인 쟁점과 당시 공공의 주된 관심사가 어디에 있는가에 따라서 이익집단의 활동은 영향을 받는다. 국민적 관심사로 부각된 쟁점이나 또는 정부가 역점사업으로 추진하려는 정책과 이익집단이 제기한 문제와 일치할 경우 이익집단은 활동에 상승효과를 얻게 된다. 시대적 상황에 많은 영향을 받는다.

④ 정부의 구조에 영향을 받는다. 정부의 의사결정 구조가 지역적으로 중앙과 지방으로 분산되어 있는 경우, 정책결정의 참여자가 많은 다원적 정치 엘리트로 구성되어 있는 경우, 정치권력이 분산되어 있는 경우, 의회나 정당의 영향이 큰 경우, 관료의 영향력이 큰 경우 등등에 따라서 이익집단의 활동에 대한 효율성은 영향을 받게 된다. 의사결정 구조가 중앙과 지방으로 분산되어 있는 경우 활동의 범위가 전국적으로 확대되어야 한다는 제한이 있어서 효율성에 영향을 받게 된다. 영국의 경우는 정치권력이 중앙정부에 집중되어 있어 장관에게 접근하는 것이 정책결정에 가장 효율적으로 영향을 미칠 수 있다. 3권 분립과 연방주의가 확실한 미국의 경우는 입법부와 행정부 그리고 주 정부에 로비를 해야 한다.

⑤ 이익집단의 자율성과 독립성에 달려 있다. 이익집단이 사회의 어떤 기구나 종교집단 또는 특정 인사로부터 종속적인 지위에 놓이게 된다거나 특정 정당에 예속되어 있으면 자율적인 활동이 불가능하다. 이익집단 이외의 외부 압력이나 영향권의 범위에 있으면 자원의 동원과 일관성 있는 전략의 채택 그리고 내부의 결속을 유지하기 어렵게 된다. 권위주의 정치 체제에서는 모든 이익집단의 활동이 국가에 의해서 조정·통제되기 때문에 이익집단의 효율성에 영향을 미치게 된다.

⑥ 정치문화와 관련이 있다. 이익집단의 활동에 대한 국민의 태도와 의식이 중요한 요인으로 작용한다. 이익집단의 활동이 반국가적·반국

민적이며, 집단이기주의적이라는 인식을 국민이 갖고 있다면 이익집
단의 활동은 위축되어 효율성을 얻기 어렵다. 국민들이 특정 이익집
단에 대하여 적대감정을 가지고 있을 경우 활동 영역이 그만큼 줄어
들게 된다. 공직자의 매수나 뇌물공여, 부정부패, 정경유착 등 부정적
인 로비활동이 어느 정도 묵시적으로 통용되는 정치문화나 지역주의
와 같은 연고주의가 중요하게 인식되는 정치문화에서는 이익집단의
활동유형도 다를 수밖에 없으며 그 효율성에도 영향을 준다.

⑦ 이익집단 활동의 규제에 영향을 받는다. 이익집단의 자유로운 활동이
법에 허용되어 있느냐, 허용의 범위가 어느 정도냐, 규제내용은 무엇
이냐에 따라서 영향을 받는다. 예를 들면 로비활동의 허용 여부, 활동
범위, 활동방법, 자금사용의 한계 등에 대한 '로비활동에 관한
법'(lobbying act)에 영향을 받게 된다. 로비와 관련된 합법적인 기준
이 없는 경우 경쟁의 공정성을 유지하기 어렵게 된다.

제5절 이익집단과 국가

이익집단과 국가의 관계를 자원배분 정책을 중심으로 국가의 정책 결정
양식을 ① 시장모형(the market mode) ② 관료제모형(the bureaucratic mode)
③ 조합주의 모형(the corporatist mode) 등으로 나눈다.[27]

시장모형은 자원배분을 법(law)에 기초하며 국가의 개입 없이 시장의 자
율조정 기능에 맡기는 것이다. 시장은 자동조절 메커니즘인 보이지 않는 손
에 의하여 자원의 배분이 공평하게 이루어지도록 한다. 야경국가와 같은 최
소의 국가가 최선의 국가로 간주되고 국가는 경제활동의 지원역할에 치중
한다.

---

27) Alan, Cawson and Peter Saunders, "Corporatism, Competitive Politics and Class Struggle", in
Roger King, (ed.), *Capital and Politics*(London: Routledge & Kegan Paul, 1983), pp.8 - 27.

관료제 모형은 자원의 배분이 규율(rule)에 기초하며 국가가 적극적으로 경제활동에 영향력을 행사하는 개입주의로 국가가 일방적으로 자원배분권을 행사하는 모형이다. 권력이 집중된 절대 국가의 모형이다.

조합주의 모형은 자원배분권을 국가와 이익집단이 공유한 가운데 상호 흥정(bargain)과 거래를 통해서 이루어진다. 국가와 이익집단이 후원자와 고객의 관계를 유지하며 이익집단이 국가의 정책 집행 기능도 수행한다.

다른 한편 이익집단과 국가와의 관계를 정치권력이 어떻게 배분되었는가를 설명하는 ① 다원주의(pluralism) ② 엘리트주의(elitism) ③ 마르크스주의(Marxism) ④ 조합주의(corporatism) 등의 접근법으로 설명할 수 있다. 정치권력의 배분은 정책결정권의 소재가 어디에 있는지를 나타내는 것이기 때문에 국가의 정책결정에 영향력을 행사하는 이익집단과 국가와의 관계를 설명하는 기준이 될 수 있다.

1. 다원주의

(1) 다원주의의 개념

다원주의의 등장은 집단이론과 관련이 있다. 다원주의의 발전은 듀이(John Dewey), 라스웰(Harold D. Lasswell), 트루먼(David B. Truman) 이후라고 볼 수 있다. 트루먼은 정치는 집단 간의 상호작용을 통해서만 이해할 수 있다고 주장하였다.[28] 그 후 이 개념은 슘페터(Joseph Schumpeter)와 다알(Robert A. Dahl) 등에 의해서 발전되었다. 다알은 지방정치에서 누가 정책결정에 영향을 미치는가에 대한 연구에서 다원주의에 대한 논의를 본격화시켰다. 다알은 정책결정은 집단과 정치인간의 연성연합(loose coalitions)의 결과라고 하면서 민주적인 정책결정은 해당 이익집단과 정치엘리트간의 협상과 타협에 의하여 이루어지기 때문에 어느 한 집단에 의한 독점적인 현

---

28) Truman(1951).

상이 나타나지 않는다는 사실을 밝혔다.[29]

다원주의는 민주주의 국가에서 정치권력이 광범위하게 분산되어 있으며 집단 간의 지속적인 경쟁과 새로운 집단이 계속해서 생겨난다는 것이다. 정책결정은 영향력 있는 이익집단 간의 협상의 산물로 특정 집단이 정치권력을 독점하지 않는다. 리더는 집단의 목표를 달성하고 정치적 안정을 유지하기 위해서 집단 간의 합의를 도출하는 역할을 수행한다. 만일 갈등이 생기면 협상이나 타협과 같은 비폭력적인 방법과 절차로 관리한다. 국가는 이익집단 간의 경쟁을 중립적·수동적 입장에서 거중 조정하는 역할을 수행한다.

다원주의는 자유주의 시장원리에 기초한 것으로 이익집단 간의 자유경쟁을 보장하고 있으며 '보이지 않는 손'(invisible hand)에 의해서 자동적으로 조정·통제된다. 다원주의에서 국가는 게임규칙을 만들고 공정한 경쟁이 이루어질 수 있도록 경쟁을 관리하며, 운동경기의 심판과 같이 중립적인 입장에서 소극적인 역할을 수행한다. 따라서 이는 이익집단의 자율성이 최대한 보장되고 국가가 이익집단의 활동에 제약이나 통제 또는 개입을 하지 않는 불간섭주의와 양자 간에 수평적인 대등한 관계를 유지하는 자유주의 시장경제 원리에 의한 접근법이라고 볼 수 있다. 결국 국가정책의 결정은 다양한 이익집단 간의 자유스러운 경쟁의 산물이라고 할 수 있다.

(2) 특징

다원주의적인 이익대표체계는 다음과 같은 특징을 갖는다.[30]

① 구성단위가 다양하고 자발적·경쟁적·비계서적이다.

② 이익집단의 조직에 있어서 국가로부터 허가·승인·재정적 보조를 받지 않는다.

③ 이익집단의 대표자를 선출하고 이익표출을 하는 데 있어서 국가의 통

---

29) Dahl(1961).

30) Philippe C. Schmitter, "Still the Century of Corporatism?", in P. C. Schmitter and G. Lehmbruch(ed.), *Trends Toward Corporatist Intermediation*(Beverly Hills, CA: Sage Publications Inc., 1979), pp.7 – 52.

제를 받지 않는다.

④ 이익집단은 각기 독자적으로 이익의 범주를 결정하고 조직화한다.

⑤ 어떤 우세한 집단에 의하여 이익대표권이 독점되지 않는다.

(3) 문제점

다원주의적인 이익대표 체계는 자유민주주의 정치체제에서 가장 이상적이지만 몇 가지 현실적인 문제점이 있다. 다원주의에 대한 비판은 정부정책은 이익집단의 압력과 영향력 그리고 국가의 정책의지가 상호작용한다는 신다원주의(neopluraism) 시각에서 제기되고 있다.

① 특정 정책결정에 있어서 특정이익 집단이 막강한 영향력을 행사하는 것이 현실이다. 이익집단 간에 영향력의 불평등(inequalities in influence) 현상이 발견된다.[31] 정책결정 과정에 특정 이익집단이 특정정책에 지배적인 역할을 하는 경우가 많기 때문에 모든 이익집단의 이익이 대등하게 정책결정에 반영되는 것은 아니다.

② 정책결정에 지배적인 영향을 미치는 집단에 대하여 여러 집단이 쟁점네트워크(issue networks), 후원자(patrons), 사회운동(social movements) 등의 방법으로 이익동맹 관계를 형성하여 대항세력(countervailing power)을 구축하게 되면 공정한 자유경쟁이 사실상 불가능하게 된다.[32]

③ 국가는 이익집단의 압력과 상관없이 국가의 이익을 수호하기 위해서 자율적으로 정책을 결정하는 사례가 많다.[33] 국가주의를 주장하는 학자들은 공공정책 결정에 있어서 국가의 자율성이나 상대적 자율성을 인정하고 있다.

---

31) Peter J. Williamson, *Corporatism in Perspective: An Introductory Guide to Corporatist Theory*(Newbury Park : Sage Publications, 1989), p.53.

32) Andrew S. McFarland, "Interest Groups and the Policymaking Process: Sources of Countervailing Power in America", in Petracca(1992), pp.58 – 79.

33) Nordlinger(1981).

④ 어느 사회에서나 현실적으로 존재하는 권력 엘리트(power elite)에 의한 영향력을 고려하지 않고 있다. 지배 계급과 엘리트에 의한 지배와 상류계급의 영향력에 대한 설명이 부족하다. 자유민주주의 국가에서도 정책결정에 지배적인 역할을 수행하는 소수의 엘리트가 존재하는 것이 현실이다.

⑤ 새로운 행정수요의 발생, 복지사회의 건설, 환란과 같은 금융위기, 경제불황 등에 직면하면 국가가 야경꾼과 같이 소극적인 입장을 취하는 것으로 문제를 해결할 수는 없다. 또한 사회의 공동선과 사회정의의 실현을 이익집단에게 맡기는 것은 현실적으로 불가능하다.

2. 엘리트주의

엘리트 이론은 사회에는 소수의 지배자와 다수의 피지배자가 존재한다는 것을 전제로 한다. 소수에 의한 다수의 지배는 불가피한 현상이다. 어느 사회에서나 발견되는 현상은 지배자는 항상 소수로 정치권력을 독점하고 있으며 정책결정에 막강한 영향력을 행사한다. 소수의 지배자 의견을 다수가 수용할 수밖에 없는 것이 현실이다.

국가와 이익집단과의 관계를 엘리트 이론 시각에서 이해한다면 국가의 정책결정에 막강한 영향력을 행사하고 이익대표체계를 독과점하는 소수의 이익집단이 존재한다고 볼 수 있다. 이러한 이익집단은 정치 엘리트와 계급동맹을 형성하여 지배계급 내에서 강한 응집력을 구축하고 국가의 정책결정을 독점하는 현상을 보이게 된다.

다원주의와 달리 엘리트 접근법은 다양한 이익집단간의 자유경쟁이 이루어지지 않고 있으며 우세한 소수의 이익집단이 이익집단 전체의 대표성을 행사하는 것과 같은 독점현상이 발견되는 경우라고 볼 수 있다. 힘없는 다수 이익집단의 이익은 배제되고 소수의 힘 있는 엘리트 이익집단의 이익이 정책결정 과정에 대부분 반영되는 소수의 정예 이익집단에 의한 지배관계가 유지되는 대표체계라고 할 수 있다. 국가의 위상은 독점적인 지위를 차지하고 있는 이익집단의 이익을 정책에 반영하는 수준에 머문다. 엘리트 접근법은 본질적으로 독점적인 지위를 차지하고 있는 막강한 소수의 이익집단이 존재한다는 것을 전제로 한다.

엘리트 접근법의 문제점은 다음과 같다.

① 국가의 자율성을 부정하고 있지만 현실적으로 정책결정과정에 어느 정도의 자율성을 행사하고 있다.

② 다원주의에서 강조하는 자유경쟁을 지나치게 무시하고 있다. 어느 사회나 소수의 지배자나 우세집단이 존재하는 것은 사실이지만 그들에 의한 정치과정의 독과점 현상이 발견되는 것만은 아니다.

③ 자유 민주주의 정치체제에서 정치, 경제, 사회, 문화 등 다양한 방면의 다원적 엘리트가 존재하며 엘리트의 지위는 순환된다.

3. 마르크스주의

다원주의와 엘리트 접근법과 달리 마르크스주의는 국가를 경제적인 지배계급의 이익을 보호·유지하는 강제적인 도구나 기구로 본다. 국가를 생산수단을 소유·지배하고 있는 지배계급의 수단 내지 도구로 이해한다. 마르크스주의 이념에 기초한 정치체제는 이익집단의 결성이나 활동을 원천적으로 인정하지 않고 있다. 설사 이익집단이 존재하더라고 국영이나 공영이기 때문에 경쟁이 없다. 마르크스주의 접근법은 이익집단의 결성이나 활동이 금지된 가운데 국가가 일방적으로 이익대표 체계를 형성하고 있는 경우라고 볼 수 있다. 정치체제에 대한 상향식의 민주적 투입이 부정되기 때문에 이익표출이나 이익집약은 당·군·정에 의해서 독점되는 일원적·일방적·국가 주도적 이익대표 체계로 다원주의와 정반대 이익대표체계라고 볼 수 있다.

4. 조합주의

(1) 조합주의의 개념

조합주의(Corporatism) 개념은[34] 3단계 과정을 거쳐서 사용되어 왔다.[35] 제1단계 조합주의는 1860－1940년 사이 유럽의 여러 나라에서 규범경제학과 사회학 이론에 적용되었다. 로마 가톨릭주의의 도덕철학에서 연유한 조합주의는 산업사회의 '이즘'(isms)으로 간주되었다. 구체적으로 1891년 교황 레오 8세(Leo XIII)는 회람에서 계급투쟁의 불가피성을 부정하였고 노사 간 상호영향력을 행사할 수 있는 결사나 조직을 옹호했으며 가톨릭 무역조합(Catholic trade unions)의 결성에 대하여 언급하였다.[36]

제2단계는 국민의 참여가 제한된 일당독재, 개인독재, 군사독재와 같은 비민주적 · 권위주의적 정치경제체제인 이탈리아의 파시스트(1922－1939), 포르투갈의 에스타도 노보(Estado Novo, 1933－1974), 오스트리아(1934－1938), 비시 프랑스(Vichy France), 1945년 브라질, 페루, 멕시코 정부 등에서 찾을 수 있다.

제3단계는 신조합주의(neo－corporatism)로 1970년대 중반의 경제도약(take－off)을 추구하던 시기에 나타난 것이다. 1970년대 중반의 조합주의에 대한 논의를 활성화시킨 것은 슈미터(P. C. Schmitter)의 논문이 계기가 되었으며[37] 신보수주의 이념의 등장이 이를 더욱 부채질하였다.[38]

조합주의는 다원주의 이익대표 체계의 대안으로 경제적 이익의 정치적 대표체계로서 자유주의 산업화 과정에 등장하였다. 자유주의는 자유경쟁에

---

34) 조합주의의 개념에 대하여 다음을 참고하였음. Williamson(1989), pp.21－48.

35) Peter J. Williamson, *Varieties of Corporatism: Theory and Practice*(Cambridge: Cambridge University Press, 1985), pp.4－5.

36) Wyn Grant, "Introduction", in Wyn Grant, *The Political Economy of Corporatism*(New York: ST. Martin's Press, 1985), p.5.

37) Schmitter(1974), pp.85－131.

38) Noel O'Sullivan, "The Political Theory of Neo－Corporatism", in Andrew Cox and Noel O'Sullivan(ed.), *The Corporate State: Corporatism and the State Tradition in Western Europe*(Hants: Edward Elgar Publishing Limited, 1988), p.3.

서 파생되는 역기능 때문에 사회정의를 실현하고 경제적 평등을 보장하는데 문제가 있으며 경제위기에 대처할 수 없다는 것이다. 조합주의는 정책형성 특히 경제정책에 있어서 정부와 이익집단 간에 정기적인 긴밀한 협력체계를 구축하는 것을 의미한다. 경제적 이익의 정치적 대표체계라고 볼 수 있다. 한국의 노사정위원회가 하나의 예가 될 수 있을 것이다.

슈미터는 조합주의를 "구성단위가 제한된 수의 단일적·강제적·비경쟁적·계층적인 질서로 조직되었으며, 부문별로 기능적인 분화가 이루어지고, 국가로부터 승인과 허가를 받았으며, 이익집단의 대표를 선출하고 지지와 요구를 표출하는 데 어떤 통제를 받는 조건으로 관련 이익의 독점을 허가받은 이익대표체계"라고 정의하였다.[39]

조합주의는 자유주의를 인정하되 사회정의와 국가이익이 위협을 받으면 언제 어디서나 국가는 개입할 수 있다는 전제에서 출발하였다. 국가의 도덕적인 기초(moral base)는 사회정의를 구현하는 것이며 국가이익이라는 명분을 내세워 사회·경제문제에 개입하게 된다. 국가의 효율적인 개입은 정치안정과 통치력(governability) 유지에 도움이 된다. 국가 권위에 의한 개입의 명분을 사회정의와 국가 이익을 실현하기 위한 데서 찾고 있다. 국가는 규제나 후견인 역(guardianship)인 조합주의를 형성하여 경제문제에 개입한다. 경제 규제를 위한 구조나 절차의 설정을 통해서 개입한다. 국가는 준공공기관(quasi – public)인 국가승인개입기구(state – licensed intermediary body)인 조합(corporations)을 결성하여 합법적으로 통제하는 것이다.

조합주의는 중세 길드(guild)와 같은 생산자 연합(producers' associations)의 형태로 발전하였다. 국가와 시민사회의 매개(intermediary) 역할을 하는 생산자 연합의 결성은 국가의 승인을 받는다. 노동조합이나 생산자 연합이나 신디케이트 결성에 국가의 승인을 받아야 한다. 국가로부터 승인을 받는다는

---

39) 슈미터는 조합주의를 ① 제한된 수(limited number) ② 단일(singular) ③ 강제적(compulsory) ④ 비경쟁적(noncompetitive) ⑤ 계층적(hierarchically) ⑥ 기능적 분화(functionally differentiated) ⑦ 국가의 승인(recognition by state) ⑧ 대표의 독점(representational monopoly) ⑨ 지도자의 선출과 이익표출의 통제(controls on leadership selection and interest articulation) 등 9가지의 특징을 제시하였다. Schmitter(1979), pp.103 – 104.

것은 곧 국가에 의한 통제를 의미한다. 국가로부터 면장(license)을 받아 독점적 생산연합이나 신디케이트(syndicates)를 형성하게 된다. 국가에 의한 노동의 통제와 연합의 가입에 압력을 받는다. 국가는 연합의 승인권을 행사하여 이익집단의 요구를 반대하거나 조정하는 관료적 개입기제로 활용된다. 물론 조합자체의 규제(self-regulations)를 허용하지만 국가가 지배적인 역할을 수행하여 이익집단을 통제하며 국가 의지가 하향식으로 전달되는 현상을 가져온다. 정부는 조합을 통해서 통제권을 행사한다. 권위적인 조합주의는 정부의 통제권이 보다 강화된 형태라고 볼 수 있다.

조합주의는 연대의식과 충성심의 중요성을 강조한다. 자본과 노동의 대표가 결합하여 단결을 유지하고 사용자, 노동자, 기술자, 경영자 등이 합심 단결하여 생산에 참여하며 그 이익을 분배한다. 그러면 공통의 이익에 기초한 연대의식이 형성되고 충성심이 배양된다. 연대의식은 조직에 대한 충성심에서 발생하는 것이 아니라 직업적·기능적 충성심(functional or professional loyalty)이나 공동체 정신(community spirit)에서 비롯된다. 조합주의는 국가가 노동자와 자본가간의 계급갈등을 제거하고 단결력을 유도하며 생산을 통제하기 위한 장치로 생겨났다. 다른 한편 국가는 조합주의를 생산력을 증진시켜 국제경쟁력을 강화하는 데 활용한다.

(2) 다원주의와 조합주의의 비교

조합주의는 다원주의와 몇 가지 차이가 있다.[40]
① 다원주의는 자유경쟁을 통한 영합의 게임(zero-sum game)이며 조합주의는 상호협력을 통한 비영합의 게임(positive-sum game)이다.
② 다원주의는 이익대표의 성격이 소비차원이지만 조합주의는 생산차원이다.
③ 다원주의는 이익집단 간의 경쟁을 전제로 하지만 조합주의는 기능별·부문별 독점적인 조직이기 때문에 그럴 필요가 없다. 물론 국가에서

---

40) Williamson(1989), pp.49-74.

조합 간의 경쟁을 유인하더라도 자발적인 동기부여가 불가능하다.

④ 다원주의는 자유경쟁을 통해서 우세집단이 생기지만 조합주의는 국가의 후원을 받는 기능적 이익집단을 대표하는 조합에 의한 이익의 독과점 현상이 생긴다.

⑤ 다원주의는 이익집단의 가입이나 탈퇴가 자유롭지만 조합주의는 국가가 압력을 가한다. 다원주의의 이익집단 가입은 이익추구의 필요성에서 비롯된 자체적으로 인식된 압력에 의하여 이루어지지만 조합주의는 국가로부터 직접적인 압력을 받는다.

⑥ 다원주의는 지도자 선출이나 운영 등에 있어서 내부의 규칙이나 절차에 따라서 자율적인 통제가 이루어지지만, 조합주의는 국가가 제시한 조합의 지침을 따르거나 국가를 대신하여 회원에 대한 규제역할을 수행한다. 국가를 대신하여 회원을 규제하는 것이 국가의 직접 통제를 받는 것보다 낫기 때문이다. 국가가 이익집단의 통제권을 조합에 위임하는 것은 효율성에 대한 한계와 민주주의 기본 원칙을 위배할 수 있다는 위험부담을 줄이기 위한 것이다.

⑦ 다원주의에 비해서 조합주의는 국가의 통제를 받고 준 공공기관의 성격을 갖기 때문에 정부에 접근이 오히려 자유로울 수 있으며 내부적으로 관료주의화하거나 준(準)공적인 기관화의 속성을 갖게 될 우려가 있다.

⑧ 다원주의는 원칙적으로 정부에 대하여 개방적인 접근과 협상을 전제로 한다. 그러나 기능적 이익집단인 조합주의는 국가와 정책에 대하여 폐쇄적인 협상과정을 거친다.

⑨ 다원주의는 이익이 개인의 선호에서 출발하지만 조합주의는 이익의 특성이 노동의 분업과 사회적 · 경제적 기능으로부터 연유한다.

⑩ 다원주의는 국가의 역할이 수동적인 데 비하여 조합주의는 개입주의적 · 능동적이다.

⑪ 다원주의는 공적 부문과 사적 부문 그리고 국가와 사회가 분리되어 있다고 보나, 조합주의는 구분이 애매하고 이익집단이 준(準)공공기관

적 역할을 수행한다.

다원주의와 조합주의는 정치시장에서의 자유경쟁과 제한경쟁, 회원가입, 지도자 선출, 집단의 운영에 있어서 자발주의와 강제성(compulsory membership) 그리고 국가의 간섭 여부 등에서 근본적인 차이가 있다.

그러나 이익의 독점현상은 다원주의나 조합주의 양자 모두에게서 동시에 발견된다. 다원주의는 자발적인 다양한 이익집단에 의한 자유경쟁을 원칙으로 하지만 실질적인 경쟁은 소수의 막강한 이익집단에 한정되어 있어 이익의 독과점 현상이 발생한다. 조합주의는 부문별로 기능적 이익집단이 단일하게 존재하기 때문에 마찬가지로 독과점 현상이 발견된다.

(3) 조합주의의 유형

조합주의를 구분하는 데 조직적인 이익집단이 정책결정에 제도적으로 참여하는 수준에 따라서 ① 다원주의(pluralism) ② 약한 조합주의(weak corporatism) ③ 중간 조합주의(medium corporatism) ④ 강한 조합주의(strong corporatism)로 구분하고 있다.[41]

다원주의는 압력정치가 지배적인 유형으로 이익집단이 분열되어 있고 경쟁이 심하지만 노조에 의한 정책결정의 효율적인 참여수준이 낮은 경우이다. 약한 조합주의는 조직화된 노조에 의한 정책결정과 집행에 제도적인 참여가 제한되어 정책 영역이나 정책과정의 어느 한 단계에만 이루어지는 유형이다. 중간 조합주의는 약한 조합주의에 비하여 집단협상의 범위가 보다 광범위한 유형이다. 강한 조합주의는 조직화된 노조가 모든 정책결정과 집행에 효율적으로 참여하고 경제의 관리에 중요하게 작용하는 유형이다.

윌리엄슨(P. J. Williamson)은 국가의 개입유형을 중심으로 조합주의를 ① 합의 – 허가형(consensual – licensed) ② 권위적 허가형(authoritarian – licensed)

---

41) Gerhard Lehmbruch, "Concentration and Structure of Corporatist Networks" in John Goldthorpe, (ed.), *Order and Conflict in Contemporary Capitalism*(Oxford: Clarendon Press, 1984), pp.665 – 666.

③ 계약형(contract) 등으로 나누었다.[42]

합의 – 허가형은 규범경제학(prescriptive economic)과 사회이론(social theory)에서 활용하는 것으로 특정 경제 및 사회질서를 유지하는 데 국가의 통제를 기초로 하고 있다. 그러나 조합체계는 국가와 이익집단 간에 가치와 목표에 대한 최대한 합의에 도달할 경우 국가의 통제 범위는 축소되고 이익집단의 자율성은 증대된다는 것이다. 조합체계의 구조는 합의수준을 증진시키기 위해서 설립된다.

권위주의적 허가형은 권위주의 국가의 정치경제체계로서 국가가 사회행위자를 통제하고 특정 경제사회질서를 유지하는 것을 기초로 한다. 조합주의 구조는 국가의 통제수준을 최대한 증대시키기 위해서 설립된다.

계약형은 서구 산업사회의 정치에 적용되는 신조합주의(neo – corporatism)로 국가는 이익집단과 협상·계약·교환을 통해서 지배권을 행사한다. 기존질서를 유지하기 위해서 국가와 이익집단 간의 일반적인 합의에 도달하지만 특정 문제에 관하여 갈등이 생겨 질서의 안정에 위협이 된다. 조합주의 구조는 국가와 이익집단 간의 자발적인 합의에 도달하는 것을 목표로 설치되며 조합의 구조는 다른 두 유형에 비하여 제도적으로 덜 공식적이다.

슈미터는 힘과 영향력 관계(power and influence relations)를 중심으로 조합주의를 ① 국가조합주의(state corporatism)와 ② 사회조합주의(societal corpo-ratism)로 나누고 있다.[43]

국가조합주의는 국가에 의하여 이익대표 체계인 조합이 만들어지고 국가의 의존기관 또는 부속기관으로서 유지된다. 국가조합주의는 중앙관료주의의 권한이 막강하고, 선거가 존재하지 않으며, 정당체제는 약한 단일정당이 지배하고, 행정부의 권위는 이념적으로 배타적이며, 계급·인종·언어·지역에 기초한 하위정치문화와 억압당하는 정치체제와 연관이 있다. 파시스트

---

42) Williamson(1985), p.11.
43) Schmitter(1979), pp.7 – 52; P. C. Schmitter, "Interest Intermediation and Regime Governability in Contemporary Western Europe and North America", in Suzanne Berger(ed.), *Organizing Interests in Western Europe: Pluralism, Corporatism, and the Transformation of Politics* (Cambridge: Cambridge University Press, 1981), pp.287 – 298.

이탈리아, 페타니스트의 프랑스(Petanist France), 살라자르의 포르투갈 (Salazar's Portugal) 그리고 사회주의 국가에서 발견된다. 자본주의 발달이 지연되고 권위주의적인 정치체제에서 발견되는 유형으로 현재 서구에서는 예를 찾아보기 어렵다.

사회조합주의는 국가조합주의와 달리 아래로부터 조직된 단일적·비경쟁적·수직적 질서를 유지하는 이익대표체계로서 조직이나 운영에 있어서 자율성이 보장된다. 사회조합주의는 자율적인 정치체제, 공개적·경쟁적인 선거와 정당제도, 이념의 다양성, 연합에 기초한 행정부 권위(coalitionally based executive authorities), 고도로 충화되거나 극화된(highly layered or pillared) 하위정치문화와 연관이 있다.

사회조합주의는 개인적인 가치나 집단적인 열망을 이익으로 표출하는 것이 아니라 제도적인 행태(institutional behavior)를 통해서 활동하는 이익의 매개자(interest intermediation)라고 볼 수 있다. 기능적 조화, 계급 간 협력, 자율적 행정 등이 그 특징으로 나타난다. 스웨덴, 핀란드, 노르웨이, 네덜란드 등 자본주의가 발달하고 조직적인 민주복지국가에서 발견되는 유형이다.

(4) 조합주의 평가

조합주의를 다원주의의 대안이라고 주장하지만 몇 가지 문제점이 있다.

① 조합주의에 대한 통일된 개념이 없이 그 유형이 다양하다. 조합주의는 경제체제, 국가의 형태, 이익개입의 유형, 정책결정 방식 등등 여러 모형으로 이해되고 있다.[44]

② 조합주의를 조직적인 이익정치의 총체(total system)로 볼 수 없다. 다원주의의 대안으로 제시되어 이론적·서술적인 차이는 있지만 다원주의에 대한 보완이나 변형에 불과하다.

③ 조합주의는 정치와 사회, 민주주의, 국가, 계급관계 등을 연결해 주는 중범위이론(middle‒range theory)으로 확고한 지위를 차지하고 있다.

---

44) Williamson(1989), p.189.

④ 조합주의는 국가와 이익집단과의 관계를 이해하는 데 유용한 골격을 제시하였다.

제6절 맺는 말

　이익표출과 이익집단에 관한 논의는 이익집단의 결성동기, 회원의 배경, 조직, 목표, 조직 내의 의사결정 구조, 전략과 자원, 국가와 이익집단과의 관계 등에 관한 논의가 주를 이루고 있다. 민주주의 정치체제는 다원주의 사회이기 때문에 누구나 언제든지 자신의 안정적인 이익추구와 보호를 위한 결사의 자유가 보장되어 있다. 그렇지만 이익집단의 활동에는 몇 가지 기본적인 원칙을 지켜야 한다.

　첫째, 지나친 집단 이기주의를 지양해야 한다. 올슨(M. Olson)이 주장한 강대국 몰락의 주된 원인이 집단이기주의에 있었다는 사실을 주목할 필요가 있다.[45] 집단의 자유로운 이익추구 활동이 아무리 보장되었다고 하더라도 집단 이기주의만을 지나치게 강조하는 것은 사회의 통합과 평형유지를 어렵게 하며 국가의 통제와 통합능력을 상실하게 만든다.

　둘째, 이익집단은 수단과 방법을 가리지 않는 과잉 로비활동을 지양해야 한다. 불법로비, 매수, 정경유착, 자본과 언론의 유착 등으로 경쟁 규칙을 어지럽히고 나아가 사회의 기본적인 규범을 깨트리는 불법로비는 지양되어야 할 것이다.

　셋째, 국가와 이익집단과의 관계는 원칙적으로 다원주의가 바람직하지만 제한적·부문별로 조합주의적 다원주의(corporate pluralism) 체제도 고려해 볼 수 있을 것이다. 시민사회의 성장과 더불어 정치과정에 대한 이익집단의 영향력이 더욱 커질 것으로 예측되어 다원주의가 보다 더 활성화될 것이다.

---

45) Macur Olson, *The Rise and Decline of Nations: Economic Growth, Stagflation and Social Rigidities*(New Haven: Yale University Press, 1982).

따라서 정치과정에 대한 압력정치의 강도도 증대될 것이다.

그러나 국가는 이익집단의 모든 요구를 정책으로 반영하는 능력이나 통치력(governability)에 한계를 느낄 수 있다. 또한 이익집단이 요구하는 사적인 영역만으로 국가를 경영할 수는 없다. 국가는 공공선의 보호, 사회정의 구현, 국민통합, 사회의 전반적인 구조조정, 경제위기 극복 등을 위해서 자율적인 정책결정이 필요하다. 특히 환경, 기술, 복지문제 등에 국가의 역할과 이익집단의 협조가 요구된다. 국가와 이익집단 간의 관계는 조합주의적 다원주의(corporate pluralism) 체제가 이상적인 대안이 될 수 있을 것이다.

넷째, 이익집단에 관한 연구는 이익집단의 어떤 활동이 어떤 정책에 어떻게 영향을 미쳤는가에 대한 사례연구가 보다 심층적으로 이루어져야 할 것이다. 이익집단의 활동과 정책결정 간의 관계를 유형화하는 연구가 이루어지면 이익집단과 정책결정과의 관계를 이해하는 데 도움이 될 수 있을 것이다.

제9장 정당정치론

제1절 정당의 의의

1. 정당의 개념

정당은 그리스 아테네의 도시국가에서 귀족으로 구성된 평원당(Men of the plains), 농민중심의 산간당(Men of the Mountains), 상인중심의 해안당(Men of the Shore)을 기원으로 하고 있다. 그 후 영국 정치에 존재했던 당파·파벌·도당과 같은 정치적 분파(faction)가 정당으로 발전했다고 볼 수 있다. 근대정당은 18세기의 영국 휘그(Whig)당과 토리(Tory)당으로부터 그 기원을 찾을 수 있으며, 오늘날 자유당 – 보수당, 노동당 – 보수당으로 발전하였다. 영국에서 근대정당은 19세기 절대군주에 항거하여 결성되었으며, 시민의 정치참여를 확대시키는 데 이바지하였다.

민주주의 정치체제에서 국민들은 다양한 요구를 정치시장에 자유스럽게 표출할 수 있다. 국민들의 정책에 대한 요구를 정책대안으로 전환시키는 것을 이익집약(interest aggregation)이라고 한다.[1] 국민들의 다양한 정책의 선호가 정책대안으로 전환되려면 정치적으로 고려되어야 한다. 정치적 고려 대상이 되려면 표출되는 이익이 정치자원(political resources)의 충분한 지지를 받고 있어야 한다. 국민의 전폭적인 지지를 받고 있는 요구라면 정치적으로 무시할 수 없으며 정책으로 채택될 가능성이 높다.

이익집약 기능을 수행하는 구조는 정치 엘리트, 이익집단, 정당 등을 들

---

1) Almond and Powell(1978), p.198.

수 있다. 정당은 국민의 이익을 대변한다. 정당은 모든 국가에 존재하는 가장 대표적인 이익집단이라고 볼 수 있다. 정당은 국민의 정치적 요구를 취합하여 정책결정과정에 대안을 제시한다. 대의민주주의는 국민이 모든 정치과정에 참여할 수 없기 때문에 국민을 대신하여 정책결정 과정에 대안을 제시하는 정당은 민주주의에서 필수 불가결한 정치조직이라고 볼 수 있다.

노이만(Sigmund Neumann)은 정당을 "정부권력의 통제에 관심을 가진 사람과 다른 집단 또는 다양한 견해를 가진 집단과 국민의 지지를 획득하기 위해서 경쟁하는 사람들로 구성된 사회의 활동적인 정치매개체의 집합적인 조직"[2]이라고 정의하고 있다. 정당의 개념을 보다 구체적으로 설명하면 다음과 같다.

① 정당은 정치조직(political organization)으로 중앙당과 지구당(local units)을 가진 조직이다.[3] 정당은 일반조직과 달리 정치를 목적으로 결성된 기구이며, 중앙당과 지구당을 가진 전국적인 조직이다.

② 정당의 목적은 단독 또는 연립과 제휴를 통하여 정치권력을 획득하고 유지하는 데 있다. 정당은 정치권력을 획득하고 유지하는 데 제1차적인 목표를 두고 있다. 단독으로 정치권력의 획득과 유지가 불가능하면 정파 간 제휴나 연립을 통하여 목적을 달성한다.

③ 정당은 선출직(elective office)을 차지하기 위해서 적극적·효율적으로 경쟁에 나선다.[4] 정당은 공직후보를 공천하고 그들의 당선을 위해서 타당과 경쟁하며 국민의 지지 획득을 위해서 능동적인 활동을 전개한다.

④ 정당은 국민의 부분적 단체이다.[5] 정당을 영어로 'Political Party'라고

---

2) Sigmund Neumann, "Toward a Comparative Study of Political Parties", in Andrew J. Milnor(ed.), *Comparative Political Parties: Selected Readings*(New York: Thomas Y. Crowell Company, 1969), p.26.

3) Joseph La Palombara and Myron Weiner(ed.), *Political Parties and Political Development* (Princeton: Princeton University Press, 1966), p.29.

4) Joseph Schlesinger, "Party Units", in *International Encyclopedia of Social Science*(New York: Macmillan, 1968), p.428.

5) 이극찬(2004), p.358.

하는데 'Party'는 '일부분'을 의미한다. 어느 집단의 일부분이 되기 위해서는 그 조직에 대한 일체감(identification)을 갖고 다른 집단과 분화가 이루어져야 한다. 즉 특정 조직에 대한 동반자 정신과 다른 조직과 분리되어야 한다. 전체국가의 일당체제가 아닌 한 모든 국민이 특정정당의 당원이 될 수 없다.

⑤ 정당은 자주적 · 계속적인 조직단체이다.[6] 정당의 결성과 가입 그리고 활동은 누구의 간섭도 받지 않고 자율적으로 이루어진다. 또한 포말정당이나 철새정당과 같이 제도화 수준이 낮은 경우도 있지만 기본적으로 일시적인 조직이 아니라 장기간에 걸쳐서 지속적으로 활동하는 조직이다.

⑥ 정당은 정치과정의 통제, 특히 정권의 획득 · 유지를 통해서 그 정견을 실현시키려는 단체이다.[7] 정당의 제1차적인 목표는 정권의 획득과 유지에 있으며, 궁극적으로는 정당이 내세운 정강정책이나 선거 때의 공약을 실천에 옮겨 국민을 위해서 일하는 정치단체다.

2. 정당의 기원

정당의 기원을 발견하는 것은 사람의 기원을 추적하는 것만큼 다양하고 어렵다.

듀베르제(Maurice Duverger)는 정당의 기원에 대하여 ① 의회집단(parliamentary group)의 형성, 선거위원회의 출현, 양자 간의 지속적인 연계기구의 설치와 관련하여 선거와 의회 연결론 ② 의회 외부의 각종 집단과 결사의 정당발전론 등 두 가지를 제시하였다.[8]

라팔롬바라와 와이너(La Palombara and Weiner)는 정당의 출현에 대하여

---

6) Ibid., p.359.

7) Ibid.

8) Maurice Duverger, *Political Parties: Their Organization and Activity in the Modern State*, Trans. by Barbara and Robert North(London: Methuen & Co. Ltd., 1967), pp. xxiii - xxxvii.

① 대의기구인 의회의 발전과 의원의 선거절차 등 의회와의 상호관계에서 정당이 출현했다는 제도론(institutional theories) ② 신생국가의 탄생, 정통성의 위기, 의회민주주의의 붕괴, 헌정체제의 파괴 등의 상황에서 위기극복을 위한 정치조직의 필요성 때문에 정당이 출현했다는 역사적 위기상황론(historical crisis situation theories) ③ 참정권의 확대, 교육기회의 증대, 도시화, 산업화 등 사회·경제적인 요인이 작용했다는 근대화론(modernization theories) 등을 제시하고 있다.[9]

브론델(Jean Blondel)은 정당의 존재에 대하여 ① 집단 간의 심각한 분쟁이 있는 곳에서 출현한다는 사회갈등론(social conflict) ② 정치인들이 국민의 지지를 받기 위해서 결성했다는 국민지지필요론(need for popular support) ③ 정치적 목적의 달성과 정치적 승리를 거두기 위해서 단결과 힘의 결집이 필요하기 때문에 생긴 세력론(party means strength) 등을 제시하였다.[10]

정당의 기원에 대하여 보다 세분화하여 다섯 가지로 나누어 살펴보고자 한다.[11]

(1) 의회 내의 분파

정당의 최초 기원은 의회 내에 분파로서 시작되었다는 데 이론이 없다. 의원들이 최초에 지역에서 개인적인 신분과 지위, 명성이나 인기 때문에 선출되어 의정활동을 하면서 특정 쟁점에 대한 토론과정에 같은 견해를 갖거나 반대되는 입장을 취하는 동료의원을 발견하게 된다. 개인적인 이익과 국가를 위한다는 두 가지 요인이 작용하여 견해를 같이하는 동료의원끼리 분파를 형성하고 집단적인 행동을 통하여 의회 내에서 유리한 입장을 유지하

---

9) La Palombara and Weiner(1966), p.7.

10) Jean Blondel, *Political Parties: A Genuine Case for Discontent?* (London: Wildwood House Ltd., 1978), pp.13 - 19.

11) Kay Lawson, *The Comparative Study of Political Parties*(New York: St. Martin's Press, 1976), pp.68 - 72.

게 된다. 그들은 동료의식을 갖게 되고, 새로운 단결력을 과시하며, 재선을 위해서 공동으로 노력하게 된다. 결국 파벌이나 분파가 세력화되어 정당으로 발전하였다.

이러한 현상은 국민의 참정권이 확대된 19세기 영국, 프랑스, 미국 등에서 발견할 수 있다. 의회 내의 분파는 의회 밖에 사무실을 내고 지지자의 도움을 받는 형태로 발전되면서 근대적 의미의 정당이 생겨난 것이다. 정당의 출현을 의회 내의 파벌, 정파, 분파 등이 정당이라는 결사체로 발전된 데서 기원을 찾는다.

(2) 정당이 의회 밖에서 발전

기존정당에 소속한 의원들이 재선의 기회를 만들고, 국민의 지지를 받는 등의 성공적인 사례는 모방현상을 가져왔다. 현역 정치인과 기존정당에 대하여 불만을 느끼는 사람들이 새로운 정강과 대안을 제시하면서 의회 밖에서 새로운 정당을 결성하고 선거에서 당선되기 위한 노력을 했다는 것이다. 즉 의회 밖에서 기존 세력에 대한 대안적 형태로 정당이 생겨났다는 주장이다.

(3) 다양한 집단과 동시 출현

다양한 집단의 출현과 더불어 정당도 그 일환으로 발전되었다. 정치적·비정치적 각종 집단, 예를 들면 클럽, 연합(associations), 운동(movements) 등의 조직이 정당으로 발전되었다는 것이다. 학생클럽, 인종집단, 종교조직, 노조, 무역조합운동 등과 같은 비정치적 집단이나 지하운동, 혁명운동과 같은 정치적 집단이 정당으로 발전하였다. 예를 들면 종교집단이 정당으로 발전한 서구의 기독교민주당, 무역노조가 정당으로 발전한 사회당, 정치집단과 비정치집단이 통합하여 결성된 멕시코의 제도혁명당(PRI) 등을 들 수 있다.

(4) 정당 내의 이념 대립

정당 내 이념대립으로 분파가 생겨 새로운 정당이 결성되었다. 사회변동에 대한 정당 내의 노선갈등은 이탈자가 생겨 분당형태의 새로운 정당이 결성되는 경우도 있다. 대표적인 것이 1958년 프랑스의 통합사회당(United Socialist Party), 이탈리아의 프롤레타리아연합사회당(Italian Socialist Party of Proletarian Unity) 등을 들 수 있다.

(5) 위기 시 정당 결성

정당은 위기 시에도 결성된다.[12] 기존정치체제나 지도자 선출규정에 대한 도전으로 야기되는 정통성의 위기, 정치적 의사결정과정에 사회경제적인 계층의 변화로 새로운 세력의 정치참여가 요구되는 참여의 위기, 영토통합의 필요성이 제기되는 통합의 위기 등을 맞이할 때 정당이 생긴다. 위기극복을 위한 정치조직의 필요성이 정당의 기원과 관련이 있다고 본다. 신생국이 독립 후 국가건설과정에 정당을 결성한 것은 위기와 관련이 있다고 볼 수 있다.

3. 현대정당의 발전단계

현대정치에 있어서 정당은 어디서나 발견된다. 정당은 정치권력을 획득하고 유지하는 수단으로서 현대정치에 있어서 중요한 역할을 수행한다. 현대적 의미의 정당이 어떤 단계를 거쳐서 발전되어 왔는가? 매크리디스(Roy C. Macridis)는 다섯 단계로 나누어 설명하였다.[13]

제1단계는 19세기 초 대의기구인 의회와 관련되어 발전하였다. 정당은 의회 내 의원들의 집단으로 출현하였으며, 분파와 동일한 개념으로 인식되

---

12) La Palombara and Weiner(1966), pp.7 – 21.

13) Roy C. Macridis, "Introduction: The History, Functions, and Typology of Parties", in Macridis(ed.), *Political Parties: Contemporary Trends and Ideas*(New York: Harper & Row, Publishers, 1967), pp.10 – 14.

었다. 정당은 자유, 보수, 공화, 민주와 같은 특정한 이념과 결부된 집단의 성격을 띠고 발전하였다.

제2단계는 19세기 중반의 선거권의 확대와 더불어 발전하였다. 정당은 선거권의 확대와 더불어 국민에 대한 지지호소, 정치자금모금, 프로그램 발표, 정당지도자 임명 등의 활동에 필요한 영구적인 중앙조직과 방대한 피라미드 조직을 갖추기 위해서 발전했다는 것이다.

제3단계는 19세기 말 듀베르제가 원외정당(extra-parliamentary parties)에 대한 논의를 시작한 이후에 발전된 것이다. 이 시기에는 일반인의 정당가입 권유, 당비 납부, 정당원의 정당활동 참여, 전국적 규모의 전당대회 등을 개최하였고, 정당의 정책 프로그램이 구체성을 띠기 시작하면서 발전했다는 것이다.

제4단계는 세계 제1차 대전 이후 공산당의 출현을 들 수 있다. 공산당과 사회당의 출현은 당원의 정당에 대한 충성이 요구되었다. 당원의 정당 참여가 문제가 아니라 정당에 복종까지를 요구하는 단계에 이르렀다.

제5단계는 세계 제2차 대전 이후 정당의 발전이다. 정당은 더 이상 이념에 얽매이지 않아도 되었으며, 산업화의 진전으로 사회적·전문적·직업적으로 다양해진 이익집단의 중개인이 되었다. 정당은 보다 확실한 대표성을 지닐 수 있게 되었으며, 개혁적·실용적 노선을 취하게 되었다.

정당의 발전단계를 살펴보면 정당이 민주발전을 이끈 것이 아니라 민주발전과 산업화의 결과 정당이 발전한 것을 알 수 있다. 그러나 일단 정당조직의 결성, 정당의 성장, 정당체제의 발전은 시민의 기본적인 자유권의 신장, 정부권력의 정통성 부여, 정책프로그램 개발, 입법 활동, 정부의 통제, 갈등의 중재 등에 기여하는 결과를 낳았다. 정당은 민주화와 산업화의 결과 발전되었지만 정당은 민주화와 산업화에 기여한 측면도 있다.

제2절 정당의 접근법

정당을 연구하는 데 활용하는 접근법은 다양하다. 정당의 비교연구접근법을 다섯 가지로 분류한다.[14]

1. 역사적 접근법

역사적 접근법(historical approach)은 정당의 창당, 성장, 분당, 해산 등 정당의 발전에 대한 역사를 연구하는 것으로 네 가지 시각에서 접근한다.

① 특정 국가나 지역의 특정 정당에 대한 발전과 기원에 대한 사례역사(case histories)를 연구한다.

② 정당의 성장과 창당에 작용한 환경에 대하여 연구한다. 이는 역사－상황연구라고 할 수 있다.

③ 정당의 기원과 정치발전 간의 연계에 대하여 연구한다. 예를 들면 의회정치가 개별정당에 의존하는 정치체제에서는 다당제가, 정당에 대한 공식적인 탄압이 가해지는 곳에서는 단일정당이 존재하게 된다.

④ 특정국가의 정치사에서 정당의 위력이 약화되거나 강화되는 주기의 유형에 대하여 연구한다. 예를 들면 미국의 경우는 양당정치가 정착되어 정당 간의 정권교체가 균형주기(equilibrium cycle)를 보이는 유형, 대통령 선거에서 승리한 정당은 국회의원 선거에서 다수의석을 얻기 어려운 승리와 패배의 교차주기와 같은 경우 등이다.

2. 구조적 접근법

구조적 접근법(structural approach)은 정당의 조직과 당원 간의 역할관계

---

14) Lawson(1976), pp.4 - 19.

(role relationship)에 대하여 연구하는 것이다. 구체적으로 정당의 기구와 편성, 당직자의 역할, 의사결정구조, 권한의 배분, 당 지도자 및 주요 당직자의 선출과 임명 방법, 중앙당과 지구당의 조직과 임무, 당 지도부와 당원 간의 관계, 대중정당과 간부정당 등 정당의 성격, 계층구조, 중앙집중도, 당의 기강 등에 대하여 연구하는 것이다.

3. 행태적 접근법

행태적 접근법(behavioral approach)은 정당을 운영하는 데 영향력을 행사하는 행위자의 태도에 관심을 갖는다. 정당은 인간요인으로부터 어느 정도 자율성을 유지하면서 조직에 의하여 운영되지만 인간요인도 정당의 기능을 수행하는 과정에 중요하게 작용한다. 즉 정당의 지도자와 일반당원이 정당에서 무슨 역할을 수행하는가에 대하여 연구하는 것이다. 주로 정당의 리더십, 행동주의, 투표 등이 포함된다. 정당의 리더십, 정당지도자의 효율성, 정당지도자의 사회적·경제적·정치적 배경, 동기, 심리 등 리더십에 대한 연구, 열성 당원의 행동주의, 정당 내의 투표행태, 정당이 획득한 투표의 내용 등에 대하여 분석한다.

4. 기능주의적 – 체계적 접근법(functional – systematic approach)

기능주의적 – 체계적 접근법은 정치체제를 구성하고 있는 정당의 기능이 무엇인가에 초점을 맞춘다. 즉 정당이 정치체제의 유지, 변화, 통제, 소멸에 어떤 기능을 수행했는가를 연구한다. 구체적으로 양당제, 다당제와 같은 정당제도와 정치체제에 대한 연구, 정당의 체제수준, 과정수준, 정책수준 등에서 수행하는 다양한 기능에 대한 연구, 국민통합과 분열에 대한 기능 등에 대하여 연구한다. 구조적 접근법이 정당의 내부에 초점을 맞춘 반면 기능주의적 – 체계적 접근법은 정당과 정치체제와의 관계, 정당의 역할 등을 강조한다.

5. 이념적 접근법

이념적 접근법(ideological approach)은 정당이 표방하고 있는 장강정책이나 이념에 대하여 연구하는 것이다. 즉 정당의 목표, 계획, 가치, 공약, 특정 쟁점에 대한 입장, 정당의 이념과 의회 내 의원들의 투표성향의 차이 등에 대하여 연구하는 것이다. 정당의 이념에 대한 연구는 정당의 정책노선, 정당 간의 차별성, 지지기반과 계층 등을 이해하는 데 필요하다.

제3절 정당의 기능

1. 정당의 일반기능

정당이 어떤 기능을 수행하는가는 정당 결성에 참여한 세력과 정당이 추구하는 목표에 달려 있다. 예를 들면 혁명적인 정당이 집권하면 정부의 조직, 경제, 사회, 문화 등 전반적인 개혁을 최우선적으로 추진하는 기능을 수행하게 되지만 보수정당은 현상유지에 관심을 갖게 된다. 정당의 기능에 대하여 다양한 입장을 보이고 있다.

(1) 노이만(Sigmund Neumann)[15]

① 무질서한 공중의지의 조직화(organizing the chaotic public will)

---

15) Neumann(1969), pp.27 – 32.

② 시민의 정치적 책임감에 대한 교육(educating the private citizen to political responsibility)

③ 여론과 정부의 연결(connecting link between government and public opinion)

④ 지도자의 선택(selection of leaders)

(2) 라팔롬바라와 와이너(J. La Palombara and M. Weiner)

정치발전론적 입장에서 정당의 기능을 다음과 같이 제시하였다.[16]
① 정치참여(political participation)
② 정당성의 부여(legitimacy)
③ 국민통합(national integration)
④ 갈등관리(conflict management)
⑤ 정치사회화(political socialization)

(3) 정당이 실행해야 하는 공공과업

정당법상의 법적 정의에 근거하여 다음과 같은 기능을 제시하였다.[17]
① 공공여론의 형성에 대한 영향
② 정치교육에의 협력
③ 시민의 정치참여 촉진
④ 정치지도자의 육성
⑤ 후보자의 충원
⑥ 의회와 정부에 대한 영향
⑦ 정치적 목표설정을 통한 '국가적 의사형성'에의 개입
⑧ 국민과 국가기관 간의 항시적이고도 적극적인 연계 도모

---

16) La Palombara and Weiner(1966), pp.400 – 435.
17) 윤정석・신명순・심지연 편저, 『한국정당정치론』(서울: 법문사, 1996), p.151.

(4) 스코트(R. K. Scott)[18]

① 국가의 권위와 정통성의 유지와 설립
② 사회갈등의 조종 및 사회통합의 촉진
③ 사회 내 이익의 표출과 집약
④ 시민의 참여의 구조 제공
⑤ 공공정책의 지원과 발의를 통한 사회변동
⑥ 국민주권의 기제
⑦ 지도자의 충원과 훈련
⑧ 행정부인사 선발의 장치
⑨ 대체정부의 제공(야당)
⑩ 유권자에게 정보와 단서제공
⑪ 후보에 대한 선거운동 지원

2. 정당의 순기능

알몬드와 포엘(G. A. Almond and B. G. Powell)은 정당의 순기능을 다음과 같이 제시하였다.[19]

(1) 정치사회화 기능

정당은 정치교육과 계몽 기능을 수행한다. 정당은 정책방향과 기조를 국민에게 홍보하여 국민의 이해를 돕고 국민의 관심을 유도한다. 이는 결국 국민의 지지를 획득하기 위한 정당의 일상적인 활동이라고 볼 수 있다. 여당은 계속적인 국민의 지지를 받아 집권을 연장하고 야당은 집권의 기회를 만들기 위해서 정치정보의 제공, 대안의 제시, 각종 프로그램의 발표 등으

---

18) Ruth K. Scott and Ronald J. Hrebenar, *Parties in Crisis: Party Politics in America*, 2nd ed., (New York: John Wiley & Sons, 1984), p.5.
19) Almond and Powell(1984), pp.82-86.

로 국민의 정치적 이해를 돕고, 정치적 판단력과 선택능력을 향상시키는 등 정치교육 기능을 수행한다. 예를 들면 각종 대중매체를 통하여 특정 쟁점에 대한 당의 입장 표명, 당 기관지의 발간과 배포, 강연회, 좌담회, 정책세미나, 정책광고와 같은 각종 홍보활동, 당원교육, 의회의 방문과 견학 등을 통하여 국민의 정치교육 기능을 수행한다. 정당은 당원교육이나 연수를 위한 자체의 훈련원 등을 운영하기도 한다. 전당대회, 창당대회, 당직자의 경선 등은 민주시민교육의 중요한 장으로 정치사회와 기능을 수행하게 된다.

(2) 정치참여의 촉진기능

정당은 시민의 정치참여를 유도한다. 구체적으로 투표동원 기능(mobilization of voters)을 수행한다. 정당은 각종 홍보활동을 통하여 국민의 정치적 관심을 일깨워주고 능동적으로 정치에 참여토록 유도한다. 국민을 정치적 동물로 만들어 정치과정에 적극적으로 참여하도록 유인한다. 정당의 활동은 대부분 새로운 지지계층을 형성·확대하고 또한 기존 지지자의 이탈을 막는 데 주력한다. 그러나 이들이 선거에 참여하지 않으면 지지표로 연결될 수 없기 때문에 선거에 적극적으로 참여하도록 권장한다. 구체적으로 선거 때 기권자가 많을 경우 자기 당에 불리할 것을 우려하여 기권방지 캠페인을 벌이는 것이 예가 될 수 있다.

(3) 정치엘리트 충원기능

정당은 정치엘리트의 양성과 선출기능을 수행한다. 정당은 간부를 양성하여 정치경험을 쌓게 하여 공직에 출마시킨다. 선거 때는 분야별 전문성과 국민의 존경을 받는 인사를 영입하여 공직후보로 공천하여 선거에서 당선되도록 노력한다. 선거를 통하여 정치엘리트를 충원하는 정치체제에서는 정당이 가장 중요한 충원통로가 된다. 정당의 공천이 법적으로 보장된 공직에 후보로 출마하려면 무소속보다는 정당소속이 유리하기 때문에 선출직 공직에 취임하려면 가장 우선적으로 정당의 공천을 받아 후보로 등록하는 것이 첫 번째 관문이고, 두 번째가 선거에서 승리하는 것이다. 정당이 당료를 공천하든 외부 인사를 영입하여 입당시켜 공천하든 정치엘리트 충원의 중요한 통로가 된다.

특히 전당대회를 통하여 국가의 최고지도자 후보를 선출하여 선거에 출마시킨다. 정당은 국가의 최고 지도자를 선택하는 제1차적인 충원기능을 수행하게 되며 선거에서 승리하면 정권을 담당하여 정부를 조직하는 기능을 수행하게 된다. 집권당으로서 정부의 중요한 공직을 차지하게 된다. 내각제의 경우 당의 간부들이 각료로 입각하여 정부를 구성하게 된다.

(4) 정치 커뮤니케이션기능

정당은 대중매체를 통하여 각종 정보, 쟁점, 아이디어 등을 국민에게 제공한다. 정당정치가 제도화된 정치체제에서는 정치 관련 정보가 정당을 통해서 국민에게 전달된다. 정당 간 국민의 지지를 획득하기 위해서 치열하게 경쟁하는 경우에 정치권에 대한 정보는 정당을 통해서 제공된다. 예를 들면 집권여당의 실책이나 야당의 비리 등에 대하여 여야 간 상호비방이나 폭로, 비판 등을 통해서 국민은 알지 못했던 정보를 얻게 된다.

(5) 이익표출과 집약기능

정당은 이익표출과 집약을 통하여 국민 여론을 형성하고 조직화한다. 정당은 국민이 원하는 것이 무엇인가를 정부에게 전달한다. 또한 국민의 정치적 요구를 취합하여 정부의 중요한 정책대안으로 전환시키는 기능을 담당한다. 즉 국민의 의사를 매개하는 가교역할을 수행한다. 정당이 국민여론과 정부를 연결시키는 연결자(connector) 역할을 담당한다.

(6) 정책결정과 집행기능

정당은 의회의 입법 활동과 예산심의를 통하여 정책을 결정한다. 의회의 입법 활동은 정부정책의 골간을 형성하는 것으로 중요한 정책결정이라고 볼 수 있다. 의원 각자가 독립된 입법기관으로 입법과정에 자유 투표(cross-voting)를 허용하더라도 대부분의 정책에 대한 표결은 당론에 따르는 것이 일반적인 현상이기 때문에 정당이 정책결정에 사실상 참여하는 결과를 가져온다.

여당은 정부와 당정협의를 통하여 정책결정에 영향력을 행사하고, 야당은 정책대안을 제시하여 정부가 채택하도록 하여 정부의 정책결정에도 영향력을 행사한다. 정책의 집행은 행정부 관료의 주요한 기능이지만 정당이 정책집행에 참여하는 경우도 있다. 특히 당정이 일원화된 정치체제에서는 당의 서기직이나 전국적인 정당조직이 정책집행에 참여한다.

(7) 재정기능(adjudication)

법률에 대한 재정은 사법부의 고유한 기능이지만 당정이 일원화된 정치체제에서는 가능한 일이다. 영국의 상원은 최고법원의 상고에 참여하고, 미국은 하원에서 공직자의 탄핵결정을 할 수 있다. 의회에서 대법관이나 헌법재판관을 추천할 수 있다. 의회의 사법부에 대한 예산결산과 국정감사로 재정기능에 영향을 행사한다. 의회의 결정은 당론과 밀접한 관련이 있기 때문에 정당의 간접적인 기능이라고 볼 수 있다. 정당은 의회를 운영하는 데 원내대표(floor leader), 다수당의 지도자(majority leader), 소수당의 지도자(minority leader)를 두고 있으며, 원내대책 회의, 의원총회 등을 통하여 소속 의원들의 의회 내 활동방향과 원내전략을 당론으로 결정하여 행동의 통일을 유지한다. 정당이 의회의 조직적·능률적인 운영에 기여하기도 하지만 의원의 자율성을 침해하는 부작용도 있다.

3. 정당의 역기능

(1) 정당의 귀족화·과두화

현대 정당조직이 귀족화(aristocracy) 또는 과두화(oligarchy)되는 경향이 있다.[20] 정당의 주요 의사결정이 소수의 지도자에 의하여 좌우된다. 정당이 국민의 비판에도 불구하고 동일한 지도자에 의하여 장기간 당권이 장악되고 있는 경우가 많다. 한번 당권을 장악하면 퇴진하기 어려운 점이 있다.[21] 당이 중앙집권적으로 운영되어 소수의 실권자 중심으로 의사결정과정이 독점화되어 권위주의적·비민주적으로 운영되는 문제점이 있다.

(2) 정당 관료화

정당의 조직이나 운영이 경직화되거나 여론수렴을 등한시하고 국민에 대하여 고압적인 자세를 취하는 등 관료화되는 경우가 있다. 국민에게 봉사하는 정당이 아니라 국민에게 군림하는 정당의 모습을 보인다.

(3) 선거과정의 독점화

선거과정을 정당에서 공천된 후보가 독점하거나 또한 선거제도가 정당후보에게 유리하여 무소속 출마자의 입지를 약화시키는 역기능이 있다. 정당 이외의 어느 기구도 선거에 소외되고 정당만이 선거과정에서 가장 많은 영향력을 행사하게 된다. 이는 국민의 선택권을 제한하는 결과를 가져오게 된다.

(4) 정당의 자기 특권화

정당이 지나치게 자기 과신이나 특권화에 빠지는 경우가 발견된다. 예를

---

20) Robert Michels, *Political Parties: A Sociological Study of the Oligarchical Tendencies of Modern Democracy*, Trans. by Eden & Cedar Paul(London: Jarrold & Sons, 1959), p.13.
21) Blondel(1978), p.6.

들면 다수당의 횡포와 소수당의 폭거, 파벌조성, 무책임한 선전, 터무니없는 공약남발, 국민의 비판능력 호도, 여론의 왜곡, 정당 간의 이전투구, 일관성이 결여된 행태, 당리당략치중, 행정부와 사법부에 대한 오만불손한 자세 등을 보이는 경우가 있다. 특히 집권여당이 행정기관이나 사법부의 의사결정과정에 영향력을 행사하는 사례가 있다.

4. 끊임없는 당권싸움

정당은 내부적으로 당권을 차지하기 위해서 끊임없이 투쟁하고 있다.[22] 당권획득을 둘러싸고 당권파와 비당권파 간에 치열한 경쟁이 비정상적으로 진행되고 있다. 정당 내의 당권투쟁을 위한 내분, 갈등, 계파 간 합종연횡 등은 정당의 이미지를 실추시키는 주요한 요인으로 작용하고 있다. 정치인들은 모든 정력을 경쟁자의 정치적 포부를 정지시키려고 노력하는 데 소진하고 있다.

현대의 정당은 순기능을 수행하기보다는 역기능에 치중하는 경향이 있어 정당에 대한 불신과 정당정치에 대한 회의론이 등장하는 요인으로 작용하고 있다.

제4절 정당의 이념

1. 정당의 이념과 지지계층

정당이란 정치적 견해가 같은 사람들의 결사체라고 볼 수 있다. 정치적 견해가 같다는 것은 정책노선이나 방향에 있어서 일치된 입장을 가지고 있

---

22) Blondel(1978), pp.6 - 7.

다는 것을 의미한다. 정당이란 정치적 색깔이 유사한 사람들이 모여서 조직을 결성하여 정치권력을 추구한다.

같은 색깔을 가진 사람들이 모여서 정당을 결성했다고 자연적으로 정당이 추구하는 목적을 달성할 수 있는 것은 아니다. 정당의 성공적인 목적 달성에는 국민의 지지가 필수적이다. 국민의 지지를 획득하기 위해서는 정당이 추구하는 노선과 유사한 생각을 가지고 있으면서 정당에 가입하지 않은 많은 국민들을 조직화해야 한다. 결국 정당은 유사한 이념을 가지고 있는 국민을 주요 지지기반으로 정치권력 획득이란 목적을 달성할 수 있다.

정당이 표방하고 있는 노선이나 색깔은 정당의 이념이라고 볼 수 있다. 이념이 없는 정당은 확고한 지지기반을 확보할 수 없으며 또한 일관성 있는 정책방향을 유지하기도 곤란하다. 정당이 지향하는 이념은 다양하다. 그 이유는 ①지지층의 사회적·경제적 이해의 차이와 ②지지층의 기질 내지 심리적 경향의 차이 등 때문이다.[23] 정당의 이념이 다양한 것은 결국 정당의 분립원인이 되기도 한다.

2. 정당이념의 분류

(1) 로웰(A. L. Lowell)의 분류

로웰은 정당분립의 기준으로 현상에 대한 만족(contended)과 불만(discontented) 정도, 개혁에 대한 낙관(sanguine)과 비관(not sanguine)을 기준으로 <그림 9-1>과 같이 ① 자유(liberals) ② 혁신(radicals) ③ 보수(conservatives) ④ 반동(reactionaries) 등의 이념으로 구분하였다.[24]

자유주의 이념은 현상에 만족감을 느끼면서 개혁에 대하여 낙관적이고, 혁신적 이념은 현상에 대하여 불만족하며 개혁을 지지한다. 보수적 이념은

23) 이극찬(2004), pp.362-365.
24) A. Lawrence, Lowell, *Public Opinion in War and Peace*(Cambridge: Harvard University Press, 1923) p.271.

현상에 만족하면서 개혁에 반대하고, 반동적 입장은 현상에 불만이지만 개혁에도 반대한다.

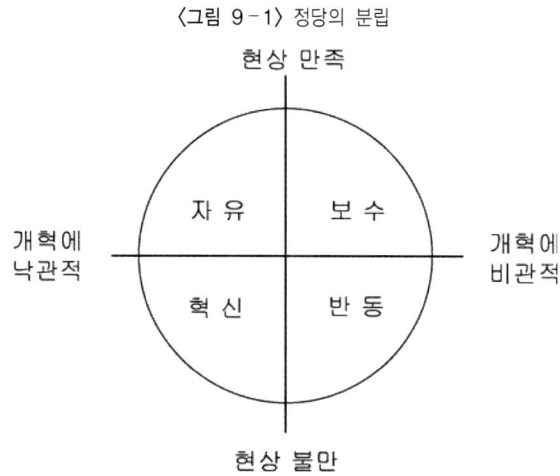

〈그림 9-1〉 정당의 분립

현 상 만 족

자 유　　보 수

개혁에　　　　　　　　　개혁에
낙관적　　　　　　　　　비관적

혁 신　　반 동

현 상 불 만

출처: Lowell(1923), p.271.

　　정당의 분립과 정치상황을 ＜그림 9-2＞와 같이 나타냈다. 자유와 보수 세력이 대등하게 강하고, 혁신과 반동세력이 약할 때 정치는 안정(stable)을 유지하지만 반대의 현상이 나타나면 정치는 불안해진다. 자유와 혁신세력이 대등하게 강한 현상을 보이고, 보수와 반동세력이 약한 상태를 유지하면 정치는 진보적인(progressive) 성향을 보인다. 반대로 보수와 반동세력이 대등하게 강하고, 자유와 혁신세력이 약하면 정치는 퇴보적인(unprogressive) 현상을 보이게 된다.

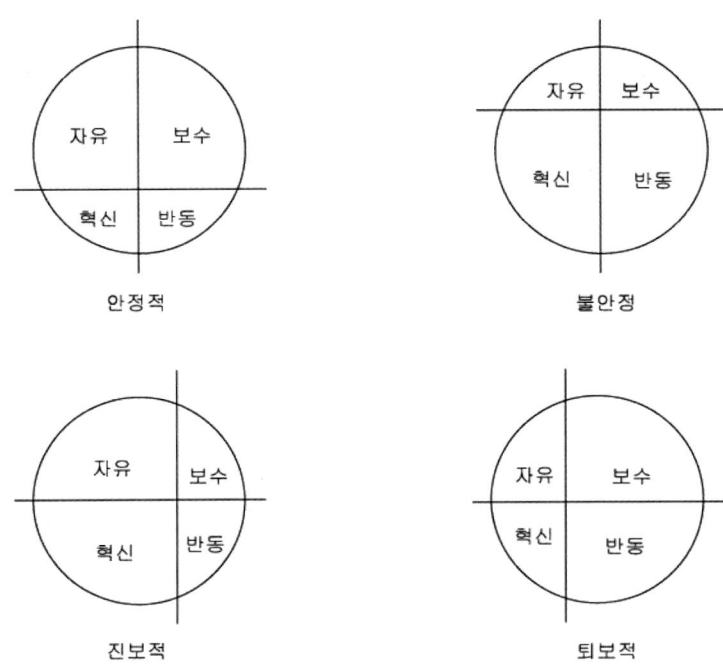

〈그림 9-2〉 정당의 분립과 정치상황

안정적   불안정

진보적   퇴보적

출처: 이극찬(2004), p.365

(2) 바이메(Klaus von Beyme)의 분류

바이메는 정당기원의 근대화 이론에 따라서 유럽의 각종 근대화 과정에서 출현한 정당의 유형을 이념군(ideological groups)으로 다양하게 구분하였다.[25]

① 자유주의(liberals)는 구체제와 갈등을 빚으며, 시민의 법적·정치적 권리, 국가와 사회의 분리, 반종교적인 입장을 취한다.

② 극우당(right-wing extremist parties)은 독일의 나치스당이나 이태리의 파시스트당에서 나타난 것과 같이 사회의 전통적인 가치를 보호하는

---

25) 바이메가 논의한 유형을 모두 소개하였음. Klaus von Beyme, *Political Parties in Western Democracies*, Trans. by Eileen Martin(New York: St. Martin's Press, 1985), pp.23-24, pp.29-136.

권위주의 국가지향의 정당이다.

③ 보수주의(conservatives)는 정치적 · 경제적 이익을 보호하기 위해서 변화를 반대하는 입장을 취한다.

④ 노동당(workers' parties)은 부르주아체제를 반대한다.

⑤ 사회당(socialist parties)은 노동계급의 이익을 대변하고 노동자들을 위한 정치권력의 획득에 관심을 보인다.

⑥ 농민당(agrarian parties)은 산업화에 반대하며, 농민의 이익을 대변하고 농업불황과 식량부족 현상에 관심을 가지고 있다.

⑦ 지역당(regional parties)은 중앙집권체제를 반대한다.

⑧ 종족당(ethnic parties)은 종족들이 민족주의를 표방하여 독립을 얻기 위해서 결성된 정당이다.

⑨ 기독당(christian parties)은 세속적인 체제를 반대한다.

⑩ 기독교민주당(christian democratic parties)은 기독교의 종교적인 가치를 증진시키는 데 관심을 가지고 기독교 유권자의 이익을 증진시키기 위해서 노력한다.

⑪ 공산당(communist parties)은 사회민주(social democrats)를 반대하며 공산주의 이념을 추구한다.

⑫ 사회민주당(social democrat parties)은 세계 제2차 대전 이후 사회주의 사상의 수정노선으로 노동조합과 강한 조직적 연계를 갖는 입장을 취한다.

⑬ 파시스트정당(Fascist parties)은 민주주의 정치체제를 거부한다.

⑭ 항의정당(protest parties)은 관료주의 복지국가 체제를 반대한다.

⑮ 환경운동(ecology movement)은 성장위주의 사회에 반대하며, 환경문제에 대하여 국가가 개입해야 한다는 입장을 취하는 정당이다.

정당의 유형은 정당이 추구하는 목적과 이념에 따라서 다양하게 구분할 수 있다. 그러나 정당의 이념을 구분하는 가장 기본적인 분류는 로웰(A. L. Lowell)의 정당의 분립에 기초하고 있다고 볼 수 있다.

제5절 정당의 조직

1. 정당의 구조

정당은 행위자인 동시에 조직이다. 정당은 시민과 정부를 연결하는 중재조직인 동시에 유권자의 선호, 타당의 행태, 내부구조, 정당이 운영되는 법적·제도적인 상황 등 다양한 요인에 영향을 받기도 하고 영향력을 행사하는 행위자라고 볼 수 있다.[26]

정당을 조직하고 있는 가장 핵심적인 요인은 당원과 지도자라는 인간집단과 각종 기능을 수행하는 구조(structure)를 들 수 있다. 정당은 정치조직으로서 정치권력을 획득하기 위해서 다양한 활동을 하는 행위자다. 정강정책의 개발, 당원교육, 당의 단결유지, 당 홍보, 선거운동, 후보공천, 당직자의 선출 등 국민의 지지를 획득하기 위한 효율적인 당·내외 활동을 한다. 정당이 체계적으로 활동하여 정당의 목표를 달성하기 위해서는 능률적인 조직이 필요하다. 특히 선거는 바람만으로 승리하는 것이 아니라 조직이 있어야 한다. 정당 내부의 효율적인 구조와 전국적인 방대한 조직을 가동해야 국민의 지지를 받을 수 있으며, 궁극적으로 정치권력 획득도 가능하다.

정당 구성의 핵심은 인간요인인 당원에 있다. 듀베르제는 당원의 참여 정도에 따라서 <그림 9-3>과 같이 정당의 구조를 분류하였다. 정당소속의 정도에 따라서 ① 국회의원, 당 간부 등 핵심적인 내부집단(inner circle) ② 당 활동에 적극적으로 참여하는 전위당원(militant) ③ 정당에 가입하여 당비를 납부하는 일반당원(members) ④ 정당을 옹호하는 지지자(supporters) ⑤ 일반시민인 유권자(electors) 등 다섯 계층으로 구분하였다.[27]

---

26) Steven B. Wolinetz, "Introduction: Party Systems and How They Change", in Wolinetz(ed.), *Parties and Party Systems in Liberal Democracies*(London and New York: Routledge, 1988), p.4.

27) Duverger(1967), pp.90-132; *Party Politics and Pressure Groups: A Comparative Introduction*, Trans. by David Wagoner, (New York: Thomas Y. Crowell Company, 1972), p.18.

〈그림 9-3〉 정당의 구조

핵심
간부

전위당원

당원

지지자

유권자

출처: Duverger(1972), p.18.

　　듀베르제가 제시한 다섯 계층 중에서 당원은 핵심간부, 전위당원, 일반당원이라고 볼 수 있다. 정당 내부구조는 소수의 당 간부와 다수의 당원, 그리고 중앙당과 지구당으로 구성되어 있다. 핵심간부는 중앙당의 최고 지도자인 총재나 대표를 포함하여 당직자와 사무처의 당료를 의미한다. 지구당의 간부는 당원협의회장과 사무처 간부로 구성된다. 정당의 간부는 정당의 엘리트로 당의 중요한 정책 결정과 당 운영비의 조성 등은 물론 일상적으로 당을 관리·운영하는 책임을 담당한다. 당원은 정당에 정식으로 입당한 사람들로 구성된다. 그러나 당과 일체감을 가지고 정당의 활동이나 선거운동에 적극적으로 참여하는 열성적 당원이 있는가 하면 수동적으로 정당에 소속만 되어 있는 형식적인 경우도 있다.

　　듀베르제는 정당조직의 기본요인으로 ① 코커스(caucus) ② 지부(branch) ③ 세포(cell) ④ 전투대(militia) 등을 제시하였다.[28] 코커스는 미국의 대통령 후보자 예선대회와 같은 것으로 정당의 핵심적인 명사중심으로 구성된 간부회의와 같은 형태의 조직이다. 지부는 중앙당이 아닌 시·도지부, 선거구에 있는 당 조직을 의미한다. 세포조직은 조직의 최말단에 있는 점 조직으

---

28) Duverger(1967), pp.17-40.

로 구체적인 실례는 러시아 혁명을 기도했던 공산당의 세포조직을 들 수 있다. 전투대는 정당의 전위 행동대와 같은 조직이다. 정당의 행사나 선거 때 위기에 대응하기 위해서 기동대와 같은 별도의 조직을 운영하는 것은 일반적인 현상이다.

2. 당원과 지도자와의 관계

정당을 구성하고 있는 핵심적인 요소는 당원과 정당의 지도자라고 할 수 있다. 당원과 당 지도자 간의 관계를 중심으로 ① 교환모형(exchange model) 과 ② 발전모형(developmental model) 등으로 분류할 수 있다.[29)

(1) 교환모형

교환모형은 스트롬(K. Strom)이 제기한 것으로 정당 내의 권한행사를 관계적(relational)・비대칭적(asymmetrical)・호혜적(reciprocal)이라는 교환관계에 기초하여 접근하고 있다.[30) 권력관계는 불균형 관계를 유지하는 것이 일반적인 현상이다. 권력자 간의 협상에서도 불균형(unbalanced negotiation) 현상을 발견하게 되며, 그 결과 더 많은 것을 얻는 쪽과 그렇지 못한 경우가 발생하는 등 불균형 교환이 이루어진다. 예컨대 정당 내에서도 지도자가 당원보다 더 많은 혜택을 누리는 불균형 관계가 유지된다.

당권에 도전하는 사람은 정당 활동에 적극적으로 참여하는 활동가나 당원들의 지지를 받기 위해서 당선 후 공약을 제시한다. 당원들은 그 공약의 실현으로 자신에게 상당한 보상이 돌아올 것이라는 기대 속에 지지를 보낸다. 교환관계는 정당의 지도자나 활동가 모두에게 의도적인 이익(purposive

---

29) 정당조직의 발전에 대한 이론은 다음을 참고하였음. Moshe Maor, *Political Parties and Party Systems: Comparative Approaches and British Experience*(London: Routledge, 1997), pp.92 −113.

30) K. Strom, "A Behavioral Model of Competitive Political Parties", *American Journal of Political Science*, Vol.34, No.2, (1990), pp.565−598.

benefits)이 있을 때 성립된다. 당원들에게 돌아갈 수 있는 이익은 물질적인 것도 있으며, 당원들은 그 보답으로 당에 대한 봉사활동을 할 수 있다.

당원 입장에서 당 지도자가 제시한 보상에 대한 공약을 믿기가 어려운 경우가 있으나 당 지도자는 세 가지의 방법으로 당원과의 약속을 이행한다.

① 당내 민주화를 통하여 정책결정에 당원의 적극적인 참여를 유도한다. 예를 들면 당원이 참가하는 전당대회에 주요 정책결정권을 위임하는 방법이 있다.

② 당내 기득권을 차지하고 있는 활동가들을 보호하기 위해서 새로운 충원을 제한한다. 예를 들면 기존 간부들에게 승진기회 등을 제공하기 위해서 신규 충원을 억제한다.

③ 당 지도자의 개인적인 책임감을 높인다. 자신에 대한 지지당원을 계속 확보하기 위해서 당원들의 선호를 정책에 반영하는 등 책임 있는 지도자의 모습을 보인다.

교환이론은 당 지도자와 당원과 동질적인 집단인 경우 거래상의 이익을 앞세우지 않고 당에 대하여 조건 없이 충성하는 경우에 대한 설명이 부족하다. 정당에 가입하거나 정당의 지도자를 지지하는 이유가 합리적인 이익의 계산만으로 항상 이루어지는 것이 아니다.

(2) 발전모형

정당조직의 발전론은 두 가지 시각에서 당원과 지도자와의 관계에 접근하고 있다.

① 정당의 엘리트가 사회변화에 부응하기 위하여 선거 전략의 수정 필요성과 정당조직의 변화 사이에 균형(trade-off)에 초점을 맞추게 된다. 정당의 지도자 입장에서는 당원이 정치적·사회적으로 대표성이 있어

야 선거에서 잠재적인 투표자의 지지를 획득할 수 있다고 본다. 정당의 지도자는 이러한 관점에서 당 조직의 균형적인 발전을 꾀하게 된다.

② 발전론은 정당사의 입장에서 조직형태와 조직의 변화를 설명하기 위한 이론이다. 정치, 경제, 사회발전이 정당조직의 형태와 변화에 결정 요인이라고 간주한다.

정당조직의 발전은 ① 대중정당(mass party) ② 선거정당(electoral party) ③ 포괄정당(catch－all party) ④ 카르텔정당(cartel party)의 단계를 밟아 발전했다고 주장한다.31) 정당발전의 구분에 작용한 기준으로 ① 정당의 지도자와 당원이 당의 대표로서 타당과의 경쟁 ② 정당 내의 의사결정구조 ③ 당의 지도자와 당원의 지지를 조직화하기 위한 유권자와 상호작용을 활용하였다.

정당의 발전은 ① 하향식 조직의 엘리트·간부정당에서 상향식 조직의 대중정당으로 ② 대중정당은 투표조직(structuring the votes)을 위주로 선거기구(electoral machine) 역할을 하는 선거정당으로 ③ 선거정당은 산업화와 경제성장 이후 새롭게 등장한 신중산층을 포함한 다양한 계층과 이익집단을 대표하는 포괄정당으로 ④ 포괄정당은 다시 정당 간 제휴와 협력을 통하여 게임규칙이나 국가의 자원을 정당의 이익에 부합되게 활용하는 카르텔정당으로 발전하였다.

정당조직이 4단계의 발전과정을 거치면서 변화되었다는 것을 설명하는 이론이라고 평가할 수 있다. 그러나 정당조직의 발전단계가 항상 단선적인 경로를 밟는 것은 아니다. 또한 정당조직의 변화는 시대상황, 국민의 정치의식, 국민의 정당에 대한 기대와 지지도, 정당 자체의 필요성 등등 다양한 요인에 의하여 영향을 받는다.

---

31) 정당의 발전단계에 대하여 자세한 것은 다음을 참고할 것. 홍득표,「한국정당개혁론」(서울:학문사, 2007),제2장

3. 당원의 구성요소

듀베르제는 정당조직의 구조, 특히 정당원의 구성요소에 따라서 정당을
① 엘리트·간부정당(cadre parties) ② 대중정당(mass parties) ③ 중간정당
(intermediate party) − 간접정당(indirect parties)·개발도상국의 정당(parties in
underdeveloped countries) 등 세 가지로 분류하였다.[32]

(1) 엘리트·간부정당

엘리트 정당과 대중정당은 ① 당원의 정치교육 ② 당비 납부 ③ 선거비
용 충당 ④ 당원의 충원기준 ⑤ 당원 수 등에서 차이가 난다. 엘리트 정당
의 최초 기원은 재산권을 기준으로 투표권을 부여하던 시기의 전형적인 정
당모형이라고 볼 수 있다. 엘리트 정당의 운영은 다수의 양보다는 소수의
질(quality)을 중시한다. 예를 들면 선거운동, 선거자금 모금 등에서 소수의
영향력 있는 인사, 특권층, 전문가 등의 개인적인 기술과 수준에 의존한다.
당원의 가입절차가 공식화되어 있지 않으며, 입당자격을 심사하는 등 제한
적이다. 당비도 정기적으로 납부하는 것이 아니라 수시 기부(occasional dona-
tions)에 의존한다.

(2) 대중정당

대중정당은 민주주의 확산과 더불어 전체 국민을 상대하는 정치를 해야
하는 현실에서 발전된 정당조직이다. 대중정당의 당원에 대한 정치교육은
교육 후 당의 엘리트로 충원하는 데 목적이 있으며, 당의 재정은 당원이 납
부하는 당비에 의존한다. 그리고 선거경비의 조달을 자본가의 자금(capitalist
financing)에 의존하는 것이 아니라 민주적 방식으로 모금된 자금(democratic
financing)에 의존한다. 대중정당에 있어서 당원은 당의 실체(substance)나 마

---

32) Duverger(1967), pp.6 – 16, 62 – 90; (1972), pp.6 – 18.

찬가지로 당원 없는 정당은 학생 없는 선생님과 같다. 그만큼 당원의 위상이나 역할 그리고 활동이 중요하게 인식된다. 선거경비의 조달도 소수의 재력가 중심으로 모금이 이루어지는 것이 아니라 가능한 한 최대한 많은 사람들의 분담형식으로 조달된다. 대중정당은 당원가입의 공식적인 절차와 입당원서가 준비되어 있으며 공개적으로 이루어진다. 당원은 연간 당비납부를 의무화하고 있다. 당원 수는 공식적으로 집계하기가 곤란하지만 대중정당이 엘리트 정당에 비하여 당원 수가 많은 것은 사실이다.

(3) 중간정당

중간정당은 대표적으로 간접정당과 개발도상국 정당이 있다. 간접정당은 특정집단의 모든 성원이 정당에 가입하는 것이 아니라 소수의 대표만이 참여하여 정당에 간접적인 대표성을 확보하는 정당의 조직을 의미한다. 예를 들면 1900년 영국 노동당의 최초 조직이 간접정당 형태를 띠었으며, 1940년 이전의 벨기에와 스칸디나비아의 사회당, 1919 - 1936년 벨기에와 오스트리아의 기독민주당 등을 들 수 있다.

간접정당은 당원을 정기적·공식적으로 충원하지 않는다. 정치쟁점에 공통의 행동을 취할 것에 동의한 노조대표 등에 의하여 결성되어 노조원 전체가 개별적으로 정당에 가입하는 것이 아니라 소수의 대표들만 가입하여 노조의 이익을 간접적으로 대행하는 형태를 보인다. 정당의 구성단위가 개인의 개별적인 입당, 정기적인 당비의 납부, 지부회의에 정기적인 참여 등이 이루어지는 직접정당(direct parties)이 아니라 단체가 가입하여 개인의 정당과의 관계를 간접적으로 형성하는 경우라고 볼 수 있다.[33]

개발도상국 정당은 서구정당과 달리 소수의 유명인사가 주축을 이루는 정당의 조직을 의미한다. 예를 들면 소연방, 중국, 월맹, 북미, 아프리카 등에서 발견되는 정당조직이라고 볼 수 있다.

---

33) Duverger(1967), p.5.

4. 조직기반

듀베르제는 정당의 조직기반에 따라서 ① 원내정당(interior parties)과 ② 원외정당(exterior parties)으로 구분하였다.[34] 원내정당은 의회 내의 의원을 중심으로 결성된 정당을 의미하며, 원외정당이란 각종 사회단체, 조직, 결사체 등이 정치에 참여하여 정당으로 발전한 정당을 의미한다.

듀베르제는 원내정당과 원외정당의 차이를 다음과 같이 구분하고 있다.

① 원내정당은 당내의 권력구조가 분권적인 데 반하여 원외정당은 비교적 집권적이다.
② 원내정당은 정당의 기강이 느슨한 데 반하여 원외정당은 엄격하다.
③ 원내정당은 의원의 영향력이 막강한 반면에 원외정당은 미미하다.
④ 원내정당은 정당의 목적이 의회의 다수의석을 차지하는 데 있지만 원외정당은 여러 가지 정당의 목표 중 의회 의석의 확보는 단지 한 부분으로 간주된다.

원내정당과 원외정당을 구분한 것은 최초의 정당기원을 발견하기 위한 것과 관계가 있으며 의회 내의 집단과 의회 밖의 집단이 정당으로 발전한 것을 설명하기 위해서 제시한 유형이라고 볼 수 있다. 정당이 최초에 결성된 기원은 의회가 먼저 구성되고 난 뒤 동일한 의견이나 노선을 가진 의원들 간에 의회 내 의원집단을 형성하고 이들이 선거에서 승리하기 위해서 협력체제를 구축하면서 정당으로 발전했다는 것이다.

그러나 현실적으로 특정한 정당 소속의원 모두가 재선되는 것이 아니고 정당 조직은 원내외에 확대되는 것이 일반적인 현상이다. 의원중심으로 의정활동을 수행하며, 선거 때를 제외하면 원외요소가 거의 배제된 미국 정당을 대표적인 원내정당이라고 한다. 많은 나라에서는 원내외 요인을 망라한 정당유형을 유지하고 있다.

---

34) Ibid., pp. xxiv - xxxvii.

5. 의사결정권의 소재

정당의 의사결정권이 어떻게 배분되어 있는가에 따라서 정당을 구분한다. 정당의 조직에서 중요한 관심 영역은 정당의 의사결정권이 누구에게 있느냐 하는 것이다. 정당의 권력구조가 소수에게 집중되어 있는 권위주의적 정당인지, 권력이 분산된 민주적 정당인지를 평가하는 기준이 될 수 있다.

정당 권력의 분산과 집중 등에 따라서 유형을 <표 9-1>과 같이 ① 다층정당(stratarchy) ② 엘리트·간부정당(cadre party) ③ 전위정당(vanguard party) ④ 대중정당(mass party) 등으로 분류한다.[35]

〈표 9-1〉 의사결정권의 소재에 따른 정당의 조직

참여수준	권한의 분산 (다층정당)	권한의 집중
낮음(정책결정과 집행에 참여 배제)	위원회	엘리트·간부정당
보통(정책집행에 참여, 정책결정에 배제)	평의회	전위정당
높음(정책결정과 집행에 참여)	클럽	대중정당

출처: Lawson(1976)

(1) 다층정당

정당의 지배집단이 계층별로 확산되어 권한이 분산된 정당을 의미한다. 정당 내 권한이 집중적(centralized)·획일적(monolithic)·단일적(unitary)으로 구성된 정당이 아니라 호혜적·경의적 구조(reciprocal deference structure)를 이루고 있는 정당이다. 정당의 지휘와 통제권이 다층적으로 분산되어 있다.[36] 정당 내의 권한이 그들 사이에 분산된 위원회(committee), 소수의 핵심간부에 의하여 당의 정책이 결정되고 지구당원들이 가끔 소집되는 평의회(convocation), 정당의 정책결정과 집행에 당의 지도자와 당원이 함께 참여

---

35) Lawson(1976), pp.77-81.

36) Samuel J. Eldersveld, *Political Parties: A Behavioral Analysis*(Chicago: Rand McNally and Company, 1964), p.9.

하는 클럽(club) 등으로 다단계에 걸쳐서 분산되어 있다.

(2) 엘리트 · 간부정당

소수의 핵심 지도자에 의하여 당의 정책결정과 집행이 독점된 정당을 의미한다.

(3) 전위정당

정당의 정책은 중앙당 본부의 소수의 핵심간부에 의하여 결정되지만 집행은 당원들의 참여가 보장되어 있는 정당을 말한다.

(4) 대중정당

선출된 정당의 지도자에 의하여 운영되지만 대규모 당원이 보다 적극적으로 정당의 의사결정과 집행에 참여가 보장된 정당을 의미한다.

제6절 정당체제의 유형

1. 정당체제의 분류기준

정당체제는 정당제도를 포함하여 정당의 수, 유형, 그리고 개별정당 간의 역학관계를 의미한다.[37] 정당체제의 유형은 정당의 행태에 영향을 준다. 정당체제를 분류하는 기준은 다양하다.

---

37) 윤정석 · 신명순 · 심지연(1996), p.168.

(1) 사르토리(G. Sartori)

① 정당 수 ② 정당의 상대적인 규모 ③ 정당 간 이념의 차이 ④ 정당이 표명하는 이데올로기의 감정이입 수준 ⑤ 운동 방향 ⑥ 정당이나 하위집단의 자율성 ⑦ 정권교체 축의 수와 위치 등을 제시하였다.[38]

(2) 매크리디스(Roy C. Macridis)

① 정당 지지의 기초(sources of party support) ② 정당 내부의 조직(internal organization) ③ 정당의 기능과 활동형태(functions and mode of actions) 등을 제시하였다.[39]

(3) 알몬드와 포웰

정당체제의 분류기준을 정당 간의 경쟁 여부와 경쟁의 강도에 두었으며, 구체적으로 ① 정부의 구조(governmental structure) ② 정당체제에 의하여 제공되는 정책대안(alternatives offered by the party systems) ③ 유권자의 투표행태(voting behavior of the electorate) ④ 선거법(electoral law) ⑤ 의회의 연립형태(legislative coalition formation) ⑥ 정당 내 계서적인 통제수준(degree of internal hierarchical control) ⑦ 정당과 하위집단과의 관계(relationship with subgroup) 등을 제시하였다.[40]

(4) 볼(R. A. Ball)

① 정당 수 ② 정당의 상대적인 세력 ③ 정당 간 이념의 차이 ④ 정당의 구조 등을 제시하였다.[41]

---

38) Giovanni Sartori, *Parties and Party Systems: A Framework for Analysis*(Cambridge: Cambridge University Press, 1976), pp.119 - 243.
39) Macridis(1967), p.20.
40) Almond and Powell(1978), pp.205 - 224.
41) Ball(1993), p.91.

2. 정당체제의 유형

(1) 듀베르제

정당의 수에 따라서 ① 다당제(multiparty systems)와 ② 양당제(two‑party systems) 등 다원주의적 정당체제(pluralistic party systems)와 ③ 일당제(one‑party system)와 ④ 지배정당체제(dominant party systems) 등으로 분류하였다.[42]

(2) 라팔롬바라와 와이너(La Palombara and Weiner)

정당체제를 ① 무경쟁체제 ② 경쟁적·패권적 이념정당(hegemonic‑ideological)·패권적 실용주의(hegemonic‑pragmatism)·변화적 이념(turnover‑ideological)·변화적 실용주의(turnover‑pragmatic) 정당체제 ③ 비경쟁적·권위주의의 일당(one‑party authoritarian)·다원적 일당(one party pluralistic)·일당독재(one‑party totalitarian) 체제 등으로 분류하였다.[43]

(3) 사르토리

단독정부형 정당체제로서 ① 일당제(one party)‑전체주의 일당제(one‑party totalitarian), 권위주의 일당제(one‑party authoritarian), 실용주의 일당제(one‑party pragmatic) ② 패권적 정당제(hegemonic party)‑이데올로기 지향 패권적 정당제(ideological‑hegemonic party), 실용주의 지향 패권적 정당제(pragmatic‑hegemonic party) ③ 일당우위체제(predominant party) ④ 양당제(two party)로 구분하였으며, 연립정부형 정당체제로서 ⑤ 온건적 다당제(limited pluralism) ⑥ 극단적 다당제(extreme pluralism) ⑦ 원자화된 다당제(atomized party) 등으로 구분하였다.[44] 일당제와 패권정당제는 비경쟁

---

42) Duverger(1972), pp.18‑37.
43) La Palombara and Weiner(1966), pp.21‑41.

적인 정당체제로, 나머지는 경쟁적인 정당체제로 보았다.

(4) 볼(A. R. Ball)

정당체제를 ① 일당제 ② 지배정당제 ③ 뚜렷한 양당제(distinct two-party systems) ④ 불분명한 양당제(indistinct two-party systems) ⑤ 2.5당제(two-and one-half party systems) ⑥ 안정적인 다당제(stable multi-party systems) ⑦ 불안정한 다당제(unstable multi-party systems) 등으로 분류하였다.[45]

3. 정당체제의 장단점

정당체제의 기본형은 일당제, 양당제, 다당제라고 할 수 있다. 이를 기준으로 정당체제의 장단점을 살펴보고자 한다.[46]

(1) 일당체제

집권정당 하나만이 존재하며, 타 집단의 자율성을 인정하지 않는 정당체제라고 볼 수 있다. 비민주적인 전체주의 정치체제에서 당과 정이 하나가 되어 집권의 도구역할을 하는 것을 의미한다. 대표적으로 중국, 북한, 쿠바 등을 들 수 있다. 일당체제는 독재정치와 동일하며, 경쟁이 허용되지 않는다. 국민의 다원적 이익을 집약할 수도 없다. 그러나 일시적으로 국가의 통합성을 유지하고 경제발전의 효율성을 유지할 수 있으나 장기적으로 그렇지 못하다.

---

44) Sartori(1976), pp.273-323.

45) Ball(1993), pp.91-95.

46) 양당제와 다당제의 장단점에 대하여 다음을 참고하였음. 이극찬(2004), pp.376-378.

(2) 일당우위체제(패권정당체제)

일당우위체제는 복수정당이 존재하지만 일당이 계속적으로 집권하는 경우라고 볼 수 있다. 자유선거가 치러지더라도 특정 정당이 계속해서 장기간 집권하는 정당체제를 의미한다. 이를 1.5정당제라고 한다. 여당을 1이라고 하면 야당의 모든 세력을 결집해도 0.5밖에 되지 않기 때문이다. 가장 대표적인 것이 1955－1994년 일본의 자민당, 1947－1977년의 인도의 의회당 (Congress Party), 1938년 이래 장기 집권한 멕시코 제도혁명당(PRI) 등을 들 수 있다.

일당우위체제의 장점은 아래와 같다.

① 국민총화를 이룩하여 갈등을 해소할 수 있다.

② 만장일치를 유지하여 정책의 일관성을 유지하기 용이하다.

③ 강력한 정부의 능률적인 운영으로 정치, 경제, 안보 등의 안정을 유지할 수 있다.

그러나 제도적으로 일당우위체제를 채택했다면 본질적으로 민주주의 원칙에 위배되지만 국민의 자발적인 선택에 의하여 일당우위체제가 유지된다면 별개의 문제라고 볼 수 있다.

(3) 양당제

두 개의 정당이 자유선거를 통하여 정권을 획득하기 위해서 경쟁하는 정당체제로 정당 간 평화적·수평적 정권교체가 반복적으로 이루어지는 경우라고 볼 수 있다. 대표적으로 영국, 미국, 캐나다, 뉴질랜드 등을 들 수 있다.

양당제의 장점은 아래와 같다.

① 양당제하에서는 의회의 과반수를 차지하는 정당이 있어 법률의 제정, 예산의 의결 등 의회를 효율적으로 원활하고 빠르게 운영할 수 있다.

② 단독내각(one－party cabinet)을 구성할 수 있기 때문에 정치의 능률화에 기여한다. 내각의 통일성과 강력성 그리고 정치의 능률화에 기여

한다.

③ 조각이 원활하고 신속히 행해지므로, 정치의 공백기가 적다.

④ 내각의 수명이 길고 안정성을 유지할 수 있으며, 정국의 안정에도 기
여할 수 있다.

⑤ 단일내각에 의한 책임소재가 분명하므로 책임정치가 확립될 수 있다.

⑥ 총선 공약의 실행을 중시하게 된다.

⑦ 양대 정당의 정책대결 내용을 이해하기 쉽고, 차기정권담당자의 선택
이 용이하다.

⑧ 국가시책에 영속성이 있다. 그것은 내각의 수명이 길기 때문만이 아
니라, 양대 정당의 정책입장은 서로 극단적인 데로 흐르는 것을 방지
하기 때문에 정권교체 시에도 정책의 급격한 변화는 없기 때문이다.

양당제의 단점은 아래와 같다.

① 원래 당파는 반드시 반대와 중립을 예상하는 것이므로, 일당제와 양
당제는 자연에 위배된다.

② 여론의 자유로운 표명이 실제로 저해되어 정당선택의 범위가 좁아지
게 된다.

③ 장관으로서의 적임자를 보낼 수 없는 경우도 생긴다.

④ 양당이 극한대립을 할 경우 중립의 입지가 약화된다.

⑤ 정당선택의 폭이 제한되어 있다.

⑥ 과반수 의석을 차지한 다수당의 횡포가 우려된다.

(4) 다당제

세 정당 이상이 정책과 이념대결을 하는 정당체제라고 볼 수 있다. 단일
정당에 의한 집권 가능성보다는 연립정부의 출현이 예상된다. 대표적으로
이탈리아, 스웨덴, 네덜란드와 한국 정당체제를 예로 들 수 있다.

다당제의 장점은 아래와 같다.

① 국민의 다원적인 선택이 가능하다. 즉 선거민이 자기의 정견에 가까운 정당을 널리 선택할 수 있다.
② 여론의 변화를 의회에 정확하게 반영시킬 수 있다.
③ 정권교체에 기동성이 발휘된다. 양당제의 경우에는 긴급한 사태에 직면하더라도 다음 총선거 때까지는 기존내각이 계속 유지되는 경우가 대부분이지만, 다당제에서는 돌발적인 사태에 즉시 반응할 수 있다는 이점이 있다.
④ 소수 의견을 보호할 수 있다.
⑤ 정당 간 대립 시 중재가 용이하다.

다당제의 단점은 다음과 같다.
① 다수당의 출현이 불가능하여 정치가 불안정하게 된다.
② 연립내각의 구성으로 강력한 정치력을 발휘할 수가 없다.
③ 타협을 통한 정책결정으로 연립정부 구성에 참여한 정당의 순수한 주장이 완화됨으로써 정책본위보다도 인물본위가 되기 쉽다.
④ 책임의 소재가 불분명하다.
⑤ 정당의 파편화가 초래된다.
⑥ 군소 정당의 난립이 우려된다.

4. 정당체제에 작용하는 요인

모든 정당체제는 각각 장단점이 있다. 영국, 미국, 독일 등에서는 비교적 안정된 정당질서가 자리 잡힌 반면에 한국에서는 아직도 정당체제가 제도화되지 못하고 있다. 정당체제는 다양한 요인에 의하여 영향을 받는다.[47)]

---

47) 뒤베르제는 양당제와 다당제의 정당체제에 작용하는 요인으로 사회·경제적 요인, 역사적·문화적 요인, 기술적 요인을 들고 있으며, 브론델은 환경과 정당 간 갈등의 강도가 정당의 수에 영향을 준다고 하였다. Duverger(1972), pp.23 - 32: Blondel(1978), pp.78 - 85.

① 정치체제의 권력구조가 기본적으로 정당구도를 결정짓는다. 정당은 정치체제의 하부구조를 형성하고 있으나 정당체제는 정치체제의 기본골격에 따라서 영향을 받는다. 예를 들면 대통령 중심제를 채택하고 있는 정치체제에서는 모든 정당은 대통령정치(presidential politics)를 추구한다.[48] 대통령 선거 결과가 정당체제의 변화에 작용한다.

② 사회적·경제적 요인의 영향을 받는다. 정당체제는 사회계급, 종교, 이념, 종족과 같은 사회집단의 거울이라고 할 정도로 사회적 요인에 영향을 받는다. 산업화, 기술의 발달 등 경제적 요인도 정당체제에 영향을 준다.

③ 역사적·문화적 요인이 작용한다. 한 나라의 전통과 정치문화, 전쟁과 위기 등의 역사·문화적 상황에 영향을 받는다.

④ 기술적 요인인 선거제도 등의 영향을 받는다. 선거제도가 1회 투표와 다수대표제에서는 양당제도가, 비례대표제에서는 다당제가, 2회 투표의 다수대표제에서는 다당제가 각각 유리하다.

⑤ 사회갈등의 강도(conflict intensity)에 영향을 받는다. 사회갈등이 적은 사회에서는 정당이 불필요하며, 두 세 집단이 대등한 세력으로 갈등을 빚는 곳에서는 두 세 개의 정당이 출현할 수 있다. 갈등의 강도는 경쟁과도 관련이 있다고 볼 수 있다. 정당 간·정파 간 경쟁의 정도도 정당체제에 영향을 준다.

⑥ 정치지도자의 의지가 작용한다. 권위주의적인 지도자의 정계개편 등 인위적인 노력이 정당체제에 영향을 준다.

⑦ 민주주의 정치체제에서는 국민의 선호와 선택에 영향을 받는다. 선거 결과 국민의 선택에 따라서 정당의 존립이 직접적으로 영향을 받는다. 유권자의 선호가 정당체제를 결정하는 데 중요한 변인이 된다.

---

48) Kay Lawson, "Constitutional Change and Party Development in France, Nigeria, and the United States", in Louis Maisel and Joseph Cooper(ed.), *Political Parties: Development and Decay*(Beverly Hills: SAGE Publications, 1978), p.148.

정당체제는 한 가지 요인에 의하여 결정되기보다는 여러 가지 요인이 상호 복합적으로 작용하여 결정된다고 볼 수 있다.

제7절 정당의 발전과 쇠퇴

1. 정당의 존속

민주주의 국가에서 권력을 핵탄두라고 하면 정당은 핵탄두를 운반하는 미사일에 비유할 수 있다. 간접민주주의 사회에서는 정당은 국민의 이익을 집약하고, 정치권력을 획득하는 정치집단으로서 정당의 역할이 중요하다. 민주정치는 정당정치라고 할 정도로 정당의 역할이 중요하게 인식되고 있다. 정당은 기본적으로 정치집단으로서 존립(survival)하기 위해서는 몇 가지 조건이 충족되어야 한다.[49]

(1) 선택의 대상

정당은 국민의 선택의 기초로서 집단적인 정체성(collective identities)을 제공해야 한다. 주권이 국민에게 있는 민주국가에서 정당이 존립하기 위해서는 국민의 선택 대상이 되어야 한다. 국민은 개인을 국민의 대표로 선택할 수 있지만 정당은 국민에게 정치집단으로서 국민이 정체성을 가지고 선택할 수 있는 기회를 제공해야 한다. 국민으로부터 선택되지 않는 정당, 국민의 지지를 받지 못하는 정당은 근본적으로 존립할 수 없다.

---

49) 정당존립의 가설로 ① 환상적인 선택(illusory choice) ② 응집력(cohesiveness) ③ 책임 있는 여론조사(responsible polling) ④ 복잡성의 감소(reduction of complexity) 등을 제시하였는데 약간 다른 각도에서 해석을 하였음. Berger(1981), pp.274 – 277.

(2) 응집력(cohesiveness)

정당은 정부 권력의 통제에 목적이 있다. 정치권력을 획득하면 행정의 효율성(administrative efficiency)을 유지하면서 국가를 경영해야 한다. 그러자면 당정의 고위 인사 간 서로 성향을 잘 알고, 의사소통이 원활하게 이루어지며, 공통의 목적을 가진 응집력을 유지해야 한다. 당정을 구성하고 있는 주요 고위 인사 간에 불화나 현저한 인식과 견해의 차, 동상이몽의 목표를 갖고 있다면 효율적으로 국가를 관리할 수 없게 된다. 당정 간에 불협화음을 가져와 정책기조에서 혼선을 가져온다면 국민의 불신을 받게 된다. 또한 당권경쟁, 선명성 논쟁, 당의 노선문제 등으로 당내 갈등이 심화되면 국민의 불신을 받게 된다.

(3) 책임성

정당은 관료집단과 달리 직접 정책을 결정하고 집행하는 정치집단이 아니기 때문에 국민을 선동하거나 대안 없는 비판, 비판을 위한 비판 등 무책임한 행태를 보일 가능성이 있다. 국민을 지나치게 의식하여 실현 가능성이 희박한 공약을 남발하고 지킬 수 없는 허황된 무지갯빛 미래상을 제시하는 무책임한 정당은 존립할 수 없게 된다.

(4) 효율적인 이익집약

복잡하게 제기되는 다양한 이익을 단순화시키고, 명쾌하게 정리하여 정책대안으로 제시할 수 있는 능력이 있어야 한다. 표출되는 모든 이익을 수렴한다는 것은 불가능하기 때문에 효율적으로 이익을 집약할 수 있는 정당만이 국민의 지지를 받을 수 있다. 다양한 이익의 여과기능(screening function)을 수행해야 한다.

2. 정당의 발전단계

정당이 정치조직으로 단순하게 생명력을 유지하는 것만으로는 불충분하다. 정당은 존속과 더불어 발전되어야 한다. 정당의 발전과정을 헌팅톤(S. P. Huntington)은 ① 파벌화(factionalization) ② 양극화(polarization) ③ 확장(expansion) ④ 제도화(institutionalization) 등 네 단계를 거친다고 하였다.[50]

(1) 파벌화

정당이 최초에는 다양한 사회 세력의 분파형태로 집합(grouping)된 모습으로 나타난다. 정당이라기보다 도당(cliques), 분파(factions), 파당(juntos) 등의 형태를 띤다.

(2) 양극화

폐쇄적인 정치분파는 사회세력과 조직적인 연계를 통하여 정당을 형성한다. 정치분파 간 연합을 형성하고 반대세력과 경쟁을 통하여 조직을 확대해 나간다. 결국 정당은 대립적인 분파 간에 양극화 현상을 보이게 된다.

(3) 확장

정당은 대중의 참여를 확대시켜 정당의 지지기반을 넓히고 효율적인 조직으로 발전하게 된다. 정당의 지도자는 정치권력을 획득하고 사회질서를 재편하기 위해서 정당의 조직을 결속시킨다.

(4) 제도화

정당의 마지막 발전단계는 제도화라고 볼 수 있다. 정당의 제도화는 정당

---

50) Samuel P. Huntington, *Political Order in Changing Societies*(New Haven : Yale University Press, 1968), pp.412 - 420.

조직이나 절차가 가치와 안정성을 얻는 과정이다.[51] 정당이 가치와 안정성을 얻는다는 것은 그 역할과 기능을 효율적으로 수행하여 국민들에게 쓸모 있는 정치집단으로 인식되고 받아들여져 안정과 질서를 유지하는 것을 의미한다.[52] 헌팅톤은 정당의 제도화 수준을 평가하는 기준으로 ① 적응성(adaptability)과 경직성(rigidity) ② 복잡성(complexity)과 단순성(simplicity) ③ 자율성(autonomy)과 종속성(subordination) ④ 응집성(coherence)과 분열성(disunity) 등을 제시하였다.[53]

정당의 적응성은 환경에 대한 도전과 정당의 수명과 관계가 있다. 장기간 존속한 정당은 그만큼 환경의 도전에 대한 적응성이 높은 것이다. 정당의 지도자가 평화적으로 교체된 경험이 많은 정당, 기능적으로 변화에 잘 적응한 정당은 제도화 수준이 높다고 볼 수 있다. 경직성은 적응성이 약하여 역사가 짧은 정당을 말한다.

복잡성은 정당의 조직이 다양한 하부조직과 계층적·기능적·분화적인 구조를 이루고 있으면 그만큼 제도화 수준이 높은 것이다. 기능의 분화와 구조의 전문화가 이루어지려면 정당의 조직체계가 복잡성을 띠어야 한다는 것이다. 단순한 정당조직은 반대로 제도화 수준이 낮다.

정당의 자율성은 특정한 사회집단의 이익을 단순하게 반영하는 조직이나 절차를 가진 정당이 아니라 다른 정치조직이나 사회세력으로부터 구분되는 자신의 가치와 이익을 가진 것을 의미한다. 그리고 정당이 경쟁을 통하여 다양한 사회집단의 이익을 표출·취합할 수 있는 정당은 제도화 수준이 높다는 것이다. 정당의 조직이나 운영이 특정한 사회세력이나 정치조직의 영향이나 압력을 받지 않는 독자성을 유지하는 것은 자율성이 높은 것이다. 종속성은 그 반대로 외부의 영향에 의하여 좌우되는 의존성이 높은 정당이며 제도화 수준이 낮다.

응집성은 정당 내부에 단결(unity)과 합의(consensus)를 유지하는 것을 의

---

51) Ibid., 1 – 24.
52) 홍득표, (2007), p.147.
53) Huntington(1968), pp.1 – 24.

미한다. 효율적인 정당조직이 되기 위해서는 최소한 분쟁을 해결하는 절차나 방법과 집단의 기능적 경계에 대한 합의가 이루어져야 한다. 정당조직이 급속하게 확대되면 응집력을 유지하기 곤란하다. 응집력이 강한 정당은 단결된 정당, 기강이 확립된 정당, 사기가 높은 정당, 정신(esprit)이 있는 정당으로 제도화 수준이 높다. 반면에 정당 내부가 분열성, 분파성, 균열성을 보이는 정당은 갈등이 심한 정당으로 제도화 수준이 낮다.

정당은 우선적으로 정치집단으로 결성되어 국민의 지지를 받아 존립기반을 다지고 발전되어야 한다. 정당의 제도화 수준이 높으면 정당의 대응능력이 향상되고 발전된 모습을 보이게 된다.

3. 정당의 쇠퇴와 탈정당화

민주정치는 정당정치라고 할 정도로 정당이 중요한 정치기구로 간주되어 왔으며, 그 존재의 중요성을 누구나 인정하고 있다. 그러나 정당의 순기능 못지않게 역기능도 있으며, 시민과 국가를 효율적으로 연계시키지 못하기 때문에 정당의 능력과 역할에 대한 회의론이 대두되기도 한다. 정당의 쇠퇴(decay), 탈정당화시대, 정당의 주변화(peripheralization) 현상이 나타나고 있다. 정당 환경의 변화와 정당정치에 대한 도전은 신정치와 변화를 요구하고 있다. 현대정당의 도전 요인으로 (1) 정당의 정통성 약화: 사회침투력 약화, (2) 정당의 정치과정 주변화: ① 대중동원 대행자로서의 지위, 시장세력으로 전락, 행동집단에 의한 정당 기능 대행 등 전통적 역할 수행 미흡 ② 정당정부에 대한 도전과 민주적 거버넌스 수행능력 결여 ③ 정치충원, 의사전달 및 교육기능, 정치참여 기능, 이익집약 기능 등 체제기능 약화 ④ 정당조직의 세력 약화, (3) 반정당 감정 등 정당에 대한 불신을 들고 있다.[54]

정당이 쇠퇴하는 이유를 몇 가지 살펴보고자 한다.

---

54) 홍득표(2007), pp.110 - 140.

(1) 정당조직의 쇠퇴

현대는 정당 조직이 쇠퇴하는 현상은 구체적으로 두 가지 상황이 뒷받침 해 주고 있다.[55]

① 당원 수가 줄어들고 있다. 당원이 증가하지 않는 것은 정당조직의 축 소와 지지기반의 취약성을 보여주는 것을 의미한다. 예를 들면 유권 자 중 당원이 차지하는 비율이 1960년대 초 영국은 9.4%에서 1980년 대 말 3.3%, 스웨덴은 22.0%에서 21.3%, 이탈리아는 12.7%에서 9.7%, 덴마크는 21.1%에서 6.5%, 오스트리아는 26.2%에서 21.8%, 노르웨이는 15.5%에서 13.5%, 핀란드는 18.9%에서 12.9%로 각각 줄 었다. 단지 독일이 2.7%에서 4.2%, 벨기에 7.8%에서 9.2%로 증가하 였을 뿐이다.[56]

② 당원의 의사결정권이 축소되고 있다. 당원이 당의 중요한 정책결정 과정에 배제되고 있다. 예를 들면 당의 총재나 의원의 후보를 당원의 직접 참여에 의하여 선출하는 경우가 드물다.

그러나 정당의 쇠퇴에 대한 반론으로 정부조직에 정당의 참여기회 확대, 중앙당 조직의 거대화, 당 재정상태의 개선 등을 들고 있지만 근본적으로 정당이 정치과정에서 차지하는 비중과 정당이 수행하는 기능과 관련지어 논의가 진행되어야 할 것이다. 정당의 조직은 당원의 수와 지지세력, 당에 대한 충성심과 열성도, 당원의 당 정책 결정권의 확대 등이 보다 중요한 기 준이 될 수 있을 것이다.

정당 조직의 쇠퇴를 막기 위해서 국가의 역할이 중요하다. 국가는 ① 정 당의 대국민 커뮤니케이션 통로 지원 ② 국고로 지원되는 의회 내 정당참모

---

55) Peter Mair, "Party Organizations: From Civil Society to the State", in Richard S. Katz and Peter Mair, *How Parties Organize: Change and Adaptation in Party Organizations in Western Democracies*(London: SAGE Publications, 1994), pp.4 - 6.

56) Ibid., p.5에서 재인용.

의 증원 ③ 정당에 대한 국고지원의 확대 ④ 정당의 조직과 활동에 대한 규제완화 ⑤ 집권여당에 의한 공공자원의 활용기회 확대 등을 들 수 있다.[57]

그러나 정당이 당리당략에 치중하거나 특정인의 개인적인 정치권력 획득의 수단으로 이용되어 국민을 위한 정치를 외면하고 소수의 정당 간부를 위한 정치에 몰두할 때 국가가 정당의 육성을 지원한다는 것은 문제가 있다. 정치권력의 투쟁에만 몰두하고 민생문제나 국민복지에 관심이 없는 정당을 공공기구로 인식하여 국고에서 보조금을 지원하는 것은 귀중한 자원의 낭비라고 볼 수 있기 때문이다.

중요한 것은 정당이 국가발전에 절대적으로 기여하는 공적 기구로 국민의 신뢰를 회복하는 것이 우선 과제가 될 것이다. 정당의 쇠퇴를 방지하기 위해서는 정당자체의 노력도 요구된다. 정당은 ① 풀뿌리에 기초한 대중정당 조직의 발전 ② 정당원의 역할 증대방향 모색 ③ 자급자족 체제의 확립 ④ 반정당정치(anti-party politics) 인식의 확산방지책 등을 찾아야 할 것이다.[58] 정당이 국가에 의존하여 발전하기보다는 자체의 노력과 개혁으로 국민의 지지를 받는 정당조직, 국민에게 봉사하는 정당 조직을 유지해야 할 것이다.

(2) 정당의 관료화·과두화

정당조직이나 운영이 비민주적으로 소수의 실권자 중심, 인물중심, 명사중심으로 이루어지고 있으며, 당내 민주화가 실현되지 못하고 있다.

(3) 정당의 종속변수화

정당이 정치과정에 종속변수에 불과하다. 미국에서 정당이 쇠퇴하는 이유를 정치권력 투쟁이 정당 밖에서 진행되어 정당이 종속변수 역할을 한다. 정당은 대통령 예비선거 과정에 중요한 역할을 수행하지만 일단 전당대회

---

57) Mair(1994), pp.7-12.
58) Ibid., pp.12-20.

가 끝나 대통령후보가 결정되면 후보중심으로 선거운동이 전개되고, 집권 후 정당과는 무관하게 당선자가 행정부를 이끌기 때문이다. 영국도 정당과 환경과의 관계에서 환경변수, 예를 들면 정치경제상태가 독립변수이고 정당은 종속변수가 되기 때문에 정당이 쇠퇴하고 있다. 일본의 경우도 정당은 주요한 정책결정을 통제하지 못하기 때문에 쇠퇴하고 있다.[59]

(4) 사회변동의 대응력 결여

정당은 사회변동에 적극적으로 대응하지 못하고 있다. 정당은 적응성 조직(adaptive organization)인데[60] 사회경제 변동의 속도에 따라 그 기능이나 능력이 향상되어야 함에도 불구하고 정체된 모습을 보이고 있다. 토플러(Alvin Toffler)에 의하면 변화의 속도가 기업은 100마일, NGO는 90마일인데 비하여 정당은 3마일이라고 한다.[61]

(5) 정당대체 정치조직 출현

정당대체 정치조직(alternative political organizations)의 출현과 정당과 대체조직 간의 관계가 변하고 있다.[62] 시민과 국가를 연계시켜 주는 정당의 대체조직으로 신정치(new politics)를 표방한 환경조직, 정당이 무시하는 보통의 쟁점을 부각시키는 부수조직(supplementary organizations), 종교·종족·인종·카스트(caste) 등의 이익을 대변하는 공동체 조직(communitarian organizations), 소수의 엘리트의 이기적인 지배를 반대하는 반권위주의 조직(antiauthoritarian organizations) 등이 출현하였다.

정당의 또 다른 대체조직으로 조합주의를 들 수 있다. 이익대표체계인 조

---

59) 미국, 영국, 일본 정당의 쇠퇴에 관하여 다음을 참고할 것. Maisel and Cooper(1978), 7, 8, 9장.

60) Wolinetz(1988), p.304.

61) 김중웅 옮김, 『앨빈 토플러의 부의 미래』, 앨빈 토플러, *Revolutionary Wealth*(서울: 청림출판, 2006), pp.63 – 71.

62) Kay Lawson and Peter H. Merkl "Alternative Organizations: Environmental, Supplementary, Communitarian, and Antiauthoritarian", in Lawson and Merkl(ed.), *When Parties Fail: Emerging Alternative Organizations*(Princeton: Princeton University Press, 1988), pp.3 – 38.

합주의가 아래로부터 제기되는 요구를 수렴할 수 있다면 정당은 이익집약자로서 위협을 받게 될 것이며 정치체제에서 주변적 존재(peripheralizd)가 될 것이다. 정당은 시민과 국가 간의 연계기능이 약화되고 단지 의회의 대표만 선출하기 위해서 존속될 가능성이 커졌다.[63]

또 다른 정당의 대체조직으로 단일쟁점집단(single-issue groups)을 들 수 있다.[64] 산업사회와 후기산업사회에 새로운 집단의 출현으로 정치적 균열이 발생한다. 정당은 선거와 국민의 지지를 지나치게 의식하기 때문에 국민적 관심사가 아니거나 민감한 쟁점에 대하여 관심을 기울이지 않거나 분명한 태도를 유보하는 경향이 있다. 정당은 또한 다양한 사회조직을 모두 대표할 수 없다. 예를 들면 환경, 도덕성, 비핵문제 등에 관심이 있는 시민단체는 대중매체의 발달로 단일 쟁점을 효율적으로 부각시켜 국민적 관심사로 등장시킬 수 있게 되었다. 단일쟁점 집단이 정당을 대체할 수는 없지만 정당의 기능을 약화시키기에 충분하다.

(6) 새 정치(new politics)의 발달

현대는 새 정치의 발달이 가속화되고 있다.[65] 정보통신기술의 발달로 정당이라는 중재기구를 거치지 않고 시민과 정부, 시민과 국가의 지도자 간 직접 연계가 용이해졌다. 전자민주주의의 등장과 매체정치의 활성화는 정당의 위상을 약화시키는 결과를 가져왔다. 대중매체는 정당보다 전국적인 네트워크를 활용하여 국민여론을 신속하게 파악하여 정부와 시민의 중재자로서 기능을 확대하고 있으며, 선거운동 방식도 변하여 정당의 약화를 부채질하고 있다.

---

63) Alan Ware, *Citizens, Parties and the State: A Reappraisal*(Princeton: Princeton University Press, 1988), p.235.

64) Ibid., (1988), pp.237-241.

65) Scott and Hrebenar(1984), p.7.

(7) 당내 갈등과 경쟁

당내 갈등과 경쟁은 정당과 정당체제에 긴장(stress)요인으로 작용하고 있다.[66] 당내에는 세 가지 유형의 갈등이 있다. 당의 조직과 활동의 기초가되는 도덕적 가치(moral values)에 대한 불일치 때문에 발생하는 분파갈등(sectarian conflict), 정당이 어떤 사회집단을 대표해야 하는가에 대한 문제로야기되는 파벌주의(sectionalism), 당권투쟁과 관련된 당파주의(factionalism)등의 당내 갈등과 당내 경쟁은 정당의 능력을 저하시키고 국민의 불신을자초하여 정당쇠퇴의 요인으로 작용하게 된다. 당내부의 심한 갈등은 정당에 대한 불신과 정치적 냉소주의를 촉발하는 요인으로 작용하고 있다.

(8) 풍요한 사회의 실현

풍요한 사회의 도래와 더불어 생계위협을 덜 느끼게 된 사람들, 그중에서도 젊은 세대들이 정치 이외의 문제로 관심이 전이되고 분산된 것을 들 수있다.[67]

(9) 대안 제시 능력의 저하

정당의 대안 제시 능력이 떨어지고 있다.[68] 정당은 국가와 국민을 위한새로운 프로그램이나 정책대안을 제시하는 데 전문성을 발휘하지 못하고있다. 정당은 구체적이고 분명한 정책 대안의 제시능력이 부족하다. 정당은전국적으로 많은 지지자를 확보한 방대한 기구(large machine)지만 정책대안제시능력을 갖추고 있지 못하다.

---

66) B. D. Graham, *Representation and Party Politics: A Comparative Perspectives*(Oxford: Blackwell, 1993), pp.141－162.

67) 이극찬(2004), p.388.

68) Blondel(1978), p.7.

(10) 탈이념의 실용주의 확산

실용주의 이념의 확산으로 당성, 당에 대한 충성심, 당의 이념에 대한 추종 강도가 약화되었다. 당원들의 당에 대한 열성과 당에 대한 정체성(party identification)이 약화되었다.

(11) 정부와 유권자 간의 관계 변화

정부는 고객인 유권자에게 사회경제적인 지원을 확대하는 등 정부의 역할이 증대되고 있으며 정부인사의 충원도 정당을 통하기보다는 실적위주의 공개채용에 의존하고 있다.[69]

정당의 위상이나 능력이 약화되고 있는 것은 사실이지만 아직도 현대정치의 생명선으로서 중요한 정치조직이라고 할 수 있다. 정당이 직접 통치하는 것은 아니지만 정부를 구성하는 데 주요 기반을 제공하고 있다. 국가 지도자나 의원을 선출할 때 후보를 공천하고, 선거운동도 정당차원에서 이루어지고 있다. 그러나 무엇보다도 정당이 존속하려면 국민의 신뢰와 지지를 획득하는 것이 중요하다. 그러기 위해서 정당의 전문화, 정당의 구조조정과 개혁, 당내 민주화, 당리당략 우선주의 지양, 당내 갈등과 분파주의 극소화 등의 노력이 있어야 할 것이다.

4. 정당과 경쟁

정당이 발전하려면 정당 간의 건전한 경쟁이 이루어져야 한다. 민주국가에서 단일정당이 존재하는 것은 불가능하다. 자유민주주의가 발전하려면 복수정당 제도의 도입이 기본적인 요건이다. 복수의 정당이 국민의 지지를 받아 정치권력을 획득하기 위해서 경쟁하는 것은 민주적인 정치과정이라고 볼 수 있다. 정당 간의 경쟁은 국민에게 선택의 기회를 제공하여 국민에 의한

---

69) Scott and Hrebenar(1984), p.7.

정부의 통제권 행사를 실질적으로 가능하게 하는 조건이라고 볼 수 있다.

선거시장(electoral markets)에서 정당 간 경쟁이 어떤 방식으로 이루어지는가는 정당정치의 발전과 관련이 있다. 선거과정에서 정당 간 경쟁의 결과 국민의 선택에 의하여 집권당과 야당이 결정되며, 정당 간의 세력과 역학관계가 형성된다. 정당 간의 경쟁이 없는 정치는 소수독점(oligopoly) 현상을 가져온다. 경제적인 접근법을 활용한다면 소수독점은 ① 가격경쟁의 부재(absence of price competition) ② 안정적인 시장점유(stable market shares) ③ 생산품의 차별(product differentiation) 등의 상황이 발생한다.[70] 정당 간 이념의 차이가 발견되지 않거나, 전체 시장을 정당 간 공통으로 점유하는 경우, 또한 공공정책의 차별화가 이루어지지 않는 상황에서는 정당 간의 효율적인 경쟁이 불가능하게 된다.

정당 간의 경쟁은 유권자를 소비자, 정당을 회사라고 비유했을 때 정치시장에서 유권자가 선택할 수 있는 다양한 종류의 상품을 제시하는 것과 같다. 정당 간의 건전한 경쟁은 유권자로 하여금 선택의 폭을 넓혀준다. 정당 간의 경쟁은 또한 시민에게 정치교육을 시키는 효과를 가져온다. 정당이 경쟁적으로 제시하는 정책프로그램에 대하여 국민은 정치지식을 얻게 되고, 어느 대안이 최적인지를 판단할 수 있는 기회를 제공하여 시민에게 정치교육 기회를 제공한다.[71] 정당 간 게임규칙에 따라서 공정한 경쟁이 이루어지면 시민의 정치적 선택과 판단능력에 많은 도움이 될 것이다. 반대로 당리당략에 치중하여 이전투구식으로 불공정한 경쟁이 이루어진다면 오히려 국민의 정치교육에 역효과를 가져오게 된다.

---

70) Alan Ware, *The Logic of Party Democracy*(New York: St. Martin's Press, 1979), pp.43 – 50.
71) Ibid., (1988), pp.70 – 84.

제8절 맺는 말

정당은 대의민주주의를 실천하는 데 필요한 정치조직이다. 정당이 민주주의의 중개자(agents of democracy)로서 구실을 다할 때 민주발전에 기여할 수 있다. 그러나 정당의 능력과 기능이 약화되고 정당의 대체 조직이 출현하는 등 정당이 정치과정에서 주변화되고 있으며, 국민의 불신을 받고 있다. 정당은 사회통합에 기여하기보다는 사회의 갈등과 분열을 조장한다. 국민의 지지를 받기 위해서 수단과 방법을 가리지 않고 지역, 세대, 이념, 계층 간의 분열주의를 선동한다. 정당은 대다수 국민의 지지를 받기 위해서 뚜렷한 이념도 없고 정당 간의 노선도 불분명하다. 정당이 대표하는 특수한 이익(particularistic interests)이 무엇인지 알 수 없는 경우가 많다.

정당이 단순히 선거에 내세울 공직후보를 공천하는 역할만 수행하고 수단과 방법을 가리지 않고 정치권력을 추구하는 집단으로서 당쟁과 정권투쟁에만 관심을 갖는다면 국민의 지지를 받기 어렵다. 국민을 외면한 채 정쟁의 온상, 소모적 대결정치와 파당정치의 주역, 당리당략에 치우친 패거리 집단이라는 인식을 갖게 한다면 정당의 존립은 위태롭게 된다. 정당이 갈등유발 집단, 분열집단(divisive force), 기존의 질서와 권위의 파괴와 도전, 합리적 지배에 대한 위협, 부패정치의 조장, 행정비능률의 촉진, 정치 불안의 부채질 등의 행태를 보인다면 국민의 신뢰를 회복하고 민주정치의 생명선, 민주주의의 중개자, 정치 안정의 촉진자로서 그 기능을 다할 수 없게 된다. 현대정당은 몇 가지 변화를 가져와야 할 것이다.[72]

첫째, 국민정당 혹은 대중정당이 되어야 한다. 지역, 계층, 특수한 쟁점 등에 기초한 지지기반을 가진 정당이 아니라 전국적인 지지를 받는 국민정당으로 발전해야 한다. 초지역적·초계층적·초분파적·범국민적인 지지기반에 기초한 정당을 국민정당이라고 할 수 있다.

둘째, 당내 민주화가 이루어져야 한다. 정당의 관료화·과두화·특권화는

---

72) 한국정당 개혁의 구체적인 실천대안에 대하여 다음을 참고할 것. 홍득표(2007).

정당의 발전을 가로막고 나아가 민주발전을 저해하게 된다. 민주주의를 위해서 투쟁하고, 민주발전을 내세우는 정당이 비민주적인 행태를 보이는 것은 모순이다. 당의 중요한 정책결정인 공직후보의 공천과 당 간부에 대한 임명 등이 당 간부나 소수의 핵심실세에 의해서 밀실에서 이루어진다면 공당이 아닌 사당이나 다름없다. 당의 주요 정책결정과정에 당원의 의사가 최대한 반영되는 민주정당이 되어야 할 것이다.

셋째, 이념정당으로 발전해야 한다. 특정한 이념에 사로잡히는 현상은 바람직하지 못하지만 노선이 불분명한 무색무취한 정당도 문제가 있다. 분명하고 일관성 있는 정당의 노선이 설정되고, 그 노선을 바탕으로 정책대안이 제시되어야 한다. 모든 국민의 지지를 받기 위해서 당의 색깔을 숨기는 것은 사회이익의 대표성이 어디에 있는지 불분명하게 된다.

넷째, 당에 대한 정체성(party identity)을 가져야 한다. 당 소속 의원이나 간부 등 핵심요원이 뚜렷한 명분 없이 반복적·습관적으로 입·탈당하는 사례가 많은 것은 당에 대한 정체성이 부족하기 때문이다. 자기가 선택한 정당에 대한 충성심과 정체성을 갖는 것은 조직인으로서 기본적으로 지켜야 할 윤리적 책무라고 볼 수 있다.

다섯째, 정당은 업적으로 국민에게 말해야 한다. 정당이 주장하는 내용이 중요한 것이 아니다. 정당이 국민을 위해서 노력한 결과와 정당이 추구한 정책의 결실이 중요하다.

여섯째, 정당 간의 경쟁이 건전하고 공정하게 이루어져야 한다. 정당 간의 건전한 경쟁은 국민의 선택 폭을 넓혀주고 정치교육에 기여한다. 국민의 지지를 획득하기 위한 정당 간의 경쟁은 게임규칙에 따라서 정정당당하게 이루어져야 한다. 여당이 공권력을 동원하여 야당의 활동을 탄압하거나 불이익을 주는 것은 정당정치의 발전을 저해하게 된다.

일곱째, 정당의 제도화 수준을 높여야 한다. 정당이 적응성, 복잡성, 자율성, 응집성을 지닌 정치조직으로 발전되어야 국민과 정부를 연결시키는 매개자, 민주발전의 중개자로서 그 역할과 기능을 다할 수 있을 것이다.

제10장 정치참여와 선거론

제1절 정치참여의 의의

1. 대의 민주주의와 국민주권

국민에 의한 정부(government by the people)는 민주주의를 정의하는 데 핵심적인 요소라고 볼 수 있다. 대의민주주의에 있어서 국민에 의한 정부는 국민의 정치참여를 통하여 실현될 수 있다. 민주정부는 1인에 의한 독재정치나 소수에 의한 과두정치와 달리 다수의 국민에 의한 정부를 의미한다. "국민이 정부의 의사결정에 더 많이 참여할수록 더 많은 민주주의가 존재한다."[1]

국민의 정치참여와 민주주의에 대한 이론은 크게 직접민주정치와 간접민주정치 등 두 가지 시각에서 접근할 수 있다. 직접민주정치는 고대 그리스에서 연원을 찾을 수 있으며, 그 후 루소(J. J. Rousseau)와 밀(John Stuart Mill) 등이 제안한 것이다. 직접민주정치란 정부의 법과 정책을 결정하는 데 시민이 직접 참여하여 국민주권(popular sovereignty)을 행사하는 것이다. 고대 도시국가에서는 모든 시민이 한자리에 모여 정책결정에 참여하는 직접적인 국민주권 행사가 가능하였다.

그러나 직접민주주의는 현실적으로 많은 제약이 있기 때문에 슘페터(Joseph Schumpeter), 사르토리(G. Sartori), 헬드(David Held) 등은[2] 시민의

---

1) Sidney Verba and Norman H. Nie, *Participation in America: Political Democracy and Social Equality*(New York: Harper & Row, 1972), p.1.

정치참여는 제한적인 역할(limited role)을 수행할 수밖에 없으며, 민주주의는 주기적인 선거를 통해 선출되는 정치 지도자들이 국민의 지지를 획득하기 위한 정치적 경쟁(political competition)을 벌이는 것을 그 특징으로 한다고 주장하였다. 대의정부(representative government)를 대표적인 간접민주정치 방식이라고 본 것이다. 대의정부는 ① 주권은 국민에게 있기 때문에 정부는 국민에 대해 책임을 져야 하고 ② 다수의 의지(will of the majority)가 소수의 것보다 중요하다는 점을 강조한다.[3]

대의성에 대하여 ① 자유민주대표론(liberal democratic theories of representation)과 ② 집단대표론(collectivist theories of representation) 등 상반된 두 가지 접근법이 있다.[4]

자유민주대표론은 개인의 권리 중에서 특히 재산권을 강조한다. 재산권은 불가침한 것으로 이를 보호하기 위해서 정부의 권한을 제한해야 하며 정부는 개인의 재산권에 간섭할 수 없다는 입장이다. 재산권과 더불어 개인의 투표권도 중요하기 때문에 대의정부는 개인의 의견과 이익을 대표해야 한다. 따라서 국민의 대표는 계급이나 직업의 대표가 아닌 지역적으로 획정된 선거구에서 선출해야 한다. 자유민주대의론은 인간의 합리성에 기초하고 있다. 인간은 이성적인 창조물로 자신의 의사를 표현하고 이익을 주장할 수 있는 능력이 있기 때문에 국민의 대표를 선출하는 과정에 참여할 자격이 있다. 자유민주대표론은 국민의 대표기구인 의회의 중요성을 강조한다.

그러나 문제는 다수결에 의한 대표성은 소수의 권리를 침해할 우려가 있다는 것이다. 다수와 소수의 권리를 동시에 보호하기 위해서는 정치적 평등(political equality)과 국민주권(popular sovereignty)을 극대화하는 것이 바람직한 것이다.

---

2) Joseph A. Schumpeter, *Capitalism, Socialism and Democracy*(New York: Harper, 1962); Giovanni Sartori, *Democratic Theory*, 2nd ed. (Detroit: Wayne State University Press, 1962) and *The Theory of Democracy Revisited*(Chatham, NJ: Chatham House Publishers, 1987); David Held, *Models of Democracy*(Stanford: Stanford University Press, 1996).

3) Ball(1993), p.120.

4) Ibid., pp.122 - 127.

집단대표론은 19세기 유럽 사회주의자들에 의하여 발전되었다. 집단대표론은 개인주의를 부정하고 국가를 지배계급의 착취수단으로 보는 입장이다. 집단대의론도 국민주권을 강조하지만 다수인 프롤레타리아 계급의 의지를 옹호한다. 집단대표론은 생산수단을 소유한 소수의 지배자에 의한 대표체계가 아니라 다수인 프롤레타리아가 지배하는 집단대표성을 의미한다.

국민주권을 직접 혹은 간접으로 행사하느냐 하는 것은 기술적인 문제라고 볼 수 있으며 민주정치는 본질적으로 국민에 의한 정부를 실현하는 것이다. 국민에 의한 정부를 실현하기 위해서 국민은 어떤 형태든 정치과정에 자신의 의지, 의견, 이익 등을 투입해야 한다. 국민 각자의 정치적 의지를 정치과정에 투입하는 것은 국민주권을 행사하는 것이며 국민주권의 행사는 곧 정치참여를 의미한다.

2. 정치참여의 개념

정치참여는 국가의 구조나 국가 권위의 선출 또는 국가정책에 영향력을 행사할 목적으로 취하는 일반시민의 활동(activities)이라고 정의할 수 있다. 정치참여를 보다 구체적으로 살펴보면 다음과 같다.[5]

① 정치참여는 국가의 기구, 조직 등을 포함하는 구조, 정책, 권위 등에 대한 지지와 그들의 변화를 유도하기 위한 시민의 활동이다.

② 정치참여는 일반시민이 정부인사의 선출과 정부의 결정(governmental decisions)에 직접적으로 영향력을 행사할 목적으로 취하는 활동이다. 공식적으로 가치의 권위적인 배분권을 갖지 못한 일반 국민이 국가의 지도자나 국민의 대표 등을 선출하고 그들이 희소한 가치를 권위적으

---

5) 정치참여에 대한 구체적인 내용은 다음을 참고하였음. Verba and Nie(1972), p.2; M. Margaret Conway, *Political Participation in the United States*(Washington D. C: A Division of Congressional Quarterly Inc., 1985), p.2; Myron Weiner, "Political Participation: Crisis of the Political Process", in Leonard Binder, *Crises and Sequences in Political Development* (Princeton: Princeton University Press, 1971), pp.161 – 165.

로 배분하는 정책결정에 영향력을 행사하기 위한 활동이다.

③ 정치참여는 국가의 지배 엘리트를 지지하거나 그들에게 무엇인가 요구하는 시민의 활동이다.

④ 정치참여는 어떤 형태든 영향력을 행사하기 위한 의도(intention)가 포함된 수단적(instrumental)·목적 지향적(goal-oriented) 행동이다.

⑤ 정치참여는 정부나 정치에 대한 관심표명, 의례적 혹은 지원적인 활동(ceremonial or supportive activities), 상징적인 행위(symbolic acts) 등 수동적인 형태도 포함된다.

⑥ 정치참여의 형태는 투표를 포함하여 다양한 방법이 있다.

⑦ 정치참여는 시민의 합법적인 정당한 행동과 그렇지 못한 것을 포함하고 있다.

⑧ 정치참여는 중앙정부나 지방정부 등 각급의 정부수준에서 이루어지고 있다.

⑨ 정치참여는 시민과 정책결정자 간에 상호작용(interaction)의 형태를 띠고 있다.

정치참여는 민주적인 참여(democratic participation)가 이루어질 때 의미가 있다. 강제로 동원된 참여, 지원적인 참여(support participation), 의례적인 참여(ceremonial participation)보다는 참여자인 시민 스스로 참여에 대한 효능감(sense of efficacy)을 인식하고 자발적·독자적 판단에 의한 참여가 중요하다. 다시 말해 정치참여에 개인의 심리적 정향(psychological orientation)이 작용할 때 의미가 있다.

제2절 정치참여의 발전

1. 정치참여의 발전과정

일반시민은 소수에 의한 지배와 다수의 복종이 요구되는 정치체제에서 오랫동안 살아왔다. 일반시민은 장기간의 투쟁의 결실로 정치에 참가할 수 있는 권리인 투표권을 쟁취하게 되었다. 그러나 아직도 전 세계의 4분의 1만이 자유와 경쟁이 보장된 정치참여 제도를 채택하고 있다.[6] 정치참여과정은 네 단계를 거쳐서 발전되어 왔다.[7]

(1) 아테네

시민의 정치참여에 대한 역사는 고대 아테네로 거슬러 올라간다. 투표에 의한 국민의 참여는 솔론의 개혁(reforms of Solon)에 의하여 이루어졌다. 솔론은 시민을 소득을 기준으로 4등급으로 분류하여 상위계급에 공직의 문호를 개방하였고, 제4계급에는 민회(assembly of the people)와 법정에 극소수의 자리를 할당하였다. 솔론의 개혁은 민주적이라고 할 수는 없지만 최초로 민회를 설치하였고, 어느 시민에게나 발언의 기회가 주어졌고, 법정에서 고충을 처리할 수 있었다. 아리스토텔레스는 시민에게 공직선출과 사건에 대한 설명을 듣기 위해 행정관을 소환할 수 있는 권한을 준 솔론의 개혁을 높게 평가하였다. 솔론은 또한 네 계급으로부터 선출된 행정관 후보들을 추천에 의하여 임명하는 규정도 만들었다.

솔론체제는 9명의 참주(tyranny of Peisistrtus) 제도로 바뀌었다. 참주에 의한 지배(tyrant's rule)는 전제정치(tyranny)보다 입헌정부라고 할 수 있다. 참주의 추첨제 선발은 금지되었고 선거를 통하여 선출하였다. 아테네의 진정

---

6) Conway(1985), p.83.

7) 정치참여의 확대과정은 다음을 참고하였음. Conway(1985), pp.83－104; Richard S. Katz, *Democracy and Elections*(New York: Oxford University Press, 1997), pp.10－25.

한 민주주의는 참주제에 뒤이어 도편추방제(Cleisthenes) 개혁으로 시작되었다. 개혁안은 혈연(kinship)에 기초한 4개 부족을 지역에 기초한 10개 부족(tribes)으로 아테네 시민을 인위적으로 재편성하여 참여의 영역을 확대하였고, 정통성의 시비를 줄였다. 도편추방제 헌법의 가장 중심적인 내용은 공직위원회(boards of officials)에 모든 부족이 동등한 수의 대표를 참여토록 한 것이다.

기원전 5세기의 아테네의 모든 시민은 일정한 나이와 수입이 인정되면 누구나 공직에 취임할 수 있는 기회를 주었다. 페리클레스(Pericles) 시대의 민회는 입법권에 대한 전권을 가지고 있었으며, 귀족에 의해서 소집되었고, 연간 40회의 회합을 가졌다. 민회에는 약 5~6만 명의 참석자격이 있는 시민 중에서 평균 2,000~3,000명이 참석하였다.

아테네에서 민주주의가 발전한 것은 전제정치를 견제하기 위한 데 있었다. 전제정치를 방지하기 위한 방법으로 전 시민을 지역에 뿌리를 둔 부족으로 재편성하였고, 공직을 부족마다 할당했다. 또한 추천에 의한 공직 임명, 공직임기 단축, 공직의 교대 등으로 소수의 엘리트에 의한 독점을 방지하였다. 특히 민회는 특별회의를 개최하여 추방에 관한 법(law of ostracism)을 입법화하였고, 추방제도를 통하여 잠재적인 전제정치를 막았다. 아테네에서는 시민의 정치참여에 중요한 가치를 부여하였다.

(2) 로마

로마는 시민이 행정장관(magistrate)을 선출하였고, 모든 입법은 전체 시민이 모여서 동의하면 통과가 되고 반대하면 부결되는 시민승인제를 채택하였다. 선거에서 시민에게 선택이 허용되었지만 행정장관에 의하여 철저하게 통제되었으며, 입법투표는 단순하게 찬성과 반대만을 허용되었다. 시민들의 선택자유가 극히 제한되었고, 행정장관이나 지배계급이 투표결과를 통제하는 다양한 제도적·절차적 장치를 마련하였기 때문에 그리스의 기준으로 볼 때 민주국가라기보다는 과두적 금권국가(oligarchic timocratic state)의 성격이 강했다. 민회는 세 가지 유형으로 발전하였다.

첫째, 로마의 3개 전통적 부족(traditional clans)의 대표 10명씩, 총 30명으로 구성된 원로원(comitia curiata)이 있었다. 원로원은 중요한 법률(lex de imperio)을 통과시키는 권한을 행사하였으나 새로 선출된 집정관(consul)이나 치안관(praetors)에게 통치권을 공식적으로 승인했는지 아니면 그들의 권한을 추인했는지는 확실치 않다.

둘째, 기원전 443년에 나타난 군으로부터 연유한 백부원(comitia centu-riata)이 왕정 종식 때까지 정치적인 역할을 수행하였다. 백부원은 부족민회에서 행사하던 입법권을 대신하였고, 집정관, 치안관, 감찰관 등을 선출하는 권한을 가지고 있었다.

셋째, 지역부족(territorial tribes)에 기초한 두 종류의 민회가 있었다. 하나는 귀족(partricians)이 이론적으로 배제되고 호민관(tribune)으로 구성된 국민회의(concilium of plebis)와 다른 하나는 최고위의 행정장관(curule magistrate)과 투표권이 있는 시민으로 구성된 평민회(comitia populi tributa) 등이 있었다.

로마의 민회에서 투표는 재산을 기준으로 하였으며, 재산이 있는 사람들에게 투표권 행사 순번을 앞당기는 특권을 주었다. 투표 도중이라도 일정한 다수표를 먼저 획득한 후보가 당선되면 투표가 종료되기 때문에 앞에 투표하는 것이 유리하게 작용하였다. 로마공화정은 국민의 동의에 의한 통치를 내세웠으나 실제로는 아테네와는 달랐다.

(3) 중세교회

로마공화정의 붕괴로 선거에 의한 정치지도자의 선출은 중단되었다. 그러나 중세에 중요한 정치적 행위자였던 교회가 지배자를 선출하는 과정에 피지배자의 참여에 관심을 가지고 정기적인 선거를 실시하였다. 교회는 비밀투표와 상대적·절대적 다수제 등의 방법을 창안하였다. 수도원은 광대한 토지를 소유하고 있었으며, 주교는 토지 소유는 물론 관할 지역 내에서 막강한 영향력을 행사하였다. 따라서 주교의 선출은 종교적·정치적으로 영향력이 크기 때문에 대단히 중요하게 인식되었다. 공석이 된 대수도원장의 선출에는 치열한 경쟁이 있었다. 교회는 선거방법을 발전시켰다.

그러나 교회법에 의거한 선거는 현대와 두 가지 면에서 차이가 있었다.

첫째, 성직이 선거를 통하여 결정된다고 하나 선거가 권위를 부여하는 것이 아니라 신으로부터 부여받는 것으로 믿었기 때문에 선거는 하나의 인준절차에 불과했다는 점이다.

둘째, 선거목적은 자유선택이라기보다는 신의 의지를 표현하는 수단의 하나로 인식되었다.

교회의 선거는 인간의 의지에 의한 선택이라기보다는 신의 뜻을 발견하는 과정이나 방법으로 이해된 것이다. 따라서 선택은 만장일치로 이루어졌다. 그러나 초기 주교를 뽑는 선거에 성직자, 시민, 인접 주교 등이 참석하였으나 정확한 투표방법에 대하여 알려진 것이 없다.

만장일치가 아닌 선거는 1130년 교황 이노센트2세(Innocent Ⅱ)의 선출에서 나타났으며 그 결과 교회가 분열되는 모습을 보였다. 따라서 공식적인 선거는 의견의 불일치를 제거하는 일을 중요하게 인식하였다. 선거방법은 1215년 제4차 라테란궁전회의(Fourth Lateran Council)에서 발전되었는데 ① 준(準)감화에 의한 만장일치(unanimity by quasi-inspiration) ② 타협에 의한 선거(election by compromise) ③ 공식적인 투표(formal ballot) 등을 인정하였다.

(4) 13세기 이후의 정치참여 확대

영국에서 1406년 최초 의회선거법이 제정되었다. 의회선거법은 모든 기사(knight)를 현 거주자 전체 투표에 의하여 선출해야 한다고 선언하여 모든 사람들에게 선거권을 부여하였다. 그러나 1430년 40실링(forty shillings) 가치의 토지나 재산을 가진 사람으로 제한하였다. 재산권에 기초한 투표권은 튜더(Tudor) 왕조(1485-1603년)까지도 지속되었다. 1640년 영국과 웨일즈의 모든 남성의 30%가 투표권을 가지고 있었으며, 1832년에는 10% 수준으로 떨어졌다. 스코틀랜드에서도 선거권을 연간 400파운드 이상의 재산을 소유한 자로 제한하여 1823년의 경우 200만 명의 거주자 중에서 3,000명만이 투표할 수 있었다. 영국의 선거법에 대한 개혁은 1832년(Reform Act of 1832)에 의하여 이루어졌다. 1911년까지도 재산, 신분, 교육에 따라서 복수투표가 실시되었다. 영국에서 보통·평등선거권의 부여는 1918년에 비로소 이루어졌다.

프랑스에서는 1850년에 선거권이 개방되었고 여성까지 확대된 것은 1944년이었다. 미국의 경우도 재산권에 의한 제한이 일부 폐지되고 여성과 비백인은 참정권이 허용되지 않았던 1828년 대통령선거에서 전체 성인의 20%만이 선거에 참여하였다. 재산권과 세금 등의 제한이 완전 폐지된 1844년 대통령 선거에서도 성인의 31%가 투표하였다. 미국의 여성에까지 선거권이 확대된 것은 1920년이었다. 일본은 1944년, 한국은 1948년이었다.

대중의 정치참여는 15~17세기 문예부흥과 종교개혁, 18~19세기 계몽사상, 산업혁명 등을 계기로 확대되기 시작하였다. 19~20세기 초 구미의 선거제도 발전사는 민주주의 발전사라고 할 수 있다. 19세기까지 재산에 의한 선거권 제한이 지속되었으며, 선거권의 확대역사는 그리 길지 않다.

선거권은 신의 계시적 선거권, 재산권에 기초한 선거권, 자연권에 바탕을 둔 선거권, 정부의 기능론에 기초한 선거권 사상 등으로 발전하여 오늘날 재산, 신분, 학력, 성별에 대한 제한 선거가 보통선거로, 복수투표 등 차등선거가 평등선거로, 구두·기명 등 공개투표가 비밀선거로 바뀌는 과정을 거쳐서 발전하였다.

2. 정치참여의 확대론

18~19세기 서구와 미국에서 그리고 오늘날 세계 각국에까지 정치참여가 확대되었다. 왜 많은 사람들이 정치에 참여하려고 하는가? 정치참여를 확대시킨 이론은 다섯 가지가 있다.[8]

(1) 사회동원(social mobilization)

도이치(Karl W. Deutsch)와 러너(Daniel Lerner)가 주장한 사회동원론으로 정치참여의 확대를 설명하는 것이다.[9] 근대화 과정이 정치참여에 대한 변화를 유도하였다는 것이다. 근대화 과정 – 산업화, 도시화, 문맹퇴치, 대중매체의 발달 등은 정치적 태도와 행태를 형성하는 사회화 과정에 영향을 미치게 되었고, 그 결과 정치참여욕의 증대를 가져왔다.

(2) 사회적 계층화(social stratification)

근대화 과정은 사회적 분화를 통하여 종전에 존재하지 않았던 새로운 사회집단의 출현과 새로운 사회집단과 기존집단 간의 관계에 변화를 가져오게 되었다. 신중산층은 계층에 상응한 정치권력의 획득과 같은 사회적인 높은 지위를 추구하게 되면서 기존집단과 경쟁과 대립을 불러오게 되었다. 신중산층이 정치권력을 추구하는 것은 특정정책이나 행정적인 요구를 가지고 있을 뿐만 아니라 정치권력은 사회적 지위를 나타내는 것으로 간주하기 때문이다. 재화나 용역의 분배 때문에 정치에 참여하는 것이 아니라 사회적 신분이나 지위가 중요하게 작용한다는 것이다.

정치참여의 유형변화에 작용한 개념으로 상대적 박탈감(relative deprivation)과 지위의 역전(status reversal)을 들 수 있다. 상대적 박탈감은 다른 사람이나 집단에 비해서 불평등과 박탈감을 느끼거나, 희망과 성취 간의 괴리가 심한 경우, 즉 성취되지 않은 기대 때문에 생기는 심리적인 현상이다. 소득이나 생활조건이 향상되는 과정에 심리적인 박탈감을 느껴 정치참여의 증대를 가져온다.

지위의 역전은 근대화 결과 자신이 유지했던 종전의 지위를 잃거나 또는 지위에 변화가 나타나는 것을 의미한다. 예를 들면 세습적 지위, 집안의 명

---

8) Weiner(1971), pp.165 – 175.

9) Karl W. Deutsch, "Social Mobilization and Political Development", *American Political Science Review*, Vol.55(September 1961), pp.493 – 514; Daniel Lerner, *The Passing of Traditional Society*(Glencoe: The Free Press, 1958).

성, 결혼, 종교 등으로 얻었던 사회적인 존경이 근대화 과정에 부나 권력을 중시하는 방향으로 바뀌게 되면서 종전의 자신의 사회적 지위를 잃게 되어 지위의 역전현상이 나타난다. 정치참여를 통하여 이를 회복하려고 한다.

(3) 지식인의 역할(role of intelligentsia)

정치참여에 이념의 영향과 민족주의 발전을 연관시키는 이론이다. 지식인은 역사의 회고, 고유 언어의 부활, 새로운 국가의 정체성 확립, 정치적 평등주의와 민족주의 이념의 전파 등 대중의 정치행동을 자극한다. 지식인은 사회계급의 태도나 행태의 변화를 가져올 수 있는 사상의 생산자·전파자로서의 역할을 수행한다. 지식인의 영향을 받아 대중의 정치참여가 증대된다는 것이다.

(4) 엘리트 내의 갈등(intra-elite conflict)

엘리트가 단결을 유지하지 못하고 내부 갈등이 있으면 대중의 정치참여가 확대된다. 지배엘리트와 대항엘리트 간 경쟁이 치열한 정치체제에서는 상대방을 제압하기 위하여 대중의 지지가 필요하다. 따라서 경쟁하는 엘리트들은 대중을 동원한다. 대중의 지지획득을 위한 경쟁이 치열한 상황에서는 정치참여가 증대된다. 그러나 사회적 동원이 적은 경우, 엘리트가 단결되어 있는 경우, 정부가 반대자를 효율적으로 억압하는 상황에서는 정치참여가 줄어든다.

(5) 정부의 산출(governmental output)

정부가 시민에게 많은 영향력을 행사하면 할수록 이를 견제하기 위해서 정치참여가 증대된다. 정부의 역할이 크면 클수록 참여를 통한 통제와 견제의 중요성이 증대된다. 정부의 추출능력이나 규제능력이 증대되면 많은 사회집단은 정부의 통제나 영향을 받게 된다. 그러면 시민들은 자신들의 이익

을 옹호하기 위해서 이익집단을 조직하여 정부에 대응하는 수단으로 정치
에 참여한다.

제3절 정치참여의 분석

1. 정치참여의 중요성

왜 대중의 정치참여가 중요한가? 민주주의 국가에서 대중의 정치참여는
어떤 의미를 갖게 되는가?[10]

① 정치참여는 민주주의 이론의 핵심(at the heart of democratic theory)을
   이루고 있다. 민주적인 정치과정은 소수의 엘리트가 통제하는 것이
   아니라 다수의 국민이 통제하는 것이어야 한다. 정치참여를 통하여
   국민에 의한 민주정부의 실현이 가능하다.
② 효율적인 정치참여는 시민에 의한 정치·사회 목표의 통제를 가능하
   게 한다. 국민의 대표로 출마한 후보들이 내세운 공약에 공감하여 지
   지를 보낸다면 간접적이긴 하지만 결과적으로 국민에 의한 정치·사
   회 목표의 통제 효과를 가져오게 된다. 정치참여를 통하여 시민은 정
   치·사회목표의 설정, 우선순위의 결정, 목표달성에 요구되는 자원의
   배분 등 중요한 정책의 방향과 전략에 영향력을 행사할 수 있다.
③ 정치참여는 시민과 엘리트 간에 이루어지는 의사소통의 공식적 통로
   역할을 한다. 이것은 시민의 목표와 희망 그리고 기대를 정부에 공식
   적·합법적으로 전달하는 통로가 된다. 정치참여는 국민의 의사가 정
   부에 전달되는 통로인 동시에 국민에게 만족감을 주는 통로로도 기능
   한다.

---

10) Verba and Nie(1972), pp.3－5.

④ 정치참여는 수단적 가치를 지니고 있다. 정치참여 그 자체가 목표가 될 수도 있으나 국민의 의사가 투입되는 수단이 된다.

⑤ 정치참여는 정부의 엘리트에 대한 국민의 요구나 그들의 지지 혹은 반대를 표시할 수 있는 가장 합법적인 방법이다. 또한 정치참여는 국민의 정치적 요구를 제기하는 통로인 동시에 정부의 엘리트에 대한 지지를 통하여 정통성을 부여할 수도 있으며 반대 의사를 전달하여 공직의 지위를 박탈할 수도 있는 역할을 수행한다.

⑥ 정부의 행위에 영향력을 행사한다. 정치참여는 정치인과 행정관료 등 정부의 정책결정자들에게 중요한 압력요인으로 작용한다. 정부의 정책에 대하여 대중 집회를 통하여 반대여론을 형성하면 정부는 이를 재고하게 된다.

⑦ 정치참여는 정당하다고 인정되는 시민의 행동이다. 시민이 정부에 대하여 어떤 태도나 감정을 가지고 있더라도 정치참여를 통하여 표출하지 않으면 효과가 없다. 예를 들면 지역적인 소외의식이나 불만 등이 있어도 행동으로 표현하지 않고 생각에 그친다면 의미가 없게 된다.

2. 정치참여의 분석기준

정치참여에 대한 연구를 수행하는 데 주된 관심은 어디에 있는가? 정치참여에 대한 연구에서 어떤 부분에 중점을 두고 있는가? 일반적으로 정치참여에 대한 연구는 다양한 영역에 걸쳐서 이루어지고 있지만 다음과 같은 부분에 관심을 기울이게 된다.[11] 정치참여의 분석은 <그림 10-1>에 나타난 절차를 통하여 이루어진다.

---

11) Ibid., pp.9 - 16.

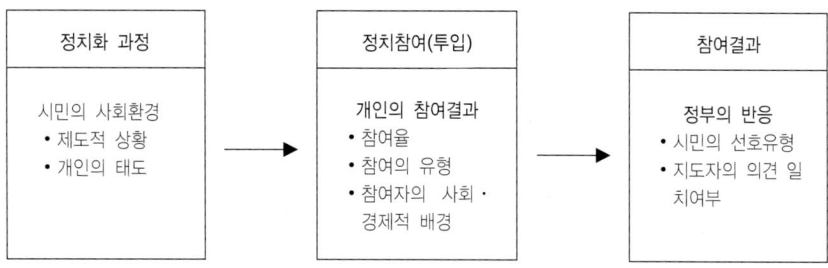

〈그림 10-1〉 정치참여의 분석 절차

정치화 과정	정치참여(투입)	참여결과

시민의 사회환경
• 제도적 상황
• 개인의 태도
	개인의 참여결과
	• 참여율
	• 참여의 유형
	• 참여자의 사회·
	  경제적 배경
		정부의 반응
		• 시민의 선호유형
		• 지도자의 의견 일
		  치여부

출처: Verba and Nie(1972), p.22.

(1) 참여율을 분석한다.

얼마나 많은(how much) 시민이 정치에 참여했는지를 따진다. 구체적으로 투표율이나 시위 참가자의 규모 등이 중요하다.

(2) 참여의 영향력(influence)을 분석한다.

시민이 정치과정에 참여하여 정부에 어떤 영향력을 행사했는지 참여의 효율성을 연구한다. 시민의 정치참여가 정부의 의사결정에 어떻게 작용했는지에 대하여 관심을 갖는다.

(3) 누가(by whom) 참여했는지를 분석한다.

예를 들면 투표에 참가한 유권자들의 성별, 연령, 인종, 종교, 학력, 소득 수준, 직업, 사회·경제적인 지위(SES; socioeconomic status)), 인생주기(life cycle), 출신 지역, 조직가담 여부, 정당소속 여부 등 참여자의 사회·경제적인 배경이 무엇인가에 대하여 연구한다.

(4) 왜 참여했는지를 분석한다.

정치참여를 결정한 원인, 배경, 동기, 이유 등을 밝히는 것이다. 정치참여의 기술, 필요성 인식, 정치참여의 효율성에 대한 자각, 참여자의 행태 등 정치참여에 작용한 개인적·심리적 요인, 환경변수, 정치제도, 정치문화, 선택의 합리성 등에 대하여 연구한다.

정치참여에 작용한 환경적·개인적 요인은 ① 대규모 환경(larger enviro-nment) – 사회체제, 정치상황 ② 주변 환경(immediate environment) – 자극요인으로 작용하는 현재의 환경 ③ 인생의 처지(life position) – 교육, 연령, 인종 등 성격형성에 영향을 준 사회화 경험 ④ 개인의 체계(personal system) – 태도, 신념, 개인적 기질 등이다.[12]

또한 ① 개인적 자원(individual resources) ② 집단의 자원(group resources) ③ 경제적 이익(economic location) ④ 개인요인(personal factors) ⑤ 정치적 견해(political outlooks) ⑥ 정당과 가치관(party and values) 등이다.[13]

(5) 참여결과를 분석한다.

시민의 선호 유형, 정부의 반응, 지도자와 어떤 방법으로 무엇에 대하여 어떤 시민과 의견이 일치되었는지 등 참여결과에 대하여 분석한다.

제4절 정치참여의 유형

1. 유형의 분류

정치참여를 일종의 행동이라고 이해할 때 행동의 유형은 다양하게 분류할 수 있다.

버바와 나이(Sidney Verba and N. H. Nie)는 (1) 투표(voting) (2) 선거운동(campaign activity) (3) 지역봉사(communal service) (4) 개별접촉(particularized

---

12) Milbrath and Goel(1977), p.33.

13) Geraint Parry, George Moyser and Neil Day, *Political Participation and Democracy in Britain*(Cambridge: Cambridge University Press, 1992), pp.63 – 224.

contacts) 등으로 분류하였다.[14]

　밀브래스와 고엘(L. W. Milbrath and M. L. Goel)은 (1) 능동형(active)의 ① 비인습적(unconventional) 유형인 항의자(protestors) ② 인습적(conventional) 유형인 지역활동가(community activists), 정당과 선거운동 종사자(party and campaign workers), 커뮤니케이터(communicators), 접촉전문가(contact specialists) (2) 수동적 지원형(passive supportive)으로 투표자와 애국자(voters and patriots) (3) 무관심형(apathetic)의 비활동가(inactive) 등으로 분류하였다.[15] 또한 정치참여의 유형을 참여의 계층(hierarchy)에 따라서 전체 국민의 ⅓에 해당되는 비활동가인 무관심형(apathetic), 60～70%에 해당되는 투표자와 애국자인 수동적 지원형의 방관자(spectators), 5～7%에 해당되는 능동형인 적극적 참여자(gladiators) 등으로 나눈다.[16]

　패리 등(G. Parry, G. Moyser and N. Day)은 (1) 투표(voting) (2) 정당활동(party campaign) (3) 집단활동(group activity) (4) 접촉(contacting) (5) 항의(protesting) 등으로 분류하였다.[17]

　여러 학자의 주장을 근거로 정치참여 유형을 <표 10-1>과 같이 분류하였다.

---

14) Verba and Nie(1972).

15) Milbrath and Goel(1977), pp.18-19.

16) Ibid., p.11.
　한편 로스와 윌슨(D. Roth and F. Wilson)은 정치참여자의 유형을 ① 활동가(activists) ② 참여자(participants) ③ 방관자(onlookers) ④ 무관심자(apolitical) 등으로 분류하였다. David F. Roth and Frank L. Wilson, *The Comparative Study of Politics*(Boston: Houghton Mifflin Company, 1976), p.159.

17) Parry, Moyser and Day(1992), p.43.

<表 10-1> 정치참여 유형

분류	유형	비고
(1) 인습적인 참여	① 시민단체 참여 ② 정치집회 참여 ③ 선거운동 참여나 정당가입 ④ 공직자와 접촉 ⑤ 정치토론	
(2) 비인습적인 참여	⑥ 청원 ⑦ 항의 ⑧ 시위 ⑨ 폭력	
(3) 수동적인 정치참여	⑩ 투표	
(4) 비활동적인 정치참여	⑪ 정치적 무관심	

2. 유형별 특성

(1) 인습적인 정치참여

① 시민단체참여

이것은 가장 대표적인 집단 활동으로 각종 공식적·비공식적인 시민단체에 회원으로 가입하거나 시민단체가 주관하는 행사에 참여하여 활동하는 것이다. 활동의 내용은 정치적 쟁점이나 국민적 관심사를 제기하여 정부의 정책결정이나 변화에 영향력을 행사하는 것이다. 어느 정파에도 속하지 않는 중립적인 입장에서 정치·경제·사회 문제를 제기하여 쟁점화하고, 국민여론에 호소하는 등 시민운동을 통하여 정부 정책에 대한 비판, 대안의 제시 등으로 정책결정에 영향력을 행사하는 것이다. 예를 들면 환경운동단체나 경실련 등이 대표적인 시민단체라고 할 수 있다.

② 정치집회 참여

정치 목적으로 개최되는 각종 집회에 참가하여 그들의 입장에 동조하거나 관심을 나타내는 정치참여를 의미한다. 강연회, 연설회, 귀향보고회, 규탄대회, 궐기대회 등 정치성 대중 집회에 참가하는 것이다. 정치집회에 참가하거나 동원된 시민의 규모에 따라서 집회의 성공 여부가 평가되기 때문에 다수의 청중이 참가한 정치집회는 정부에 대한 압력요인으로 작용한다. 한국의 경우 40.4%가, 일본은 50%가 정치집회에 참가한 적이 있다고 응답하였다.[18]

③ 선거운동 참여나 정당가입

선거 때 특정후보나 정당의 지지를 호소하기 위해서 선거운동에 참여하는 것과 특정 정당에 공식적인 당원으로 입당하여 당비를 납부하고 당의 정체성을 가지는 것이다. 선거운동 참여나 정당가입은 특정 정당이나 후보에 대한 적극적인 지지와 후원활동에 참가하는 것이다. 구체적인 활동으로 정치자금 후원, 당비납부, 자원봉사, 유세ㆍ연설회ㆍ정당집회 참가, 유권자 접촉, 홍보물 배포 등에 참가하는 것이다. 단순한 투표권의 행사 차원보다 열성적으로 정보의 전달, 선호의 표현 등에 참여하는 것이다. 한국의 경우 13.1%가 선거운동이나 정당가입 경험이 있는 것으로 나타났다.[19]

④ 공직자와 접촉

자신의 이해관계를 해결하기 위해서 정치인, 공무원 등을 직접 접촉하는 방법이다. 개인적인 민원, 지역사회 문제, 사회 문제 등을 해결하기 위해서 읍ㆍ면ㆍ동 주민센터, 시ㆍ군ㆍ구청, 시ㆍ도청은 물론 중앙부처의 관련 공무원이나 각급 의회의 의원을 직접 찾아가는 것이다. 미국의 경우 지방공무원 접촉과 기타 공직자의 접촉이 각각 6%로 조사되었다.[20]

⑤ 정치토론

여럿이 모인 장소에서 정치현안으로 부각되는 쟁점에 대하여 토론에 참가하는 것이다. 정치문제를 화두로 삼아 참석자들이 자유스럽게 자신들의 입장을 표명하는 기회를 갖는 것이다. 선거 때나 정치적인 쟁점이 있을 때는 물론 평상시에 정치문제를 화제로 삼는 것이다. 정치문제를 논의하는 것

---

18) 박동서ㆍ김광웅(1987), p.104; Sidney Verba and Norman H. Nie, "Political Participation", in Greenstein and Polsby(1975), Vol.4, p.24.

19) 박동서ㆍ김광웅(1987), p.104.

20) Verba and Nie(1975), pp.24－25.

은 정치에 대한 관심의 표명이라고 볼 수 있다. 한국의 경우 친구나 다른 사람들과 정치에 관한 이야기를 나누는 사람들이 52%나 된다는 조사결과도 있다.[21]

(2) 비인습적인 정치참여

⑥ 청원

청원은 특정한 문제에 대한 입장을 공식적인 서류로 만들어 해당 부처에 제출하여 문제를 해결하려는 방법이다. 구두가 아닌 본인이 직접 서명한 공식적인 서류로 정부당국에 진정하거나 호소하는 것이다. 개인적으로 청원을 제기하는 경우도 있으나 이해관련자, 지지자, 후원자 등 다수의 서명을 받아 정부당국에 제출하여 이의를 제기하거나 해결을 호소하는 것이다. 청원의 내용은 사적인 이익에서부터 지역주민의 공통의 이해관계, 정치·경제·사회문제 등에 이르기까지 다양하다. 청원에 참가하는 비율은 미국은 55 - 61%, 영국은 66 - 70%, 프랑스 44%, 독일 46%로 나타났다.[22] 한국은 당국에 집단적인 호소 7.8%, 관청에 진정 10.6%로 각각 나타났다.[23]

⑦ 항의

청원, 집회, 시위도 그 성격이나 내용에 따라서 일종의 항의라고 볼 수 있으나 여기서 의미하는 항의는 지지나 후원보다는 반대하는 입장을 전달하기 위해서 보다 적극적으로 이의를 제기하거나 불평·불만을 노골적으로 정부당국에 거친 방법으로 전달하는 것이다. 구체적으로 언론사나 정부당국에 전화, 편지, 전송, 전자우편(e - mail) 등으로 반대의사를 분명하게 전달하거나 정치적 파업(political strike), 정치적 보이콧(political boycott) 등 의사전달의 태도나 강도가 신사적인 청원과 평화적인 집회나 시위보다 강한 것을 의미한다.

---

21) 한배호·어수영(1987), p.154.

22) Parry, Moyser and Day(1992), p.46.

23) 박동서·김광웅(1987), p.104.

⑧ 시위

시위는 집단적으로 거리에 나서서 피켓을 사용하거나 구호를 외치면서 평화적인 방법으로 거리를 행진(street march)하는 것이다. 물론 경찰이 허가한 경우도 있지만 경찰의 반대에도 불구하고 대규모 군중이 거리를 행진함으로써 집단적으로 의사를 표시하는 방법이다. 일반적으로 평화적인 데모를 의미한다.

⑨ 폭력

의사를 전달하는 데 물리적인 강제력(physical force)을 동원하는 것이다. 화염병 사용, 투석, 자살, 폭파, 테러, 방화 등 극단적으로 최후의 수단을 동원하여 의사를 표시하는 정치참여로 비합법적인 방법이다.

(3) 수동적인 정치참여

⑩ 투표

선거에 참여하여 투표권을 행사하는 시민의 가장 기본적이고 대표적인 정치참여 유형으로 시민의 권리인 동시에 의무라고 할 수 있다. 유권자가 선거에서 특정 후보를 지지하기 위해서 투표장에 나가 한 표를 행사하는 것이다. 그 결과가 집계되어 정권의 향방이 결정되고 국민의 대표를 선출하게 되며 국가의 주요 정책이 결정되는 등 투표의 영향력은 대단히 크다. 민주주의에서는 유권자의 선택이나 선호에 따라서 정권의 향배와 정책결정이 좌우된다. 시민의 한 표가 정치적인 결정수단이나 압력수단으로 작용하여 시민에 의한 정부나 정치인의 통제가 실현되는 가장 합법적인 절차인 동시에 수단이라고 볼 수 있다. 그러나 투표율이 점점 낮아지는 추세를 보이고 있는 것이 현실이다.

(4) 비활동적인 정치참여

⑪ 정치적 무관심

정치에 대하여 관심이 없는 탈정치적·무정치적·반정치적 성향을 가진 태도를 의미한다. 정치적 무관심도 비활동적인 정치참여의 일종이라고 볼 수 있다. 정치에 대한 불신, 혐오, 소외, 무기력 등 때문에 정치에 환멸을 느끼거나 정치를 반대하거나 정치보다 중요한 다른 가치를 추구하기 때문에 정치에 관심을 두지 않는 것도 정치참여의 한 형태라고 볼 수 있다. 정치 불신에 대한 불만의 표시로 투표참가를 포기하는 것도 소극적인 방법이긴 하지만 비활동적인 정치참여의 한 형태에 속한다.

제5절 정치참여자의 특징

정치참여는 다양한 환경적·개인적 요인에 의하여 영향을 받는다. 정치참여의 유형도 다양하다. 다양한 환경적·개인적 요인과 정치참여와의 상관관계에 대하여 많은 연구가 이루어졌다. 그 결과 일반적인 경향을 발견하였다. 이러한 경향도 시대별, 정치체제별, 정치문화별로 차이가 있을 수 있으며, 항상 예외적인 경우가 있기 때문에 일반화하는 데는 무리가 있을 수 있다. 그동안의 연구결과에 대한 정치참여자의 성격이나 특징을 살펴보면 다음과 같다.[24]

1. 자극과 정치참여

정치적 행동을 하려면 환경으로부터 자극(stimuli)을 받아야 한다. 환경으

---

24) 다음을 참고하였음. Verba and Nie(1972), Chapter 8 - 16; Milbrath and Goel(1977), Chapter 2 - 5.

로부터 자극에 대한 인지는 정치참여자에 따라서 다양하게 나타날 수 있다. 자극과 정치참여와 관련하여 12개의 연구와 8개국에 대한 연구결과 다음과 같은 내용이 발견되었다.

① 정치에 대한 자극을 많이 받으면 받을수록 정치참여의 가능성이 높아진다.
② 정치에 대하여 긍정적인 매력을 많이 느낄수록 정치적인 자극을 더 많이 받게 되고 정치참여의 가능성이 높아진다.
③ 비공식적인 정치토론에 많이 참여하는 사람은 그렇지 않는 사람보다 투표나 정치참여의 가능성이 높다.
④ 선거 때 운동원으로부터 빈번한 접촉을 받은 사람은 그렇지 않는 사람보다 투표에 더 많이 참가하며 선거운동에 더 많은 관심을 갖게 된다.
⑤ 중산층의 사람들이 노동자 계층보다 정치에 대한 자극에 더 많이 노출되어 있다.
⑥ 교육을 많이 받은 사람들이 정치에 대한 자극에 더 많이 직면하게 된다.
⑦ 정치토론이 많은 가정과 정치자극을 많이 받은 집안에서 자란 자녀는 성인이 되었을 때 정치에 대한 자극에 더 많이 노출된다.
⑧ 정당이나 후보에 대하여 강한 선호(strong preference)를 가진 사람은 더 많은 정치적인 자극을 얻게 된다.
⑨ 정치에 대한 교육과 교양이 부족한 사람은 정치적 자극을 받아들이지 않는 경향이 있다.
⑩ 중년층이 젊은 층보다 정치에 대한 자극에 더 많이 노출된다.

2. 개인요인과 정치참여

정치참여와 개인요인 간의 상관관계를 연구하는 데 개인의 정치에 대한 태도, 신념, 그리고 성격 등 심리적 요인이 중요하게 작용한다.

(1) 정치에 대한 심리적 간여(psychological involvement)

① 정치문제에 대한 관심이 많은 사람일수록 활동가(activists)가 될 가능성이 높다.
② 정당, 후보, 쟁점에 대하여 강력한 선호를 가진 사람들은 정치에 더 많은 관심을 기울이는 경향이 있다.
③ 사회·경제적 지위 특히 교육수준이 높은 사람들은 정치에 높은 관심을 나타내는 성향이 있다.
④ 남성이 여성보다 심리적으로 정치에 더 많이 간여한다.

(2) 시민의 의무감(sense of civic obligation)

① 정치참여를 시민의 의무라고 생각하는 사람들의 참여도가 높은 경향이 있다.
② 사회·경제적인 지위가 높은 사람, 특히 교육수준이 높은 사람들은 시민의 의무감을 더욱더 발전시키는 경향이 있다.

(3) 정당의 정체성(party identification)

① 정당과 강한 일체감을 갖거나 선호도가 높은 사람이 정치과정에 참여할 가능성이 높다.
② 정당에 대한 강력한 선호를 가진 사람이 정치에 더 많은 관심을 보인다.
③ 노년층이 젊은 층에 비하여 정당에 대한 높은 선호를 가지고 있다.
④ 정당이나 후보에 대하여 강한 선호를 가진 사람들이 정치에 보다 적극적인 경향이 있다.

(4) 정치적 효능감(political efficacy feelings)

① 효능감을 느끼는 사람들이 그렇지 않은 사람들보다 정치참여율이 높은 경향이 있다.

② 젊어서 가사문제 해결에 참여했던 기회를 가졌던 사람들이 후에 정치적 효능감을 발전시킬 가능성이 높다.

③ 사회·경제적 지위가 높은 사람들의 효능감은 다양하게 분포되어 있는 것이 발견된다.

④ 정치에 심리적인 간여나 정치정보에 대하여 높은 점수를 주는 사람들은 효능감을 더욱더 잘 발전시키는 경향이 있다.

(5) 소외(alienation)·냉소(cynicism)·불신(distrust)

무력(powerlessness), 무의미(meaninglessness), 무규범(normlessness), 고립(isolation), 자기소원(self-estrangement) 등과 같은 소외가 정치참여와 어떤 상관관계가 있는지에 대한 연구는 다양한 결과가 나왔기 때문에 일반적인 경향을 제시하기 곤란하다. 소외는 낮은 사회·경제적 지위와도 관련이 있고, 정치사회에 대한 불신과도 관련이 있다. 또한 소외감, 냉소주의, 불신감을 가지고 있는 사람들이 항의, 폭력과 같은 비인습적인 정치참여의 가능성이 높다는 것은 마르크스 이래로 많은 학자들이 주장한 사실이다.

항의자들(protestors)의 사회적·심리적 특성은 ① 흑인 ② 젊은 사람 ③ 남성 ④ 보통 이상의 높은 사회·경제적인 지위 ⑤ 보통 이상의 정치적 관심 ⑥ 높은 수준의 정치정보 획득 ⑦ 평균치보다 약간 높은 효능감 ⑧ 평균치보다 약간 높은 자존심(self-esteem) ⑨ 정부에 대한 많은 불만을 나타내는 사람들인 것으로 나타났다.

소외와 정치참여 간의 일반적인 경향은 정치제도에 대한 신뢰가 높고 정치적 리더십에 대한 신뢰가 낮을때 극단적인 행동의 가능성이 크다는 것이다. 비인습적인 정치참여와 극단적인 행태를 보이는 사람들은 억압받거나, 무시당하거나, 사회·경제적인 지위가 낮은 사람들이 아니라 교육을 많이 받고, 정치에 관심이 높으며, 정치에 대한 많은 지식과 자신의 능력에 대하여 자신감이 있는 사람들이라는 것이다.

(6) 사교적 · 외향적 성격

사교적이고 외향적인 성격의 소유자가 정치에 입문할 가능성이 높으며, 정계에 투신하면 주도적인 역할을 수행한다. 사교적 · 외향적성격과 사회 · 경제적인 지위를 동시에 고려했을 때 의미 있는 상관관계가 유지되는 것으로 나타났다.

(7) 자아의 힘(ego strength)과 자신감

자신감은 정치적 효능감과 밀접하게 관련되어 있으며 자신감에 충만된 사람들이 정치적 활동가의 역할을 보다 잘 수행한다. 중상층의 환경에서 자란 사람들이 높은 자신감을 갖는 것으로 조사되었다.

(8) 지배욕

지배욕이 강한 사람들이 권력이나 지위에 대한 욕망이 크다는 것은 홉스(Thomas Hobbes), 니체(Nietzsche), 라스웰(Harold D. Lasswell) 등에 의하여 주장되었으며, 이론의 여지없이 수용되고 있다. 그러나 미국에 대한 경험적인 조사에서는 정치권력에 대한 강한 동기의 소유자는 정치에 입문하는 경향이 적고 설사 정계에 들어가도 성공적이지 못하다는 것이다. 왜냐하면 정치현장은 권력 욕구를 충족시키기 유리한 곳이 아니며 오히려 타인을 지배할 수 있는 기회는 기업이나 군이 더 많기 때문이다. 대부분 정치권력이 만능인 사회와 달리 미국은 정치권력의 사회통제 기능이 약하기 때문이라고 볼 수 있다.

(9) 권위주의적 성격

권위주의 성격의 소유자가 보다 적극적으로 정치에 참여할 것이라는 주장은 충분한 증거가 없다. 권위주의 성격에 대한 개념의 조작적 정의가 잘못된 이유도 있겠지만 조사 결과마다 일관된 사실이 발견되지 않고 있다.

권위주의적인 성격은 독단주의(dogmatism)라는 심리적 특성과 관련이 있지만 독단적인 사람과 정치참여 간의 상관성에 대한 연구는 깊이 이루어지지 않고 있으며, 몇몇 조사연구 결과도 제각각이라 일반화할 수 없다.

(10) 개인의 욕구(personality needs)

매슬로우(Abraham Maslow)는 인간은 하급욕구가 충족되면 고급욕구를 추구하게 된다고 하면서 욕구의 상승단계론에서 ① 육체적 욕구(식욕, 수면욕, 성욕, 생리욕구) ② 안정욕 ③ 애정욕·소속욕 ④ 존경·자아욕 ⑤ 성취욕 등을 제시하였다.[25] 정치심리학에 관심이 있는 라스웰은 존경의 욕구가 정치참여의 동인이 된다고 보았으며, 성취욕(self-actualization)이 강한 사람이 정치에 참여할 가능성이 높은 것으로 조사되었다.

3. 사회지위와 정치참여

정치참여에 대한 많은 연구는 사회지위(social position)라는 변수와 관련하여 이루어졌다. 가장 주된 이유는 개인적·심리적 요인은 측정하기가 어렵지만 사회적 지위는 그렇지 않기 때문이다.

(1) 중심부-주변부지위

사회적 지위가 중심부와 주변부 중 어디에 속해 있느냐가 정치참여에 중요한 변인으로 작용한다. 중심부에 있는 사람들이 그렇지 못한 사람들보다 정치에 참여할 가능성이 높다. 또한 중심부에 속한 가정에서 자란 어린이들이 정치참여에 대한 성격, 신념, 태도를 발전시킬 가능성이 높다.

---

25) Abraham H. Maslow, "A Theory of Human Motivation", *Psychological Review*, Vol.50, No.4(1970), pp.370-396.

(2) 사회 · 경제적 지위와 계급

사회 · 경제적인 지위는 학력, 소득, 직업 등 세 가지 변수로 구성되어 있다. 일반적으로 사회적 계급이 높은 사람들이 정치에 참여할 가능성이 큰 것으로 조사되었다.

① 고도의 경제발전을 이룩한 나라는 저발전의 나라보다 정치참여율이 높다.
② 사회 · 경제적인 지위는 비인습적인 정치참여와 긍정적인 상관관계가 있다.
③ 경제적으로 부유한 사람들이 가난한 사람들보다 정치에 참여할 가능성이 높다.
④ 학력이 높은 사람들이 낮은 사람들보다 정치참여율이 높은 경향이 있다.
⑤ 직업적인 지위가 높은 사람들이 낮은 사람들보다 정치참여의 가능성이 높다.
⑥ 전문직 종사자가 비전문직보다 정치참여 가능성이 높다.

(3) 주거 지역

농촌 거주자가 도시거주자보다 정치에 덜 능동적이다.

(4) 조직가담(organizational involvement)

① 조직가담은 정치참여의 독립변수로 작용하고 있는데 조직에 많이 가담하고 있는 사람들이 그렇지 않는 사람들보다 정치참여율이 훨씬 높다.
② 조직에서 정치참여에 대하여 참여와 반대 등 일관된 입장을 보이지 않는 교차압력(cross-pressure)이 있을 때 정치참여의 가능성이 낮다. 반면에 정치적 방향(political direction)이 동질적인 집단에 속한 사람들의 정치참여율은 높다.
③ 노동조합에 소속한 사람들이 비노조원보다 정치에 관심이 높고, 쟁점

에 대한 분명한 입장을 보이며, 투표에 참가할 가능성이 높다.

(5) 지역의 정체성(community identity)

동일 지역에 오래 거주한 사람들이 그렇지 못한 사람들보다 정치에 참여
할 가능성이 높다.

(6) 연령과 인생주기(life cycle)

① 중년(41∼50세)에 이를 때까지 정치참여의 절정기를 이루다가 그 이
  후 감소하는 추세를 보인다. 연령과 동일 지역 거주 기간, 사회·경
  제적인 지위와 연관시켜 분석하면 51∼65세까지 정치참여가 증가하
  다가 그 이후로 감소하는 것으로 나타났다.
② 정치에 대하여 가장 무관심한 집단은 미혼의 젊은 사람들이며, 기혼
  자가 독신보다 정치참여의 가능성이 높다.
③ 젊은 남성이 과격한 폭동에 참여하는 가능성이 높다.

(7) 성별

① 남성이 여성보다 정치참여의 가능성이 높다.
② 남성과 여성 간 정치참여율에 차이는 하위계층에서 높게 나타나고 상
  류층은 적게 나타난다.
③ 남성이 여성보다 복잡한 정치문제를 다룰 자격이 있다고 생각하는 경
  향이 높다.

(8) 종교

신교도(Protestants)보다는 구교도(Catholics)가, 구교도보다는 유태교도(Jews)
의 정치참여 가능성이 높다.

(9) 인종

백인이 흑인보다 정치참여의 가능성이 높다.

4. 환경과 정치참여

정치참여는 인간 내적인 요인에 의하여 영향을 받기도 하지만 인간 외적인 환경의 영향도 받는다. 환경변수는 환경의 생물학적·물리학적 환경, 문화환경, 사회구조와 특징, 정치환경 등 다양하게 분류할 수 있다. 정치환경은 선거제도, 정당제도, 게임규칙, 정치운동(political movement), 정책의제, 선거운동, 대중매체의 영향 등 여러 요인이 있다. 환경과 정치참여에 대한 몇 가지 연구결과가 있다.

(1) 근대화의 수준

세계 제2차 대전 이후 근대화와 사회변동에 대한 연구는 각광을 받는 분야가 되었다. 정치발전에 대한 연구도 정치참여와 관련지어 이루어졌다.
 ① 근대화된 사회가 덜 된 사회보다 정치참여의 가능성이 높다.
 ② 발전도상의 과도기에 처한 사회가 정치폭력의 잠재력이 높다.

(2) 게임규칙

투표권에 대한 자격기준 등 법적 체계가 정비되지 않는 나라의 정치참여율은 낮다.

(3) 정당체계

 ① 경쟁적인 정당체제일수록 정치참여의 가능성이 높다.
 ② 정당원에 의하여 잦은 접촉을 받은 사람들이 투표에 참가하고, 논쟁

적인 활동(gladiatorial activities)에 참여할 가능성이 높다.

(4) 특수한 선거의 특징

① 선거를 유권자가 어떻게 지각하느냐가 정치참여와 깊은 관련이 있다. 예를 들면 정당 간 치열한 경쟁이 이루어지는 곳에서는 투표결과가 근소한 차이를 보이게 되며 투표율도 높게 나타난다.
② 선거가 중요하다고 인식되면 투표율이 높아진다. 예를 들면 지방선거보다 대통령 선거나 총선거가 중요하다고 생각하기 때문에 투표율이 높다.
③ 위기 시에 치러지는 선거가 평상시보다 중요하다고 인식되면 투표율이 높게 나타난다.
④ 선택의 대안에 대한 분명한 차이가 있다고 인식되면 투표율이 높게 나타난다.
⑤ 후보자가 있는 선거보다 국민투표와 같이 후보자가 없는 선거의 참여율이 낮다.
⑥ 정치선전이 많을수록 투표율이 높게 나타난다.

(5) 지역 간 차이

동일 정치체제 내에서 지역별로 정치참여가 다르게 나타나는 것이 현실이지만 이 문제에 대한 연구는 소홀하게 취급되었다. 한국은 지역별로 투표율이 현저한 차이를 보이는 경우가 있는데 지역감정이 작용하기 때문이다.

(6) 비정치환경

선거나 정당과 관련이 없는 정치 환경에서도 평상시에 시민들이 공공정책 결정과정에 영향력을 행사할 수 있다고 믿으면 믿을수록 정책의 선호에 대하여 공직자들과 빈번하게 커뮤니케이션을 유지할 가능성이 높다.

시민의 외적 환경은 정치참여의 기회와 한계요인으로 작용한다. 환경의 변화에 따라서 정치참여도 변하게 된다. 예를 들면 헌법이나 정치체제의 변화를 가져오면 정치참여의 방법과 기회에 변화를 가져올 수밖에 없다. 누구에 의하여, 얼마나 많은 사람들이, 어떤 방법으로 정치에 참여하느냐 하는 것은 환경과 관련이 있다. 인간 삶의 질이 높은 안정된 사회와 그렇지 못한 사회, 민주사회와 권위주의 사회 등의 환경에 따라서 차이가 있을 수 있다.

시민의 정치참여는 다양한 요인에 의하여 영향을 받는다. 정치참여자의 특징에 대한 수많은 연구결과 비교적 일치된 경향을 소개한 것에 불과하다. 인간의 행태는 어느 정도 예측이 가능하지만 복잡한 동물인 인간의 정치적 행위와 활동을 기계론적으로 법칙화하는 것은 매우 어려운 일이다.

제6절 선거론

1. 선거의 의의와 기능

(1) 선거의 개념

정치참여의 다양한 유형 중에서 선거는 브라이스(J. V. Bryce)의 말과 같이 "총탄(bullet) 대신 투표(ballot)로서 정치문제를 해결하는 민주적인 방법"이다. 선거는 정치에서뿐만 아니라 사회의 각 분야에서 대표자를 선출하는 가장 민주적인 방법으로 활용되고 있다. 선거는 민주주의의 핵심 개념의 하나인 평등을 구체화하여 정치적 영향력을 행사하는 정치참여의 방법이라고 볼 수 있다. 특히 선거는 집단의 평등이 아닌 선거에 참여하는 개인의 평등을 보장하는 수단이다. 개인의 평등권과 기회의 평등권을 보장하는 방법이다. 선거는 다양한 의미를 지니고 있다.

정치학에 있어서 선거는 국민의 대표자를 선출하는 방법을 의미한다. 선

거를 통하여 공직에서 일할 사람들을 뽑는다. 선거는 역사적으로 다른 의미를 지니고 있었다.[26]

① 고대 아테네에서 선거는 전제정치(tyranny)를 방지하는 방법이었다.

② 로마공화정에서는 선거는 권위를 확인(confirm)하는 방법이었다.

③ 중세 교회에서는 외적으로 결정된 진리나 신의 의지를 추인하는 방법이었다.

④ 자유 민주주의에서는 국민의 대표자를 선출하고 권한을 부여하는 방법이다.

⑤ 주권재민의 원리에서 선거는 국민의 의지를 집약시키고 효력을 발생토록 하는 방법이다.

⑥ 자유주의는 다른 사람을 착취하는 정부를 통제하여 개인적인 이익(selfish interests)을 보호하는 방법이다.

⑦ 개인의 발전을 강조하는 입장에서 선거는 개인의 잠재력을 발휘시키는 방법이다.

⑧ 공동체주의(communitarianism)를 강조하는 입장에서 선거는 공동체의 발전과 유지를 촉진시키는 방법이다.

(2) 선거의 기능

선거는 유권자가 정치과정에 자신의 의사를 확실하게 전달할 수 있는 가장 유력한 정치참여 수단이라고 볼 수 있다. 선거는 국민의 주권을 행사하는 최적의 방법으로 몇 가지 기능을 수행한다.[27]

① 정치체제의 민주성을 보장한다. 선거는 무엇보다도 정치체제의 민주성을 보장하는 핵심적인 기능을 수행한다. 공정한 자유선거가 허용되지 않는 정치체제를 민주적이라고 할 수 없다.

② 정당성과 대표성을 부여한다. 정치체제는 물론 국가의 지도자나 국민의 대표에 대한 정당성을 보장하는 기능을 수행한다. 선출된 지도자

---

26) Katz(1997), p.100.

27) Ibid., pp.101 - 105.

의 권위를 인정하고 국민의 대표로서 합법적으로 권한을 행사할 수 있도록 한다.

③ 정치지도자의 충원기능을 수행한다. 선출직에 있는 공직자를 선거를 통하여 충원한다.

④ 선택(choice)과 선출(selection)기능을 수행한다. 선거를 통하여 제시된 다양한 대안 중에서 국민이 선호하는 한 가지를 선택하고 선출하는 기능을 수행한다. 찬성이나 반대 또는 여러 정당 중에서 어느 한 정당을 선택할 수 있는 기회를 국민에게 제공한다.

⑤ 국민의 정치간여(popular involvement)와 정치교육기능을 수행한다. 선거는 국민의 직접적인 정치간여의 기회를 제공하고, 선거과정을 통하여 다양한 정치정보의 획득, 복수의 대안에 대한 비교와 평가, 대안의 선택과 결정능력의 향상 등 정치교육에 이바지한다. 그러나 선거과정에 근거 없는 유언비어 등 부정확한 정보가 전파된다면 정치교육에 부정적으로 작용할 우려가 있다.

⑥ 이익표출 기능을 수행한다. 다양한 국민의 의사, 가치, 이익을 정치과정에 투입하는 이익표출의 기회를 제공한다.

⑦ 국민통합과 이익집약 기능을 담당한다. 다양한 국민의 의견, 가치, 이익 등을 정리하고, 국민여론의 소재를 확인하는 기능을 수행한다. 또한 선거결과 경쟁적인 후보나 복수의 정책대안 중에서 하나가 선택됨으로써 국민의 의사를 통합하게 된다. 그러나 선거과정이 불법, 타락, 관권, 금권, 흑색선전 등으로 얼룩진다면 선거결과에 대한 불복과 불법성 시비로 오히려 국민을 분열시키는 경우도 있다. 또한 지역감정이 선거결과에 나타난다면 국민통합을 저해하여 국가발전의 장애요인이 된다.

⑧ 국민이 선거에 참여하여 정치체제에 대한 귀속감과 정치적 자아로서 정치적 효능감을 느끼게 한다. 국민은 자신의 의사를 표명할 수 있는 기회를 갖게 되어 정치사회에 대한 소속감과 인간으로서의 자부심을 갖도록 한다.

2. 선거방법

선거는 민주주의를 실현하는 기제이기 때문에 방법이 민주적이어야 한다. 선거가 하나의 요식행위나 형식적인 절차가 되지 않고 민주성을 보장하기 위해서는 최소한 몇 가지 조건이 충족되어야 한다.

(1) 보통선거의 원칙

일정한 연령에 도달한 성인남녀에게 투표권을 부여하는 것이다. 재산, 납세액, 직업, 소득, 성별 등에 구애받지 않고 모든 성인에게 투표에 참가할 수 있는 기회를 주는 것은 모든 사람이 정치과정에 영향력을 할 수 있게 된다. 단, 범죄와 관련된 일부 성인에게 선거권을 제한하는 경우가 있다.

(2) 평등선거의 원칙

1인 1표(one man, one vote)로 투표권의 가치를 동등하게 인정하는 등가성의 원칙이다. 학력이나 재산 등 어떤 요인에도 영향을 받지 않고 누구나 한 표씩 투표권을 행사할 수 있고, 그 표에게 동등한 가치를 부여하는 것이다. 평등선거의 원칙도 선거구의 규모에 따라서 유권자 수가 다르기 때문에 표의 등가성 문제가 제기되는 경우가 있다.

(3) 직접선거의 원칙

유권자가 직접 투표에 참가하여 자신의 의사를 표현하는 것이다. 국민의 대표를 주권자인 국민이 직접 뽑는 주권재민 사상을 구현하는 방법이다. 개인의 선호가 굴절 없이 투표결과에 반영될 수 있도록 하기 위해서 투표권을 타인에게 양도하거나 위임하는 것이 아니라 본인이 직접 참가하는 것이다. 직접선거의 정신을 그대로 반영할 수 있는 간선제는 문제가 없으나 선거인단에 선출된 사람이 최초의 약속과 달리 실제 투표에서 다른 후보를 지지할 경우에 국민의사의 굴절이나 왜곡현상을 가져오게 된다.

(4) 비밀선거의 원칙

투표자가 누구를 지지했는지 비밀이 보장되어야 한다. 무기명 비밀투표를 통하여 투표자의 비밀을 보장하는 것은 자유선택을 가능케 하려는 데 목적이 있다. 누구를 지지했는지 비밀이 유지되지 않으면 사후가 두려워 자유로운 투표를 할 수 없게 된다.

(5) 자유선거(free-voting)의 원칙

투표권자는 누구의 압력이나 영향을 받지 않고 자신의 자유의지대로 자신의 선호를 표현할 수 있어야 한다. 또한 투표가 의무가 아닌 경우 기권할 수 있는 자유도 인정되는 것이 원칙이다.

선거의 5가지 원칙이 지켜지더라도 선거구, 투·개표 방법, 당선자 결정 방식에 따라서 선거결과가 다르게 나타날 수 있다.

3. 선거구

(1) 선거구 획정원칙

선거제도에서 선거구 획정은 매우 중요하게 취급하고 있다. 선거구는 국민의 대표를 선출하기 위해서 획정한 일정한 구역을 의미한다. 대통령 직선제는 전국을 단일선거구로 하여 투표를 실시하지만 의원선거는 일정한 지역을 선출단위로 정하여 투표를 실시한다. 선거구의 유형에 따라서 정당별당선자에 상당한 영향을 미치기 때문에 선거구의 획정은 중요한 의미를 갖는다.

선거구를 획정하는 데는 선거의 공정성, 경쟁성, 대표성, 선거인간의 동질성, 표의 등가성 등을 유지해야 하기 때문에 몇 가지 기준에 따라야 한다. 선거구의 획정에는 몇 가지 원칙이 요구된다.[28]

① 인구대표성

인구대표성은 각 선거구의 유권자 수와 선출되는 대표자의 수가 같아야 한다는 것이다. 유권자 개인의 평등권과 투표에 대한 가치의 등가성을 유지하는 데 요구되는 원칙이다. 선거구별로 선출되는 대표의 수는 동일하나 유권자의 수에 많은 차이가 있을 경우 유권자가 많은 선거구의 표에 대한 가치는 낮아지는 결과를 가져온다.

미국의 경우 1964년 하원의원 선거에서 낙선한 웨스베리(Wesberry)가 제기한 소송에서 '최대의 인구편차가 3 대 1 이상이면 위헌'이라고 판시하였다. 그러나 상원의원의 경우는 인구와 관계없이 50개 주에서 2명씩을 선출하여 인구대표성을 존중하지 않고 있다.

우리나라의 경우는 1995년 헌법재판소가 인구편차의 한계를 4 대 1로 제시한 바 있으며, 2001년 10월에는 너무 이상에 치우친 나머지 현실적인 문제를 도외시하기는 어렵기 때문에 3 대 1(상하 50% 편차)의 기준을 고려하라고 판결하였다. 상당 기간이 지난 후에는 2 대 1(상하 33⅓% 편차) 또는 그 미만의 기준에 따라 위헌 여부를 판단해야 한다는 입장을 밝혔다.

② 지역대표성

지역대표성은 지역단위, 행정단위 등을 고려하여 선거구를 획정하는 것이다. 인구대표성만을 강조하면 도시와 농촌의 인구 편차가 심한 경우 의원 수가 대도시에 집중될 수 있다. 미국의 상원의원 선거구는 전형적인 지역대표성에 기초한 것이다. 지나치게 지역대표성만을 강조하면 인구의 대표성에 문제가 생기게 된다.

③ 법정주의

법정주의는 선거구의 획정은 법에 따라야 한다는 것이다. 선거구 획정에

---

28) 최한수, 『한국선거정치론』(서울: 대왕사, 1996), pp.103 - 108.

관한 입법을 통하여 선거구를 결정하는 방법이다. 선거법에는 반드시 선거구가 구체적으로 명시된다. 이는 권력에 의한 인위적인 선거구의 획정을 방지하기 위해서 채택한 방법이다. 하지만 선거구 획정이 원칙보다는 당리당략이나 정당 간의 흥정에 따라서 결정되는 경우가 많다.

선거구는 역사적·지역적·자연적인 조건에 따라서 분할된 행정구역을 기초로 인구의 편차를 줄이는 방향으로 획정하면 어느 정도 지역의 대표성도 고려할 수 있을 것으로 보인다. 선거구가 원칙 없이 정치적 흥정이나 집권세력에 유리하게 획정되는 것은 국민의 정치적 평등을 무시하는 결과를 가져오게 된다. 집권세력이 자신들에게 유리한 자의적인 선거구획정으로 다수의 의석을 차지하려는 게리맨더링(gerrymandering)은[29] 바람직하지 못하다.

(2) 선거구의 유형

선거구에서 몇 명의 대표를 선출하느냐에 따라서 소선거구제, 중선거구제, 대선거구제로 구분된다. 소선거구제는 단일 선거구에서 1인을 선출하는 것이며, 중선거구제는 2~5명을, 대선거구제는 중선거구제보다 규모가 커 더 많은 의원을 선출하는 경우를 의미한다. 우리나라의 경우는 소선거구제를 채택하고 있으며, 이스라엘과 네덜란드는 전국을 한 개의 선거구로 의원을 선출하는 대선거구제를 채택하고 있다. 선출정수에 따라서 중선거구제와 대선거구제를 구분할 수 있지만 그 규모에 대한 논란이 있다. 따라서 시·도 이상을 단일선거구로 했을 경우 대선거구제로, 시·도를 2개 이상으로 분리했을 경우 중선거구제로 구분하기도 한다.[30] 선거구의 유형도 각각 장단점이 있다.[31]

---

29) 게리맨더링은 미국의 매사추세츠(Massachusetts) 주 주상원의원 선거에서 게리(Elbridge Gerry) 주지사가 소속한 정당은 50,164표를 득표하고 29석의 당선자를 낸 반면에 야당은 51,766표 득표에 11석 밖에 차지하지 못하였다. 선거구를 자연적인 형태, 문화, 관습 등을 무시하고 도마뱀(salamander) 잘리듯이 획정하였다고 하여 유래된 것이다.

30) 중선거구제의 선출정수에 대하여도 2~5명까지, 2~10명 이하로 구분하기도 한다. 이극찬(2004), p.420; 최한수(1996), p.113.

31) 선거구별 장단점에 대하여 다음을 참고하였음. 이극찬(2004), pp.420-424; 최한수(1996), pp.114-128.

소선거구제의 장점은 다음과 같다.

① 일할 수 있는 다수당의 출현을 쉽게 하며, 그 결과로서 정국이 안정되고 행정능률도 향상된다.

② 양대 정당을 육성시킬 수 있다.

③ 동일 정당 내의 후보자끼리의 경쟁이 없어지며 파벌의 해소에 도움이 될 수 있다.

④ 선거구가 협소한 관계로 선거자금이 적게 들며 이른바 금권선거의 위협이 적어진다. 단 매수표의 경우는 예외라고 할 수 있다.

⑤ 선거방식이 간명하므로 어느 선거인에게도 이해하기 쉬우며, 투표결과의 집계에 많은 시간과 노력을 절약할 수 있다.

⑥ 후보자와 유권자의 친밀감이 두터워지게 되며, 후보자는 지방의 실정을 잘 파악하게 되는 동시에 유권자는 후보자의 인물과 식견을 잘 식별하여 투표할 수 있다.

⑦ 선거의 관리와 선거운동에 대한 감시와 단속이 편리하므로 선거위반의 방지에 성과를 올릴 수 있다.

⑧ 보궐선거와 재선거 및 선거공영 등의 실시를 간편하게 할 수 있다.

⑨ 선거권 행사의 책임을 느끼는 경향이 농후하므로 투표율이 좋아질 수 있다.

⑩ 후보자의 난립이 상대적으로 줄어든다.

⑪ 유권자들은 후보들에 대한 정보를 보다 잘 파악할 수 있다.

소선거구제의 단점은 다음과 같다.

① 사표를 대량으로 낳게 하는 한편 득표율과 의석률의 불일치를 가져오게 한다. 제1당의 후보만이 당선되고 나머지 후보를 지지한 유권자의 의사가 무시된다.

② 지방적인 명망가에는 유리하고 전국적인 대인물에게는 불리하게 되어 의원의 질적 저하를 가져오게 된다.

③ 의원은 주로 자기 출신구의 문제에만 너무 몰두함으로써 지역대표로

떨어지기 쉬우며, 지역유권자의 볼모가 되는 역기능을 초래할 수 있다.

④ 강력한 현역 의원이 계속공천을 받을 가능성이 많으므로 신인의 진출이 용이하지 않다.

⑤ 선거인의 후보자 선택의 범위가 좁아진다.

⑥ 제1차적 사회관계인 지연, 혈연, 학연, 의리, 정실 등에 좌우되어 투표하기 쉬운 경향을 나타내며, 감정적인 대립으로 발전할 가능성이 있고, 사실상 표의 매수·협박·폭력 및 그 밖의 선거간섭이 나타나기 쉽다.

⑦ 대정당에 유리하게 되므로 잘못하면 대정당의 횡포를 조장하여 군소정당의 후보에게 상대적으로 불리하다. 또한 일점반당(1.5당)제를 낳게 하기 쉽다.

⑧ 후보자 사이의 경쟁이 치열하여 선거를 과열시키고, 선거 후에도 지방민 사이의 융화를 해칠 염려가 있다.

⑨ 게리맨더링의 위험성이 있다.

⑩ 지역할거주의가 지배한다면 특정정당이 의석을 독점할 가능성이 있다.

⑪ 승자독식으로 민주정치의 원리인 비율적 이익대변에 부적절하다.

중선거구제의 장점은 다음과 같다.

① 지역구의 과대와 과소에 따르는 모순과 결함을 완화시킬 수 있다.

② 지연, 혈연, 학연 등 전근대적인 표를 모아 의회에 진출하는 것을 방지할 수 있다.

③ 소선거구제의 사표의 양산, 치열한 선거과열을 완화시킬 수 있다.

④ 의원이 특정 지역에 얽매여 국가정책을 지역 이기주의적인 차원에서 처리할 가능성을 완화시켜 준다.

중선거구제의 단점은 다음과 같다.

① 후보의 공천에 기술적인 곤란성이 있다. 정당별로 후보자를 몇 명이나 공천할 지에 대한 정확한 예측이 요구된다. 많은 수의 후보를 내

세워 지지표가 분산되거나 또한 반대로 너무 적은 수를 공천하여 많은 당선자를 낼 수 있는 기회를 상실하는 결과를 가져올 수 있다.

② 선거인이 후보자를 선택하는 데 힘이 든다. 출마한 후보가 많고 또한 동일 정당의 공천을 받은 후보 중에 어느 후보를 선택해야 하는지 곤란한 경우가 생긴다.

③ 선거비용이 많이 소요된다.

④ 단기투표방식을 택하면 부작용이 많다. 단기투표를 실시할 경우 동일 정당 후보 간에 경쟁하여 정당 내의 질서를 문란시킬 우려가 있으며, 결국 정당보다는 인물본위의 투표가 이루어질 가능성이 있다.

⑤ 정당의 난립과 안정다수 세력의 부재로 정치적 효율성이 저하되고 정치안정을 저해할 우려가 있다.

⑥ 선거가 지역주의로 흐르면 인구가 많은 지역 출신이 유리하여 지역 간 대결현상이 우려된다.

대선거구제의 장단점은 소선거구제의 장단점과 반대의 특징을 발견할 수 있을 것이며 추가로 몇 가지를 지적하고자 한다.

대선거구제의 장점은 다음과 같다.

① 강한 지역연고주의가 약화된다.

② 의원의 지역에 대한 일체성이 약화되기 때문에 지역구에 크게 얽매이지 않고 의정활동에 전념할 수 있다.

③ 선거구가 넓고 의원정수가 다수이기 때문에 선거과열을 막을 수 있고, 의원들 간의 피곤한 경쟁의식과 갈등이 현저히 낮아질 수 있다.

④ 선거는 객관적으로 검증된 인물의 당선과 정당중심의 경쟁이 이루어질 가능성이 높다.

⑤ 연기명의 경우 자신이 지지한 후보를 당선시킬 가능성이 높기 때문에 이익취합의 효과가 보장된다.

대선거구제의 단점은 다음과 같다.

① 지방의 명망가보다는 전국적으로 지명도가 높은 인물이 당선될 가능성이 크다.

② 정당의 후보 공천에 백화점식이 될 수밖에 없다.

③ 선거운동 기간의 장기화와 법정 선거비용의 증가를 가져오게 된다.

④ 후보자의 난립으로 유권자의 선택에 어려움이 있다.

4. 대표제의 유형

국민의 대표를 선출하는 방식은 300여 종 이상이 될 것이다.[32] 그러나 기본적으로는 ① 다원제(pluralist systems) ② 다수제(majority systems) ③ 혼합제(mixed systems) ④ 비례제(proportional systems) 등으로 분류한다.[33] 정치체제마다 기본형을 변용하는 제도를 채택하고 있다. 예를 들면 1990년대 중반의 53개국에 대한 대표제의 유형 분류에 의하면 다원제는 13개국, 다수제는 4개국, 혼합제는 11개국, 비례제는 25개국에서 채택하고 있으나 그 유형이 다양하다.[34] 각국에서 실질적으로 채택하고 있는 대표제의 유형을 <표 10 - 2>와 같이 분류하였다.

---

32) Vernon Bogdanor and David Butler, (ed.), *Democracy and Elections: Electoral Systems and Their Political Consequences*(Cambridge: Cambridge University Press, 1983), p.1.

33) Lawrence LeDuc, Richard G. Niemi and Pippa Norris, *Comparing Democracies: Elections and Voting in Global Perspectives*(London: Sage Publications, 1996), pp.50 - 67. 레이크만(Enid Lakeman)은 ① 다수제(majority systems) ② 준비례제(semi - proportional systems) · 소수제(minority system) ③ 비례제(Proportional systems) 등으로 분류하였으며, 보그대노어(Bogdanor)는 대표제의 유형을 ① 다원제(pluralist systems) ② 다수제(majority systems) ③ 준비례제(semi - proportional systems) ④ 비례제(proportional systems) 등 네 종류로 분류하였다. Enid Lakeman, *How Democracies Vote: A Study of Majority and Proportional Systems*, 3rd ed., (London: Faber and Faber, 1970); Bogdanor and Butler(1983), p.17.

34) LeDuc, Niemi and Norris(1996), pp.13 - 19.

<표 10-2> 대표제의 유형

유형	세분화된 유형	투표방식		
다원제	단순다수제 (1위제)	(1) 1인 선거구 (2) 다수 선거구(연기투표제)		
다수제	절대다수제	(1) 1인 선거구	① 재투표제 ② 선택투표제	
		(2) 다수 선거구	① 재투표제 ② 선택투표제	
혼합제	제한투표제 단기비이양제 누적투표제 점수투표제			
비례제	정당명부제	(1) 폐쇄식 (2) 1인 선택식 (3) 1인 이상 선택식 (4) 개방식		
	혼합명부제 단기이양제			

출처: Le Duc, Niemi and Norris(1996), pp.54-55; Lakeman(1970), pp.255-261.

(1) 다원제

한 선거구 내에서 총유효투표의 다수를 획득한 후보가 당선되는 방식이다. 다수제는 한 표라도 많은 후보가 당선되는 1위제(first-past-the-post system)인 단순다수제(simple plurality systems) 또는 상대적 다수제(relative majority)를 의미한다.

단순다수제는 1선거구에서 1인을 선출하는 소선거구제의 경우 단기투표를 통하여 1등의 득표자가 당선되는 경우와 다수를 선출하는 중·대선거구제의 경우 2인 이상에 투표하는 연기명 투표(block vote)를 통하여 득표순으로 당선자를 결정하는 방식이 있다.

1인 선거구의 경우 1회 투표로 가장 단순하게 당선자를 결정짓는 방법이다. 의회 내 다수파 형성이 가능한 제도이기 때문에 강력한 정부(strong government)와 양당제에 적합하다. 내각제의 경우 단독정부의 수립이 가능하여 정국의 안정에 기여할 수 있다. 그러나 후보자의 난립으로 1위를 차지한 후보가 유효투표의 과반수 득표를 못 하더라도 당선되기 때문에 당선자의 지지표보다 사표가 많은 경우가 있어 대표성에 문제가 있다. 또한 지역 감정이 투표에 절대적으로 작용하는 곳에서는 특정정당이 의석을 독점하는 결과를 가져올 우려가 있다. 영국, 미국, 캐나다, 오스트레일리아, 뉴질랜드, 남아프리카, 한국 등에서 채택하고 있는 방식이다.

1선거구에서 다수를 선출하는 다수선거구의 연기명 투표제는 유권자가 2인 이상 또는 선출의원정수만큼 투표하는 것이다. 당선자의 결정은 각 후보의 득표순에 따라서 결정된다. 연기명의 경우는 유권자의 최선과 차선을 모두 선택하는 기회를 제공할 수 있다. 또한 당선자 간의 표차를 어느 정도 좁혀주거나 당선자의 대표성을 보장하는 데 도움이 된다. 그러나 유권자들의 투표행태가 정당과 인물본위로 나누어질 때 유권자들의 선호가 투표결과에 왜곡될 가능성이 있다.

예를 들어 유권자가 1,000명인 한 선거구에서 의원정수는 3명이며 의원정수인 3명까지 연기명 투표를 할 수 있다고 하자. 갑당은 ㉮, ㉯, ㉰ 후보와 을당은 ㉱, ㉲, ㉳ 후보를 공천했을 때 투표결과 600명은 무조건 정당본위로 갑당 후보를, 300명은 무조건 을당 후보를, 나머지 100명의 유권자는 인물본위로 ㉮, ㉲, ㉳ 후보를 지지했을 경우를 가정할 수 있다. 갑당의 ㉮ 후보는 700표, ㉯, ㉰ 후보는 각각 600표, 을당의 ㉱ 후보는 300표, ㉲·㉳ 후보는 각각 400표를 득표한 셈이 된다. 그 결과 단순다수제의 원리에 따라서 갑당의 ㉮, ㉯, ㉰ 후보가 당선된다. 갑당과 을당의 지지율은 2 대 1인데도 불구하고 3석을 모두 갑당에서 차지하는 권역(block)을 형성하는 결과를 가져오게 된다. 이 제도는 1885~1945년 영국의 하원, 런던시 의회, 미국, 캐나다, 프랑스, 그리스, 터키, 스위스, 벨기에 등 일부 지방선거에서 채택된 바 있다.

(2) 다수제

다수제는 총유효투표의 과반수의 지지를 당선의 기본요건으로 하는 절대다수제(absolute majority system)를 의미한다. 절대다수제는 당선자의 득표수를 최소한 과반수 또는 2/3 이상이 되도록 하여 대표성을 확립시키는 방식이다. 반면에 3인 이상의 후보가 난립하면 어느 후보도 절대다수의 지지를 받기 곤란하여 1차 투표에서 당선자를 내기 어렵다는 문제점이 있다. 이를 보완하기 위한 재투표제(second ballot) 또는 무제한 투표제(exhaustive ballot)와 선택투표제(alternative vote) 등이 있다.

재투표제는 1차 투표에서 절대다수의 지지를 받은 후보가 없는 경우 당선자가 나올 때까지 반복적으로 투표를 하는 것이다. 재투표 횟수에 제한을 두지 않고 당선자가 나올 때까지 실시하는 투표를 무제한 투표제라고 한다. 그러나 수차례에 걸친 반복적인 재투표의 경우 유권자의 관심이 떨어져 갈수록 투표율이 저조해질 우려가 있다. 또한 당일에 수차례의 투표와 개표가 물리적으로 곤란하여 투표의 연속성을 기하기 어렵다는 문제점이 있다. 따라서 1차 투표 결과 과반수 득표자가 없을 경우 상위득표자 2인을 대상으로 2차에서 결선투표를 실시하거나 또는 2차에서 상위 득표자 3인을 상대로 결선투표를 실시하여 당선자를 내거나 2차에서도 과반수 득표자가 없는 경우 3차에서 다수득표자를 당선시키는 등 다양한 방법이 있다. 프랑스, 독일, 벨기에 등이 일부 선거에서 채택하고 있다.

선택투표제는 재투표를 방지하고 절대다수제의 원칙을 존중하기 위해서 채택한 제도로 유권자가 선호하는 후보가 제1차에서 패배하였을 때를 가정하여 예비로 차선의 후보를 2명의 범위 내에서 선택하도록 하는 방식이다. 구체적으로 ㉮, ㉯, ㉰ 후보가 출마하여 제1차 지지표에서 ㉰ 후보가 3등이면 낙선이 선언되고, ㉰ 후보의 1차 지지표는 무효가 된다. 다만 ㉰ 후보의 1차 지지자 중에서 차선으로 선택한 ㉮, ㉯ 후보의 2차 지지표를 ㉮, ㉯ 후보에게 전환시켜서 당선자를 확정짓는다. 예를 들면 제1차 선호에서 ㉮, ㉯, ㉰ 후보가 각각 100, 80, 70표씩 득표하였고, ㉰ 후보를 지지한 70명 중에서 2차 선호로 ㉮ 후보 20표, ㉯ 후보 50표가 나왔다면 총 130표를 득표한 ㉯ 후보가 120표를 획득한 ㉮ 후보를 제치고 당선자가 된다. 선택투표제의 문제점은 1차에서 1위를 득표한 후보가 제2차 선호표 전환으로 낙선되는 경우가 생겨 대표성에 문제가 제기된다. 또한 다수당에게 유리하고 소수당을 차단하는 결과를 가져온다.

(3) 혼합제

혼합제는 소수파에도 약간의 의원이 선출될 수 있도록 기회를 보장해 주는 방법이다.[35] 한 선거구 내에서 최대다수표를 획득한 1등 후보뿐만 아니라 2등 후보도 당선시켜 유권자의 선택 기회를 넓혀주고 사표를 방지하기 위해서 고안된 방법이다. 혼합제는 준비례제라고 하며 주로 대선거구제를 전제로 하고 있다.

① 제한투표제(limited vote)

1931~1932년 영국의 프래드(Mackworth Praed)의 개혁법안에 의하여 제안되었다. 제한투표제는 1개 선거구에서 선출되는 의원의 정수보다 적은 수의 후보를 선택할 수 있도록 한계를 설정하는 방법이다. 예를 들면 5명의 의원을 뽑는 선거구에서 유권자에게는 3명의 후보만을 선택할 수 있도록 하는 방법이다. 제한투표제는 특정정당에 의한 독식을 방지할 수 있다. 예를 들면 다수당인 갑당의 후보라도 인기가 없으면 을당의 가장 인기 있는 후보가 당선될 수 있다. 이 제도는 1968~1980년 영국하원의 13개 선거구, 미국의 필라델피아 시의회, 1969년 지브롤터의 하원선거, 1946년 일본의 중의원 선거, 한국의 1960년 참의원 선거 등에서 채택된 바 있다.

② 단기비이양제(single non-transferable vote)

수명의 의원을 선출하는 선거구에서 단 1명만을 선택하도록 하는 방법이다. 한 선거구에서 10명의 의원정수가 있더라도 유권자는 단 한 명의 후보만을 선택하여 투표하는 것이다. 한 선거구에서 다수를 선출한다는 입장에서 1인 선거구보다는 대표성이 높고 소수집단의 의견을 반영할 수 있다는 장점이 있다. 또한 대선거구제에서 단 한 명의 후보를 선택하기 때문에 아주 단순한 투표방법으로서 문맹률이 높은 사회에서 적합하다. 그러나 수명

---

35) 이극찬(2004), p.432.

을 뽑는 선거에서 많은 후보가 있는데 단 1명만을 선택한다는 것은 유권자의 선호를 지나치게 제한하고 있다는 문제점이 있다. 1900~1995년 일본의 하원선거에서 채택한 방법이다.

③ 누적투표제(cumulative vote)

누적투표제는 최초로 1850년 일당에 의한 식민의회의 독점을 방지하기 위한 방법으로 영국의 추밀원(Privy Council)에서 제안하여 1853년 채택되었다. 누적투표제는 연기명 투표 방식을 개선한 것이다. 연기명 투표는 의원 정수만큼 투표를 하되 각각 다른 후보를 선택해야 하지만 누적투표제는 한 후보에게 몇 번이고 반복해서 투표할 수 있는 방법이다. 예를 들면 5명을 뽑는 선거에서 10명의 후보가 출마했을 경우 유권자는 5표 모두를 한 후보에게 투표할 수 있고, 두 명의 후보에게 각각 두 표씩 그리고 나머지 한 표는 또 다른 후보에게 투표할 수 있는 제도다. 소수당의 후보도 당선될 수 있는 기회가 있다. 1870~1902년 영국의 교육위원회 선거(school board)와 미국 일리노이 주 하원선거 등에서 채택한 바 있다.

④ 점수투표제(points system)

1770년 프랑스의 샤를(Jean Charles)과 보르다(Chevalier de Borda)가 제안한 것으로 누적투표제의 단점을 보완한 방법이다. 예를 들면 유권자는 후보별 1, 2, 3, 4, 5점 등 등수를 점수와 같이 부여하는 방식이다. 그 결과 가장 낮은 점수를 얻은 후보(lowest total)가 당선된다. 점수투표제는 차선의 후보가 당선되는 문제점이 있다. 노르웨이가 정당 내의 후보를 공천하는 데 활용한 예가 있다.

(4) 비례제

비례제는 1885년 덴마크에서 처음으로 실시된 이래 무려 300여 종이 넘는 유형이 있다. 비례제는 각 당의 유효 득표비율에 따라서 의석을 산술적으로 배분하는 방법이다. 선거결과 정당별 유효 득표율에 따라서 전체 의석을 정확하게 배분하는 것이다. 비례제는 다수제가 다수당에게, 준비례제가 소수당에게 유리한 장단점을 보완하여 정당이 선거에서 득표한 실제 지지 표를 기준으로 의석을 배분하는 것이다. 비례제의 원칙을 가장 잘 반영시킬 수 있는 것은 전국을 하나의 선거구로 하는 것이다.

비례제의 장점은 다음과 같다.[36]

① 국민 각계각층의 의사가 그 세력에 비례하여 의회에 반영되므로 어느 한편에 기울어지지 않는 중용의 정치를 할 수 있다.

② 개인본위가 아니라 정당본위의 선거가 되어 정당정치의 활성화에 기 여할 수 있다.

③ 소수파에게도 당선의 가능성을 줄 수 있어 소수대표의 원리가 실현될 수 있다.

④ 정당간부의 당선을 확보할 수 있다.

⑤ 선거비용이 적게 든다.

⑥ 선거의 과열방지와 비교적 공정한 선거가 기대된다.

⑦ 사표의 방지와 표의 등가성을 최대한 실현시킬 수 있다.

⑧ 여론을 선거에 제대로 반영할 수 있다.

비례제의 단점은 다음과 같다.

① 투표방법과 당선절차가 너무 복잡하다.

② 소당분립의 경향을 조장하게 함으로써 정당의 파편화와 정국의 안정 을 해칠 위험성이 있다.

③ 당선자는 국민대표가 아닌 정당대표의 성격이 강하다.

④ 국민과 국민대표 간 직접접촉의 기회가 줄어들어 소원해질 가능성이 있다.

⑤ 후보의 공천 등에 있어서 정당간부의 횡포가 우려되며 정당의 과두화 와 관료화 등이 예상된다.

---

36) 비례대표제의 장단점은 다음을 참고로 하였음. 이극찬(2004), pp.424-425.

비례제는 크게 세 가지로 구분된다.

① 정당명부제(party list)

선거인이 정당에 투표하고 그 결과를 기준으로 정당에서 당선자를 내는 방식이다. 정당명부제는 유권자가 정당에서 제시한 후보를 선택할 수 있는지 여부에 따라서 폐쇄식(no choice between candidates), 선택식(flexible lists), 개방식(large freedom of choice) 등으로 나눈다.

폐쇄식은 유권자는 정당이 제시한 후보에 대해서 선택권을 행사할 수 없이 정당본위로 투표를 한다. 선거결과 정당의 지지율에 따라서 정당이 제시한 순번대로 당선자가 결정되는 방식이다. 1919~1933년 독일, 체코, 프랑스, 터키 등에서 채택한 바 있으며 대표적인 나라는 이스라엘이다.

선택식은 유권자가 정당이 제시한 순번에 있는 후보자 중에서 1명을 선택하여 투표하는 1인 선택식과 2명 이상 선택하는 방식이 있다. 1인 선택식은 벨기에, 덴마크, 네덜란드, 프랑스 등의 각종 선거에서, 2인 이상 선택식은 이탈리아, 노르웨이, 네덜란드, 그리스 등 각종 선거에서 채택된 바 있다.

개방식은 정당에서 순번을 정하여 후보를 공천하는 것이 아니라 가나다순으로 후보를 제시하면 유권자가 지지하는 후보를 선택하여 투표하는 방식이다. 핀란드, 스위스, 룩셈부르크 등의 각종 선거에서 채택한 바 있다.

명부식 비례제의 의석 배분방식은 동트식(D'Hondt Rule) 최고평균방식(highest average formula), 라귀식(Lague's Rule) 최고평균방식, 최대잉여법(largest remainder formula) 등이 있다. 동트식은 모든 의석을 배분하는 데 한 의석이 차지하는 평균투표수를 산출하고 정당별 지지표를 평균투표수로 나눈 결과에 따라서 의석을 배분하는 것이다. 최대잉여법은 유효득표율에 따라서 의석을 배분하고 남은 의석은 최대의 잉여표가 있는 정당에 배분하는 방식이다.[37]

② 혼합명부제(mixed system)란 유권자는 정당본위와 정당이 제시한 후보

---

37) 자세한 내용은 다음을 참고할 것. 최한수(1996), pp.168-172; 서울대학교 정치학과 교수(2004), pp.284-288.

개인본위로 투표할 수 있는 방법이다. 정당본위의 선택 결과는 정당에서 제시한 후보의 순번에 따르고 유권자가 선택한 후보의 지지표는 후보 개인에게 합산하여 당선자를 결정하는 방법이다. 독일에서 채택하고 있는 방식이다.

③ 단기이양제(single transferable system)는 1855년 덴마크의 앙드레(Andrae)에 의하여 창안되었고 영국의 헤어(Thomas Hare)에 의하여 발전된 방법이다. 단기이양제는 시민이 자신의 의도대로 자유롭게 대표를 선출하는 것이 진정한 민주주의의 핵심이라는 확신을 갖게 하기 위해서 창안된 제도라고 볼 수 있다.[38]

단기이양제는 한 선거구 내에서 선출되는 의원의 정수만큼 유권자가 선호순위를 부여하여 투표하는 방식이다. 이 제도의 핵심적 특징은 유권자의 선호에 비례하여 국민의 대표를 선출할 수 있다는 것이다. 단기이양제에 의한 당선자의 결정방식은 헤어(Hare)식, 헤어 – 크라크(Hare – Clark)식, 그레고리(Gregory)식 등이 있다.[39]

5. 선거운동

(1) 의의

선거에 출마하기 위해서는 우선 정당의 공천을 받아야 한다. 정당공천을 허용하지 않는 공직을 제외하고 무소속으로 출마하는것 보다는 정당의 공천을 받는 것이 당선에 유리한 것이 일반적인 현상이기 때문에 공천이 중요하다. 유력한 정당의 공천을 받는 일은 당선에 못지않게 어려운 첫째 관문이라고 볼 수 있다. 정당의 후보로 공천을 받거나 무소속으로 출마하게 되면 당선을 위해서 활동하게 된다. 선거운동이란 선거에 출마한 후보가 당선되기 위해서 펼치는 모든 활동을 의미한다. 당선되기 위해서는 유권자의 지지를 획득해야 한다. 유권자의 지지를 획득하는 활동에는 구체적으로 기

---

38) Lakeman(1970), p.105.
39) 자세한 내용은 다음을 참고할 것. 최한수(1996), pp.159 – 166.

존의 지지자를 더욱 확고부동한 고정표로 만드는 일, 부동층을 지지자로 유도하는 일, 반대자를 지지자로 전환시키는 일 등이 포함된다.

(2) 선거운동의 주체

선거운동에 참가하는 주체는 당사자인 후보가 중심이 된다. 후보자의 후원회와 같은 공조직이 동원되고, 소속 정당이 가동된다. 그 외에 지지자, 자원봉사자, 후보자의 가족 등이 포함된다. 후보자의 사조직이나 후보자가 속한 직장조직이 선거에 동원되기도 하나 불법으로 선거운동을 허용하지 않고 있는 것이 사실이다. 하지만 암암리에 대부분 선거운동에 참여하는 것이 현실이다.

(3) 선거운동의 개시

공식적인 선거운동은 법적으로 후보등록을 마친 후 개시할 수 있으며, 예비후보 등록 후에는 명함을 돌리거나 공약집을 발간하는 등의 선거운동을 허용하고 있다. 그러나 정치지망생들은 평소에 각종 행사 참석, 사적 혹은 공적 활동, 연고관계 등을 활용하여 자신의 지명도를 높이고 이미지를 제고시키는 등 간접적인 선거운동을 전개한다. 공식적이고 직접적인 선거운동은 선거관리위원회에 후보로 정식 등록을 마친 후 투표 전까지 가능하다.

(4) 선거운동 방법

선거운동의 방식은 다양하다. 유권자와 직접 접촉, 대담과 토론회, 좌담회, 선거유세, 선거벽보 및 현수막 부착, 선거방송, 신문광고, 선거공보·선거책자·소형 인쇄물 등 각종 홍보물 제작 및 배포, 전화선거운동, 이메일 및 편지(direct mail) 발송, 당원교육과 연수, 입당권유, 여론조사, 여론조성 등 선거법이 허용하는 범위 내에서 모든 수단과 방법을 동원하여 선거운동을 전개한다. 현역 의원의 경우는 귀향보고회, 의정활동보고회, 당원교육,

유권자들에 대한 시찰 및 견학기회 부여, 민원해결, 각종 행사 참석, 애경사 참석, 지역개발 공약의 이행 등 평소에 선거운동을 할 수 있는 기회가 제공된다. 금품살포, 흑색선전, 관권개입 등 불법적인 방법을 동원하는 경우도 있다. 가장 효과적인 선거운동 방법은 유권자와 직접 접촉하여 스킨십을 나누는 것으로 알려져 있다.

(5) 선거전략

선거운동을 효율적으로 전개하기 위해서는 선거 전략이 필요하다. 선거 전략은 합법적인 방법으로 당선되기 위한 각종 행동방안을 계획하는 것이다. 선거 전략에 포함될 내용은 선거조직의 구성, 선거자금의 조달과 사용계획, 상대후보에 대한 정보 수집방법, 후보의 이미지 강화전략, 홍보전략, 유세전략, 당 조직 및 당원 관리전략, 유권자의 분석과 여론조사 전략, 후보 경호전략 등이 포함된다.

(6) 당락의 변수

선거 당락을 좌우하는 네 가지 기본 변수는 ①조직 ②자금 ③인물 ④선거운동 등을 들 수 있다. 당선되기 위해서는 네 가지 요인 이외에도 소속정당, 지역정서, 공직선거법, 정치문화, 시대상황, 개인의 관운 등이 작용한다. 최근에는 인터넷을 선거운동에 어떻게 활용하느냐도 중요하게 인식되고 있다. 특히 바람이 당락의 중요한 변수가 되고 있다. 예를 들면 2004년 4월 17대 총선에서 대통령에 대한 탄핵역풍으로 선거 판세를 하루아침에 역전시키는 결과를 가져오기도 했다.

선거에서 조직은 선거기반인 동시에 소속정당과 후보를 위해 작동하는 기제라고 볼 수 있다. 조직은 가장 확실한 고정표이며 소속정당과 후보자 자신의 득표기반이 된다.[40]

---

40) 최한수(1996), p.468.

자금은 선거비용으로 효율적인 선거운동을 위한 가장 핵심적인 물적 자원이라고 볼 수 있다. 선거비용에 대한 법정 한도액이 정해져 있으나 실질적으로는 더 많은 자금이 소요되는 것이 현실이다. 인물은 후보자 본인의 경력, 학력, 연령, 성별, 이념, 업적, 성격, 인격, 이미지, 재산, 전과 등 후보 당사자의 인적 사항으로서 당락의 중요한 변수가 된다. 후보자의 인물은 상대적인 측면이 있다. 경쟁자와 비교 우위적인 입장에 있어야 유리하다. 조직, 자금, 인물을 골고루 갖추었다고 하더라도 유권자의 지지를 획득하는 방법이 효율적이지 못하면 선거에서 승리할 수 없다. 똑같은 조건에서 어느 후보가 효율적인 득표활동을 하느냐가 당락의 중요한 변인이 된다.

선거를 시장에서의 교환방식으로 이해한다면 조직은 판매원과 판매망, 자금은 판매활동에 소요되는 선전비를 포함한 모든 경비, 인물은 상품의 질과 같은 것이며, 선거운동은 홍보와 같은 판촉활동이라고 볼 수 있다. 기본적으로 선거에서 승리하기 위해서는 위에서 지적한 네 가지 조건이 갖추어져야 한다.

6. 투표행태

(1) 의의

투표는 시민이 정치에 참여하여 정책을 직접 결정하는 것이 아니라 공직자를 선출하는 집단적인 의사결정 방식이다. 투표는 시민에게 부여된 가장 대표적인 정치참여의 수단이다. 선거의 핵심은 투표에 있다. 투표는 유권자가 어느 당의 어떤 후보를 지지할 것인가를 결정하고 행동에 옮길 때 의의가 있다. 투표는 누구를 지지할 것인가를 선택(choice)하고 그 선택을 실행하는 행동(activity)이다. 유권자의 선택과 실행결과에 따라서 정권의 향배가 결정되고 당락이 좌우된다. 민주주의에서는 투표결과에 따라서 정치권력의 향배가 결정되기 때문에 유권자들이 어떤 선택과 행동을 취할 것인지에 관하여 많은 관심을 기울이게 된다. 유권자가 투표에 참가하여 후보나 정당을 선택하는 활동을 투표행태(voting behavior)라고 볼 수 있다.

개개인의 투표행태를 과학적으로 연구하여 일반화된 경향을 발견할 수 있다면 투표결과를 사전에 예측할 수 있다. 인간이 아무리 복잡한 동물이고 돌출행동을 하는 경우가 있어도 투표에 임하는 유권자의 일반적인 행태의 유형과 특징을 발견하게 된다.

(2) 투표행태의 연구

투표행태에 관한 연구는 정치참여자의 특징에서 논의한 것과 똑같은 맥락에서 진행되고 있다. 투표행태는 특정선거에 대한 조사연구, 일정 기간 치러진 여러 선거결과에 대한 추세연구, 지역별 차이에 대한 연구, 국가 간 비교연구 등의 방법으로 이루어진다. 이러한 연구의 초점은 정치참여에 작용한 다양한 요인에 따라서 투표행태가 어떻게 나타나는지에 대하여 연구하는 것이 일반적인 경향이라고 볼 수 있다. 국가 간의 비교연구에서 연령, 계급, 계급의식, 교육, 가족의 전통, 수입, 직무의 만족도, 언어, 결혼 여부, 이동성, 직업, 지역, 종교, 주거, 성별, 기업의 규모, 주식의 규모, 절제(temperence), 실직, 노조가입 등의 변수와 투표행태 간의 관계를 연구한 예가 많다.[41]

(3) 투표행태의 유형

투표할 때 어떤 선택을 할 것인가를 결심하는 데 작용하는 요인은 대단히 많다. 그러나 투표행태의 유형을 구분하는 데 주된 고려요인으로 네 가지를 들고 있다.[42]

---

41) Lipset and Rokkan(1967), p.527.

42) 투표행태의 연구에서 투표선택(voting choice)에 작용하는 결정요인으로 정당과 일체감(party identifi-cation), 쟁점에 대한 태도(issue attitudes), 후보에 대한 태도(candidate attitudes) 등 세 가지를 들고 있으나 여기서는 개인연고지향을 추가하여 네 가지로 분류하였다. Herbert B. Asher, "Voting Behavior Research in the 1980s: An Examination of Some Old and New Problem Areas", in Ada W. Finifter(ed.), *Political Science: The State of the Discipline*(Washington D. C: The

① 정당지향(party orientation)

투표를 하는 데 있어서 정당을 최우선적으로 고려하는 투표행태를 의미한다. 후보자에 대한 많은 고려요인이 있지만 소속정당을 보고 지지하는 것이다. 이는 정당에 가입했거나 특정 정당에 대한 소속감이나 충성심이 작용하여 정당과 일체감(party identification)을 갖거나 좋아하는 정당의 후보를 지지하는 정당 지향적인 선택을 하는 것이다.

② 쟁점지향(issue orientation)

쟁점지향은 정책이나 이념 또는 정치현안으로 대두된 쟁점에 대하여 후보나 당이 어떤 입장을 취하고 있는지를 최우선적으로 고려하는 투표행태를 의미한다. 내세운 정책, 정견, 공약, 이념, 그리고 현안의 해결방식에 공감하여 지지후보를 결정하는 것이다.

③ 후보지향(candidate orientation)

소속정당이나 쟁점보다는 후보개인의 인물을 최우선적으로 고려하는 투표행태를 의미한다. 후보자의 학력, 경력, 인격, 식견, 이미지 등에 기초하여 지지할 후보를 결정하는 것이다.

④ 개인연고지향(personal link orientation)

후보를 선택함에 있어서 지연, 학연, 혈연, 개인적인 친분, 사적 이해관계와 같은 실리 등을 고려하여 투표하는 것을 의미한다. 후보와 동향, 동창, 친·인척이라는 제1차적인 사회관계에 비중을 두거나, 후보자와 자신 간에 형성된 후원자-고객관계를 최우선적으로 고려하여 후보를 선택하는 것이다. 지역감정이나 개인의 실리를 후보선택의 기준으로 삼는 투표행태를 보이는 경우가 많다.

American Political Science Association, 1983), pp.341 - 368.

(4) 투표행태의 변화

최종적으로 지지할 후보를 결정하고 실질적으로 실행에 옮기는 과정에 유권자들은 다양한 행태를 보인다. 누구를 지지할 것인가를 최종적으로 결정하는 시기가 다양하다. 각종 조사에 따르면 투표당일, 2～3일 전, 1주일 전, 2주일 전, 3주일 전, 한 달 전 등 최종결심을 하는 시기가 각각 다르다. 한 번의 결심을 굽히지 않고 끝까지 고수하는 초지일관형이 있는가 하면 투표 직전까지 지지자를 수차례 변경하는 유권자가 많다. 이와 관련하여 유권자의 유형을 일반적으로 세 가지로 분류한다.

① 고정형(crystallizer)

지지할 후보를 일단 결정하면 끝까지 고수하는 형이다.

② 기복형(wavers)

처음의 결심을 도중에 바꾸고 결국은 초심으로 되돌아가는 유형이다. 기복형을 재지지투표자(realignment voter)라고 부른다.[43] 처음의 결심으로부터 잠시 이탈하였다가 원래로 복귀하여 재지지를 보내는 경우라고 할 수 있다.

③ 정당변경형(party changer)

처음의 결심을 변경하여 최종적으로 다른 후보를 지지하는 유형이다. 정당 변경형은 이탈투표자(deviating voter)라고 할 수 있다. 예를 들면 특정정당에 대한 일체감으로부터 이탈하여 아예 다른 정당을 지지하는 경우라고 할 수 있다. 최종적으로 지지할 후보를 결정하는 과정에 이탈을 반복하는 재이탈투표(dealignment voting)의 경우도 있다.

투표행태의 변화와 관련하여 회고투표(retrospective voting)의 개념이 있

---

43) 지지(alignment), 재지지(realignment), 재이탈(dealignment) 등의 개념은 선거행태의 변화를 유형화하기 위한 개념이다. 재지지에 대한 개념은 최초로 키(V. O. Key)가 사용한 것으로 미국선거인의 투표유형을 연구하는 데서 등장하였다. 다음을 참고할 것. V. O. Key, A Theory of Critical Elections, *Journal of Politics*, Vol.17, (1955), pp.3－18; Russell J. Dalton, Paul Allen Beck and Scott C. Flanagan, "Electoral Change in Advanced Industrial Democracies", in Dalton, Flanagan and Beck, (ed.), *Electoral Change in Advanced Industrial Democracies: Realignment or Dealignment*(Princeton, NJ: Princeton University Press, 1984), pp.3－22.

다.[44) 최종적으로 누구를 지지할 것인가를 결정하는 데 과거의 업적을 회상하는 경우라고 할 수 있다. 정부여당의 괄목할 만한 업적이나 지역구 의원의 지역개발에 대한 치적을 소급 적용하여 지지를 결정하는 것이다. 현직의 재선 도전이 유리하냐, 불리하냐를 따지는 것은 회고투표와 관련이 있다. 재임 중의 업적을 높이 평가하여 재신임하는 경우에는 현역이 유리하지만 그 반대의 경우에는 현역이 불리하다.

유권자의 투표행태의 이중성도 있다. 평소에는 특정 정당이나 후보에 대하여 비판적이다가 막상 투표장에 들어가 투표를 하는 순간에 평소의 언행대로 투표하지 않는 행태를 의미한다. 예를 들면 선거 관련 토론이나 여론조사의 응답에서는 집권여당을 비판하고, 정권을 한번 교체해야 한다고 주장하다가 막상 투표장에 들어가서는 정권교체에서 오는 불안감 등을 고려하여 순간 집권당을 다시 지지하는 방향으로 선회하는 모습을 보이는 것이다.

탈산업사회와 지식정보화 사회를 맞이하여 투표행태가 변화하고 있다. 투표행태의 변화는 사회균열(social cleavage)이나 사회분열(social division)과도 관계가 있다. 정책이나 쟁점 또는 이념적인 균열이나 분열은 정당체제와 투표행태에 변화를 가져온 것은 사실이다. 사회의 균열구조를 민족혁명(national revolution)과 산업혁명(industrial revolution)에서 찾았지만[45) 오늘날에는 선진산업주의(advanced industrialism),[46) 사회구조의 변화(changes in social structure),[47) 그리고 정보화로부터 찾을 수 있을 것이다. 이러한 요인에 의한 투표행태 변화의 구체적인 내용은 다음과 같다.[48)

① 경제적 번영으로 부르주아화(embourgeoisement)가 이루어져 노동자나

---

44) Morris P. Fiorina, *Retrospective Voting in American National Election*(New Haven: Yale University Press, 1981).

45) Lipset and Rokkan(1967).

46) Dalton, Beck and Flanagan(1984), p.5.

47) Tom Mackie and Mark Franklin, "Electoral Change and Social Change", in Franklin, Mackie, and Henry Valen, *Electoral Change: Responses to Evolving Social and Attitudinal Structures in Western Countries*(Cambridge: Cambridge University Press, 1992), p.33.

48) 선진산업민주주의 사회에서 발견되는 선거변화에 대한 것은 다음을 참고하였으며, 정보화 사회와 관련하여 몇 가지를 추가하였음. Dalton, Beck and Flanagan(1984), pp.15 - 22.

중산층 간의 생활패턴에 차이가 사라져 계급투표(class voting)가 감소되고 있다.

② 도시화, 직업이동성 등 사회이동성의 증대로 계급 간의 유대나 역할이 사라져 계급투표가 약화된다.

③ 개인의 원자화(atomization of individual)로 다양한 투표행태가 나타난다.

④ 가족, 친구, 이웃, 직장동료 등과 공동체적인 유대나 결속이 약화되어 이질적인 투표행태를 보인다.

⑤ 교육기회의 증대로 인식의 이동성(cognitive mobilization)이 이루어져 엘리트에 도전적인 참여(elite-challenging participation)나 단일 쟁점을 부각시키는 운동차원의 참여가 이루어진다. 예를 들면 환경보호, 여권신장, 비핵화 운동 등에 대하여 관심을 갖게 된다.

⑥ 선진민주국가에서는 정치안정과 정당의 제도화가 이루어져서 정당체제의 노령화(aging party system) 현상이 나타난다. 이는 민주정치의 혁명적인 변화를 기대할 수 없으며, 정당의 지지를 호소하던 기초가 의미를 잃어가는 결과를 가져오게 된다.

⑦ 후기물질주의(postmaterialist) 가치의 변화(value change)로 구정치(old politics)에 대한 관심이 줄어들고 새 정치(new politics)에 대한 욕구가 생긴다.

⑧ 정보통신기술의 발달로 매체정치가 활성화되어 정치정보가 많이 제공되기 때문에 지지후보의 선택에 어려움을 겪는 과정에 이탈과 재이탈이 수차례 반복된다.

⑨ 정보통신매체를 활용한 직접 정치참여 기회가 확대된다.

이러한 여러 가지 변화는 전통적인 정치적 지지(traditional political alignment)에 대한 성향의 약화를 가져오고 있다. 결국 탈산업사회와 정보화 사회에는 유권자의 투표행태가 변화를 가져오기 때문에 새로운 정치적 호소, 새로운 정치쟁점, 새로운 정치이념을 제시하여야 유권자의 지지를 획득할 수 있을 것이다.

제7절 맺는 말

　자유민주주의에서 시민의 정치참여는 국민에 의한 정부, 모든 사람에 의한 정부(government by everyman)를 실현시키는 방법이다. 정치과정을 통제하는 방법은 오직 시민의 정치참여를 통해서 가능한 것이다. 시민의 정치참여와 관련하여 몇 가지를 강조하고자 한다.

　첫째, 시민은 적극적으로 정치과정에 참여해야 한다. 정치참여가 낮으면 낮을수록 시민에 의한 정부의 통제나 권력에 대한 견제가 불가능하다. 정치권력을 견제하는 세력은 언론, 야당, 시민단체 등이 있지만 궁극적으로 시민의 참여에 의한 정치권력 통제가 가장 확실하고 분명한 방법이다. 시민이 국가권력을 감시하는 파수꾼이 되고 정치과정의 주역이 되기 위해서는 무엇보다도 정치과정에 적극적으로 참여해야 한다. 민주정치는 국가권력에 의한 지배가 아니라 시민사회의 자발적인 참여에 의하여 시민이 정치의 주인이 되는 것이다. 시민의 적극적인 참여 없이 정치의 주인도 정치과정의 통제도 불가능하다.

　정치가 잘못되고, 정치인이 부패하고 무능하다고 불평・불만을 털어놓기 전에 직접 참여하여 정치과정을 통제해야 한다. 정치참여는 자발적인 개인의 선택에 의하여 이루어지는 것이지만 시민의 의무인 동시에 권리라고 볼 수 있다. 물론 정치참여의 포기도 시민의 정당한 권리의 하나라고 볼 수 있다. 정치에 참여하는 비용과 노력, 정치권에 대한 불신, 혐오, 냉소주의, 소외의식, 무력감 등 때문에 정치에 무관심해서는 안 된다. 시민이 정치에 무관심할수록 정치는 시민이 원하지 않는 엉뚱한 방향으로 진행될 수밖에 없다. 정치참여율이 저조해지는 현상은 정치과정에 대한 국민의 통제를 포기하는 것이나 다름없다.

　둘째, 시민은 정치참여 과정에 합리적인 선택을 할 수 있는 능력이 있어야 한다. 여러 가지 대안 중에서 가장 최선의 것을 선택할 수 있는 능력이 있어야 한다. 참여민주주의(participatory democracy)는 시민의 현명한 판단능력과 적극적인 참여를 전제로 한다. 시민의 선택이 합리성을 결여하고 감정적인 데 치우친다면 국민을 위하여 일할 수 있는 진정한 대표를 선출할 수 없게 된다. 선거는 유권자의 참여 비용과 기대되는 이익을 평가하여 유용성의 극대화(utility – maximization)와 후회의 극소화(minimax – regret)를 이룰 수 있는 선택이 되어야 한다.[49]

오늘날 선거운동은 대중매체나 정보통신기기를 이용하여 이성적인 판단에 호소하기보다는 감각적·정서적인 선택을 강요하고 있다. 대중매체를 통한 일방적인 선전과 홍보로 시민의 판단을 흐리게 만들고 있다. 또한 무조건 당선되고 보자는 식으로 불법·타락 선거운동을 공공연하게 자행하는 경우가 많다. 유권자가 현명한 판단능력과 높은 정치의식을 가지고 있지 못하면 선거가 끝나고 잘못 선택한 데 대하여 후회하게 된다. 후회하지 않는 선택을 하려면 합리적인 판단능력이 있어야 할 것이다.

---

49) Jack Dennis, "Theories of Turnout: An Empirical Comparison of Alienationist and Rationalist Perspectives" in William Crotty(ed.), *Political Participation and American Democracy*(New York: Greenwood Press, 1991), p.33.

제4편
국가의 권위적 결정과 행동

제11장 공공정책결정론

제1절 공공정책의 의의

1. 정책의 정의

공공정책결정(public policymaking)은[1] 국가가 국민의 요구나 지지를 권위적인 결정과 행동으로 전환하는 정치과정의 마무리 단계에서 이루어진다. 정책결정은 정치과정의 꽃에 비유될 수 있다. 국민의 정치적 요구나 지지가 산출(output)로 전환되는 구체적인 형태이기 때문이다. 정책결정은 희소한 가치의 권위적 배분 결과인 정치체제의 산출(output)이기 때문에 정치과정의 최종단계에서 이루어진다.

일반적으로 정책의 개념은 "어떤 행위자의 행태"(behavior of actor or set of actors), 또는 "정부가 할 것과 하지 않을 것을 선택하는 것"이라고 볼 수 있으나 적절한 정의는 아니다.[2] 정책을 광의로 "정부단위(governmental unit)와 환경과의 관계"라고 정의하기도 한다.[3] 라스웰은 정책을 "사회변동의 계기로서 미래 탐색을 위한 가치와 행동의 복합체"라고 정의하였다.[4] 그러나 보다 구체적으로 "정책이란 대부분의 사회구성원과 관련이 있는 시

---

1) 이후에 사용하는 정책(policy)이란 용어는 특별한 구분이 없는 한 공공정책(public policy)을 의미한다.
2) James E. Anderson, *Public Policymaking: An Introduction*, 2nd ed. (Boston: Houghton Mifflin Company, 1994), p.4.
3) Robert Eyestone, *The Treads of Public Policy: A Study in Policy Leadership*(Indianapolis: Bobbs-Merrill, 1971), p.18.
4) Lasswell and Kaplan(1970), p.71.

급한 문제들을 권위적(합법적)으로 해결함으로써 생활의 질과 공익을 향상시키고자 하는 정부 및 공공기관의 미래지향적인 활동방침 또는 활동목표"라고 정의하기도 한다.[5]

앤더슨(James E. Anderson)은 "어떤 문제나 관심사를 다루는 데 있어서 정부기구나 공직자가 추구하는 의도적인 행동방책(purposive course of action)"이라고 정의하고 구체적으로 다음과 같이 설명하고 있다.[6]

① 정책은 의도적·목적 지향적 행동이다. 정책은 우연하게 발생하거나 무작위로 나타나는 행태(random behavior)가 아니라 의도와 목적이 있는 행동이다. 현대정치에 있어서 정책은 임의로 발생하는 것이 아니라 특수한 목적을 달성하거나 어떤 결과를 산출하려는 의도와 목적이 포함되어 있다. 정책이 지향하는 목표는 다양하지만 의도한 목적을 달성하고 못하는 것은 별개의 문제로 정책이 문제를 해결하거나 어떤 목적을 달성할 것이라는 전제에서 형성된다.

② 정책은 공직자에 의하여 오랫동안 연속성을 가지고 결정하는 행동의 방책이나 유형(courses or patterns of action)이라고 볼 수 있다. 정부의 단발성 정책도 있지만, 지속적으로 어떤 문제를 해결하고 목적을 달성하기 위한 구체적인 행동방안이 포함된 정책도 있다. 정책은 특별한 순간에 한 장소에서 단일한 결정을 내리는 것이 아니라 일련의 과정이기[7] 때문에 연속성이 있다.

③ 정책은 공직자나 정부기구에 대한 정책요구(policy demands)나 주장(claims)에 대한 반응의 형태로 나타난다. 무엇을 해달라는 정책요구나 주장은 일반시민, 이익집단, 언론, 다른 공직자 등에 의하여 제기되며 이에 반응하는 결과를 정책이라고 볼 수 있다. 즉 대응 행동의 구체

---

5) 안해균, 『정책학원론』 제3판(서울: 다산출판사, 2008), pp.37 - 38.

6) Anderson(1994), pp.5 - 8.

7) James E. Anderson, David W. Brady, Charles S. Bullock Ⅲ and Joseph Stewart, Jr., *Public Policy and Politics in America*, 2nd ed., (Monterey, CA: Brooks/Cole Publishing Company, 1984), p.3.

적인 방안을 정책이라고 할 수 있다.

④ 정책은 정부가 실질적으로 무엇을 하려는 것을 의미한다. 정부가 의도하지 않는 것이나 정부가 계획했다고 발표하는 것은 정책이 아니다. 실질적으로 조치를 취하는 산출(output)을 의미한다.

⑤ 정책은 긍정적·부정적인 것이 있다. 정부는 정책요구에 대하여 어떤 조치를 취하는 긍정적인 측면이 있는가 하면 그것을 묵살·무시하는 부정적 입장을 취하는 것도 포함된다. 정부가 방임하거나, 손을 떼거나, 조치를 취하지 않기로 결정하는 것도 정책이라고 볼 수 있다.

⑥ 적어도 긍정적인 정책은 국가의 법과 권위에 기초하여야 한다. 법에 위반되는 정책을 결정하거나 정책결정에 권위가 없으면 결정결과에 대한 승복이나 수용이 불가능하다. 가치는 합법적으로 배분되어야 수혜자나 불이익을 받는 국민에게 구속력이 생긴다.

2. 정책의 범주

정책의 종류는 다양하며 정책의 유형을 구분하는 기준도 다양하다. 쟁점별(issue area) 또는 내용별로 경제정책, 에너지 정책, 무역정책, 금융정책, 외환정책, 환경정책, 보건·후생·의료정책, 교육정책, 노동·복지정책, 주택·건설정책, 교통정책, 통신정책, 기술정책, 사회정책, 여성정책, 인구정책, 농업정책, 군사정책, 외교·안보정책 등등 헤아릴 수 없이 다양하다.

기관(institution)별로 입법정책, 사법정책, 중앙정부의 부처별 정책, 지방정부의 정책 등으로 나눌 수 있으며, 시기(time period)별로 세계 제2차 대전 이후의 정책, 21세기의 정책, 제6공화국의 정책 등으로 구분이 가능하다. 그러나 정책의 성격에 따라서 다음과 같이 분류할 수 있다.[8]

---

8) 정책의 성격별 유형은 앤더슨(J. E. Anderson)의 분류를 참고하였음. Anderson(1994), pp.10 - 22.

(1) 실질적 정책과 절차적 정책(substantive and procedural policies)

실질적 정책은 정부가 예정하고 있는 정책을 의미한다. 실질적 정책은 고속전철의 건설, 실업수당과 복지혜택의 제공, 주류 판매 금지 등과 같이 국민에게 이익을 주거나 비용을 요구하는 것 그리고 국민에게 유리하거나 또는 불리한 상황을 조성하는 것과 같은 정책을 의미한다.

절차적 정책은 누가(who) 어떻게(how) 조치를 취해야 하는가 등이 포함된 정책을 의미한다. 구체적으로 정책을 결정하고 집행하는 데 누가 어떻게 행동해야 하는가를 명시하는 것이다. 예를 들면 불법과외 단속책임은 시·도교육청 소관이라는 것과 같이 어떤 부처의 업무라는 것 등을 명시하는 정책을 의미한다. 절차적 정책은 실질적 정책의 효과에 영향을 미친다.

(2) 분배·규제·자제정책과 재분배 정책(distributive, regulatory, self-regulatory, and redistributive policies)

분배정책은 특정한 개인, 집단, 기업, 공동체 등에 이익이나 용역을 나누어주는 정책을 의미한다. 분배정책은 공공자금을 활용하되 국민 전체가 아닌 특정 일부에게만 혜택이 돌아가도록 재화나 용역을 분배하는 것이다. 예를 들면 특정 은행의 도산을 막기 위해서 공적 자금을 지원하는 것은 분배정책에 해당된다.

규제정책은 개인이나 집단의 행태에 대한 제약이나 한계를 설정하여 행동의 자유를 축소시키는 것을 의미한다. 예를 들면 기업의 환경오염에 대한 강제규정을 두거나 전과자에 대하여 공민권을 제한하는 것과 같은 정책을 의미한다.

자제정책은 규제정책과 비슷하지만 규제의 주체가 정부가 아닌 집단이 스스로 자기 통제를 하도록 하는 것이다. 회원의 이익을 증진시키거나 보호하기 위해서 스스로 규제를 자청하는 것이다. 예를 들면 변호사회에서 회원들의 이익을 보호하기 위해서 변호사 자격증의 요건을 강화하는 법안을 정부에 건의하는 것과 같은 것이다.

재분배정책은 부, 재산, 소득, 권리 등을 국민의 대다수에게 재할당하는 정책을 의미한다. 예를 들면 부유층으로부터 많은 세금을 징수하여 그것을 가난한 사람들의 복지증진을 위해서 활용하는 것과 같은 정책이다. 기득세력이 향유하고 있는 가치를 회수하여 사회 전체에 재할당하는 것은 용이하지 않다. 왜냐하면 기득세력에게 과중한 부담을 지우는 것은 기득권 수호를 위한 그들의 반발과 저항이 예상되며, 또한 기득권층이 정치과정에 상당한 영향력을 행사하기 때문이다.

(3) 물질정책과 상징정책(material and symbolic policies)

할당되는 이익의 유형이 물질이냐 상징이냐에 따라서도 구분할 수 있는데, 물질정책은 실질적으로 국민들에게 가시적인 자원을 할당하여 이익을 주는 것을 의미한다. 예를 들면 최저임금법안, 농어민의 부채탕감, 수재민에 대한 구호자금 지원 등과 같은 것이다.

상징정책은 국민에게 손에 와 닿는 물질적인 이익이나 혜택을 주는 것이 아니라 평화·애국심·사회정의·국가위신과 같은 소중한 가치(cherished values)를 제공하는 것을 의미한다. 또한 실현 가능성이 적더라도 실업률을 5년 내 1%로 줄인다는 목표를 설정하여 집행하는 것도 일종의 상징적인 정책이라고 볼 수 있다.

(4) 공공재 또는 분할재 정책(policies involving collective goods or divisible goods)

공공재 또는 불가분재(indivisible goods)는 한 사람을 대상으로 정책을 결정하더라도 전체 국민에게 영향을 미치는 정책을 의미하며, 분할재 또는 사적 재화(private goods)는 이익을 받는 사람이나 계층을 구분할 수 있는 정책을 의미한다. 국가안보나 치안과 같은 것은 공공재라고 볼 수 있으며, 오물수거, 우편서비스, 의료혜택, 박물관, 공공주택, 국립공원 등에 관한 정책은 분할재라고 볼 수 있다.

(5) 자유주의 정책과 보수주의 정책(liberal and conservative policies)

자유주의는 국민 전체의 평등을 위해서 정부가 사회변동을 추진하는 것이며, 보수주의는 정부가 나서는 것을 반대하는 입장이다. 자유주의 정책은 사회의 부조리와 기존 사회질서의 잘못을 시정해야 한다고 주장하는 반면에 보수주의 정책은 기존질서에 만족하면서 변화는 자연적·순리적 사회과정에서 발생하는 것이라는 입장이다. 정책의 성격이 어느 이념을 지향하느냐에 따라서 자유주의 정책과 보수주의 정책으로 구분하고 있다.

3. 정책연구의 목적

정책연구는 플라톤의 『공화국』(The Republic)에까지 거슬러 올라간다. 그러나 사회과학에서 정책과학(policy science)에 대한 실용적인 정향은 베버(Max Weber)의 논문 "Objectivity of Knowledge in Social Science and Social Policy"(1904)와 칼 만하임(Karl Mannheim)의 저서 『Ideology and Utopia: An Introduction to the Sociology of Knowledge』(1929)와 『Society in an Age of Reconstruction』(1940)이 초석을 놓았다. 세계 제2차 대전 후 정책연구는 라스웰과 러너(H. D. Lasswell and Daniel Lerner)가 편집한 저서가[9] 체계적인 바탕을 마련했다고 볼 수 있다.[10] 그 후 정책분석에 대한 관심이 높아졌으며, 1950년대 미국 랜드연구소(Rand Corporation)의 '기획계획예산제도'(PPBS)의 개발과 1965년 미 국방성에서 이를 도입하면서 정책 분석과 연구가 본궤도에 진입하게 되었다.

정책연구가 갖는 특징은 다음과 같다. ① 현실의 문제에 큰 관심을 보이며 그 해결을 중시한다. ② 분석중심적이며 매우 정교한 각종의 종합학문적인 지식과 분석기법이 복합적으로 적용된다. ③ 가치의 문제에 대한 과

---

9) Harold D. Lasswell and Daniel Lerner(ed.), *The Policy Science: Recent Development in Scope and Method*(Stanford: Stanford University Press, 1951).

10) William N. Dunn, *Public Policy Analysis: An Introduction*(Englewood Cliffs, NJ: Prentice-Hall Inc., 1981), p.19.

학적 접근을 중시하며, 학문세계의 가치와 현실세계의 가치가 상호 교환적으로 작용한다. ④ 연구의 진행절차가 실제의 정책결정절차와 매우 유사한 성격을 지닌다. ⑤ 주로 집단적으로 이루어진다.[11]

정책을 연구하는 목적을 세 가지로 나누어 살펴볼 수 있다.[12]

(1) 과학적 이유(scientific reason)

정책의 인과관계를 탐색하는 데 있다. 정책의 출처, 결정과 집행의 발전 과정, 사회에 대한 영향을 이해하는 데 목적이 있다. 이를 통하여 정치과정과 정치행태를 이해하는 데 도움이 된다. 정책을 다양한 정책요인의 산물인 종속변수로 보았을 때 정책의 내용과 정책을 채택하게 된 환경적·정치적 요인을 분석하게 된다. 예를 들면 정부의 권한을 분산시켰을 때 정책에 어떤 영향을 미치는가, 여론이나 이익집단이 정책의 채택에 어떻게 작용하는가 등을 분석하는 것이다.

정책을 독립변수로 보았을 때 정치과정의 운영과 본질 그리고 환경에 어떤 영향(impact)을 행사했는가에 관심을 갖게 된다. 예를 들면 정책이 정치 체제의 지지 획득과 사회 안녕에 어떤 영향을 주었는가를 분석하게 된다. 정책연구의 과학적 이유는 정책의 내용과 형성에 작용한 요인과 그 정책이 사회에 미친 영향 등 인과관계를 규명하는 데 있다.

(2) 현실적인 이유(professional reason)

정책이 실질적인 사회문제의 해결에 얼마나 효율적이었는지를 분석하기 위한 것이다. 사회현안을 해결하는 데 가장 효율적인 최선의 대안은 무엇인가를 분석한다. 현실적인 분석에는 경제이론, 통계적·수학적 분석방법 등이 활용된다. 예를 들면 비용 대 효과 분석이 최선의 대안을 선택하는 데

---

11) 안해균(2008), pp.23 - 28.

12) Anderson(1994), pp.22 - 25.

활용된다. 현실적인 이유는 효율성을 평가기준으로 삼아 훌륭한 정책을 채택하고 그 정책이 문제 해결에 얼마나 기여했는지 확인하는 데 있다.

(3) 정치적인 이유(political reason)

정부가 올바른 목표(right goal)를 달성하기 위해서 적절한 정책을 채택했는지를 분석하는 것이다. 정치는 현실적인 정치·사회문제에 침묵할 수 없기 때문에 정책분석에 있어서 가치중립을 추구할 수 없다. 옳은 정책(correct policy)이나 정책의 올바른 목표가 무엇인지에 대하여 이견이 있는 것은 사실이지만 가장 바람직한 정책을 채택하여 정책의 질(quality of public policy)을 높이자는 데 정치적인 이유가 있다.

제2절 정책결정의 접근법

정책에 대한 연구나 정부의 활동에 대한 연구를 위해서 정치학자들은 다양한 접근법을 제시하였다. 앤더슨(J. E. Anderson)은 정책연구의 접근법을 ① 정치체제론 ② 집단론 ③ 엘리트론 ④ 제도론 ⑤ 합리적 선택론 등으로 분류하였다.[13]

팔럼보(D. J. Palumbo)는 의사결정모형을 ① 합리적 행위자론(rational actor model) ② 점진모형(incrementalism) ③ 공공선택론(public choice theory) ④ 정치모형(political model) ⑤ 체계론(systems theory) ⑥ 쓰레기통모형(garbage can model) ⑦ 마르크스주의 분석론(Marxian analysis) 등으로 분류하였다.[14]

일반적으로 정책결정의 접근법은 ① 권력론(power theory) ② 합리적 선택론(rational-choice theory) ③ 공공선택론(public choice theory) ④ 제도론

---

13) Anderson(1994), pp.25-34.
14) Dennis J. Palumbo, *Public Policy in America: Government in Action*, 2nd ed., (Fort Worth, TX: Harcourt Brace College Publishers, 1994), pp.86-96.

(institutionalism) ⑤ 정보 및 심리론(informational and psychological theory) 등으로 구분된다.[15)]

1. 권력론

정책은 권력이나 영향력을 행사하는 사람에 의하여 복잡한 과정(complex processes)을 거쳐서 만들어진다. 이를 권력시합(play of power)이라고 부른다.[16)] 권력모형은 정책이 계급, 부, 관료, 정치타협, 이익집단, 기술적 지식과 전문가 등 권력구조에 의하여 결정된다. 정책결정권의 소재에 따른 접근법이라고 이해할 수 있다.

(1) 엘리트론

엘리트 접근법은 모스카(Mosca), 파레토(Pareto), 미헬스(Michels), 베버(Weber), 라스웰(Lasswell) 등에 의하여 주장된 것으로 정책은 국가 지배엘리트의 가치(values)나 선호(preferences)를 반영하는 것으로 간주된다. 엘리트이론의 본질적인 논의는 정책은 국민이나 대중의 요구에 의하여 결정되는 것이 아니라 지배엘리트의 선호가 정책으로 결정되고 공직자나 정부기구에 의하여 집행되는 것이다. 엘리트의 가치를 반영한 정책은 엘리트가 추구하는 목적 달성에 기여한다.

엘리트 접근법은 정책결정에 있어서 지배엘리트의 리더십을 강조하며 정책결정 과정에 엘리트가 주도적인 역할을 수행한다는 것이다. 그러나 엘리트가 정책결정 과정을 지배하든, 정책결정권을 전적으로 행사하든, 대중의

---

15) 파슨스(W. Parsons)는 정책분석과 정책결정(policy analysis and public decisions) 접근법을 포함하여 여섯 가지로 분류하였다. 정책분석 접근법은 정책집행 부분에서 다룰 것이기 때문에 제외시켰다. 정책결정접근법에 대한 소개는 전적으로 다음을 참고한 것임. Wayne Parsons, *Public Policy: An Introduction to the Theory and Practice of Policy Analysis*(Aldershot, UK: Edward Elgar, 1995), pp.247-455.

16) Charles E. Lindblom, *The Policy-Making Process*(Englewood Cliffs, NJ: Prentice-Hall, Inc., 1968), p.29.

역할을 지나치게 소홀하게 다루고 있다. 국민의 선호와 지배 엘리트의 선호가 일치할 경우 문제가 없으나 엘리트가 국민의 의지와 동떨어진 정책을 독단적으로 결정·집행한다는 것은 민주정치체제에서는 불가능한 일이다. 엘리트 이론은 개발도상국의 정치체제에서 정책결정을 설명하고 분석하는 데 유용한 접근법이지만 다원주의 사회를 이해하는 데는 한계가 있다.

(2) 다원주의론

다원주의는 다알(Robert A. Dahl)이 제기한 이론이다.[17] 정책은 다양한 집단, 정책망(policy networks), 커뮤니티 등의 개방적인 경쟁에 의하여 결정된다는 것이다. 구체적인 예로 정책을 집단투쟁(group struggle)의 산물로 이해한다. 정책은 집단투쟁의 결과 어느 순간에 도달한 평형(equilibrium)을 의미하며, 자신들의 이익에 부합되도록 경쟁하는 집단이나 분파 간의 균형(balance)을 나타내는 것으로 본다. 집단론은 집단 간의 상호작용이나 투쟁을 정치생활의 핵심적 측면으로 간주한다. 집단은 공유한 태도나 이익을 가진 개인의 집합으로 정부에 대하여 자신들의 정책선호를 제기한다.

다원주의는 정책결정자에게 접근(access)의 중요성을 강조한다. 정부의 정책결정에 영향력을 행사하려면 정책결정자들에게 자신들의 입장을 전달할 수 있는 기회를 가져야 한다. 의사결정자와 커뮤니케이션이 이루어지지 않으면 정책에 영향력을 행사할 수 없게 된다. 정책결정자들에게 접근이 용이한 집단의 이익은 그만큼 정책으로 전환될 수 있는 가능성이 높다. 따라서 정책은 지배집단(dominant group)의 이익을 반영하게 되며 집단의 영향력에 따라서 정책의 변화를 가져오게 된다.

다원주의론은 집단 간의 자유로운 경쟁을 지나치게 강조한 나머지 정책결정 과정에 독자적·창의적 역할을 수행하는 공직자의 역할을 과소평가하고 있다. 또한 이익집단이 정책형성에 영향력을 행사하기도 하지만 정책에 따라서 이익집단이 생성·소멸되기도 한다.

---

17) Dahl(1961).

또 다른 제한점은 가진 것이 없거나 불리한 조건에 있는 사람들의 이익, 자연의 아름다움, 사회정의와 같은 분화된 이익(diffuse interest)은 집단의 경쟁을 통하여 확보하기 어렵다는 사실이다. 다원주의에서 주장하는 평형이나 균형은 상류층인 대기업(big business)의 이익에 불과한 것이다.

방법론적인 시각에서도 이익집단의 경쟁이나 투쟁으로 정책이 결정되는 경우를 설명하려는 노력이 미흡하다. 정책발전에 작용하는 기구나 아이디어와 같은 요인을 무시하고 있다. 모든 것을 다원주의로 설명하려는 환원주의적(reductionism) 또는 단일 인과적(unicausal) 설명은 피해야 할 것이다.

(3) 대중론

대중론은 엘리트가 정책을 결정하는 것이 아니라 대중이 정책결정에 주도적인 역할을 수행한다는 것이다. 문제의 제기, 문제의 구체화, 의제의 확산, 의제의 선택과정에 대중이 중요한 역할을 수행한다. 사회문제를 제기하고 해결방안을 정책으로 반영할 수 있도록 언론보도·시위·집회 등으로 여론을 조성하고 정책결정자들에게 압력을 행사한다. 하의상달식 정책결정은 정치과정을 시민사회가 통제하는 가장 민주적인 방식이다.

(4) 조합주의론

조합주의론은 정책을 국가-기업-노동자 간의 상호작용이나 거래의 산물로 본다. 국가의 정책결정에 있어서 이익집단은 정부 권한의 일부를 행사하며, 이익집단은 정책결정의 장(policy making arena)의 규모를 협소하게 만들고, 어떤 이익에 대하여 타 이익집단의 접근이 금지되도록 은밀하게 합의하여 이루어진다. 정책결정 과정에 국가와 이익집단이 상호 협력하여 자원배분권을 공유한 가운데 국가는 규제자가 아닌 이익집단의 보호자가 되고 이익집단은 고객이 되지만 국가정책의 집행에도 참여하는 역할을 수행한다. 정책은 국가와 이익집단 간의 상호작용의 결과이다.

앞에서 논의한 바와 같이 다원주의 이익대표체계는 자발적·경쟁적·비계서적이고, 자결권에 의하여 이익집단의 수에 제한이 없는 다양한 집단으로 구성된 데 비하여 조합주의 이익대표체계는 강제적·비경쟁적·계층적으로 국가의 허가나 묵인하에 결성된 집단이라는 차이가 있다.

(5) 마르크스론

마르크스론은 경제체제와 정치체제 간의 상호관계를 중심으로 정책을 설명한다. 정책을 연구하는 데 자본주의 경제구조와 계급 투쟁적인 시각을 고려하고 있다. 마르크스론에 의하면 정책이란 자본가의 이익과 그들에게 봉사하는 공직자를 위해서 고안된 것이다. 자본주의 사회의 법은 사회경제 질서를 유지하기 위한 수단이며 지배계급의 도구이다. 방위산업을 육성하는 것도 국가안보에 목적이 있지만 자본가의 이익에도 부합된다는 것이다.

(6) 전문가론

정책결정에 전문 엘리트(professional elites)와 전문기술자(technocrats)가 실질적으로 영향력을 행사한다는 것이다. 기술주의 국가(technocracy)에서는 그들이 가지고 있는 전문지식, 전문기술, 명성 등이 정책결정에 크게 작용한다. 경제, 보건, 교육, 복지서비스, 핵 문제 등과 관련된 정책결정에 전문가들이 지대한 영향력을 행사한다.

2. 합리적 선택론

합리적 선택론은 정책결정 모형 중에서 가장 많이 알려진 것으로 인간의 이성과 합리성에 기초한 접근법이다. 합리적 선택론은 경제학자로부터 연유하였으며 정치행태나 비시장의사결정(nonmarket decision making)을 설명하고 분석하는 데 미시경제이론을 적용한 것이다. 합리적 선택론을 정치과정의 연구에 최초로 활용한 저서는 다운스(Anthony Downs)의 『An Economic

Theory of Democracy』를 들 수 있다.[18]

다운스는 투표자와 정당은 그들의 선호를 극대화하기 위해서 합리적 의사결정자로서 행동한다고 보았다. 정당은 유권자의 지지를 획득하기 위한 정책을 형성하고 유권자는 자신들의 선호를 정부를 통하여 극대화시킬 수 있는 정당을 선택한다. 정당은 국민의 지지를 획득하여 선거에서 승리할 수 있는 정책을 형성하고, 유권자는 자신들의 선호를 최대한으로 실현시킬 수 있는 정당을 선택하는 것이 합리적이라는 것이다. 정당은 국민에게 의미 있는 대안(meaningful alternatives)이나 선택(choice)을 제시하기보다는 국민 여론에 반응(echo)하는 측면이 강한 면을 부정할 수 없다.

합리적 선택론은 정치행위자는 경제행위자와 마찬가지로 그들 자신의 이익을 추구하는 데 합리적으로 행동한다는 것을 기본원리로 삼고 있다. 정치인들이 국익을 위하고 훌륭한 정치가(statesmanship)가 되겠다는 목표를 내세우는 것은 이타적인 공약이 아니라 자신의 이익 때문이라고 볼 수 있다. 이 이론에 따르면 정치인들이 의사결정권을 행사할 때 자신에 대한 지지를 극대화할 수 있는 대안을 선택하고 유권자는 자신의 선호를 최대한 반영시킬 수 있는 정치인을 지지하는 것이 합리적이라는 것이다.

정책결정에서 인간은 각 대안을 비교·평가하여 목적달성을 극대화할 수 있는 최선의 대안을 선택한다. 정책결정은 정책결정체제 전체의 합리성을 추구하는 선에서 결정된다. 정책의 산출(policy output)과 정책의 결과(policy outcome)에 대한 경제적 합리성을 정책결정의 기준으로 삼는다. 투입물과 산출물의 비교를 통하여 목적달성을 극대화할 수 있는 대안을 선택하는 최적모형(optimal model)이라고 볼 수 있다.

다음과 같은 정책결정 과정을 거치는 것을 합리적이라고 본다.

① 의사결정자들은 해결해야 할 문제에 직면하게 된다. 그 문제는 다른 어느 것보다도 중요한 현안이라는 사실을 알게 된다.

② 의사결정자들은 목표, 가치, 목적을 그 중요성에 따라 우선순위를 정

---

18) Anthony Downs, *An Economic Theory of Democracy*(New York: Harper & Row, 1957).

한다.

③ 문제와 관련된 다양한 대안을 검토한다.

④ 각 대안을 선택했을 때 수반되는 비용과 효과, 이익과 불이익 등을
   조사한다.

⑤ 대안별 부수 효과를 비교한다.

⑥ 의사결정자는 그의 목표나 가치 또는 목적 달성을 극대화할 수 있는
   대안을 선택한다.

합리적 선택론의 원리는 방법론적으로 개인주의를 강조하고 있다. 개인이
라는 의사결정자를 이론과 분석의 기본단위로 간주하고 있다. 개인의 가치
나 선호가 집단, 조직, 사회의 것보다 중요하다고 간주한다. 합리적 선택론
은 정치와 정책결정의 동력(motivating force)으로서 개인이익의 중요성을 일
깨워주었으며 정책결정 과정을 이해하는 데 많은 도움을 주고 있다.

그러나 몇 가지 문제점이 있다.

① 의사결정자는 구체적이고 분명하게 정의된 문제에 직면하기보다 그들
   이 결정하는 사안에 대한 문제를 규명해야 한다. 예를 들면 물가가
   급상승했을 때 국민들은 인플레 문제에 대하여 무엇인가 조치를 취해
   야 한다고 요구한다. 정책결정자는 물가문제의 원인을 과다수요, 부적
   절한 생산, 가격담합, 인플레 심리 등 정확하게 문제를 규명해야 한
   다. 문제가 무엇인지를 정확하게 정의하는 것이 정책결정자들의 중요
   한 과제가 된다.

② 비현실적이다. 문제를 해결할 수 있는 대안에 대한 모든 정보의 획득
   과 동원이 사실상 불가능하다. 대안별 결과에 대한 예측과 정확한 비
   교가 이루어지려면 각 대안에 대한 충분한 정보가 있어야 한다. 그러
   나 시간적인 제약, 정보획득의 장애, 미래에 대한 예측의 어려움, 계
   산의 복잡성 등으로 대안별로 정확한 비교·평가가 불가능하다.

③ 정치행태에 대한 합리적 선택론은 융통성이 없고 편협한 가정을 가지
   고 있다. 수학의 방정식과 같으며 추상적이고 현실과 동떨어진 교과

서에나 나올 수 있는 접근법으로 평가받고 있다.

④ 공공의사결정자들은 가치의 일치(value agreement)보다는 가치갈등(value conflict) 상황에 직면하게 된다. 가치갈등은 대안별로 객관적인 비교에 장애요인으로 작용한다. 더구나 공적인 문제를 다루는 데 개인가치의 작용으로 혼란에 직면하게 된다. 사실과 가치를 현실적으로 구분한다는 것이 용이하지 않다.

⑤ 매몰비용(sunk cost)을 고려할 수 없다. 계속사업으로 진행 중인 정책에 대한 과거의 결정, 공약, 투자 등 때문에 여러 개의 대안을 고려하기 어렵다. 예를 들면 한번 건설된 공항을 이전하는 문제는 쉬운 일이 아니다.

⑥ 합리모형은 동일한 의사결정자의 존재를 전제로 한다. 그래야 일관성 있는 합리적 선택이 가능하다. 그러나 의사결정자가 바뀌거나 의사결정자가 많은 경우에는 문제가 있다.

⑦ 정치에서는 이타적이고 공익(public interest)에 관심을 기울이는 측면도 많다. 의원들은 전적으로 개인의 이익을 추구하는 것이 사실이지만 훌륭한 공공정책(good public policy)을 채택하는 것을 목표로 삼는 경우도 있다.

⑧ 인간의 합리성, 객관성, 이성에도 한계가 있다.

합리적 선택론에 대한 비판 그리고 대안으로 다양한 모형이 제기되었다. 합리적 선택론과 거리가 먼 것도 있지만 합리적 선택론의 대안으로 발전된 모형이기 때문에 소개한다.

(1) 점진모형

점진모형(incrementalism)은 합리모형의 문제점을 보완하고 공직자들의 실질적인 의사결정 방법을 설명하려는 모형이다. 린드블름(Charles E. Lindblom)은 정책은 '얼렁뚱땅'(muddling through) 또는 '지속적·제한적 비교'(succe-

ssive limited comparisons)에 기초하여 결정된다고 한다. 대안의 비교나 예측
은 과거경험의 기록에 의존하며 정책결정은 현존하는 것과 근소한 차이를
보일 수밖에 없다.[19) 점진모형은 정책의 획기적인 변화나 수정보다는 현행
정책의 사소한 변화로 실현 가능성 있는 정책이 채택된다는 것이다.

① 목표나 목적의 선택과 행동의 경험적인 분석은 다른 문제와 밀접하게
   관련되어 있다.
② 정책결정자는 기존정책과 약간의 차이가 나는 문제를 고려한다.
③ 각 대안 중에서 몇 개의 중요한 결과에 대하여 평가한다.
④ 의사결정자는 문제에 직면할 때마다 문제를 새롭게 정의한다.
⑤ 문제에 대한 단일 처방이나 옳은 해법은 없다.
⑥ 점진적 의사결정은 본질적으로 치유적이며 미래의 사회목표를 증진시키
   기보다는 현재의 구체적인 사회결함을 개선하는 방향으로 이루어진다.

점진모형은 정책결정이 주고받는(give and take)식의 참여자 간 상호동의
(mutual consent)를 거쳐서 이루어지기 때문에 다원주의 사회의 의사결정에
합당한 모형이다. 점진모형은 정치적 편의가 있다. 왜냐하면 다양한 집단
간의 논쟁거리는 기존계획을 일부 부분적으로 수정할 때 합의에 도달하기
쉽기 때문이다. 점진모형은 불확실한 비용이나 위험부담을 줄일 수 있고,
실용적 · 제한적 · 실질적이며, 수용 가능한 정책을 결정한다. 점진모형은 인
습적인 지혜(conventional wisdom)에 바탕을 두고 있다.
그러나 ① 점진모형은 지나치게 보수적이고 기존질서의 존속에 초점을
맞추고 있어 혁신적 의사결정에 장애가 된다. 과거에 지나치게 집착한다.
② 위기상황에 대처할 수 있는 지침이 없다.
③ 점진모형은 과거의 행동, 기존 계획, 제한된 변화와 관련이 있어 다른
   가용한 대안의 활용이나 탐색을 단념케 한다.

---

19) Charles E. Lindblom, "The Science of Muddling Through", *Public Administration Review*,
   Vol.19, (Spring, 1959), pp.79 – 88.

(2) 혼합모형

혼합모형(mixed scanning model)은 합리모형과 점진모형을 결합한 타협모형이다. 에치오니(Amitai Etzioni)는 혼합모형을 기상관측을 예로 들어 설명하고 있다. 기상관측 위성을 이용하여 세계의 일기를 관측할 때 광각카메라로 공간 전역을 관측하는 것은 합리모형이고, 과거에 이상했던 지역이나 인접 지역만을 집중적으로 정밀 관측하는 것은 점진모형으로 볼 수 있다. 합리모형은 문제가 있는 곳을 발견하는 데 한계가 있고 비용이 많이 든다. 반면에 점진모형은 예기치 않은 지역에 대한 관측이 불가능하다. 혼합모형은 두 대의 카메라를 동시에 활용하는 모형이다. 한 대로 전역을 관측하고 다른 한 대로 이상 징후가 발견되는 곳을 정밀 관측한다는 것이다.[20]

혼합모형은 정책결정자의 능력을 중시한다. 능력에 따라서 더 많은 혼합과 더 효율적인 의사결정이 이루어질 수 있기 때문이다. 그러나 혼합모형을 실질적으로 어떻게 운영하는지 실용성에 대한 의구심이 제기된다.

(3) 만족모형

만족모형(satisfying model)은 사이몬(Herbert A. Simon)이 주장한 것으로 인간의 인지능력의 한계와 외부환경의 발생문제를 완전하게 이해하는 것은 한계가 있기 때문에 '제한된 합리성'(bounded rationality)을 찾아 어느 선에서 만족할 수 있는 범위에서 의사를 결정한다는 모형이다. 복잡한 문제를 명확하게 규정하고 해결책을 찾는 인간의 능력은 문제의 규모에 비하면 보잘것없기 때문에 모든 대안을 검토할 수 없으며 합리성을 극대화하는 것도 한계가 있다. 따라서 행정가(administrative man)는 제한된 합리성을 바탕으로 심리적으로 만족감을 얻을 수 있는 의사결정을 한다.[21] 문제는 지나치게 주관적이며 현실만족을 지향하기 때문에 보수적이고 의사결정을 조직이 아

---

20) Amitai Etzioni, "Mixed Scanning: A 'Third' Approach to Decision-Making", *Public Administration Review*, Vol.27, No.5, (December, 1967), p.389.

21) Simon(1957a); *Administrative Behavior*, 2nd ed., (New York: The Free Press, 1957b).

닌 개인차원에서 이해하고 있다는 점이다.

(4) 쓰레기통 모형

쓰레기통 모형(garbage can model)은 의회, 행정부, 법원 등과 같은 조직
은 일관성과 제대로 정립된 정책선호를 가지고 있지 못하며 목표를 달성하
는 수단도 불분명하다는 것을 전제로 하고 있다.[22]

조직의 정책결정 특징은 다음의 세 가지이다.

① 참여자들 간에 서로 다른 선호가 존재한다.

② 조직 운영의 기초를 시행착오, 과거의 사건경험으로부터 학습한 부분,
   실용적인 발명과 필요성에 둔다.

③ 정책결정 참여는 일시적이다.

쓰레기통 모형에 의하면 정책결정조직은 합리적이고 응집력이 강한 구조
가 아니라 '아이디어를 느슨하게 수집'(loose collections of ideas)하는 무질서
한 본성(anarchical nature)이 있다. 정책 아이디어의 수집과 의제설정은 쓰레
기를 쓰레기통에 마구 버리는 것과 같다. 이러한 상황에서 선택의 흐름
(stream of choices), 문제의 흐름(stream of problems), 해결책의 흐름(stream
of solution), 참여자의 에너지 흐름(stream of energy from participants) 등이
각각 분리해서 흐르다가 어느 결정적인 순간에 한곳으로 모아진다. 독자적
인 흐름이 교차되는 곳에서 문제의 인지와 해결방안이 모색되는 등 정책이
결정된다.[23] 정책결정을 쓰레기통에 갖가지 오물이 수시로 버려지다가 어느
순간에 함께 모아지는 경우와 같은 것으로 이해한다.

---

22) Michael Cohen, James G. March, and Johan. P. Olsen, "A Garbage Can Model of
    Organizational Choice", *Administrative Science Quarterly*, Vol.17, No.1(March 1972), pp.1 – 25.

23) 문제의 흐름, 정책의 흐름, 정치의 흐름 등에 관하여 다음을 참고할 것. John W. Kingdon, *Agendas,
    Alternatives and Public Policies*(Boston: Little, Brown, 1984).

(5) 연합모형

연합모형(coalition model)은 정책결정에 조직 내부의 관계(intraorganizational relations)와 정부조직 간의 관계(intergovernmental relations)에 초점을 맞춘 접근법이다. 정책은 조직 내부 또는 조직 간에 상호작용이나 상호의존을 통하여 매우 복잡한 상황(highly complex setting)에서 이루어지는 공동결정(joint decision – making)이다. 정책은 조직과 조직행위자 간에 공통의 조직적인 연합(common organizational pool)에 의하여 결정된다.[24]

연합모형은 만족모형을 조직차원으로 발전시킨 회사모형이다. 조직 전체의 목표를 하위조직의 목표로 단일화하는 것이 불가능하기 때문에 하위조직 단위 간의 상호 충돌과 갈등 해결을 정책결정으로 본다. 예를 들면 지방정부 간에 이해가 엇갈리고 해결방법이 다른 현안에 대해서 상호 충돌과 갈등을 해소하는 선에서 정책이 결정되는 것과 같은 것이다.

연합모형과 유사한 것으로 정치모형이 있다. 정치모형은 각 개인이나 집단은 경쟁적인 게임에서 경기자(player) 역할을 한다. 경기자인 의사결정자는 상이한 권한과 책임을 가지고 있으며 자신이 의도하는 목적을 성취하기 위해서는 상대방의 지지를 받아야 한다. 명령보다는 설득이 가장 중요한 지지 획득수단이 된다. 정책은 경기자 간에 흥정(bargaining), 연합(coalition), 타협(compromise)을 통하여 결정된다.[25] 예를 들면 여야 간에 특정 쟁점에 대하여 첨예한 입장 차가 있을 경우 막후 협상을 통하여 적당한 선에서 타협점을 찾는 것과 같은 것이다.

3. 공공선택론

합리적 이성을 가진 사람들은 그들 자신의 이익을 추구한다. 예를 들면

---

24) R. A. W Rhodes(ed.), "Intergovernmental Relations: Unitary Systems", in M. Hawkesworth and M. Kogen(ed.), *Encyclopedia of Government and Politics*(London: Routledge, 1992), pp.320 – 322.
25) Allison(1971), p.146.

정당은 선거에서 승리를, 정치인은 지지획득과 예산확보를, 관료는 공공의 이익보다 자신의 이익을 극대화하기 위해서 행동한다. 따라서 적당한 동기 부여가 없으면 사람들은 공익을 추구하지 않는다. 관료들의 동기 유형은 ① 권력, 소득, 위신 등에 관심이 있는 등반형(climber) ② 변화에 소극적인 보존형(conservers) ③ 정책이나 프로그램의 추진에 관심을 두는 열중형(zealots) ④ 자신이 속한 부서의 역할과 자원을 극대화시키려는 창도형(advocates) ⑤ 공공의 이익에 관심이 있는 봉사형(statesman) 등으로 나눌 수 있다.[26]

관료들은 서로 다른 유형의 동기를 가지고 있다. 관료집단의 비대화와 사적 동기를 억제하고 공공이익에 관심을 돌리게 하려면 경쟁제도, 시장원리, 민영화, 계약제, 감독과 통제 기능의 강화 등을 도입할 수 있다. 의사결정에서 가장 중요한 문제는 모든 참여자들에게 손해가 되지 않고 개개인의 선호를 어떻게 집합적인 선택(collective choice)으로 취합하느냐 하는 것이다. 개인의 합리성을 살리면서 공공을 위한 의사결정 동기를 부여하는 것이 중요하다.

개인의 합리적인 선택은 개인에게는 손해지만 공공이익에 득이 되는 예가 있다.[27] 쌀을 생산하는 농민 각자의 이익은 쌀값을 비싸게 받는 것이다. 그러나 생산량이 많으면 가격이 떨어진다. 농민 각자는 자신이 생산하는 쌀의 양은 전체에서 차지하는 비중이 낮기 때문에 가격에 별 영향을 미치지 않는다고 판단한다. 그런데 모든 농민이 똑같이 자신의 이익을 앞세운 판단으로 쌀의 생산량을 확대하면 쌀값은 떨어져 모든 농민이 피해를 보게 된다. 그 결과 농민 각자의 합리적인 판단은 농민에게 손해를 가져오지만 결과적으로 농민 이외의 많은 사람들의 이익에는 도움이 된다.

공공선택이론은 사람들과 집단이 집합적인 목적과 목표를 달성하기 위하여 노력하면 사회 전체에 이익이 된다는 것을 일깨워주는 모형이다. 합리모형보다 공공성을 강조하고 있다. 공공선택론을 비판한 이론으로 인간행태와 조직관리론(management theory of human motivation and organizational

---

26) Anthony Downs, *Inside Bureaucracy*(Boston: Little, Brown and Co., 1967).

27) Kenneth J. Arrow, *Social Choice and Individual Values*, 2nd ed. (New York: Wiley, 1954).

behavior)이 있다.

테일러(F. W. Taylor), 페욜(Henri Fayol), 메요(Elton Mayo) 등에 의하여 최초로 제기된 이론으로 인간의 행태는 자신의 개인적 이익의 극대화를 추구하는 것을 전제로 한다. 맥그리거(Douglas M. McGregor)가 분류한 X형 인간은 일하기 싫어하고, 게으르고, 무관심하며, 수동적이고, 책임지기를 꺼리며, 비타협적·비협조적이고, 창의력도 없으며, 조직의 요구에 저항적이기 때문에 권위에 의한 지시나 통제가 필요하다.[28] 공공선택론은 개인의 행태를 어떻게 통제해서 능률적이고 생산적인 공공이익을 추구하는 조직으로 발전시키느냐 하는 것이다. 공공선택이론은 통제, 제한, 기강(discipline) 등을 강조한다.

그러나 관리론은 이기심을 통제하고 자제할 수 있는 관리방법을 강조한다. 인간관계론적 시각에서 구성원과의 비공식적인 관계의 증진, 근무환경의 개선, 역할갈등 해소를 위한 리더십의 강조, 능률적·효율적인 협력체제의 구축, 공통의 목표 설정, 커뮤니케이션의 활성화 등 관리를 통하여 이기심을 억제하고 자발적으로 공익추구에 전념할 수 있는 동기를 부여할 수 있다고 강조한다. 욕구의 5단계론을 주장한 매슬로우(Abraham Maslow)는 인간의 동기를 인간욕구(human needs)라는 측면에서 이해하면서 이기심보다 복잡한 동기가 있다고 보았다.[29]

4. 제도론

정치학에서 정치제도에 대한 연구는 오랜 역사를 가지고 있다. 정치생활은 의회, 행정부, 사법부, 정당과 같은 정치제도 주위에서 맴돌고 있었던 것이 사실이다. 정책은 이러한 정치제도에 의하여 권위적으로 결정되고 집행된다. 제도적인 접근법은 정부기구의 공식조직, 법적 권한, 절차적 규정, 기

---

28) Douglas M. McGregor, *The Human Side of Enterprise*(New York: McGraw-Hill, 1985), Chapter 4.
29) Maslow(1970), pp.370-396.

능, 활동과 같은 공식적·합법적인 측면에 관심을 기울이고 있다. 예를 들면 각료의 정책결정은 장관 개인에 의하여 이루어지는 것이 아니라 소속한 부처라는 제도의 산물이라고 볼 수 있다.

제도론은 정부기구의 공식적·구조적인 면을 강조하면서 정책분석에 유용하게 활용되고 있다. 그러나 정치제도 간 행위유형(behavior pattern)의 차이가 있기 때문에 입법부, 사법부, 행정부를 구분할 수 있으며 또한 정치제도별로 규정이나 구조가 다르다. 따라서 제도별로 정책의 내용과 채택결과가 다르게 나타날 수 있다. 문제는 정책은 정당, 집단, 여론, 정치기구 등 정치의 동적인 측면이 강하게 작용하는 데 제도론은 여기에 대한 부분적인 설명만이 가능한 접근법이다.

제도에 대한 개념은 체제로 대치되어 정치체제론이 등장하였다. 정치체제론은 정책을 정치체제를 구성하고 있는 투입, 전환, 산출, 환류라는 입장에서 이해한다. 정치체제론은 정책을 환경으로부터 제기되는 요구에 대한 체제의 반응으로 본다. 정치체제는 사회를 위해서 가치를 권위적으로 배분하는 정부기구나 정부의 활동으로 구성되었으며, 정치체제 내외의 각종 환경으로부터 제기되는 요구에 대한 반응 결과물인 산출을 정책으로 보고 있다. 정치체제론은 정책에 대한 이해가 추상적이며, 정치체제 내에서 정책이 발전되고 의사결정이 이루어지는 과정이나 절차에 대한 설명에 제한점이 있다. 하지만 환경으로부터 제기되는 투입이 정책내용과 정치체제의 운영에 어떻게 영향을 주는가, 정책이 환경과 정책에 대한 후속요구(subsequent demands)에 어떻게 영향을 주는가, 정치체제가 요구를 제대로 정책으로 전환할 수 있고 얼마나 오랫동안 보존할 수 있는 능력이 있는가 등 정치과정을 이해하는 데 도움을 주고 있다.

5. 개성·인식·정보론

개성·인식·정보론(personality, cognition and information theory)은 의사

결정을 심리학과 정보과학(information science)으로 이해하는 접근법이다. 라스웰, 그린스타인(Fred I. Greenstein), 제니스(Irving L. Janis) 등은 의사결정에 인간의 감정, 개성, 동기, 집단행태, 대인관계 등과 같은 요인이 영향을 미친다고 주장하였다.[30]

사이먼, 빅커스(G. Vickers), 도이치 등은 인간의 문제인식, 정보 활용, 다양한 대안의 선택, 문제와 현실에 대한 인식, 정보의 처리, 조직 내 정보의 유통 등이 어떻게 이루어지는지에 초점을 맞춘 인지적 차원(cognitive dimensions)에서 의사결정을 이해하였다.[31]

라스웰이 의사결정에서 개인의 사적 동기를 공적 대상으로 전위시켜 공공의 이익으로 합리화시킨다는 것은 이미 살펴본 바 있다.[32]

제니스는 정책결정에 집단사고(groupthink)의 작용을 강조하였다. 응집력이 있는 의사결정 집단은 어떤 대가를 치르더라도 합의를 도출해야 한다는 심리적인 동기(psychological drive)가 대안에 대한 평가나 이의를 억제한다는 것이다. 합리적 선택론은 의사결정 과정에 최선의 정보 활용과 의사결정자의 능력의 중요성을 강조하지만 집단사고적인 의사결정은 그렇지 않다. 집단의 견해나 합의를 존중하는 집단적 사고는 의사결정자로 하여금 현실에 대한 시야를 가로막는다는 것이다. 집단의 생각을 따라야 한다는 압박은 의사결정에 결함을 초래하게 된다. 상황이나 대안 그리고 목적에 대한 완전한 조사나 검토 없이 강한 단결심(esprit de corps)이 작용하기 때문이다.[33]

그린스타인은 정책결정은 결정자의 개성과 환경 간의 상호작용에 영향을 받는다고 주장하였다. 정책결정자의 거시환경인 역사적 조건과 미시환경인 사회화 기구와 사회적 배경 등의 요인이 개인의 성향(disposition) 형성에 영

---

30) Lasswell(1936), (1948), *Psychology and Politics*(Chicago: University of Chicago Press, 1930); Fred I. Greenstein, "Can Personality and Politics be Studied Systematically", *Political Psychology*, Vol.13(1992), pp.105 – 128; Irving L. Janis, *Group Think: Psychological Studies of Policy Decisions and Fiasco*(Boston: Houghton Mifflin, 1982).

31) Herbert A. Simon, "Human Nature in Politics: the Dialogue of Psychology with Political Science", *American Political Science Review*, Vol.79(1985), pp.293 – 304; Deutsch(1963); G. Vickers, *Value Systems and the Social Process*(London: Tavistock Publications, 1968).

32) Lasswell(1948), p.38.

33) Janis(1982), p.8.

향을 주고 또한 상호작용의 결과가 정책형성에 영향을 준다. 성향은 미시적·거시적 환경에 대한 인식과 영향, 일체감, 의견, 태도, 신념, 가치, 이념과 같은 정치정향, 성격과 심리상태와 같은 생물학적인 개성 등이 통합하여 가치판단(value judgement)을 하게 된다는 것이다.[34] 거시적·미시적 환경과 성향이 복합적으로 작용하여 의사결정에 대한 가치를 판단하는 통합접근법(integrative approaches)이라고 볼 수 있다.

사이몬은 정책결정을 문제해결 활동(problem - solving activity)으로 이해하면서, 인간은 정보의 기억과 처리에 한계가 있음을 지적한다. 사이몬의 인식접근법(cognitive approach)은 정책결정의 제한된 합리성에 의한 불가피성과 복잡·불확실하고 잘못 구조화된 문제(ill - structured problems)의 해결 등에 관한 심리학적·전산학적 공동연구와 접근의 필요성을 제기한 접근법이다.

빅커스의 접근법은 의사결정과정에 규범, 가치, 기준의 설정과 수정 그리고 정보와 사실을 획득하여 의사결정 판단에 활용하는 방법에 초점을 맞추었다. 정책결정을 심리적인 차원과 제도, 상황, 생태 등과의 커뮤니케이션 네트워크의 관점에서 이해한 것이다.

도이치는 정책결정을 권력의 행사가 아닌 정보유통의 통제와 정보의 조종(steering information)에 있다고 강조한 사이버네틱스 시각에서 이해하고 있다.

정책결정은 여러 대안 중에서 하나를 선택하는 것이다. 결정과학(decision science)의 유형은 다양하기 때문에 여러 접근법 중에서 어느 것이 최선이라고 할 수는 없다. 각 접근법은 각각 특징과 장단점이 있기 때문에 상황에 따라서 유용성이 다르다. 정책에 대한 연구는 융통성을 가지고 다양한 접근법을 활용하여야 할 것이다.

다양한 의사결정 모형이 논의되었지만 어느 하나의 모형으로 완전하게 설명하는 것은 불가능하다. 좋은 정책이론인지 여부를 평가하는 기준으로

---

34) Greenstein(1992).

① 타당성(validity) ② 경제성(economy) ③ 검증성(testability) ④ 조직성·이해성(organization/understanding) ⑤ 발견성(heuristic) ⑥ 원인 설명(causal explanation) ⑦ 예측력(predictive) ⑧ 적실성·유용성(relevance/usefulness) ⑨ 강력성(powerful) ⑩ 신뢰성(reliability) ⑪ 객관성(objectivity) ⑫ 정직성(honest theory) 등을 제시하고 있다.[35] 정책 결정 접근법과 모형 중에서 이 모든 기준을 골고루 갖춘 것을 찾기는 어렵다. 정책이 결정되는 상황에 따라서 접근법과 모형의 유용성이나 평가가 다르게 나타난다.

제3절 정책결정과정

정책결정 과정은 기능적인 단계를 포함하는 연속적인 활동이다. 정책과정을 분석의 편의상 구분이 가능하지만 실질적으로는 쉬운 일이 아니다.

라스웰은 정책결정 과정을 기능적인 단계로 ① 정보의 획득(intelligence) ② 대안의 발전(promotion) ③ 규정화(prescription) ④ 규정화된 대안의 발동(invocation) ⑤ 적용(application) ⑥ 종결(termination) ⑦ 평가(appraisal) 등으로 나누었다.[36]

리플리(Randall B. Ripley)는 ① 의제의 설정(agenda setting) ② 목표와 계획의 설정과 정당화(formulation and legitimation of goals and program) ③ 계획의 실행(program implementation) ④ 실행·실적·영향의 평가(evaluation of implementation, performance, and impact) ⑤ 미래의 정책과 계획의 결정(decisions about the future of the policy and program) 등으로 분류하였다.[37]

앤더슨 등(J. E. Anderson, D. W. Brady, C. S. Bullock, and J. Stewart)은

---

35) Daniel C. McCool, *Public Policy Theories, Models, and Concepts: An Anthology*(Englewood Cliffs, NJ: Prentice‑Hall, 1995), pp.12‑18.

36) Harold D. Lasswell, *The Decision Process: Seven Categories of functional analysis*(College Park, Md, University of Maryland, 1956).

37) Randall Ripley, *Policy Analysis in Political Science*(Chicago: Nelson‑Hall, 1985), pp.48‑55.

① 문제의 형성(problem formation) ② 정책의제(policy agenda) ③ 정책제안의 형성(formulation of policy proposal) ④ 정책의 채택(policy adaptation) ⑤ 정책의 집행(policy implementation) ⑥ 정책의 평가(policy evaluation) 등 여섯 단계로 구분하였다.[38] 앤더슨의 1·2단계를 합쳐 다섯 단계로 재분류하였다.[39]

1. 문제인지 및 의제형성

정책과정은 현실에 대한 관찰과 평가를 통하여 문제를 인지하고 식별하는 것으로부터 출발한다. 정책문제(policy problem)는 정상적이고 불가피한 상황에서 국민의 책임이라고 생각하면 발생하지 않는다. 국민이 불만족한 상태에서 요구가 제기되고 시정이나 조치가 필요하다고 느끼는 상황은 문제가 있는 것이다. 문제의 성격이 공공성을 띠고 정부가 나서서 조치를 취해야 할 때 정책문제로 등장하게 된다. 그러나 문제의 인과관계, 범위, 본질, 특성을 발견하는 것은 쉬운 일이 아니다.

정부가 당면하고 있는 수없이 많은 문제와 국민의 요구 중에서 어느 시점에 무슨 조치(action)를 취하지 않으면 안 된다고 판단될 때 정책의제(policy agenda)가 된다. 존스(Charles O. Jones)는 문제가 정부에 제기되는 조건을 ① 사건 자체: 범위, 지각, 정의, 강도 ② 집단의 조직: 범위, 구조, 리더십 ③ 접근: 대표성, 감정이입, 지원 ④ 정책과정: 구조, 반응, 리더십 등을 들고 있다.[40] 일반적으로 정책의제 선정에는 다음과 같은 조건이 영향을 미친다.[41]

---

38) Anderson, Brady, Bullock Ⅲ and Stewart, Jr., (1984), p.6.

39) 정책결정 과정에 관한 전반적인 논의는 다음을 참고하였음. Anderson(1994), 3·4·5·6·7장; Palumbo(1994), 2·3·4·5장.

40) Charles O. Jones, *An Introduction to the Study of Public Policy*(North Scituate, Mass: Duxbury Press, 1977), pp.32 – 33.

41) 문제가 정책의제로 채택되는 데 작용하는 요인은 다음을 참고하였음. Anderson(1994), pp.89 – 91; Roger W. Cobb and Charles D. Elder, *Participation in American Politics: The Dynamics of Agenda – Building*(Boston: Allyn & Bacon, 1972), p.84.

① 문제의 성격이 사적이 아닌 공공성을 띠어야 한다.

② 문제가 쟁점(issue)으로 부각되어야 한다.

③ 국가정치 리더십의 지지가 있어야 한다. 국가정책의 최종 결정자인 대통령의 지지를 받으면 의제설정이 쉽다.[42]

④ 의회, 행정부의 관료, 이익집단, 언론, 국민여론 등의 역할이 중요하다.

⑤ 격렬한 항의수단을 동원한 문제의 제기, 파업, 정치운동(political campaign), 다수에 대한 위협 등 정책결정자의 관심을 끄는 계기가 되면 의제로 설정될 수 있다.

⑥ 자연재난 등과 같은 절박한 위기상황과 예기치 않은 사건의 발생은 의제설정에 영향을 준다.

⑦ 통계자료의 변화는 문제에 대한 인지를 보다 명확하게 하여 정책의제로 채택될 가능성이 커진다.

⑧ 정권 교체나 선거결과에 따라서 의제채택에 변화가 생긴다.

⑨ 기술의 변화와 생태계의 변화가 영향을 준다.

⑩ 무기체계의 혁신, 국제 갈등, 동맹관계의 변화와 같은 외적인 환경의 변화가 영향을 미친다.

정책의제 제기의 영향력 행사자는 ① 대중매체 ② 정부관리 ③ 대통령과 비서실 ④ 의회와 참모 ⑤ 이익집단 ⑥ 제2의 정책정부(policy subgovernment) 등을 들 수 있다.[43]

정책의제가 채택되려면 다음과 같은 승인과정(approval process)을 거쳐야 한다. 승인을 받는다는 것은 지지의 획득과 마찬가지다. 정책의제에 대한 승인과정은 ① 의회에서 다수의 지지세력 확보 ② 계층적 권위의 승인 (granted by hierarchical authority) ③ 전문가의 분석과 지원(professionalism)

---

42) 대통령의 의제설정은 ① 선거이득(electoral benefits) ② 역사적 치적(historical achievement) ③ 훌륭한 정책(good policy)이라는 세 가지 고려요인에 의하여 동기가 부여된다고 한다. Paul Light, *The President's Agenda*(Baltimore: Johns Hopkins University Press, 1982), p.67.

43) '제2의 정책정부'는 전문가·행정가·의회의 참모들로 구성된 비공식 정책집단으로 '철의 삼각'(iron triangles)으로 불리기도 하는데 의제설정에 있어서 막강한 영향력을 행사한다. 다음을 참고할 것. Palumbo(1994), pp.48-59.

④ 효율성의 인정(efficiency) ⑤ 시민의 참여(citizen participation) 등이 요구된다.[44]

2. 정책제안의 형성

정책제안의 형성은 공공문제를 다루는 적절하고 수용 가능한 행동방책의 제안과 발전이라고 볼 수 있다. 한마디로 주어진 문제를 다루기 위해서 경합하는 수많은 대안을 작성하는 것이다. 정부가 제안한 문제 해결의 체계적인 진술 또는 표현(systematized statement of expression)이라고 볼 수 있다.

정책제안의 형성은 두 가지 행동이 포함된다. 하나는 특정한 문제에 대하여 무엇을 해야 할 것인가를 결정하는 것이고, 다른 하나는 무엇을 해야 할 것인가가 결정되면 실행에 옮길 수 있는 입법화나 행정규정의 초안을 만드는 일이다. 예를 들면 농어촌 거주자의 의료비가 도시 거주자보다 높다는 문제가 제기되어 정책의제로 채택이 되었을 때 정책제안의 형성은 첫째, 어떤 방법으로 농어촌 의료보험료를 면제해 줄 것인가를 결정해야 한다. 만일 농어촌에 대한 의료서비스의 무료제공을 정책대안으로 결정했다고 하면, 둘째는 관련 법규나 행정규정을 수정하거나 제정하는 초안을 작성해야 한다. 정책제안의 형성에는 ① 행정부처 ② 행정수반인 대통령 ③ 의원 ④ 이익집단 등이 참여한다.

3. 정책의 채택

정책의 채택은 정책제안에 대하여 평가, 수정, 거부, 선택 등의 행동을 취하는 것이다. 대안에 대한 선택은 정책에 대한 정당성(policy legitimizing)을 부여하는 것이다. 정책의 채택은 정책의 수준에 따라서 장관이나 대통령

---

44) Stuart S. Nagel(ed.), *Encyclopedia of Policy Studies*(New York: Marcel Dekker, Inc., 1983), pp.133－136.

의 결재를 받는 것으로 종결되기도 하며 의회에서 법률로 제정되어 대통령의 서명을 받아야 하는 등 정책의 종류와 비중에 따라서 그 과정이 다르다.

정책의 채택은 참여자나 기구 간의 제휴(coalition)에 의하여 이루어진다. 정책이 채택되려면 다수의 지지와 협조 그리고 상이한 입장을 가진 사람들의 양보 등이 요구된다. 가장 커다란 이유는 정책이 법률로 제정되려면 여야의 합의에 의한 민주적인 입법과정을 밟아야 하고 집행 시에 이해당사자의 순응(compliance)을 필요로 하기 때문이다. 또한 정책과정은 이해 관계자 간의 복합적인 상호작용이기 때문에 제휴형성(coalition building)이 요구된다. 집단적인 의사결정은 ① 교섭(bargaining) ② 설득(persuasion) ③ 명령(command) 등의 과정을 거쳐서 제휴를 형성한다.

정책의 채택에는 의사결정 모형에서 논의한 바와 같이 여러 유형이 있으며 많은 요인이 작용한다. 예를 들면 목표, 비용, 가용예산, 우월성, 실현 가능성, 정치적 지지 가능성, 일관성, 위험도 및 불확실성 등을 고려해야 하고 정책 환경과 정책결정자 개인요인 등이 작용한다.

정책결정자가 정책을 선택하는 데 영향을 받는 개인적인 요인은 다음과 같다.[45]

(1) 가치

정책결정자의 가치(values)가 중요한 요인으로 작용한다. 인간의 행태는 개인의 가치가 결정적인 역할을 한다. 정책결정자는 ① 조직의 가치(organizational values) ② 직업적 가치(professional values) ③ 개인적인 가치(personal values) ④ 정책의 가치(policy values) ⑤ 이념적 가치(ideological values) 등을 가지고 있다.

의사결정자가 속한 관료사회가 지향하는 조직의 가치에 영향을 받는다. 조직의 생존, 조직프로그램의 증진과 확장, 조직의 권한과 특권의 유지 등 조직의 가치를 고려하게 된다.

---

45) 의사결정의 기준은 다음을 참고하였음. Anderson(1994), pp.126-134.

직업은 특정 문제에 대한 특수한 선호를 발전시킨다. 전문적으로 훈련받은 사람들은 이러한 선호나 가치를 갖게 된다. 정책결정에 대국민 봉사라는 공직이 지향하는 가치가 작용한다. 예를 들면 경제학자들은 시장경제 논리와 효율성의 가치를 중시한다. 그들이 의사결정자가 되면 시장경제 논리와 효율성이라는 가치를 적용하게 되는 것과 같다.

의사결정자인 인간은 개인의 육체적 안녕, 경제적 부, 명성, 역사적인 위상(historical position) 등에 영향을 받는다. 예를 들면 재임 중 경제를 살린 대통령이 되겠다거나, 자유민주주의 발전에 초석을 놓겠다든가, 불법 정치자금을 한 푼도 받지 않는 깨끗한 지도자가 되겠다거나 하는 등의 생각은 역사적인 위상이나 평가에 관심을 갖게 되는 것이며, 정책결정에 그러한 개인적인 가치가 작용하게 된다.

정책결정자는 공공의 이익에 대한 자신의 지각과 적절하고 필요한 그리고 도덕적으로 올바른 공공정책은 무엇인가에 대한 자신의 신념에 기초하여 의사를 결정한다. 예를 들면 인권법 안에 찬성하는 것은 자신의 득표에 부정적인 영향을 미치더라도 도덕적으로 정당하며 기회균등은 바람직한 정책의 목표라는 신념에 따르기 때문이다. 정책의 내용이 지향하는 가치를 고려하게 된다.

민주주의, 공산주의, 민족주의, 보수주의, 자유주의, 개인주의, 자본주의 등과 같은 이념이나 철학이 정책을 결정하는 데 작용한다. 정책의 이념을 민주주의와 시장경제에 둔다면 정책의 기조가 그 바탕 위에서 유지되도록 결정하게 된다.

(2) 당파성

의회에서의 정책결정은 정당에 대한 충성심, 당의 방침, 당론 등 당파성(political‑party affiliation)이 중요하게 작용한다. 당론에 따르는 것은 조직인의 기본적인 윤리라고 볼 수 있으며, 당론을 거역했을 경우 당으로부터 받는 불이익이 상당히 클 것으로 예상되는 상황에서 당파성은 의사결정에 중요한 요인이 된다. 물론 의원 각자는 독립된 입법기관임에도 불구하고 당의 방침에 거수기와 같은 역할을 하는 것은 문제가 있다. 더구나 자유투표가 불용된다면 민주적인 의회라고 볼 수 없다. 행정부 입장에서도 정책결정과정에 여당이나 야당의 입장을 충분하게 고려한다.

(3) 선거구민의 이익

정치인들은 의사결정과정에서 자신을 지지해 준 선거구민의 이익(constituency interests)이나 국민의 이익을 고려한다. 지역구의 이익과 밀접하게 관련된 정책을 지지하는 것은 선거구민의 이익을 고려한 것이며, 계속적으로 자신에 대한 지지를 획득하기 위한 개인의 이익을 고려한 것이다. 문제는 정당의 이익과 선거구민의 이익이 상반되는 경우 선거구민의 이익을 지지하는 것이 보다 현명한 선택이다. 그러나 정당의 민주화가 이루어지지 않은 정당체제에서는 지역구의 이익보다는 당론에 동조하는 것이 일반적인 현상이다. 중앙당에서 공천권, 당직과 국회직의 임명권을 행사하는 경우 의원들은 지역구민의 이익보다는 우선적으로 정당의 방침에 순응하는 현상을 보인다.

선출직이 아닌 공직자의 경우는 선거구민이 없지만 부처와 관련 있는 이익집단을 의식해야 하며 그들의 이익을 정책에 반영시키기 위해서 노력한다. 예를 들면 교육과학기술부는 학생과 학부모의 이익 증진을 우선적으로 고려하게 된다.

(4) 여론

민주주의 국가에서 여론(public opinion)은 정책결정에 중요한 변수로 작용한다. 민주정부는 국민의 뜻에 봉사해야 하기 때문에 국민이 선호하는 정책을 결정·집행해야 한다. 여론이 정부정책 결정을 연결시켜 주는 정치적 연계의 수단과 기제 그리고 정책에 반영될 수 있는 여론의 성격 등에 대하여 이미 논의한 바 있다.

(5) 존중

공직자는 다른 사람들(others)의 판단을 존중(deference)하여 의사를 결정한다. 다른 사람들은 위계질서상에 있는 상급자일 수도 있고 그렇지 않은 경우도 있다. 공직자는 상부의 명령(command)이나 지시(directives)에 의하여 정책을 결정하는 경우가 많다. 그럴 경우 상급자의 의도를 존중하여 상급자가 원하는 방향으로 정책을 결정한다.

의원들의 경우 복잡한 법안이나 전문성이 요구되는 안건에 대하여 정확하게 파악할 수 있는 전문적인 지식과 능력이 없을 때 동료의원의 의견이나 당의 방침 또는 전문가의 조언에 따라서 표결에 임하는 경우가 있다.

법관의 의사결정은 법규에 따라서 이루어진다. 적용법규의 해석과 적용 그리고 입법취지 등에 따른다. 법률의 해석이나 적용이 불분명한 경우 정확한 입법취지를 파악하기 위해서 법률안이 심의된 상임위원회의 속기록을 검토하는 것도 입법취지를 존중하기 위한 것이다.

(6) 결정규칙

정책을 결정하는 데는 정책결정 기관의 결정규칙에 따른다. 정책을 결정하는 다양한 기관은 자체의 고유한 결정 규칙이 있다. 그러나 정책결정과 관련된 다양한 경험(rules of thumb)이나 지침(guidelines)이 있기 때문에 언제나 적용되는 공통적이고 고정적인 결정규칙(decision rule)이 없다.[46] 일반적으로 사법적인 의사결정은 과거의 판례에 따르게 되며 행정부는 전례(precedents)를 존중한다. 의회의 경우는 위원회별로 타 위원회와 구분되는 결정 규칙이나 관행에 따라서 정책을 결정한다.

---

46) Anderson(1994), p.133.

4. 정책의 집행

정책집행은 문제를 해결하기 위해서 행정부가 정책을 실질적으로 적용하는 것이다. 결정된 정책을 실천에 옮겨서 정책의 목표를 달성하고 정책의도를 실현하려는 활동이다. 정책의 집행은 ① 집행담당 조직의 구성 ② 정책의 해석과 구체화 ③ 자원의 확보와 배분 ④ 편의와 규제의 전달 등의 절차를 밟는다.[47]

5. 정책의 평가

정책평가는 정책이 문제를 해결했는지, 목적을 달성했는지, 지속적으로 시행의 필요성과 정책을 변경해야 하는지 등의 업적을 판단하고 정책의 영향을 측정하는 활동이라고 볼 수 있다. 정책집행과 평가에 대해서는 다음 장에서 논의할 것이다.

제4절 정책결정의 참여자

정책결정의 참여자는 정책과정에 영향력을 행사하는 사람이나 집단을 의미한다. 정책과정에 참여하여 단순하게 자신의 의견이나 태도를 표시하는 경우도 있으며 합법적인 권한을 행사하여 정책의 방향과 내용을 결정하는 권한을 가진 사람이나 집단도 있다. 정책결정 참여자는 공식적인 정책결정자와 비공식적인 정책결정자로 나눈다. 공식적인 참여자는 정책결정에 합법적인 권위(legal authority)를 가진 사람이나 집단을 의미하며, 비공식적인 참여자는 정책결정에 중요한 영향력을 행사하지만 의사결정 결과가 구속력을

---

47) 안해균(2008), pp.383 – 384.

갖는 합법적인 권위를 가지고 있지 못한 개인이나 집단을 의미한다.[48]

1. 공식적인 정책결정자

(1) 의회

국민의 대표기관인 의회는 법률의 제정, 명령과 지시의 결정 등 국가의 정책결정에 직접 참여한다. 의회의 의사결정구조는 각종 상임위원회와 본회로 구성되어 있다. 의회는 정책결정 과정에 전문위원, 보좌진, 의회에서 운영하는 각종 연구소 등의 지원을 받는다.

의회는 독립된 국가기관으로서 그 기능과 권한이 강화될수록 민주주의가 발전되었다고 볼 수 있다. 의회는 국민주권과 참정권의 원리를 구현하여 국민의 의지를 대리 반영하는 곳으로 인정되기 때문이다. 의회의 정책결정은 선거구민, 여론, 대통령, 대중매체, 소속정당, 이익집단과 로비스트, 동료의원 등의 영향을 받는다. 가장 이상적인 것은 여론을 정책결정 과정에 반영시키는 것이다.

그러나 권위주의 정치체제에서 의회는 대통령이나 행정부 그리고 소속정당에 예속되어 자율적인 입법기관으로서 독립적인 의사결정 기능을 상실하는 경우가 있다. 이런 상황에서 의회는 행정부의 시녀, 고무도장, 통법부로 전락하게 된다.

또한 의원이 정책결정 과정에 이권이나 청탁개입 그리고 불법로비에 연루되는 등 사적 이익을 앞세우는 것은 의회의 존재 의의를 스스로 부정하는 행위라고 볼 수 있다. 의원입법보다 행정입법이 많은 것도 의회가 정책결정 기능을 효율적으로 수행하고 있지 않다는 것을 보여주는 것이다.

---

48) 정책결정자에 대하여 다음을 참고하였음. Anderson(1994), pp.54 – 72; Palumbo(1994), pp.69 – 86.

(2) 행정수반

오늘날 행정수반중심시대(executive - centered era)에 살고 있다고 할 정도로 정부의 효율성은 대통령의 정책결정과 집행에 대한 행동과 리더십에 달려 있다.[49] 국가의 최고지도자는 선박의 조타수에 비유된다. 조타수가 키를 어떻게 조종하느냐에 따라 배의 항로가 달라지듯 최고지도자가 국정을 어떻게 운영하느냐에 따라 정국의 향방이 결정되고 정치의 효율성, 안정성, 발전, 좌절 등이 결정된다.[50] 대통령은 정책과정상에 정책의제를 설정하고, 정책을 최종적으로 결정하며, 정책집행에 있어서 막강한 영향력을 행사한다.

정치가 발전되지 않은 정치체제의 정책결정구조는 대통령 중심으로 단순화되어 있는 경우가 많아 대통령에 의하여 정책착수(policy initiation)가 시작되는 경우가 대부분이다. 행정수반인 대통령은 모든 정책의 최종 결정권자로서 국가정책 결정은 물론 집행에 가장 막강한 권한을 행사한다. 대통령의 정책이념과 철학에 따라서 정책의 본질과 기본방향이 좌우될 정도로 대통령의 정책결정 기능은 매우 중요하다.

정책결정에 활용할 수 있는 대통령의 자원(presidential resources)은 헌법상 보장된 합법적인 권한이 있다. 또한 제한된 임기라는 시간(time), 국가의 고급정보(information), 비서와 보좌관의 전문적인 의견(expertise), 그리고 대통령 개인의 정력(energy) 등이 있다.[51] 대통령은 합법적인 자원과 개인적 자원을 정책결정에 활용한다.

(3) 행정기구

행정기구는 능률성·전문성·합법성·합리성을 가진 위계조직으로서 국가의 핵심 기관이다. 전문적인 지식과 기술을 가진 행정기구는 국가의 정책결정과 집행에 직접 참여한다. 산업화·정보화 사회에서는 전문적인 지식

---

49) Anderson(1994), p.57.
50) 김호진(2006), p.405.
51) Palumbo(1994), p.76.

과 기술을 가진 전문가에 의한 정책결정이 요구된다. 행정기구는 부처별로 소관업무에 대하여 가장 전문적인 입장에서 정책결정에 참여할 수 있다.

(4) 사법부

사법부가 국가의 일반정책 결정에 참여하는 경우는 일반적인 현상이 아니지만 정책이 법률인 경우에 결정자가 된다. 사법부는 헌법과 법률에 대한 해석기능을 가지고 있기 때문에 정책의 내용이 적법한지 여부를 판단한다. 법률검토(judicial review)와 위헌심사가 좋은 예가 된다.

사법부가 정책결정에 참여하는 대표적인 경우는 사법적인 심판을 통하여 사회정의의 방향을 결정하는데 있다. 사법적인 심판결과는 사회의 여러 방향과 행태에 영향을 미친다.

(5) 집권여당

내각책임제에서는 행정부와 의회가 일원적인 정부를 구성하기 때문에 정책결정에 참여할 수 있다. 대통령 중심제에서도 정부의 해당부처 장관과 당의 간부가 참석하는 고위 당정회의를 통하여 당이 제시한 중요한 정책대안이나 법률안을 정부로 하여금 정책에 반영시킬 수 있도록 협조하는 방식으로 정책결정에 참여한다.

집권여당의 대표와 행정부 수반을 겸직하고 있는 경우 집권당은 정책결정에 커다란 영향력을 행사한다. 집권당의 주요 관심은 정책보다는 권력유지에 있기 때문에 국민여론을 정책에 최대한 반영시키기 위해서 정치논리로 접근하며 전문성을 앞세우는 관료는 정책자체에 더 많은 관심을 가지고 있다. 정치적 접근과 관료적 접근 간에 입장 차를 조화시키는 방향으로 정책이 결정되는 것이 바람직하다.

2. 비공식적인 정책결정자

(1) 이익집단

이익집단은 공통의 이익을 추구하기 위해서 결성된 조직이다. 이익집단은 정책결정 과정에 자신들에게 유리한 방향으로 정책이 결정·집행되도록 정책결정자들에게 영향력을 행사한다. 이익집단은 특정 부문에 관한 이익을 그들이 동원할 수 있는 모든 자원과 전략을 활용하여 정치과정에 투입한다. 다원주의 사회는 시장경제원리에 따라서 이익집단 간 자유경쟁을 보장하기 때문에 자신들의 이익을 정책결정 과정에 최대한 반영시키기 위해서 노력하며 정책결정 과정에 상당한 영향력을 행사한다.

(2) 정당

정당의 대표적인 기능은 국민의 이익을 집약하는 것이다. 집약된 이익을 바탕으로 집권당은 당정협의를 통하여 야당은 정부의 정책에 대한 비판과 대안제시를 통하여 정책결정 과정에 영향력을 행사한다. 정당이 가장 효율적으로 정책결정에 영향력을 행사하는 방법은 당론을 기초로 의회에서 당 소속 의원들에 의한 정부정책의 비판과 대안 제시, 입법 활동, 예산심의라고 볼 수 있다. 당의 정강정책을 의회에서 대정부 질의나 대안 제시로 정책결정 과정에 직간접으로 반영시킨다. 또한 예산결산과 국정감사 등을 통하여 집행된 정책에 대한 정치적 평가와 심사로 환류를 통한 차후의 정책결정에 영향력을 행사한다.

(3) 연구기관과 외부전문가

대학, 사설 연구기관, 기업이 운영하는 연구소 등은 '싱크 탱크'(think tank)로서 정책결정 과정에 영향력을 행사한다. 국책연구소는 정부의 정책에 대한 구체적인 연구를 수행하기 때문에 직접 정책결정 과정에 참여하는 효과가 있다. 각종 연구기관은 사회문제의 진단, 정책 의제의 제기, 정책제안, 정책의 효율성에 대한 결과 분석과 평가 등에 대한 보고서 작성, 세미나 개최 등을 통하여 정책에 영향력을 행사한다. 분야별 전문가로 구성된 각종 형태의 연구 활동은 정책당국자가 간과하기 쉬운 문제를 학술적·객관적 시각에서 제안하기 때문에 정책결정에 많은 참고 자료가 된다. 대학이나 각종 연구기관의 연구결과는 이론적이고 현실과 동떨어진 경우가 있지만, 정책결정자가 미처 고려하지 못한 부분에 대한 아이디어나 문제 제기로 정책결정에 중요한 정보가 된다.

(4) 대중매체

대중매체는 정보의 제공과 전달 그리고 국민태도의 형성자로서 정책결정에 영향력을 행사한다. 구체적으로 대중매체는 객관적이고 중립적인 입장에서 국민이 표명한 이익과 태도를 전달하고 여론의 형성과 전달을 통하여 정책결정에 참여한다. 대중매체는 국민적 관심사로 등장한 문제에 대한 해설, 문제점 지적, 평가, 입장표명 등으로 국민여론을 형성하고 정책결정자에게 압력을 행사한다. 정보화 사회의 대중매체는 사회에 미치는 영향력이 대단히 크기 때문에 정책결정에 미치는 영향도 크다.

정책결정자는 대중매체의 보도에 대하여 민감한 반응을 보이기도 하지만 대중매체를 활용하여 정부의 정책의지를 국민에게 알려 정부에게 유리한 여론을 형성하기도 한다. 대중매체는 정치지도자의 의지를 전달하고 지지 획득에도 활용된다.

(5) 일반시민과 여론

일반시민은 선거를 통하여 주권을 행사하고 나면 실질적으로 정책결정에 참여할 기회는 적다. 그러나 각종 항의, 반대, 찬성, 시위, 집회 등 각종 집단행동과 여러 유형의 정치참여를 통하여 시민의 의지를 정부에 전달하고 여론을 형성하여 정책결정에 영향력을 행사한다. 여론의 정책결정 과정에 미치는 영향에 대하여 이미 논의한 바 있다.

제5절 정책 환경

정책에 대한 연구는 정책이 결정되는 환경이나 상황에 대한 이해 없이는 제대로 이루어질 수 없다. 국가의 정책결정은 정부단위와 환경과의 관계에서 이루어진다. 정책은 환경에서 발생하는 갈등과 문제를 해결하기 위해서 정부가 취하는 행동이기 때문에 정책결정에 환경이 중요한 요인으로 작용한다. 국가의 정책은 정부, 국민, 환경과의 상호작용 속에서 결정·집행된다. 환경은 정책결정에 제한요인으로 작용하기도 하며 정책결정자가 효율적으로 정책을 결정하는 방향을 제시하기도 한다.

환경은 광의로 ① 기후, 자연자원, 지형, 생태, 공간, 지리와 같은 지정학적 특성 ② 인구 규모, 인구밀도, 연령분포, 도시화, 인종, 언어와 같은 사회·인구학적 요인 ③ 정치문화, 여론, 정치적 공동체, 정체(regime)의 유형, 정책결정 권위와 같은 정치체제의 특성 ④ 경제구조, 기술, 국민소득과 같은 경제체제 ⑤ 사회 및 계급구조와 같은 사회체계 ⑥ 국제질서, 국제기구, 국제법, 국제정치경제, 국제인권, 국제문화, 국제체제의 특성과 같은 국제환경 등으로 분류할 수 있다.

정책결정 과정에 이러한 모든 국내외적인 환경이 직간접적으로 영향을 미치게 된다. 다양한 국내외 환경을 세 가지로 나누어 논의하고자 한다.[52]

1. 역사적 상황

정책결정은 정책이 결정되는 상황과 과거의 정책역사와 깊은 관련이 있

---

52) Anderson, Brady, Sullock Ⅲ, Stewart, Jr. (1984), pp.10 - 22.

다. 사회문제나 시민 사회의 정치체제에 대한 요구의 내용도 시대와 상황에 따라서 다르기 때문에 상황에 부합되는 해결방책을 모색해야 한다. 정책은 현실적으로 시대 상황이 요구하는 문제의 해결방법이라고 볼 수 있기 때문에 상황에 따라 좌우된다.

정책결정 과정에 또한 과거의 유사한 경험이 참고가 된다. 과거의 정책 사례에 대한 평가와 분석 자료가 유사한 정책을 결정하는 산 자료로 활용된다. 경험보다 확실한 자료는 없기 때문이다.

2. 환경요인

정책을 환경과 분리하여 이해할 수는 없다. 정책요구의 제기, 정치체제에 대한 지지, 정책결정자에 대한 제약 등은 환경으로부터 발생한다. 많은 환경 요인 중에서 ① 정치문화 ② 여론 ③ 사회체계 ④ 경제체계가 정책결정에 영향을 준다.

(1) 정치문화

정치문화는 의사결정이 이루어지는 사회의 개인과 집단의 행태를 형성하는 중요한 요인으로 작용한다. 동일한 정치체제 내에 살고 있는 사람들은 공통의 가치와 태도를 갖게 된다. 정치문화에 따라서 국민의 정책목표나 행동에 대하여 좋다, 나쁘다, 바람직하다, 바람직하지 않다고 판단하는 기준이 다르다. 어떤 정치문화는 의료혜택 정책의 중요성을 또 다른 정치문화는 의무교육 정책이나 국가안보 정책에 대한 중요성을 강조하는 등 정치문화에 따라서 정책에 대한 태도가 다르게 나타난다. 따라서 공통의 가치관, 신념, 태도가 정책결정자에 대한 정책요구의 내용을 결정한다. 정책결정자는 정책에 대한 공공의 수락(public acceptance)과 지지를 받기 위해서 국민의 가치관, 신념, 태도 등을 고려하여 정책을 결정하게 된다.

(2) 여론

여론은 경제시장에서 소비자의 요구와 같이 정치시장에서 발생하는 국민의 요구라고 볼 수 있다. 정책요구(policy demand)는 정책공급(policy supply)을 결정한다.[53] 여론은 쟁점으로 등장한 정책현안에 대한 국민의 태도나 신념의 표현이라고 볼 수 있다. 정치문화는 여론에 비하여 보다 기본적이고 본질적 측면이 있다. 여론은 정치문화의 기초 위에서 형성된 쟁점에 대한 국민의견의 표출이라고 볼 수 있다. 국민여론은 특정한 분야의 일상적인 정책보다는 정책의 기본방향을 설정하는 데 중요한 요인으로 작용한다. 왜냐하면 대부분의 일상적인 정책결정에 대하여 정책결정자는 대중을 의식하지 않으며 또한 대중도 그 내용을 상세하게 파악하지 못하기 때문이다. 국민여론은 특정 정책의 구체적인 내용보다는 광범위하고 포괄적인 정책의 범위와 방향을 결정하는 데 영향을 준다.

여론은 시간과 관계가 있다. 위기상황에서는 국민여론을 수렴할 시간적인 여유가 없이 신속하게 정책을 결정한다. 여론은 시간에 따라서 유동적이기 때문에 정책결정의 시기와 밀접한 관계가 있다.

(3) 경제체제

경제체제는 재화와 용역의 생산, 분배, 교환과 관계가 있다. 경제체제는 정치체제에 따라서 복잡하고 그 유형도 다양하다. 사회갈등의 중요한 부분이 경제활동으로부터 발생한다. 예를 들면 노사, 대기업과 중소기업, 소비자와 판매자, 채무자와 채권자, 경쟁업종이나 기업 간 각종 유형의 갈등이 발생한다. 갈등 당사자는 자신들에게 유리한 방향으로 정부의 정책적인 지원과 배려를 요구하게 된다. 많은 국가에서 경제적 갈등의 해소가 정책의 중요한 쟁점으로 부각되고 있다.

경제발전을 추진하고 있는 국가에서는 공공재와 용역에 대한 정부의 부

---

53) Parsons(1995), p.110.

담을 억제하게 만든다. 성장위주의 경제정책은 복지정책이나 사회문제에 대한 관심을 덜 갖게 만드는 경우가 있다. 경제자원을 소수의 재벌이나 독점기업이 통제하고 있는 경제체제에서는 국가의 경제정책은 재벌위주로 발전하는 경향이 강하다. 소수의 독점자본가가 정치권력과 유착하여 국가의 중요한 정책 결정에 막강한 영향력을 행사하기 때문이다.

3. 제도적 상황

정부의 공식적인 제도는 정책의 형성과 집행 그리고 정책 내용에 중요한 요인이 된다. 제도적인 상황으로 ① 정치권력의 소재와 ② 정당체제를 들 수 있다.

(1) 정치권력의 소재

국가의 정치권력 구조가 중앙에 집중된 경우와 지방으로 분산된 경우, 연방주의를 택한 경우, 3권이 균형적으로 분리된 경우 등이 정책결정의 제도적인 요인으로 작용한다. 정치권력이 중앙에 집중된 정치체제에서 지방정부는 정책결정의 자율성이 제한되어 중앙정부의 지시에 따라서 움직이게 된다. 정치권력이 3권으로 분립되어 균형과 견제를 이룬다면 입법부, 행정부, 사법부가 독자적으로 정책을 결정할 수 있지만 행정부 우위적이거나 관료적 권위주의 정치체제에서는 대통령이나 전문 관료의 영향력이 크기 때문에 입법 활동은 물론 심지어 사법부의 판결도 행정부의 눈치를 살피며 이루어진다. 입법권이 강화된 경우 정책결정 과정에 입법부와 행정부 간의 힘겨루기가 빈번하게 발생하기도 한다.

(2) 정당체제

정당체제도 정책결정에 환경적 요인으로 작용한다. 예를 들면 일당체제나 일당우위체제의 경우 정책결정은 패권정당에 의하여 좌우된다. 양당제가 정착된 경우 양당 간의 타협과 협조를 통하여 정책이 결정된다. 다당제는 정국이 불안하고 국론이 분열되어 정책결정에 타협을 이룩하기 어렵고 정책결정에 혼선을 빚게 된다.

제6절 맺는 말

정책결정은 국가지도자나 정부의 의지 또는 국민의 요구나 이해를 구체화한 프로그램으로 정치과정의 핵심을 이루고 있다. 정치과정의 마지막 도착점은 정책을 결정하여 국민이 추구하는 복지, 안전, 자유와 같은 정책재화를 산출하는 것이다. 정부와 국민의 구체적인 상호작용의 매개는 정책이며 정부의 업적은 정책으로 평가된다. 정부가 국민을 위해서 일한다는 것은 미사여구를 동원한 거창한 구호나 약속만으로 이루어지는 것이 아니라 정책이라는 구체적인 행동으로 가시화했을 때 가능한 일이다.

정책결정은 한 나라의 운명을 좌우할 정도로 중요하다. 국가가 어떤 정책을 결정하느냐에 따라서 국가 장래의 발전 여부가 판가름 날 정도로 중요하다. 정치를 잘하고 못 하고, 정치체제의 능력이 있고 없고, 정치지도자가 위대한 업적을 남기고 못 남기는 것은 모두가 어떤 정책을 결정하느냐에 달려 있다. 정책결정은 정치과정의 꽃이며 정책집행의 결과는 열매라고 할 수 있다. 국민이 바라는 아름다운 꽃을 피우기 위해서 정책결정자들의 역할이 무엇보다 중요하다.

첫째, 정책결정자들에게 뚜렷한 정책이념과 철학이 요구된다. 철학 없는 즉흥적이고 임기응변식의 정책결정은 좋은 정책을 형성할 수 없다. 정책철학이 없는 정책결정은 정책의 잦은 번복으로 정책의 일관성을 유지하기 어렵고 국민을 설득하는 데 한계가 있다.

둘째, 정책결정자는 비전과 통찰력 그리고 정확한 예측력을 발휘해야 한다. 미래지향적·사전 예방적 정책결정이 이루어져야 한다. 통찰력이나 예측력이 없는 정책결정은 화재가 발생한 뒤에 진화하기에 바쁜 소방수와 같다. 화재의 위험성을 사전에 예방하는 것과 같은 정책결정은 정책결정자의 비전과 통찰력 그리고 예측력 없이는 불가능하다. 소 잃기 전에 외양간을 고치는 것이 중요하다. 더구나 소 잃고도 외양간을 고치지 못하는 것은 더욱더 심각한 문제가 아닐 수 없다.

셋째, 정책결정의 권위를 인정받기 위해서는 정책결정 과정의 공정성, 객관성, 투명성이 보장되어야 한다. 모든 정책에는 이해당사자가 있기 마련이다. 누구나 자신에게 유리한 정책이 결정될 수 있도록 모든 수단을 동원하여 노력하는 것은 당연한 일이다. 문제는 정책결정자가 공정성과 객관성을 잃거나 정책결정 과정이 흑막에 싸여 있거나 밀실거래로 이루어져 투명하지 못하면 결정결과를 수용할 수 없게 된다. 또한 정책결정 당국에 대한 불신으로 정치체제의 유지와 관리에 어려움을 겪게 된다. 정경유착이나 연고주의 그리고 부정부패의 사슬에 얽매인 가치의 배분은 당국의 권위 상실로 정치체제의 위기를 자초하게 된다.

넷째, 정책결정 과정이 민주적이어야 한다. 민주적 정책결정 과정이란 여론의 수렴, 여야 타협, 정책결정 계층상에 있는 관련 공직자의 최대한 참여 등이 보장된 것을 의미한다. 정책결정 과정에 시민의 여론을 최대한 반영하는 것은 민주주의 정치체제에서 절대로 필요하다. 또한 여야 간 대화와 타협을 통한 의사결정과 실무 공직자의 의견이 반영되는 의사결정이 바람직하다.

물론 정책의제의 채택이나 정책제안이 위로부터 아래로 지시나 명령에 의하여 주도될 수도 있다. 정책의 개시가 상의하달식으로 이루어지는 경우라 할지라도 국민여론의 수렴, 의회와 협조, 관련 공직자의 전문적인 의견 반영 등 민주적인 절차를 밟아야 한다. 아무리 철저하게 준비가 잘된 정치지도자라 하더라도 복잡한 국정을 관리·운영하는 데는 능력의 한계가 있게 마련이다. 1인에 의한 독선적인 정책결정은 반민주적이고 권위주의적인 정치행태라고 볼 수 있다.

마지막으로 정책결정은 국민통합 차원에서 이루어져야 한다. 정책에는 공공재와 같이 전 국민에게 혜택이 돌아가는 경우도 있으며 정책의 유형과 내용에 따라서 그렇지 못한 경우도 있다. 이해당사자 가운데는 정책의 수혜자와 피해자가 있다. 정책이 특정 지역이나 계층에 유리하거나 불리한 경우가 있다. 국가 재정의 한계 때문에 모든 이해당사자를 충족시킬 수 없지만 정책이 계층이나 지역 간 대립과 갈등, 국론 분열, 지역주의 심화, 위화감 조성 등을 조장한다면 커다란 문제가 아닐 수 없다. 정책결정은 국민의 지지와 요구를 정치과정에 제대로 수렴하여 국민통합차원에서 이루어져야 한다.

제12장 공공정책집행과 분석론

제1절 정책집행의 의의

1. 정책 집행의 정의

아무리 훌륭한 계획을 가지고 있더라도 실천에 옮기지 않으면 탁상공론에 지나지 않는다. 좋은 계획을 수립하는 것만으로 목적이 달성되는 것은 아니다. 그 계획을 구체적인 행동으로 옮길 때 효과가 나타난다. 정부가 아무리 좋은 구상과 계획을 가지고 있더라도 실행하지 않으면 공염불에 지나지 않는다. 정책도 마찬가지다. 좋은 내용의 정책을 수립하는 것 못지않게 정책을 효율적으로 집행하는 것도 중요하다.

결정된 정책을 집행하여 정책목적을 달성할 때 정치과정은 마무리된다. 정치과정에서 정책결정을 꽃에 정책집행을 열매에 비유한 이유가 바로 여기에 있다. 아름다운 꽃을 피우고 좋은 열매를 맺어 풍성한 수확을 거둘 수 있기 위해서는 올바른 정책결정과 성공적인 정책집행이 뒤따라야 한다.

정책집행과 관련하여 '대양을 끓이는 증후군'(boil the ocean syndrome)이란 말이 있다. 세계 제2차 대전 당시 미군과 영국군은 독일 잠수함에 의한 연합군 함선에 대한 공격을 방어하는 문제에 고심하였다. 해결책을 작전연구가(operation researcher)에게 문의했더니 "그것은 간단하다. 대양을 끓여라(boil the ocean)." 하는 것이었다. 그러자 한 장교가 "우리가 어떻게 대양을 끓일 수 있느냐?"고 물었더니 "나는 모른다. 나는 정책결정자며 집행은 당신의 업무"라고 한 데서 나온 이야기다.[1] 아무리 좋은 아이디어나 계획이 있어도 실천에 옮기지 않으면 효과가 없음을 설명하는 좋은 예라고 볼 수 있다. 말로는 누군들 대양을 끓이지 못하겠는가?

정책집행을 앤더슨은 '정부의 정책을 문제에 적용(application)하는 것'으로 이해하였으며,[2] 형성된 정책을 적용하지 않으면 결과가 없고, 정책제안의 적용은 정책본질 자체의 변화를 가져올 수 있다고 보았다.[3] 그러면서 정책집행 요인으로 ① 역할자(players) ② 조직(organizations) ③ 절차(procedures) ④ 기술(techniques) 등을 제시하였다.[4]

존스(Charles O. Jones)는 "공공문제의 해결에 관한 구체적인 제안인 공공사업 계획을 실천에 옮기려는 활동"이라고 정의하였다. 정책집행 활동은 ① 사업계획을 실천에 옮기는 데 필요한 자원인 행정부서와 방법 등을 신설하고 재정비하는 조직(organization) ② 사업계획의 내용을 실제로 적용 가능하고 실현 가능한 지침으로 전환하는 해석(interpretation) ③ 서비스나 금전적인 혜택 또는 기타 사업계획의 목표나 수단을 정기적으로 제공하는 적용(application) 등 세 가지 활동이 포함된다고 하였다.[5]

프레스만과 월다브스키(J, Pressman and A. Wildavsky)는 "집행을 ① 수행하는 것(to carry out) ② 달성하는 것(to accomplish) ③ 실현시키는 것(to fulfil) ④ 생산하는 것(to produce) ⑤ 완성하는 것(to complete)" 등으로, 정책집행은 "정책의 목표설정과 목표달성 활동 간 상호작용의 과정"으로 정의하였다.[6]

안해균 교수는 "정책집행이란 미리 결정된 정책을 실천에 옮기려는 일련의 과정으로서 정책목표(policy goal)를 해석하여 구체적인 지침(정책수단)을 마련하고 자원을 확보하여 정책대상집단에 편익 또는 제한을 가하는 정치

---

1) Palumbo(1994), p.100.

2) Anderson, Brady, Bullock Ⅲ and Stewart, Jr. (1984), p.6.

3) Ibid., p.8.

4) Anderson(1994), p.188.

5) Jones(1977), p.139.

6) Jeffrey L. Pressman and Aaron Wildavsky, *Implementation*, 2nd ed. (Berkeley: University of California Press, 1979), p. ⅹⅸ.

적 성격을 지닌 활동"이라고 정의하였다. 정책집행의 성격을 정책목표, 정책수단, 자원확보, 정책대상집단, 정치적 성격 등으로 설명하고 있다.[7]

정책집행은 "이미 결정된 정책을 실천에 옮겨서 그 정책의 효과를 거두려는 정부의 다양한 활동"이라고 정의할 수 있다. 구체적으로 "정책결정 과정에서 채택한 법, 규정, 명령, 계획 등을 실행하여 정책목표를 달성하고 정책의도를 실현하려는 정부의 의도된 활동"이라고 볼 수 있다. 정책집행의 범위는 정책의 수단(means)이나 도구(tools) 차원을 넘어 정책의 내용과 효과 또는 목표까지도 변화를 가져올 수 있다고 이해할 수 있다.

2. 정책집행의 중요성

정책목표의 달성과 정책의도의 성공적인 실현은 정책이 얼마나 효율적으로 집행되었느냐에 달려 있다. 정책집행을 통하여 정부와 국민과의 실질적인 상호작용이 이루어진다. 정부의 국민에 대한 영향력 행사, 국민이 추구하는 가치의 배분, 정부에 대한 국민의 지지획득 등은 모두 정책대상 집단과 실질적으로 접촉하는 정책집행과정과 직접적인 관련이 있다. 정책집행의 중요성으로 ① 정책내용의 구체화 ② 정책의도의 실현 ③ 정책대상집단에서의 실질적 영향력 등을 지적하기도 한다.[8] 정책집행이 정책형성 못지않게 중요한 이유가 몇 가지 있다.[9]

(1) 정치적 이유

의회에서 제정한 법률이나 정책의 내용이 애매하고 막연한 경우가 있다. 의원들은 입장이 난처한 쟁점에 대하여 우회적으로 접근하고, 이해당사자들의 강력한 반대를 피하기 위해서 애매모호한 내용의 정책을 결정하는 상징

---

7) 안해균(2008), p.379.
8) Ibid., pp.382 – 383.
9) 정책집행의 중요성에 대하여 다음을 참고하였음. Palumbo(1994), pp.110 – 115.

적인 정치(symbolic politics)를 구사한다. 정책은 또한 여야 간 정치적 타결이나 이해당사자들 간의 타협에 의하여 결정되는 경우가 있다. 정책집행은 애매모호한 정책내용을 구체화하는 것이다.

(2) 정책내용의 구체화

정책결정 시 정책내용을 구체화하는 것은 불가능하기 때문에 정책집행 과정에도 정책결정이 이루어진다. 예를 들면 중앙정부에서 결정한 포괄적인 정책을 지방정부 수준에서 실질적으로 집행하기 위해서는 구체적인 정책의 내용을 결정해야 한다. 정책결정의 수준은 다르더라도 집행과정에도 의사결정이 이루어진다. 만일 지체부자유 아동에 대한 교육성취를 향상시키기 위한 법률이 제정되었다고 할 때 의원들은 그 분야에 구체적인 교육방법이나 효율적인 교육기법을 알 수도 없거니와 법에 명시할 수도 없다. 그러한 경우에 학교 현장에서 실행과정에 법에 명시하지 않은 구체적인 교육방법 등의 실질적인 내용이 결정되어야 한다.

(3) 정책목표 달성의 방법 강구

정책집행 시 정책목표를[10) 달성하는 방법이 강구된다. 정책에 명시되지 않은 목표달성을 위한 구체적인 기술과 방법이 정책집행 과정에서 결정된다.

(4) 정책목표의 수정 및 보완

정책집행자들은 정책에 포함된 구체적인 정책목적(policy objectives)의 비

---

10) 존스(Charles O. Jones)는 정책목표(policy goal)는 성취해야 할 바람직한 목표(ends), 정책제안 또는 계획(policy proposal or plan)은 정책목표를 달성하기 위한 구체적인 수단, 정책 프로그램(policy program)은 목표달성을 위한 승인된 수단, 정책결정(policy decisions)은 목표설정·계획발전·프로그램의 집행과 평가를 위해서 취하는 특별한 행동, 정책효과(policy effects)는 프로그램의 측정할 수 있는 영향(impact)으로 구분하였다. Jones(1977), p.4.
정책의도(policy purpose)는 '고학력사회를 만든다'는 것과 같이 광범위하게 표현된 것, 정책목표(policy goal)는 고학력 사회를 만들기 위해서 '공식적인 대학교육 기회를 확대한다'는 것과 같은 형식적·비계량적인 것, 정책목적(policy objective)은 대학교육의 기회를 확대하기 위해서 '현재의 대학입학 정원을 2배로 늘린다'는 것과 같은 계량적·구체적인 것을 의미한다고 볼 수 있다.

현실성 때문에 반대할 수 있다. 정책목적이 관료사회의 일상적인 직무수행 관례에 어긋나거나 집행과정에 이해당사자들의 저항을 받을 수 있다. 이러한 상황에서는 정책집행자가 정책목적을 수정·보완할 수 있다. 정책목적의 일부 수정이나 보완과 같은 행동은 집행자가 정책을 실행하기 위한 노력이나 방법의 일환이라고 볼 수 있다.

(5) 정책집행기관의 자율성 보장

정책집행 기관에 대하여 의회나 사법부의 통제나 감시의 기회가 적기 때문이다. 의회는 국정질의, 국정감사, 예산결산 등의 방법으로 집행결과에 대하여 평가할 수 있으나 한계가 있으며, 사법부는 정책오류에 대하여 소송이 제기되지 않는 한 관여할 수 없다. 정책집행기관의 자율성이 보장된다는 것은 정책집행의 효율성을 증진시킨다는 의미에서 바람직한 측면도 있으나 통제와 감시가 느슨한 상태에서 정책집행자의 자의에 의하여 정책이 수정되거나 왜곡될 가능성도 있다.

제2절 정책집행의 접근법

정책집행에 관한 연구의 중요성은 정치학에서 급격하게 대두되었다. 1970년대 초에는 정책집행에 대한 연구가 소홀했으며, 1970년대 중반에도 정책연구에서 '잃어버린 고리'(missing link)로 간주되었다.[11] 정책집행이 연구대상의 특수한 분야로 각광을 받지 못했지만 행정학, 조직론 (organizational theory), 체계론(system theory), 정부내부관계론(intergovernmental relations theory) 등이 정책집행에 대한 연구에 관심을 보였다.[12] 그러나 프레스만과 윌다브스키의 저서 『Implementation』(1973)의 출간으로 정책

---

11) Palumbo(1994), p.99.
12) Nagel(1983), pp.143 – 144.

집행에 대한 본격적인 연구가 진행되었다.[13]

정책집행에 대한 접근법은 정책집행의 유형을 중심으로 나카무라와 스몰우드(R. Nakamura and F. Smallwood)는 ① 정책결정자가 집행자에게 가장 강력한 통제력을 행사하는 고전적 기술관료형 ② 정책결정자가 집행자에게 지시도 하지만 기술적 협상능력을 부여하는 지시적 위임자형 ③ 정책결정자와 집행자 간에 상호 협의하는 협상자형 ④ 정책결정자가 추상적인 목표만 제시하고 집행수단의 결정은 집행자에게 맡기는 재량적 실무가형 ⑤ 정책집행자가 정책결정 과정을 장악하는 관료제적 기업가형 등으로 분류하였다.[14]

엘모어(Robert F. Elmore)는 정책집행의 모형을 ① 목표 지향적이고 가치 극대화라는 효율성을 강조하는 체계관리(system management) ② 자유재량(discretion)을 통제하고 관례(routine)를 변화시키는 관료과정(bureaucratic process) ③ 정책결정자와 집행자 간의 합의형성과 수용과정의 조직발전(organizational development) ④ 참여자의 자원과 선호를 반영하는 갈등과 협상(conflict and bargaining) 등으로 나누기도 하였다.[15]

파슨스(W. Parsons)는 이론적으로 ① 하향식 접근법(top-down approaches) ② 상향식 접근법(bottom-up approaches) ③ 정책하위체계 접근법(policy subsystem approach) ④ 적응·정치게임 접근법(adaptive/political game approach) ⑤ 진화적 접근법(evolutionary approach) ⑥ 정책관리 접근법(managerialist approach) ⑦ 정책유형 접근법(policy type approach) ⑧ 조직상호분석 접근법(inter-organizational analysis approach) 등으로 분류하였다.[16]

---

13) Palumbo(1994), p.99.

14) Robert T. Nakamura and Frank Smallwood, *The Politics of Policy Implementation*(New York: St. Martin's, 1980).

15) Richard F. Elmore, "Organizational Models of Social Program Implementation", *Public Policy*, Vol.26, No.2(1978), pp.185-228.

16) Parsons(1995), pp.463-490.

1. 하향식 접근법

하향식 접근법에 대한 주장은 마즈마니언과 사바티에(Daniel Mazmanian and Paul Sabatier)의 것이 대표적이다.[17] 하향식 접근법의 본질은 정책이 중앙정부에 의하여 결정되고 집행도 상부의 지시에 의하여 이루어진다는 것이다. 정책집행의 특징은 다음과 같다.[18]

① 정책결정 시 설정한 목적과 절차가 정책집행자와 대상집단(target group)의 행동에 어느 정도 일치했는가?
② 그동안 성취했던 정책목표와 영향이 최초의 정책목적과 어느 정도 일관성을 유지했는가?
③ 정책의 산출과 영향에 작용한 주된 요인은 무엇인가?
④ 정책이 그동안의 경험에 기초하여 어떻게 재형성되는가?

정책집행에 있어서 정책결정자의 영향이 크게 작용하는 접근법이다. 정책결정자가 수립한 정책목표가 정책집행 결과와 얼마나 일치하는가에 초점을 맞추고 있다. 정책집행자의 재량권이 극히 제한되어 있으며 상부에서 결정하고 위임한 범위 내에서 정책집행에 충실할 뿐이다. 정책집행의 실무자나 정책대상 집단의 선호가 반영될 수 없고, 그들의 행태에 많은 제약이 따른다. 하향식 정책집행은 중앙에서 결정하고 위임된 정책목표를 달성할 수 있도록 일선에 있는 정책집행자나 대상집단에게 정책집행 과정에 대한 합법적인 구조가 마련되어 있다.

정책의 공식적인 목적을 효율적으로 달성하기 위해서 몇 가지 조건이 요

---

17) Paul Sabatier and Daniel Mazmanian, "The Conditions of Effective Implementation", *Policy Analysis*, Vol.5(Fall 1979), pp.481－504; "A Framework of Analysis", *Policy Studies Journal*, Vol.8(1980), pp.538－560; "Policy implementation", in Nagel(1983), pp.143－169.

18) 상향식 접근법과 하향식 접근법에 대한 논의는 다음을 참고하였음. Paul Sabatier, "Top－Down and Bottom－Up Approaches to Implementation Research: A Critical Analysis and Suggested Synthesis", *Journal of Public Policy*, Vol.6, Part 1(January－March 1986), pp.21－48.

구된다.

① 분명하고 일관성 있는 정책목표가 제시되어야 한다.

② 정책목표는 정책집행자에 의하여 달성될 것이라는 인과법칙(causal theory)을 인정해야 한다.

③ 정책집행 과정은 정책집행자나 대상집단의 순응을 증진시키기 위해서 합법적으로 구조화(legally structured)되어야 한다.

④ 정책집행자는 가용한 자원을 활용할 수 있는 기술이 있어야 하며 정책목표에 대한 약속(commitment)이 요구된다.

⑤ 이익집단이나 의회와 집행부의 최고 권위에 의한 정치적인 지지가 요구된다.

⑥ 사회경제적인 변동은 정치적 지지나 인과이론에 별 영향을 주지 않는다.

첫 번째부터 세 번째까지의 조건은 이미 최초의 정책결정 과정에 다루어진 조건이고 나머지 셋은 정책집행 과정에 정치·경제적인 압력의 산물이라고 볼 수 있다.

그러나 하향식 정책집행은 몇 가지의 한계와 약점이 발견된다.

① 분명하고 일관성 있는 정책목표를 설정한 것은 잘못이다. 왜냐하면 경험에 의하면 이러한 기준에 맞는 프로그램은 흔하지 않고 집행과정에 목표가 부분적으로 상충되는 경우가 많기 때문이다.

② 중앙정부의 정책결정자는 핵심적인 행위자로 간주하고 그 외의 행위자를 무시하고 그들을 장애자들(impediments)로 취급하고 있다.

③ 하향식 정책집행은 지배적인 정책(dominant policy)이나 기구가 없는 상황에서 불가능하다. 예를 들면 계층적인 통합이 빈약한 기구에서는 정책이 효율적으로 집행될 수 없다.

④ 일선관료(street level bureaucrats)나 대상집단의 정책목표나 전략을 과소평가하고 있다.

⑤ 정책결정과 집행단계를 구분한 것은 오류가 있다. 정책결정 과정에 일선 관료나 정책대상 집단도 어느 정도 참여의 기회가 있기 때문이다.

2. 상향식 접근법

1970년대 말과 1980년대 초에 하향식 접근법의 문제점을 지적하고 상향식 접근법이 제기되었다. 대표적인 학자는 히전(Benny Hjern), 포터(David Porter), 한프(Ken Hanf), 헐(Chris Hull) 등을 들 수 있다.[19)

상향식 접근법은 하향식과 달리 지방정부, 정부 산하기관, 각종 조합, 기업 등이 상호작용을 통하여 정책을 집행한다. 정책과 관련된 행위자 간 네트워크(network of actors)를 형성하여 프로그램을 실행에 옮긴다. 정책 네트워크(policy network)나 집행구조에 참여하는 다양한 행위자들이 전략적인 상호작용(strategic interaction)을 통하여 정책이 집행된다.

정책집행 참여자들의 문제에 대한 인식, 문제해결의 전략의 발전, 문제해결에 정부기관은 물론 사적인 조직과 시장의 힘(market force)이 중요하다는 것을 강조한다. 정책의 공식적인 목표 달성보다는 정부와 민간의 프로그램이 의도하지 않는 다양한 결과를 가져올 수 있다는 자유로운 입장을 취한다.

그러나 상향식 정책집행 접근법도 몇 가지 제한점이 있다.

① 하향식 접근법이 중앙과 주변(지방)과의 상하관계를 지나치게 강조한 것과 마찬가지로 상향식 접근법은 지방의 능력을 과신하고 있다.

② 상향식 접근법은 정책집행 참여자들이 인식하지 못한 가운데 그들의 행태에 직간접적으로 영향을 주는 요인을 소홀하게 다루고 있다.

③ 정책집행에 참여하는 현재의 행위자를 강조한 나머지 그전의 행위자들이 기울인 노력을 등한시한다.

④ 정책문제의 해결과 정책집행 자체에 관심을 기울이기보다는 특정한 정책에 대한 집행자 간의 상호작용을 강조하고 있다.

---

19) Benny Hjern, "Implementation Research – the Link Gone Missing", *Journal of Public Policy*, Vol.2, No.3(1982), pp.301 – 308; B. Hijern and David Porter, "Implementation Structures: A New Unit of Administrative Analysis", *Organization Studies*, Vol.2(1982), pp.211 – 227; B. Hjern, D. Porter and Chris Hull, "Implementation Research as Empirical Constitutionalism", *European Journal of Political Research*, Vol.10(June 1982), pp.105 – 116.

3. 정책하위체계 접근법

하향식 접근법과 상향식 접근법은 모두 장단점이 있다. 사바티에는 양 접근법을 결합한 정책하위체계 접근법을 제시하였다.[20] 하위체계의 행위자는 정치인, 공직자, 이익집단의 지도자, 지식인 등으로 구성되어 있다. 그들에게 영향을 주는 자원과 제약요인으로 문제의 기본속성, 자연자원의 분포, 사회문화 가치와 사회구조, 헌법구조(규정), 사회경제적 조건과 기술의 변화, 정부 연립체계의 변화, 정책결정과 다른 하위체계의 영향 등을 제시하였다.

하위체계 내의 행위자 간에 수 개의 지지연합(advocacy coalition)을 형성하여 정부의 활동프로그램에 대한 전략을 각각 수립하여 정책집행에 참여한다. 만일의 경우 지지연립 간에 갈등이 생기면 정책중개자(policy broker)가 나서서 중재를 한다. 정책하위체계 접근법의 행위자에 대한 입장은 하향식 접근법과 유사하나 그들의 행태에 영향을 주는 신념체계와 자원 그리고 외부요인을 강조하여 상향식 접근법의 특징을 가미한 것이라고 볼 수 있다.

정책결정과 집행은 상호분리할 수 없는 것으로 하향적·상향적인 요인이 동시에 작용한다. 정책결정이 전부일 수 없고 또한 집행도 전부가 아니다. 정책목표를 효율적으로 달성하기 위해서는 계획과 집행 간의 조화가 이루어져야 한다. 중앙에서 통제하는 것만으로 정책 목표를 달성할 수 없다. 그렇다고 집행자에게 모든 재량권이나 자율성을 지나치게 부여할 경우 현실적인 집행은 가능할지 모르지만 정책이 의도하는 목표와 동떨어진 집행이 우려된다. 따라서 정책결정과 집행은 상호작용을 통하여 이루어져야 할 것이다.

4. 적응·정치게임 접근법

정책집행 과정에 정책의 목표가 변경될 수 있는지에 대한 논의는 정책결

---

20) Sabatier(1986), p.41.

정과 집행의 관계를 통하여 이해할 수 있다. 정책형성과 정책집행을 구분하는데 적응·정치게임 접근법과 진화적 접근법이 있다.[21]

적응·정치게임 접근법은 바다크(E. Bardach)에 의하여 제기된 것으로 정책결정과 집행과정에 다양한 행위자들에 의하여 정책의 목적과 전략이 상호조정(mutual adjustment)될 수 있다는 입장이다. 정책은 체계, 조직, 기구가 아닌 행위자 간의 상호적응을 통하여 집행된다. 정책집행 과정은 불확실한 상황에서 집행자들은 자신들의 목표를 달성하기 위해서 노력하는 가운데 협상·설득·갈등·책략과 같은 정치게임(political game)이 나타난다. 바다크의 접근법은 정치의 영역을 정책집행에까지 확대시킨 것으로 정치와 행정관료의 구분, 정책결정 과정과 집행과정의 경계 재설정 등에 대한 필요성을 제기한 것이다.

5. 진화적 접근법

진화적 접근법은 마욘과 윌다브스키(G. Majone and A. Wildavsky)가 주장한 것이다. 그들은 정책집행이 통제냐, 상호작용이냐, 집행과정과 결정과정의 관계가 어디에 있느냐 등에 대한 문제를 제기하면서 진화적 접근법을 제시하였다. 정책 집행자가 정책의 기본적인 목적과 전략을 변경하는 것은 부당하지만 변화되는 환경에 순응하고 제약점을 조정하기 위해서 목표나 전략의 지속적인 수정으로 정책의 진화(evolution of policy)가 이루어질 수 있다고 본 것이다. 진화적인 접근법은 정책이 지속적으로 진화된다면 정책에 대한 평가가 불가능하게 된다는 문제가 있다. 정책결정과 집행은 이원적이라기보다 동일한 연장선에서 파악하고 있다.

---

21) Eugene Bardach, The *Implementation Game*(Cambridge, Mass: M. I. T Press, 1976); Giandomenico Majone and Aaron Wildavsky, "Implementation as Evolution", in Pressman and Wildavsky(1979), pp.177 – 194.

6. 정책관리 접근법

정책관리 접근법은 정책의 집행을 관리(management)라는 측면에서 이해한 것이다. 정책집행에 기업이 활용하는 경영기법을 도입하였다. 정책집행을 ① 작전관리(operational management) ② 협동관리(corporate management) ③ 인사관리(personnel management)라는 차원에서 접근한다.

작전관리는 작전연구(OR: operational research)를 활용한 것이다. 작전연구는 인간, 기계, 물질, 산업자금, 기업, 정부, 방위와 같은 대규모의 체계를 관리하고 방향을 설정하는 데 발생하는 복잡한 문제에 대하여 과학적 방법을 적용하는 것이다. 정책결정과 행동의 관리를 과학적으로 지원하기 위한 방법이다. 구체적으로 네트워크분석(network analysis)으로 알려진 비판경로방법(CPM: critical path method), 프로젝트·평가·관찰기법(PERT: project, evaluation and review technique)과 체계분석(system analysis) 방법 등을 활용하여 ① 목표의 설정과 계획의 수립 ② 계획의 모니터링 ③ 계획상 발생 예상되는 기준에 따른 현재 상황의 분석 ④ 목표달성에 실패한 요인을 치유하기 위한 집행의 변화 등을 발견하는 것이다.

협동관리는 기획계획예산제도(PPBS)와 유사한 것으로 ① 목표설정 ② 예측 ③ 전략발전 ④ 행동계획수립 ⑤ 집행 ⑥ 모니터 등의 순환 과정을 밟는다.

인사관리는 조직문화가 중요하다는 것을 인식한 것으로 조직원이 목표달성에 어떻게 반응하고 기여하는가에 관심을 갖는다. 인사관리는 ① 개인의 발전과 조직목표 달성에 기여한 업적평가(performance appraisal)와 ② 개인의 목표와 조직의 목표를 통합하는 목표관리(MBO - management by objective) 등의 방법을 활용한다.

7. 정책유형 접근법

정책유형 접근법은 정책의 유형과 정책집행 과정, 양자의 영향과의 관계에 초점을 맞춘 접근법이다. 정책집행의 효율성은 정책유형, 내용, 쟁점에 따라서 다르게 나타난다. 정책집행과 관련하여 분배, 규제, 재분배 정책 등의 유형이 연구 대상이 된다. 정책 집행의 중요한 요인인 변화, 통제, 순응 등이 정책의 유형에 따라서 다르게 나타난다. 예를 들면 정책집행의 성공은 규제형의 정책보다 분배정책과 재분배 정책에서 낮게 나타난다.

8. 조직상호분석 접근법

정책집행의 연구에 있어서 조직의 행동과 조직 내 사람들의 행동에 초점을 맞춘 접근법이다. 정책집행을 네트워크나 다양한 조직이 참여하는 과정이라고 이해했을 때 그들 간에 어떤 상호작용이 일어나는가에 대한 문제가 제기된다. 조직상호 간에는 ① 권력과 자원의 상호의존(power and resource dependency) ② 조직 간의 거래(organizational exchange) 관계가 형성되어 있다.

조직상호분석 접근법에 의하면 정책은 국가, 지방, 공공, 민간, 자발적 참여, 기업, 노동자와 같은 다양한 조직이나 행위자에 의하여 집행된다. 정책집행 기구의 구조는 다양한 조직과 행위자들의 집합으로 구성되어 있으며 프로그램의 집행은 단일조직이 아닌 조직의 연합(organizational pools) 또는 조직의 행렬(matrix)을 통하여 집행된다.

정책집행 접근법은 정책집행의 주체, 집행체계와 구조, 정책결정자와 집행자 간의 관계, 집행자의 심리와 문화, 권력관계 등에 따라서 다양하게 분류되고 있다. 정책집행을 이해하는 방법으로 어디에 초점을 맞추느냐에 따라 정책집행의 접근법이 다르게 나타난다.

제3절 정책집행 절차

결정된 정책이 자동 집행되는 것은 아니며 또한 단순하게 시행에 옮긴다고 정책효과가 나타나는 것도 아니다. 정책이 효과를 거두려면 일정한 절차를 밟아서 집행되어야 한다. 정책결정에도 수순이 있듯이 집행에도 절차가 있다.

정책집행 단계는 거시적 집행(macro - implementation)과 미시적 집행(micro - implementation)으로 구분할 수 있다.[22] 모든 정책 집행은 거시적·미시적 수준의 상호작용이 요구된다. 거시적 단계란 정책집행은 정부기구 간의 상호작용을 거치는 것을 의미한다. 예를 들면 중앙정부의 정책을 집행하려면 중앙의 관련 부처, 지방정부, 지방의회 또는 민간조직 등과 상호작용 및 협력이 필요하다. 미시적 수준은 개인이나 부처 내의 상호작용으로 구체적으로 정책을 집행하는 부처의 장관, 국장, 과장, 팀장, 계장 그리고 일선 공직자 간에 요구되는 상호작용을 의미한다. 미시적 수준에서는 정책을 구체적으로 집행하는 데 필요한 인사의 선발과 훈련, 요구되는 관리 능력과 리더십, 기구의 구조, 예산의 확보 등 많은 절차와 준비가 필요하다. 정책집행은 앞서 지적한 바와 같이 다음과 같은 절차를 밟는다.[23]

1. 집행 담당조직의 구성

정책을 집행하기 위해서는 우선적으로 정책을 실행하는 데 필요한 조직을 결정해야 한다. 정책집행 업무를 담당할 조직을 지정하는 일이다. 기존의 조직에 정책집행 책임을 부과할 수도 있으며, 새로운 조직을 신설하거나 재편하여 집행임무를 부여한다. 새로운 조직을 신설하기 위해서는 입법절차

---

22) Palumbo(1994), pp.101 - 102.
23) 정책집행 절차에 관하여 다음을 참고하였음. 안해균(2008), pp.383 - 384.

등이 뒤따라야 한다. 집행조직이 결정되면 조직의 책임자를 중심으로 정책집행을 위한 구체적인 절차와 방법 마련에 착수하게 된다.

2. 정책의 해석과 구체화

정책을 집행하기 위해서 정책결정 당시의 목표나 의도를 해석해야 한다. 정책이 구체적으로 무엇을 의도하는지 잘 나타나지 않는 경우에 정책결정 당시 설정한 목표를 해석해야 한다. 그래야 목표달성을 위한 구체적인 전략을 수립할 수 있다. 정책이 지향하는 목표를 달성하기 위한 실현 가능한 지침이나 시행규칙을 만들어 정책집행에 대한 준비를 한다.

3. 자원의 확보와 배분

정책의 집행에 소요되는 재원을 확보하고 그 사용할 시기 및 방법에 대한 결정이 요구된다. 아무리 좋은 정책을 결정했다 하더라도 예산이 확보되지 않으면 정책을 집행할 수 없으며 정책목표를 달성할 수 없게 된다. 정책대상집단에게 제공할 재화나 서비스 그리고 사업을 추진하는 데 소요되는 경비를 확보하고 사용계획을 수립하는 것이 정책집행의 중요한 부분을 차지한다. 재원의 확보 절차는 일반적으로 행정부에서 예산안을 편성하여 의회에 제출하면 의회에서 심의·의결하여 예산안이 확정된다.

4. 편의와 규제의 전달

편의(benefits)와 규제(control)의 전달은 정책의 구체적인 내용이 국민이나 특정한 정책 대상집단에 전달되는 것으로 정책의 효과를 거두려는 활동이다. 정책집행자와 정책대상자 간에 정책을 매개로 실질적인 상호작용이 이루어지는 것이다. 정책이 정책대상 집단이 추구하는 가치를 제공하거나 아니면 그들의 행동을 통제하거나 의무를 부과하는 등 그 내용에 따라서 성격이 다르게 나타난다. 예를 들면 법률을 집행하는 것은 규제에 해당된다. 편의와 규제의 전달은 일선관료가 담당하는 업무로 정책의 구체적인 집행 내용이라고 볼 수 있다.

제4절 정책집행 기관

정부는 사회문제를 해결하기 위해서 무엇을 해야 하며 무엇을 하지 말아야 한다는 것을 결정한다. 그 결정을 실행하여 정부의 의지를 구체화하는 것은 행정부의 책임이다. 행정부는 집행부로서 정부의지를 집행하여 효과를 거두는 임무를 수행한다. 정책집행은 행정부의 고유한 책임이며 가장 대표적인 정책집행기관이라고 볼 수 있다. 행정부는 관료조직을 통하여 관련 법규, 규정, 관례에 따라서 정부의 정책을 집행한다.

행정부의 정책집행에 직·간접적으로 영향력을 행사하는 행위자가 많다. 예를 들면 의회, 사법부, 정당, 이익집단, 대중매체, 시민단체, 시민 등이 있다.

1. 의회

의회는 국민의 대표기관으로 법률을 제정하는 등 입법권을 행사하여 국가의 중요한 정책을 결정한다. 그러나 의회는 행정부의 정책집행에 가장 막강한 영향력을 행사한다. 의회는 입법권 이외에도 예산동의 및 심의, 고위공직자의 임명동의, 정책질의, 국정감사, 조약비준, 기타 행정부에 대한 의견 제출 등으로 행정부의 정책집행에 영향력을 행사한다.

2. 사법부

사법부는 재판을 통하여 법을 집행한다. 예를 들면 범죄자에 대한 사법처리는 사법부의 정책집행 기능이라고 볼 수 있다. 법원은 법을 집행하는 것이외에 행정부의 정책집행에 직접적으로 영향력을 행사한다. 행정행위나 위헌심사 등에 대한 법령심사, 행정 관료의 자의적인 행위가 국민의 권리와 재산을 침해했을 경우 손해배상, 행정소송, 정책집행 행위의 취소·철회·보상 등 사법구제, 행정 관료에 대한 형사책임을 부과하는 등 정책집행에 영향력을 행사한다.

3. 정당

여야를 막론하고 정당은 정책집행에 영향력을 행사한다. 정당은 중앙당 차원, 국회차원 그리고 선거구 차원에서 정책집행에 영향력을 행사한다. 대통령 중심제는 대통령이 집권당의 총재이기 때문에 중앙당의 입장이 정책집행에 직접 반영되며, 내각책임제의 경우 여당은 자기 당 소속 각료를 통하여 정책집행에 영향력을 행사한다. 야당은 의회활동을 통하여 정책집행에 영향력을 행사한다. 선거구 차원에서는 지역 발전과 관련된 정부 사업의 집행 시에 관료들을 직접 접촉하거나 협의과정을 통하여 정책집행에 영향력을 행사한다.

4. 기타

이익집단, 대중매체, 시민단체, 전문가, 시민, 여론 등이 정책집행 과정에 영향력을 행사한다. 정책집행의 효율성은 집행자의 태도에 따라서 다르게 나타날 가능성이 있으며, 집행자의 재량권도 어느 정도 허용되기 때문에 집행과정에 영향력을 행사할 수 있다. 예를 들면 이익집단의 로비활동으로 정책집행자가 이익집단의 포로가 되거나 이익집단에 사로잡히는 경우가 있다. 이는 결국 이익집단의 영향력이 정책집행 과정에 반영된다는 것을 의미한다. 특히 대중매체가 정책집행과정의 문제점을 여론화하여 정책의 집행을 중단시키거나 또는 변경하도록 하는 데 상당한 영향력을 행사하고 있는 것이 사실이다.

제5절 정책집행 기술

모든 공공정책은 정부가 설정한 목적에 따라서 국민들의 행동을 유인하고 어떤 형태의 인간행태를 통제하거나 영향을 행사하려는 의도가 있다. 만일 정부가 의도한 대로 국민이 따라주지 않으면 정책의 집행이 불가능하기 때문에 정책목적을 달성할 수 없게 된다. 정책의 유형과 대상집단이 다양하기 때문에 정책집행 결과에 따라서 편익을 받기도 하며 불이익을 당하는 경우가 생긴다. 국민에게 혜택만을 제공하는 정책만이 존재하는 것이 아니라 통제나 의무를 부과하는 경우가 많기 때문에 효율적인 정책 집행에는 집행자의 기술이 요구된다. 정부의 지시나 행동에 대하여 정책대상 집단이 순응하고 불응하는 정도에 따라서 정책집행의 성공 여부가 판가름 난다.

1. 순응과 불응

순응(compliance)은 특정의 행동규칙에 일치하는 행동이며, 불응(noncompliance)은 그 반대를 의미한다.[24] 정책집행에 있어서 순응은 정책결정자와 집행자 간, 정책집행자와 대상집단 간 행동이 일치되는 두 가지 경우를

---

24) 순응과 유사개념으로서 복종(obedience), 동조(conformity), 수용(acceptance), 합의(consensus) 등이 있는데 그 구분에 대하여 다음을 참조할 것. 안해균(2008), pp.439－440.

의미한다. 정책대상 집단이나 개인이 정부의 정책집행에 순응하는 이유는 무엇인가?[25]

① 정책에 대한 순응은 합리적이고 의식적인 설득 때문이다. 예를 들면 특정 정책이 개인의 이익과 상충되더라도 그 정책이 올바르고, 필요하며, 합리적이라고 믿기 때문에 순응한다.

② 정부의 결정이나 정책은 헌법에 기초한 것이며, 권위 있는 공직자에 의하여 결정되었고, 올바른 절차를 밟아 정당하다고 확신하기 때문에 복종한다.

③ 정책에 순응함으로써 개인에게 이익이 돌아가기 때문이다. 정책에 따르는 것이 자신에게 직간접의 편익이 기대된다고 판단하기 때문이다.

④ 정책에 불응했을 경우 벌금, 구금 또는 다른 제재가 따르는 등 강제와 처벌의 가능성이 있기 때문이다.

⑤ 정책집행 기간이 장기간 지속되어 그 정책에 부지불식간에 익숙해지기 때문이다. 순응의 관습이 생기는 이유와 같은 맥락에서 이해할 수 있다.

반대로 정부의 정책에 불응하는 경우가 있다. 불응의 구체적인 형태는 의사전달의 고의적인 조작, 지연, 정책의 임의 변경, 부집행(不執行), 형식적 순응, 정책자체의 취소 등으로 나타난다.[26] 그 원인은 어디에 있을까? 위에서 지적한 순응의 이유와 반대되는 경우를 포함하여 불응현상이 나타나는 것은 몇 가지 원인이 있다.[27]

① 정책이 사회의 가치체계와 모순될 경우에 불응한다. 도덕률이나 신념과 갈등이 생기게 되면 불응 현상이 나타난다.

② 금전적 욕심 때문이다.

③ 정책이 모호하거나 기준이 일관성을 상실했을 때 발생한다. 정책내용

---

25) Anderson(1994), pp.224 – 227.
26) 안해균(2008), pp.443 – 444.
27) Anderson(1994), pp.227 – 230; 안해균(2008), pp.442 – 443.

이나 목표가 애매하고 상반되는 집행기준이 제시될 경우 불응현상이 나타난다.

④ 순응에 따르는 기술적인 제약과 개념의 복잡 그리고 의사전달체계의 결함 등 때문이다.

⑤ 개념의 복잡성 때문이다.

⑥ 의사전달체계상의 결함 등 때문이다.

2. 불응의 통제방법

정부가 합법적으로 결정한 정당한 정책이 제대로 집행되지 않으면 문제가 된다. 정책 집행 시 불응현상이 나타난다면 정부는 권위를 상실하고 국민의 불신을 받아 통치능력을 상실하게 된다. 그 정도가 심하면 무정부 상태로 발전될 위험성이 있다. 그렇다고 정부가 무조건 물리적 강제력만을 동원하여 국민의 복종을 강요할 수 없다. 불응을 통제할 수 있는 방법은 다음과 같다.[28]

① 교육과 설득의 방법을 동원한다. 정부는 정책의 합리성, 필요성, 사회 이익성, 정당성 등과 정책의 올바른 내용과 취지를 국민에게 홍보한다. 교육과 설득에 의한 순응의 유발은 가장 바람직한 방법이다. 정책 대상 집단의 이해를 증진시키고 합의를 유도하여 불응하지 않게 만들고 제재를 극소화하는 방법이다.

② 정책을 선전한다. 정책에 대한 일방적인 선전이 아니라 정책의 가치와 정책에 대한 장점을 홍보하여 수용할 수 있도록 노력한다.

③ 정책의 내용을 수정·보완하여 불응의 소지를 완화시킨다. 정책의 미비점을 보완하거나 형평성의 시비 요인을 제거하는 등 정책의 내용을 일부 변경하여 순응을 유도할 수 있다.

---

28) Anderson(1994), pp.230 – 232.

④ 순응자에게 긍정적인 편익을 제공한다. 순응자에게 이익이 된다는 동기 부여로 순응을 유도한다. 이러한 경우를 동의의 구매(purchase of consent)라고 부른다.

⑤ 불응자에게 제재를 가한다. 불응자를 법에 따라 처벌하여 순응을 유도한다. 제재에 의한 방법은 최후의 수단이 되어야 한다.

정당하고 합법적인 절차를 밟아 결정된 정부의 정책은 정책결정자와 집행자 간에 행동의 일치를 보이고 정책대상 집단이나 개인이 순응할 때 성공적으로 집행될 수 있다. 정부의 정책결정 과정은 물론 집행과정에 가급적이면 정책대상 집단의 의견을 존중하여야 하며 강제적인 방법보다는 교육과 설득 그리고 보상을 통한 순응을 유도하는 것이 정책의 효과를 높일 수 있을 것이다.

제6절 정책집행의 성공요인

결정된 정책이 자동적으로 집행되어 효과를 나타내는 것이 아니다. 정책목표를 성공적으로 달성하는 데 여러 가지 요인이 상호 복합적으로 작용한다. 정책집행의 환경이라고 볼 수도 있다. 정책집행의 환경에 따라서 정책집행 결과나 효과가 다르게 나타난다. 정책이 의도하는 문제를 정책집행을 통하여 해결할 수 있다는 인과이론(causal theory)이 유효하기 위해서는 정책이 성공적으로 집행되어야 한다. 성공적인 정책집행에 작용하는 내부요인과 외부요인을 살펴보고자 한다.[29]

---

29) 정책집행의 성공요인에 대하여 다음을 참고하였음. 사바티에와 마즈마니언은 정책집행에 대한 경험적 연구결과를 과제로 선정하였는데 정책집행의 성공요인으로 볼 수 있어 참고하였음. 안해균(2008), pp.424–438; Sabatier and Mazmanian(1983), pp.152–161.

1. 내부요인

(1) 정책목표

정책목표가 명확하고 일관성이 있어야 집행상의 혼란을 방지할 수 있으며 정책이 의도하는 바를 충실하게 추구하는 노력을 기울일 수 있다. 정책목표가 분명해야 문제에 대한 정확한 인식과 해석이 가능할 뿐 아니라 문제 해결의 효율적인 전략을 수립할 수 있게 된다. 또한 정책목표가 일관성을 잃고 상호 모순된다면 정책 집행에 혼란이 초래된다. 정책개혁(policy reform)은 필요하지만 일관성을 잃게 되면 자원의 낭비와 집행상의 혼란을 초래한다.

(2) 자원과 기술

자원의 확보 없이 정책 집행은 불가능하다. 배분된 자원의 양과 질이 정책을 집행하는 데 충분하게 동원되고 능률적으로 관리되어야 한다. 정책을 집행하기 위해서는 인적·물적 자원은 물론 무형자원인 기술과 정보 그리고 집행권한이 부여되어야 한다.

(3) 내·외부의 조직구조

정책을 집행하는 내부조직의 상하관계, 정책집행자의 외적인 사회구조, 대상 집단과의 관계가 영향을 미친다. 예를 들면 집행자와 대상 집단 간의 관계가 민주적이냐, 권위주의적이냐, 자유방임적이냐에 따라서 정책집행의 효과가 다르게 나타날 수 있다. 또한 중심부(중앙정부)와 주변부(지방정부) 간의 관계가 중요한 변수가 된다. 만일 정책집행에 여러 부처가 관련되어 있을 경우 공동행동(joint action)과 공동보조를 취하는 것이 어렵기 때문에 협조체제의 구축 여부가 정책집행에 영향을 준다.

(4) 집행담당자의 태도와 능력

정책을 집행하는 주체의 의지와 기술 그리고 경험이 중요한 요인이 된다. 정책집행자가 집행과정에 보이는 적극성, 소극성, 공정성, 형평성 등의 심리적 태도가 정책의 효과에 영향을 미친다. 정책집행자가 법규 중심이냐, 관리 지향이냐, 문제 해결중심이냐, 무사안일형이냐 등에 따라서 결과가 다르게 나타날 수 있다. 집행자의 대민관, 공직관, 정책정향(policy orientation) 등도 중요한 요인이 된다. 정책집행자의 전문성, 지식, 기술, 경험, 국민의 지지 동원 능력, 관리능력, 설득력, 리더십 등에 따라서 정책집행 결과가 다르다.

(5) 집행절차

집행절차가 제도화되어 집행자의 재량권의 범위가 제한된 경우, 임기응변식으로 상황에 따라서 적당하게 대응하는 경우, 과거의 경험이나 관행에 의존하는 경우 등에 따라서 정책의 효과가 다르게 나타난다.

2. 외부요인

(1) 정책집행과 관련된 문제 및 집단의 특성

정책의 적용범위와 정책대상 집단의 성격에 따라서 달라진다. 정책에 직접적인 영향을 받는 대상에 따라서 그 효과는 다르게 나타난다.

(2) 사회경제적 여건(socioeconomic conditions) 및 기술

사회의 안정과 불안, 경제적인 상황, 정책과 관련된 기술 수준 등의 영향을 받는다. 예를 들면 공해방지나 우주개발과 관련된 정책은 그 나라의 기술수준에 따라서 정책의 성공 여부가 판가름 난다. 또한 정책의 시행 중에 사회경제적인 변화가 생길 경우 정책집행 과정에 영향을 준다.

(3) 문화적 특성

정치문화, 행정문화, 사회문화, 조직문화 등에 영향을 받는다. 구체적인 예로 권위주의적인 정치문화에서 민주적인 방식의 정책집행은 효과가 나타날 리 없다. 또한 국민이 정부정책은 항상 비현실적이고, 일관성이 결여되었으며, 공직자는 부패·무능하여 믿을 수 없고, 정책집행이 불공정하다는 생각을 가지고 있는 행정문화에서는 정책집행이 국민의 지지를 받을 수 없고 그 효과도 기대하기 어렵다.

(4) 대중매체의 관심과 여론의 지지

대중매체의 지원과 국민의 호응도 등이 중요한 변수가 된다. 여론의 지지를 받지 못하는 정책은 지속적인 집행이 불가능하고 심지어 정책변동을 모색해야 하는 상황으로 발전될 수 있다.

(5) 정책결정기관의 지원

성공적인 정책집행은 정책을 발의·결정한 상급기관의 적극적인 지지와 밀접한 관계가 있다. 자원 배분권을 행사하는 의회나 정책의 최종결정권자인 대통령의 정치적인 지지(political supports)나 지속적인 관심 표명이 정책집행에 영향을 준다.

제7절 정책분석

1. 정책분석의 개념

  정치과정은 투입·전환·산출·환류를 통하여 진행된다. 국민의 요구나 지지가 투입되어 정책으로 전환되고 집행되어 정책의 결과가 나타난다. 정책과정에서 정책분석이 끊임없이 진행된다. 모든 정치체제는 수많은 문제에 직면하고 있다. 지속적인 현안으로 등장하는 문제에서부터 새롭게 발생하는 문제 등 정치체제는 문제의 홍수 속에 운영된다. 사회가 당면하고 있는 엄청난 문제를 해결하기 위한 처방으로 제시된 정책대안에 대한 분석, 결정된 정책과 집행된 정책에 대한 효과의 평가는 정치과정에 중요한 몫을 차지하고 있다.

  정책분석은 정책을 과학적으로 평가하기 위해서 등장하였다.[30] 퀘이드(E. S. Quade)는 "정책분석(policy analysis)을 현대의 과학과 기술을 사회문제 해결에 효과를 거두려는 목적으로 정책을 채택하고 집행했을 경우 예상되는 결과와 이익에 대한 증거를 정리하고 정보를 수집하여 보다 현실성 있는 대안을 모색하는 방법"이라고 정의하였다.[31] 정책결정 과정에 문제를 해결할 수 있는 현실적인 최선의 대안을 선택하기 위해서 과학적인 방법과 기술을 동원하여 정책 관련 정보를 수집하는 것으로 보았다. 정책분석을 정책결정 시 대안선택 과정에 발생하는 것으로 보아 집행 후의 정책평가(policy evaluation)와 구분하였다.[32]

  던(W. N. Dunn)은 정책분석을 "정책문제를 해결하기 위해서 정치적 상

---

30) 정책분석이 등장한 역사적인 배경에 대하여 다음을 참고할 것. Robert A. Heineman, William T. Bluhm, Steven A. Peterson and Edward N. Kearny, *The World of Policy Analyst: Rationality, Values, and Politics*(Chatham, NJ: Chatham House Publishing, Inc., 1990), pp.9 – 34.

31) Edward S. Quade, *Analysis for Public Decisions*, 3rd ed., (New York: North – Holland, 1989), p.4.

32) 앤더슨은 정책분석이라는 용어 대신 정책평가를 정책집행의 마지막 단계로 보고 있다. Anderson (1994), p.38.

516 현대정치과정론

황(political settings)에 이용할 수 있는 정책 관련 정보(policy – relevant)를 생산하고 변형하는 다양한 조사방법과 논법을 활용하는 응용사회과학 분야"라고 정의하면서 정책분석의 범위와 방법은 서술적이며, 정책의 결과와 원인에 대한 사실적인 정보(factual information)는 공공문제를 이해하는 데 가장 중요하다고 하였다.[33] 정책 관련 정보의 유형을 ① 정책문제(policy problems) ② 정책대안(policy alternatives) ③ 정책행동(policy actions) ④ 정책결과(policy outcomes) ⑤ 정책수행(policy performance) 등으로 구분하였다.[34] 정책결과나 업적을 정책분석의 대상으로 삼아 정책집행 후 실시하는 정책평가도 포함시키고 있음을 알 수 있다.

정책분석은 정책결정과 집행과정에 정책과 관련된 모든 정보를 수집하고 평가하여 사회문제를 해결할 수 있는 최선의 대안을 선택하고, 정책집행결과 나타난 정책의 영향(policy impact)을 평가하여 재환류시키는 활동이라고 볼 수 있다. 정책평가는 정책분석의 하위 개념으로 정책집행 영향과 결과의 분석에 한정되는 개념으로 볼 수 있다.

정책분석의 목적은 정책결정자들에게 실질적인 사회문제를 해결하는 방법을 발견하는 데 합리적으로 판단할 수 있는 정보를 제공하는 것이다. 대안의 선택을 도와주고 정책집행 후 문제가 해결되었는지의 여부, 목적달성 여부, 지속적인 시행의 필요성 등을 판단하는 정보를 생산하는 데 목적이 있다.

2. 정책분석 과정과 방법

정책분석 과정과 방법은 다양하다. 정책분석 과정은 일반적으로 정책결정과 집행의 모든 과정에서 이루어진다. 퀘이드는 정책분석 과정을 ① 목적과 기준의 결정 ② 대안의 탐색 및 설계 ③ 자료 및 정보의 수집 ④ 모형

---

33) Dunn(1981), p.35.

34) Ibid., p.44.

의 설계 및 시험 ⑤ 대안의 실행가능성 검토 ⑥ 비용과 효과성 평가 ⑦ 결과의 해석 ⑧ 가설의 제기 ⑨ 새로운 대안의 제안 ⑩ 문제의 명료화 등이라고 이해하였다.[35]

던은 정책분석 과정을 <그림 12 - 1>과 같이 제시하였다. 다섯 유형의 정책 관련 정보를 중심으로 정책분석 과정을 설명하였다. 정책분석은 ① 공공행동을 통하여 얻고자 하는 실현되지 않은 가치 · 필요 · 기회인 정책문제 ② 정책문제를 해결하는 데 잠재적으로 가용한 정책대안 ③ 가치 있는 결과를 얻기 위한 목적으로 정책대안을 실행하는 정책행동 ④ 정책행동을 관찰한 정책결과 ⑤ 정책집행 결과 가치가 획득된 정책업적 등과 관련된 정보를 생산하고 변형하는 과정으로 보았다. 그리고 정책문제가 해소된 정도를 분석하는 실질적 추정(practical inference)으로 이해하였다.[36]

<그림 12 - 1> 정책분석과정

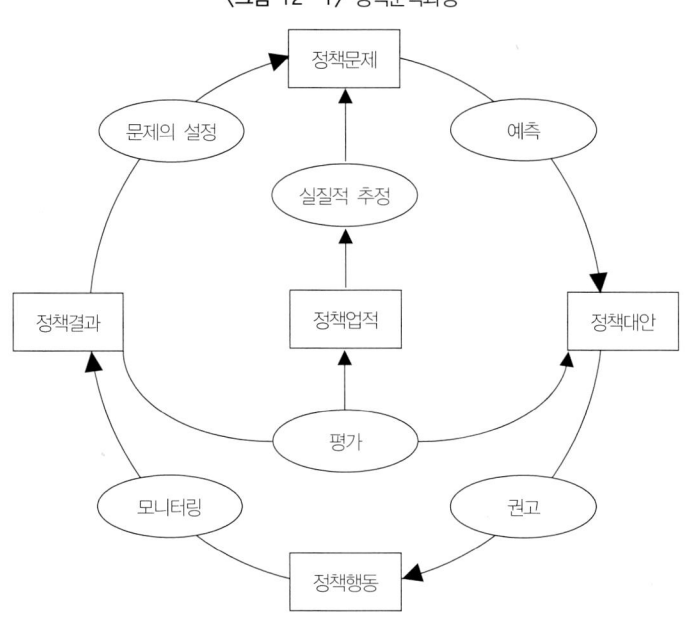

출처: Dunn(1981), p.48.

---

35) Quade(1989), p.50.
36) Dunn(1981), pp.47 - 61.

(1) 문제의 설정

문제의 설정(problem structuring)은 정책문제의 본질과 잠재적인 해결방안에 관한 정보를 생산하는 것으로 정책분석의 가장 중요한 과정이다. 정책문제의 설정은 문제 상황을 발생하게 한 조건을 경험하고 인식하는 문제의 검출(problem sensing), 기본적이고 일반적인 용어를 사용한 문제의 본질에 대한 개념화(problem conceptualization), 문제의 상술(problem specification) 등 문제를 올바르게 정의·분류·설명하는 것이 1차적인 과제가 된다. 정책문제는 성격상 독립적인 것, 의존적인 것, 인위적인 것, 역동적인 것 등 다양하기 때문에 문제의 올바른 설정이 중요하다.

문제설정의 기술은 문제 상황을 분류·정의하는 분류분석(classification analysis), 문제 상황을 발생케 한 원인을 규명하는 계층분석(hierarchy analysis), 유사한 문제와 결부시켜 문제해결 방법을 모색하는 창조기법(synetics), 브레인스토밍(brainstorming), 가상분석(assumptional analysis) 등이 있다.[37]

(2) 정책대안의 예측

정책대안의 예측(forecasting)은 정책문제의 본질에 대한 정보에 기초해서 정책대안이 가져올 미래의 상황을 예측하는 정보를 생산하는 것이다. 각 정책대안을 채택했을 때 예상되는 결과를 예측하는 일은 정책분석에서 대단히 중요하다. 미래는 미지의 불확실한 세계이기 때문에 대안별 가능한 상황을 정확하게 예측하는 것이 어렵다. 그러나 정책대안별 예상되는 상황에 대한 예측이 꼭 필요하다.

미래예측 기법은 ① 추세외삽예측(trend extrapolative forecasting): 고전시계열분석, 흑점기술, 최소자승추세평가, 비선형시계열분석, 지수가중치법, 데이터변형, 대지각변동법 ② 이론적 예측(theoretical forecasting): 이론함수,

---

37) Ibid., pp.119 - 133.

이론모형, 인과모형, 경로분석, 투입 – 산출분석, 선형프로그램, 회귀분석, 간격평가, 상관분석 ③ 직관적 예측(intuitive forecasting): 델파이기법, 교차충격분석, 가능성 접근법 등으로 분류할 수 있다.[38]

(3) 정책행동의 권고

정책행동의 권고(recommendation)는 특별한 대안이 개인·집단·사회 전체에 가치 있는 결과를 가져올 것 같다는 정보를 생산하는 것이다. 정책대안에 대한 정보를 기초로 정책행동에 대한 정보를 생산하는 것이다. 정책행동의 권고는 어떤 대안이 가장 가치 있는지 그리고 그 이유를 밝히는 것이다.

정책권고의 기준은 ① 목표달성의 정도와 관련된 효과성(effectiveness) ② 투입 대 산출과 관련된 능률성(efficiency)[39] ③ 문제해결의 정도와 관련된 적정성(adequacy) ④ 분배의 공정성과 관련된 형평성(equity) ⑤ 정책 환경의 요구·선호·가치의 만족도와 관련된 대응성(responsiveness) ⑥ 정책목표나 결과의 가치성 등에 대한 가치판단과 관련된 적절성(appropriateness) 등이 있다.[40]

정책행동의 권고 내용에는 ① 목적(objectives) ② 비용(cost) ③ 제한점(constraints) ④ 부수 효과(externalities) ⑤ 시간(time) ⑥ 위험과 불확실성(risk and uncertainty) 등이 포함된다.[41]

(4) 정책결과의 모니터링

정책결과의 모니터링(monitoring)은 과거 정책의 결과와 원인에 대한 정보

---

38) Dunn(1981), p.150.; 미래예측에 대한 상세한 논의는 다음을 참고할 것. 홍득표, "미래연구방법론" 전득주 외, 『미래학입문: 그 이론과 실제』(서울: 평민사, 1992), pp.68 – 107.

39) 나이젤(S. S. Nagel)은 정책선택은 최적의 대안(optimum alternative)을 고르는 것이라고 보고 있다. 최적의 대안이란 총편익(total benefits)에서 총비용(total costs)을 뺀 순편익(net benefits)을 극대화할 수 있는 것이라고 정의하고 있다. 대안선택의 기준을 비용과 편익이라는 관점에서 보고 있다. Stuart S. Nagel, *Policy Evaluation: Making Optimum Decisions*(New York: Praeger Publishers, 1982), p.4.

40) Dunn(1981), pp.232 – 239.

41) Ibid., p.239.

를 생산하는 것이다. 모니터링의 기능은 ① 정책집행자의 행동이 정책의 본래 취지와 일치했는지에 관한 순응(compliance) ② 자원이나 서비스가 정책대상 집단이나 수혜층에 도달했는지에 대한 감사(auditing) ③ 정책의 집행이 사회·경제변동을 가져왔는지에 대한 회계(accounting) ④ 정책의 결과와 프로그램 간에 차이가 났을 경우 그 이유 등에 대하여 설명(explanation)하는 것이다.[42]

모니터링 접근법은 ① 사회지표에 초점을 맞춘 사회체계평가(social systems accounting) ② 사회실험(social experimentation) ③ 투입·과정·산출·영향 등을 추적하는 사회회계감사(social auditing) ④ 과거 정책과 프로그램의 집행에 대한 보고서 등에 체계적인 편집과 비교 접근을 통한 사회연구축적(social research cumulation) 등이 있다.[43]

모니터링 기술은 ① 그래픽도표(graphic display) ② 지니 지수(Gini index) ③ 일람표(tabular display) ④ 지수(index number) ⑤ 중단시계열분석(interrupted time – series analysis) ⑥ 통제계열분석(control – series analysis) ⑦ 회귀단속분석(regression – discontinuity analysis) 등이 있다.[44]

(5) 정책업적의 평가

정책평가(policy evaluation)는 '정책결과(policy outcome)의 가치와 관련된 정보를 생산'하는 것이다.[45] 정책평가는 집행된 정책을 분석하여 그 효과를 측정하는 것으로 '정책의 결과를 아는 것(learning)'이다.[46]

정책평가의 특징으로 ① 정책이나 프로그램이 바람직했는지를 판단하는 가치의 강조(value – focus) ② 정책행동이나 업적이 정책 대상 집단·개인·사회에 유익했으며 현실 문제를 어느 정도 해결했는지와 관련된 사실과 가

---

42) Dunn(1981), pp.278 – 279.

43) Ibid., pp.284 – 300.

44) Ibid., pp.300 – 332.

45) Ibid., p.340.

46) Thomas R. Dye, *Understanding Public Policy*, 2nd ed. (Englewood Cliffs, NJ: Prentice – Hall, 1987), p.351.

치의 상호의존성(fact‑value interdependence) ③ 미래보다는 현재와 과거지향성(present and past orientation) ④ 수단과 방법이 포함된 가치의 2중성(value‑duality) 등을 들 수 있다.[47]

정책평가는 정책권고의 기준과 같은 ① 효과성 ② 능률성 ③ 적정성 ④ 형평성 ⑤ 대응성 ⑥ 적절성 등이 적용된다. 정책은 공리성(utility)과 편익성(benefit)을 비용(cost)과 관련하여 평가한다. 정책평가에 있어서 비용 대 효과분석(cost‑benefit analysis)이 가장 기본적인 방법이다.[48]

그러나 정책의 효용성과 편익성을 측정하는 데는 여러 가지 어려움이 있다.[49]

① 평가 기준은 정책이 정책대상 집단에게 어느 정도의 편익이 돌아갔는지를 측정해야 하는 데 개념상의 어려움이 있다. 편익의 개념을 어떻게 정의하느냐 하는 것이다. 예를 들면 범죄와의 전쟁을 선포했을 때 정책의 효과는 범죄 건수를 줄이는 것으로 측정이 가능하다. 그러나 범죄의 유형이 다양하기 때문에 범죄에 대한 개념을 정의하기 어렵다.

② 자료가 없거나 부족하고 자료의 수집이 어렵다. 정책이나 프로그램이 실질적으로 정책대상 집단에게 어떤 혜택과 영향이 나타났는지에 대한 자료를 수집하는 것이 용이하지 않다.

③ 많은 정부지출의 혜택이 시장(marketplace)에 반영되지 않는다. 예를 들면 정부의 공공보건 예산의 지출은 일할 수 없는 노인들의 수명을 연장시켜 주는 것 이외에 시장에 나타나는 효과가 없다.

④ 정책이 대상 집단에게만 영향을 주는 것이 아니고 다른 집단이나 개인에게도 영향을 주는 다양한 결과가 나타나기 때문에 정책평가가 어렵다. 정책의 영향은 본래 광범위하고 다양하게 나타난다. 설사 정책이나 프로그램의 편익을 개념화하여 측정이 가능하다고 하여도 정책대상 집단이 아닌 엉뚱한 사람들에게 편익이나 피해가 돌아가는 경우

---

47) Dunn(1981), p.340.
48) Heineman, Bluhm, Peterson, and Kearny(1990), p.45.
49) Quade(1989), pp.101‑102; Anderson(1994), pp.244‑250.

이를 발견하기 어렵다. 예를 들면 고속도로를 건설하면 이용자들에게는 주행시간의 단축, 연료절약, 사고감축 등의 편익이 있지만 고속도로 주변의 거주자에게는 소음과 매연 등에 대한 피해가 돌아가고, 구 도로변의 주유소나 상점소유자에게는 사업에 지장을 초래하는 불이익이 돌아간다. 정책평가에 있어서 이러한 모든 부수적인 결과까지를 종합해야 하기 때문에 상당한 어려움이 있다.

⑤ 정책의 목표가 불확실하거나 산만하고 다양할 경우 정책평가가 어렵다.

⑥ 정책이 사회변동을 유발하는 원인으로 작용하는지를 규명하기 어려운 경우가 있다. 체계적인 정책평가에서는 정책행동이 사회변동을 유발한다는 인과관계를 증명해야 한다. 그렇지만 어떤 정책행동 때문에 나타나는 결과나 영향을 인과관계로 설명하기 어려운 경우가 있다.

⑦ 정책평가의 결과가 부정적인 경우 집행자들에게 불이익이 돌아가기 때문에 해당 공직자가 평가의 장애가 되거나 저항을 하는 경우가 있다.

⑧ 정책의 효과가 더디 나타나는 경우가 있기 때문에 시간상의 제약이 있다. 예를 들면 효과가 나타나는 데 많은 시간이 걸리는 교육정책의 경우 단시간에 의한 평가는 올바른 결과를 기대할 수 없다.

⑨ 평가결과가 그 이후의 정책과정에 어떤 영향을 행사하는지 불분명하고 그 활용이 제한적이다. 평가가 잘못 설계되었거나, 자료가 부적절하거나, 결론이 도출되지 않는 평가도 있을 수 있으며, 이미 종결된 정책에 대한 평가에 관심이 적은 경우가 있다. 이러한 경우 정책평가 결과가 별다른 영향을 미치지 못하는 결과를 가져온다.

정책평가 유형은 ① 정책이 정책목적 달성의 극대화에 기여했는지 정책의 결과에 치중하는 총괄평가(summative evaluation) ② 정책목표의 달성에 치중하지 않고 정책이 실질적으로 가져온 결과를 평가하는 목표중립평가(goal–free evaluation) ③ 정책목표보다는 효용성에 중점을 두는 공리주의평가(utilization–focused evaluation) ④ 정책이 얼마나 잘 집행되었는지에 초점을 맞추는 형성평가(formative evaluation) ⑤ 정부의 정책결정에 영향을 받고 또한 영향력을 행사하는 사람들(policy stakeholders) 간에 합의에 도달했는지 그리고 프로그램이 시행된 환경을 분석하는 구성주의자 평가(constructionist evaluation) 등으로 분류할 수 있다.[50]

정책을 평가하기 위해서 많은 방법이 개발되어 활용되고 있는 것은 사실이지만 정책목표의 달성, 문제의 해결, 정책집단의 만족 여부 등을 정확하게 평가하는 것은 용이한 일이 아니다.

제8절 맺는 말

정책집행은 사실상 정치과정의 마지막 단계라고 볼 수 있다. 정치체제에 투입된 요구나 지지가 산출로 전환되는 구체적인 형태가 정책이며 그 정책을 집행하여 정치체제가 추구하는 복지, 안전, 자유와 같은 정책재화(policy goods)를 생산하는 것이 정치과정의 최종적인 기능이다.

결정된 정책이 자동실행(self-executing)되는 것이 아니며 정책이 효과를 나타내기 위해서는 정책행동으로 옮겨져야 한다. 구슬이 서 말이라도 꿰어야 보배가 된다. 잠수함의 공격을 차단하기 위해서 대양을 끓이라는 아이디어를 낼 수 있어도 대양을 끓이지 못하면 효과가 없다. 아무리 예쁜 꽃이 피었어도 열매를 맺지 못하면 수확을 거둘 수 없듯이 훌륭한 정책이라도 집행되지 않으면 결과가 없다. 백 마디의 말보다 하나의 실천이 중요하기 때문에 정치지도자의 구호정치보다는 사소한 정책이라도 실행에 옮기는 것이 훨씬 더 중요하다.

정책집행의 접근법은 다양하다. 정책집행권의 소재, 정책결정자와 집행자와의 관계, 집행자의 재량권의 범위, 정책유형과 관리 등에 따라서 분류된다. 정책집행의 절차도 정책결정 과정과 비슷하게 이루어지며, 정책결정 기관이나 집행기관 그리고 영향을 미치는 기관도 유사하다. 또한 정책결정과

---

50) Palumbo(1994), pp.137-144.

집행과정을 이론적으로 분리해서 생각할 수 있지만 실질적으로 분명한 경계를 설정하는 것은 용이한 일이 아니다.

정책집행에서 중요한 과제는 정책을 성공적으로 집행하여 정책이 추구하는 목표를 달성할 수 있는 방법과 정책집행 과정에 정책대상 집단의 순응을 유발하는 기술을 개발하는 것이다. 정책이 성공적으로 집행되지 못하면 귀중한 국가자원의 낭비는 물론 그 직접적인 피해가 국민에게 돌아가고 심지어 국가의 운명을 좌우할 정도의 심각한 문제를 야기시킬 수 있다. 또한 희소한 자원이 공정하게 배분되지 못하면 정책에 대한 불신이 곧 정부에 대한 실망으로 이어지고 정치체제의 정통성 자체를 위협하게 된다. 공정치 못한 정책집행으로 기대했던 가치를 박탈당하는 정책대상자들은 정부의 정책에 불응하게 된다.

정책을 집행하려면 역할자, 조직, 절차, 기술 등이 요구된다. 성공적인 정책집행에는 내부요인과 외부요인이 상호작용한다. 제도화 수준이 높은 정치체제는 정책집행의 기구가 중요한 요인이 되지만 정책집행자를 담당하는 인적 요소인 공직자의 역할을 과소평가할 수는 없다. 집행기구를 구성하여 정책 집행자 역할을 수행하는 행정 관료들의 능력과 행태가 성공적인 정책집행에 중요한 요인이 된다. 정책을 집행하는 관료들의 능력, 기술, 경험, 공익관, 적극성, 공정성, 형평성, 사명감, 봉사정신과 같은 행태 등이 중요한 요인으로 작용한다. 특히 공익을 추구하는 관료들에게는 투철한 공리주의적 공익관의 확립이 요구된다. 관료들의 행태에 따라서 정책집행의 성공 여부와 정책대상 집단의 순응에 직접적인 영향을 주기 때문에 정책집행자의 역할이 중요하다.

정책분석은 정치체제의 환류기능을 수행하는 중요한 과정이라고 볼 수 있다. 정책결정과 집행과정에 정책분석이 이루어져서 문제를 해결할 수 있는 최선의 정책대안이 선택되도록 유용한 정보를 제공하고, 또한 집행된 정책의 결과를 평가하여 문제해결과 정책목표 달성 여부를 확인하여 환류시킴으로써 더 좋은 정책결정에 기여하도록 해야 한다.

정책분석은 정치체제가 추구하는 국내외의 복지, 안전, 자유와 같은 정책재화를 생산하는 과정을 지원하고, 또한 정책의 집행결과 이러한 정책재화가 생산되었는지를 평가하여 환류시키는 데 필요한 것이다. 정책분석에서 중요한 것은 정치성, 당파성, 아전인수성을 배제하고 객관성과 합리성을 유지해야 정확한 평가가 이루어질 수 있으며, 그 분석 결과가 축적되면 차후의 정책결정과 집행에 유용한 자료로 활용될 수 있을 것이다.

정치체제의 능력은 정부의 업적에 따라서 평가된다. 정치를 잘하고 못 하고, 정치 리더십이 있고 없는 것은 국민이 원하는 희소가치를 적기에 공정하게 분배했는지에 달려 있다. 정치체제가 국민이 원하는 희소한 가치를 배분한 결과(outcomes)를 정부의 업적이라고 볼 수 있다. 구호나 립 서비스(lip service)보다는 사소한 정책이라도 제대로 집행하여 가시적인 업적을 남기는 정치가 요구된다.

제5편
닫는 장

제13장 정치과정과 리더십론

제1절 정치리더십의 의의

1. 리더십의 개념

두 사람 이상이 모여 결성한 조직에는 그 조직을 이끄는 소수의 지도자 (leader)와 지도자에 의하여 이끌려지는 다수의 피지도자(followers)가 있다. 어느 집단이나 조직의 지도자는 임명되었든 선출되었든 또는 스스로 지도 자의 지위를 획득하였든 집단이나 조직의 목적달성을 위해서 중요한 결정 을 내리고 성원을 관리하며 성원들에게 영향력을 행사한다. 조직의 구조 적·계층적 특성 때문에 지도자와 피지도자의 존재는 불가피한 현상이다.

국가, 정부, 정당, 군, 이익집단, 시민단체 등 어느 유형의 조직이든 지도 자가 있다. 국가에는 국가의 지도자가 있다. 정치학은 지도자에 대한 연구 에 많은 관심을 가져온 것이 사실이다. 옥스퍼드 영어사전(Oxford English Dictionary)에 지도자란 단어는 1300년 전 이전에 나타났으나 리더십 (leadership) 개념은 19세기 중반 이전에 나타났다.[1] 예나 지금이나 변함없이 국가 정치지도자의 리더십(political leadership)에 따라서 국가의 흥망성쇠가 좌우될 정도로 그 역할이 대단히 중요하다.

리더십에 대한 개념은 다양하게 정의되고 있다. 리더십에 대한 개념을 이 해하기 위해서 헤드십(headship)과의 차이점을 살펴볼 필요가 있다.[2]

---

1) Bernard M. Bass, *Stogdill's Handbook of Leadership: A Survey of Theory and Research*, revised and expanded ed. (New York: The Free Press, 1981), p.7.

① 헤드십은 집단성원의 자발적인 승인이나 집단과정(group process)에 기여하기보다는 조직적인 체계(organized system)를 통하여 유지된다.

② 헤드십은 집단 목표를 집단 내부의 결정에 의하지 않고 우두머리(head)의 이익에 따라서 우두머리가 선택한다.

③ 헤드십은 목표를 추구하는 데 공감대가 형성되거나 공동행동(joint action)을 취하지 않는다.

④ 헤드십은 집단성원과 우두머리 간에 현저한 사회적 격차가 있다.

⑤ 지도자의 권위는 피지도자의 자발적인 동조에 의하여 확립되지만 우두머리의 권위는 처벌의 고통이 두려워 지배를 수락하는 데서 생긴다.

한마디로 헤드십은 집단성원의 자발적인 동의를 바탕으로 추종을 유인하는 것이 아니라 초집단권력(extra - group power)으로부터 연유한다.

리더십에 대하여 아이젠하워(Dwight D. Eisenhower)는 "해야 할 일을 결정하고 타인으로 하여금 그 일 하는 것을 원하게 하는 능력"이라고 보았으며, 트루먼(Harry Truman)은 "지도자는 타인이 원하지 않는 일을 하게 만들고, 또한 좋아하게 하는 능력을 가진 사람"이라고 보았다. 마오쩌둥(Mao Tse - Tung)은 "노동자가 모든 것을 이끈다."고 보았으며, 히틀러(Adolf Hitler)는 "지도자가 되는 것은 대중을 움직이게 하는 능력을 의미한다."고 하였다.[3]

로스트(Joseph C. Rost)는 1980년대의 리더십에 대한 정의 110가지를 종합하여 리더십을 ① 지도자가 하고 싶은 것을 하는 것(do the leader's wishes) ② 집단이나 조직의 목적 달성(achieving group or organizational goals) ③ 경영(management) ④ 영향력(influence) ⑤ 특성(traits) ⑥ 변형(transformation) 등으로 이해하였다.[4]

---

2) Bass(1981), p.15에서 재인용.

3) Glenn D. Paige, *The Scientific Study of Political Leadership*, (New York: The Free Press, 1977), pp.65 - 66에서 재인용.

4) Joseph C. Rost, *Leadership for the Twenty - First Century*(New York: Praeger, 1991), pp.70 - 88.

정치 리더십은 정치목적을 달성하기 위해서 국민의 자발적인 동의와 지지를 획득하고 그들에게 만족감을 부여하는 정치기술이라고 정의할 수 있다.

2. 리더십 개념의 차원

리더십에 대한 개념을 보다 구체적으로 11가지 차원에서 이해할 수 있다.[5]

(1) 집단과정(group process)

리더십은 집단과 분리하여 이해할 수 없기 때문에 집단의 변동, 활동, 과정에 초점을 맞춘 개념이다. 지도자는 집단의 중추적인 핵으로서 집단의 구조, 집단의 분위기, 집단의 목표, 집단의 이념, 집단의 활동에 가장 기본적인 관리인으로 봉사하는 직위라고 본다.

(2) 개성과 그 영향(personality and its effects)

리더십의 본질은 개성에 있다. 지도자는 타인에 비하여 수많은 바람직한 성격상의 특성, 자질, 능력을 갖추었으며, 그 자질과 특성이 피지도자를 유인하고 동기를 부여하여 임무를 달성할 수 있도록 한다.

(3) 순응 유발의 기술(art of inducing compliance)

리더십은 협력의 극대화를 유도하고 갈등을 극소화할 수 있도록 사람을 다루는 능력이다. 리더십은 지도자가 원하는 일을 피지도자가 하도록 유인하는 기술이다.

---

5) Bass(1981), pp.7 - 14.

(4) 영향력의 행사(exercise of influence)

리더십은 타인의 행동이 변화되도록 그리고 집단의 목표설정과 목표달성을 위한 활동에 조직이 나설 수 있도록 영향력을 행사하는 과정이다. 리더십을 지도자와 피지도자 간 상호작용을 통하여 지도자가 피지도자에게 영향력을 행사하는 과정이나 기술로 이해한다.

(5) 행동이나 행태(act or behavior)

리더십은 집단의 활동을 지시하는 내용이 포함된 개인의 행태라고 볼 수 있다. 지도자는 집단성원들에게 특별한 행동을 지시·협조하는 과정에 간여하는 행동이나 행태로 이해한다.

(6) 설득의 형태(form of persuasion)

리더십을 이해하는 데 지도자와 피지도자 간의 강제력을 배제하려는 입장이다. 리더십은 강제력에 의한 위협, 지시, 명령, 통제보다는 설득, 격려, 동기부여, 배려 등에 의한 인간관리(management of men)라고 본다. 설득에 의한 리더십은 인간의 감정이나 인간의 본성에 호소하거나 모범을 보여 피지도자가 따르도록 하는 것이다.

(7) 권력관계(power relation)

리더십을 지도자와 피지도자 간의 관계에서 이해한다. 지도자는 피지도자의 행동에 영향력을 행사할 수 있는 권력이 있지만 피지도자는 그렇지 못하다. 지도자는 피지도자와의 상호작용 과정을 통제하는 능력을 가졌다. 지도자는 상호작용의 주도자로서 피지도자가 구상하고 있는 최초의 행동방책에 간섭하여 영향력을 행사할 수 있는 능력이 있다.

(8) 목표달성의 수단(instrument of goal achievement)

지도자는 목표를 달성하기 위해서 소속 집단을 움직이게 하는 프로그램을 가진 사람이다. 리더십은 집단의 목표달성과 집단의 요구를 충족시켜 주는 지도자의 수단적 가치(instrumental value)로 이해된다. 리더십은 최소의 시간, 노력, 경비로 공통목표를 최대한 달성하는 수단이다. 리더십은 조직의 공통 목표를 달성하는 데 조직을 자극하고, 동기를 부여하며, 조정하는 기본적인 동력(dynamic force)이다.

(9) 상호작용의 결과 유발(emerging effect of interaction)

리더십은 공동의 목적(common cause)을 추구하기 위해서 서로 다른 개인 간의 성공적인 상호작용(successful interplay)과 인간 에너지를 통제함으로써 상호 자극하는 과정이다. 서로 다른 개인을 공통의 목표를 향하도록 자극하여 그들이 '해야만 하기 때문이 아니라 그들이 원하기 때문'이라는 인식을 갖도록 하는 것이다.

(10) 분화된 역할(differentiated role)

리더십을 분화된 역할, 지위, 신분 등으로 이해한다. 리더십은 상호작용 과정에 서로 다른 특정한 역할을 수행하는 것이다. 예를 들면 지도자의 분화된 역할은 영향력이나 명령과 지시가 될 수 있으며, 피지도자의 역할은 반응이나 복종이 될 수 있다.

(11) 구조의 창시(initiation of structure)

리더십은 특정 지위를 획득 · 차지 · 유지하는 수동적 입장이 아니라 역할 구조(role structure)를 만들고(originating) 유지하는(maintaining) 능동적인 과정이다. 리더십에 따라서 역할구조에 변화가 생길 수 있다. 리더는 조직의 역할구조나 행태구조를 짜는 데 주도적인 영향력을 행사한다. 예를 들면 지도자의 자극이나 동기부여에 따라서 피지도자의 역할구조나 행태구조가 바뀔 수 있다.

제2절 리더십의 접근법

리더십의 접근법은 ① 권력·영향력 접근법 ② 특성적 접근법 ③ 행태적 접근법 ④ 상황적 접근법 등으로 분류하기도 하지만[6] 세분화하여 ① 위인론(greate - man theories) ② 특성론(trait theories) ③ 환경론·상황론(environmental or situational theories) ④ 개인 - 상황론·상호작용론(personal - situational or interaction theories) ⑤ 정신분석론(psychoanalytic theories) ⑥ 상호작용 - 기대론(interaction - expectation theories) ⑦ 인간성론(humanistic theories) ⑧ 교환론(exchange theories) ⑨ 행태론(behavioral theories) ⑩ 지각과 인식론(perceptional and cognitive theories) 등으로 나눌 수 있다.[7]

1. 위인론

역사는 위대한 영웅에 의하여 주도되고 형성된다. 영웅이 시대를 만든다는 시각에서 리더십을 이해한다. 모든 사회에서 개인은 상이한 재능, 정력, 도덕성 등을 가지고 있으며, 대중은 극소수의 뛰어난 사람들에 의하여 이끌려진다. 칼라일(Thomas Carlyle)은 지도자에 대한 개념을 대중의 이미지를 사로잡는 독특한 자질을 천부적으로 타고난 것으로 이해하였다.[8] 집단 과업의 효율적인 수행을 위한 최적의 리더십은 가장 적합한 만능의 지도자(all

---

6) Gary A. Yukl, *Leadership in Organizations*(Englewood Cliffs, NJ: Prentice - Hall, Inc., 1981), p.7.

7) Bass(1981), pp.26 - 37.

8) Thomas Carlyle, *Heroes and Hero Worship*(Boston: Adams, 1907).

- round leader)인 위대한 지도자를 갖는 것이다.[9] 예를 들면 모세(Moses)가 없으면 예수는 이집트에 남아 있었을 것이고, 처칠(Winston Churchill)이 없는 영국은 1940년에 전쟁을 포기했을 것이다. 만일 러시아에서 레닌이 구정권에 의하여 추방당하지 않고 교수형에 처해졌더라면 러시아 혁명은 다른 방향으로 전개되었을 것이라는 것이다.

2. 특성론

지도자는 타고나는 것이지 만들어지는 것이 아니다. 지도자는 일반인과 다른 우수한 자질을 가지고 있다. 지도자는 훌륭한 능력과 자질을 타고났든, 사회적 경험을 통하여 획득했든 일반인과 다른 특성이 있다. 스톡딜(Ralph M. Stogdill)은 리더십의 특성 124개 항목에 대하여 연구하였다.[10]

특성론에서 제기하는 지도자의 자질은 다양하다.

① 신체적 특성: 활동성, 정력, 나이, 외모, 신장, 체중
② 사회적 배경: 교육, 지위, 이동성
③ 지능과 능력: 지능, 판단력, 결단력, 지식, 언변
④ 개성: 적응성, 조정력, 공격성, 독단성, 조심성, 지배욕, 감정통제, 열성, 외향성, 독립성, 객관성, 강인성, 독창성, 창의성, 성실성, 윤리성, 수완, 자신감, 확신감, 인내성
⑤ 임무적 특성: 성취력, 탁월성, 책임감, 모험심, 주도력, 장애극복능력, 목표달성의 책임감, 임무지향성
⑥ 사회적 특성: 협조 획득능력, 행정능력, 매력, 협동심, 배려심, 인기, 위신, 사교성, 대인관계술, 사회참여, 재치, 외교술 등을 꼽고 있다.[11]

---

9) Edgar F. Borgatta, Arthur S. Couch, and Robert F. Balls, "Some Findings Relevant to the Great Man Theory of Leadership", in A. Paul Hare, Edgar F. Borgatta and Robert F. Bales, *Small Groups: Studies in Social Interaction*, revised ed., (New York: Alfred A. Knopf, 1966), p.700.

10) Ralph M. Stogdill, "Personal Factors Associated with Leadership: A Survey of the Literature", *Journal of Psychology*, Vol.25(1948), pp.35 – 71.

지도자가 위와 같은 모든 특성을 다 가지고 있다기보다는 지도자와 피지도자의 특성상의 차이점을 구분하는 기준으로 제시된 것이다. 특성과 관련하여 구체적인 조사에 의하면 지도자는 보통사람들에 비하여 ① 지적 능력이 높고 ② 학구적이며 ③ 책임감이 강하고 ④ 활동적으로 사회에 참여하며 ⑤ 사회경제적인 지위가 높고 ⑥ 사교적이며 ⑦ 주도적이고 ⑧ 끈기가 강하고 ⑨ 일 처리방법을 잘 알고 있으며 ⑩ 자신감에 넘치고 ⑪ 관찰력이 있으며 ⑫ 상황판단 능력이 뛰어나고 ⑬ 사물을 꿰뚫어보는 능력이 탁월하며 ⑭ 협조적이고 ⑮ 인기가 높으며 ⑯ 상황에 잘 적응하고 ⑰ 언변이 좋다는 것 등이다.[12]

3. 환경론

환경론은 상황론이라고도 한다. 위대한 지도자의 출현은 시대, 장소, 환경과 관련이 있다. 영웅이 시대를 만드는 것이 아니라 시대가 영웅을 낳는다는 것이다. 위대한 사람은 시대의 필요성을 반영하는 것으로서 그 시대나 환경이 요구하는 일을 바로 행한 사람들이다. 위대한 지도자는 시대를 창조한 것이 아니고, 역사적 상황에 의하여 통제되고 지시될 수밖에 없다. 아무리 위대한 사람도 역사발전의 방향을 변경시킬 수 없다. 리더십은 개인에게 있는 것이 아니라 어떤 경우의 기능(function of the occasion)이라는 것이다. 환경이 어떤 유형의 행동을 요구하게 되고, 리더십은 문제해결을 성취하는 하나의 수단적인 요인으로 작용한다.

예를 들면 전쟁이나 위기는 평상적인 일에 몰두하던 사람들에게 리더십을 획득할 수 있는 기회를 제공하게 된다. 슈나이더(Joseph Schneider)는 유명인사의 배출은 문화적 상황에 달려 있다고 하면서 영국에서 위대한 군사지도자의 수는 국가가 개입한 갈등의 수에 비례한다는 사실을 발견하고 사

---

11) Bass(1981), pp.75 - 76.
12) Ibid., p.65.

회적인 상황이 리더십의 성취와 관련이 있다고 주장하였다.[13] 임진왜란이 없었으면 충무공 이순신 장군과 같은 영웅이 탄생하지 않았을 것이라는 가정 도 상황론과 관련이 있다. 또한 군에서 훌륭했던 지도자가 정치에 입문하여 존경받는 정치지도자로 성공하지 못하는 것도 이러한 상황과 관련이 있다.

4. 개인·상호작용론

위인론과 상황론은 단일 요인으로 리더십을 이해하여 개인과 상황 간의 상호작용적인 측면을 고려하지 않았다. 리더십은 공백상황에서 어떠한 행태 를 형성할 수 없다. 사람요인과 상황요인이 동시에 고려되어야 리더십의 행 태에 대한 이해가 가능하다. 리더십이 행사되는 개인적 요인과 상황 간의 상호작용을 통하여 리더십을 이해하려는 접근법이다.

스톡딜은 리더십에 대한 분석은 지도자의 자질과 피지도자의 특징과의 관 계뿐만 아니라 지도자와 상황과의 관계를 고려해야 한다고 주장하였다.[14]

거스와 밀즈(H. H. Gerth and C. W. Mills)는 리더십을 이해하기 위해서 는 ① 사람으로서 지도자의 동기와 특성 ② 지도자를 선택한 피지도자의 지도자에 대한 이미지와 그를 추종하는 동기 ③ 지도자의 역할 ④ 지도자 와 피지도자가 관련된 제도 등에 관심을 기울여야 한다고 주장하여 개인적 인 요소와 피지도자 그리고 제도 간의 관계를 강조하였다.[15]

홀랜더(Edwin P. Hollander)는 리더십을 지도자와 피지도자 간의 거래 (leader - follower transaction)라는 시각에서 이해하였다. 리더십은 지도자와 피지도자 간의 사회교환(social exchange)이 이루어는 과정이며, 사회교환에 는 ① 상황(situation) ② 지도자(leader) ③ 피지도자(followers)가 포함된다.

---

13) Joseph Schnider, "The Cultural Situation as a Condition for the Achievement of Fame", *American Sociological Review*, Vol.2, No.4(1937), pp.480 - 491.

14) Stogdill(1948).

15) H. H. Gerth and C. Wright Mills, "A Sociological Note on Leadership", in J. E. Hulett and R. Stagner(ed.), *Problems in Social Psychology*(Urbana: University of Illinois Press, 1952).

지도자와 피지도자 간의 상호 의존관계에서 본질적인 것은 공정하다는 인식과 신뢰에 있으며, 지도자가 피지도자나 집단에 제공할 수 있는 중요한 편익(benefit)은 불확실성을 감소시키는 것이라고 주장하였다. <그림 13-1>에 나타난 바와 같이 상황, 지도자, 피지도자 등 3가지 변수가 만나는 곳을 리더십의 중심(locus of leadership)이라고 하였다.[16]

〈그림 13-1〉 리더십의 중심

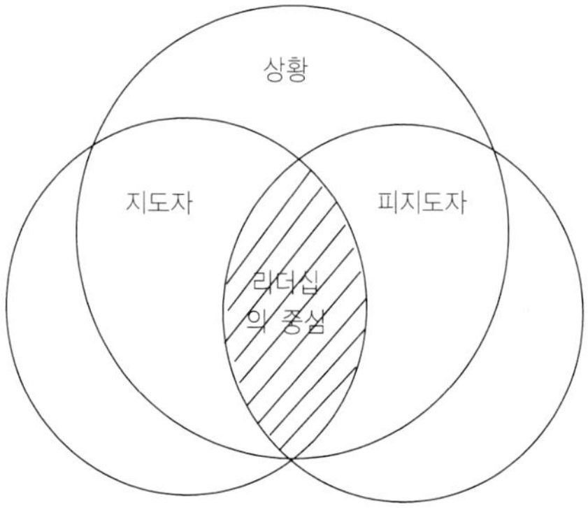

출처: Hollander(1978), p.8.

페이지(Glenn G. Paige)는 정치지도자의 행태(PLB: political leadership behavior)를 설명하는 데 개성(personality), 역할(role), 조직(organization), 임무(task), 가치(values), 상황(setting) 등의 변수를 활용하였다. 리더십의 모형을 PLB i-k=f(P, R, O, T, V, S)+e로 나타냈다. 정치지도자의 행태(PLB)를 확인할 수 있는 유형의 범위(i-k)는 개성(P), 역할(R), 조직(O), 임무(T), 가치(V), 상황(S), 그리고 기타변수(e)와 함수관계에 있다고 주장하여 리더십을 이해하는 데 6가지의 주요변수와 기타변수를 고려하였다.[17]

---

16) Edwin P. Hollander, *Leadership Dynamics: A Practical Guide to Effective Relationships*(New York: The Free Press, 1978), pp.7-11.
17) Paige(1977), pp.105-130.

5. 정신분석론

리더십의 연구에 프로이트(S. Freud)의 정신분석학을 적용하는 접근법이다. 예를 들면 지도자를 아버지로서, 사랑과 공포의 원천으로서, 초자아(superego)의 구현자로서, 피지도자의 욕구불만과 파괴적 공격성에 대한 감정적인 출구로서 이해하는 것이다. 또한 필요할 때 피지도자들에게 사랑과 애정의 공정한 분배자로서 보기도 하며, 정치지도자의 어린 시절의 박탈감, 문화, 환경, 부모의 권위와의 관계, 정치역학 등으로 이해한다.[18]

6. 상호작용 – 기대론

리더십을 지도자와 피지도자 간의 상호작용과 기대라는 관점에서 이해하는 것이다. 집단의 성원들은 상호관계를 유지하며 상호 임무를 수행한다. 집단 내 상호작용과 임무는 역할구조(role structure)를 형성하고 있다. 역할구조는 집단에 소속한 개인이 집단에 기여할 것이라는 상호 간에 확립된 기대와 상호작용이라고 볼 수 있다. 리더십의 역할도 집단성원들의 제도화된 기대(institutionalized expectations)라고 볼 수 있다. 집단의 구성원이 지도자를 수용하거나 거부하는 것은 지도자의 역할 구조상의 상호작용에 달려 있다. 만일 지도자가 집단의 문제를 잘 해결하면 지도자의 역할구조는 가치 있는 것으로 인정되며 기대를 강화시켜 준다. 지도자가 역할을 달성하면 지도자의 역할구조에 대한 기대가 커지게 되며 리더십이 확립된다.[19]

상호작용 – 기대론으로 피들러(Fred E. Fiedler)가 제시한 우발이론(contingency theory)이 있다.[20] 조직변수에 영향을 주는 두 가지 요인은 지도자의

---

18) Bass(1981), p.30.

19) Ibid., p.31.

20) Fred E. Fiedler, *A Theory of Leadership Effectiveness*(New York: McGraw – Hill, 1967); "The Contingency Model – New Directions for Leadership Utilization", *Journal of Contemporary Business*, Vol.3, No.4(1974), pp.65 – 79.

수행과 행태에 변화를 주는 상황요인과 지도자의 개성을 고려해야 한다는 것이다.

상황요인은 ① 지도자가 피지도자로부터 지지를 얻고 있으며 피지도자들에게 인정받고 있는지와 관련된 지도자와 피지도자 간의 관계(leader – member relations) ② 과업이 목표와 합치되고 프로그램이 잘 구성되어 있으며 구조화되었는지와 관련된 과업구조(task structure) ③ 지도자의 지위가 피지도자를 보상·처벌·순응을 유발할 수 있는 권한(position power)이 있는지 등으로 분류하였다.

지도자의 개성은 두 가지 동기체계(motivational system)가 있는데 하나는 조직원과 좋은 관계를 유지하려는 ① 관계 중심적(relationship – motivated)인 것과 ② 과업 중심적(task – motivated)인 것이다. 동기체계를 '가장 싫어하는 동료'(LPC – least preferred coworker)를 척도로 상황과 연관시켜 조사를 실시하였다. 그 결과 LPC와 상황 선호도 간에 일관성 있는 상관관계가 나타나지 않았다. 따라서 리더십 행태의 효율성은 상황에 의하여 야기된 우발적인 요구에 달려 있다는 것이다. 과업지향(task – oriented)형 지도자는 우호적인 상황에서 가장 효율적이며, 관계지향(relations – oriented)형 지도자는 보통 정도의 권한을 가지고 있을 때 가장 효율적이라는 것이다.

7. 인간성론

인간성론은 효율적이고 응집력이 강한 조직의 발전에 관심을 가지고 인간은 본래 동기유발적 유기체(motivated organism)라는 전제에서 출발한다. 리더십을 조직의 목표를 피지도자의 개인적인 자유의 존중, 동기의 부여, 상황에 맞는 조직의 통제를 통하여 달성한다는 측면에서 접근한다.

(1) X · Y 이론

맥그리거(Douglas M. McGregor)는 X · Y이론을 주장하였다.[21] X형의 인간은 일하기 싫어하고, 게으르며, 수동적이고, 무관심하며, 조직의 요구에 저항적이고, 책임지기를 꺼려하며, 비타협적이고, 창조적이지 못하며, 비협조적이다. X형의 인간을 관리하기 위해서는 그들의 특성에 맞게 권위를 행사하는 지시와 통제의 리더십이 필요하다.

Y형의 인간은 X형과 반대의 태도를 가졌다. Y형의 인간자원을 관리하는 몇 가지 가정을 내세웠다.

① 일하는 노력에 휴식이나 놀이와 같이 육체적 · 정신적 비용이 드는 것이 당연하다.

② 조직의 목표달성을 위해서 노력하도록 외부의 통제나 처벌의 위협을 가하는 것은 유일한 수단이 아니다.

③ 목표에 대한 약속은 성취와 관련된 보상의 기능이다.

④ 평균인은 적당한 조건 아래서는 책임을 지려고 한다.

⑤ 많은 사람들은 조직의 문제를 해결하는 데 고도의 창의성 · 독창성 · 상상력을 발휘한다.

⑥ 현대 산업생활의 조건은 평균인의 지적 잠재력을 부분적으로 활용하게 만든다.

이와 같은 가정 아래서 강한 책임감과 목표달성의 동기를 가지고 있는 Y형의 인간을 관리하려면 통합(integration)의 원칙이 필요하다. 통합은 개인과 조직의 요구(needs)를 인식시키고, 개인의 목표와 조직의 목표를 일치시키며, 조직목표를 달성한 결실이 모든 조직 구성원에게 보상으로 분배되는 것을 의미한다. Y형의 인간을 관리하는 데는 자신의 목표를 달성하기 위한 노력은 곧 조직의 성공을 위한 노력과 같다는 인식을 가지고 최선을 다할

---

21) McGregor(1985), Chapter 4; *Leadership and Motivation: Essays of Douglas McGregor* (Mass.: The M. I. T Press, 1966), Chapter 1.

수 있는 분위기를 조성하고 동기를 부여하는 리더십이 필요하다.

(2) 개인과 조직의 갈등론

아기리스(Chris Argyris)는 개인과 조직 간에는 본질적으로 갈등이 존재한다고 보았다.[22] 조직은 소속원의 역할을 구성하고 특별한 목적을 성취하기 위해서 그들을 통제하는 것을 본질로 한다. 반면에 개인의 본질은 개인의 주도와 책임하에 임무를 수행하고자 한다. 피지도자들의 욕구인 개인의 성장, 자기표현, 성숙 등을 위하여 창조적으로 기여할 수 있는 수단을 제공하는 리더십을 발휘할 때 조직은 능률적이다.

(3) 지원관계론

리커트(Rensis Likert)는 지도자와 피지도자 간에 지원관계(supportive relationships)를 유지하는 것이 중요하다고 강조하였다. 지도자와 피지도자 간의 관계는 피지도자의 기대(expectations), 가치(values), 배경(background)을 고려해야 하는 상대적 과정(relative process)이라고 보았다.[23] 지도자에 의한 피지도자의 지원행태(supportive behavior)는 높은 성취를 낳게 한다. 예를 들면 지도자가 피지도자의 직무나 복지와 관련된 의사결정에 피지도자를 참여시킬 때, 또한 지도자의 영향력을 피지도자들의 개인복지와 임무수행을 촉진시키는 데 활용할 때 조직의 성취가 크게 나타난다. 지도자가 피지도자들로 하여금 책임 있는 의사결정과 주도권 행사의 자유를 허용하고 생산성에 대한 동기를 부여할 때 집단의 단결에 기여하게 된다.

---

22) Chris Argyris, *Integrating the Individual and Organization*(New York: Wiley, 1964).
23) Rensis Likert, *The Human Organization: Its Management and Value*(New York: McGraw - Hill Book Company, 1967), pp.47 - 48.

8. 교환론

교환이론은 블라우(Peter M. Blau),[24] 제이콥스(Thomas O. Jacobs)[25] 등에 의하여 발전되었다. 리더십을 이해하는 데 사회적 상호작용은 교환을 통하여 이루어진다는 것을 전제로 한다. 피지도자는 그들을 희생하여 헌신적으로 조직에 기여하고, 반면에 조직은 그들의 희생에 대한 보상을 제공함으로써 교환관계가 성립된다. 지도자와 피지도자가 상호 보상이 이루어진다는 사회교환 관계를 발견할 때 상호작용이 지속된다. 지도자가 집단 목표달성에 기여한 대가로 피지도자는 지도자의 지위를 인정하고 존경하게 된다. 피지도자는 조직목표 달성에 기여한 대가를 조직으로부터 받는 등 교환관계가 성립된다. 상호교환을 통하여 만족감을 얻게 될 때 상호작용은 지속되며 리더십은 지도자와 피지도자 간의 대등한 교환관계에서 성립된다. 역할에 대한 의무를 상호 인정하고 완수할 때 양쪽은 대등한 기초 위에서 만족감을 찾을 수 있다.

9. 행태론

행태론은 루탄스(Fred Luthans)에 의하여 제기되었다.[26] 행태론은 지도자의 관찰 가능한 행태가 피지도자의 행태에 영향을 준다는 입장이다. 지도자의 행태와 그에 대한 반응으로 나타나는 피지도자의 행태를 통하여 리더십을 이해할 수 있다. 지도자와 피지도자 간의 행태는 상호 영향을 주고받는 관계라고 볼 수 있다.

조직의 행태(organizational behavior)를 조직 내 지도자와 피지도자의 행태

---

24) Peter M. Blau, *Exchange and Power in Social Life*, (New York: Wiley, 1964).

25) Thomas O. Jacobs, *Leadership and Exchange in Formal Organization*(Alexander, Va: Human Resources Research Organization, 1970).

26) Fred Luthans, *Organizational Behavior*, 7nd ed. (New York: McGraw-Hill, 1995), pp.14-18.

에 대한 통제, 예측, 이해로 정의하였다. 지도자의 행태는 피지도자의 과업 행태(task behavior)에 영향을 미치는 단서(cue)로 작용하며, 피지도자의 과업 행태는 강화, 처벌, 진화와 같은 지도자의 다음 행태를 낳는 등 지도자의 행태와 피지도자의 행태가 서로 다음 행태를 유발하게 된다. 이와 같은 현상을 설명하기 위해서 루탄스는 자극(S; stimulus), 인간(O; organism), 행태(B; behavior), 결과(C; consequence)라는 요인으로 S - O - B - C 모형을 제시하였다. 환경으로부터 명백하고 은밀한 자극(S)은 인간(O)의 인식에 영향을 주어 반응 행태(B)를 유발하고 여러 가지 형태의 결과(C)가 나타난다는 것이다.

10. 지각과 인식론

리더십의 행태에 작용하는 지각이나 인식에 대한 접근법은 속성론(attribution theory), 체계분석론(system analysis) 등이 있다.

속성론은 모든 사람들은 리더십에 대한 나름대로의 이론을 가지고 있다는 것이다. 지도자의 행태를 이해하려면 지도자 그 자신이 지도자로 있는 상황에 대하여 무엇을 생각하고 있는지를 알아야 한다. 속성론은 지도자 자신이 리더십에 대하여 분명하게 표현하지 않은 나름대로의 이론을 이해해야 그의 행태를 알 수 있다는 것이다.

체계분석론은 지도자와 피지도자 간의 관계를 체계론적인 입장에서 이해하는 것이다. 체계는 외부의 환경에 개방되어 있으며 외부환경의 제약점에 민감하다. 외부의 투입을 내부에서 산출로 전환하는 과정에 지도자와 피지도자 간의 관계에 초점을 맞추고 있다.

바스에 의하면 지시적(directive), 협상적(negotiative), 자문적(consultative), 참여적(participative) 또는 위임적인(delegative) 것과 같은 리더십의 행태 중 어떤 유형을 선택하는가는 체제의 투입(system's input)과 체제 내의 관계(within - systems relations)에 대한 지각에 달려 있다. 만일 지도자가 피지도자에 비하여 더 많은 권한(power)과 정보(information)를 가지고 있다고 인식하게 되면 더 지시적인 리더십을 행사하고, 지도자가 권한은 있으나 피지도자가 문제해결과 관련된 필요한 정보를 더 많이 가지고 있다고 인식하게 되면 자문형의 리더십 행태를 보인다. 만일 지도자가 더 많은 권한과 정보를 피지도자가 가지고 있다고 인식하면 위임적인 리더십 행태를, 피지도자가 정보는 있으나 권한이 없다고 인식하면 협상적인 리더십 행태를 보인다.[27]

체계론은 외부환경으로부터 투입과 체제 내의 지도자와 피지도자 간의 관계에 대한 인식에 따라서 리더십의 행태가 결정된다는 입장이다.

제3절 정치리더십의 유형

1. 성향에 따른 분류

정치 리더십의 유형은 크게 두 가지로 나누어진다. 지도자가 피지도자나 조직을 이끌어 가는 리더십 스타일, 성향, 방법, 그리고 지도자의 기능에 따른 분류가 있다.

지도자가 조직을 이끌어 가는 성격과 방법에 대한 분류는 다양하다. 페이지는 고전적 정치사상의 현실적인 플라톤적인 이미지(realistic Platonic image of leadership)의 리더십으로 ① 명예형 리더십(timocratic leadership – rule by pride and honor) ② 금권형 리더십(plutocratic leadership – rule by wealth) ③ 민주적 리더십(democratic leadership – rule by popular consent on the basis of equality) ④ 전제형 리더십(tyrannical leadership – rule by coercion) 등으로 분류하였다.[28]

---

27) Bernard M. Bass, "A System Survey Research Feedback for Management and Organi-zational Development", *Journal Applied Behavior Science*, Vol.12, (1976), pp.215 – 229.

28) Paige(1977), pp.82 – 83.

그 외에 권위형, 독점형, 지시형, 독재형, 설득형, 각성형, 카리스마형, 유혹형, 확신형, 민주형, 참여형, 집단발전형, 심사숙고형, 지적인 형, 돌출형, 전문가형, 집행형, 관료형, 행정형, 우두머리형(head), 대표형, 대변인형, 옹호형 등으로 분류하기도 한다.[29]

(1) 레윈과 리피트(K. Lewin and R. Lippitt)의 분류

성향에 따른 분류로 가장 많이 소개되고 있는 것이 레윈과 리피트가 실험을 통하여 발견한 ① 권위형(autocratic) ② 민주형(democratic) ③ 자유방임형(laissez – faire)이라고 볼 수 있다.[30] 권위적인 분위기와 민주적인 분위기를 조성하여 학생들을 두 집단으로 나누어 다음과 같은 실험을 하였다.

① 권위주의형은 모든 정책을 강력한 지도자가 결정하는 반면에, 민주형은 집단결정(group determination)에 맡긴다.

② 권위형은 지도자가 목표를 달성하는 수단과 단계를 지시하지만 미래에 대한 방향은 항상 불확실하다. 민주형은 토론을 통하여 과정의 단계가 설명되고 수 개의 대안을 선택하는 과정에 리더는 기술적인 조언을 받는다.

③ 권위형은 지도자가 권위적으로 누구와 함께 어떤 과업을 수행해야 하는지 등 피지도자의 활동을 결정하는 반면에, 민주형은 피지도자가 일할 사람을 선택하고 업무를 분담할 수 있는 자유를 허용한다.

④ 권위형은 피지도자의 활동에 대하여 개별적으로 비판하고 칭찬하며 비인간적인 반면에 민주형은 지도자도 집단의 성원이 되기 위해서 노력하며 칭찬과 비판도 집단을 대상으로 한다.

위와 같은 권위형과 민주형의 분위기를 조성하여 실험한 결과 다음과 같은 결론을 얻었다.

---

29) Bass(1981), p.22.

30) Kurt Lewin and Ronald Lippitt, "An Experimental Approach to the Study of Autocracy and Democracy: A Preliminary Note", in Hare, Borgatta and Bales(1966), pp.648 – 655.

① 권위주의 리더십에서 고도의 긴장상태가 발견되었다.

② 민주적인 분위기에서 보다 협조적인 노력이 나타났다.

③ 민주적인 분위기에서 보다 객관적인 태도의 표현이 나타났다.

④ 민주적인 분위기가 보다 건설적이었다.

⑤ 민주적인 분위기에서는 우리(We' ness)에 대한 감정이 큰 반면에 권위주의 분위기에서는 나(I' ness)에 대한 감정이 지배적이었다.

⑥ 민주적인 분위기에서 집단구조(group structure)가 보다 안정적이고 고도의 단결을 유지한 반면에 권위적인 분위기에서는 권위에 대한 영향력이 사라지면 집단구조가 무질서해지는 경향이 발견되었다.

⑦ 권위주의 집단에서는 민주적인 집단에 비하여 조화(harmony)가 부족하였다.

⑧ 민주적인 분위기에서 집단의 목표나 집단의 재산에 대한 느낌이 보다 잘 발전되었다.

⑨ 양쪽 집단에 있던 사람을 한 명씩 교체했을 때 민주적인 집단으로 온 사람에 대하여 지배적인 행태(dominating behavior)를 보이지 않았으나, 권위주의 집단으로 간 사람에 대한 지배적인 행태가 증가하였다.

(2) 바버(J. D. Barber)의 분류

바버는 역대 미국 대통령을 ① 특성(character) ② 세계관(world view) ③ 스타일(style) ④ 권력상황(power situation) ⑤ 기대의 분위기(climate of expectation) 등 5개의 개념으로 분석하여 ① 적극적 – 긍정형(active – positive) ② 적극적 – 부정형(active – negative) ③ 소극적 – 긍정형(passive – positive) ④ 소극적 – 부정형(passive – negative) 등 네 가지 유형으로 나누었다.[31]

적극적 – 긍정형은 직무와 직무에 대한 만족이 일치하는 유형으로 상대적으로 높은 자존심을 가지고 있으며, 환경과의 관계에서 비교적 성공적인 유

---

31) James David Barber, *The Presidential Character: Predicting Performance in White House*, 3rd ed. (Englewood Cliffs, NJ: Prentice – Hall, Inc., 1985), pp.8 – 11.

형이다. 이 유형은 생산성을 중시하며, 융통성과 적응성이 높고, 음악에 맞추어 춤을 추는 것과 같은 리더십 스타일을 보인다. 개인의 목표달성과 합리적 우월성(rational mastery)을 강조한다. 루즈벨트(F. D. Roosevelt), 트루먼(H. S. Truman), 케네디(J. F. Kennedy) 대통령 등이 대표적이다.

적극적 – 부정형은 열정적인 노력을 하나 노력에 비하여 상대적으로 낮은 보상이 나타나는 유형이다. 이 유형은 야심적·상승적·권력추구적이며, 환경에 대하여 도전적이다. 그러나 그의 이미지는 애매하고 지속적이지 못하다. 정치체제에 많은 에너지를 투입하지만 에너지는 체제 내에서 제대로 기능하지 못한다. 윌슨(W. Wilson), 후버(H. Hoover), 닉슨(R. Nixon) 대통령 등이 이 유형에 해당된다.

소극적 – 긍정형은 수용적이고 유순하며 타인 지향적이다. 개인의 확신에 따르기보다는 협조적, 찬동적, 개방적, 사교적이다. 이 유형은 지도자로서 사명감이 부족하고 업무에 소극적이다. 태프트(William H. Taft), 하딩(Warren G. Harding) 대통령 등이 이 유형에 속한다.

소극적 – 부정형은 정치지도자로서 효율적으로 직무를 수행하는 융통성과 경험이 부족하고 비정치적 역할에 오히려 적합한 유형이다. 정치의 불확실성과 갈등에 대하여 애매한 원칙과 절차적 준비(procedural arrangement)를 내세워 회피하려는 소극적인 성향을 보인다. 지도자로서의 역할과 책임에 대해 소극적이고 열성이 부족하다. 아이젠하워(D. Eisenhower), 쿨리지(Calvin. Coolidge) 대통령 등이 이 유형에 속한다.

(3) 행태적 분류

리더십의 행태에 따라서 몇 가지로 분류된다. 초기의 미시건 연구(Michigan Studies)에서는 리더십의 유형을 생산량을 최우선하는 임무지향형(task – centered)과 생산량보다는 생산자를 중시하는 종업원지향형(employee – centered)으로 나누었다.

오하이오 주립대학교 연구(Ohio State University Studies)에서는 지도자와 부하 간의 관계에 관심을 갖고 적극적으로 지원하는 배려형(consideration)과 임무달성을 위하여 명령하고 직무수행 방법을 설명하는 구조의 창시형 (initiation of structure)으로 분류하였다.[32]

위의 두 연구는 리더십의 행태를 피지도자와 그들과의 관계를 배려하는 관계지향(relations – oriented)과 조직의 목표 달성과 임무수행을 강조하는 직무(work)나 과업지향(task – oriented)이라는 시각에서 분류한 것이다.

또한 리더십의 행태에 따라서 ① 지원적인 리더십(supportive leadership) ② 지시적 리더십(directive leadership) ③ 참여적 리더십(participative leadership) ④ 성취 지향적 리더십(achievement – oriented leadership) 등으로 분류하기도 한다.

지원적인 리더십은 부하들의 요구를 배려하고, 부하의 복지에 관심을 두며, 우호적인 분위기를 조성하는 데 치중하는 리더십을 의미한다. 지시적 리더십은 부하들이 해야 할 일을 알리고, 특별한 지침을 주며, 직무를 수행하고 협조하는 과정에 규칙과 절차를 따르도록 요구하는 리더십이다. 참여적 리더십은 의사결정 과정에 부하들을 참여시켜 그들과 상의하고 의견을 듣고 그들의 제안을 반영하는 리더십이다. 성취 지향적 리더십은 힘든 목표를 설정하고 그 목표달성을 최우선적으로 강조하는 리더십이다.

임무·성취 지향적 리더십을 권위주의형, 피지도자나 관계를 중시하는 리더십을 민주형이라고 부르기도 한다.

2. 기능적 유형

지도자의 역할정향과 관련하여 기능적인 측면에서 리더십 유형을 분류한다. 리더십의 기능이 무엇이냐에 따라서 다양하게 분류한다.

바나드(Chester I. Barnard)는 리더십의 기능으로 ① 목표의 결정(determi-

---

32) Marshall Sashkin and William R. Lassey, "Theories of Leadership: A Review of Useful Research", in William R. Lassey and Marshall Sashkin, (ed.) *Leadership and Social Change*, 3rd ed. (San Diego: University Associates, 1983), pp.93 – 95.

nation of objectives) ② 수단의 조종(manipulation of means) ③ 행동의 수단 (instrumentality of action) ④ 협동적 행동의 자극(stimulation of coordinated action) 등으로 보았으며[33] 카츠와 칸(Daniel Katz and Robert I. Kahn)은 ① 구조변화의 도입(정책형성) ② 구조의 보완(기존 공식구조의 불완전성 분리) ③ 구조의 효율적인 운영과 작동(행정) 등으로 분류하였다.[34] 또한 리더십의 기능으로 ① 기획 ② 주도 ③ 통제 ④ 지원 ⑤ 정보제공 ⑥ 평가 등으로 분류하기도 한다.[35]

일반적으로 리더십의 기능은 ① 목표의 정의와 목표방향의 유지 ② 목표달성의 수단제공 ③ 집단구조의 유지와 제공 ④ 집단행동과 상호작용의 촉진 ⑤ 집단의 단결과 성원의 만족 유지 ⑥ 집단의 임무수행 촉진 등이라고 볼 수 있다.[36]

제4절 정치과정과 리더십

1. 정치권력과 리더십

희소한 자원을 배분할 수 있는 권한을 가진 정치지도자(political leader)가 정치권력을 어떻게 행사하느냐가 중요하다. 재야 지도자나 시민운동가는 반정부 활동이나 시민운동을 통하여 국민여론을 이끌어 정책결정 과정에 막강한 영향력을 행사하지만 정책결정 권한을 가지고 있는 것은 아니다. 실질적인 정치권력을 가지고 사회를 위하여 희소한 가치를 권위적으로 배분하

---

33) Chester I. Barnard, "The Nature of Leadership", in Schuyler Dean Hoslett(ed.), *Human Factors in Management*(New York: Harper & Brothers, 1946), pp.17 – 22.

34) Daniel Katz and Robert I. Kahn, *The Social Psychology of Organization*(New York: Wiley, 1966), p.536.

35) John Adair, *The Skills of Leadership*(New York: Nichols Publishing Company, 1984), p.13.

36) Bass(1981), p.24.

는 정치지도자의 정치권력 행사는 다른 지도자에 비하여 그 역할이 대단히 중요하다. 그들이 어떤 권력관을 가지고 있느냐에 따라서 정치과정이 좌우된다고 볼 수 있다. 정치지도자는 권위가 있어야 하며, 권력은 다수의 이익 실현에 봉사하는 수단이라는 권력관을 갖는 것이 중요하다.

(1) 권위 있는 리더십

정치지도자는 권위가 있어야 한다. 정치지도자에게 요구되는 것은 권위이지 권위주의적 리더십이 아니다. 국민이 정치지도자가 정당한 권력이나 정당한 영향력을 가지고 있다고 믿고 지도자의 판단을 시험하지 않고 수락할 수 있는 진정한 권위의 확립이 요구된다. 권위를 획득하는 방법이 유인에 의한 것이든 합법적이든 기술적이든 개인적인 권위든 상관없다. 그러나 강제력에 의한 권위의 확립은 지양되어야 한다.

정치지도자가 권위를 상실하면 가치의 배분결과에 대한 자발적인 순응이 이루어지지 않는다. 정치지도자가 권위를 상실하는 원인은 사회를 위하여 가치를 배분하는 것이 아니라 자기 동창, 자기 고향, 자기 심복, 자기 당, 자기 집안 등 국민 전체나 사회공동체가 아닌 소수를 위한 데 있다. 희소한 가치가 불공정하게 배분되고, 배분 기준도 들쑥날쑥하는 등 일관성을 잃는다면 권위가 설 수 없다.

잦은 거짓말, 변명, 사과, 말 바꾸기, 궤변, 구호정치, 경박한 언행, 품위 없는 행동, 무책임한 발언, 실언, 국가경영에 대한 철학과 비전의 부재, 우왕좌왕 갈피를 잡지 못하는 정책노선, 기준과 원칙 없는 정책결정, 잦은 정책변동, 반복되는 시행착오와 실책 등은 권위를 상실하는 결과를 가져온다. 또한 권위의 상실은 공권력을 동원하여 강제로 국민의 순응을 강요하는 데서도 발생한다. 정치지도자가 권위를 잃게 되면 국민에 대한 침투력의 약화, 국민의 자발적인 순응 유발의 실패, 정치권력에 대한 불신 현상이 나타난다. 불신받는 정치권력은 그 기능을 정당하게 발휘할 수 없게 된다.

(2) 공복 권력관

정치지도자는 정치권력은 다수의 집합적인 이익실현에 봉사하는 수단이라는 권력관을 가져야 한다. 정치권력은 국민들로부터 한시적으로 위임받은 봉사에 대한 국민의 요구와 명령이라는 인식을 가져야 한다. 정치 지도자에게는 공복리더십(servant leadership)이 바람직하다. 그린리프(Robert K. Greenleaf)는 공복리더십을 봉사하기를 원하고(wants to serve), 봉사하는 것이 첫 번째라는 생각을 갖는 것이라고 정의하였다.[37]

정치권력을 획득한 것을 마치 개인이 원하는 가치를 추구하는 수단이나 권력획득 자체를 개인적인 목적으로 생각해서는 안 된다. 예를 들면 정치권력을 획득한 것이 마치 이 세상에서 가장 출세하고 명예를 얻었다고 생각하거나, 자신이 가장 성공한 최고로 유능한 인물이나 그 시대를 대표하는 영웅이 된 것같이 착각하거나, 평생의 한을 푼 것으로 오인하거나, 국민의 절대적인 지지의 상징이라는 과대망상에 사로 잡혀서는 안 된다. 개인의 출세나 명예, 자기도취, 과대망상, 맹목적적 권력추구욕의 성취 등에 도취되어서는 안 된다.

정치권력은 어디까지나 국민을 위해서 봉사하는 능력이나 수단으로 국민이 한시적으로 부여한 것이라는 인식을 가지고 있어야 한다. 정치권력은 자기 자신만을 위하고 피지도자를 지배하는 수단이 아니라 생산적인 권력, 통합적인 권력, 사랑과 존경의 권력이 되기 위해서는 정치지도자의 권력관이 공익과 국가와 사회에 유익한 이상적인 가치를 추구하며 역사적인 사명을 달성하는 봉사의 능력이나 수단이란 권력관을 가져야 한다.

---

37) Robert K. Greenleaf, "Servant Leadership", in J. Thomas Wren(ed.), *The Leader's Companion: Insights on Leadership Through the Ages*(New York: The Free Press, 1995), p.22.

2. 국가의 정치체제 유지와 리더십

(1) 정치사회화와 리더십

정치문화는 정치사회화 과정을 통하여 전수되고 형성·유지된다. 정치지도자는 그 사회의 대표적인 인물이기 때문에 정치사회화 과정에서 모범을 보여야 한다. 국가의 최고 정치지도자인 대통령은 국가의 상징(symbols of nation)으로 인식되고 있다. 힝클리(Barbara Hinckley)는 대통령은 국가의 상징으로서, 정부권력과 정부의 동일체로서, 오직 하나의 유일한 존재로서 그리고 국가의 도덕적인 지도자로서 자기 자신을 국가와 국민 앞에 보여야 한다고 하였다.[38]

그린스타인(Fred I. Greenstein)도 대통령은 국가의 상징, 자국에 대하여 좋은 느낌을 갖게 하는 애정의 출구(outlet for affect), 인식의 도구(cognitive aid), 대통령과 동일시하는 대리참여의 수단이라고 하였다.[39]

대통령뿐만 아니라 정치지도자는 사회적으로 상당한 위신과 명예를 가지고 있으며 사회에 미치는 영향력이 크기 때문에 자라나는 청소년들이 본받고 따르려는 역할모형(role model)이 되어야 한다. 일상생활에서 대중매체를 통하여 가장 많이 접하게 되는 정치 지도자의 행태가 정치사회화에 지대한 영향을 미친다. 그들의 일거일동이 대중매체를 통하여 국민에게 소상하게 전달되는 이유는 그들의 결정이 국민의 일상생활에 직접적인 영향을 미치기 때문이다. 정치 지도자의 사회적 영향력에 비례하여 정치사회화에 미치는 영향도 커진다.

정치 지도자의 행태는 국민 정치교육의 교과서라고 볼 수 있다. 본받고 따를 국민의 모범이 되는 정치 지도자를 갖고 있지 못한 국민은 불행한 것이다. 정치 지도자는 국민을 이끌기 위해서 가혹할 만큼 엄격한 도덕적인 리더십(moral leadership)을 보여야 한다.

---

38) Barbara Hinckley, *The Symbolic President*(New York: Routledge, 1990), p.15.
39) Fred I. Greestein, "What the President Means to America", in James David Barber(ed.), *Choosing the President*(New York: American Assembly, 1974), pp.130-131.

번스(James M. Burns)는 도덕적인 리더십을 ① 지도자와 피지도자 간에는 권력관계뿐만 아니라 상호 필요(needs)·열망(aspirations)·가치(values) 등에 있어서 관계를 가져야 한다고 했다.

② 피지도자는 지도자에게 반응하는 데 있어서 대체 지도자와 프로그램에 관한 적당한 지식이 있어야 하며, 이러한 대체안을 선택할 수 있는 능력이 있어야 한다.

③ 지도자는 피지도자와의 약속에 대한 책임을 져야 한다.[40]

도덕적인 정치 리더십에 대하여 세 가지를 강조하고자 한다.

첫째, 정직해야 한다. 한 사람을 속이면 사기꾼이지만 국민을 속이는 사람은 정치인이란 말이 있다. 정치 지도자가 편리한 대로 말을 뒤집고 변명하고 잡아떼고 거짓말을 한다면 국민은 무엇을 배울 수 있겠는가. 정치지도자가 정계은퇴를 선언하고 뚜렷한 명분도 없이 복귀하고, 마음을 비웠다고 하면서 권력욕에 혈안이 되고, 두고 보라고 큰소리치면서 아무것도 보여주지 않고, 믿어달라고 하면서 거짓말을 하고, 경선 결과에 승복한다고 공언을 해 놓고 불복한다면 국민이 배울 수 있는 것은 거짓말하는 것, 잡아떼는 것, 변명하는 것 이외에 아무것도 없게 된다.

둘째, 정치인은 깨끗해야 한다. 정치 지도자가 부정부패에 연루되어 있으면서 사회정의를 어떻게 구현할 수 있겠는가. 정치지도자가 이권청탁, 인사개입, 부정부패, 정경유착, 축재, 문란한 사생활, 정치자금 불법모금, 외화도피 등 깨끗하지 못한데 사회가 정화될 리 없다. 윗물이 맑지 않는데 아랫물이 맑을 리 없다.

마지막으로 도덕적인 리더십은 정치윤리를 요구한다. 정치의 세계에는 실정법 이전의, 정치 지도자가 지켜야 하는 기본적인 도리가 있다. 정치지도자의 잦은 변신, 약속위반, 무책임, 책임전가, 책임회피, 당적변경, 게임규칙의 무시, 다수의 횡포, 소수의 폭거, 날치기, 탈법적·초법적인 치외법권적 존재로 군림, 법 경시, 권모술수, 인신공격, 야합, 비방, 흑색선전 등을 일삼

---

40) James MacGregor Burns, "Moral Leadership", in Wren(1995), p.483.

는다면 정치사회화에 부정적인 영향을 미치게 될 것이다.

(2) 정치충원과 리더십

정치충원은 정치적 역할을 담당할 사람을 충당하고 그들이 역할을 능동적·효율적으로 수행할 수 있는 분위기를 만드는 것이다. 정치에 있어서 인사를 만사라고 할 정도로 인사가 중요한 것은 누가 어떤 직위에 충원되느냐에 따라서 그 역할과 수행실적이 판이하게 다르기 때문이다.

정치 지도자는 정치충원에 있어서 유능한 인재를 발굴하여 적재적소에 임명하고 그들이 소신과 책임감을 가지고 자율적으로 역할을 수행할 수 있는 분위기를 조성해 주어야 한다. 정부의 고위직에 훌륭한 인재를 임명하면 그만큼 정치체제의 능력이 향상된다. 정치체제를 구성하고 또한 운영하는 것은 사람이기 때문에 어떤 사람이 어떤 역할을 맡느냐에 따라서 정치체제의 수행실적에 직접적인 영향을 미치게 된다.

정치 지도자는 정치충원의 기준으로 전문성, 경험, 경력, 업적, 소신, 추진력, 미래예측력, 건설적인 충성심 등을 고려해야 한다. 엽관주의, 사적 연고주의, 정치적 배려 등에 치중하는 정치충원은 바람직하지 않다.[41] 정치권력 획득과정이나 당권경쟁과 당파싸움의 기여도, 가신, 고향사람, 동창, 개인적인 충성과 신임도, 나눠먹기, 봐주기 등 정실에 치우친 인사는 정치체제의 능력을 저하시키는 요인이 된다. 특히 자신과 같은 출신 지역 인사를 지나치게 우대하는 것은 지역감정을 부추기는 결과를 가져와 국민통합을 가로막은 장애요인이 된다.

(3) 정치 커뮤니케이션과 리더십

정치 커뮤니케이션은 인체의 혈관과 같이 정치체제의 내외를 연결시켜 준다. 정치 커뮤니케이션이 기능하지 않으면 정치체제의 투입·전환·산

---

41) 예를 들면 바람직한 장관상에 대하여 다음을 참고할 것. 홍득표(1995), pp.115 - 123.

출·환류과정이 마비된다. 정치 커뮤니케이션을 통하여 국민과 정치지도자 간에 상호작용이 이루어진다.

정치지도자는 무엇보다도 효율적인 연설자(effective speaker)인 동시에 훌륭한 경청자(better listening)가 되어야 한다.[42] 효율적인 연설자란 웅변가와 같이 말을 잘하거나 또는 말만 앞세우는 것을 의미하는 것이 아니라 과장된 언어, 정교한 말장난, 진실을 은폐하는 교언영색의 정치수사학이 아닌 진실을 말하고, 언행이 일치되는 가운데 국민을 설득할 수 있는 능력을 의미한다. 훌륭한 경청자는 시민의 소리, 여론, 참모의 소리, 재야의 소리, 야당의 소리 등에 귀를 기울여 그들의 요구와 기대가 무엇인지를 제대로 파악하는 것이다. 특히 국민과 끊임없는 상호작용을 통하여 국민의 뜻과 국민여론을 올바르게 파악하는 것을 의미한다.

뛰어난 전달자(communicator)가 되려면 정치 지도자는 처벌, 보상, 의무 등 때문에 국민이 순응하는 것이 아니라 정치 지도자의 이성적이고 감성적인 설득에 동조할 수 있는 설득력을 지녀야 한다. 국민의 소리에 귀를 기울이기 위해서는 다양한 통로와 수단을 통하여 국민의 요구와 기대를 전달받을 수 있는 개방적인 정치 커뮤니케이션 구조를 유지해야 한다. 자신의 업적만을 일방적으로 홍보하고 자신이 의도하는 대로 국민의 정향이 형성되도록 정치 메시지를 하향식으로 전달하기보다는 국민과 정치 지도자 간에 쌍방통행의 상호작용이 원활하게 이루어진 가운데 정치지도자의 뜻과 국민의 뜻이 상호 전달되는 리더십을 발휘해야 한다.

3. 시민사회의 참여와 리더십

(1) 여론과 리더십

민주정치는 여론정치라고 한다. 여론에 의한 지배와 여론에 의한 정부라

---

42) 훌륭한 연설자와 경청자에 대한 구체적인 논의는 다음을 참고할 것. Adair(1984), Chapter 11～12.

는 말은 공중의 의지를 정치과정에 반영하여 다수의 국민이 원하는 방향으로 정치재화를 산출하는 것을 의미한다. 그러기 위해서는 정치지도자는 국민여론을 정확하게 파악하여야 한다. 국민이 무엇을 원하는지를 적기에 파악하여 정치과정에 반영시켜야 한다. 그러나 여론은 불명확성, 변덕성, 감정성, 비과학성, 다양성 등 고유의 취약성이 있기 때문에 정확한 여론을 파악하는 것은 어렵다. 과학적인 조사방법으로 여론의 추이를 정확하게 파악하여 다수의 국민이 원하는 방향으로 정치를 이끌어야 한다. 필요한 경우에는 여론형성을 주도할 수 있는 리더십도 발휘해야 한다. 그러나 정치 지도자에게 유리한 여론의 조작과 호도, 그리고 소신 없이 여론에 끌려다니는 리더십을 보여서는 안 된다.

(2) 이익집단과 리더십

다원주의 사회는 다양한 이익집단의 출현과 자유로운 활동이 보장되어 있다. 이익집단은 집단적 행동으로 자신들이 추구하는 가치나 이익을 유리하게 배분받기 위해서 정치과정에 영향력을 행사한다. 가장 바람직한 정치 지도자와 이익집단 간의 관계는 원칙적으로 다원주의적인 접근법이라고 볼 수 있다. 정치 지도자는 이익집단의 자유로운 결성과 자율적인 활동을 보장해야 한다. 이익집단 간에 공정한 경쟁이 이루어질 수 있도록 게임규칙을 만들어 관리하고 거중 조정하는 중립적인 심판자(umpire) 역할을 수행해야 한다.

그러나 현실적으로 신다원주의적(neopluralism)인 현상이 발견된다. 다원주의의 한계인 특정 우세 이익집단에 의한 이익의 독과점 현상, 과당경쟁 등으로 이익집단 간에 영향력의 불평등(inequalities of influence) 현상이 나타난다. 또한 복지사회 건설, 경제위기의 극복, 국민통합, 사회의 공동선과 사회정의를 실현할 필요가 있다. 이런 상황에서는 불가피하게 제한적으로 조합주의가 적용되는 범위에서 조정력을 발휘하는 리더십을 보여야 할 것이다. 조합주의적 다원주의(corporative pluralism)를 제한적·부문별로 활용하는 리더십이 요구된다.

(3) 정당과 리더십

정당은 정권을 획득·유지하여 정견을 실현시키려는 목적을 가진 정치집단으로서 국민의 이익을 정치과정에 집약하는 기능을 수행한다. 그러나 정당의 순기능 못지않게 역기능도 많다. 정보화 사회를 맞이하여 현대 정당의 쇠퇴와 탈정당시대, 정당이 정치의 핵심에서 밀려난 주변화 등의 문제점이 지적되고 있다. 그렇지만 대의민주주의를 실천하는 과정에 정당은 필요한 정치조직이다.

정치 지도자는 정당에 대하여 어떤 리더십을 보여야 하는가? 정당의 민주화와 자율적인 활동을 보장하는 리더십을 보여야 할 것이다. 정당이 과두화·관료화되는 것은 정치 지도자의 책임이 크다. 당내 민주화를 거역하고 정당을 사당화, 붕당화, 패거리로 만드는 것도 정치지도자의 잘못이다. 정당의 민주적인 운영을 최대한 보장하고, 자율적인 운영을 지원해야 한다.

당권과 대권이 분리된 상황에서도 대통령이 여당을 정권의 전위대나 전투대와 같이 운영하는 것은 정당의 민주화를 저해하는 요인이 된다. 더구나 야당을 국정의 파트너가 아닌 정쟁의 대상, 갈등의 원천, 분열과 정치 불안을 촉발하는 집단으로 간주하여 무력화시키려 한다면 정치적 반대(political opposition)를 포용(tolerance)해야 하는 민주주의 기본원칙을 무시한 전근대적이고 권위주의적인 리더십이라고 볼 수 있다. 야당의 존재를 용인하고 야당의 활동을 보장하는 것이 민주정치의 가장 기본적인 요건이다. 당내 민주화를 도모하고, 선거시장(electoral market)에서 여야 간의 공명정대한 경쟁을 통하여 국민의 이익을 집약하고 정권이 교체되는 건전한 정당정치의 제도화에 기여하는 리더십을 보여야 한다.

(4) 정치참여와 리더십

시민의 정치참여는 국민에 의한 정부를 실현하는 가장 확실한 방법이다.

정치참여를 통하여 국민에 의한 정치과정의 통제가 이루어진다.

　정치참여와 리더십에서 중요한 것은 '깨끗한 선거'를 통하여 민주정치 질서를 확립하고 선거문화를 발전시킬 수 있는 리더십이 요구된다는 점이다. 선거에서 수단과 방법을 가리지 않고 당선되고 보자는 당선지상주의를 지양하지 않는 한 공정하고 깨끗한 선거는 공염불에 지나지 않을 것이다. 선거는 국민통합과 축제의 행사가 되어야 함에도 불구하고 관권개입, 금품살포, 불법, 부정, 타락, 비방, 흑색선전, 인신공격, 청중동원, 공약 남발, 정보조작, 정치공작 등으로 반목과 대립, 갈등과 분열 등 바람직하지 못한 선거 후유증을 낳는다면 그것은 정치 지도자의 책임이라고 볼 수 있다.

　정치 지도자는 공정한 선거의 관리와 엄격한 선거법 집행으로 깨끗한 선거문화를 정착시키는 리더십을 발휘해야 한다. 예외 없는 법 집행으로 법 경시풍조가 사라지게 만들어야 할 것이다.

4. 국가의 권위적 행동과 리더십

(1) 정책결정과 리더십

　국민의 요구나 지지가 산출로 전환되는 구체적인 형태를 정책이라고 볼 수 있다. 정책은 정부의 의지, 정치지도자의 의도, 국민의 요구나 기대를 구체화한 행동방책이다. 정책결정 과정에서 정책을 최종적으로 결정할 수 있는 권한을 가진 정치 지도자는 선박의 조타수와 같이 키를 어떻게 조종하느냐에 따라서 배의 항로가 달라지듯 국정의 방향을 결정하게 된다. 오늘날 행정수반중심시대(executive – centered era)라고 할 정도로 정치 지도자의 정책결정과 리더십의 중요성이 강조되고 있다. 정치 지도자와 국민 간에 구체적인 상호작용의 매개는 정책을 통하여 이루어지고, 정치지도자의 성공과 실패는 정책으로 평가된다.

　정책결정과 관련하여 창조적 리더십(creative leadership), 역사의식과 비전

(vision)있는 리더십이 요구된다. 창조적 리더십은 새로운 시대를 이끌어 가고, 변화하는 상황에 새롭게 대응할 수 있는 참신한 아이디어를 구체화하는 리더십을 의미한다. 창조적 리더십은 혁신적인 개혁을 이룩할 수 있다. 혁신적인 리더십을 발휘하면 기존의 관습이나 공식적·비공식적 구조의 변화, 불확실하고 애매한 상황에 효율적으로 적응할 수 있다.[43]

정치 지도자는 역사의식과 비전이 있어야 한다. 정치지도자의 결단에 따라서 한 나라의 운명이 결정될 수 있기 때문에 국민을 이끌기 위해서는 역사의 흐름, 시대 상황, 시대의 요구를 간파할 수 있는 안목과 통찰력을 가지고 있어야 한다. 역사의식과 비전에 바탕을 둔 확고한 정책철학과 소신을 가지고 정책을 결정할 수 있어야 한다. 한 나라가 어디까지 와 있으며, 어디로 가고 있는지 그리고 어디로 가야 할지를 판단하는 것은 역사의식과 비전에 관련된 문제다.

정책목표는 정책을 통하여 이룩하고자 하는 바람직한 상태를 의미하며, 미래성과 방향성이 있어야 한다. 뚜렷한 역사의식과 비전을 가진 리더십은 국가의 먼 장래를 내다보는 미래지향적인 정책방향을 제시할 수 있다. 역사의식과 비전이 있는 정치 지도자는 임기응변으로 현안의 해결에 급급한 소방관과 같이 불이 나면 끄기에 바쁜 사후처방적인 리더십을 보이지 않는다. 미래에 발생 가능한 문제를 사전에 예측하여 대비책을 세우는 불이 나기 전에 예방하는 정책, 국가자원의 불필요한 낭비를 줄이는 정책, 시행착오를 극소화하는 정책을 결정할 수 있다.

(2) 정책집행과 리더십

구슬이 서 말이라도 꿰어야 보배이듯이 아무리 좋은 정책도 효율적으로 집행되지 않으면 효과가 없다. 정책은 자동 실행되는 것이 아니다. 정책목표의 달성과 정책의도의 성공적인 실현은 정책을 얼마나 효율적으로 집행

---

43) Bryan D. Jones, "Two Conceptions of Political Leadership Revisited", in B. D. Jones(ed.), *Leadership and Politics: New Perspectives in Political Science*(Lawrence, Kansas: University Press of Kansas, 1989), pp.290 – 291.

했느냐에 달려 있다. 정책을 성공적으로 집행하기 위해서는 효율적인 리더십(effective leadership)이 요구된다. 효율적인 리더십은 정책목표의 100% 달성과 정책대상 집단의 기대를 충족시켰는지 여부에 따라서 평가된다.

정책을 효율적으로 집행하여 정책목표를 달성하는 데 다양한 내적·외적 요인이 작용한다. 중요한 것은 정책을 집행하는 공직사회가 적극적으로 봉사할 수 있는 분위기와 여건을 조성해 주어야 한다. 공직사회는 동조과잉(overconformity), 서면주의, 형식주의(red tape), 길들여진 무능(trained incapacity), 무사안일, 귀속주의, 무책임, 복지부동, 부정부패 등 부정적인 시각이 있다. 이러한 병폐를 척결하고 관료사회가 투철한 공익관을 가지고 국민의 공복으로서 봉사할 수 있도록 리더십을 발휘해야 한다. 정치 지도자가 아무리 좋은 정책 아이디어를 가지고 있어도 공직사회가 움직이지 않으면 정부의 효율성은 떨어진다. 유능하고 열심히 일하는 행정조직은 정치체제의 능력을 향상시키는 중요한 요인이 된다.

정책 집행에 있어서 또한 중요한 것은 정책대상 집단의 자발적인 순응을 유발하는 정치 리더십을 발휘하는 것이다. 효율적인 리더십에 있어서 첫 번째 그리고 중심적인 임무는 지도자가 찬성하는 것과 성취하기를 원하는 것, 그리고 피지도자들이 기대하는 것이 무엇인가에 대한 분명한 비전(clear vision)을 전달하고 창조하는 것이다.[44] 정치 지도자는 정책 대상 집단에게 정책이 추구하는 목표와 비전을 분명하게 전달하고 그들의 동의를 받을 수 있는 리더십을 발휘해야 한다.

제5절 맺는 말

정치는 사회를 위하여 희소한 가치를 권위적으로 배분하는 활동이다. 정

---

44) Al Gini, "Moral leadership: An Overview", in William E. Rosenbach & Robert L. Taylor(ed.), *Contemporary Issues in Leadership*, 4th ed. (Boulder, Colo.: Westview Press, 1998), p.13.

치과정은 국가의 정치체제에 투입된 국민의 요구와 지지를 정책으로 전환하여 자유, 안전, 복지와 같은 정치재화를 산출하는 과정이다. 정치과정에서 정치 지도자는 정치체제 내에서 국민의 요구와 기대를 정책으로 전환하고, 희소한 가치를 배분하는 막강한 권한과 핵심적인 지위를 차지하고 있다. 정치체제의 추출적·분배적·규제적·상징적 유형의 정책을 결정하고 정치재화를 산출하는 능력은 정치 리더십에 따라서 좌우된다. 정치 리더십은 정치체제의 능력을 평가하는 중요한 잣대로 작용하고 있다.

정치과정에서 가장 바람직한 정치 리더십은 민주적 리더십(democratic leadership)이라고 볼 수 있다. 민주적 리더십이란 다수의 합의와 동의를 존중하는 다수에 의한 지배가 이루어져 정치권력의 다원성을 유지하는 리더십을 의미하는 것으로 정치권력이 소수의 권력자에 의하여 독점되는 일원적인 권력행사 체제인 권위주의를 탈피하는 것이다.

정치권력은 본질적으로 남용되고 부패되기 쉬운 속성을 가지고 있다. 누구나 권력자가 되면 권력을 확장·집중·지속시키려고 한다. 정치권력을 소유한다는 실체적인 개념으로 파악하여 권력을 가지고 있는 동안 그것을 극대화하고 또한 최대한으로 사용하려고 한다. 그런 과정에 권위적인 정치 리더십이 나타난다.

정치 과정에서 요구되는 민주적인 리더십은 권위 있는 리더십, 공복리더십, 도덕적인 리더십, 공정한 리더십, 창조적인 리더십, 효율적인 리더십 등이 조화를 이룰 때 국민이 원하는 정치, 국민을 위한 정치, 국민을 만족시키는 정치, 비전 있는 정치가 실현될 수 있으며, 성공한 정치 지도자로 역사적인 평가를 받게 될 것이다. 정치지도자의 실패는 국가의 실패를 의미하기 때문에 정치지도자는 무거운 사명감을 가지고 헌신적으로 국가와 민족을 위해서 봉사하는 자세를 가져야 할 것이다.

제14장 전자정치시대의 정치과정

제1절 머리말

제3의 물결이라 일컫는 정보화 혁명은 물리적 시공(時空)의 시대에서 사이버 세계로 대변혁을 일으키고 있다. 정보화 혁명은 빠른 속도로 진행되고 있다. 「2008년 국가정보화 백서」에 의하면 한국의 정보사회지수는 세계 15위로 나타났다. PC보급률, 인터넷 호스트 수, 인터넷 이용자 수, 전화 회선 수, 이동전화 가입자 수, 텔레비전 보급률, 케이블텔레비전(CATV) 가입자 수 등 7개 지표를 기초로 국가정보화 수준을 평가한 것이다. 2007년 인터넷 이용자 수는 3,482만 명이며, 2008년 5월 인터넷 가입자는 1,505만 명으로 나타났다.[1]

개인컴퓨터, 인터넷, 전자상거래(e-Commerce), 위성, 전자우편과 전화통신망의 등장은 정보를 수신하고 전달하는 방식을 변화시켰다. 음성(voice), 자료(data), 오디오, 그래픽, 비디오 등을 통합한 디지털 기술은 초고속의 즉각적인 상호커뮤니케이션을 가능하게 하였다. 빠른 정보화의 진행은 사회의 모든 분야에 일대 혁명적인 변화를 가져오고 있으며, 정치도 예외가 아니다. 국민의 정치참여 방법과 수단에도 일대 혁명적인 변화를 가져와 정치과정을 변모시키고 있다. 정보화 혁명이 정치과정을 변화시키면서 제기되는 본질적인 질문은 새로운 전자통신기술(ITC)의 발달은 선거와 선거운동, 공직자에 의한 거버넌스(governance), 시민에 의한 정부 참여 등 민주주의에 어떤 영향을 미치고 있는가에 있다.[2]

---

1) 한국정보사회진흥원, 『2008년 국가정보화 백서』(서울: 서울기획 케이투, 2008).

정보화 혁명은 다양한 형태로 온라인 정치(on-line politics)를 가능하게 하고 있다. 예를 들면 홈페이지 개설, 전자 관할구역(e-Precincts) 설정, 인터넷선거운동(e-campaigning), 전자우편발송(e-mailing), 자동전화걸기(automated telephone call), 단숨여론조사(push polls), 전자투표(e-voting), 전자타운 홀 미팅(electronic town hall meeting), 인터넷정치자금모금(e-fundraising), 인터넷자원봉사(e-volunteering), 인터넷 광고(e-advertising), 전자로비(e-lobbying), 전자정부(e-government), 전자의회(e-assembly), 전자정당(e-political party)의 출현 등 기존 정치의 모습을 크게 변화시키고 있다.

정보화 혁명 가운데 인터넷의 등장은 21세기 인류발전의 새로운 패러다임의 변화를 요구하고 있다. 정보화가 불러온 가장 커다란 정치적 변화는 간접민주주의가 직접민주주의(direct democracy)로 바뀌는 데서 찾을 수 있을 것이다. 플라톤은 이상적인 정치는 소수의 선택된 철인왕(philosopher kings)에 의한 지배라고 하여 대의정치인 국민의 대표에 의한 지배의 불가피성을 주장했다. 그 후 2000년이 지난 지금 대의정치의 기본 개념이 바뀌고 있는 것이다. 이런 현상을 신정치(new politics)의 등장이라고 하면서 전자민주주의(teledemocracy), 텔레비전민주주의(television democracy), 인터넷정치(internet politics), 사이버민주주의(cyber-democracy), 사이버크라시(cybercracy), e-정치(electronic politics), 푸시버튼민주주의(push-button democracy), 모뎀민주주의(modem democracy), 디지털민주주의(digital democracy), 즉시민주주의(instant democracy)[3] 등 학자마다 다양하게 부르고 있다. 새로운 전자통신기술은 간접민주주의를 직접민주주의로 전환시키면서 시민이 단순하게 정부의 피보호자나 공공기관의 고객이란 차원을 넘어 이제는 공공사업(public works)에 대한 직접적인 정치행위자로서 역할을 증대시키고 있으며, 시민과 정부 간의 상호작용의 빈도를 한층 더 강화시키고, 특정 공공문제에

---

2) John W. Cavanaigh, "E-Democracy: Thinking About the Impact of Technology on Civil Life", *National Civic Review*, Vol.89, No.3(Fall 2000), p.229.

3) 이러한 현상을 '즉시민주주의(instant democracy)'라고 부르는 것이 어떨까 한다. 이제는 국민이 국가의 정책결정에 직접 참여하고 그 결과가 즉각 집계되어 결과가 나타날 수 있기 때문이다. 이 아이디어는 '즉시결선투표(instant runoff voting)'라는 용어에서 참고한 것이다. 최지우 옮김. 『디지털 시대의 신정치 선언서: 정치의 미래』 테드 할스테드, 마이클린드 공저(서울: 바다출판사, 2002), p.135.

관하여 온라인 그룹(on-line group)을 형성하여 한목소리를 내게 하는 네티
즌 결속 효과를 가져오고 있다.

사회를 위하여 희소한 가치를 권위적으로 배분하는 정치과정이 변하고
있는 것이다. 전자통신기술의 발달이 가져온 정보화 혁명은 정치체제에 대
한 투입, 전환, 산출, 환류의 모든 과정을 변화시키고 있다. 이 장에서는 전
자정치가 정치과정에 미치고 있는 영향에 대하여 살펴보는 데 목적이 있다.
이를 위하여 구체적으로 인터넷 정치가 투입, 산출, 전환과정에 미치는 영
향에 대하여 분석하고자 한다.

제2절 전자정치론

1. 인터넷의 특징

세계 최초의 컴퓨터는 1946년 미 국방성을 위해서 제조된 ENIAC으로서
18,000개의 진공관(tubes)과 80톤의 무게가 나갔다고 하나 오늘날의 컴퓨터
는 이와는 비교할 수 없을 정도로 가볍고 용량이 확장되고 소형화되었으며
성능이 뛰어나다. 컴퓨터는 일상생활 용품의 하나가 되었다. 업무적으로 또
는 개인적으로 컴퓨터 없이는 불편해서 살아가기 답답한 세상이 되었다. 인
터넷 사용 인구가 세계적으로 3억 2천만 명이나 된다고 하니 인터넷 없이
사는 것이 얼마나 어려운가를 보여주고 있다.

딕 모리스(Dick Morris)는 vote.com에서 국가의 입법·사법·행정의 3부,
언론의 4부에 이어 인터넷을 제5부라고 규정하였다.[4] 인터넷의 영향력이
그만큼 막강하다는 것을 단적으로 표현한 것이라고 볼 수 있다. 전자정치를
이해하려면 인터넷이 기존 매체와 어떤 차별성이 있는가를 살펴보는 것이
좋을 것이다.[5]

---

4) 비정부기구(NGO)를 제5부라고 부르기도 한다.

(1) 쌍방향성

기존언론은 '하나가 다수에게'(one – to – many) 일방적으로 대량의 메시지를 전파하는 것을 특징으로 하고 있으나 인터넷은 하나가 다수에게, 다수가 다수에게(many – to – many), 다수가 하나에게(many – to – one), 하나가 하나에게(one – to – one)로 쌍방향적(interactive)으로 정보를 제공할 수 있다. 종래 상의하달식(top – down) 방식에서 하의상달식(bottom – up) 방식으로 바뀌게 된 것이다. 그뿐만 아니라 송신자와 수신자가 수평적으로 연계되는 모습을 가져왔다.

(2) 협송전달(narrowcasting)

특정한 정보를 필요로 하거나 수용할 수 있는 개인이나 집단에게만 전달되는 것을 의미한다. 불특정 다수에게 제공하여 누가 정보를 필요로 하는지를 가리지 않고 일방적으로 정보를 전파했으나 인터넷은 필요한 사람과 집단, 수용할 수 있는 개인과 집단에게만 정보가 전달된다.

(3) 하이퍼텍스트링크(hypertext link)

웹상에서 검색기를 통해 텍스트, 소리, 그래픽, 영상 등을 사용자의 화면에 연결해 주는 것을 의미한다. 정보의 이용이나 흐름이 사용자 중심으로 이루어지는 것으로 누구나 수많은 홈페이지와 연결하여 필요한 정보의 바다에 얼마든지 항해할 수 있다는 것이다.

(4) 매체통합

기존의 다양한 미디어들, 예컨대 신문, 방송, 라디오, 영화 등을 하나의 플랫폼으로 통합하는 역할을 수행한다. 또한 인터넷의 메시지는 디지털 부

---

5) 인터넷의 기존매체와의 차별성은 다음을 참고한 것임. 조석장, 『한국의 e – 폴리틱스』(서울: 향연, 2004), pp.20 – 23.

호로 이루어지기 때문에 호환성이 아주 높다.

(5) 직접접근

기존의 매스미디어의 노출개념이 인터넷에서는 접근개념으로 바뀐 것이다. 수용자 본인이 직접 자료를 검색하고 또한 정보를 교환하는 직접 접근의 형식을 취하게 된다.

(6) 개방성

네티즌은 누구나, 직위고하를 막론하고, 신분상의 차별을 받지 않고 홈페이지에 접속하여 정보를 획득하고 교환할 수 있다. 만인에게 정보의 바다가 열려 있는 것이다.

2. 전자정치의 개념

전자정치(e - politics)란 전자(electronic)를 지칭하는 'e'와 '정치'(politics)의 결합으로 생긴 말이다. 이와 유사한 개념으로 사이버정치(cyber politics), 웹정치(web - politics), 온라인 정치(on - line politics), 네트크라시(netcracy), 푸시버튼 민주주의(push - button democracy), 정보민주주의(information democracy), 기술정치(techno - politics), 인트라 폴링(intra - polling), 새털라이트폴리틱스(satellite politics) 등 다양하게 불리고 있다. 이들의 개념은 약간씩 차이가 있지만 본질적으로 인터넷 활용, 웹사이트 접속, 정치적 선택에 필요한 다양한 정보에 접근, 정치적 선택, 온라인을 통한 정치적 의사의 표출 등과 관련이 있다고 볼 수 있다.[6] 한마디로 전자정치란 인터넷을 활용한 온라인상의 정치참여라고 이해할 수 있을 것이다.

---

6) Frederic I. Solop, "Digital Democracy Comes of Age: Internet Voting and the 2000 Arizona Democratic Primary Election", *PS: Political Science and Politics*, Vol.24, No.2(June), pp.289 - 293.

전자정치를 인터넷 정치라고 협의로 이해하고자 한다.[7] 전자정치는 다른 매체와 다른 많은 특징을 지닌 인터넷을 정치과정에 활용하는 것이다. 따라서 인터넷 정치란 '인터넷을 이용한 정치과정을 압축적으로 표현한 것'이라고 볼 수 있다. 인터넷 정치란 정치과정에 인터넷을 이용하여 정치의 효율화와 정치발전을 추구하는 일련의 행위들을 개념화한 것으로 <그림 14-1>과 같이 나타내기도 한다.[8]

<그림 14-1> e폴리틱스 개념도

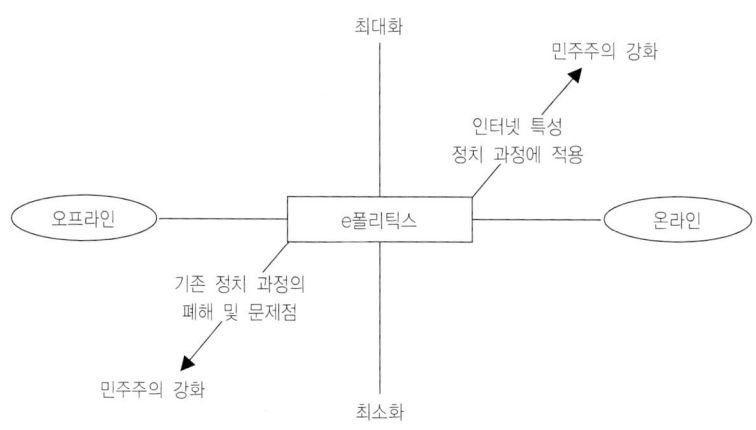

출처: 조석장(2004), p.32

하지만 인터넷 정치의 궁극적인 지향점은 전자민주주의의 실현에 있다고 볼 수 있다. 인터넷 정치가 단순하게 국민의 기대와 요구를 투입하고 산출하는 정치과정의 용이성과 효율성을 향상시키는 수단적 목적이 있는 것이 아니라 전자정치를 통하여 민주주의를 한 단계 업그레이드시키는 데 주안점을 두어야 할 것이다. 인터넷 정치는 전자민주주의 실현을 주목적으로 삼아야 할 것이다. 전자정치는 "정보통신 기반을 이용하여 정치과정에 시민의 참여가 이루어지는 정보시대의 민주주의", "정보통신기술을 사용하여 여론

---

7) 전자정치를 인터넷 정치라고 이해하고 두 개념을 구분 없이 사용하고자 한다.
8) 조석장(2004), pp.31-32.

의 형성, 정책의 결정, 대중의 참여를 보장하기 위한 새로운 형태의 민주주의", "쌍방향성을 지닌 뉴미디어를 통해 전자투표, 정치지도자와의 의견 교환, 정치·행정정보의 효과적인 전송 등을 실현함으로써 정치적 의사결정 과정에 시민의 참여가 직접적으로 이뤄지는 정치의 실천과정"[9]과 관련이 있다.

전자민주주의의 이념을 다음과 같이 제시할 수 있을 것이다.[10]

① 대의제 민주주의 한계를 극복하거나 보완하는 기능이다.
② 과거 소수 기득권 세력의 정보독점에서 벗어나 정보를 공유함으로써 시민참여의 시공간적 장벽을 극복하는 것이다.
③ 시민의 직접적인 참여와 토론을 활성화하여 유권자가 정책결정에 최고 결정자가 되는 심의민주주의(deliberative democracy)를 실현하는 것이다.

제3절 전자 정치의 영향

1. 정치과정의 변화

전자정치의 등장이 투입, 산출, 전환, 환류 등 정치과정에 어떤 영향을 미치고 있는가를 살펴보는 것이 전자정치와 정치과정의 관계를 이해하는 데 도움이 될 것이다. 인터넷의 발달과 정치과정의 변화에 대하여 <그림 14-2>을 참고하면 부분적인 이해는 가능하리라 본다. 인터넷이 발달하면서 정치커뮤니케이션이 변하고 그에 따라 정치과정의 변화된 모습을 그림으로 요약했다고 볼 수 있다.

---

9) Ibid., pp.29-31.
10) Ibid., pp.33-35.

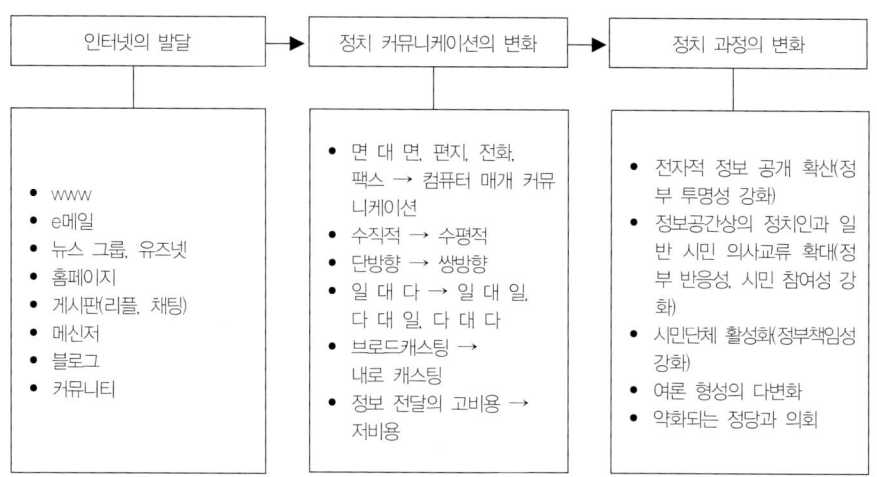

<그림 14 - 2> 인터넷의 발달과 정치과정의 변화

인터넷의 발달	정치 커뮤니케이션의 변화	정치 과정의 변화

• www
• e메일
• 뉴스 그룹, 유즈넷
• 홈페이지
• 게시판(리플, 채팅)
• 메신저
• 블로그
• 커뮤니티
	• 면 대 면, 편지, 전화,
	  팩스 → 컴퓨터 매개 커뮤
	  니케이션
	• 수직적 → 수평적
	• 단방향 → 쌍방향
	• 일 대 다 → 일 대 일,
	  다 대 일, 다 대 다
	• 브로드캐스팅 →
	  내로 캐스팅
	• 정보 전달의 고비용 →
	  저비용
		• 전자적 정보 공개 확산(정
		  부 투명성 강화)
		• 정보공간상의 정치인과 일
		  반 시민 의사교류 확대(정
		  부 반응성, 시민 참여성 강
		  화)
		• 시민단체 활성화(정부책임성
		  강화)
		• 여론 형성의 다변화
		• 약화되는 정당과 의회

출처) 조석장(2004), p.44

하지만 전자정치는 정치의 콘텐츠(contents) 그 자체라기보다는 정치과정의 수단적·지원적·도구적 측면이 강하다는 사실을 부인할 수 없다. 전자통신기술의 발달은 정치과정의 신속화, 참여의 용이성·편리성·효율성 제고 등에 기여하고 있는 측면이 강하다. 또한 정치참여의 수단과 방법이 변하면 정치의 콘텐츠도 분명하게 달라질 수밖에 없다. 정치과정의 변화가 정치 콘텐츠의 변화에 영향을 미치는 것은 사실이다.

또한 전자정치는 정치조직의 구조와 운영에도 일대 변화를 가져오고 있다. 예컨대 정당의 경우도 디지털 정당화되어 인터넷 동영상 선거유세, 인터넷 투표, 인터넷을 통한 자원봉사자·지지자·당원모집, 정치자금모금, 전자여론조사 등 정당운영 방식의 변화를 촉발하게 된 것이다. 예를 들면 인터넷을 선거운동에 활용하는 기법도 다양해졌다. ① 홈페이지 운영으로 유권자의 방문을 기다리는 유형 ② 전자우편을 활용하는 유형 ③ 포털사이트, 정치정보 사이트를 운영하는 유형 ④ 공유공간을 활용하는 유형 ⑤ 멀티미디어 서버시를 이용하는 유형 ⑥ 기타 등으로 분류할 수 있다.[11] 정보

---

11) 자세한 내용은 다음을 참고할 것. 황의환, 『정치백신, e - Politics』(서울: 가교출판, 2004), pp.133 - 147.

통신기술을 활용한 정치과정의 수단과 방법이 바뀌면 정치의 내용이나 정치제도의 운영방식이 바뀔 수밖에 없는 것이 사실이다.

2. 투입 측면의 변화

디지털 네트워크시대를 맞이하여 국민의 이익, 요구, 기대 등을 정치체제에 투입하는 방법이 혁신적으로 바뀌었다. 개인은 물론 각종 이익집단은 사이버 연대결성, 서퍼터즈의 결집, 항의성 폭탄메일 발송, 인터넷 로비, 온라인 시위 및 투쟁, 전자서명운동, '안티사이트' 운영, 사이버 정책캠페인, 인터넷 설문조사 및 여론형성 등등 다양한 방식을 동원하여 정치적 요구와 지지를 투입하게 되었다. 전자정치가 불러온 투입 측면의 변화는 몇 가지로 요약할 수 있을 것이다.

(1) 네티즌의 등장

가장 커다란 변화는 인터넷 등장 이전 정치의 주체인 시민(citizen)이 네티즌(netizen) 개념으로 바뀌었다. 한국인들은 시민(citizen)으로서보다 국민(nation)의 지위에 익숙하였고, 이는 성공한 시민혁명을 창출하지 못한 한국인들의 다수 신민(subject)을 크게 넘어서지 못한 전전세대(戰前世代)에게는 허술한 '개념으로서의 민주주의'였다.[12] 전자정치가 시민권(citizenship)을 증진시킨 것은 사실이지만 시민의 개념을 네티즌(netizen)으로 변화시켰다. 본질적으로 참여의 주체나 역할이 바뀐 것은 아니지만 인터넷을 활용하여 정치적 요구를 제기하는 주체를 네티즌으로 부르게 된 것이다. 같은 사람을 시민이나 네티즌으로 구분하는 것은 무리가 있을 수 있지만 네티즌은 인터넷을 이용하여 종래의 시민보다는 특정 정치현안에 대하여 즉각적인 반응과 더 높은 관심을 나타냄으로써 참여율이 증대되는 데 기여했다고 볼 수

---

12) 이현우, "인터넷 정치", 「주간조선」 1740호, (2003. 2. 6).

있다.

(2) 정치주체의 변화

인터넷을 더 많이 이용하는 계층인 고학력의 젊은 네티즌이 정치과정에 막강한 영향력을 행사하게 되었다. 인터넷 활용이 빈번한 20~30대의 젊고 학력이 높은 네티즌의 참여가 확대되고 그들의 정치적 영향력이나 역할이 두드러지게 나타나기 시작하였다. 통상적인 정치참여에서 젊은 유권자들은 적극성이 떨어진다는 것이 일반적인 인식이었으나 인터넷 정치에 있어서 젊은 네티즌들은 다른 어느 계층보다도 뚜렷한 자기 목소리를 주장하면서 결집하고 여론을 주도하여 정치과정에서 주도적인 역할을 수행하게 되었다.

인터넷 투표는 처음으로 2000년 미국의 애리조나 주 민주당 예비선거에서 실시되었다. 인터넷 투표는 결과적으로 타주에 비하여 높은 투표율을 보였으며, 학력과 연령이 중요한 변수로 작용하여 고학력자와 젊은 유권자가 인터넷 투표에 대하여 더 많은 매력을 느끼고 있는 것으로 나타났다. 인터넷 이외에 전통적 방식의 투표자와 태도의 차이(attitudinal differences)가 나타나 인터넷 투표 참가자가 더 높은 효능감(sense of efficacy)을 느끼고 있음이 발견되었다.[13]

정치의 주체세력이 새롭게 등장하고 있는 것이다. 특정한 정치·사회적 현안이 부각되면 젊은 네티즌들은 논리적이고 기발한 아이디어를 제시하면서 정책대안과 문제의 해법을 제시한다. 네티즌들은 게시판이나 채팅방을 통해 번개모임을 공지하기도 하지만 다른 만남의 형식인 플래시 몹(flashmob) 역할을 수행하여 정치적 영향력을 극대화하고 있다. 플래시 몹은 '사용자가 갑자기 증가하는 현장'이란 의미의 '플래시 크라우드(flashcrowd)'와 '참여군중(smarmob)'이란 뜻의 합성어로 인터넷을 통해 특정한 날짜, 특정한 시간에 정해진 장소에 모여 짧은 시간 안에 주어진 행동을 동시에 하고 뿔뿔이 흩어지는 것을 의미한다. 하지만 특정 계층의 네티즌들이 정치과

---

13) Solop(2001), pp.289 - 293.

정에 영향력을 독점하는 현상이 나타나 침묵하는 다수의 오프라인상 시민들의 정치적 의사가 무시될 우려가 있다. 따라서 전자 몹(electronic mob)의 입장에 찬성하거나 반대하는(pro and con) 새로운 전자적 균형과 견제(new electronic checks and balances)가 필요하다.[14]

(3) 24시간 정치적 요구 투입

정치적 요구의 투입이 24시간 가능하게 되었다. 이익의 표출과 투입시간이 무제한 개방된 것이다. 종전에는 민원을 제기하려면 공무원의 근무시간에 전화를 걸거나 사무실을 방문해야만 했다. 이익의 표출도 제한적이었다. 여론조사 참여도 전화를 받거나 조사자의 방문을 통하여 가능했다. 또한 정치적 의사 표출도 선거나 특별한 행사가 있을 때 가능했지만 전자정치가 실현되면서 인터넷 민원, 인터넷 청원, 인터넷 건의, 온라인 투표, 24시간 의견 제시, 24시간 토론, 댓글 등을 통하여 즉각적인 반응을 보일 수 있게 되었다. 이제는 조간신문을 기다릴 필요 없이 각종 정치정보를 24시간 무제한 입수 가능하다. 각종 정치조직, 언론매체, 여론조사 기관, 정당, 이익집단, NGO 등에서 실시하는 여론조사에도 24시간 응답할 수 있으며, 그 결과도 즉석에서 확인할 수 있게 되었다.

(4) 투입방법의 변화

자신의 정치적 의사를 표현하고 전달하는 방식이 바뀌고 있다. 인터넷 정치는 구조적 분석과 내용분석을 통하여 접근할 수 있다. 구조적 분석은 인터넷 정치를 이루고 있는 구성요인과 이들 상호작용 관계를 중심으로 분석하는 접근이며, 내용적 분석은 ① 인터넷을 이용한 선거운동(e-campaign) ② 인터넷을 이용한 정치참여(e-participation) ③ 인터넷을 활용한 여론조사(e-polling) ④ 인터넷을 정책결정이나 대표자 선정(e-voting)에 활용하

---

14) Tracy Western, "E-Democracy: Ready or Not, Here It Comes", *National Civic Review*, Vol.89, No.3(Fall, 2000), pp.217-227.

는 방법 등15) 다양하게 바뀌었다.

(5) 광장민주주의 구현

인터넷의 등장은 그리스의 아고라(Agora)나 로마의 포럼(Forum)과 같은 광장민주주의를 구현하게 된 것이다. 2000년 16대 총선에서 낙천·낙선운동을 주도한 총선연대 홈페이지에 90만 명이 방문한 것으로 나타났으며, 2002년·2007년 대통령 선거에서도 인터넷이 중요한 선거운동 매체였다고 평가받고 있다. 미국의 경우 2000년 대선에서 공화당 대선후보였던 존 매케인(John McCain) 후보는 선거자금의 1/3가량인 1,000만 달러를 인터넷을 통한 소액모금으로 충당했다고 알려졌다.16)

3. 전환 및 산출 측면의 변화

전자정치는 정치체제에 투입된 국민의 요구나 기대를 권위적인 정책으로 전환시키는 과정이나 산출 측면에도 많은 변화를 촉발하였다. 한국의 경우 공공부문의 정보화는 전자정부, 지역정보화, 입법 및 사법정보화 등으로 나누어 추진되고 있다.17) 사회를 위하여 가치를 권위적으로 배분하는 의회나 정부도 전자통신기술을 활용하여 효율성을 증진시키고 있다. 전자정부와 전자의회에 대하여 간략하게 살펴보고자 한다.

---

15) 황의환(2004), pp.93 – 99.

16) 이현우(2003).

17) 지역정보화는 중앙 및 지방정부가 단일 또는 복수의 지역문제 해결과 지역발전을 위하여 분야별 정보기반 및 정보응용 서비스를 제공하는 정책을 의미한다. 사법정보화는 ① 사법업무시스템화 ② 사법구성원을 위한 정보화 ③ 사법정보의 대국민 서비스 등으로 나누어 추진되고 있다. 한국정보사회진흥원(2008) 참조.

(1) 전자정부

전자정치시대의 정치과정에서 전환 측면의 관심은 아무래도 전자정부(e-government)와 관련지어 살펴보아야 할 것이다.[18] 국민의 요구, 지지, 기대가 정치체제에 투입되었을 때 정치체제는 이를 권위적인 의사결정으로 산출시키기 위한 전환과정을 밟게 된다. 정치체제의 핵심인 정부는 아날로그(analog)식 정부가 아닌 디지털(digital) 정부, 전자정부 형태를 띠게 되었다. 전자정부란 "정보통신기술을 활용하여 행정활동의 모든 과정을 혁신함으로써 정부의 업무처리가 효율적이고 생산적으로 개선되고, 정부의 고객인 국민과 기업에 대하여 질 높은 행정서비스를 제공하며, 민주주의의 질적 고양을 실현하는 정보사회형 정부형태"라고 정의할 수 있다.[19]

전자정부는 정부와 시민 간의 상호작용의 형태를 완전하게 바꾸어 놓고 있으며, 시민에게 보다 양질의 행정서비스를 제공하고 있다. 전자정부의 핵심은 국민에게 저비용 고효율의 편의와 행정서비스를 보다 신속·정확하게 제공하고, 국민의 행정만족도를 높이는 가운데 시민의 보다 능동적·적극적인 참여를 촉진시키는 데 있다. 온라인 정부(on-line government)는 시민에게 신속하고 편리한 행정서비스를 제공하는 데 목적이 있는 것이다. 모든 정부기구는 예외 없이 웹사이트를 운영하여 시민이 원하는 필요한 정보를 24시간 내내 제공하고, 행정서비스를 요청할 수 있고, 다양한 의견을 제시할 수 있게 되었다. 따라서 전자정부는 시민과 정부 간의 직접적인 상호작용 기회를 폭발적으로 증대시키고 있어 국민의 요구, 지지, 기대를 정책으로 전환시키는 과정에 보다 시민 편에서 시민중심적인 결정이 가능하게 된 것이다. 종래 중앙정부는 지방정부를 통하여, 지방정부는 면사무소나 동사무소, 이장이나 통반장을 통하여 시민과의 상호작용을 유지하고 있었지만 전자정부시대에는 시민과 중앙정부나 지방정부가 직접 상호작용이 가능하게 되었다. 전자정부의 실현은 시민과 정부 간의 직접 상호작용이 가능한

---

18) 한국은 「전자정보법」에 의하여 전자정부를 추진하고 있음.
19) 김용철·윤성이, 『전자민주주의: 새로운 정치패러다임의 모색』(서울: 오름, 2006), p.45.

네트워크를 형성하게 된 것이다.

따라서 전자정부는 전환과정에 있어서 시민입장에서는 자신들의 의사를 정책에 직접 반영시킬 수 있게 되었으며, 정책결정자 입장에서는 국민여론을 직접 확인할 수 있는 기회가 제공되어 국민과 함께하는 정부, 국민을 위해서 봉사하는 정부, 시민이 직접 참여하는 정부 운영이 가능해진 것이다. 한마디로 '정부를 시민에게'(bringing government into citizen)[20] 되돌려주는 현상이 나타나고 있다고 볼 수 있다.

시민의 요구, 지지, 기대가 정치체제에 투입되었을 때 정책결정자 간 내부적으로 이루어지는 커뮤니케이션도 신속성과 효율성을 유지할 수 있게 되었다. 이는 정치체제 내의 의사결정 구조가 전자통신기술을 활용하기 때문이다. 예컨대 행정부에 구축된 전자결재시스템은 해당부서는 물론 타 부서까지 상하좌우로 연결되어 신속·정확하게 협조와 결재가 이루어지게 되었다. 전자결재시스템은 국민의 요구, 지지, 기대를 정책으로 전환시키는 과정에 어느 부서에서 누가 결재를 하지 않고 있는지 그 과정을 투명하게 확인할 수 있으며 언제 어디서나 결재가 가능한 길이 트이게 된 것이다.

또 하나 전자정부의 등장으로 전환과정에 나타난 괄목할 만한 특징은 정책결정의 투명성(transparency)이 증대되고 있다는 점이다. 정부의 투명성이 향상되고 있는 것이다. 종래 블랙박스(black box)라고 일컬어지는 정치체제 내에서 이루어지고 있는 전환과정이 베일에 싸여 시민은 그 과정을 들여다볼 수 없었다. 밀실정치, 칸막이행정이라는 비난을 받을 정도로 전환과정이 불투명했던 것이 사실이다. 하지만 모든 정보가 공개되어 전환과정이 전면 노출되고 있는 상황에서 베일에 싸인 정책결정은 불가능하게 되었다. 이해당사자인 이익집단이나 또는 시민단체가 지속적으로 감시하고 모니터링하는 상황에서 전환과정의 투명성이 향상되고 있다. 민원도 마찬가지다. 인터넷을 통하여 제기한 민원의 접수, 처리과정 등이 민원인에게 투명하게 공개되고 있다.

---

20) Christopher F. Arterton, *Teledemocracy: Can Protect Technology Democracy?* (Beverly Hills: SAGE Publications, 1987), p.96.

전환과정이 투명하게 노출되면 무엇보다도 불합리한 결정이 곤란할 것이며, 부정이나 비리의 개입 틈새가 없어진다고 볼 수 있다. 또한 전환과정이 투명하게 공개되어 정부에 대한 시민의 직접 감시나 견제가 가능하게 때문에 효율적인 정부, 깨끗한 정부, 합리적인 정부를 발전시키는데 기여하게 될 것이다.

(2) 전자의회

대표적인 정치시장인 의회는 국민대표기능, 국민통합기능, 입법기능, 행정부 통제기능, 그리고 정치적 리더십 양성 등 다양한 기능을 수행하고 있다. 근대민주주의의 기본은 의회민주주의에서 출발하고 있다. 대의민주주의를 구현하기 위해서 국민에 의하여 선출된 국민의 대표가 국민을 대신하여 국가의 중요한 정책을 결정하는 것이다. 하지만 간접민주주의 형태인 대의민주주의는 전자통신기술의 발달로 도전을 받고 있다. 전자통신 기술을 활용하여 직접민주주의를 실현하려는 노력이 다양하게 진행되고 있는 가운데 사이버 의회의 등장과 의회무용론 등이 등장하고 있는 것이 현실이다. 대의민주주의가 직접민주주의로 전환되어 의회무용론이 현실화될 가능성은 낮지만 전자통신기술을 활용한 입법과정의 변화는 불가피한 현상이라고 볼 수 있다. 입법과정에 정보통신기술이 다양하게 활용되고 있다.

정보통신기술을 활용한 의회의 실태는 대외차원과 대내차원으로 분류하여 살펴볼 수 있을 것이다.[21] 대외차원의 운영 실태로서는 국회의원 홈페이지와 전자우편 운영, 국회대표 홈페이지 운영이 주된 내용이라고 볼 수 있다. 국회의원은 홈페이지를 개설하여 지역구 관련 정보의 제공, 일정공개, 뉴스레터 배포, 표결결과 공개, 표결정향 공개, 전자여론조사, 의제선정 여론조사, 토론방 개설, 전자민원창구의 개설, 화상회의 등을 운영하고 있다. 전자우편을 활용하여 대국민 접촉을 효율적으로 수행하고 있다.

---

21) 정보통신기술을 활용한 의회의 실태에 대하여 전적으로 다음을 참고하였음. 박재창, 『한국전자의회론』 (서울: 한울아카데미, 2003).

국회대표의 홈페이지는 국회와 일반국민과의 의사소통 통로로 활용하기 위해서 다양하게 운영되고 있으며, 국회소개, 의원소개, 정책정보 제공, 대외연결, 행정정보 제공, 활동소개, 참여 유도 등의 내용으로 구성되어 있다.

대내차원의 운영 실태로서는 국회의 종합정보 시스템을 들 수 있다. 입법통합관리 시스템은 법률정보 시스템, 예산결산정보 시스템, 국정감사정보 시스템, 의안정보 시스템, 회의록 시스템, 멀티미디어 시스템, 인터넷 의사중계 시스템 등으로 구성되어 있다.

전자의회의 개념은 입법과정에 대한 본질적인 변화라기보다는 의원의 대국민 접촉 기회의 개방, 각종 입법 관련 정보의 제공, 그리고 접근이 용이한 차원에서 이루어진다고 이해할 수 있다. 국회에 제출된 법안내용, 처리과정과 진행상황, 그리고 표결결과 등 모든 전환과정이 공개되고 있는 것은 사실이지만 아직까지는 의회가 각종 정보나 자료를 국민에게 제공하는 차원의 변화만이 있을 뿐이다. 국민과 의회 간 접촉기회가 전자통신기술의 활용 때문에 수월해진 것은 사실이지만 입법과정의 본질적인 변화라고 보기는 어렵다. 바람직한 전자의회란 입법과정에 국민 참여가 활성화되어 국민중심의 입법화가 이루어지는 것을 의미한다. 전자의회의 핵심은 입법과정의 민주화라고 볼 수 있기 때문에 국민중심의 입법과정이 정착되는 변화가 나타나야 한다. 그러기 위해서는 무엇보다 의회에 의한 각종 정보의 제공 차원이 아니라 국민과 쌍방향적 의사소통이 원활하게 이루어져야 할 것이다. 또한 정보통신기술을 활용하여 고비용 저효율의 소모적 의회를 저비용 고효율의 생산적 의회로 변모시키는 것이 전자의회의 지향점이라고 볼 수 있다.

정치적 의사소통 과정에 전자통신기술을 도입하는 경우 반 딕크(van Dijk)는 ① 정보관료모형(inforcratic model) ② 시장개척모형(marketing model) ③ 인터넷 모형(internet model) 등 세 가지 유형으로 분류하였다.[22] 이를 입법과정으로 좁혀 보면 정보관료모형은 의회가 대국민 관계에서 사회정책

---

22) Jan van Dijk, "Models of Democracy and Concepts of Communication", in Hacker, Kenneth I, and Jan van Dijk(ed.,), *Digital Democracy: Issues of Theory and Practice*(London: SAGE Publications, 2000), p.50.

과제 전반에 대한 필요정보의 수집을 강화하는 과정에 나타나는 현상으로 이해된다. 의회 내부의 입법정보 처리시스템을 강화하고 그 결과를 의회에 사회정책 결정능력을 제고하는 과정에 기대되는 의사소통 유형이다.

시장개척모형은 의회가 일반시민을 상대로 자신의 활동내용을 보다 적극적으로 공개하고 설득함으로써 대국민 관계를 개선해 나가는 현상으로 이해된다. 의회가 제공하는 대국민 서비스의 질적 수준을 향상시켜 보자는 것이다.

인터넷모형은 대의체제의 근본적인 개선을 모색해 보자는 것이다. 따라서 입법과정의 참여차원에 대한 근본적인 개선을 겨냥하는 것이다.[23]

제4절 전자정치의 평가

1. 전자정치의 평가기준

인터넷 정치를 평가할 수 있는 기준은 아터톤(C. F. Arterton)이 제시한 "국민을 정치로"(bringing the people into politics) 끌어들이는 평가 기준으로 제시한 내용을 참고하고자 한다.[24] 이는 아터톤이 전자정치의 실험 과정에 그 수준을 평가하기 위해서 내세운 기준이기 때문에 전자정치의 평가기준으로 삼아도 무방할 것으로 판단되기 때문이다.

(1) 접근과 도달(access and reach)

많은 시민들을 전자정치 활동에 참여할 수 있도록 끌어들이는 범위와 실제로 참여한 비율

---

23) 박재창(2003), pp.71 – 72.

24) Arterton(1987), pp.89 – 94.

(2) 접근의 다양한 경로(diverse path of access)

시민들이 다양한 기술, 이익, 자원을 동원하여 전자정치에 접속할 수 있는 통로나 전자정치에 대하여 배우고 참여할 수 있는 방법의 수

(3) 효과(effectiveness)

시민이 전자정치를 활용하여 제기한 요구나 기대가 국가의 권위적인 공공정책으로 얼마나 전환되었는가와 관련된 정책 결정에 미친 영향력 수준

(4) 의제설정(agenda setting)

시민들의 정책토픽, 투표시기, 참여자에 가용한 정보, 여론형성, 정책제안 등에 있어 전자정치가 미친 영향력

(5) 개인 대 집단적 참여(group vs. individual participation)

시민들의 전자정치 참여가 개인적 수준에서 이루어졌는지, 아니면 조직적인 집단적 수준에서 이루어졌는지

(6) 교육(education)

전자정치를 통한 시민의 정치사회화 수준과 기술 활용 수준

(7) 주도성과 비용(initiative and cost)

시민들이 전자정치에 참여하는 데 스스로 정보를 획득하고 정치적 선택을 했는지 여부와 전자정치에 참여하는 데 지불해야 하는 시간, 노력이나 재정적 부담

2. 전자정치의 순기능과 역기능

(1) 순기능

① 전자정치는 국민과 정부 간에 더 빠르게, 더 값싸게, 더 다양하게, 더 빈번한 상호작용을 가능하게 할 수 있다. 전자정치는 시민들에게 정치 관련 정보를 신속하게 공급함으로써 시민들이 정치공동체의 업무에 대한 정확한 이해를 바탕으로 최선의 합리적인 선택을 할 수 있게 만든다. 또한 정치엘리트와 직접적인 상호작용을 통하여 국민의 요구 내용에 대한 즉각적인 대응책을 확인할 수 있어 정치의 반응성과 책무성을 향상시키는 데 기여할 수 있다.

② 인터넷이 표현의 자유와 토론의 장을 마련하여 광장민주주의, 디지털 아고라(digital agora)의 탄생에 기여하고 있다.[25] 인터넷은 본질적으로 상호작용적이며, 인간관계를 서한관계(epistolary relations)로, 그리고 이미지 중심(primacy of image)에서 문자중심(primacy of written word)으로 바꾸어 놓았다.[26] 이는 결국 정치의 질을 향상시키는 요인으로 작용할 수 있을 것이다.

③ 인터넷 투표를 통한 시간적·공간적 제약성이 축소되어 투표비용이 줄어들고 투표참여율이 높아질 수 있다. 투표율이 높아지면 대표성의 확립에도 긍정적으로 작용하고, 시민의 정치참여가 확대되면 결국 정치지도자의 정통성이 강화되어 정치권력을 정당화시켜 주는 계기가 될 수 있다.

④ 정치과정의 민주화에 기여할 수 있다. 시민들의 정치적 의사를 자유롭고 다양하게 표출할 수 있도록 하며, 정치 전반에 대한 정보를 소상하게 파악함으로써 정치과정의 투명성 향상과 정치참여의 확대 등 정치과정의 민주화에 기여할 수 있게 된다.[27]

---

25) 이현우(2003).

26) Article Review, "Virtual Politics", www.usembasyirc.or.kr/US-proquest/US3144.html(2003-12-09)

⑤ 저비용 고효율의 정치를 가능하게 할 수 있다. 전자민주주의는 사이버 공간을 활용하여 정보획득과 유권자와 상호작용 등 정치활동을 할 수 있기 때문에 참여시간, 노력 및 경비를 대폭 절약할 수 있으며, 네티즌들도 용이하게 자신들의 정치적 요구나 지지를 정치체제에 투입할 수 있어 정치과정의 효율성을 증진시키는 데 기여할 수 있다.[28]

(2) 역기능

① 감성적이고 즉흥적인 의사결정이 우려된다. 속도에 대한 범퍼가 없어 심사숙고하기보다 충동적이고 즉시적인 의사결정이 문제로 등장한다. '예, 아니오' 식의 단순한 선택, 개인의 원자화 · 고립화 · 분리, 인터넷 공간의 가상커뮤니티(virtual community)는 이익이나 취미, 관심 등이 비슷한 네티즌 간의 협소하고 제한적 공간이기 때문이다. 인터넷은 사용자를 작은 사이버 공간에 고립시키고, 사회로부터 개인을 원자화 · 격리시켜 여론 등을 무시하고 독자적인 판단을 내릴 수 있다는 위험성이 있다.

인터넷은 정보보다는 소문, 잘못된 정보, 출처불명의 정보, 그림과 이미지 등에 지나친 호소 등의 문제점도 있다. 민주주의의 문제는 정보의 부족이나 정보의 접근장애 때문이 아니라 너무 많은 정보와 센스(sense)가 부족하다는 데 있다. 정보의 바다에 정보 과부하 현상 때문에 판단력이 흐려질 가능성이 크다. 인터넷은 개인을 직접 연결시켜주기 때문에 매개자나 조정자가 없는 계층구조를 형성하고 있다.[29]

② 계층별 혜택의 차별성이 나타나는 정보격차(digital divide)[30] 때문에

---

27) 조석장(2004), p.39.

28) Ibid., p.39.

29) Benjamin Barber, "The Uncertainty of Digital Politics: Democracy's Uneasy Relationship with Information Technology", *Harvard International Review*(Spring 2001), pp.42 - 47.

30) 한 국가 내에서의 정보격차도 심각하지만 국가 간의 정보격차는 더 심각한 수준이라고 볼 수 있다. 예컨대 인구 100명당 PC 보급률이 미국 29, 유럽 21, 아프리카 1.3, 아시아 4.4, 세계평균 9.9라고 한다 (www.bridges.org).

합리적 의사결정의 방해 요인이 될 수 있다. 특히 정보상위계층의 참여가 하위계층에 비하여 비대칭적으로 상승한다면 하위계층의 과소대표 현상은 심화될 것이고, 결국 궁극적으로 선거를 통한 사회통합은 기대하기 힘들게 된다.[31] 소위 지식정보 전문가인 '골드컬러'(gold collar)라는 새로운 상위계층이 사회를 지배하는 현상이 나타날 수 있다는 우려가 있다.

③ 무차별적으로 무책임하거나 신뢰성이 떨어진 정보를 제공하거나 여론 형성으로 합리적 의사결정에 장애요인으로 등장할 가능성이 있다. 정보의 바다에 범람하는 다양한 정보의 진위를 식별하는 것이 용이한 일이 아니며, 오정보에 기초한 의사결정은 합리성을 결여하게 되는 부작용이 우려된다. 또한 감정적·편파적·비합리적으로 형성된 사이버 여론 때문에 문제의 본질을 왜곡하고 호도하는 현상이 나타나 건전한 의사결정을 저해할 것이 우려된다.

④ 대면정치(face‑to‑face politics)의 가능성을 감소시켜 정치의 역동성, 열광, 흥분을 감소시킨다. 국민과 정치지도자가 면대면 접촉을 통하여 스킨십을 공유할 때 이해의 폭을 넓힐 수 있으며, 자기가 지지하는 정치지도자를 직접 만나 열렬하게 지지하는 모습을 표출할 수 있고, 정치지도자는 자신에 대한 지지강도를 확인할 수 있게 된다. 정치는 국민을 열광시키는 이벤트로서의 역할도 수행해야 하기 때문에 대면 정치가 필요한 경우가 있다. 사이버 공간에서 동영상을 이용하여 면대면 접촉 효과를 거둘 수 있으나 직접 면대면 접촉 형태가 아니기 때문에 감격하거나 열광하는 정치의 모습을 보일 수 없다.

⑤ 시민의 정치과정에 대한 직접 참여가 활성화되면서 의회와 정당과 같은 정치기구에 대한 역할과 기능이 축소되는 결과를 가져올 가능성이 커졌다. 시민들이 정치지도자와 직접적인 상호작용을 통하여 국민의 목소리가 전달되고 또한 즉각적 반응(ad hoc responses)을 얻어내기 때

---

31) 이현우(2003).

문이다. 중간 매개체 없이 국민과 정부가 직접적인 쌍방통행식 상호
작용이 가능하기 때문에 예상되는 문제점이라고 볼 수 있다.

⑥ 국가가 주권자인 시민을 감시하여 지배하거나 조작의 대상으로 전락시
킬 가능성이 있다. 인터넷 혁명은 시민사회가 권력자를 전 방위로 감시
할 수 있는 투명성을 증대시켰지만, 다른 한편 사회통제의 제도 장치인
판옵티콘(panopticon: 원형감옥)의 감시 사회가 초래될지 모른다.[32]

⑦ 사이버 윤리문제가 심각하다. 사이버 공간에서는 익명성이 보장되기
때문에 자신의 신분을 얼마든지 위장할 수 있으며, 비윤리적이고 부
도덕한 언행으로 사이버 질서를 해치거나 개인의 명예훼손과 인권을
침해하는 현상이 비일비재하게 나타나고 있다.

3. 전자정치의 미래

정보화 사회라는 문명사적인 물결은 이미 인간 생활에 엄청난 변화를 가
져왔으며, 앞으로도 그 변화의 속도나 내용은 지속될 것으로 전망된다. 정
보화가 정치과정에 미친 영향도 과소평가할 수 없을 정도로 가히 폭발적이
라고 볼 수 있다. 모든 변화에는 항상 순기능과 역기능이 따르듯이 전자정
치도 예외는 아니다. 전자정치가 정착되어 국민의 의미 있는 참여가 보장되
고 정치과정이 민주성과 효율성을 지니기 위해서는 몇 가지 사항이 보완되
어야 할 것이다.[33]

---

32) 판옵티콘은 감옥, 정신병원, 학교, 공장 등에서 제도적 권력과 통제가 자동적이면서 중단 없이 계속되는
장치로, 중앙에 설치된 감시탑을 둘러싸고 구성원들이 원형으로 배치되어 중앙으로부터 감시와 통제가
용이한 체제를 말한다. 반대어로 상호 감시가 가능한 신옵티콘(synopticon)이란 말이 있다. 사이버시대
에 인터넷을 확보한 대중들이 오히려 권력 자체를 감시할 수 있다는 것이다. 다음을 참고할 것. 조석장
(2004), pp.40 - 41.

33) 이 부분에 대하여 다음을 참조한 것임. 조석장(2004), pp.297 - 301.

(1) 정보 격차와 대표성 문제

정보화 사회의 가장 커다란 문제점으로 지적되고 있는 것은 정보 불평등(digital divide) 해소와 정보에 대한 보편적 접근(universal access)을 어떻게 보장하느냐 하는 것이다. 인터넷 사용 인구가 많지만 아직도 컴맹의 비율이 상당히 높은 것이 사실이며, 설사 인터넷을 사용한다고 하더라도 개인의 능력과 기술에 따라서 정보를 획득하는 방법과 기술의 차이가 크기 때문에 이용하는 정보의 질과 내용에 차이가 있기 마련이다. 정보의 불평등은 합리적 의사결정에 장애요인으로 작용하여 선택의 오류를 낳게 할 우려가 있다.

더구나 정보격차에 따른 대표성 문제도 제기된다. 인터넷 사용자의 연령별, 학력별, 지역별, 직업별 차이는 정보를 가진 자와 갖지 못한 자, 정보부자와 정보 빈자 간의 격차를 심화시키게 된다. 일반적으로 젊고 학력이 높을수록 인터넷 사용빈도가 높기 때문에 전자정치에 있어서 이들의 역할이 증대되는 현상이 나타나고 있다. 인터넷을 활용하여 정보를 획득하고 정치과정에 참여하는 특정 네티즌의 참여가 촉진되고 그렇지 못한 계층의 정치적 의사표출이 사장된다면 과잉대표와 과소대표라는 문제가 야기될 수 있다. 과잉대표와 과소대표 문제는 정책결정의 왜곡을 가져와 특정한 세대나 성별 지역 등의 이익이 과잉 반영되거나 과소 반영되는 부작용을 낳게 된다. 정보격차에서 오는 대표성 문제는 전자민주주의 발전에 장애요인이 될 수 있다.

(2) 정보보호와 정보공개

정보화 사회가 도래하면서 디지털화된 개인정보가 무제한 노출되어 프라이버시 침해 문제가 발생하고 있다. 사이버 공간을 이용한 정치참여자의 신분이나 위치를 파악하는 것이 어려워 더욱더 그렇다. 특히 컴퓨터 바이러스의 유포나 해킹을 통하여 개인은 물론 국가의 주요한 정보가 파괴되거나 유출되어 정보보호 문제가 대두되고 있다. 전자정부나 전자의회의 실현으로 국가의 의사결정 과정도 투명성이 보장되어 각종 비리와 부조리가 원천적으로 봉쇄된다는 긍정적인 측면도 있으나 지나친 정보의 노출과 공개로 각종 이해당사자들에 의한 밀고 당기는(push and pull) 압력 때문에 오히려 의사결정이 지연되거나 자율성을 상실할 우려의 소지가 있다. 지나친 정보 노출로 국가가 자율성을 잃은 가운데 일부 적극적인 네티즌 집단의 압력에 굴복하는 현상이 발생한다면 정부의 독립적인 의사결정에 장애요인으로 작용할 수 있을 것이다. 정부의 재량권 범위가 축소되고 민간 주도의 정치과정이 이루어지는 것은 민주적인 정부운영이라고 볼 수 있으나 과잉대표나 과소대표에 한정된 여론만을 반영시킬 경우 침묵하는 대다수 국민이익을 간과할 수 있다. 전자정치시대가 도래하면서 정보시스템의 안정성과 보안성을 확보하여 개인이나 국가의 정보를 보호하고 또한 어느 정도까지 노출시켜야 하는가를 해결하는 것도 과제라고 볼 수 있다.

(3) 기술적 문제점

전자정치는 전자정부와 전자의회의 실현, 전자정당 육성 등의 변화를 가져와 국민과 정부와 거리가 점점 좁혀지고 있어 국민과 정부가 직접적인 상호작용이 가능해지고 있다. 벌써부터 국민 이익을 대변하는 의회나 국민의 이익을 표출하고 집약하는 정당의 존재에 대하여 회의론이 등장하는 정도에 이르렀다. 이는 전자통신기술을 활용하여 국민이 정당을 매개로 하지 않고 직접 정부의 공공정책 결정에 참여하는 것을 전제로 하는 것으로 전자민주주의 혹은 직접민주주의의 실현과 관련이 있다.

전자정치가 해결해야 할 기술적인 과제의 하나로 국민이 국가의 의사결정에 직접 참여하는 전자투표의 문제점을 들 수 있다. 모든 국민에게 평등한 참여의 기회를 보장하는 투표의 기술, 투표자의 신분에 대한 비밀보장, 그리고 해커들에 의한 정보통제의 예방 및 선거결과 조작 방지 등등 기술적인 문제를 해결하는 것이 향후 전자정치가 풀어야 할 과제라고 볼 수 있다. 전자보안(e – security) 문제가 해결되어야 할 것이다.

전자정치가 궁극적으로 지향하는 것은 전자민주주의를 실현하여 많은 국민의 참여가 촉진되고, 사이버 공간 안에서 숙의(deliberation) 과정이 이루어지며, 합리적인 의사결정이 신속하게 이루어지는 데 있다. 이를 위해서 접근성, 무검열, 자율성, 책임성, 투명성, 평등성, 다원성, 충분한 정보, 공공성, 용이성 등의 요건을 갖추어야 한다.[34] 또한 전자투표의 기술적인 문제를 해결해야 정치과정에 대한 사회적 신뢰가 형성될 수 있을 것이다.

제5절 맺는 말

전자정치는 정치과정을 혁신적으로 변화시키고 있다. 인터넷은 정치과정에 대한 인식(perception)의 변화를 가져왔다. 정치과정의 변화 중에서 단연 돋보이는 것은 전자민주주의 실현 가능성이라고 볼 수 있다. 인터넷을 활용한 24시간 정보의 획득과 24시간 참여가 보장되어 '정부를 네티즌에게 돌려주는'(bringing government to netizen) 현상이 나타나고 있다. 이는 결국 전자통신기술을 활용하여 간접민주주의를 직접민주주의로 바꾸는 전자민주주의의 실현과정이라고 볼 수 있을 것이다. 전자정치는 새로운 형태의 거버넌스의 출현을 가능하게 만들고 있다. 국민들은 국민의 정치적 요구에 무반응인 국민의 대표인 의회의 엘리티즘(elitism)에 대하여 불신하게 되고 정치의 주역으로 등장하기에 이르렀다. 국민은 정치의 주인으로서 그 목소리를 키우기 시작한 것이다. 정치과정이 네티즌들에 의하여 많은 영향을 받는 상황에 이르러 그들이 정치변화의 주체적인 역할을 단단하게 수행하고 있다. 아날로그식 정치가 디지털 정치로 변하고 있는 것은 정보화 사회의 시대적 산물로 누구도 거역할 수 없는 대세가 되었다.

하지만 전자정치가 과연 정치의 본질이며, 정치과정 변화의 핵심인가 하는 문제는 단언하기 어려운 것이 사실이다. 전자정치가 발달하여 직접민주주의가 실현될 수 있을 것인가, 전자민주주의는 정착될 수 있을 것인가에

---

34) 김용철·윤성이(2006), p.290.

대한 논란이 분분한 것은 사실이며, 아직도 해결해야 할 과제가 한두 가지가 아니다. 전자민주주의를 실현하는 과정에 유념해야 할 것은 인터넷은 기술이라는 사실과 인터넷으로 정치의 본질을 해결하는 데 한계가 있다는 점이다. 인터넷을 요술펌프(magic pump)[35]로 보아서는 안 된다. 전자정치는 어디까지나 정치참여의 수단과 방법적·도구적 측면이 강하기 때문에 이를 정치의 본질로 보아서는 안 된다. 또한 전자민중(electronic mob)의 충동적 참여에 대한 문제점 등을 보완할 수 있는 형태가 연구되어야 할 것이다. 새로운 혼합형참여민주주의(new hybrid forms of participatory democracy)가 요구된다고[36] 볼 수 있다. 따라서 정치과정의 도구적·수단적 기제인 전자정치의 정착을 통하여 정치의 패러다임 자체를 바꿀 수 있는 방안을 지속적으로 모색해야 할 것이다. 전자정치라는 새로운 정치도구의 등장으로 정치과정에 일대 변화가 일고 있으며, 이것이 정치의 내용과 질을 향상시키는 계기가 된다면 전자민주주의의 발전에 크게 기여할 수 있을 것이다.

---

35) Michael Cornfield, "The Internet and Democratic Participation", *National Civic Review*, Vol.89, No.3(Fall, 2000), p.235.
36) Western(2000), p.226.

참고문헌

강경식(1997), 『새로운 정치모델과 전자민주주의』 서울: 박영률출판사.

김비환(2000), 『데모크라토피아를 향하여: 민주주의, 정의 그리고 행복』 교보문고.

김영래(2001), 『정보사회와 정치』 서울: 오름.

김용철・윤성이(2006), 『전자민주주의: 새로운 정치패러다임의 모색』 서울: 오름.

김우룡(1992), 『커뮤니케이션 기본이론』, 서울: 나남.

김운태(1986), 『행정학원론』 서울: 박영사.

김중웅 옮김(2006), 『앨빈 토플러 부의 미래』 Alvin Toffler, *Revolutionary Wealth*,
　　서울: 청림출판.

김호진(2006), 『한국정치체제론』 수정7판, 서울: 박영사.

문대현・성상문・고대웅(공저)(2000), 『전자민주주의와 정치참여』 국회사무처.

박동진(2000), 『전자민주주의가 오고 있다』 서울: 책세상.

박재창(2003), 『한국전자의회론』 서울: 한울아카데미.

박종열(1987), 『정치광고와 선거전략』 서울: 청림출판.

백선기(2001), 『사이버 선거와 인터넷: 세계의 사이버 선거와 인터넷 활용』 커뮤
　　니케이션북스.

백완기(1988), "정치사회화와 정치문화", 이영호 외『현대정치과정론』 서울: 법문사.

서울대학교 정치학과 교수 공저(2004), 『정치학의 이해』 서울: 박영사.

안해균(2008), 『정책학원론』, 제3판, 서울: 다산출판사.

원성묵・김장현 옮김(2002), 『세계의 전자정부와 전자민주주의』 서울: 커뮤니케
　　이션북스.

유광수 외(2000), 『정보화 시대의 민주주의』 서울: 나노미디어.

윤영민(2000), 『사이버공간의 정치: 시민권력과 공동체의 부활』 한양대학교출판부.

윤정석・신명순・심지연 편저(1966), 『한국정당정치론』 서울: 법문사.

이광석(1998), 『사이버 문화정치』 서울: 문화과학사.

이극찬(2004), 『정치학』 제6전정판, 서울: 법문사.

이동신 외(2004), 『정치커뮤니케이션의 이해』 서울: 커뮤니케이션북스.

이영호 외(1988), 『현대정치과정론』 서울: 법문사.

이재현(2001), 『인터넷과 사이버사회』 서울: 커뮤니케이션북스.

이지훈(1989), 『한국 정치문화와 정치참여』 서울: 형설출판사.

이현우, "인터넷 정치", 「주간조선」 1740호, (2003. 2. 6).

전득주 외(1992), 『미래학입문: 그 이론과 실제』 서울: 평민사.

전자민주주의연구회(1998), 『정치와 뉴미디어: 웹 가이드북』 국회 전자민주주의 연구회 사이버파티.

정정길(1989), 『정책학원론』, 서울: 대명출판사.

『정치학사전』(1975) 서울: 박영사.

최명·백창제(2000), 『현대 미국정치의 이해』 서울: 서울대학교 출판부.

최한수(1996), 『한국선거정치론』 서울: 대왕사.

테드 할스테드 외(2002), 『디지털 시대의 신정치 선언서: 정치의 미래』 최지우 옮김, 서울: 바다출판사.

하영선(2001), 『사이버공간의 세계정치』 서울: 이슈투데이.

한국전산원(2000), 『전자민주주의 구현모델 수립: 열린 행정, 투명한 행정, 참여 행정 실현을 중심으로』 서울: 한국전산원.

한국정보사회진흥원(2008), 『2008년 국가정보화 백서』 서울: 서울기획 케이투.

한배호·어수영(1987), 『한국정치문화』 서울: 법문사.

홍득표(1994), 『한국정치분석론』 인천: 인하대학교 출판부.

홍득표(1995), "한국의 정치변동: 군의 탈정치화를 중심으로"「한국정치학회보」, 제29집 2호, pp.253 - 274.

홍득표(1995), 『한국정치행위자론』 서울: 학문사.

홍득표(2007), 『한국정당개혁론』 서울: 학문사.

홍성태(2000), 『사이버사회의 문화와 정치』 서울: 문학과학사.

황용석·김재영·정연정 공저(2000), 『인터넷 시대의 새로운 정치환경과 언론: 제16대 총선에서 언론과 정치집단의 인터넷 활용 분석』 서울: 한국언론재단.

황의완(2004), 『정치백신 e - Politics』 서울: 가교출판.

황주성 외(2001), 『인터넷의 정치·사회적 파급효과 및 대응방안 연구』 정보통신 정책연구원.

Adair, John(1984), *The Skills of Leadeship*, New York: Nichols Publishing Company.

Adorno, T. W, Elsa Frenkel - Brunswik, Nevitt Sanford, and Daniel Levinson (1950), *The American Personality*, New York: Harper & Row.

Allison, Graham J. (1971), *Essence of Decision: Explaining the Cuban Missile Crisis*, Boston: Little, Brown.

Almond, G. A and Sidney Verba(190), *The Civic Culture Revisited,* Boston: Little Brown and Company.

Almond, Gabriel A and G. Bingham Powell, Jr. (1978), *Comparative Politics: System, Process and Policy,* Boston: Little, Brown and Company.

Almond, Gabriel A. and G. Bingham Powell, Jr. (1984), *Comparative Politics Today: A World View,* 3rd ed., Boston: Little, Brown and Company.

Almond, Gabriel A. and Sidney Verba(1972), *The Civic Culture: Political Attitudes and Democracy in Five Nations,* Princeton, New Jersey: Princeton University Press.

Anderson, James E. (1990), *Public Policymaking: An Introduction,* Boston: Houghton Mifflin Company.

Anderson, James E., David W. Brady, Charles S. Bullock Ⅲ, and Joseph Stewart, Jr., (1984), *Public Policy and Politics in America,* 2nd ed., Monterey, CA: Brooks/Cole Publishing Company.

Arnhart, Larry(1987), *Political Questions: Political Philosophy From Plato to Rawls,* New York: Macmillan Publishing Company.

Arrow, Kenneth J. (1954), *Social Choice and Individual Values,* 2nd ed., New York: Wiley.

Arterton, F. Christopher(1987), *Teledemocracy: Can Technology Protect Democracy?* Newbury Park Beverly Hills, London: SAGE Publications.

Arterton, F. Christopher(1987), *Teledemocracy: Can Technology Protect Democracy:* Beverly Hills: SAGE Publications.

Asher, Herbert(1992), *Polling and Public: When Every Citizen Should Know,* 2nd ed., Washington D. C: A Division of Congressional Quarterly Inc.

Bachrach, Peter and Morton S. Baratz(1962), "Two Faces of Power", *The American Political Science Review,* Vol.56, No.4(December), pp.947－952.

Bachrach, Peter and Morton S. Baratz(1963), "Decisions and Nondecisions: An Analytical Framework", *APSR,* Vol.57, No.3(September), pp.632－642.

Bachrach, Peter(ed.), (1971), *Political Elites in a Democracy,* New York: Atherton Press.

Ball, Alan R. (1993), *Modern Politics & Government*, 5th ed., Chatham, N. J: Chatham House Publishers, Inc.

Barber, Benjamin(2001), The Uncertainty of Digital Politics: Democracy's Uneasy Relationship with Information Technology, *Harvard International Review*(Spring), pp.42－47.

Barber, Benjamin J. (1984), *Strong Democracy: Participatory Politics for a New Age,* Berkeley: University of California Press.

Bardach, Eugene(1976), The *Implementation Game,* Cambridge, Mass: M. I. T Press.

Berger, Berger(ed.), (1981), *Organizing Interests in Western Euroup,* Cambridge: Cambridge University Press.

Beyme, Klaus von(1985), *Political Parties in Western Democracies,* Trans. by Eileen Martin, New York: St. Martin's Press.

Binder, Leonard(ed.)(1971), *Crises and Sequences in Political Development,* Princeton: Princeton University Press.

Blau, Peter M. (1964), *Exchange and Power in Social Life,* New York: Wiley.

Blondel, Jean(1978), *Political Parties: A Genuine Case for Discontent?* London: Wildwood House Ltd.

Bogadus, Emory S. (1951), *The Making of Public Opinion,* New York: Association Press.

Bogart, Leo(1972), *Silent Politics: Polls and the Awareness of Public Opinion,* New York: Wiley – Interscience.

Bogdanor, Vernon and David Butler, (ed.), (1983), *Democracy and Elections: Electoral Systems and Their Political Consequences, Cambridge*: Cambridge University Press.

Boulding, Kenneth E. (1989), *Three Faces of Power,* Newbury Park: Sage Publications.

Brinton, Crane(1952), *The Anatomy of Revolution,* New York: Prentice – Hall, Inc.

Calvert, Peter(1970), *A Study of Revolution,* Oxford: Clarendon Press.

Casper, Gretchen(1991), "Theories of Military Intervention in the Third World: Lessons from the Philippines", *Armed Forces and Society,* Vol.17, No.2(Winter), pp.191 – 210.

Cavanaugh, John W. (2000), E – Democracy: Thinking About the Impact of Technology on Civic Life, *National Civic Review.* Vol.89, No.3(Fall), pp.229 – 234.

Cawson, Alan and P. Saunders(1983), "Corporatism, Competitive Politics and Class Struggle", in Roger King, (ed.), *Capital and Politics,* London: Routledge & Kegan Paul.

Childs, Harwood L. (1965), *Public Opinion: Nature, Formation, and Role,* Princeton: D. Van Nostrand.

Cigler, Allan J. and Burdett A. Loomis(ed.)(1995), *Interest Group Politics,* 4th ed.,

Washington D. C: A Division of Congressional Quarterly Inc.

Clark, Terry Nichols and Michael Rempel, *Citizen Politics in Post –Industrial Societies,* Boulder, Colorado: Westview Press.

Cobb, Roger W. and Charles D. Elder(1972), *Participation in American Politics: The Dynamics of Agenda –Building,* Boston: Allyn & Bacon.

Cohen, Michael, James G. March, and Johan. P. Olsen(1972), "A Garbage Can Model of Organizational Choice", *Administrative Science Quarterly,* Vol.17, No.2, (March), pp.1 – 25.

Conway, M. Margaret(1985), *Political Participation in the United States,* Washington D. C: A Division of Congressional Quarterly Inc.

Cornfield, Michael(2000), The Internet and Democratic Participation, *National Civic Review,* Vol.89, No.3(Fall), pp.235 – 241.

Cox, Andrew and Noel O' Sullivan(ed.), (1988), *The Corporate State: Corporatism and the State Tradition in Western Europe,* Hants: Edward Elgar Publishing Limited.

Crespi, Irving(1989), *Public Opinion, Polls, and Democracy,* Boulder: Westview Press.

Crotty, William(ed.), (1991), *Political Participation and American Democracy,* New York: Greenwood Press.

Dahl, Robert A. (1961), *Who Governs?* New Haven: Yale University Press.

Dahl, Robert A. (1969), "The Concept of Power", in Roderick Bell, David V. Edwards and R. Harrison Wagner, *Political Power: A Reader in Theory and Research,* New York: The Free Press, pp.79 – 93.

Dahl, Robert A. (1970), *Modern Political Analysis,* 2nd ed., Englewood Cliffs, N. J: Prentice – Hall, Inc.

Dahl, Robert A. (1958), "A Critique of the Ruling Elite Model", *APSR,* Vol.52, No.2(June), pp.463 – 469.

Dahl, Robert A. (1961), *Who Governs? Democracy and Power in an American City,* New Haven and London: Yale University Press.

Dahl, Robert A. (1966), "Further Reflections on 'The Elitist Theory of Democracy'", *APSR,* Vol.60, No.2(June), pp.296 – 305.

Dahl, Robert A. (1966), *Political Opposition in Western Democracies,* New Haven: Yale University Press.

Dahl, Robert A. (1991), *Modern Political Analysis,* Englewood Cliffs: Prentice – Hall.

Dalton, Russell J. (1996), *Citizen Politics in Western Democracies,* 2nd ed., Chatham, N. J: Chatham House Publishers, Inc.

Dalton, Russell J., Scott C. Flanagan and Paul Allen Beck(ed.), (1984), *Electoral Change in Advanced Industrial Democracies: Realignment or Dealignment,* Princeton, N. J: Princeton University Press.

Davis, James C. (1969), "The J − Curve of Rising and Declining Satisfaction as A Course of Some Great Revolutions and a Contained Relations, in Hugh Davis Graham and Ted Robert Gurr(ed.), *The History of Violence in America,* New York: Bantham Books.

Dawson, Richard E. Kenneth Prewitt and Karen S. Dawson(1977), *Political Socialization,* 2nd ed., Boston: Little, Brown and Company.

Deutsch, Karl W. (1961) "Social Mobilization and Political Development", *American Political Science Review,* Vol.55, (September), pp.493 − 514.

Deutsch, Karl W. (1953), *Nationalism and Social Communication: An Inquiry into the Foundation of Nationality,* Cambridge: MIT Press.

Deutsch, Karl W. (1963), *The Nerves of Government: Models of Political Communication and Control,* New York: The Free Press.

Dewey, John(1927), *The Public and Its Problems,* New York: Henry Holt and Company, Inc.

Domhoff, G. William and Hoyt B. Ballard, (compiled)(1968), *C. Wright Mills and The Power Elite,* Boston: Beacon Press.

Downs, Anthony(1957), *An Economic Theory of Democracy,* New York: Harper & Row.

Downs, Anthony(1967), *Inside Bureaucracy,* Boston: Little, Brown and Co.

Dunn, William N. (1981), *Public Policy Analysis: An Introduction,* Englewood Cliffs, N. J: Prentice − Hall Inc.

Duverger, Maurice(1972), *Party Politics and Pressure Groups: A Comparative Introduction,* Trans. by David Wagoner, New York: Thomas Y. Crowell Company.

Duverger, Maurice(1967), *Political Parties: Their Organization and Activity in the Modern State,* Trans. by Barbara and Robert North, London: Methuen & Co. Ltd.

Duverger, Maurice(1970), *The Idea of Politics: The Uses of power in Society,* trans. Robert North and Ruth Murphy, Chicago: A Gateway Edition.

Dye, Thomas R. (1987), *Understanding Public Policy,* 2nd ed., Englewood Cliffs, N. J: Prentice − Hall.

Easton, David and Jack Dennis(1968), *Children in the Political System,* New York:

McGraw - Hill Book Company.

Easton, David and Jack Dennis(1969), *Children in the Political System: Origins of Political Legitimacy,* New York: McGraw - Hill Book Company.

Easton, David(1953), *The Political System: An Inquiry into the State of Political Science,* New York: Alfred Knopf.

Easton, David(1965a), *A Framework for Political Analysis,* Englewood Cliffs: Prentice Hall.

Easton, David(1965b), *A Systems Analysis of Political Life,* New York: Wiley.

Eckstein, Harry and David E. Apter(1963), *Comparative Politics: A Reader,* New York: The Free Press.

Eisenberg, Avigail(1995), *Reconstructing Political Pluralism,* Albany, NY: State University of New York Press.

Eisenstadt, S. E. (1978), *Revolution and Transformation of Societies: A Comparative Study of Civilizations,* New York: The Free Press.

Eldersveld, Samuel J. (1964), *Political Parties: A Behavioral Analysis,* Chicago: Rand McNally and Company.

Elmore, R. (1978), "Organizational Models of Social Program Implementation", *Public Policy,* Vol.26, pp.185 - 228.

Erikson, Robert S. and Kent L. Tedin(1995), *American Public Opinion,* 5th ed., Boston: Allyn and Bacon.

Etzioni, Amitai(1967), "Mixed Scanning: A 'Third' Approach to Decision - Making", *Public Administration Review,* Vol.27, No.5, (December), pp.385 - 392.

Eyestone, Robert(1971), *The Treads of Public Policy: A Study in Policy Leadership,* Indianapolis: Bobbs - Merrill.

Finer, S. E. (1988), *The Man on Horseback: The Role of the Military in Politics,* Boulder, Colo: Westview Press.

Finkle, Jason L. and Richard W. Gable(1969), *Political Development and Social Change* New York: Wiley & Sons. Inc.

Fiorina, Morris P. (1981), *Retrospective Voting in American National Election,* New Haven: Yale University Press.

Franklin Mark, Tom Mackie and Henry Valen(ed.), (1992), *Electoral Change: Responses to Evolving Social and Attitudinal Structures in Western Countries,* Cambridge: Cambridge University Press.

Freud, Sigmund(1959), *Group Psychology and the Analysis of the Ego,* New York;

Norton.

Friedrich, Carl J. (1966), "An Introductory Notes on Revolution", in Friedrich(ed.), *Revolution,* New York: Atherton Press.

Garner, J. W(1928), *Political Science and Government,* New York: American Books Co.

Garramone, G. M. (1984), "Voter Responses to Negative Ads", *Journalism Quarterly,* Vol.61, pp.250 – 259.

Gettell, R. G(1922), *Principles of Political Science,* New York: Ginn and Co.

Gibbins, John R. (ed.)(1989), *Contemporary Political Culture: Politics in a Postmodern Age,* London: Sage Publications.

Gilchrist, R. N(1975), *Principles of Political Science,* 8th. ed., India: Orient Longman.

Global Issues(2003), The Evolving Internet, *An Electronic Journal of the U. S. Department of State,* Vol.8, No.3(Nov).

Graber, Doris A. (1990), *Media Power in Politics,* 2nd ed., Washington D. C: A Division of Congressional Quarterly Inc.

Graham, B. D. (1993), *Representation and Party Politics: A Comparative Perspectives,* Oxford: Blackwell.

Granovetter, Mark(1978), "Threshold Models of Collective Behavior", *American Journal of Sociology,* Vol.83, No.6, pp.1420-1443.

Grant, Wyn(1985), "Introduction", in Wyn Grant, *The Political Economy of Corporatism,* New York: ST. Martin's Press.

Greenstein, Fred I. (1988), "A Note on the Ambiguity of Political Socialization: Definitions, Criticisms, and Strategies of Inquiry", in Louis J. Cantori and Andrew H. Ziegler, Jr., (ed.), *Comparative Politics in the Post – Behavioral Era,* Boulder, Colorado: Lynne Reinner Publishers.

Greenstein, Fred I. (1992), "Can Personality and Politics be Studied Systematically", *Political Psychology,* Vol.13, pp.105 – 128.

Gurr, Ted Robert(1970), *Why Men Rebel,* Princeton: Princeton University Press.

Gurr, Ted(1971), *Why Men Rebel,* Princeton, NJ; Princeton University Press.

Heineman, Robert A. William T. Bluhm, Steven A. Peterson and Edward N. Kearny(1990), *The World of Policy Analyst: Rationality, Values, and Politics,* Chatham, N. J: Chatham House Publishing, Inc.

Held, David(ed.), (1991), *Political Theory Today,* Stanford, California: Stanford University Press.

Held, David(1996), *Models of Democracy,* stanford: Stanford University Press.

Hennessy, Bernard(1975), *Essentials of Public Opinion,* North Scituate, Mass: Duxbury Press.

Hijern, Benny and David Porter(1982), "Implementation Structures: A New Unit of Administrative Analysis", *Organization Studies,* Vol.2, pp.211 – 227.

Hjern Benny, David Porter and Chris Hull(1982), "Implementation Research as Empirical Constitutionalism", *European Journal of Political Research,* Vo. 10(June), pp.105 – 116.

Hjern, Benny(1982), "Implementation Research – the Link Gone Missing", *Journal of Public Policy,* Vol.2, No.3, pp.301 – 308.

Hobbes, Thomas(1958), *Leviathan,* Part Ⅰ and Ⅱ, Indianapolis: Bobbs – Merrill.

Hollander, R. (1985), *Video Democracy: The Vote – From – Home Revolution,* Mt. Airy, MD: Lomond.

Holvand, Carl J. (ed.)(1949), *Experiments in Mass Communication,* Princeton: Princeton University Press.

Hrebenar, Ronald J. and Ruth K. Scott(1982), *Interest Group Politics in America,* Englewood Cliffs: Prentice – Hall, Inc.

Hunter, Floyd(1963), *Community Power Structure: A Study of Decision Makers,* New York: Anchor.

Huntington, Samuel P. (1968), *Political Order in Changing Societies,* New Haven: Yale University Press.

Ichilov, Orit(ed.), (1990), *Political Socialization, Citizenship Education, and Democracy,* New York: Teachers College Press, Columbia University.

Inglehart, Ronald(1990), *Culture Shift in Advanced Industrial Society,* Princeton: Princeton University Press.

Inkeles, Alex and David H. Smith(1974), *Becoming Modern: Individual Change in Six Developing Countries,* Cambridge: Harvard University Press.

Janis, Irving. L. (1982), *Group Think: Psychological Studies of Policy Decisions and Fiasco,* Boston: Houghton Mifflin.

Janowitz, Morris(1974), *The Military in the Political Development of New Nations,* Phoenix Books: The University of Chicago Press.

Johnson, Chalmers(1982), *Revolutionary Change,* 2nd ed., Stanford, CA: Stanford University Press.

Johnson – Cartee, Keren S. and Gary A. Copeland(1991), *Negative Political Advertising,* Hillsdale, N. J: Lawrence Erlbaum Associates, Publishers.

Jones, Charles O. (1977), *An Introduction to the Study of Public Policy,* North

Scituate, Mass: Duxbury Press.

Katz, Richard S. (1997), *Democracy and Elections*, New York: Oxford University Press.

Katz, Richard S. and Peter Mair(ed.), (1994), *How Party Organize: Change and Adoptation in Party Organizations in Western Democracies*, London: Sage Publications Ltd.

Key, V. O Jr. (1961), *Public Opinion and American Democracy*, New York: Knopf.

Key, V. O. (1955), "A Theory of Critical Elections", *Journal of Politics*, Vol.17, pp.3 – 18.

Kimmel, Michael S. (1990), *Revolution: A Sociological Interpretation*, Philadelphia: Temple University Press.

Kingdon, John W. (1984), *Agendas, Alternatives and Public Policies*, Boston: Little, Brown.

La Palombara, Joseph and Myron Weiner(ed.)(1966), *Political Parties and Political Development*, Princeton: Princeton University Press.

Lakeman, Enid(1970), *How Democracies Vote: A Study of Majority and Proportional Systems*, 3rd ed., London: Faber and Faber.

Lane, Robert E. (1969), *Political Thinking and Consciousness: The Private Life of the Political Mind*, Chicago: Markham Publishing Company.

Lasswell, Harold D. and A. Kaplan(1970), *Power and Society*, New Haven: Yale University Press.

Lasswell, Harold D. and Daniel Lerner(ed.), (1951), *The Policy Science: Recent Development in Scope and Method*, stanford: Stanford University Press.

Lasswell, Harold D. (1936), *Politics: Who Gets, What, When, How?* New York: McGraw – Hill Book Company.

Lasswell, Harold D. (1948), *Power and Personality*, New York: W. W. Norton & Company Inc.

Lasswell, Harold D. (1956), *The Decision Process: Seven Categories of functional analysis*, College Park, Md, University of Maryland.

Lasswell, Harold, D(1930), *Psychology and Politics*, Chicago: University of Chicago Press.

Lavrakas, Paul J. and Jack K. Holley(ed.)(1991), *Polling and Presidential Election Coverage*, Newbury: Sage Publications.

Lawson, Kay(1978), "Constitutional Change and Party Development in France, Nigeria, and the United States", in Louis Maisel and Joseph Cooper(ed.),

Political Parties: Development and Decay, Beverly Hills: Sage Publications.

Lawson, Kay and Peter H. Merkl(1988), "Alternative Organizations: Environmental, Supplementary, Communitarian, and Antiauthoritarian", in Lawson and Merkl(ed.), *When Parties Fail: Emerging Alternative Organizations,* Princeton: Princeton University Press, pp.3 – 38.

Lawson, Kay(1976), *The Comparative Study of Political Parties,* New York: St. Martin's Press.

Lehmbruch, Gerhard(1984), "Concentration and Structure of Corporatist Networks" in John H. Goldthorpe, (ed.), *Order and Conflict in Contemporary Capitalism,* Oxford: Clarendon Press.

Leiden Carl and Karl M. Schmitt(1968), *Politics of Violence: Revolution in the Modern World,* Englewood Cliffs, NJ: Prentice – Hall.

Lerner, Daniel(1958), *The Passing of Traditional Society,* Glencoe: The Free Press.

Light, Paul(1982), *The President's Agenda,* Baltimore: Johns Hopkins University Press.

Lindblom, Charles(1977), *Politics and Market,* New York: Basic Books.

Lindblom, Charles E. (1959), "The Science of Muddling Through", *Public Administration Review,* Vol.19, (Spring), pp.79 – 88.

Lindblom, Charles, E. (1968), The Policy – Making Process, Englewood Cliffs N. J: Prentice – Hall.

Lipset, Seymour Martin and Stein Rokkan(1967), *Party Systems and Voter Alignments: Cross – National Perspectives,* New York: The Free Press.

Lively, Jack(1976), "The Limits of Exchange Theory", in Brian Barry(ed.), *Power and Political Theory: Some European Perspectives,* New York: John Wiley.

Lowell, A. Lawrence(1923), *Public Opinion in War and Peace,* Cambridge: Harvard University Press.

Lowi, Theodore(1969), *The End of Liberalism,* New York: W. W. Norton.

Luttbeg, Norman R. (ed.)(1974), *Public Opinion and Public Policy: Models of Political Linkage,* Revised Ed., Homewood, Illinois: The Dorsey Press.

Macridis, Roy C. (ed.), (1967), *Political Parties: Contemporary Trends and Ideas,* New York: Harper & Row, Publishers.

Madison, James(1967), *The Federalist No.10,* New York: Scribner.

Majone, Giandomenico and Aaron Wildavsky(1978), "Implementation as Evolution", in Pressman and Wildavsky(1979), pp.177 – 194.

Maor, Moshe(1997), *Political Parties and Party Systems: Comparative Approaches and*

British Experience, London: Routledge.

Maslow, Abraham H. (1970), "A Theory of Human Motivation", in *Psychological Review,* Vol.50, No.4, pp.370 – 396.

McClelland, Charles A. (1971), "Power and Influence" in John R. Champlin, *Power,* New York: Atherton Press, pp.35 – 65.

McCool, Daniel C. (1995), *Public Policy Theories, Models, and Concepts: An Anthology,* Englewood Cliffs, N. J: Prentice – Hall.

McGreger, D. (1960), *The Human Side of Enterprise,* New York: McGraw – Hill.

McKennzie, T. T(1955), "Pressure Groups in British Government", *British Journal of Sociology*(June, 1955).

Merriam, Charles E. (1950), *Political Power,* Glencoe, Ill: The Free Press.

Michael Margolis, Michael and Gary A. Mauser(1989), *Manipulating Public Opinion: Essays on Political Opinion as a Dependent Variable,* Pacific Grove, CA: Brooks/ Publishing Company.

Michels, Robert(1959), *Political Parties: A Sociological Study of the Oligarchical Tendencies of Modern Democracy,* trans. Eden & Ceder Paul(London: Jarrold & Sons.

Mills, C. Wright(1956), *The Power Elite,* New York: Oxford University Press.

Monroe, Alan D. (1975), *Public Opinion in America,* New York: Dodd, Mead & Company.

Moore, Barrington(1966), *Social Origins of Dictatorship and Democracy: Lord and Peasant in the Making of the Modern World,* Boston: Beacon Press.

Morgenthau, Hans J. (1960), *Politics Among Nations: The Struggle for Power and Peace,* 3rd ed., New York: Alfred A. Knopf.

Mosca, Gaetano(1939), *The Ruling Class,* ed. and rev. by Arthur Livingston, trans. Hannah D. Kahn, New York: McGraw – Hill.

Mundo, Philip A. (1992), *Interest Groups: Cases and Characteristics,* Chicago: Nelson – Hall Publishers.

Nagel, Stuart S. (1982), *Policy Evaluation: Making Optimum Decisions,* New York: Praeger Publishers.

Nagel, Stuart S. (ed.), (1983), *Encyclopedia of Policy Studies,* New York: Marcel Dekker, Inc.

Naisbitt, John(1982), *Megatrends: Ten New Directions Transforming Our Lives,* New York: Warner Brothers.

Nakamura, Robert T and Frank Smallwood(1980), *The Politics of Policy Implementation,*

New York: St. Martin's.

Neumann, Sigmund(1969), "Toward a Comparative Study of Political Parties", in Andrew J. Milnor(ed.), *Comparative Political Parties: Selected Readings*, New York: Thomas Y. Crowell Company.

Neumann, Sigmund(1949), "The Structure and Strategy of Revolution: 1848 and 1948", *Journal of Politics*, Vol.11, No.3, pp.532 − 544.

Nimmo, Dan D. and Keith R. Sanders(1981), (ed.), *Handbook of Political Communication*, Beverly Hills, London: Sage Publications.

Noelle − Neumann, Elizabeth(1984), *The Spiral of Silence*, Chicago: University of Chicago Press.

Nordlinger, Eric A. (1981), *On the Autonomy of the Democratic State*, Cambridge, Mass: Harvard University Press.

O' Gorman, H. J. and S. L. Garry(1976), "Pluralistic Ignorance: A Replication and Extension", *Public Opinion Quarterly*, Vol.40, pp.449 − 458.

Olson, Mancur(1971), *The Logic of Collective Action*(Cambridge, Mass: Harvard University Press.

Olson, Mancur(1982), *The Rise and Decline of Nations: Economic Growth, Stagflation and Social Rigidities*, New Haven: Yale University Press.

Olson, Marvin E. (1982), *Participatory Pluralism: Political Participation and Influence in the United States and Sweden*, Chicago: Nelson − Hall.

Oppenheim, Felix E. (1976), "Power and Causation" in Brian Barry(ed.), *Power and Political Theory: Some European Perspectives*, New York: John Wiley.

Ornstein, Norman J. and Shirley Elder(1969), *Interest Group, Lobbying and Policy Making*, Washington D. C: Congressional Quarterly Press.

Paik, Wanki(1990), *Korean Administrative Culture*, Seoul: Korea University Press.

Paletz, David L. (ed.)(1987), *Political Communication Research*, Norwood, N. J: Ablex Publishing Corporation.

Palmer, Paul A. (1953), "The Concept of Public Opinion in Political Theory", in Bernard Berelson and Morris Janowitz, (ed.), *Reader in Public Opinion and Communication*, Glencoe, Illinois: The Free Press, pp.3 − 13.

Palumbo, Dennis J. (1994), *Public Policy in America: Government in Action*, 2nd ed., Fort Worth, TX: Harcourt Brace College Publishers.

Pareto, Vilfred(1963), *The Mind and Society: A Treatise on General Sociology*, Vol. I , II , trans. Andrew Bongiorno and Arthur Livington, New York: Dover Publications, Inc.

Parry, Geraint, George Moyser and Neil Day(1992), *Political Participation and Democracy in Britain,* Cambridge: Cambridge University Press.

Parsons, Talcott(1959), "The School Class as a Social System", *Harvard Educational Review,* Vol.14, pp.297 – 318.

Parsons, Wayne(1995), *Public Policy: An Introduction to Theory and Practice of Policy Analysis,* Aldershort, UK: Edward Elgar.

Payne, James L. and Oliver H. Woshinsky(1972), "Incentives for Political Participation", *World Politics,* Vol.24, No.4(July 1972), pp.518 – 546.

Pennock, Roland(1966), "Political Development, Political Systems and Political Goods", *World Politics,* Vol.18(April), pp.415-434.

Perloff, Richard M. (1998), *Political Communication: Politics, Process, and Public in America,* Mahwah, New Jersey: Lawrence Erlbaum Associates, Publishers.

Petracca, Mark P. (ed.), (1992), *The Politics of Interests: Interest Groups Transformed,* Boulder: Westview Press.

Polsby, Nelson W. (1980), *Community Power & Political Theory: A Further Look at Problems of Evidence and Inference,* 2nd, enlarged ed., New Haven and London: Yale University Press.

Polsby, Nelson W. (1962), "Community Power: Some Reflections on the Recent Literature", *American Sociological Review,* Vol.27, No.6(December), pp.838 – 841.

Pressman, L. Jeffrey and Aaron Wildavsky(1979), *Implementation,* Berkeley: University of California Press.

Prewitt, Kenneth(1970), *The Recruitment of Political Leaders: A Study of Citizen – Politics,* New York: The Bobbs – Merrill Co. Inc.

Putnam, Robert D(1976), *The Comparative Study of Political Elites,* Englewood Cliffs: Prentice – Hall, Inc.

Pye, Lucian and Sidney Verba(1966), *Political Culture and Political Development,* Princeton, N. J: Princeton University Press.

Pye, Lucian and Sidney Verba, (ed.), (1965) *Political Culture and Political Development,* Princeton: Princeton University Press.

Pye, Lucian(1966), *Politics: Aspects of Political Development,* Boston: Little, Brown and Company.

Pye, Lucian(ed.)(1963), *Communication and Political Development*, Princeton: Princeton University Press.

Quade, Edward S. (1989), *Analysis for Public Decisions,* 3rd ed., New York: North

－ Holland.

Redfield, C. E(1953), Communication in Management, Chicago: University of Chicago Press.

Redhead, Brian(ed.)(1993), *Political Thought From Plato to NATO,* 황주홍 옮김, 『서양정치사상』 서울: 문학과 지성사.

Rempel, Michael and Terry Nichols Clark(1977), "Post－Industrial Politics: A Framework for Interpreting Citizen Politics Since 1960s", in Clark and Rempel, (ed.), *Citizen Politics in Post－Industrial Societies,* Boulder: Westview Press.

Rhodes, R. A. W, (ed.), (1992), "Intergovernmental Relations: Unitary Systems", in M. Hawkesworth and M. Kogen(ed.), *Encyclopedia of Government and Politics* London: Routledge, pp.320－322.

Riemer, Neal and Douglas W. Simon(1997), *The New World of Politics: An Introduction to Political Science,* 4th. ed. Alta Loma, CA: Collegiate Press.

Ripley, Randall(1984), *Policy Analysis in Political Science,* Chicago: Nelson－Hall.

Ross, Edward A. (1908), *Social Psychology,* New York: The Macmillan Company.

Roth, David F. and Frank L. Wilson(1976), *The Comparative Study of Politics,* Boston: Houghton Mifflin Company.

Russell, Bertrand(1938), *Power: A New Social Analysis,* London: George Allen and Unwin.

Sabatier, Paul and Daniel Mazmanian(1979), "The Conditions of Effective Implementation", *Policy Analysis,* Vol.5(Fall), pp.481－504.

Sapbatier, Paul and Daniel Mazmanian(1980), "A Framework of Analysis", *Policy Studies Journal,* Vol.8, pp.538－560.

Sabatier, Paul and Daniel Mazmanian(1983), "Policy implementation", in Nagel (1983), pp.143－169.

Sabatier, Paul and Susan McLaughlin(1990), "Belief Congruence Between Interest Group Leaders and Members: An Empirical Analysis of Theories and Suggested Synthesis, *Journal of Politics,* Vol.53, pp.914－935.

Sabatier, Paul(1986), "Top－Down and Bottom－Up Approaches to Implementation Research: A Critical Analysis and Suggested Synthesis", *Journal of Public Policy,* Vol.6, Part 1(January－March), pp.21－48.

Salisbury, Robert H. (1969) "An Exchange Theory of Interest Groups", *Midwest Journal of Political Science*(February), pp.1－32.

Salmon, Charles T. and Theodore L. Glasser, (ed.)(1995), *Public Opinion and the*

Communication of Consent, New York: The Guilford Press.

Sartori, Giovanni(1976), *Parties and Party Systems: A Framework for Analysis,* Cambridge: Cambridge University Press.

Sartori, Giovanni(1962), *Democratic Theory,* 2nd ed., Detroit: Wayne State University Press.

Sartori, Giovanni(1987), *The Theory of Democract Revisited,* Chatham, N. J: Chatham House Publishers.

Schlesinger, Joseph(1968), "Party Units", in *International Encyclopedia of Social Science,* New York: Macmillan.

Schmitter, Philippe C. (1974), "Still the Century of Corporatism?", *Review of Politics,* Vol.36, (January), pp.85 – 131.

Schmitter, Philippe C. (1979), "Still the Century of Corporatism?", in P. C. Schmitter and G. Lehmbruch(ed.), *Trends Toward Corporatist Intermediation,* Beverly Hills, CA: Sage publications Inc., pp.7 – 52.

Schmitter, Philippe C. (1981), "Interest Intermediation and Regime Governability", in Suzanne Berger(ed.), *Organizing Interests in Western Europe: pluralism, Corporation, and the Transformation of Politics,* New York: Cambridge University Press.

Schumpeter, Joseph A. (1962), *Capitalism, Socialism and Democracy,* New York: Harper.

Scott, Ruth K. and Ronald J. Hrebenar, (1984), *Parties in Crisis: Participations in America,* 2nd ed., New York: John & Sons Inc.

Sears, David O(1975), "Political Socialization", in Fred I. Greenstein and Nelson W. Polsby, (ed.)(1975).

Shively, W. Phillips(1987), *Power and Choice: An Introduction to Political Science,* New York: Random House.

Sigel, Roberta S. (1965), "Assumption About the Learning of Political Values", *Annals,* Vol.361, (September).

Simon, Herbert A. (1957a), *Models of Man, Social and Rational: Mathmatical Essays on Rational and Human Behavior in a Social Setting,* New York: John Wiley.

Simon, Herbert A. (1957b), *Administrative Behavior,* 2nd ed., New York: The Free Press.

Simon, Herbert A. (1985), "Human Nature in Politics: the Dialogue of Psychology with Political Science", *American Political Science Review,* Vol.79, pp.293 – 304.

Skocpol, Theda(1979), *State and Social Revolution,* New York: Cambridge University Press.

Slamon, Charles T. and Theodore L. Glasser(ed.)(1995), *Public Opinion and the Communication of Consent,* New York: The Guilford Press.

Sohner, Charles P. (1973), *The People's Power: American Government and Politics Today,* Glenview, Ⅲ: Scott Foresman.

Solop, Frederic I. (2001), Digital Democracy Comes of Age: Internet Voting and the 2000 Arizona Democratic Primary Election, *PS: Political Science and Politics,* Vol.24, No.2(June), pp.289 – 293.

Stepan, Alfred(1973), "The New Professionalism of Internal Warfare and Military Role Expansion", in Stepan(ed.), *Authoritarian Brazil,* New Haven and London: Yale University Press.

Stewart, C. J. (1975), "Voter Perception of Mudslinging in Political Communication", *Central State Speech Journal,* Vol.26, pp.279 – 286.

Stouffer, Samuel(ed.)(1949), *The American Soldier*, Vol.1 and 2, Princeton: Princeton University Press.

Strom, K. (1990), "A Behavioral Model of Competitive Political Parties", *American Journal of Political Science,* Vol.34, No.2, pp.565 – 598.

Swanson, David L. and Dan Nimmo, (ed.)(1990), *New Directions in Political Communication: A Resources Book,* Newbury Park, London: Sage Publications.

Tocqueville, Alexis de(1955), *The Old Regime and the French Revolution,* New York: Anchor.

Toffler, Alvin(1980), *The Third Wave,* New York: Bantham Books.

Toffler, Alvin(1990), *Powershift,* New York: Bantham Books.

Toqueville, Alexis de, (1945), *Democracy in America,* Vol.1, New York: Vintage Books.

Traugott, Michael W. and Paul J. Lavrakas(1996), *The Voter's Guide to Election Polls,* Chatham, N. J: Chatham House Publishers, Inc.

Truman, David(1951), *The Governmental Process: Political Interests and Public Opinion,* New York: Alfred A. Knopf.

van Dijk, Jan(2000), "Models of Democracy and Concepts of Communication", in Hacker, Kenneth I, and Jan van Dijk(ed.,), *Digital Democracy: Issues of Theory and Practice,* London: SAGE Publications.

Verba, Sidney and Norman H. Nie(1972), *Participation in America: Political Democracy and Social Equality,* New York: Harper & Row.

Verba, Sidney Verba and Norman H. Nie(1975), "Political Participation", in Fred I. Greenstein and Nelson W. Polsby, (ed.), *Handbook of Political Science,* Reading, Mass: Addison – Wesley. pp.1-74.

Vicker, G. (1968), *Value Systems and the Social Process,* London: Tavistock Publications.

Wallerstein, Immanuel(1974), *Modern World System,* Vol. I, New York: Academic Press.

Wallerstein, Immanuel(1980), *Modern World System,* Vol. II, New York: Academic Press.

Wallerstein, Immanuel(1989), *Modern World System,* Vol. III, San Diego, CA: Academic Press.

Ware, Alan(1979), *The Logic of Party Democracy,* New York: St. Martin's Press.

Ware, Alan(1988), *Citizens, Parties and the State: A Reappraisal,* Princeton: Princeton University Press.

Weber, Max(1958), *From Max Weber,* H. Gerth and C. W. Mills, (ed.), New York: Oxford University Press.

Weber, Max(1968), *Economy and Society,* three volumes, trans. and ed. by Guenther Roth and Claus Wittich, Totown, N. J: Bedminister Press.

Weiner, Myron(1971), "Political Participation: Crisis of the Political Process", in Leonard Binder, *Crises and Sequences in Political Development,* Princeton: Princeton University Press.

Weiss, Carol H. (1972), *Evaluation Research: Methods of Assessing Program Effectiveness,* Englewood Cliffs: N. J: Prentice – Hall.

Weissberg, Robert(1976), *Public Opinion and Popular Government,* Englewood Cliffs, N. J: Prentice – Hall, Inc.

Weissberg, Robert(1974) *Political Learning, Political Choice and Democratic Citizenship,* Englewood Cliffs, N. J: Prentice – Hall, Inc.

Welch, Stephen(1993), *The Concept of Political Culture,* London: St. Martin's Press.

Western, Tracy(2000), E – Democracy: Ready or Not, Here It Comes, *National Civic Review,* Vol.89, No.3(Fall), pp.217 – 227.

Wilcox, Allen R. (1974), *Public Opinion and Political Attitudes,* New York: John Wiley & Sons, Inc.

Williamson, Peter J. (1985), *Varieties of Corporatism: Theory and Practice,* Cambridge: Cambridge University Press.

Williamson, Peter J. (1989), *Corporatism in Perspective: An Introductory Guide to Corporatist Theory,* Newbury Park: SAGE Publications.

Wilson, James Q. (1973), *Political Organizations*, New York: Basic Books.

Wilson, James Q. (ed.), (1980), *The Politics of Regulation*, New York: Basic Books.

Wolfenstein, E., Victor(1971), *The Revolutionary Personality: Lenin, Trotsky, Gandhi*, Princeton, NJ: Princeton University Press.

Wolfinger, Raymond E. (1960), "Reputation and Reality in the Study of Community Power", *American Sociological Review*, Vol.25, No.5(October), pp.636 – 644.

Wolinetz, Steven B. (1988), "Introduction: Party Systems and How They Change", in Wolinetz(ed.), *Parties and Party Systems in Liberal Democracies*, London and New York: Routledge.

Wrong, Dennis H. (1988), *Power: Its Forms, Bases, and Uses*, Chicago: The University of Chicago Press.

Yeric, Jerry, L. and John R. Todo(1989), *Public Opinion: The Visible Politics*, 2nd ed., Itasca, Illinois: F. E. Peacock Publishers, Inc.

Zaller, John R. (1992), *The Nature and Origin of Mass Opinion*, Cambridge: Cambridge University Press.

찾아보기

인명찾기

홍득표 ──────────────────────────────────────

▌약 력

현 인하대학교 사회교육과 교수
미국 University of Hawaii 정치학박사
미국 University of Southern California 방문학자
미국 Florida State University 초빙교수
인하대학교 대외협력실장, 사무처장, 사범대학장, 교육대학원장 역임
한국정치학회 이사, 한국NGO학회 상임이사 역임
대학수학능력시험 및 중등교원임용고사 출제위원 역임

▌저 서

『미래학입문』(공저, 평민사, 1992)
『한국정치분석론』(인하대학교 출판부, 1993)
『시민과 국가』(공저, 학문사, 1994)
『한국정치행위자론』(학문사, 1995)
『작은 연구가 아름답다』(공저, 만인사, 1997)
『정치 커뮤니케이션의 이해』(공저, 커뮤니케이션북스, 2004)
『한국정당개혁론』(학문사, 2007)
『와서는 안 될 것이 왔다』(한국학술정보(주), 2008)
『미국외교정책』 개정증보판(공저, 박영사, 2009)

현대정치과정론

초판인쇄 | 2004년 8월 5일
초판발행 | 2004년 8월 10일
개정판인쇄 | 2009년 8월 31일
개정판발행 | 2009년 8월 31일

지은이 | 홍득표
펴낸이 | 채종준
펴낸곳 | 한국학술정보(주)
주 소 | 경기도 파주시 교하읍 문발리 파주출판문화정보산업단지 513-5
전 화 | 031) 908-3181(대표)
팩 스 | 031) 908-3189
홈페이지 | http://www.kstudy.com
E-mail | 출판사업부 publish@kstudy.com

등 록 | 제일산-115호(2000. 6. 19)
가 격 | 42,000원

ISBN 978-89-268-0295-3 93340(Paper Book)
       978-89-268-0296-0 98340(e-Book)

내일을여는지식 은 시대와 시대의 지식을 이어 갑니다.

이 책은 한국학술정보(주)와 저작자의 지적 재산으로서 무단 전재와 복제를 금합니다.
책에 대한 더 나은 생각, 끊임없는 고민, 독자를 생각하는 마음으로 보다 좋은 책을 만들어갑니다.